北京大学中国经济研究中心研究系列

自生能力、经济发展与转型

理论与实证

■ 林毅夫／著

北京大学出版社
PEKING UNIVERSITY PRESS

图书在版编目(CIP)数据

自生能力、经济发展与转型:理论与实证/林毅夫著. —北京:北京大学出版社,2004.9

(北京大学中国经济研究中心研究系列)

ISBN 7-301-07789-0

Ⅰ.自… Ⅱ.林… Ⅲ.经济学-文集 Ⅳ.F0-53

中国版本图书馆 CIP 数据核字(2004)第 087932 号

书　　　名:自生能力、经济发展与转型:理论与实证

著作责任者:林毅夫　著

责 任 编 辑:张慧卉　任旭华

标 准 书 号:ISBN 7-301-07789-0/F·0923

出 版 发 行:北京大学出版社

地　　　址:北京市海淀区中关村北京大学校内　100871

网　　　址:http://cbs.pku.edu.cn　电子信箱:em@pup.pku.edu.cn

电　　　话:邮购部 62752015　发行部 62750672　编辑部 62752926

排 版 者:北京高新特打字服务社　51736661

印 刷 者:北京大学印刷厂

经 销 者:新华书店

　　　　　650 毫米×980 毫米　16 开本　33.5 印张　548 千字

　　　　　2004 年 9 月第 1 版　2006 年 1 月第 2 次印刷

定　　　价:48.00 元

北京大学中国经济研究中心研究系列
总　　序

　　自 1776 年亚当·斯密出版《国富论》，经济学脱离哲学成为一门独立的社会学科以来，研习者日众，影响日远，已经蔚然成为社会学科中的显学。经济理论是用来解释人类社会经济现象的一个简单的逻辑体系，和任何其他社会学科的理论一样，经济理论来自于对人类社会经济现象的观察和总结，必须随着人类社会的演进而不断创新；经济学的理论也必须不断经受各种过去的和新发生的现实经济现象的检验，才能去芜存菁，知道何者可以暂时被接受、何者应该存疑或是被摒弃。从上述角度来说，中国自 20 世纪 70 年代末开始进行的改革开放对当前的主流经济学理论提出了许多挑战：不管是农村的家庭联产承包责任制，国有企业的放权让利、明晰产权、现代企业制度，还是资源配置和流通领域的双轨制，这些改革所取得的成就及其所伴随的问题，有不少是现有的经济学理论所不曾预料到，也难以用现有的理论来解释的现象。但是任何经济现象背后总有产生这个现象的逻辑，对于不能用现有的经济理论解释的现象总可以构建新的理论来解释。因此，中国的改革开放给经济学理论的创新提供了一个大好的机会，是经济理论研究的金矿。

　　自改革开放以来，随着市场经济体系的逐渐建立和完善，当代经济学在我国的影响也是方兴未艾。不管是在国内还是在国外，经济学研究的目的是为了更好地了解现实的社会经济现象，进而运用理论、制定政策、改造社会，以推动社会的进步。随着我国市场取向改革的深化，各种矛盾和利益交织在一起，经济现象越来越复杂。面对一个问题，何者为因？何者为果？推行一项改革措施对激励机制、资源配置、收入分配等在局部和整体上会产生什么影响？要是没有合适的理论作为分析工具，那就很难认识清楚，制定的政策不仅难以对症下药，而且还可能制造出更多新的问题。所以，根据中国改革开放进程中出现的新现象，在经济理论上进行创新，不但是为了对当代经济学理论的发展作贡献，也是为了推动中国改革和发展的顺利进行,对此,中国经济学家责无旁贷。

北京大学中国经济研究中心10年前在北京大学校领导和社会各界的关心、支持下,由我和几位接受过完整经济学教育的青年学者回国创立。虽然在国外工作可以有优越的研究条件和丰厚的薪酬,然而,国内改革开放在经济理论研究上提供的机会吸引着我们,我国在向市场经济体系转型过程中对理论创新的需求也激励着我们。我们希望通过中国经济研究中心的新体制、新理念聚集一群有理想、有热情、学有专长的经济学家,为中国经济学的教育、经济理论和政策的研究以及国家的现代化奉献一点力量。

中国经济研究中心成立10年来,研究人员从创立之初的6位增加到现在的24位,已经成为国内经济理论和政策研究的一个重要基地。这10年间,中国经济研究中心的许多研究人员深入农村、企业等基层改革的第一线作了大量的调研,也参加了不少政府高层的政策研究和讨论,形成了许许多多有分量、有鲜明观点、在国内外都有一定影响的学术论文和政策报告。这些研究对我国的农村、国企、金融、财政、外贸、电信等领域的改革产生了一定的影响。这10年间,中国经济研究中心还利用和国内外学术机构联系较密切的优势,邀请了许多著名的学者,包括多位诺贝尔经济学奖获得者前来讲学和参加会议,深入探讨了金融体系、农村劳动力流动、城乡收入分配、土地、社会保障制度等我国改革发展中的重要问题,积累了许多简报和论文。这次,借10周年庆祝之际,在北京大学出版社的支持下,将中国经济研究中心研究人员的学术成果、中心的简报、讨论稿等整理、汇编成册,作为一个系列出版。一方面,以此向关心、支持中国经济研究中心的各界领导汇报这10年来的工作;另一方面,也以此求教于海内外学界的专家,希望这套丛书的出版能吸引更多的国内外学者来关心、研究中国的改革和发展问题。

就中国的历史长河而言,10年只是一瞬;就中国的改革开放所提供的研究机会以及需要在理论上解决的问题而言,中国经济研究中心这10年来的工作也只是沧海之一粟。展望未来,中国经济研究中心的所有人员将会秉持10年前中心成立的初衷,和海内外学界的朋友携起手来为中国经济的理论和政策研究、为中国经济学科的发展而努力! 相信在我们的共同努力下,一定会迎来中华民族在21世纪的伟大复兴,也一定会迎来经济学大师在中国辈出的时代!

林毅夫

2004 年 9 月

前言 \ 1

第 1 部分
发展战略与经济绩效

发展战略、自生能力和经济收敛 \ 3

经济发展战略对劳均资本积累和技术进步的影响
——基于中国经验的实证研究 \ 36

东亚奇迹背景下的中国农村工业化 \ 58

经济发展战略与中国的工业化 \ 99

第 2 部分
预算软约束与国企改革

自生能力、政策性负担、责任归属和预算软约束 \ 121

政策性负担、道德风险与预算软约束 \ 128

竞争、政策性负担和国有企业改革 \ 145

政策性负担与企业的预算软约束
——来自中国的实证研究 \ 152

第 3 部分
收入分配

经济发展战略与公平、效率的关系 \ 173

中国经济转型时期的地区差距分析 \ 201

中国的经济发展战略与地区收入差距 \ 216

中国经济的增长收敛与收入分配 \ 240

第 4 部分
金融结构和危机

银行业结构的国际比较与实证分析 \ 265

金融结构与经济增长

——以制造业为例 \ 318

发展战略与东亚金融危机

——对我国的经验教训 \ 360

第 5 部分
经济转型

计划经济向市场经济的转型

——来自中国的经验 \ 377

中国的财政分权与经济增长 \ 406

发展战略、经济转型和落后地区发展所面临的挑战 \ 425

第 6 部分
新古典经济学的反思与扩张

自生能力、经济转型和新古典经济学的反思 \ 455

参考文献 \ 469

前　言

本书收集的 19 篇论文是近十年来我和我的合作伙伴发表于国内和国外经济学期刊上的理论和实证文章，是我们对中国以及其他国家经济发展和转型问题思考的一个结晶。文章发表的时间先后相差近十年，内容涉及一个国家或地区的发展绩效、企业的预算软约束、收入分配、金融结构、经济转型等不同的内容，但是其本体的理论逻辑是一以贯之的。以下先对这一理论作一简单的介绍：

一、理　　论

据估计，在工业革命尚未发生的 18 世纪初，世界上的发达国家和落后国家的人均国内生产总值的差距只有 5 倍，但是到了 20 世纪末，这个差距扩大为 20 倍。[①] 发达国家怎么继续发展以及发展中国家如何赶上发达国家，是现代经济学，尤其是发展经济学的一个重要课题。

在前现代社会的漫长岁月里，大多数国家都处于一个相对稳定的传统农业经济阶段，除了少数的统治阶层、工匠和商人，绝大多数的人以农业为生。在这样的社会里各种资源已经进行了最佳的配置（Schultz 1964），因此，只有依靠偶然的外生冲击，例如，工人或农民在工作中意外发现的新的更好的技术，或是作为 15 世纪地理大发现的副产品而从美洲带回欧洲的财富和新的更为高产、更为适应各种地质和气候条件的作物品种[②]，经济发展水平才有可能提高。当时经济的发展主要表现为平面的扩张、人口增

---

① 按 1990 年国际元的购买力平价估算，在 1700 年人均国内生产总值最低的非洲为 400 元，而最高的荷兰为 2 110 元；在 1998 年，最低的非洲为 1 368 元，最高的美国为 27 331 元（安格斯·麦迪森，《世界经济千年史》，北京大学出版社 2003 年版，第 262 页）。

② 地理大发现是为了寻找到中国的海洋航线，发现的新大陆、带回美洲的黄金、新的作物品种等等都是没有想到的意外收获。

加、经济总体规模扩大，但是人均收入基本不变(Kuznets 1966)。

工业革命以后，新技术发明的方式从经验上偶然的发现为主，转变为科学家在实验室里有意的实验为主(林毅夫 1994 年，第 10 章)[①]，使处于技术前沿的发达国家，用增加新技术研发投入密度来提高技术变迁的速度成为可能，发达国家的技术变迁的性质从外生性变为内生性[②]，技术变迁的速度加快，劳动生产率的水平不断提高，人均收入的增长也大为加快。以西欧国家为例，按 1990 年的国际货币元估算，公元 0 年到工业革命前的公元 1700 年，人均收入从仅 450 元增加到 1 024 元，1 700 年间人均 GDP 只增加了 1.28 倍，年均增长率仅为 0.05%。但是，从公元 1700 年到 1998 年将近 300 年间，人均 GDP 从 1 024 元增加到 17 921 元，增加了 16.5 倍，年均增长率达到了 0.97%。而且，这种增长呈现出加速的趋势，公元 1700 年—1820 年间的增长率为 0.15%，1820 年—1870 年间为 0.95%，1870 年—1913 年间为 1.32%，1913 年—1950 年间为 0.76%，1950 年—1973 年间为 4.08%，1973 年—1998 年间为 1.78%(麦迪森 2003，第 262—263 页)。

技术的不断创新是一个国家经济持续发展，尤其是人均收入不断提高的基础，对于生产中所用的技术已经处于世界技术前沿的发达国家，技术的创新只能来自于自己经由研究、发展的努力所得到的从无到有的发明。经济学意义上的创新无非是在下一期生产时所使用的技术比当期生产所用的技术效率高，然而，并不要求是最新的技术。对于所使用的技术和发达国家的技术有相当差距的发展中国家，技术创新既可以和发达国家一样，来自于发明，也可以来自于引进发达国家已有的技术。当然，到底是自己发明好，还是引进好，从经济发展的角度来看，决定于成本和效益的比较。各种经验研究证明，总的来讲，新技术的研发投入大、成功的概率低，技术研发成功以后，能为市场接受、能够商业化生产的技术的比例也很低，因此，新技术研发的风险很大。相反，技术引进的成本和研发的资金投入相比较而言通常只是一个很小的百分比，而且，引进的技术必然是成熟的、

---

① 虽然在工业革命以前，许多农业新技术的采用(例如，从三田轮耕变为两田轮耕)，与人口压力的提高有关，在技术的采用上确实有 Boserup(1965；1981)所主张的内生性存在，但是新技术的出现应该是属于外生的偶然冲击。

② 对于发达国家来说，由于在生产中所用的技术处于世界技术水平的前沿，因此，技术的创新只能靠自己的发明；在工业革命以后，技术的发明又主要是依靠科研投入、干中学等而产生的，所以，对于发达国家而言，技术创新具有内生性。

为市场所接受、能够用于商业生产的技术,风险相对很小。对于任何国家而言,除非在生产中所使用的技术已经是全世界最新、最先进的技术,否则,在能引进时应当尽可能以引进为主来取得技术创新。发展中国家一般来说在各个生产领域所用的技术和发达国家都存在一定的差距,所以,发展中国家应该更多地依靠引进来取得技术创新。

在工业革命以前,各个国家基本上都处于相对封闭的状态,各国之间的交往很少。随着工业革命的到来,产品生产的规模经济不断扩大,交通运输、信息传递等与市场交易有关的成本则迅速下降,越来越多产品生产的合理市场范围从满足国内扩大到多国,乃至全世界,国际贸易在经济中的作用越来越大。按 1990 年国际货币元不变价估计的全世界出口总值,在 1870 年为 503.45 亿元,到 1998 年为 58 170.80 亿元,增长了 115 倍,年均增长率为 3.8%;而同期全世界的 GDP 只增长了 30 倍,年均增长率为 2.7%。公元 1870 年,全世界出口总值为全世界 GDP 总值的 0.46%,1998 年则提高到 17.24%(麦迪森 2003,第 165、259 页)。

国际贸易范围的扩大、各国经济往来的频繁,增加了发展中国家了解发达国家的生产、技术、管理,以及各种有效制度安排的机会,为发展中国家引进发达国家的技术,从而取得技术创新、促进经济快速增长提供了便利。但是,国际贸易的扩大也同时要求各个发达和发展中国家必须按照各自的比较优势来组织生产活动。发达国家经过长期的发展和积累,要素禀赋结构的特性是资本相对丰富、劳动力相对短缺,发展中国家则是资本相对稀缺、劳动力相对丰富,所以,发达国家在资本密集型产品的生产上具有比较优势,发展中国家则在劳动力密集型产品的生产上具有比较优势。所以,在开放的经济中,各国的产业结构应该内生决定于其要素禀赋结构。如果发展中国家能够按比较优势来决定其生产活动,选择其产业结构,那么,其产品在国内、国际市场将会有最大的竞争力,可以占有最大的市场份额,创造最大的剩余;同时,由于资本稀缺、资本积累的回报率高于发达国家,发展中国家资本积累和要素禀赋结构提升的速度应该会高于发达国家,而且,当要素禀赋结构提升,内生地要求产业结构跟着提升时,可以依靠引进技术来取得技术创新,技术创新的速度也会高于需要自己发明技术的发达国家。[①] 所以,工业革命以后的全球化趋势给发展中国家利用"后

---

① 一个发展中国家如果充分利用后发优势,要素禀赋的结构将会快速提升,产业结构与技术水平和发达国家之间的差距将会越来越小,技术的创新将需要越来越多地依靠自己的研发。

发优势"以赶上发达国家，提供了一个契机。日本就是一个很好的例子，在明治维新以前，日本经济是一种闭关锁国的经济，公元 1870 年日本的人均 GDP 约为西欧诸国的 37%，第一次世界大战前的 1913 年，日本的人均 GDP 仍然仅为西欧诸国的 40%，第二次世界大战后的 1950 年为 42%，此后日本充分利用比较优势和技术引进的后发优势（林毅夫、蔡昉、李周 1994 年，第 4 章），到 1973 年时日本的人均 GDP 和西欧诸国处于同一水平，1998 年，日本的人均 GDP 则比西欧诸国高出了 14%，达到了最发达的美国的 75%（麦迪森 2003，第 262 页）。

照说工业革命以后，任何发展中国家像第二次世界大战以后的日本一样，都应该可以充分利用比较优势和后发优势来加快经济发展的速度，但是第一次世界大战前，许多发展中国家沦为发达国家的殖民地，经济上遭发达的殖民国家的掠夺，未能有独立自主的政策来利用这一经济发展的契机。第一次世界大战以后，民族主义风起云涌，到了第二次世界大战以后，大多数的殖民地纷纷独立，在独立运动领袖的领导下开始了建国的努力，给这些国家的现代化带来了新的希望，许多还建立了社会主义政权。但是，不管是在资本主义还是社会主义国家，这些新独立的发展中国家的政治领袖和社会精英并不了解一个国家的产业结构和技术结构其实是内生地决定于其要素禀赋结构。他们看到了发达国家的生产活动集中在资本密集的重工业部门，采用的是最新的生产技术，因此，希望在资本极端稀缺的要素禀赋基础上，快速建立起一个完整的重工业体系，用印度首任总理尼赫鲁的话来说，现代化就是工业化，工业化就是要优先发展资本密集的重工业。苏联 20 世纪 30 年代开始在斯大林领导下取得的成就，以及当时的发展经济学的理论对此发展观都起到了推波助澜的作用。但是这种发展战略背离了比较优势的原则（Chenery 1961），同时，也失去了利用后发优势来加速经济发展、赶上发达国家的机会。

当一个发展中国家采用了上述赶超战略时，由于违背了比较优势，在开放、竞争的市场中，作为这种赶超发展战略载体的企业是没有自生能力的，也就是说，即使这种企业的管理是正常的，亦不能预期这种企业可以获得市场上可以接受的利润率。所以，除非国家给予保护和补贴，否则这样的企业是不会有人投资的，也不会有人长期经营下去的。发展中国家的政府由于税收能力一般较低，推行这样的战略需要保护的企业太多，因此，只能靠行政干预，给予要优先发展的产业中的企业以市场垄断地位，并用行政手段压低利率、汇率、原材料价格等，降低这些企业的投入成本，并用行政手段把这些价格受到扭曲的资金、外汇、原材料等直接配置到这些企业。这些行政手段,固然能把违背比较优势的产业建立起来,但是,在信息不对称、政府又不直接参与经营的情况下,到底需要给那些没有自生能力的企业多少补贴和保护才足够,不得而知。当因为任何原因,包括企业自己经营不善甚至因为经理人员的道德风险而有亏损时,企业会以保护、补贴不足为借口要求政府追加保护和补贴。在政府对那些企业的亏损负有责任而难以推卸责任时,就产生了预算软约束和各种寻租行为。在企业经常向国家要保护、补贴的情况下,政府官员利用手中的权力干预企业的经营,或是索贿、受贿的问题也就防不胜防。所以,这种战略固然能够把一些先进的产业建立起来,但是,必然地也会伴随着资源配置不当、微观经营混乱、经济总体发展绩效低的情形。

推行赶超战略的国家也必然会失去利用后发优势,不断从发达国家引进技术来加速技术创新的机会。其原因在于新技术不管是自己研发还是从国外引进都需要有一定的资本投入,在赶超战略下,一个国家有限的资金都被动员到资金密集的赶超部门,以致这个国家具有比较优势的劳动密集部门得不到资金的支持,因此,也就只能继续用传统的技术来生产。赶超的部门刚建立起来时,技术固然很先进,但是赶超部门的技术由于专利保护和发达国家的封锁很难不断引进,自己研发的资金投入需求大、风险高,在总体经济绩效差、剩余有限的情况下,对这类技术的研发只能是心有余而力不足,几年以后这些先进的产业部门也不再是值得骄傲的先进部门。结果不管是被抑制的具有比较优势的部门,还是被保护的不具比较优势的赶超部门的技术创新都非常缓慢。

赶超战略不仅会影响到发展的绩效、技术创新的速度,而且,还会影响到收入的分配。除非像社会主义国家一样消灭资本家,从而由国家直接投资,并以行政手段压低每个人的工资外,能够投资于政府要优先发展的资本密集型产业的,不是富有的资本阶级,就是和政府领导人关系密切、能够从财政、从银行获得资金支持的裙带资本家。补贴赶超产业中不具自生能力企业的资金又只能直接、间接地来自于经济地位较低的工人、农民阶层。所以,推行这种战略的结果必然造成收入分配的两极分化。相反地,如果一个发展中国家推行的是按比较优势发展的战略,在发展的早期多发展劳动密集型的产业,那么,只能依靠劳动力获取收入的低收入人群就能够有最大可能的就业机会。这种战略带来了经济的快速发展和资本的快速积累,劳动力就会从相对丰富逐渐变为相对短缺、资本从相对短缺变为相对丰富，从而劳动力的相对价格会不断提高而资本的相对价格不断下降。由于富人具有优势的资产，也就是资本的相对回报不断降低，而穷人具有优势的资产，也就是劳动力的相对回报不断提高，收入分配也就会随着经济的不断发展而趋于公平。

要素禀赋、比较优势和自生能力也对一国的最优金融结构及其演进提供了一个新的理论分析框架。金融结构指的是直接融资（以股票市场为主）、间接融资（以银行为主）在宏观经济中的比例，以及间接融资中大银行和小银行等各种金融安排的比例。但是，不管何种金融安排和结构，金融的主要功能在于动员资金、配置资金和分散风险。在这三个功能中，配置的功能是最基本的。因为将有限的资金配置好了，不仅创造的剩余多，而且资金的回报高，动员起来的资金也就会最多。同样的资金如果配置到最有竞争力的产业部门中的最有效率的企业，风险也必然最小。但是，什么是最优的配置？所谓最优的配置应该是将资金配置到按要素禀赋决定的具有比较优势的产业部门中具有自生能力、管理好的企业。因为相对来讲，这样的企业在国内、国外市场都会有最大的竞争力、最高的回报、最小的风险。在不同的发展阶段，具有比较优势的产业部门不同，而且具有自生能力的企业的生产活动中资金需求的规模大小和技术创新的特性也不同。除了少数自然资源极端丰富的国家之外，在发展的早期具有比较优势的是劳动密集型的产业部门，其具有自生能力的企业投资和流动资金所需的资金规模相对较小，技术创新以引进成熟的、有商业价值的技术为主，技术创新的风险小，这类企业所面临的最主要风险是企业家的经营能力。除了依靠自有资金和非正规金融机构外，最适合给这类企业提供融资服务的是地区性的中小银行。所以，在发展的早期应当发展以中小型银行为核心的金融体系。随着经济的发展、资本的积累，要素禀赋结构的水平不断提升，具有比较优势的产业部门的资本密集度不断提高，企业投资和生产经营的资金需求的规模也越来越大；同时，技术创新也随之逐渐从引进成熟技术转向依靠自主研发为主，技术创新的风险越来越大。这时主导的金融安排逐渐变为能够提供大规模资金的大银行，以及能够较好地分散风险的股票市场直接融资。但是，许多发展中国家，为了资金密集产业的赶超，或是金融结构本身的赶超，而背离了上述的最优金融结构，使金融体系的效率低下，难以为实体经济的发展提供有效的服务，甚至导致各种金融危机的发生。

推行赶超战略的国家，当由投资拉动的经济增长因为国内和国外资金的枯竭而不可持续时,经济的停滞,乃至于危机的发生也就不可避免。到了20世纪70年代末,这些国家都纷纷开始了以市场为导向的经济改革和转型。改革的目标是减少政府的干预,恢复市场的资源配置功能。如果这个目标能够顺利实现,那么,各种产品和要素的价格将由市场的竞争来决定,由此决定的价格体系将能反映各种要素的相对稀缺性,市场竞争的结果将会诱使各个企业按照要素禀赋结构所决定的比较优势和市场的需求情况来决定其产业、产品和技术选择,这个经济也就能够充分利用后发优势来发展经济。转型前推行赶超战略的国家都有缺乏自生能力,在开放、竞争的市场中无法生存的企业。如果这些企业的数量少,产值和雇佣的劳动力有限,那么,可以采用休克疗法,一次性地取消政府的各种干预。虽然,缺乏自生能力的企业将会因为原有的保护和补贴的取消而垮台、关闭,但是,原来被抑制的劳动密集产业部门的企业将可因为政府管制和抑制的取消而快速发展起来,新创造的就业机会将可弥补由于缺乏自生能力的赶超企业的破产关闭而失去的就业机会,经济将可迅速恢复增长。反之,如果原有的缺乏自生能力的企业数量众多,产值和雇佣的劳动力在国民经济中比重甚大,休克疗法的结果不是由于破产的企业和失业的人数太多,使整个经济陷入混乱,就是为了避免过多的失业,政府只好继续给予缺乏自生能力的企业各种明的和暗的保护和补贴,结果导致有休克无疗法的尴尬局面。所以,在经济转型时,当企业缺乏自生能力并且所雇用的劳动力的数量太多时,采取一种渐进的、双轨的方式,一方面取消政府对符合要素禀赋结构所决定的比较优势部门进入的抑制,另一方面在未解决赶超部门企业缺乏自生能力的问题前继续给予这些企业一些必要的保护和补贴,将可使经济在转型过程中既保持稳定又获得增长。当然,不管在何种情况下,经济转型的最终完成有赖于企业自生能力问题的根本解决,政府职能的转变和公平竞争市场的建立。

任何理论体系都是建立在某些明的或是暗含的假设之上,"凡是存在的企业都具有自生能力"是新古典经济学的一个暗含假设,但是由于赶超战略的思想和政策,在社会主义国家、转型中国家和发展中国家中,许多企业不具有自生能力,因此,在认识和解决上述国家的许多经济现象和问题时有必要放松企业都具有自生能力的假设,否则很容易把一些政府为了保护、补贴不具有自生能力的企业而采取的内生性政策扭曲当作外生性的干预,导致改革措施治标不治本,结果不仅事与愿违,而且,可能使情况更为恶化。既然在社会主义计划经济、转型经济和发展经济中大量的企业是不具自生能力的,那么,放弃现有的新古典经济学体系中企业具有自生能力的暗含前提,在分析社会主义经济、转型经济和发展经济问题时把企业是否具有自生能力作为一个具体的变量来考虑不仅在政策制定上十分必要,而且,也是新古典经济学理论的必要发展。把企业是否具有自生能力作为一个具体的变量来考虑,也可以帮助发展中国家的政府了解要素禀赋结构的提升是产业和技术结构升级的前提,明晰政府的经济职能,避免继续采用扶持不符合比较优势、不具自生能力的企业为目标的发展战略,使发展中国家能稳定、快速地发展。

二、各篇内容简介

收录在本书的 19 篇论文不是将上述理论思路的某个方面给以数学模型化就是以跨国或跨省的时间系列数据给以计量的检验。这 19 篇文章共分成 6 个部分。除了这 19 篇文章外,还附加了一个怎样利用统计数字来计算技术选择指标以衡量发展战略的附录。

1. 发展战略与经济绩效

这部分包括 4 篇文章,主要从理论上和实证上论述和验证上述一个国家或经济体的发展战略对经济绩效影响的假说。

第 1 篇文章《发展战略、自生能力与经济收敛》是作者 2001 年 5 月 14 日应邀到芝加哥大学经济系新设立的“D.盖尔·约翰逊年度讲座”的首讲,约翰逊教授是我在芝加哥大学读博士学位时的恩师,多年来他给了我无数的鼓励和支持。约翰逊教授两任芝加哥大学经济系主任,后又历任社会科学院院长、教务长、副校长,对芝加哥大学经济系的贡献甚多。为了感谢他所作的贡献,由他先前的一位学生出资,设立这个年度讲座。约翰逊教授在芝加哥大学培养的学生很多,应邀去作这个一年一度的讲座的首讲,无疑是给予我的一个至高的荣誉。我利用这个机会,综述了我从芝加哥大学毕业以后近 20 年来对要素禀赋结构、发展战略、企业自生能力、经济政策环境和体制、经济绩效之间关系的研究心得,并用 1970—1992 年的跨国时间系列数据检验了发展战略和经济发展绩效之间的关系。计量检验的结果支持了我提出的:发展中国家若采用违背比较优势的发展战略,将会降低经济发展速度,而使经济发展水平难以符合向发达国家收敛的假说。企业"自生能力"是我的发展观中的一个核心思想，是从要素禀赋结构和发展战略之间的关系过渡到经济政策环境和体制的逻辑推论中的关键环节。这个观点在1994年我和蔡昉、李周合著的《中国的奇迹：发展战略与经济改革》一书中已经大量使用，但是在这篇文章中则是首度给予了这个词如下的正式定义："如果一个企业通过正常的经营管理预期能够在自由、开放和竞争的市场中赚取社会可接受的正常利润，那么这个企业就是有自生能力的，否则，这个企业就没有自生能力。"这篇文章以英文写成，中文稿由胡书东翻译，发表在《经济学季刊》第1卷第2期（2002年），英文原稿则发表在《经济发展与文化变迁》第51卷第2期（2003年）。发表时，计量部分有些改进，因此，和收录在这本书中的中文稿略有不同。

第2篇文章《经济发展战略对劳均资本积累和技术进步的影响——基于中国经验的实证研究》是和我的学生——现任职于国务院发展研究中心的刘培林博士合作的文章。原文发表在《中国社会科学》2003年第4期。经济中劳均产出增长的两个源泉是劳均资本积累和技术进步。在"各经济体技术进步的步伐相同"的假设下，新古典经济增长理论得出的推论是，由于资本边际报酬递减，所以初始劳均资本量较少的经济体的劳均资本积累速度，会相对快于初始劳均资本量较多的经济体，进而，这两个经济体的劳均资本量和劳均收入水平最终会收敛到相同的水平。新古典经济增长理论进一步的研究认为，初始技术水平落后的经济体，在未来的技术进步速度要比初始技术水平先进的经济体快。但是，如本书前言中的论述以及上篇文章的实证检验，新古典增长理论对劳均资本积累和技术进步收敛机制的分析，抽象掉了政府经济发展战略以及发展战略所决定的经济结构和政策环境和体制的影响。因此，新古典增长理论的推论在解释发展中国家的长期经济发展绩效上有很大的局限。本文放松了"各经济体在给定时期技术前沿相同"的假定，通过构造相应的分析框架，运用1978—2000年期间中国内地30个省区市的经验资料，检验了发展战略对技术进步和劳均资本积累的影响。实证结果表明：(1) 因为资本边际报酬递减规律的作用，在顺应比较优势战略从而没有扭曲的情况下，初始劳均资本量较少的经济体在未来时期劳均资本积累的潜在速度，较之初始劳均资本量较多的经济体来得更快；而违背比较优势的发展战略，将使得实际的劳均资本积累速度低于潜在速度。(2) 技术落后经济体顺应比较优势战略，从先进经济体那里选择适合落后经济体自身发展阶段的适用技术进行模仿，所花费的成本低于自己研发这些技术的成本，所以初始技术水平较低的经济体若根据自身要素禀赋结构的动态变化，确立适当的技术模仿目标，技术进步的速度可以较之初始技术先进的经济体更快；而违背比较优势的发展战略将使技术进步的实际速度低于潜在的可能速度。综合起来，初始劳均收入水平较低的经济体，通过确立适当的目标技术进行模仿，与初始劳均收入水平更高的经济体相比，可以在未来时期获得更快的劳均 GDP 增长速度。但是违背比较优势的发展战略则会使劳均收入实际增长速度低于潜在速度。这篇文章从另外一个侧面，验证了第一篇文章提出的假说。

本部分的第 3 篇文章《东亚奇迹背景下的中国农村工业化》是和北京大学中国经济研究中心姚洋教授合作的文章，原文发表于诺贝尔经济学奖获得者 Joseph E. Stiglitz 和 Shahid Yusuf 主编的 *Rethinking the East Asian Miracle*（《东亚奇迹的再思考》），中文稿由张鹏飞翻译。农村工业化是东亚经济发展中的一个独特现象，同时也是东亚奇迹中一个不可缺少的组成部分。作为这一地区中最大的经济体，中国在其农村工业化上取得了非凡的成就。过去 20 年，中国的经济增长在很大程度上应归功于农村工业部门的高速发展，而中国的农村工业部门又是大量的由乡、镇、村和个人所建立的小规模的农村企业组成的。中国农村工业化发展的规模和速度引起了国际学术界的广泛关注，并且提出了几种相互竞争的理论来解释这一现象。本文沿着前言理论部分所提出的比较优势和发展战略的框架对中国农村工业化的快速发展提出了我们的解释，并以 1970—1997 年的跨省时间系列数据，检验了其他几种相互竞争的假说，其结论如下：第一，中国的农村工业化很大程度上是建立在中国的耕地、资本、劳动力等要素禀赋的比较优势，以及由其过去集体化所带来的相对较好的农村基础设施的基础之上的。第二，农村企业的快速发展，得益于中国在过去 20 年所实行的市场化改革。其中特别重要的是，中国放弃了向大企业倾斜的、重工业优先的发展战略，让符合比较优势的劳动密集型产业有了很大的发展空间。第三，城市的轻工业在早期透过技术外溢作用帮助了中国农村轻工企业的发展。第四，在发展过程中，中国农村企业逐步放弃了集体所有制，同时硬化了企业的预算，使其有了相对较好的公司治理制度。

本部分的第 4 篇文章《经济发展战略与中国的工业化》是和我的学生，现在工作于北京大学政府学院的刘明兴合作写的，原文发表于《经济研究》2004 年第 7 期。本文是在上述第 3 篇文章的基础上，以 1978—1997 年跨省的乡镇企业和国有企业数据，进一步检验了发展战略对一个地区工业化进程的影响，其结果发现：(1) 中国的市场化改革，特别是放弃了重工业优先发展战略,对农村工业和国有工业的发展均起到了至关重要的推动作用;(2) 工业化进程中,无论是对于农村工业还是国有工业,技术选择上偏离理想的资本密集度将损害工业的发展;(3) 公有产权对乡镇企业的发展起到了负面的作用,因此乡镇企业目前正在逐步改革自身的产权结构,以硬化预算约束;(4) 虽然公有制比重的提高可能意味着政府干预的增强,但国有企业与技术选择指数的实证关系说明,发展战略的选择在更基本的层面上决定着经济绩效的高低,而产权并非是最关键的因素。即如果不放弃赶超战略,私有化未见得一定会带来工业增长;(5) 农村工业和国有工业的发展均受制于市场规模的大小;(6) 在同一个省的范围内,国有工业部门的规模越大,结构越偏向轻工业,农村工业的发展就越快。同样,农村工业对国有工业也存在正的外溢效应,尽管乡镇企业的竞争使国有企业的地位相对下降。另外,一省工业结构越偏向轻工业,国有工业的发展速度也就越快;(7) 在对外开放度方面,外国直接投资在农村工业的发展中是一个强有力的解释因素,而对国有工业则起到了相反的作用。这表明外国直接投资主要是乡镇企业的资金来源;(8) 假定其他条件不变,在具有中等规模耕地面积的省份,乡镇企业的发展要优于耕地面积过少或过多的省份。这些结果进一步证实了,一个地区或国家的企业技术结构的最优选择取决于相应的要素禀赋结构,而企业的要素投入结构只有与本地的禀赋结构相吻合,才能在技术结构选择上达到成本极小化的目的,进而实现持续的增长和发展。因此,一国工业的发展战略能否充分利用本地的比较优势将决定其长期绩效。发展中国家欲实现从农业国向工业国转化的目标,应当采取遵循本国比较优势的发展战略,中国政府在发展战略上的转变是近二十多年来工业化成功的关键。

2. 预算软约束与国企改革

本部分也同样包括了四篇文章,专门论述和检验前言理论部分所提出的企业预算软约束的形成机制,并讨论国有企业的改革措施。

第 1 篇文章《自生能力、政策性负担、责任归属和预算软约束》是和原任教于加拿大英属哥伦比亚大学经济系和香港科技大学经济系,现任教于美国南加州大学的谭国富教授合作的文章,英文原文发表于《美国经济评论》1999 年第 89 卷第 2 期,中文译稿发表于《经济社会体制比较》2000 年第 4 期。本文对社会主义国家预算软约束的存在提出了一个新的解释。社会主义经济中的国有企业一旦发生亏损,国家(或政府)常常要追加投资、减税，并提供其他补贴，国有企业经理也预期会得到国家的财政支持，匈牙利的经济学家科尔耐首先讨论了这种现象，并称之为"预算软约束"。关于预算软约束的存在有外生和内生两种解释。第一种解释将预算软约束的存在归咎于各种外生原因，包括社会主义国家的父爱主义、国家追求就业目标或领导人为了获取政治上的支持，等等；第二种解释将预算软约束视为内生的现象，起因于一个未完工的无效率投资项目，政府或贷款者有积极性追加投资，因为追加投资的边际收益可能大于项目废弃所带来的边际成本。在这篇文章里，我们对社会主义经济、转轨经济和发展中经济预算软约束现象的普遍存在提出了新的解释：在上述经济中，政府经常为企业赋加非经济的政策性负担，包括由于赶超战略导致企业缺乏自生能力的战略性负担和要企业承担冗员或职工养老的社会性负担。由于政策性负担的存在，就会使企业出现政策性亏损，政府对政策性亏损负有不可推卸的责任，所以必须给予企业事先的保护或补贴，如果不够，还必须给予事后的补偿。由于激励不相容，企业会把经营性亏损也归咎于政策性负担，在信息不对称的情况下，政府无法分清楚政策性亏损与经营性亏损，只好把企业所有亏损的责任都承担起来，致使企业有了预算软约束。所以，政策性负担是预算软约束的根源，这种现象不管在社会主义经济、转型经济或是市场经济中都会存在，因此，要消除预算软约束必须剥离赋加于企业的政策性负担。

　　第 2 篇《政策性负担、道德风险与预算软约束》则是和我的学生李志赟合作的文章，原文发表于《经济研究》2004 年第 2 期。本文把第一篇文章的观点以动态博弈设计了一个数学模型。模型所得出的结论支持了在信息不对称、激励不相容的情况下，政策性负担必然会加剧企业经营人员的道德风险，并因而产生预算软约束的问题；同时，随着市场竞争程度的加深，政策性负担必然使得企业预算软约束问题更加严重，并且更加趋于显性化。模型说明企业预算软约束问题与企业的公有制性质无关，相反，在企业承担政策性负担的情况下，私有企业会比国有企业更容易产生预算软约束问题，私有企业有更强的激励向政府索取更多的补贴。因而，当国有企业背负政策性负担时，剥夺国有企业经理人员的生产自主权，比如，实行产量配额，往往是一种次优的制度安排。所以，在经济转轨过程中，随着经济市场化程度不断加深，要想硬化国有企业的预算软约束，就必须剥离国有企业的政策性负担，而要剥离国有企业的政策性负担，政府就必须放弃"赶超"的思想，并硬化政府本身的财务约束。

第 3 篇《竞争、政策性负担和国有企业改革》是和我多年的学术伙伴、中国社会科学院的蔡昉、李周合作的文章,英文原文发表于《美国经济评论》1998 年 5 月第 88 卷第 2 期,中文译稿发表于《经济社会体制比较》1998 年第 5 期。在这篇文章中我们论述了,由于大型企业所有者自己不能经营这些企业,需要将控制权委托给企业经理人员。所有权和经营权的分离产生了经理人员和所有者之间激励不相容和信息不对称问题,经理人员的道德风险、管理松懈和自主自利等代理问题也随之出现。任何大型的现代公司制度要想取得成功,就必须首先克服信息不对称的问题,然后才能解决激励不相容的问题。在发达的市场经济国家,公平而充分的市场竞争,使企业的利润成为评价经理人员绩效的充分信息指标。有了这个指标,就有可能依靠经理人员市场的竞争或工资制度的安排,使经理人员的激励和所有者相容。然而,在中国和其他计划经济中的国有企业由于承担着政策性负担,市场竞争所产生的企业利润并不能给所有者提供企业经理人员经营绩效的充分信息指标,因此,国有企业的改革要取得成功,首先必须消除国有企业的政策性负担,为它们提供一个公平的竞争环境,从而使得市场竞争能提供关于国有企业经理人员经营绩效的充分信息,然后才有可能使经理人员行为与国家的激励相一致。如果政策性负担依然存在,即使国有企业被私有化,国家也不能从政策性亏损中摆脱责任,预算软约束不会消失,这样的国有企业改革只能带来整个经济绩效的恶化。所以,国有企业改革成功的先决条件是政策性负担的剥离。

最后一篇文章《政策性负担与企业的预算软约束——来自中国的实证研究》是我与我的学生刘明兴和章奇合作的文章,原文发表在《管理世界》2004 年第 8 期。这篇文章利用 1995 年工业普查的数据对预算软约束的各种理论观点进行了实证检验,结果支持了政策性负担是国有企业预算软约束的主要来源,以及国有企业改革的成功有赖于剥离政策性负担的理论假说。

3. 收入分配

第 3 部分的 4 篇文章以实证资料检验了前言理论部分所讨论的政府的发展战略选择和转变对收入分配的影响。

第 1 篇《经济发展战略与公平、效率的关系》是和刘培林合作的文章,原文发表在《中外管理导报》2002 年第 8 期。经济发展的公平和效率之间的关系是学术界长期关注的焦点。然而,现有的理论研究虽然看到了公平和效率关系中的许多侧面，但是并没有一个普适的理论框架令人满意地阐明了这二者之间的关系，尤其是发展中国家的公平和效率问题。而大量的实证研究也仅从经验上描述发展中国家和地区的实际经济发展的现象，并没有深入归纳出这些现象背后的逻辑。既有的文献往往把公平和效率作为两个截然分开的问题来进行研究。即便在那些关注二者之间互动关系的文献中，或者把由公平到效率和由效率到公平两种效应归于不同的逻辑过程，得出的理论则只能与部分而不是全部的经验现象相吻合。本文以1970—1992年间36个国家的跨国数据，验证了政府采用的发展战略会同时影响一国经济发展的效率和该国收入分配的公平程度的假说，计量检验的结果支持只有采用比较优势发展战略才能兼顾经济发展中的公平和效率的假说。

第2篇《中国经济转型时期的地区差距分析》是和蔡昉、李周合作的文章，原文发表在《经济研究》1998年第6期。本文力图对中国经济改革前后地区收入差距的变化和趋势做出比较准确的描述，并通过比较细致的分析，揭示出影响地区差别状况变化的经济原因。1978年以来，我国人均GDP和人均收入的地区差距都有扩大的趋势。其中，人均GDP差异扩大主要表现在东中西三类地区之间，省际差异扩大并不明显；而人均收入差距扩大既表现在三类地区之间，也明显地反映在各省之间，收入差距的扩大也快于增长差距的扩大。无论人均GDP还是人均收入，都是地区之间的差异大于地区内部的差异。从城乡角度考察，农村内部差距对总体收入差距的贡献上升最快，城镇内部差距的贡献率也有所提高，但不如农村那样明显，城乡间收入差距对总体地区收入差距的贡献仍然最大，却有下降的趋势。文章中分析发现，三类地区之间发展水平和收入水平越来越表现在利用市场和发展机会的差距上。

第3篇《中国的经济发展战略与地区收入差距》也是和刘培林合作的文章，原文发表在《经济研究》2003年第3期。这篇文章用全国各个省区市1978—1999年期间的时间序列数据来检验发展战略和其他各种竞争性假说对改革以后地区收入差距扩大现象的影响。计量检验的结果支持了我们提出的假说，即当前中国内地各省、区、市之间发展水平差距的主要原因在于，新中国成立以来所推行的重工业优先发展的赶超战略下所形成的生产要素存量配置结构，与许多省、区、市的要素禀赋结构所决定的比较优势相违背，从而导致大量的赶超企业缺乏自生能力，为了实现赶超战略目标，政府就要扶持这些没有自生能力的企业，而各种各样的扶持措施影响了市场的正常运转,制约了这些省、区、市的资本积累速度,也制约了这些省、区、市的技术进步和生产率提高。改革开放后,相对于东部地区而言,中西部省区由于没有充分摆脱赶超战略的影响,因而其经济增长绩效相对于东部地区来说较差,从而使得自20世纪90年代以来,中国内地的地区之间的发展差距拉大。

第4篇文章《中国经济的增长收敛与收入分配》是和刘明兴合作的文章,原文发表在《世界经济》2003年第8期。中国改革后的经济增长和各地区之间差距的扩大是一个热门的研究课题,但是缺少一种能够同时在逻辑上解释中国经济保持高速增长原因的学说,增长收敛的趋势为什么在不同的地区和时期呈现了不同的特性,以及居民收入的差距为什么会在改革的中后期不断拉大等。文献中更多的情况是,在解释不同的现象时,采取不同的理论视角,结果在理论的各种推论中,逻辑相互抵触的状况时有发生,因而令人无法信服。本文和上篇文章一样试图从发展战略的角度给上述诸现象提供一个统一的解释,同时,利用不同的计量方法分析1978—1997年间跨省的时间系列数据,得出的结果则再度支持了政府发展战略的选择是影响一个地区的增长速度和收入分配的决定因素的假说。

4. 金融结构和危机

这部分收集了3篇文章,分别检验了前言理论部分所提出的金融结构内生于要素禀赋所决定的产业结构的假说,并讨论了发展战略的选择对东亚金融危机的发生所起的作用。

第1篇《银行业结构的国际比较与实证分析》是和刘明兴及章奇合作的文章,原文发表在《中国金融学》第2卷第1期(2004)。金融结构对经济发展与经济增长的影响,很早就受到许多学者的关注并对之进行了较为详细的讨论。然而,与此形成对比的是,金融结构是如何决定和演变的,学术界的讨论却从最近才开始。广义的金融结构主要涉及了两个方面的问题,一个是各种金融安排及其所代表的融资方式在宏观经济中的相对地位和重要性,例如,直接融资和间接融资的比例及其变化;另一个是指银行业内部的结构,即信贷资产在不同规模的银行间的分布状况。本文着重讨论后一个问题。目前学术界主要将金融结构的影响因素归结为政府的管制政策、历史的路径依赖、产业结构变迁和法律传统等多个方面。显然,对于银行业结构国际差异的解释因素不是惟一的,在本文的分析中,除了目前学术界主张的法律传统、金融管制、市场规模和发展阶段外,我们提出了一国的银行结构决定于发展战略的理论假说,同时用 61 个国家 1990—1993 年跨国的数据对影响银行业结构的各种理论假说进行了实证检验。实证分析的结果表明,一国所处的发展阶段和所选择的发展战略对银行业的结构(主要指银行集中度)乃至整个信贷市场的结构(主要指银行和非银行金融机构在信贷市场中的相对地位)有显著的影响。同时,市场的规模与范围、金融管制的力度和一国采取的法律传统都在不同的程度上影响着银行业的结构(主要指银行集中度)。

第 2 篇《金融结构与经济增长——以制造业为例》也是和章奇及刘明兴合作的文章。原文发表在《世界经济》2003 年第 1 期。金融体系的结构特征(银行集中度、融资结构)是否影响经济发展是理论界悬而未决的问题。本文在对现有金融结构理论进行综述的基础上,分析了金融体系结构特征对于经济发展和增长的重要意义,并深化发展了金融功能学说。我们认为金融结构之所以会影响经济增长是由于实质经济活动对金融服务的要求是多种多样的,而不同的金融中介及其所代表的融资方式在金融服务方面具有各自的比较优势。随着经济的发展,一个经济中的要素禀赋结构以及由之所决定的比较优势也会发生持续的变化,从而使得产业结构和实质经济活动的性质也发生相应的变化。若抽象掉政府干预等其他人为外生因素的影响,一国的金融结构主要应该内生于本国的要素禀赋结构所决定的产业、技术和企业规模结构。随着经济中要素禀赋结构和产业、技术、企业规模的变化,金融结构也必须发生相应的变化,以适应不同企业的生产活动的融资要求。适宜的金融结构就是能够满足不同企业融资需求的金融结构,伴随着实体经济的变化,金融结构所发生的相应变化就构成了不同发展阶段最优金融结构的演化路径。在对企业的融资成本等微观层面的问题进行分析后,我们认为,如果银行结构、融资结构与经济结构的内容和要求相匹配,将会有利于经济的发展和增长;反之,则会对经济的发展和增长起阻碍作用。鉴于制造业数据的优越性,我们利用 1980—1992 年跨国的制造业数据对文章中的假说进行了实证检验。实证结果表明,给定经济发展的阶段,金融体系的结构特征与制造业企业平均规模之间是否匹配的确会对制造业的增长有显著的影响。另外,计量结果还表明,各个关于金融体系结构的理论假说之间更多是互补的,而不是互相排斥的。这意味着一个更好的理论框架应该充分考虑各种理论假说之间的互补性。

第 3 篇《发展战略与东亚金融危机——对我国的经验教训》是和我原来的学生,现就职于北京大学政府学院的李永军博士合作的文章,原文以

《按照比较优势调整产业结构,减少金融风险》为名发表在《改革》2001年第1期。在这篇文章中,我们通过对发生金融危机的东亚国家和经济体的经验考察和理论分析,阐明一国的经济结构是否符合其资源禀赋的比较优势,不仅决定了国家经济发展的速度,还直接影响着该国经济运行的稳定性,其中包括发生金融风险的可能性。其主要观点和发现如下:如果一个国家的经济结构符合自己要素禀赋的比较优势,则:(1)这个国家的企业部门就能够最大限度地利用自己的成本优势进行生产,获得最大的收益。(2)企业部门盈利能力强,则金融机构贷款损失的可能性小,金融市场活跃。这样,一方面,金融机构的支付能力强;另一方面,投资者的信心充足。国内发生金融风险的可能性就比较小,在受到外部冲击时的抵御能力也就比较强。(3)企业部门拥有成本优势,产品的国际竞争力强,出口创汇的能力强,对外贸易进而经常项目不容易出现逆差,这就意味着国家有比较强的外汇支付能力;同时,企业部门的盈利能力强,自我积累的能力也就强,国家经济发展对外资的依赖程度就相对比较弱。二者相结合就减少了国际金融波动对国内金融业的影响,增加了国内金融业的稳定程度,减少了对外金融风险。所以,为了防范金融风险,首先要做的应该是调整国家的经济结构,使其更加符合要素禀赋结构所决定的比较优势。这样既能保证经济发展的速度,又可以降低金融风险发生的概率。

5. 经济转型

第5部分包括了3篇文章,探讨经济转型的经验和教训。

第1篇文章《计划经济向市场经济的转型——来自中国的经验》是作者2004年2月2日应邀在瑞典哥德堡经济学院的研讨会上所作的学术报告的论文,中文稿由张鹏飞翻译。这篇文章最早是和蔡昉、李周合作,英文原文"The Lessons of China's Transition to a Market Economy"于1996年发表于 Cato Journal 第16卷第2期。2004年到哥德堡经济学院讲演时补充了近10年来中国和苏东、东亚转型国家的经验数据。自20世纪80年代末以来,与苏东国家出现的经济崩溃和社会危机形成鲜明对照的是,中国从转型一开始就成为世界上经济增长最快的国家,并且发展势头迅猛。这个事实与主流经济学家的预期是相违背的,并对现有经济理论的观点提出了挑战,因此引起了经济学界广泛的争论。在苏东国家转型开始之际,大多数西方经济学家都倾向于支持采用包含放开价格、大规模私有化以及平衡政府预算以稳定经济的休克疗法。中国则推行渐进的双轨制改革,开始

17

前言

改革的目标仅仅只是想提高经济体系的效率,而没有一个事先设计好的战略目标或者政策措施。尽管这样,回过头来看,中国转型过程还是遵循着一个内在一致的逻辑过程,本文从分析计划经济的逻辑起点出发,经过一系列的推理论证,说明了为什么中国渐进式改革取得了成功,而主流经济学界主张的激进改革为什么失败。文章强调指出经济中具体的改革设计和改革顺序应该是"诱导性"的,而不是"强加性"的。

第2篇《中国的财政分权与经济增长》是和香港科技大学的刘志强合作的文章,英文原文于 2000 年发表在《经济发展与文化变迁》第 49 卷第 1 期。中文稿发表在《北京大学学报》(哲学社会科学版)2000 年第 4 期。我国自 20 世纪 70 年代末开始经济改革以来,国民经济以年均近 10% 的速度增长。在这一过程中,许多改革措施都对中国经济的快速增长起到了重要的作用。在众多的改革措施中,始于 20 世纪 80 年代初的扩大地方财政自主权的分权改革是否对中国经济的增长起了积极的作用是一个有争议的问题。文章中,我们利用 1970—1993 年间中国省一级的数据作了计量的检验,结果表明:财政分权对各省经济增长有显著的促进作用;此外,农村改革、非国有部门的发展和资本积累也对改革开放以来的经济增长起到了关键的作用。

第3篇《发展战略、经济转型和落后地区发展所面临的挑战》是和刘明兴合作,原文是作者应邀参加世界银行 2003 年 5 月 21、22 号在印度加罗尔召开的第十五届《世纪银行发展经济学年度会议》而准备的论文,英文原稿即将刊登于世界银行汇编的会议论文集,中文稿则由张鹏飞翻译。按新古典经济增长理论,发展中国家的人均收入应该向发达国家收敛,但是二次世界大战以后的 50 年发展经验发现,不仅收敛没有发生,而且大多数发展中国家和发达国家的收入差距还在扩大,如本书第 1 部分的第 1 篇文章中所验证的,发生这种现象的原因在于发展中国家采用了违背比较优势的发展战略,造成要优先发展的产业中的企业没有自生能力,以及为保护补贴这些没有自生能力的企业所形成的各种制度的扭曲。然而,世界银行前经济学家 William Easterly(2001)发现,大多数的发展中国家在 20 世纪 80 年代开始都纷纷按世界银行和国际货币基金组织提出的"华盛顿共识"的方案对扭曲的经济制度进行了以市场为导向的改革。从贸易自由化、政府透明度、金融深化、公司治理、人力资本等各种经常被认为和经济发展有关的制度和发展指标来看,发展中国家的体制都比 20 世纪 60 年代和 20 世纪 70 年代改善了许多,但是发展中国家在 20 世纪 60 年代和 20 世纪 70

年代年人均收入增长率的中数为 2.5%，在 20 世纪 80 年代和 20 世纪 90 年代则降为 0.0%。为何按"华盛顿共识"所进行的市场化改革以后各项指标都改善了，但是增长绩效反而下降，成为国际发展经济学界一个热门的"谜"。本文沿着发展战略、自生能力的思路，对此现象提出了解释，认为这些发展中经济存在一批没有自生能力的企业，以市场化为导向的改革，如果骤然取消掉各种为保护、补贴这些企业而内生形成的扭曲，这些企业没有自生能力的问题由隐性变为显性，不是造成大规模的企业破产和失业，引发社会、政治的不稳定，就是为了避免改革所带来的可怕后果，而采用更为隐蔽的方式来保护、补贴那些没有自生能力的企业。这样的改革不但未能使经济转型成为一个运行良好的市场经济，反而出现 William East-erly 所发现的改革后 20 年的经济绩效不如改革前 20 年的情形。因此，如前言理论部分所述，在经济改革和转型过程中，一方面取消准入限制，让原来被抑制的符合比较优势的劳动密集型企业得以发展；另一方面在未解决企业的自生能力问题前继续给予必要的保护和补贴，才有可能在转型过程中既保持稳定义获得增长。根据以上思路本文对发展战略和经济发展以及转型提出了三个可检验假说：(1) 实施违背比较优势发展战略的国家在较长时间里的经济增长绩效会比较差；(2) 实施违背比较优势发展战略的国家在一个足够长的时间区段里经济较为不稳定；(3) 实施违背比较优势发展战略的经济向市场经济转型过程中，劳动密集型中小型企业进入得越多，整体经济增长绩效就会越好。本文还用 1962—1999 年间 103 个国家的宏观经济数据对上述三个假说进行了检验，所得到的结果与假说的预测一致。

6. 新古典经济学的反思与扩张

最后一部分只包括一篇文章《自生能力、经济转型和新古典经济学的反思》，中文稿发表于《经济研究》2002 年 12 期，英文稿即将刊登于德国出版的 *Kyklos* 学刊。这篇文章指出现有的、自马歇尔以来的新古典经济学理论体系把企业具有自生能力作为暗含的前提，但是，社会主义计划经济国家、转型中国家和其他许多发展中国家由于政府的赶超战略而存在大量不具自生能力的企业。为了支持这些企业的生存和发展，许多从新古典经济学的角度来看属于扭曲的制度安排，其实是内生的。如果忽视了这些制度安排的内生性，经济改革和转型往往会给社会带来巨大痛苦，而且，可能出现有休克无疗法的尴尬局面。既然，在社会主义计划经济国家、转型国家和发展中国家大量的企业是不具自生能力的，那么，放弃现有的新古典经济学体系中企业具有自生能力的暗含前提，在分析这些国家的问题时把企业是否具有自生能力作为一个具体的变量来考虑，不仅在政策制定上十分必要，而且，也是新古典经济学理论的必要发展。把企业是否具有自生能力作为一个具体的考虑变量，也可以帮助发展中国家的政府明晰其经济职能，避免继续采用扶持不符合比较优势、不具自生能力的企业为目标的发展战略，使发展中国家能稳定、快速地向发达国家收敛。

附录：

一个理论不仅必须内部逻辑自恰，而且，理论的推论和外部的经验事实必须保持一致，才是一个可暂时接受的理论。本书所收录的各篇文章除了在阐述政府的发展战略如何影响企业的自生能力、经济体系中的各种制度安排和经济绩效的因果逻辑之外，还试图以中国和其他国家的发展经验来检验这个理论的各种推论。在经验研究中遇到的第一个困难就是如何衡量政府的发展战略。遵循比较优势的战略要求一个经济体各个部门的资本密集度，包括制造业部门的资本密集度，内生决定于该经济的要素禀赋结构，而赶超的结果则会使制造业的资本密集度高于要素禀赋结构所内生决定的最优密集度。根据这个推论，在本书的经验研究中我们创造了一个制造业的技术选择指标。并采用几种不同的方法来计算现实经济中这个指标的实际数量，用这个指标和理论上的最优指标的差距作为政府的发展战略的替代指标，然后用这个发展战略的替代指标作为回归分析的解释变量，来衡量政府的发展战略对各种经济发展的绩效变量的影响。为了方便读者将来利用这个指标来研究发展战略的影响，以及对这个指标作进一步的改善，我们把有关数据的内容、几种不同的计算方法和结果作为附录放在书后，供大家参考。

结语：

新的、有用的经济学理论一般来自于对新的、重要的经济现象的观察和总结，中国和其他发展中国家的经济改革和发展出现了许多难以简单地用现有的、流行的经济学理论来解释的现象，这些现象给经济学家的理论创新提供了许多很好的素材。收录在本书的 19 篇文章只是抛砖引玉，文章中理论模型和经验检验都有待改进，现在收集成册，只是向经济学爱好者说明改革和发展有许多问题可以研究，希望国内更多学习、研究经济学的学者、学生利用这个难逢的机遇，深入研究中国和其他转型中、发展中国家的经济问题和现象，相信我们将会迎来 21 世纪经济学大师在中国辈出的时代的到来！

　　本书的 19 篇文章虽然讨论的侧重点各有不同，但是背后的逻辑则是相同的，因此，各篇文章的内容有不少交叉和重复之处，但是考虑到各篇文章的相对独立性和完整性，在编辑本书时保持了各自的原貌。所以，如果一口气读下来，难免会由于同一逻辑老是重复强调而觉得繁琐，在此先致歉意。

　　这些文章全部是北京大学中国经济研究中心成立以后写的，转眼中国经济研究中心已经成立 10 年。借着中国经济研究中心成立 10 周年之际，在北京大学出版社的支持下，将这些文章收集、编辑出版。我要借此机会感谢我早期的合作伙伴，蔡昉和李周，近些年来由于各自工作繁忙，一年到头难以见几次面，但是这本书中的理论体系和许多思想都是建立在我们早期的讨论和合作的书和文章的基础上。我也要感谢这些年来的诸多学生和研究助理，从教学相长中我获益甚多，不少思想是在和他们的讨论中激发出来的。我尤其要感谢刘明兴博士，从考到中国经济研究中心来当我的博士生起，他在我的理论的完善和实证检验的工作上做了大量卓有成效的工作；他还鼓励、帮助了多位师弟、师妹，根据我提出的理论体系来做硕士、博士论文，这种为人做嫁衣裳的无私奉献精神令人佩服。我也要感谢张鹏飞同学为这本文集的编辑成册奉献了许多时间，做了许许多多的工作。我还要感谢我的妻子和子女，他们的支持是我能够完成这本文集中的诸多文章的最重要保证！最后这本书中的不少研究得到了华夏英才基金会的赞助，在此谨致谢忱。

第1部分
发展战略与
经济绩效

北京大学中国经济研究中心研究系列

自生能力、经济发展与转型：理论与实证

发展战略、自生能力与经济收敛[*]

第一节 引　　言

18 世纪工业革命以来, 世界各国被分为两类, 一类由富裕的、工业化的、发达的国家(DCs)组成, 另外一类则包括贫穷的、以农业为主的、欠发达的国家(LDCs)。第一类国家广泛使用现代的、资本密集型生产技术, 而第二类国家却主要使用过时的生产技术。发达国家的富裕根源于它们的产业和技术优势。19 世纪以来, 如何实现国家的工业化并赶超发达国家成为摆在欠发达国家政治领袖和知识分子面前的紧迫课题(Gerschenkron 1962, Lal 1985)。第二次世界大战以后, 许多欠发达国家的政府采取多种政策措施, 力图实现国民经济的工业化。然而, 到目前为止, 只有东亚少数几个经济体确确实实缩小了与发达国家之间的发展差距, 并且趋向收敛于发达国家的人均收入水平。[①]

我认为大多数欠发达国家没有能够成功地缩小与发达国家的发展差距, 主要根源于它们的政府采取了不适当的发展战略。第二次世界大战以后, 大多数欠发达国家的政府都采取了优先发展资本密集型产业的发展战略。然而, 一个经济的最优产业结构是由其要素禀赋结构所内生决定的。在一个开放竞争的市场中, 政府所要优先发展的资本密集型产业是不符合该经济的比较优势的, 这些产业中的企业是没有自生能力的。于是, 为了

　　* 本文为作者 2001 年 5 月 14 日在芝加哥大学所作的"D. 盖尔·约翰逊年度讲座"首讲的讲稿。作者感谢 Gary Becker, 陈抗, James Heckman, Ralph Huenemann, 大冢启二郎, George Rosen, Jan Svejnar, 钱颖一, Kislev Yoav, 周浩和其他讲座参与者所提出的批评和建议。在准备这篇文章时, 刘明兴、章奇、刘培林提供了许多帮助。对上述诸人的帮助在此一并鸣谢。中文稿由胡书东翻译, 发表在《经济学季刊》第 1 卷第 2 期(2002 年)。英文原稿则发表在《经济发展与文化变迁》第 51 卷第 2 期(2003 年)。发表时, 计量部分有些改进, 因此, 和收录在这本书中的中文稿略有不同。

　　① 日本人均收入用现价美元衡量虽然从很低的水平起步, 但是已经于 1988 年超过了美国, 新加坡人均收入于 1996 年超过了美国。台湾地区、韩国和香港地区与发达国家和地区的收入差距也都显著缩小。

支持不具备自生能力的企业，政府就在国际贸易、金融部门和劳动市场等方面采取一系列扭曲措施。通过扭曲，虽可能在发展中经济体内建立资本密集型产业，不过却会造成资源配置扭曲、寻租活动猖獗、宏观经济不稳定等，使经济的效率低下，结果，收敛的目标未能实现。欠发达国家政府应该以促进要素禀赋的结构升级为目标，而不是以结构的升级为目标，因为一旦要素禀赋结构升级，利润动机和竞争压力就会驱使企业自发地进行技术和产业结构升级。要素禀赋结构升级意味着资本积累比劳动和自然资源的增长更快，无论物质资本还是人力资本都是如此。资本积累取决于经济剩余（或者说是利润），以及国民经济的储蓄倾向。如果欠发达国家遵循比较优势发展产业，那么就会有最大可能的经济剩余和最高的储蓄倾向，从而最大可能地进行要素禀赋结构升级。遵循这一发展战略，欠发达国家能够取得比发达国家更快速的要素禀赋、技术和产业结构的升级，并实现收敛。企业的产业和技术选择取决于资本、劳动和自然资源的相对价格，因此，只有当国民经济的价格结构能够反映资本、劳动和自然资源相对丰裕度的时候，企业才能够根据比较优势选择自己的产业和技术。只有当价格是由竞争性市场决定的时候，价格结构才能反应每一个要素的相对丰裕度。因此，政府在经济发展中的基本职能是维持市场的良好运转。

我下面的演讲由以下内容构成：我将首先对关于经济增长与收敛问题的最新理论发展作一简短的讨论；然后，我将讨论企业的自生能力决定问题和经济的比较优势，以及它们与要素禀赋的关系；之后，我将分析政府的发展战略选择以及发展战略的统计测度，并给出发展战略对收敛的影响的计量经济学估计。在总结性评论中，我将讨论本演讲的政策含义。

第二节　增长理论评论

战后发展经济学开始形成的时候，发展经济学家鼓励欠发达国家政府采取干预政策，加速资本积累，追求"内向型"重工业优先发展或进口替代战略，直接瞄准缩小与发达国家的产业和技术结构差距（Chenery 1961, Warr 1994）。苏联国家建设的初始成功、大萧条时期形成的对初级产品出口的悲观情绪、对市场缺乏信心，以及新古典增长理论，都强烈影响了这些经济学家的政策建议（Rosenstein-Rodan 1943, Prebisch 1959）。20 世纪50 年代以来，大多数欠发达国家无论属于社会主义阵营还是资本主义阵营,都采取了这类发展战略(Krueger 1992)。

根据罗伯特·索洛(Robert Solow1956)的开拓性工作,从新古典增长理论可以推导出一个结论,发展中国家应该比发达国家增长得更快,两者的人均收入差距应该逐渐缩小,因为发达国家和发展中国家拥有同样的技术而发达国家资本的边际报酬递减。然而,经验证据表明,虽然美国不同州之间,以及发达国家之间人均收入水平出现了收敛(Barro and Sala-I-Martin 1992;Baumol,1986),但是,绝大多数发展中国却并没有能够缩小与发达国家的人均收入差距(Pearson et al. 1969;Romer 1994)。

由于新古典增长理论不能解释发达国家的持续增长和大多数欠发达国家没有能够缩小与发达国家的发展差距的事实,罗默(Romer 1986,1990)和卢卡斯(Lucas 1988)提出了新增长理论,将技术创新看作是由人力资本积累、研究和发展、"干中学"等因素内生决定的。新增长理论对使用了世界上最先进技术的发达国家的持续增长的解释是很有见地的。然而,对于韩国、中国台湾、中国香港、新加坡以及后来加入的中国内地等亚洲新兴工业化经济体在 20 世纪最后 30 年间超乎常规的增长和收敛的现象,新增长理论并未能给出一个令人满意的解释(Pack 1994,Grossman and Helpman 1994)。

欠发达国家一般使用那些处于发达国家技术前沿后面的技术 (Caselli and Coleman,2000)。采用新的前沿技术的发达国家技术创新只能通过研究和发展或其他创造知识的机制实现。然而,对于欠发达国家来说,可以通过模仿发达国家的现存技术和技术转移实现技术创新。很显然,通过研究和发展实现的技术创新成本要远高于通过模仿或其他技术引进方式实现的技术创新,因此,从发达国家向欠发达国家的技术扩散有助于欠发达国家的经济增长。将注意力主要集中于产生新技术的机制对理解欠发达国家和发达国家之间的收敛性没有什么帮助。

不过,发达国家和欠发达国家之间的技术差距到处都是,一个欠发达国家仍然面临哪类技术适合自己模仿或引进的问题。

合适技术的思想首次被阿特金森和斯蒂格里茨(Atkinson and Stiglitz 1969)引入新古典贸易理论,他们提出了"局部性的干中学"(localized learning by doing)概念。发展经济学中的类似观点由舒马赫(Schumacher 1973)提出。对合适技术的研究最近重新在迪万和罗德里克(Diwan and Rodrick 1991)、巴苏和维尔(Basu and Weil 1998)、阿斯莫格鲁和瑞立波蒂

（Acemoglu and Zilibotti 1999）等人的研究中提出。[①] 但是建立在合适技术观点的理论模型对于收敛问题并没有一致性的结论。巴苏和维尔（Basu and Weil 1998）认为欠发达国家资本存量相对较低是采用发达国家先进技术的一个障碍。他们得出结论，欠发达国家如果能够提高储蓄率来利用先进技术，就有可能经历一个经济迅速增长时期。可是，他们的观点不能解释为什么拉丁美洲、非洲和"四小龙"之外的亚洲国家提高储蓄率的努力没有能够提高经济增长率。罗德里克（Rodrick 2000）在一个跨国研究中显示，增长率决定储蓄率，而不是储蓄率决定增长率；同时，难以将提高储蓄率看成是触发经济快速增长的关键。相反，阿斯莫格鲁和瑞立波蒂（Acemoglu and Zilibotti 1999）强调进口技术的坏处。在他们的理论框架里，发达国家的技术是由熟练工人使用的。当技术转移到欠发达国家的时候，技术是由非熟练工人使用的。劳动技巧和技术之间的这种不匹配会导致发达国家和发展中国家人均产出和总要素生产率方面出现巨大差距。在阿斯莫格鲁和瑞立波蒂看来，改善工人的技巧基础和人力资本对于收入收敛是至关重要的，卢卡斯也持有类似的观点（Lucas 1993）。然而，阿斯莫格鲁和瑞立波蒂使用的假设条件过于苛刻，他们假设欠发达国家总是使用发达国家处于技术前沿的技术，而不是技术前沿以内的技术。

合适技术观点并没有回答欠发达国家政府在经济发展过程中的合适角色是什么的问题。虽然知识扩散与合适技术之间的关系表明，需要选择一个不同于许多发展中国家实际遵循的发展路径，但是政府干预对于经济增长是否是重要的，政府是否应该采取提高私人部门储蓄率和人力资本存量的政策，政府是否应该对发展高技术产业直接提供补贴，这些问题并不很清楚。

第三节 自生能力、比较优势与要素禀赋结构

一个国家的人均收入是它的技术和产业的函数。如果两个国家有相同的技术和产业结构，则它们的人均收入应该基本相同。为了理解欠发达

---

① 也有其他经济学家对合适技术持有类似观点，一些经济学家，如 Takatoshi（1998）根据东亚奇迹的经验教训，使用"雁阵模式"（flying geese pattern）的隐喻来描述不同发展阶段产业结构和技术扩散的特征。但是，从这个隐喻里并不能得出明显的政策建议。

国家的收入是如何向发达国家收敛的,我们需要弄清楚欠发达国家怎样才能缩小与发达国家的技术和产业的差距。我先解释企业自生能力的含义,然后再说明企业自生能力与其产业和技术选择之间的关系。

我用一个开放、自由和竞争市场中的企业的预期利润率来定义自生能力(viability)一词。如果一个企业通过正常的经营管理预期能够在自由、开放和竞争的市场中赚取社会可接受的正常利润,那么这个企业就是有自生能力的,否则,这个企业就是没有自生能力的。很显然,如果一个企业预期不能获取社会可接受的正常利润,那么就没有人愿意投资,这样的企业除非政府提供支持,否则就不会存在。

在一个竞争的市场里,企业的经营管理将影响其盈利能力,这是一个公认的命题。然而,一个企业的预期获利能力也取决于其产业和技术选择。

图 1 中等产量线上的各点代表生产既定数量的某一产品的各种可能生产技术或所需要的不同的资本和劳动的组合。A 点代表的技术比 B 点更为劳动密集。C、C_1、D、D_1 是等成本线,等成本线的斜率代表资本和劳动的相对价格。在一个资本相对昂贵而劳动相对低廉的经济里(如等成本线 C 和 C_1 所表示的那样),生产既定数量的产出采用 A 点所代表的成本最低。当劳动的相对价格上升的时候(如等成本线 D 和 D_1 所表示的那样),采用 B 点所代表的技术成本最低。

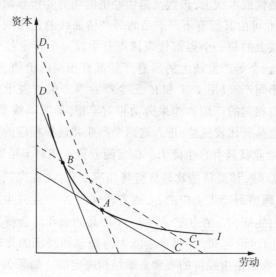

图 1　生产因素和技术选择的相对价格

在一个自由、开放、竞争并只生产一种产品的市场经济中,如图 1 所示,一个企业只有在生产中采用最低成本的技术时才是有自生能力的。在图 1 中,如果资本和劳动的相对价格是 C 曲线,则采用 A 点代表的技术就是成本最低的,任何其他技术选择,如 B 点,都会导致成本上升。市场竞争将使选择 A 点以外的各种技术的企业不具有自生能力。因此,在一个竞争市场中,给定劳动和资本的相对价格,则企业的自生能力取决于其技术选择。

在一个竞争性市场中,资本和劳动的相对价格决定于该经济的要素禀赋结构中资本和劳动的相对丰裕或稀缺程度。当劳动相对丰裕而资本相对稀缺时,等成本线类似于图 1 中的 C 线,当资本相对丰裕而劳动相对稀缺时,等成本线就会变化为类似于图 1 中的 D 线。因此,在一个竞争性市场中,企业的自生能力取决于其技术选择是否位于经济的相对要素禀赋结构所决定的最低成本线上。

上面的讨论可以扩展到生产许多不同产品的整个产业,以及拥有许多不同产业的经济中去。如图 2 所示,I_1、I_2、I_3 分别代表产业 I 中具有相同产出价值的三个不同产品的等产量线,三个产品的平均相对资本密集度从 I_1 到 I_3 递增。如图 2 所示,一个企业的自生能力取决于其产品和技术选择是否位于最低成本线上,该线又是由经济的相对要素禀赋所决定的。

一个产业可由其所有不同产品的等产值曲线的包络线来表示。一个产业等产值线上的每一个点都代表该产业中以一个特定技术生产的某一特定产品,同一个等产值线上的所有产品都有相同的价值。如图 3 所示,一个有三个不同产业(用 I、J 和 K 三个产业等产值线表示)的经济,图上的三个产业有相同的产值。如果劳动相对丰裕,等成本线是 C,则该经济在 I 和 J 产业具有比较优势,进入这两个产业并选择相应的技术生产产品 I_1(或 J_1)的企业就具有自生能力。假定随着资本相对丰裕度的提高,等成本线变化到 D 线,该经济的比较优势将相应变化,企业也只有将自己的产品或技术 J_1 调整到产业 J 中的 J_2,或者转移到 K 产业并生产 K_1 产品,才能继续保持自生能力。在 I 产业生产 I_1 产品的企业就会丧失自生能力。

从上面的讨论可知,企业自生能力的概念和经济的比较优势的概念密切相关,两者都是由经济的要素禀赋结构决定的。如果欠发达国家想缩小与发达国家的产业和技术结构差距,就必须首先缩小与发达国家的要素禀赋结构差距。

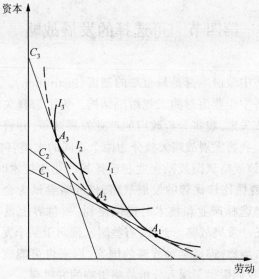

图 2　一个产业的生产选择

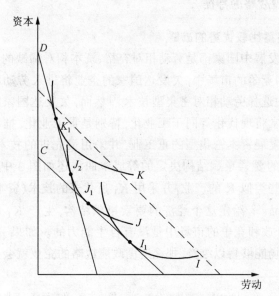

图 3　一个经济中的产业和产品选择

第四节 可选择的发展战略

在任何经济中政府本身是最重要的制度(institution)。它的经济政策决定了国民经济中企业面对的宏观激励结构。为了解释欠发达国家在收敛方面的成功或失败,我将分析政府的产业发展政策,并将它们概括为不同的发展战略。我将发展战略大概分为两个不同的大类:(1)违背比较优势的发展战略,该战略试图鼓励企业在选择其产业和技术时,忽视现有的比较优势;(2)遵循比较优势的发展战略,该战略尝试为企业按照经济中的现存比较优势选择产业和技术时提供便利。[①] 世界上没有哪个国家一贯地遵循上述任一发展战略。然而,有些国家偏向于某个发展战略而成为该战略的典型。当然,遵循某种战略的国家,后来也可能放弃该战略。不过,战略转换为我们提供了深入分析战略影响的好机会。

一、发展战略的特征

(一)违背比较优势的战略

大多数发展中国家都是劳动相对充裕、资本相对稀缺的,因此,在一个自由、开放和竞争的市场中,欠发达国家的企业将进入劳动相对密集型产业,在生产中选择劳动相对密集型技术。[②]然而,欠发达国家的政治领袖和知识精英常常将现代化等同于工业化,特别是重工业化,推动他们的国家尽可能快地发展资本密集型的重工业,并采用最先进的技术。也就是说,他们的经济的要素禀赋结构决定的等成本曲线还如图 3 中的 C 时,他们就想发展一些类似 K 的产业,并采用 K_1 所代表的技术(资本和劳动比率)来生产该产品。[③] 给定这个经济的要素禀赋结构,生产 K_1 产品的企业在一个自由、开放和竞争的市场中是没有自生能力的。如果一个自由、开放和竞争的市场能够得以维持,那么遵循政府战略的企业就会遭致相当于等

---

① 格里芬(Griffin 1999)将发展战略分为六类:货币主义、开放经济、工业化、绿色革命、再分配和社会主义战略。

② 为了简化起见,讨论时我忽略了自然资源禀赋。不过,即使将自然资源一并考虑,也并不影响讨论中得出的结论的有效性。

③ 重工业在过去是最先进的部门。今天欠发达国家违背比较优势战略的重点放在信息技术和其他高技术产业上,这些目前是资本最为密集型的领域。

成本曲线 C 和 C_1 之间距离的损失。我将这个损失取名为企业的政策性负担(policy burden)。因为政府要对企业进入和选择这个产业和技术负责,所以政府要承担企业的损失。因此,实施违背比较优势的战略,政府必须对企业进行政策补贴(policy subsidy),来弥补这一损失。①

在真实世界中,补偿政策负担的补贴需要多大,取决于政府倡导的产业和技术偏离经济的比较优势有多远。如果偏差比较小,那么政府就能够依靠税收激励或直接的财政转移支付对企业进行补贴。然而,欠发达国家政府采取违背比较优势战略时,这一偏差常常很大,为了实现发展战略所设定的目标,就需要有各种特殊的制度安排。

当欠发达国家政府追求违背比较优势的战略时,最常使用的手段是通过管制压低利率,以便减少项目的资本成本。另外,违背比较优势的战略项目所需设备一般在国内不能生产,需要从发达国家进口,因此需要大量的外汇支撑。然而,欠发达国家的出口有限而且主要是价值不高的农业和资源产品,而外汇一般是稀缺的、昂贵的。为了降低违背比较优势战略项目的设备进口成本,政府一般也会高估本币价值,低估外币价值。②

利率和汇率扭曲一方面刺激优先部门和非优先部门的企业需要更多的资本和外汇,另一方面也压抑了储蓄和出口的积极性,因此减少了经济中的资本和外汇的供给量。这样就会出现资本和外汇短缺,政府需要使用行政手段对资本和外汇储备实行配额分配,以便确保执行违背比较优势战略的企业能够有足够资源执行战略任务。市场的资源配置功能因此受到抑制,甚至被直接的政府配给所取代。③

从理论上来说,选择违背比较优势战略的政府只要补贴企业由于政策性负担造成的损失即可,然而,由于信息不对称,政府不能区分政策性负担

① 这次讨论的重点是欠发达国家的发展政策,发达国家政府可以采取其他形式的违背比较优势战略,比如常常出于保障就业的目的而保护夕阳产业中的企业,这些产业已经因为该国的禀赋结构升级而丧失比较优势。

② 欠发达国家追求违背比较优势战略,利率和汇率扭曲是很普遍的现象。选择重工业优先发展战略的社会主义国家和其他欠发达国家,原材料和生活必需品价格以及工资水平常常也被扭曲了(Lin et al. 1996)。

③ 选择违背比较优势战略的政府也能将资本配给那些不属于优先发展的产业中的企业。这事实上是社会主义计划经济中有过的实际经验。当然,非优先发展产业中的企业收到的资本会少于政府不选择该战略时的资本量。另外,在确保优先发展的产业资金配给之后,政府也可以经由市场来配置剩余的资本,不过,此时市场利率将会比资本完全由市场配置时高。市场工资率则正好相反,因为优先发展的产业对劳动的需求比较少,此时,市场工资率低于完全由市场配置时的水平。这样,非优先发展的产业中的企业就会在生产中选择比没有政府干预时更为劳动密集的技术。上面的分析也适用于对非优先发展产业中的企业的外汇配置情况。

诱致的损失和企业经营不善造成的损失。企业会将政策性负担作为借口，并动用一定的资源游说政府提供事前的政策优惠，如获取低息贷款，税收减免、关税保护、法律上赋予垄断权，等等，以便补偿政策性负担造成的损失。除了政策优惠，如果企业依然有损失，那么它们会再次要求政府提供事后的、特别的支持，如更多的优惠贷款。经济中会充满寻租行为。① 因为企业会利用政策性负担作为借口，要求得到更多的政府支持，也因为政府很难逃避这种责任，因此企业的预算约束软化(Lin and Tan 1999)。一旦企业的预算约束软化，企业的经理人员就没有压力提高生产率，于是会追求更多的在职消费和其他道德风险的行为。企业实际得到的补贴将会大大高于政策性负担所增加的成本。

（二）遵循比较优势的战略

欠发达国家的政府可以选择替代性的遵循比较优势的战略，鼓励企业进入该国具有比较优势的产业，在生产中选择能够使企业具备自生能力的技术。如上所述，该经济具有比较优势的产业和适合在生产中使用的技术都是由该国的相对要素禀赋所决定的。然而，作为微观单位的企业的经理人员，不大可能充分认识到或者识辨出实际的禀赋条件。他们关心的仅仅是企业产出品价格和生产成本。只有当要素相对价格正确地反映了各种要素的相对丰裕度时，他们才能进入一个正确的产业，选择一个正确的生产技术，而这又只能在市场是竞争性的时候才能做到。因此，当欠发达国家的政府选择了遵循比较优势的战略时，它的基本政策应该是为自由、开放和竞争的产品与要素市场的运转消除各种可能存在的障碍。

在前面的讨论中，我假定一个经济中的每一个企业都可以免费获取关于产品市场、产业和生产技术的各种信息。所以，当该经济的要素禀赋结构升级的时候，企业能够相应升级它的产品或技术，或者顺利地从资本相对不密集的产业转向资本相对更为密集的产业。然而，信息并不一定是可自由获得的。因此，花费一定资源搜寻和分析产业、产品及技术的信息就是必不可少的了。如果企业自己从事这些活动，那么它就会对这些信息保守秘密，其他企业相应也需要花费同样的资源去获得同样的信息，信息重复投资的现象就会出现。然而，信息具有公共产品性质，一旦信息收集和加工的工作完成，信息分享的成本接近于零。所以政府可以收集关于新产业、市场和技术方面的信息，然后以产业政策的形式免费提供给所有的企

---

① 寻租的损失估计要远远大于资源扭曲配置所造成的损失(Kruger 1974)。

业。

经济中的技术和产业升级常常要求不同企业和部门能够协同配合。例如,新的产业和技术对人力资本或技巧方面的要求可能不同于老的产业和技术,一个企业也许不能将这些新条件的供给完全内部化,需要依赖外部来源的帮助。所以,一个企业的产业和技术升级的成功与否也取决于企业之外是否存在新的人力资本的供给。除了人力资本外,这种升级也可能需要有新的金融制度、贸易安排、市场营销渠道等。因此,政府也可以使用产业政策协调不同产业和部门的企业,从而实现产业和技术的升级。

产业和技术升级是一种创新活动,本质上是有风险的。即使有政府产业政策提供的信息与协调,尝试实现产业和技术升级的企业也仍然有可能因为升级本身过于雄心勃勃、新的市场太小、协调不适当等等情况的出现而失败。一个企业的失败会告诉其他企业,这个产业政策不合适,它们因而能够通过不遵循这个政策而避免失败。也就是说,第一个企业支付了失败的成本,为其他企业提供了有价值的信息。如果第一个企业成功了,这个成功也会为其他企业提供外部性,促使其他企业从事类似的升级,第一个企业可能享有的创新租金也就会很快消失。这样,第一个企业可能的失败成本和成功红利之间是不对称的。为了补偿外部性和可能的成本与收益之间的不对称性,政府可以向首先响应政府产业政策的企业提供某种形式的补贴,如税收激励或贷款担保等。

需要注意的是,在遵循比较优势的战略和违背比较优势的战略中都可以有产业政策,但这两种战略中的产业政策存在本质的差别。在遵循比较优势的战略下,受到鼓励的新产业和技术与这个经济的要素禀赋结构所决定的比较优势的变动是一致的,而在违背比较优势的战略下,政府所要优先发展的产业和技术并不符合这个经济的比较优势。所以,在遵循比较优势的战略下,企业应该是有自生能力的,少量有一定期限的补贴就足以补偿信息的外部性,而在违背比较优势的战略下,企业没有自生能力,它们的生存需要依靠政府提供大量、连续的政策优惠或支持。①

比较日本、韩国、印度和中国的汽车生产方面的产业政策的成功与失败,可以很清楚地看出,遵循比较优势的战略和违背比较优势的战略下的

① 在讨论政府的产业政策和对企业的支持时,动态比较优势是一个常常使用的观点(Redding 1999)。然而,在我们的框架里,可以清楚地看到,这种观点只有当政府的支持仅限于克服信息成本和先驱企业对其他企业的外部性时才是成立的。产业应该与经济的比较优势相一致,新产业中的企业应该有自生能力,否则,一旦政府支持取消,这些企业就会倒闭。

产业政策差异。汽车工业是一个典型的资本密集型重工业,发展汽车工业是许多欠发达国家的梦想。日本在 20 世纪 60 年代中期选择了促进汽车产业发展的政策,并且取得了巨大的成功。日本的经验经常被用于支持发展中国应该采取促进重工业发展的产业政策的观点。韩国在 20 世纪 70 年代中期制定了促进汽车工业发展的政策,并且取得了有限的成功。中国和印度的汽车工业开始于 20 世纪 50 年代,两个国家的汽车工业自那时起到现在都需要依靠政府的保护才能生存。同样一个产业政策其成功或失败的原因是什么呢? 一旦我们将这些国家制定和开始执行它们的产业政策时的人均收入水平与美国的人均收入水平进行比较,问题就会变得很清楚 (参见表 1)。

表 1 人均收入水平

(单位:1990 年国际元)

	美国	日本	韩国	印度	中国
1955	10 970	2 695	1 197	665	818
1965	14 017	5 771	1 578	785	945
1975	16 060	10 973	3 475	900	1 250

资料来源:Maddison, Angus. *Monitoring the World Economy*, 1820—1992, Paris: OECD, 1995, pp.196—205.

人均收入是一个经济的劳动和资本相对丰裕度的好的近似。高收入国家资本丰裕,工资率高,低收入国家的情形则相反。表 1 表明,日本在 20 世纪 60 年代中期执行它的汽车产业政策时,人均收入超过美国当时人均收入的 40%。汽车产业那时并不是最为资本密集的产业,日本那时也不是资本稀缺的经济。日本通产省仅仅对日产和丰田提供了支持。然而,超过 10 家企业置通产省"不要进入汽车产业"的劝告于不顾,也开始生产汽车,虽然他们没有得到通产省的支持,但也都取得了同样的成功。以上证据表明,在 20 世纪 60 年代中期,日本的汽车企业是有自生能力的,通产省推动汽车发展的产业政策属于遵循比较优势的战略的政策。当韩国在 20 世纪 70 年代中执行汽车工业发展政策时,它的人均收入仅仅相当于美国当时人均收入的大约 20%,相当于日本当时人均收入的大约 30%。这可能就是韩国政府需要给予它的汽车企业比日本政府所给予的支持更多、更久的原因。即使有这样的支持,韩国的三个汽车企业最近还是有两个陷入破产困境。当中国和印度在 20 世纪 50 年代执行它们的汽车工业发展政策时,它们的人均收入还不到美国的 10%。中国和印度的汽车企业一点自生能力都没有,即使到了今天,它们的生存仍然要依靠政府的高度保护。[1]

二、人力资本和经济发展

在上述讨论中,我们的重点在于物质资本的积累,以及它对一个经济的产业和技术升级的决定性影响。人力资本在发展过程中的作用近年来已经受到发展文献的大量关注。最近旨在解释跨国收入差距的经验研究中已经将人力资本作为生产函数中的一个解释变量,并且已经发现人力资本对经济增长有积极影响(Mankiw, Romer and Weil 1992;Caselli, Esquivel and Lefort 1996;Klenow and Rodriguez 1997;Barro 1997)。

人力资本积累在欠发达国家发展战略中处于什么地位?如果欠发达国家选择遵循比较优势的战略,那么要素禀赋结构的升级就会很快,产业和技术结构的升级也很快。这种升级实际上是一种创新,即使升级的过程是对更为先进的国家现存的产业和技术的模仿。经理人员或工人们在升级过程中需要面对和解决新技巧、生产、市场营销等方面带来的不确定性的问题,还需要对引进的技术做出许多改良,以适应本国的环境。提高经理人员和工人的人力资本将有助于他们应付不确定性,并进行必要的改良(Schultz 1975)。当一个发展中国家缩小其与发达国家的产业和技术差距时,它将离开成熟的,向比较新的、不成熟的、不确定的产业和技术靠拢,这将要求有更多的人力资本。也就是说,在新的、前沿性的产业和技术中,人力资本与物质资本的互补性越来越强。[2] 由于物质资本和人力资本之间存在互补性,在收敛过程中同时积累物质资本和人力资本是很有必要的。然而,人力资本并不是物质资本的替代物,人力资本的过度积累会导致资源的浪费。第二次世界大战以后,有许多科学家和工程技术人员从印度、

---

① 20世纪50年代和20世纪60年代欠发达国家绝大多数的大推进努力都失败了。然而,墨菲、施雷弗和维希尼很有影响的文章发表之后(Murphy, Shleifer, and Vishny 1989a, b),人们又重新对这个思想产生了兴趣。他们的文章表明,政府的协调和支持对于建立关键性产业是必要的,从关键性产业向其他产业产生的需求溢出会刺激经济增长。然而,"大推进"战略要取得成功,受到推进的产业必须符合经济的相对要素禀赋决定的比较优势,受到推进的产业中的企业在推进后必须具备自生能力。偏离比较优势是20世纪50年代和20世纪60年代发达国家大推进努力失败的原因。

② 近年来,许多文章都认为,不同的技术可能要求有不同程度的熟练劳动和非熟练劳动偏向(Katz and Murphy 1992;Berman, Bound and Griliches 1994;Acemoglu 1998;Caselli 1999)。关于技巧互补性的这个思想已经被用来解释美国20世纪80年代和20世纪90年代工资不平等性的上升现象。

拉丁美洲和其他发展中国家移居到美国，他们对其祖国的经济增长直接贡献很小。不过，这些科学家和工程技术人员不应该受到谴责，因为他们祖国的要素禀赋结构比较低，以致他们中的许多人不大可能在祖国找到合适的位置去利用他们的人力资本。

三、遵循比较优势的战略和违背比较优势的战略的比较

试图赶超发达国家对于欠发达国家来说是无可非议的。违背比较优势的战略对欠发达国家的政治领导人和普通民众，包括知识精英，是很有吸引力的。因为大多数人直接观察到的是发达国家和他们自己的国家在产业和技术结构上的差距，以及产业和技术结构和人均收入之间的关系。然而，遵循比较优势的战略将使一个发展中国家赶上发达国家，而违背比较优势的战略事实上会扼杀一个发展中国家赶上发达国家的机会。许多其他理论也都试图解释欠发达国家在取得持续经济发展方面的成功或失败，为遵循比较优势的战略或违背比较优势的战略的理论框架提供了一个统一的解释。

（一）资本积累

一个经济的产业和技术结构由其要素禀赋结构内生决定，所以，如果一个欠发达国家想在产业和技术结构上赶上发达国家，就必须首先缩小与发达国家的要素禀赋结构的差距。要素禀赋结构的升级意味着资本相对于劳动的增长。资本积累取决于企业提供的剩余或利润的规模，以及经济活动人的储蓄率。当一个企业进入具有比较优势的产业，并且在生产中选择了成本最低的技术时，作为遵循比较优势的战略的结果，这个企业将是有竞争力的，占有最大的市场份额，拥有最大的剩余或利润。同时，当资本用在具有比较优势的产业中时，资本有最大可能的回报率，因此，经济活动人的储蓄激励最高。而且，政府不会扭曲要素和产品价格，也不会动用行政力量创造合法的垄断，于是，就不存在浪费性的寻租活动。企业将拥有硬的预算约束，需要通过提高管理和竞争力赚取利润。违背比较优势的战略将导致与遵循比较优势的战略恰恰相反的结果。处于要优先发展的产业中的企业的竞争力、资本回报率、寻租活动、预算约束软化等方面都是如此。所以，遵循比较优势的发展战略下的要素禀赋结构的升级将快于违背比较优势的战略。

（二）技术转移

要素禀赋结构升级为产业和技术结构升级提供了基础（Basu and Weil

1998)。对于欠发达国家的企业来说,要升级的产业和技术是新的,需要从发达国家转移过来。学习成本在遵循比较优势的战略下要比违背比较优势的战略小,因为新的与老的产业和技术之间的差距在前一战略下比在后一战略下小(Barro and Sala-I-Martin 1997)。而且,在遵循比较优势的战略下,对许多目标技术的专利保护可能已经过期,即使仍然处于专利保护之下,购买专利的费用也将低于违背比较优势战略的费用,因为在相同条件下,遵循比较优势的战略的目标技术比违背比较优势的战略的目标技术要旧一些。有时,在违背比较优势的战略下,企业可能无法从发达国家获取所需要的技术,需要"再发明轮子"(reinvent the wheel),自己投资于成本高、风险大的技术研究和发展。所以,技术的获取成本在遵循比较优势的战略下比在违背比较优势的战略下低。

(三) 国际贸易的开放程度

许多经验研究表明,更为开放的国家的收敛趋势要比更为封闭的国家的收敛趋势大(Harberger 1984, Dollar 1992, Warner 1992, Ben-David 1993, Sachs and Warner 1995, Harrison 1996, Michaely 1977, Frankel and Romer 1999)。国际贸易被认为是有利于国际间的技术扩散。李(Lee 1995)发现,进口更多资本品的国家倾向于增长更快,这意味着新技术可能体现在资本品中。然而,罗德里格斯和罗德里克(Rodríguez and Rodrik 2000)却认为,"这个文献中的经验分析所牵涉到的方法论问题使人们可以对这些结果给出不同的解释",贸易政策的作用并不清楚。如果设备的进口促进了技术转移,那么政府是应该采取措施促进设备进口,还是最好追求贸易自由化,实行低关税和非关税的贸易壁垒?

在我们的框架里,选择遵循比较优势的发展战略的国家将进口不具备比较优势的产品,同时出口具有比较优势的产品。对这样的国家来说,开放程度是由国家的要素禀赋结构所内生决定的因素,而不是外生决定的参数。如果欠发达国家的政府选择了违背比较优势的发展战略,试图以国内生产替代资本密集型制造品的进口,那么它的进出口贸易都将被削弱。出口贸易被削弱是因为资源会被从具有比较优势的产业转移到发展不具比较优势的产业,而且,为了促进不具比较优势的产业的发展,本币价值会被高估,从而阻碍出口。社会主义经济、印度和拉丁美洲国家属于这种情况。与选择了遵循比较优势的战略的国家相比,这些国家的增长绩效很不理想。欠发达国家政府可能选择违背比较优势的战略,同时也鼓励优先发展的资本密集型产业扩大出口。在这种情况下,即使企业的产品拥有很高的出口比率并且技术进步的速度很快，出口也会是没有利润的。[①] 在这种情况下，企业的生存需要依靠国内市场的保护、银行的优惠贷款和其他的政策支持。这个国家的外汇储备会很少，会积累很多外债，使这个国家容易受到外部冲击的影响。[②] 对于欠发达经济来说，选择违背比较优势的战略，同时鼓励出口，可能要比选择违背比较优势的战略，同时鼓励进口替代要好。然而，选择鼓励出口战略的经济整体绩效将比选择遵循比较优势的战略的经济差。[③] 因此，并不是更为外贸导向的政策就是促进欠发达国家增长的更好的政策。

（四）金融深化

自从肖（Shaw 1969）和麦金农（Mckinnon 1973）的先驱性著作问世以来，许多研究人员都认为，金融深化和经济增长之间存在因果关系。经常用来度量金融深化的指标要么是 M2 与 GDP 的比值，要么是金融中介机构向私人部门提供的信贷值与 GDP 的比值。这种关系受到列文（Levine 1997, 2000）、拉贾和泽盖尔斯（Rajan and Zingales 1998）的经验研究的支持。

然而，欠发达国家金融深化的程度在很大程度上内生决定于政府的发展战略。在违背比较优势的战略下，政府发展战略的载体是大型企业。为了满足并不具有自生能力的大型企业的金融需要，政府常常对企业实行国有化，越过金融中介，使用直接的财政拨款向这些企业提供支持，前社会主义计划经济、印度和其他欠发达国家就是这样做的。即使政府依靠私人企业充当违背比较优势的战略载体，大型企业的金融需求也是很大的，并且只能通过严重管制的垄断性银行体系才能满足这种需求。无论哪一种情况，金融体系都发育不健全。然而，欠发达国家最有竞争能力和活力的企业是劳动密集型的中小企业，它们在获取金融服务时经常受到歧视甚至根本得不到服务。所以，金融体系是非常没有效率的。而且，优先发展部门中的企业虽然在获取银行贷款方面享有优先权，但是却没有自生能力，可能也无力偿还贷款。银行常常因为向优先发展部门中的大型企业贷款而

---

① 20世纪 90 年代初我曾经在美国遇到过现代汽车公司的高级经理人员，他告诉我，即使现在成功地向美国市场出口小汽车，10 年以后仍然会处于亏本状态。

② 韩国是该战略的一个很好的例子。

③ 台湾地区和韩国是一个好的比较，台湾地区始终较好地遵循了比较优势的战略，而韩国则常常试图从遵循比较优势的战略转向违背比较优势的战略，结果台湾地区的 GDP 增长率、收入分配、宏观稳定性和其他发展指标都优于韩国。

积累了大量坏账，导致金融危机的爆发。欠发达国家金融深化的一个前提条件是政府发展战略从违背比较优势的战略转向遵循比较优势的战略。

(五) 宏观经济稳定

大量的经验研究表明，宏观经济不稳定会阻碍长期增长(Barro 1997 etc.)。如果欠发达国家政府选择了违背比较优势的战略，要优先发展的产业中的企业是没有自生能力的，需要依靠优惠贷款、贸易壁垒保护和其他的政策支持才能生存。因为现有的比较优势没有被利用，所以经济作为整体是没有竞争力的，比较优势的动态变化不能实现，经济绩效因此很差，国民经济的金融部门脆弱，外汇账户不佳。当财政赤字、债务负担和金融脆弱性积累到一定程度的时候，宏观经济稳定就会难以为继。遵循比较优势战略的国家拥有更好的外汇账户、更为健康的金融和财政体系，能够更有力地抵御外部冲击，所以宏观经济稳定性也更好。[①]

(六) 收入分配

收入分配与经济发展之间的关系是发展经济学最为古老的研究课题之一。库兹涅茨(Kuznets 1955)提出了一个"倒U形"假说，认为不平等在经济发展初期倾向于扩大，晚期倾向于缩小。经验证据对于这个假说的支持是混淆的。鲍克特(Paukert 1973)、克莱恩(Cline 1975)、钱纳里和赛尔奎因(Chenery and Syrquin 1975)、阿鲁瓦利亚(Ahluwalia 1976)等人的研究支持了这一假说。然而，菲尔兹(Fields 1991)对19个国家43个年份数据资料的研究发现，穷国的不平等程度并没有呈现出上升的趋势，而富国也没有出现下降的趋势。不过，费景汉、拉尼斯和郭(Fei, Ranis, and Kuo 1979)对我国台湾地区的研究表明，台湾地区经济增长与平等是相伴而生的。我认为，欠发达国家选择遵循比较优势的战略将有助于缓解收入不平等程度，而选择违背比较优势的战略将会加剧收入的不平等程度。欠发达国家穷人最重要的资产是自己的劳动力。遵循比较优势的战略将通过更为劳动密集型产业的发展导致持续的经济增长，为穷人创造更多的就业机会，提高其工资率，从而使穷人有机会分享增长的好处。相反，违背比较优势的战略会通过促进更为资本密集型产业的发展减少穷人的工作机会，压低穷人的工资率；同时，增长也不是可持续的，当经济崩溃的时候，穷人将

[①] 最近爆发的东亚金融危机中，台湾地区、香港地区、新加坡和马来西亚受到的影响相对轻微，而韩国、印度尼西亚以及其他国家和地区受到的打击相对较重。在这两组经济体中，表现各异的一个原因是它们的发展战略各不相同。前者更好地遵循了比较优势的发展战略，后者则选择了违背比较优势的发展战略 (Lin 2000)。

遭受最大的困难，最近东亚金融危机的情形即是如此（Stiglitz 1998）。

四、发展战略的选择

20 世纪发展经济学开始形成的时候，发展经济学家当中盛行的观点是建议欠发达国家的政府忽略自己的比较优势，选择内向型发展战略，它是违背比较优势的战略中的一种，例如，重工业优先发展战略或进口替代战略。违背比较优势的战略提倡者常常混淆了比较优势动态变化的因果关系。他们提倡欠发达国家抛开要素禀赋中资本相对稀缺的约束，直接建立与发达国家相似的资本密集型产业。他们认为，如果欠发达国家绕过发展劳动密集型或资本密集型产业阶段，经济发展就可以加速。

我认为发展与一个经济的比较优势相一致的产业和技术结构是国际间技术扩散，从而加速经济增长、实现与发达国家经济发展水平收敛的关键。一个经济的比较优势的动态变化取决于其要素禀赋结构的动态变化，而后者又相应取决于其资本积累的速度，资本积累的速度又取决于经济活动人在选择其产业和技术时，是否很好地利用了现存的比较优势。欠发达国家利用要素禀赋的比较优势作为选择产业和技术的基本指导原则，会最小化模仿成本，要素禀赋结构会升级得更快，使产业和技术结构得以持续升级。东亚"四小龙"发展经验是遵循比较优势的战略优点的很好例证。

与其他发展中经济类似，中国台湾地区、韩国、中国香港地区和新加坡在"二战"后十分贫穷。20 世纪 50 年代初，它们的工业化水平很低，资本和外汇极端缺乏，人均收入很低。与其他发展中经济类似，它们也面临选择合适路径以发展经济的问题。台湾地区、韩国和新加坡一开始选择的是进口替代的违背比较优势的战略，但是不久就放弃了在初始阶段就发展重工业的尝试。相反，根据它们的要素禀赋，它们积极地发展劳动密集型产业，鼓励出口，扩大外向型经济，以便充分利用它们的比较优势。

在发达国家，如欧洲、美国和日本，因为资本变得越来越充裕，工资率也在上升，劳动密集型产业逐渐被技术和资本较为密集的产业所取代。中国香港地区、中国台湾地区、韩国和新加坡有充裕的、廉价的劳动力，所以当发达国家的比较优势产业变为资本、技术更为密集时，"四小龙"能够充分利用这种动态变化的机会。通过贸易联系和经济开放，发达国家的劳动密集型产业转移到这些亚洲经济中。由于充分利用了自己的比较优势，亚洲"四小龙"十分具有竞争力，能够取得快速的资本积累。伴随着资本积累和比较优势的变化，它们的产业逐渐升级为更加资本密集和技术密集的产业。因此,"四小龙"能够维持超过 30 年的快速增长,首先成为新兴工业化经济,然后达到或接近了发达经济的水平。这一杰出成就引起了世界的瞩目。

20 世纪 50 年代大多数发展中经济选择了违背比较优势的战略,并且在相当长的时间里维持了这一战略。为什么中国香港从来没有尝试实行违背比较优势的战略,而中国台湾、韩国和新加坡却很快就从违背比较优势的战略转向遵循比较优势的战略?这些"小龙"仅仅是因为运气好还是它们的领导人的智慧导致选择了遵循比较优势的战略?拉尼斯和穆罕默德(Ranis and Mahmood 1992)认为,成功应该归因于这些经济自然资源贫乏。另外,我认为人口规模小也是原因。违背比较优势的战略十分无效率,成本很高。欠发达经济实行这个战略能够维持多久,取决于政府能够动员多少资源来支持它。人均自然资源越多,或者人口规模越大,政府为了支持这一低效率战略所能够动员的资源也就越多。对于自然资源贫乏,人口规模小的经济来说,选择违背比较优势的战略很快就会引发经济危机。那时,政府将没有其他选择,只能被迫执行改革和战略转变(Edwards 1995)。事实上,受到 20 世纪 50 年代流行的经济思想的影响,中国台湾和韩国的许多领导人和知识精英从未放弃加速发展资本密集型重工业的渴望。然而,它们的人均自然资源极端贫乏,人口规模太小。20 世纪 50 年代初台湾一实施违背比较优势的战略马上导致巨大的财政赤字和很高的通货膨胀,不久政府就被迫放弃这一战略 (Tsiang 1984)。20 世纪 70 年代韩国选择重机、重化工业推进战略时,类似的结果出现了,推进战略被推迟。新加坡和香港人口规模都太小,自然资源极度贫乏,难以实施违背比较优势的战略。

第五节　战略选择和收敛:经验检验

本节第三部分有关遵循比较优势战略和违背比较优势战略的各种层面的比较可以从经验上加以检验。刘明兴和我的其他在北京大学的博士生正尝试用跨国的时间系列数据和中国的跨省时间系列数据来检验这些比较的各种推论。在这个部分,我将集中讨论发展战略选择对收入水平收敛的影响。

一、战略选择的经验测度

遵循比较优势的战略要求一个经济的制造业部门资本密集度内生决定于该经济的要素禀赋。也就是说，一个经济的制造业部门最优资本密集度 K_i/L_i 与该经济的资本禀赋 K 和劳动禀赋 L 具有如下函数关系：

$$\left(\frac{K_i}{L_i}\right)^* = F\left(\frac{K}{L}\right) \tag{1}$$

为了测度一个经济对遵循比较优势的战略偏离的程度，我首先构建一个简单的统计指标 TCI，它是制造业部门实际的技术选择指数，即制造业的实际资本劳动比率与整个国民经济的资本劳动比率之间的比值。即

$$\text{TCI} = \frac{(K_i/L_i)}{(K/L)} \tag{2}$$

图 4 给出了 1970—1992 年 42 个国家的 TCI、人均 GDP 和 GDP 增长率之间的关系。[①] 如图 4 所示，如果控制了人均收入水平变量，那么 TCI 和增长率之间存在负相关的关系。

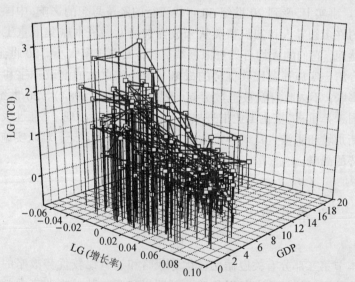

图 4　TCI、人均 GDP 和 GDP 增长率

---

① 1970—1992 年 42 个国家人均 GDP、GDP 增长率和 TCI 数据列在附录 I 中，计算 TCI 的方法和数据来源列在附录 II 中。

根据我们的理论,政府选择违背比较优势的战略或遵循比较优势的战略将影响对 TCI 的选择。

然后我将定义制造业部门的最优技术选择指数 TCI*,根据方程(1)的一阶泰勒展开式,我们得到

$$\left(\frac{K_i}{L_i}\right)^* = \omega\left(\frac{K}{L}\right) \tag{3}$$

其中 ω 是个常量,最优技术选择指数 TCI* 定义为

$$TCI^* = \frac{(K_i/L_i)^*}{(K/L)} = \omega \tag{4}$$

也就是说,TCI* 是给定要素禀赋下的最优 TCI。[①]

我们将政府的发展战略间接测度如下:[②]

$$DS = TCI/TCI^* - TCI/\omega \tag{5}$$

如果政府选择遵循比较优势的战略,我们预期 DS=1。如果政府选择违背比较优势的战略促进资本密集型产业发展,我们预期 DS>1,如果政府选择违背比较优势的战略保护它的传统部门,以便达到就业等目的,我们预期 DS<1。DS 越偏离 1,违背比较优势的战略就越明显。虽然 TCI* 不能直接被观察到,我们在实证研究中分析的计量经济模型就是建立在上述思想的基础上。

很显然,上面的指标以制造业资本密集度为基础,并不代表发展战略的全部图景及其对经济增长的影响。例如,政府可能只支持若干产业,而不是全部制造业;或者它可能仅仅支持某一个产业中的一些大企业,而不是这个产业中的所有企业。另外,要素禀赋的测度是不完备的,特别是无法分开熟练劳动和非熟练劳动,而且,各个经济的自然资源禀赋的差异也被忽略了。那些是将来需要研究的课题。

二、经验式设定

用来检验战略选择效应的方法是达尔劳夫和夸(Durlauf and Quah 1999)所讨论的条件 β 收敛。我首先估计人均 GDP 围绕其稳定状态的转换路径的对数线性近似的导数增长方程。与一般的新古典模型不同,这种

---

① 除了要素禀赋之外,TCI* 预期是经济发展阶段和自然资源相对丰裕度的函数。
② 这个测度首先用于林和姚的研究中(Lin and Yao 2001)。

方法明显考虑了经济增长中存在多个均衡的可能性。[①]

考虑下述方程：

$$\frac{\log y_{j(T+t)} - \log y_{jt}}{T} = C + (e^{\lambda_{jt}T} - 1)\log y_{jt} + BX + \varepsilon_{jt} \tag{6}$$

这里 y_{jt} 是 j 国在 t 年的人均 GDP，X 是解释变量，常数项 C 可以分解为特定国家效应和特定时间效应，即 $C = \mu_j + \kappa_t$，收敛率 λ_{jt} 不是常数。[②] 我们将 λ_{jt} 的动态调整归因于发展战略的选择，并将其设定为：

$$e^{\lambda_{jt}T} - 1 \triangleq \beta_1 + \beta_2[\log(DS)]^2 = \beta_1 + \beta_2[\log(TCI_{jt}) - \log(\omega)]^2 \tag{7}$$

这里 $\beta_1 < 0, \beta_2 > 0$。为了简化起见，我们假定从 t 到 $t + T$ 期间，最优技术选择指数 TCI^* 是一个正的常数 ω。我们将 β_1 看作是遵循比较优势的战略下的自然条件。这样，任何由于违背比较优势的战略引致的对 TCI^* 的偏离将因为资本积累率和技术进步率被压低和技术模仿成本上升而降低收敛率。

将(7)代入(6)式，我们可以得出下面的设定式：

$$\frac{\log y_{j(T+t)} - \log y_{jt}}{T} = C + \gamma\log y_{jt} + \beta_2\log y_{jt}\log^2 TCI_{jt}$$
$$+ \beta_3\log y_{jt}\log TCI_{jt} + BX + \varepsilon_{jt} \tag{8}$$

这里

$$C = \mu_j + \kappa_t; \quad \gamma = \beta_1 + \beta_2\log(\omega); \quad \beta_3 = -2\beta_2\log(\omega)$$

很明显，如果政府选择了遵循比较优势的战略，则(8)式将简化为新古典模型中的一般设定，如果相反，则收敛不会发生。具体地说，如果政府选择违背比较优势的战略，γ 可以为正也可以为负。也就是说，初始的人均收入水平对增长率的影响在违背比较优势的战略下是不确定的。为了检验战略选择对收敛的影响，我们将特别关注 β_2 和 β_3 的回归结果。根据我们的假设，预期 $\beta_2 > 0, \beta_3 < 0$。

---

① 另外一种方法值得注意，该方法集中关注生产函数的非凸性和贫困陷阱，使用这种方法在跨国动态变动中可以发现多个区段，带有所谓的极化效应，各个区段中的收敛率根据时间和初始状态的不同而变化（Durlauf 1993；Galor and Zeira 1993）。这些发现表明，初始条件对于收敛是重要的。然而，这种方法太简单，仅仅通过门槛效应不足以解释东亚新工业化经济的成功，因为它们的初始条件与其他不成功的亚洲经济如菲律宾、泰国和印度尼西亚之间的差别并不是很显著。

② 在一般的情况下，$\lambda = -(1 - \alpha_h - \alpha_p)(\delta + \nu + \xi)$，这里 α_h, α_p 是人力资本和物质资本的生产弹性，$\alpha_p + \alpha_h < 1$，δ 是折旧率，ν 是劳动增长率，ξ 是技术进步率（Durlauf and Quah 1999）。既然所有的参数都是外生给定的，那么 λ 在收敛路径上就必须是个常数。

三、数据

数据包括 1970—1992 年的 42 个国家。人均 GDP 将以两种不同的方法应用于回归分析中,第一个方法用的是每年的观察值,第二个方法除 1990—1992 年外使用的都是每 5 年的平均值。[①] 除了使用总体样本之外,我们还使用 29 个国家的子样本,这些国家 1970 年的人均 GDP 低于 8 000 美元,因为发达国家和欠发达国家政府扮演的角色很不相同。

因变量是真实人均 GDP 增长率,我们取人均 GDP 对数值的差分,人均 GDP 是 1 年或 5 年的平均数。

解释变量包括除了 TCI 之外的若干自变量:

GDP:期初真实人均 GDP 作为初始条件的近似指标。在 5 年平均的数据集中,GDP 包括 1970 年、1975 年、1980 年、1985 年、1990 年的观察值。估计系数符号预期为负。

GDP-1:滞后一年的真实人均 GDP 的数值。这个变量作为年度数据集中的初始条件。GDP 数字取自萨默斯和海斯顿(Summers and Heston 1991)构建的世界全表第 5.6 表(Penn World Tables Mark 5.6)。这些数据是用 1985 年的价格(美元)计算的,并且根据购买力平价加以调整。估计系数预计符号为负。

Investment:总投资占 GDP 的比率包括私人投资和公共投资,数据由伊斯特利和于(Easterly and Yu 2000)提供。估计系数预计符号为正。

Openness:进出口总值占 GDP 的比率,数据由伊斯特利和于(Easterly and Yu 2000)提供。估计系数预计符号为正。

Inflation:通货膨胀率,数据由伊斯特利和于(Easterly and Yu 2000)提供。估计系数预计符号为负。

Education-p:1970 年、1975 年、1980 年、1985 年和 1990 年受过初等教育的人口占总人口的比率,数据取自巴罗和李(Barro and Lee 2000)。估计系数预计符号为正。

Education-s:1970 年、1975 年、1980 年、1985 年和 1990 年受过中等教育的人口占总人口的比率,数据取自巴罗和李(Barro and Lee 2000)。估计

---

① 一般地说,给定时间长度上的平均值能够消除商业周期的影响。然而,时间长度的随意选择也会导致回归模型的设定错误。事实上,并没有一个理论的规则可让我们用来分析更高或更低的频率的平均值所可能导致的设定错误的程度。

系数预计符号为正。

Pol：政治约束的指标是由海因兹构造的(Henisz 2001)。这个指标越高，政治变化的风险越低，政治权力越分散。估计系数预计有正的符号。

Dummy Variables for legal origin：根据拉鲍特等人的研究(LaPorta, et al. 1999)，国家法律结构的起源可以分为四类：不列颠、法国、德国和斯堪迪纳维亚。我们使用下列观察值代表这个变量：BL、FL、GL、SL。BL 作为回归中的参考变量。

至于对 5 年平均数据的回归，TCI、Investment、Openness、Inflation 和 Pol 都是用 5 年平均值构造的，而 Education-p 和 Education-s 则是用期初的观察值。上面的所有回归中的解释变量取其自然对数值。在对年度数据集的回归中，用 TCI 的一年期滞后值——TCI-1，作为解释变量。Investment、Openness 和 Inflation 用的是当期观察值。人力资本变量没有在回归中得到体现，因为数据集仅仅有 5 年平均的观察值。

四、结果

经验估计结果列在表 2 和表 3 中。表 2 给出了年度数据集的回归结果，而表 3 则给出了 5 年平均值数据集的回归结果。表 2 中的模型 I 和模

表 2　年度数据集的回归结果

	模型 I (Obs. = 886)	模型 II (Obs. = 600)
LogGDP-1	$-0.89641E\text{-}01^{***}$ $(0.11185E\text{-}01)$	$-0.85434E\text{-}01^{***}$ $(0.13219E\text{-}01)$
LogGDP-1 * Log^{2}TCI-1	$0.68203E\text{-}03$ $(0.46574E\text{-}03)$	$0.11959E\text{-}02^{*}$ $(0.63896E\text{-}03)$
LogGDP-1 * LogTCI-1	$-0.18677E\text{-}02^{*}$ $(0.10647E\text{-}02)$	$-0.32853E\text{-}02^{**}$ $(0.16049E\text{-}02)$
通货膨胀	$-0.46708E\text{-}01^{***}$ $(0.58368E\text{-}02)$	$-0.45731E\text{-}01^{***}$ $(0.67713E\text{-}02)$
开放度	$0.33055E\text{-}01^{***}$ $(0.90370E\text{-}02)$	$0.29379E\text{-}01^{***}$ $(0.11008E\text{-}01)$
投资	$0.67009E\text{-}01^{***}$ $(0.76987E\text{-}02)$	$0.64519E\text{-}01^{***}$ $(0.96987E\text{-}02)$
调整后的 R^2	0.33793	0.32896
豪斯曼检验	67.72	41.32

　1. 括号中数字为标准差。

　2. ＊、＊＊和＊＊＊分别表示 10%、5% 和 1% 的显著性水平。

型 II 以及表 3 中的模型 III 和模型 IV 是双向固定效应模型（two-way fixed-effect model）的估计结果，国家效应和时间效应都被控制了。LSDV 方法被用来把数据拟合于模型。豪斯曼检验（Hausman test）结果列在表 2 和表 3 的底部，检验拒绝了随机效应模型的零假设，从而支持了双向固定效应模型。表 3 模型 V 和模型 VI 反映的是单向固定时间效应模型的回归结果，这两个模型包括政治约束和法律起源的虚拟变量。模型 I、模型 III 和模型 V 使用的是总体样本，而模型 II、模型 IV 和模型 VI 使用的是 1970 年人均 GDP 低于 8 000 美元的国家组成的子样本。

表 3　5 年平均数据集的回归结果

	模型 III (Obs. = 201)	模型 IV (Obs. = 136)	模型 V (Obs. = 201)	模型 VI (Obs. = 136)
LogGDP	$-0.42640\mathrm{E}-01^{***}$ (0.10306E-01)	$-0.44530\mathrm{E}-01^{***}$ (0.10907E-01)	$-0.82460\mathrm{E}-02^{**}$ (0.37902E-02)	$-0.90825\mathrm{E}-02^{**}$ (0.44538E-02)
LogGDP* Log^{2}TCI	$0.86405\mathrm{E}-03^{*}$ (0.45245E-03)	$0.89225\mathrm{E}-03^{*}$ (0.52083E-03)	0.30802E-03 (0.23693E-03)	$0.58707\mathrm{E}-03^{*}$ (0.33046E-03)
LogGDP* LogTCI	$-0.23821\mathrm{E}-02^{**}$ (0.99086E-03)	$-0.25642\mathrm{E}-02^{**}$ (0.12511E-02)	$-0.16764\mathrm{E}-02^{**}$ (0.67425E-03)	$-0.25754\mathrm{E}-02^{**}$ (0.10068E-02)
通货膨胀	$-0.10459\mathrm{E}-01^{*}$ (0.57277E-02)	$-0.11851\mathrm{E}-01^{**}$ (0.59153E-02)	$-0.11167\mathrm{E}-01^{**}$ (0.49085E-02)	$-0.12434\mathrm{E}-01^{**}$ (0.54388E-02)
开放度	$0.28237\mathrm{E}-01^{***}$ (0.10022E-01)	$0.25110\mathrm{E}-01^{**}$ (0.10793E-01)	$0.81303\mathrm{E}-02^{**}$ (0.34001E-02)	0.75129E-02 (0.47006E-02)
投资	$0.42788\mathrm{E}-01^{***}$ (0.10165E-01)	$0.39041\mathrm{E}-01^{***}$ (0.11548E-01)	$0.35084\mathrm{E}-01^{***}$ (0.76988E-02)	$0.31956\mathrm{E}-01^{***}$ (0.10028E-01)
Education-p	$-0.10806\mathrm{E}-01^{*}$ (0.55044E-02)	$-0.25344\mathrm{E}-01^{***}$ (0.82304E-02)	$-0.68793\mathrm{E}-02^{*}$ (0.34875E-02)	$-0.10148\mathrm{E}-01^{**}$ (0.47608E-02)
Education-s	$-0.10742\mathrm{E}-01^{*}$ (0.63716E-02)	$-0.91805\mathrm{E}-02$ (0.78165E-02)	$-0.46554\mathrm{E}-02$ (0.42407E-02)	$-0.12531\mathrm{E}-02$ (0.51602E-02)
Pol			0.42712E-02 (0.11214E-01)	0.37748E-03 (0.12444E-01)
FL			$0.76658\mathrm{E}-02^{*}$ (0.42881E-02)	$0.11658\mathrm{E}-01^{**}$ (0.54501E-02)
GL			$0.24761\mathrm{E}-01^{***}$ (0.52964E-02)	$0.29076\mathrm{E}-01^{***}$ (0.71247E-02)
SL			0.25582E-02 (0.52345E-02)	0.48341E-02 (0.12242E-01)
调整后的 R^2	0.59512	0.65520	0.38537	0.42009
豪斯曼检验	25.75	23.9		

1．括号中的数字为标准差。
2．*、**和***分别表示 10%、5%和 1%的显著性水平。

根据表 2 和表 3 给出的结果，我们可以看到，β_2 和 β_3 在所有模型中的符号都与预期的相同，而且，除了模型 1 和模型 5 中的 β_2 之外，估计结果

表 4　没有内生变量的回归结果

	年度数据集的回归结果（双向固定效应）		五年平均数据集的回归结果（单向固定效应）			
	模型 I (Obs. = 924)	模型 II (Obs. = 638)	模型 III (Obs. = 210)	模型 IV (Obs. = 145)	模型 V (Obs. = 210)	模型 VI (Obs. = 145)
LogGDP	-0.53626E-01*** (0.12016E-01)	-0.50957E-01*** (0.14083E-01)	-0.30991E-01*** (0.10909E-01)	-0.27513E-01** (0.11880E-01)	-0.10535E-01*** (0.36427E-02)	-0.91645E-02** (0.43947E-02)
LogGDP*Log²TCI	0.45785E-03 (0.51674E-03)	0.12292E-02* (0.69159E-03)	0.54305E-03 (0.51031E-03)	0.89087E-03 (0.61539E-03)	0.23366E-03 (0.24620E-03)	0.75879E-03** (0.33883E-03)
LogGDP*LogTCI	-0.28977E-02*** (0.11495E-02)	-0.49225E-02*** (0.16819E-02)	-0.35918E-02*** (0.10456E-02)	-0.44629E-02*** (0.13793E-02)	-0.21810E-02*** (0.69630E-03)	-0.36917E-02*** (0.98772E-03)
Pol					-0.85715E-02 (0.11335E-01)	-0.13195E-01 (0.12265E-01)
FL					0.67920E-02* (0.38512E-02)	0.73152E-02 (0.49198E-02)
GL					0.29694E-01*** (0.52554E-02)	0.34020E-01*** (0.69406E-02)
SL					0.34483E-02 (0.54092E-02)	-0.67522E-02 (0.12748E-01)
调整后的 R^2	0.16982	0.16731	0.42853	0.46800	0.26526	0.30766

1. 括号中的数字为标准差。
2. *、**和***分别表示10%、5%和1%的显著性水平。

在统计上都是显著的，模型 1 和模型 5 中样本包括来自发达国家的数据。这些结果表明，欠发达国家发展战略的选择对该国收入水平向发达国家收敛的路径如预期的那样具有显著的影响。

表 2 和表 3 也显示，投资、开放度和通货膨胀的估计结果在统计上是显著的，并且符号都与相关文献预期的相同。然而，表 4 给出的人力资本估计结果与一般的预期相矛盾。至于制度环境，一国的法律起源对经济增长的影响看起来要比政治约束强烈。回归结果表明，法国和德国式的法律起源比不列颠和斯堪迪纳维亚式的法律起点更能促进欠发达国家的经济增长。

正如本节第三部分讨论的那样，通货膨胀率、开放度和投资可能是发展战略选择的内生结果。表 4 给出了模型 I—VI 简化方程的估计结果，该简化方程只包括外生变量。对 β_2 和 β_3 的估计系数符号和统计显著性与表 2 和表 3 中的估计结果基本上相同。

第六节 结论性评论

在本演讲中，我论证了大多数欠发达国家并没有能够从与发达国家的产业和技术差距中受益，也没有在收入上收敛到发达国家的水平，是因为大多数发展中国家选择了错误的发展战略。欠发达国家有很强的诱因想尽可能快地缩小与发达国家的产业和技术差距。然而，要素禀赋水平决定了欠发达国家没有发展资本密集型产业和技术所必需的比较优势，如果它们进入或选择资本密集型产业和技术，则它们的企业在一个开放的、自由的和竞争性的市场中将没有自生能力。为了优先发展没有比较优势的产业和技术，欠发达国家政府常常选择违背比较优势的战略，通过对利率、汇率和其他价格的一系列扭曲给不具备自生能力的企业提供政策支持，并且使用行政手段将价格受到扭曲的资源直接配置给要优先发展的产业中的企业。使用上述政策手段，欠发达国家可以建立起在尖端产业采用先进技术的企业，但是该产业和技术选择并不符合该经济的比较优势。然而，金融市场发育将受到压抑、对外贸易发展受阻、寻租活动猖獗、宏观经济不稳定、收入分配不平等，国民经济将十分没有竞争力，国家将不能在收入方面收敛于发达国家。

我这里论证了一个经济的最优产业和技术结构是由该经济的要素禀

赋结构内生决定的，遵循比较优势的战略对欠发达国家是更好的发展战略，这是因为遵循比较优势的战略会诱导欠发达国家的企业进入具有比较优势的产业，促进企业低成本地从更为发达的国家引进先进技术，国民经济也将是有竞争力的，要素禀赋结构升级，从而产业和技术结构升级也会比较快。因此，遵循比较优势的战略将有助于欠发达国家向发达国家收敛。跨国回归分析中得到的经验结果与上述假说一致。为了实施遵循比较优势的战略，政府需要维持一个开放的、自由的和竞争性的市场。政府也可以采用产业政策以协助企业进行产业和技术升级。不过，产业政策的作用仅限于信息分享、投资协调和外部性补偿。

无论是好是坏，欠发达国家的政府在经济发展中具有特殊重要的作用。正如刘易斯指出的那样（Lewis 1955，第 376 页），"没有任何国家可以不需要来自睿智的政府的积极刺激就能够实现经济进步……另一方面，现实中存在大量政府损害经济生活的实例……"在这里我要向欠发达国家的政府呼吁，想成为睿智的政府，最重要的任务是实施正确的发展战略！

附录 I　人均 GDP 平均值、人均 GDP 增长率和 TCI

		1970—1974 年	1975—1979 年	1980—1984 年	1985—1989 年	1990—1992 年
澳大利亚	GDP P.C.	11 138.2	11 859.8	12 679.8	14 170.2	14 386.3
	% GDP P.C.	0.018	0.014	0.016	0.022	−0.009
	TCI	0.592	0.515	0.484	0.575	0.690
奥地利	GDP P.C.	8 258.0	9 609.8	10 601.0	11 616.6	12 833.3
	% GDP P.C.	0.045	0.026	0.013	0.025	0.017
	TCI	0.915	0.854	0.830	0.891	0.952
比利时	GDP P.C.	9 043.6	10 227.4	11 026.4	11 919.2	13 375.0
	% GDP P.C.	0.046	0.016	0.010	0.026	0.017
	TCI	0.774	0.763	0.752	0.998	1.318
加拿大	GDP P.C.	11 185.4	13 229.0	14 297.4	16 600.4	16 634.3
	% GDP P.C.	0.041	0.029	0.012	0.032	−0.023
	TCI	1.015	1.038	0.962	0.989	0.864
智利	GDP P.C.	3 702.8	3 249.8	3 609.0	3 834.2	4 566.3
	% GDP P.C.	0.000	0.008	−0.018	0.051	0.038
	TCI	2.144	2.198	3.256	1.891	0.662

		1970—1974 年	1975—1979 年	1980—1984 年	1985—1989 年	1990—1992 年
哥伦比亚	GDP P.C.	2 332.4	2 683.8	2 944.2	3 139.6	3 325.7
	% GDP P.C.	0.041	0.027	0.005	0.022	0.009
	TCI	2.507	2.020	2.232	2.289	2.394
哥斯达黎加	GDP P.C.	3 108.4	3 589.4	3 301.4	3 317.6	3 504.3
	% GDP P.C.	0.040	0.028	− 0.035	0.014	0.011
	TCI	1.989	1.663	1.603	1.687	1.698
洪都拉斯	GDP P.C.	4 179.2	4 257.6	5 660.0	7 032.8	8 712.3
	% GDP P.C.	0.008	0.055	0.042	0.046	0.051
	TCI	1.732	1.631	1.035	0.807	0.736
丹麦	GDP P.C.	10 183.0	10 965.0	11 653.6	13 425.2	14 005.0
	% GDP P.C.	0.017	0.019	0.016	0.019	0.010
	TCI	0.705	0.801	0.904	0.965	0.854
埃及	GDP P.C.	1 186.0	1 412.0	1 763.0	1 914.4	1 898.0
	% GDP P.C.	0.011	0.052	0.045	0.000	− 0.007
	TCI	4.319	3.971	4.183	3.767	3.307
萨尔瓦多	GDP P.C.	1 889.8	2 194.0	1 831.2	1 826.0	1 851.0
	% GDP P.C.	0.014	0.023	− 0.044	0.004	0.010
	TCI	6.058	6.004	8.169	7.948	6.772
芬兰	GDP P.C.	8 799.4	9 638.8	11 241.0	12 929.2	12 907.3
	% GDP P.C.	0.052	0.013	0.027	0.038	− 0.057
	TCI	0.890	0.894	0.836	0.914	1.051
法国	GDP P.C.	9 880.2	11 019.8	11 888.4	12 871.6	13 897.3
	% GDP P.C.	0.036	0.021	0.006	0.025	0.007
	TCI	0.930	0.820	0.790	0.889	0.990
德国	GDP P.C.	9 888.4	11 019.8	11 930.0	13 136.8	14 598.7
	% GDP P.C.	0.026	0.030	0.007	0.024	0.020
	TCI	0.658	0.706	0.708	0.769	0.849
希腊	GDP P.C.	4 754.8	5 564.8	5 943.4	6 388.8	6 773.2
	% GDP P.C.	0.048	0.034	0.004	0.023	0.002
	TCI	1.602	1.550	1.569	1.650	1.879
危地马拉	GDP P.C.	2 135.2	2 461.4	2 371.2	2 098.6	2 175.0
	% GDP P.C.	0.030	0.026	− 0.033	− 0.004	0.017
	TCI	15.095	15.217	15.974	19.242	26.836

（续表二）

		1970— 1974 年	1975— 1979 年	1980— 1984 年	1985— 1989 年	1990— 1992 年
冰岛	GDP P.C.	7 856.0	9 750.2	11 774.8	13 172.4	13 095.7
	% GDP P.C.	0.069	0.045	0.019	0.024	-0.022
	TCI	0.629	0.566	0.573	0.670	0.846
印度	GDP P.C.	789.4	840.6	944.0	1 140.8	1 265.7
	% GDP P.C.	0.002	0.018	0.037	0.041	0.012
	TCI	9.747	9.315	9.746	11.456	10.934
印度 尼西亚	GDP P.C.	787.6	1 056.0	1 485.6	1 719.2	2 040.0
	% GDP P.C.	0.054	0.058	0.060	0.025	0.047
	TCI	6.680	4.469	3.115	2.022	2.247
爱尔兰	GDP P.C.	5 368.4	6 268.4	6 974.0	7 695.4	9 435.3
	% GDP P.C.	0.034	0.035	0.009	0.036	0.041
	TCI	1.079	1.188	1.256	1.399	1.304
以色列	GDP P.C.	6 828.4	7 371.6	8 122.0	8 787.6	9 555.0
	% GDP P.C.	0.052	0.004	0.016	0.018	0.031
	TCI	0.767	0.826	0.905	1.061	1.124
意大利	GDP P.C.	7 969.2	9 044.4	10 345.6	11 508.6	12 603.7
	% GDP P.C.	0.038	0.025	0.014	0.030	0.013
	TCI	1.254	1.315	1.426	1.499	1.475
日本	GDP P.C.	7 934.0	9 030.2	10 633.6	12 611.8	14 790.7
	% GDP P.C.	0.044	0.032	0.028	0.040	0.032
	TCI	1.626	1.855	2.458	2.339	2.029
肯尼亚	GDP P.C.	765.0	862.6	862.0	869.6	909.0
	% GDP P.C.	0.035	0.019	-0.022	0.019	0.000
	TCI	8.874	8.083	7.107	7.210	9.593
韩国	GDP P.C.	1 928.4	2 813.0	3 483.4	5 123.8	7 157.9
	% GDP P.C.	0.086	0.079	0.037	0.084	0.071
	TCI	2.777	1.718	1.738	1.552	1.733
荷兰	GDP P.C.	9 757.4	10 850.2	11 100.6	11 974.4	13 168.7
	% GDP P.C.	0.034	0.017	0.000	0.022	0.018
	TCI	0.875	0.974	1.145	1.324	1.349
新西兰	GDP P.C.	10 168.2	10 316.0	10 904.6	11 619.6	11 310.0
	% GDP P.C.	0.039	-0.014	0.020	0.005	-0.012
	TCI	0.669	0.602	0.767	1.039	1.115

		1970—1974 年	1975—1979 年	1980—1984 年	1985—1989 年	1990—1992 年
挪威	GDP P.C.	8 726.4	10 770.6	12 537.4	14 588.6	15 155.7
	% GDP P.C.	0.035	0.043	0.028	0.017	0.020
	TCI	0.697	0.668	0.700	0.729	0.851
巴基斯坦	GDP P.C.	948.0	980.4	1 143.0	1 323.8	1 406.7
	% GDP P.C.	−0.003	0.024	0.027	0.029	0.008
	TCI	6.886	10.085	12.439	11.516	11.739
秘鲁	GDP P.C.	2 876.4	2 981.4	2 809.6	2 681.8	2 150.0
	% GDP P.C.	0.037	−0.023	−0.017	−0.027	−0.024
	TCI	2.729	3.247	3.600	3.212	3.878
菲律宾	GDP P.C.	1 483.2	1 734.6	1 838.2	1 618.2	1 717.0
	% GDP P.C.	0.025	0.031	−0.022	0.008	−0.009
	TCI	7.929	5.022	4.724	5.983	4.243
葡萄牙	GDP P.C.	4 028.8	4 590.6	5 034.6	5 721.0	7 673.6
	% GDP P.C.	0.087	0.009	0.005	0.056	0.060
	TCI	1.247	1.213	1.211	1.105	0.546
南非	GDP P.C.	3 381.2	3 421.8	3 524.8	3 323.2	3 167.3
	% GDP P.C.	0.038	−0.016	0.009	−0.009	−0.028
	TCI	1.416	1.335	1.530	1.590	1.766
斯里兰卡	GDP P.C.	1 246.4	1 411.8	1 778.0	2 039.6	2 165.7
	% GDP P.C.	0.009	0.036	0.044	0.011	0.028
	TCI	4.449	3.040	1.965	1.416	1.020
瑞典	GDP P.C.	11 110.4	11 951.6	12 636.2	14 078.6	14 370.3
	% GDP P.C.	0.023	0.009	0.015	0.021	−0.016
	TCI	0.773	0.842	0.889	0.950	1.095
叙利亚	GDP P.C.	2 701.8	3 996.0	4 377.4	3 952.8	4 057.7
	% GDP P.C.	0.068	0.050	−0.009	−0.013	0.047
	TCI	3.640	4.421	5.762	6.540	6.228
中国台湾	GDP P.C.	2 624.6	3 625.0	4 778.0	6 567.6	8 576.1
	% GDP P.C.	0.079	0.069	0.044	0.075	0.054
	TCI	1.619	1.312	1.015	0.911	0.989
土耳其	GDP P.C.	2 432.4	2 992.8	2 906.2	3 329.4	3 738.0
	% GDP P.C.	0.041	0.021	0.004	0.024	0.037
	TCI	7.813	6.312	5.942	4.306	3.414

（续表四）

		1970— 1974 年	1975— 1979 年	1980— 1984 年	1985— 1989 年	1990— 1992 年
英国	GDP P.C.	9 035.6	9 840.2	10 383.6	12 291.2	12 919.7
	% GDP P.C.	0.025	0.021	0.009	0.039	−0.013
	TCI	0.707	0.694	0.840	0.885	0.897
美国	GDP P.C.	13 680.0	14 772.4	15 447.8	17 281.8	17 864.3
	% GDP P.C.	0.016	0.021	0.008	0.021	−0.003
	TCI	0.675	0.744	0.871	0.870	0.907
委内瑞拉	GDP P.C.	7 525.6	7 944.4	6 874.2	6 354.6	6 586.0
	% GDP P.C.	−0.005	0.017	−0.048	−0.015	0.060
	TCI	2.445	1.707	1.992	2.201	2.645
津巴布韦	GDP P.C.	1 199.2	1 210.0	1 278.0	1 171.4	1 197.3
	% GDP P.C.	0.059	−0.027	0.003	−0.006	−0.003
	TCI	3.473	3.662	3.299	4.118	5.814

注：(1) 对于每一个国家而言，第一行中的数字是人均 GDP，用 1985 年美元度量，第二行是人均 GDP 增长率，第三行是 TCI；

(2) 人均 GDP 增长率计算公式如下：

$$\frac{\log(\mathrm{GDP}_{i,T}) - \log(\mathrm{GDP}_{i,t})}{T - t}$$

其中 i 表示国家，t 表示时期，$(T-t)$ 是观察值时间间距的长度。

附录 II　TCI 的计算

我们对技术选择指数（TCI）的计算可以分为三步：

第一步是补足缺失的数值。构建 TCL 指数的主要问题之一是获取整个国民经济和制造业的固定资本投资时间序列资料。克里格等人的研究提供了基本的时间序列数据集和相关的国内价格折算因子（Crego, et al. 2000）。为了补足缺失的数值，我们使用了两种方法。首先，我们使用克里格提供的投资折算因子和海斯顿、萨默斯（Heston and Summers 1991）提供的 CPI 资料将两类固定资产投资和名义 GDP 转换为以 1990 年各国本币不变价格表示的数值，并假定固定投资的变化趋势如下：

$$\log\left(\frac{I_t}{\mathrm{GDP}_t}\right) = \alpha + \lambda t + \varepsilon_t$$

其中 I_t 和 GDP_t 是国内价格度量的真实值。拟合的结果补足了固定投资序列所缺失的数值。第二种方法直接使用固定投资序列的 ARM 模型。上述两种方法得出的结果高度近似，在后面的计算中我们使用第一种方法得出的结果。

第二步是计算 1970—1992 年整个国民经济和制造业的物质资本存量。与克里格等人的研究(Crego, et al. 2000)相同，我们用 s_j 表示使用了 j 年之后资产的生产率比率，用 L 表示资产的生命周期。这样，我们可以得出

$$K_t = s_0 I_t + s_1 I_{t-1} + \cdots + s_L I_{t-L}$$

$$K_t = s_0 I_t + s_1 I_{t-1} + \cdots + s_T I_{t-T} + K_{t-T-1}, \quad \text{if} \quad T < L$$

其中

$$0 < s_j < 1, \quad \text{if} \quad 0 < j < L; \quad s_0 = 1; \quad s_j = 0, \quad \text{if} \quad j \geqslant L$$

更一般地，资产生产率比率将随着时间而下降，所以 s_j 可以通过下式计算：

$$s_j = (L-j)/(L-\beta_j), \quad 0 \leqslant j < L$$

$$s_j = 0, \quad j \geqslant L$$

这里 β 是限定了上限范围而使 $s_j > 0$ 的参数。当 $0 \leqslant j < L$ 时，这个设定也意味着

$$ds_j/dj = L(\beta-1)/(L-\beta_j)^2 < 0,$$

$$d^2 s_j/dj^2 = 2L\beta(\beta-1)/(L-\beta_j)^3 > 0, \quad \text{如果} \quad \beta < 0$$

$$> 0, \quad \text{如果} \quad 0 < \beta < 1$$

$$= 0, \quad \text{如果} \quad \beta = 1$$

这意味着整个生命周期中生产率比率会下降，下降的速度取决于 β 值。通过假定 $\beta = 0.7$ 和 $L = 10$，我们能够根据上述方法估计出资本存量值。

第三步是计算 TCI。计算 TCL 的公式如下：

$$\text{TCI}_j = \frac{K_{mj}/L_{mj}}{K_j/L_j}$$

其中 K_{mj}/L_{mj} 是第 j 个国家的制造业资本劳动比率，K_j/L_j 是第 j 个国家整体的资本劳动比率。L_{mj} 数字取自联合国工业发展组织提供的制造业数据库(UNIDO 2000)。L_j 数字取自萨默斯和海斯顿的研究结果(Summers and Heston 1991)。

经济发展战略对劳均资本
积累和技术进步的影响[*]
——基于中国经验的实证研究

第一节 导 言

劳均产出增长的两个源泉是劳均资本积累和技术进步。在假定各经济体技术进步步伐一样的条件下，新古典经济增长理论得出的推论是，由于资本边际报酬递减，所以初始劳均资本量较少的经济体的劳均资本积累速度，会相对快于初始劳均资本量较多的经济体，进而劳均资本量和劳均收入水平最终收敛。Barro 等(Barro and Sala-I-Martin 1997)进一步的研究认为，初始技术水平落后的经济体，在未来的技术进步速度要比初始技术水平先进的经济体快。

但是，新古典理论对劳均资本积累和技术进步收敛机制的分析，抽象掉了政府长期经济发展战略以及发展战略所决定的经济结构的影响。与此相对应的经验研究也没有考虑发展战略的影响，无论是 Mankiw 等(Mankiw, et al. 1992)、Barro 等(1991,1992)对国际经验和发达国家经验的检验，还是蔡昉等(蔡昉,都洋 2000)、蔡昉等(蔡昉,王德文,都洋 2001)、Jian 等(Jian et al. 1996)、Tusi(1996)、魏后凯(1997)、宋学明(1996)、申海(1999)、沈坤荣等(沈坤荣,马俊 2002)、Cheng(2002)对中国经验的检验，均是如此。

如果说新古典理论在分析发达的成熟市场经济国家情形时，这种抽象还不至于影响其解释力的话，那么在分析广大发展中国家经济增长的实际情况时，则决不可忽视发展战略的影响。经济发展战略以及由此决定的经济结构是否顺应比较优势，在很大程度上决定着劳均资本积累和技术进步的步伐。林毅夫(2002)总结上个世纪，尤其是二战以来的经济史，归纳出

---

[*] 本文和刘培林博士合作，原文发表在《中国社会科学》2003 年第 4 期。

发展战略对经济发展影响的若干理论假说。刘明兴（2001）和林毅夫（2002）的经验实证工作中，分别分析了发展战略对中国各个省区市和国别之间的经济增长绩效的影响。但是这些文献和上面提到的其他经济增长的实证检验文献，均有一个共同的特点，即假定技术进步在各个经济体之间是相同的。

假定技术进步速度相同的前提下进行的经济增长收敛实证检验，在一定程度上具有误导性。正因为如此，新近的一些文献（Kumar et al. 2002，Henderson et al. 2001，Maudos et al. 2000，Gumbau-Albert 2000）通过数据包络分析的经济增长分解核算框架，将经济增长分解为技术进步[①] 和要素积累的贡献，在此基础上，进一步分析要素积累和技术进步各自的收敛效应。但是，Kumar 等（Kumar et al. 2002）、Maudos 等（Maudos et al. 2000）以及 Gumbau-Albert 等（Gumbau Albert 2000）文献所使用的数据数据包络分析框架面临一个难以解释的结果："技术有可能退步。"这个结果意味着，在当前时期复制过去时期的生产要素投入结构之后，当前时期的产出水平有可能低于过去时期的产出水平。对这样的分析结果，显然难以从经济学上给出合理可信的解释。正因为如此，Henderson 等（Henderson et al. 2001）的论文中，通过对现有数据包络分析框架的改进，避免了"技术有可能退步"的尴尬结果。

但无论是 Kumar 等（Kumar et al. 2002）、Maudos 等（Maudos et al. 2000）以及 Gumbau-Albert 等（Gumbau-Albert 2000），还是 Henderson 等（Henderson et al. 2001）的论文，都基于一个共同的假定："在同一时点上，各经济体面对的技术前沿是相同的。"这个假定事实上是数据包络分析方法一开始赖以发展的基石，但也正是这个暗含的假定导致了两方面的不利后果：（1）限制了该方法在生产率分析方面的运用；（2）测度给定经济体技术效率[②] 和技术进步时，存在偏差。[③] 出于这些考虑，本文放松"各经济体在给定时期技术前沿相同"的假定，构造相应的分析框架。在此基础上，运用 1978—2000 年期间中国 30 个省区市的经验资料，对林毅夫（2002）

---

① 技术进步的直观含义是技术前沿的外推；而技术前沿指的是给定投入水平对应的潜在产出。对于技术前沿和技术进步的严格定义，将在后文给出。

② 本文使用的技术效率的含义是，给定投入水平下，实际产出和潜在的最大产出之比。严格的定义将在后文给出。当然，技术效率还可以用给定产出之下，实际投入和潜在的最小投入之比来衡量。

③ 两种不利后果的详细讨论，请参见刘培林（2002）第二章。

归纳的关于发展战略对技术进步和劳均资本积累两个假说进行经验检验。本文后面部分的结构安排如下：第二部分将基于本文构造的经济增长分解核算方法，对中国 29 个省区市在 1978—2000 年期间的劳均 GDP 的增长进行分解；第四部分报告了计量检验方程的设定；第五部分报告检验的结果；最后是结论。

第二节　1978—2000 年期间中国 29 个省区市劳均 GDP 增长的分解核算

　　基于"各经济体在同一时期面对着不同的技术前沿"的假定，以及 Henderson 等（Henderson et al. 2001）的论文中暗含的"过去掌握的技术不会遗忘"的假定，可以构造如下的经济增长分解核算框架。

　　设对某个经济体而言，N 种要素投入 $x_k \in R_+^N$ 经由生产技术 T_k^t 转化为 M 种产出 $y_k \in R_+^M$。对时期 $t = 1, 2, \cdots, T$ 而言，有 T 个生产行为观察点：(x^1, y^1)，(x^2, y^2)，$\cdots$，(x^T, y^T)。基于此，定义时期 t 的技术 T_k^t 为：

$$T_k^t = \{(x_k, y_k) \mid x_k \text{ 能够生产出 } y_k\} \tag{1}$$

中性规模报酬条件下，定义（1）的具体含义是：

$$T_k^t = \{(x_k, y_k)\}:$$

$$\sum_{\Gamma=1}^{t} z^{\Gamma} y_{km}^{\Gamma} \geqslant y_m, \quad m = 1, \cdots, M,$$

$$\sum_{\Gamma=1}^{t} z^{\Gamma} x_{kn}^{\Gamma} \leqslant x_n, \quad n = 1, \cdots, N,$$

$$z^{\Gamma} \geqslant 0, \quad \Gamma = 1, 2, \cdots, t \tag{2}$$

　　这个定义的思想与 Färe 等（Färe, et al. 1994, p.71）中的思想基本上是一致的。所不同的是这里的定义明确了这样一点：t 时期的技术必须使得 t 以及 t 以前所有时期的生产行为点可行。显而易见，按照这个定义，即使仅仅有单个经济体时间序列资料的情况下，也可以构造其技术前沿。在这样拟合得到的技术前沿之下，定义该经济体在各时期的技术效率为：

$$D_k^t(x_k^{\Gamma}, y_k^{\Gamma}) = \inf\{[\theta_k^t(x_k^{\Gamma}, y_k^{\Gamma}) : (x_k^{\Gamma}, y_k^{\Gamma})/\theta_k^t(x_k^{\Gamma}, y_k^{\Gamma})] \in T_k^t\} \tag{3}$$

　　另外，可以给出判断从时期 t 到时期 $t + i$ 技术前沿是否上升的标准是：

如果 $T_k^{t+i} \not\subset T_k^t$，那么技术前沿从时期 t 到时期 $t+i$ 上升了 　　(4)

基于上述前提，可以将经济体 k 在时期 $t+i$ 的产量 y^{t+i} 相对于在时期 t 的产量 y^t 的增长，分解为三个源泉：

$$\frac{y^{t+i}}{y^t} = \frac{D_k^{t+i}(x_k^{t+i}, y_k^{t+i})}{D_k^t(x_k^t, y_k^t)} \cdot \left(\frac{D_k^t(x_k^{t+i}, y_k^{t+i})}{D_k^{t+i}(x_k^{t+i}, y_k^{t+i})} \cdot \frac{D_k^t(x_k^t, y_k^t)}{D_k^{t+i}(x_k^t, y_k^t)} \right)^{1/2}$$

$$\cdot \left[\left(\frac{D_k^{t+i}(x_k^t, y_k^t)}{D_k^{t+i}(x_k^{t+i}, y_k^{t+i})} \cdot \frac{D_k^t(x_k^t, y_k^t)}{D_k^t(x_k^{t+i}, y_k^{t+i})} \right)^{1/2} \cdot \frac{y^{t+i}}{y^t} \right] \qquad (5)$$

上面的(5)式将 y^{t+i}/y^t 分解为三个因子的乘积，其中前两个因子分别为技术效率变化带来的增长效应(EC)和技术进步带来的增长效应(TP)，第三个因子刻画了从时期 t 到时期 $t+i$ 之间，投入水平变化带来的产出增长效应(INC)。而前两个因子 EC 和 TP 的乘积就是 Malmquist 生产率。(5)式中的 4 个产出距离函数 $D_k^t(x_k^t, y_k^t)$、$D_k^{t+i}(x_k^{t+i}, y_k^{t+i})$、$D_k^{t+i}(x_k^t, y_k^t)$ 和 $D_k^t(x_k^{t+i}, y_k^{t+i})$ 分别通过求解下面的线性规划问题而得到：

求取 $D_k^t(x_k^t, y_k^t)$ 的线性规划问题为：

$$[D_k^t(x_k^t, y_k^t)]^{-1} = \max \theta_k^t(x_k^t, y_k^t)$$

$$\text{s.t.} \quad \sum_{\Gamma=1}^{t} z_k^\Gamma y_{km}^\Gamma \geqslant [\theta_k^t(x_k^t, y_k^t)] \cdot y_{km}^t, \quad m = 1, \cdots, M,$$

$$\sum_{\Gamma=1}^{t} z_k^\Gamma x_{kn}^\Gamma \leqslant x_{kn}^t, \qquad\qquad n = 1, \cdots, N,$$

$$z_k^\Gamma \geqslant 0, \qquad\qquad\qquad \Gamma = 1, 2, \cdots, t \qquad (6)$$

求取 $D_k^{t+i}(x_k^{t+i}, y_k^{t+i})$ 的线性规划和(6)类似，不过需要将(6)当中涉及的 t 替换为 $t+i$。求取 $D_k^{t+i}(x_k^t, y_k^t)$ 的线性规划问题为：

$$[D_k^{t+i}(x_k^t, y_k^t)]^{-1} = \max \theta_k^{t+i}(x_k^t, y_k^t)$$

$$\text{s.t.} \quad \sum_{\Gamma=1}^{t+i} z_k^\Gamma y_{km}^\Gamma \geqslant [\theta_k^{t+i}(x_k^t, y_k^t)] \cdot y_{km}^t, \quad m = 1, \cdots, M,$$

$$\sum_{\Gamma=1}^{t+i} z_k^\Gamma x_{kn}^\Gamma \leqslant x_{kn}^t, \qquad\qquad n = 1, \cdots, N,$$

$$z_k^\Gamma \geqslant 0, \qquad\qquad\qquad \Gamma = 1, 2, \cdots, t+i \qquad (7)$$

求取 $D_k^t(x_k^{t+i}, y_k^{t+i})$ 的线性规划和(7)类似，不过需要将(7)当中涉及的 t 和 $t+i$ 分别替换为 $t+i$ 和 t。

基于(1)—(7)式构造的方法,我们对 1978—2000 年期间中国 29 个省区市[①] 劳均 GDP 的增长的源泉进行分解。[②] 使用的计量软件是 Coelli (1996)给出的数据包络分析专用程序 DEAP,分析结果见表 1。[③][④] 基于这些结果,下面对两个假说进行检验。[⑤]

表 1 1978—2000 年期间中国 29 个省区市总量和
劳均 GDP 增长及其源泉

省份	2000 年劳均GDP/1978 年劳均GDP	技术效率提高的效应	技术前沿提高的效应	劳均要素增加的效应
(1)	(2)	(3)	(4)	(5)
安徽	4.9795	1.0000	2.3252	2.1415
北京	5.6694	1.0000	2.6418	2.1460
福建	8.6471	1.0000	3.4416	2.5125

---

① 由于无法将重庆成立直辖市之前的数据从原来的四川省中分离出来,所以将重庆成立直辖市之后的数据和现在的四川省的数据合并起来,作为一个整体。

② 前面介绍的数据包络分析方法,是在中性规模报酬假定之下,针对总量的生产函数而构造的。这里使用的总量生产函数对应的生产要素包括从业人数、固定资本存量和存货资本存量等三种。但是将要进行分解分析的是劳均产出的增长。这样,集约形式的生产函数对应的生产要素为劳均固定资本和劳均存货资本两种。在总量生产函数满足规模报酬中性的条件下,集约生产函数则呈现规模报酬非递增的特征。在单一产出品的情况下,也即在本文这里分析的情形下,经由总量生产函数分解得到的技术效率和技术前沿提升对总量 GDP 增长贡献的测度结果,和经由集约生产函数得到的技术效率和技术前沿进步对劳均 GDP 增长贡献的测度结果是一致的。所以我们可以运用第三部分的分析框架进行劳均 GDP 增长的分解核算。

③ 分析所使用的不变价格总量 GDP 和从业人数数据,均来自《新中国五十年统计资料汇编》(国家统计局国民经济综合统计司,1999)和各省区市的统计年鉴。固定资本和存货资本的存量序列,基于《中国国内生产总值核算历史资料 1952—1995》(国家统计局国民经济核算司,1997)和各省区市统计年鉴中报告的固定资本投资和存货资本投资流量数据,运用 Harberger(1978)的方法估算得到 1978 年的固定和存货资本存量,之后运用永续盘存法估算出各省区市的固定和存货资本存量序列。

④ 上述的分析结果中与直观的印象相违背的是两个西部省区的情形:在本文得到的结果中,青海的技术进步步伐甚至快于山东,而新疆则仅次于山东。青海和新疆的技术进步位于海南和几个直辖市之前。对于这个结果,本文从两方面进行解释。首先,本文测度的技术进步,是各经济体在一定时期的末端年份和起点年份技术前沿的对比,它是各经济体自身时间序列上纵向比较的结果。由于青海和新疆在改革开放之初技术水平就比较低,所以,尽管技术前沿可以迅速提高,但是,其提高之后的技术前沿,仍然要低于其他相对发达的省区市。其次,在概念上要将技术前沿和要素投入水平两者区别开来。一个技术前沿快速提升的经济主体,其实际要素总量和劳均要素总量有可能处于比较低的水平上。其综合作用的结果是,尽管技术前沿快速提升,但是最终的劳均 GDP 水平还是比较低。

⑤ 严格地讲,发展战略的特征还将影响到技术效率的水平。不过在我们得到的分解结果中,只有湖北一个省的技术效率下降。因而这里仅仅针对技术前言的提升(即技术进步)进行检验,而不虑及发展战略对技术效率的影响。

省份	2000 年劳均 GDP/1978 年劳均 GDP	技术效率提高的效应	技术前沿提高的效应	劳均要素增加的效应
(1)	(2)	(3)	(4)	(5)
甘肃	2.9523	1.0000	1.8350	1.6089
广东	9.3790	1.0000	3.4396	2.7268
广西	3.8718	1.0000	2.0422	1.8959
贵州	3.7312	1.0000	2.2656	1.6469
河北	5.5753	1.0000	2.5777	2.1629
河南	4.7030	1.0000	2.4022	1.9578
黑龙江	3.1031	1.0000	1.7963	1.7275
湖北	5.1140	0.9186	2.5371	2.1943
湖南	4.2224	1.0000	2.2347	1.8895
吉林	4.1528	1.0000	2.2792	1.8221
江苏	10.3545	1.0000	3.3345	3.1053
江西	5.1863	1.0000	2.5108	2.0656
辽宁	3.8361	1.0000	2.1467	1.7870
内蒙古	4.8077	1.0000	2.3133	2.0783
宁夏	3.2339	1.0000	2.1167	1.5278
青海	2.6246	1.0000	2.8616	0.9172
山东	6.2894	1.0000	2.7543	2.2835
山西	4.3855	1.0000	2.3388	1.8751
陕西	4.2412	1.0000	2.2502	1.8848
上海	6.2981	1.0000	2.5964	2.4257
天津	5.4510	1.0000	2.4411	2.2330
新疆	6.1642	1.0000	2.7273	2.2602
云南	4.2972	1.0000	2.5562	1.6811
浙江	10.0343	1.0000	3.4853	2.8790
重庆和四川	3.6308	1.0000	2.0547	1.7670

资料来源：根据作者收集的数据集计算得到。

第三节　计量方程设定

在给出检验的计量方程式设定之前,首先介绍待检验的假说。

一、两个待检验的假说

假说 I:经济发展战略对劳均资本积累的影响

当各个经济体按照比较优势战略发展经济,则各经济体之间劳均资本积累符合新古典经济增长理论所刻画的收敛机制;但如果一个经济体优先发展资本密集度超越其所处发展阶段要素禀赋结构决定的最优产业、产品和技术结构,则其劳均要素积累的实际速度会慢于古典收敛机制决定的潜在速度。

假说 II:经济发展战略对技术进步的影响

在顺应比较优势发展战略的情况下,初始时刻技术落后的经济体通过从先进经济体那里选择适合自身发展阶段比较优势的目标技术进行模仿,可以在未来获得比先进经济体更快的潜在技术进步速度。但如果一个经济体奉行赶超战略,选定的目标技术超前于自身发展阶段的比较优势,技术模仿的成本就高,技术进步的实际速度就会低于潜在速度;该赶超经济体内部各个地区的技术进步速度,也将因为受赶超战略影响的大小而程度不同地减缓,承担赶超任务越重的地区,技术进步速度越慢。

二、发展战略特征的度量指标

为检验上述两个假说,需要度量发展战略的特征。作者之一(林毅夫2002)构造了实际的技术选择指数(TCI)以及最优的技术选择指数(TCI*)来度量发展战略的特征。可以采取如下方式间接度量政府推行的发展战略对于比较优势战略的偏离:

$$DS = TCI - TCI^* \tag{8}$$

如果一个国家(地区)推行顺应比较优势的发展战略,则 $DS = 0$。如果优先发展资本密集度超越于所处发展阶段要素禀赋结构所决定的具有比较优势的产业,则这种赶超战略之下 $DS > 0$。DS 的实际取值越是大于 0,则表明赶超力度越大,或者赶超的特征越强。基于这里介绍的发展战略特征的度量指标,下面介绍计量检验的方程设定。

三、检验假说 I 的方程式设定

针对假说 I 的计量方程式，设定为如下形式：

$$KPLG_i = \alpha_0 + \alpha_1 \cdot KPL_{0,i} + \alpha_2 \cdot DS_i + \psi X + u_i \qquad (9)$$

(9)式中，下脚标 i 代表省区。$KPL_{0,i}$、DS_i 以及 X 是各个解释变量；这些解释变量之前的系数，就是待估计的参数；u_i 是方程的随机扰动项。[1] 下面介绍方程涉及的变量的含义。

首先介绍因变量 $KPLG_i$ 的含义。表 1 的第(5)列报告了劳均固定资本和劳均存货资本增长对劳均 GDP 增长的贡献。这个指标是一个无量纲的标量。按照标准增长收敛的方程中线性近似结果，将该结果取自然对数之后得到的值再除以分析时期(1978—2000 年)的长度——22 年，所得到的最终指标就是 $KPLG_i$，其含义是：1978—2000 年期间，劳均固定资本和劳均存货资本积累引致的劳均 GDP 的年平均增长率。[2]

为检验假说 I 当中的收敛机制，需要在(9)式的解释变量中加入初始条件变量 $KPL_{0,i}$。按照 Kumar 等(Kumar et al. 2002)、Maudos 等(Maudos et al. 2000)和 Gumbau-Albert(2000)的做法，在现在的情形下，应该用各省区 1978 年的劳均 GDP 本身作为初始条件变量 $KPL_{0,i}$ 的替代变量。但是假说 I 要检验的收敛机制仅仅是资本边际报酬递减规律作用下，劳均资本拥有量积累带来的收敛效应。而 Kumar 等(Kumar et al. 2002)、Maudos 等(Maudos et al. 2000)和 Gumbau-Albert(2000)定义的初始条件变量，则暗含了一个假定：即各个经济体在初始年份的劳均 GDP 差别，全部来源于劳均资本拥有量之间的差别。显而易见的是，初始时刻劳均 GDP 差别的原因，除了劳均固定资本和劳均存货资本拥有量的差别之外，还有技术水平(即技术前沿)和技术效率的差别。因此，将技术水平差距和技术效率差距导致的劳均 GDP 水平差距剔除之后，才能更加准确地测度初始时刻劳均固定资本和存货资本拥有量差异引致的劳均 GDP 水平差异。为此我们尝试在数据包络分析方法的框架之下，将初始年份(1978 年)各个省区劳

---

[1] 这两个随机扰动项的分布，我们后面再介绍。

[2] 在常规的增长收敛估计方程中，因变量是末端年份劳均 GDP(或者劳均 GDP)的自然对数减去初始年份劳均 GDP(或者劳均 GDP)的自然对数的差值，再除以所涉及时期的年数。这等于将末端年份劳均 GDP(或者劳均 GDP)除以初始年份劳均 GDP(或者劳均 GDP)得到的商，再取自然对数，然后再除以所涉及时期的年数。不难理解，我们这里定义的因变量和标准做法的定义是类似的，只不过我们定义的因变量中，不包含技术进步对劳均 GDP(或者劳均 GDP)增长的贡献；而常规做法定义的因变量中包含技术进步对于劳均 GDP(或者劳均 GDP)增长的贡献。

均 GDP 差异分解为技术前沿差异(TECH$_{0,i}$)、技术效率差异,以及劳均固定资本和劳均存货资本差异(KPL$_{0,i}$)等三个方面的原因。我们以分解测度得到的初始劳均固定资本和劳均存货资本差异 KPL$_{0,i}$ 作为初始条件变量。

发展战略特征由(9)式中的 DS$_i$ 刻画。按照理论预期,如果假说 I 成立,那么初始条件变量 KPL$_{0,i}$ 和发展战略变量在方程(9)中系数 α_1、α_2 的符号应该显著为负。

由于最优的 TCI$^* = \omega$ 是不可观察的,所以无法直接计算出 DS$_i$ 的取值。但是,注意到 ω 是一个正的常数,在回归分析时,可以将(9)式最终展开为(9′)式。

$$KPLG_i = C_k + \alpha_1 \cdot KPC_{0,i} + \alpha_2 \cdot TCI_i + \psi \cdot X + u_i \qquad (9′)$$

在(9′)式中,$C_k = \alpha_0 - \alpha_1 \cdot \omega$。如果假说 I 成立,那么在(9′)式中 α_1、α_2 的符号应该为负。

在标准的经济增长收敛计量方程设定形式中(Barro et al. 1991, 1992),常数项是两个因素的和:(1) 技术进步因子;(2) 稳态劳均收入乘以初始条件变量系数的绝对值得到的乘积。我们这里的函数形式中,常数项的含义发生了变化。我们通过数据包络分析方法将 Barro 回归中的技术进步因子剔除出来[1];同时加入了 $-\alpha_1 \omega$。如果新古典模型的收敛机制成立,而且我们这里的假说 I 成立,则常数项在方程(9′)中的估计结果应该为正。

关于 TCI$_i$ 的具体测算方法,请参见中国经济研究中心发展战略研究组(2002)。[2] TCI$_i$ 实际上是刻画各个省区的产业、产品和技术结构特征的变量。我们得到的原始 TCI$_i$ 数据是各个省区的时间序列数据。因为要刻画 1978—2000 年整个 22 年时期里各经济体的发展战略特征,所以比较理想的选择就是将 1978—1999 年各年份的 TCI$_i$ 求算术平均。所以我们首

---

① 在 Barro 回归方程式的推导中,为了使得稳态增长路径存在,要求技术进步是 Harrod 中性的。我们运用数据包络分析方法分解出来的技术进步,未必满足这个条件。

② 需要说明的是,由于国家推行的资本密集重工业优先发展战略只能吸收少量劳动力,出于社会稳定等考虑,往往还赋予企业吸收超过必要量的劳动力的社会性政策负担。从而出现一个人的工作三个人干的局面。这和追求资本相对密集产业优先发展的技术赶超是两个概念,两者并不矛盾。因为雇佣同样劳动力数量的情况下,实际的劳动力利用效率可以大不一样。高就业表象背后实际上是大量的隐性失业。

我们这里计算 TCI 指数所依据的劳动力数量,实际上就高于真实(或者说有效)的劳动力雇佣量。这样一来,就会低估劳均资本装备水平。也就是说,我们得到的 TCI 指数高估了实际情况。不过这个事实只会加强我们的结论。

先引入了 TCI7899 这个定义。

但是,由于 TCI7899 的分母实际上就是各省区各年度的资本存量除以劳动力存量的比值,所以该指标可能导致这样的误解:TCI7899 越高说明其分母项越小,也即该省区总体上的劳均资本越少;而被解释变量正是各个省区的资本积累对经济增长的贡献,理论预期的 TCI7899 系数的符号为负,自变量和因变量几乎就是同义反复。需要指出的是,TCI7899 是一个结构变量,TCI7899 的分母的确和被解释变量是确定的正向关系,但是 TCI7899 真正要反映的是给定其分母之后,由于其分子项取值的大小而对资本积累带来的影响。

考虑到这个因素,为了使检验更加稳定(Robust),我们还引入了另外两个定义的发展战略指标:TCI-5-A 和 TCI7885。前一个指标的定义是 1978、1980、1985、1990 和 1995 年各个省区 TCI 的算术平均值;后一个指标的含义是 1978—1985 年各个省区 TCI 的算术平均值。[①] 显然 TCI7885 的外生性更强。如果说围绕 TCI7899 指数上述误解还在一定程度上值得考虑的话,那么就没有任何理由认为 TCI7885 和被解释变量存在同义反复的问题。

(9′)式涉及的其他解释变量 X 视具体情况不同而不同。按照新古典增长理论,储蓄倾向越高的经济体,其稳态劳均产出就越高。这样,如果各经济体之间储蓄倾向不同就会影响到收敛速度。具体来讲,储蓄倾向越高的经济体,经济增长速度就越快。因为其他条件相同的情况下,高储蓄倾向导致高稳态收入水平,进而意味着给定的初始劳均收入和稳态收入之间存在更大的差距,从而就有更快的劳均收入增长速度。所以,我们引入了储蓄倾向(以 SAV_i 代表)指标。按照新古典增长理论的预期,这个解释变量的系数符号应该显著为正。

在具体进行计量估计时,我们模仿 Mankiw 等(Mankiw et al. 1992)的做法,定义各个省区储蓄倾向为:

$$SAV_i = \left(\sum_{t=1978}^{2000} \frac{I_i}{GDP_i} \right)$$

经济发展战略对劳均资本积累和技术进步的影响

---

① 之所以用 1978—1985 年 TCI 指数的平均值,是因为以城市经济体制为重点的改革从 1985 年开始。

其中分子代表固定资本和存货资本投资[1]，分母代表当年的 GDP。两者均为当年价格。

另外，在新古典增长模型中，劳动力平均增长率越高的经济体，稳态劳均收入就越低。为此我们引入了各个省区劳动力平均增长率(以 $LABG_i$ 来代表)作为解释变量。按照新古典增长模型的推断，这个解释变量的系数符号应该为负。实际进行计量估计时采用的劳动力平均增长率是各个省区从业人数的年均复合趋势增长率。

大量的经济增长收敛回归都将人力资本作为一个解释变量。不过各个研究者实际使用的定义不一样。我们在这里也将各个省区起点时刻的人力资本存量作为解释变量(以 $HUMK82_i$ 代表)。具体定义是各个省区 1982 年具有小学文化程度的人口占总人口的比例。

(9′)式就是我们最终用来进行计量估计的方程式。方程式中的随机扰动项我们假定存在异方差问题，即：

$$E(u) = 0, \quad \text{Var}(u) = \sigma_1^2 \zeta_{ii}$$

四、检验假说 II 的方程式设定和数据

针对技术进步的假说 II 的计量方程式，设定为如下形式：

$$TECHG_i = \gamma_0 + \gamma_1 \cdot TECH_{0,i} + \gamma_2 \cdot DS_i + \lambda Y + \varepsilon_i \quad (10)$$

上式中，因变量的含义是技术前沿提高引致的劳均 GDP 年均增长效应。[2] 具体来说就是表 1 报告的第(4)列数据取自然对数之后，除以 22 年。

方程(10)中刻画起始时刻技术水平的变量是 $TECH_{0,i}$。如果假说 II 成立，那么初始时刻技术水平越高的经济体，在未来的技术进步越慢。所以预期 $TECH_{0,i}$ 在方程(10)中的系数 γ_1 符号为负。Kumar 等(Kumar et al. 2002)、Maudos 等(Maudos et al. 2000)和 Gumbau-Albert(2000)检验技

---

① 我们这里没有考虑政府财政盈余和净出口对于储蓄的影响。毕竟这两者与生产性资本的意义相差要远一些。

这里的储蓄指标的定义，事实上不是特别理想。在新古典模型中运用的是自愿的储蓄倾向，同时暗含了市场出清的条件，从而储蓄自动地全部转化为投资。我们这里的指标还可以被解释为投资率。而一旦从投资率角度理解这个变量，那么得出的政策含义就应该谨慎对待。毕竟，Solow 模型中暗含的自愿储蓄和储蓄自动全部转化为投资的机制，和政府进行赤字政策扩大投资的机制，包含着迥然不同的含义。

② 在古典的 Solow 模型中，稳态路径的存在要求技术进步为 Harrod 中性的。数据包络分析方法测定技术进步时，并不要求生产函数呈现某个具体形式。这样，我们测定的技术进步未必然符合 Harrod 中性的要求。在其他类似的文献中，也没有什么办法处理这个问题。

术进步的收敛效应时,用初始劳均 GDP 本身作为初始技术水平变量 $TECH_{0,i}$ 的替代变量。正如前面指出的那样,初始劳均 GDP 的差距当中,事实上还包含初始劳均资本拥有量差异的影响。所以我们还是沿用数据包络分析方法将初始劳均 GDP 差距进行分解,以分解之后得到的单纯的初始技术水平差距 $TECH_{0,i}$ 作为方程(10)的初始条件变量。

上面方程涉及的发展战略特征变量,同样经过和假说 I 的检验方程类似的代数变换,最终得到可以用于估计的计量方程式为:

$$TECHG_i = C_T + \gamma_1 \cdot TECH_{0,i} + \gamma_2 \cdot TCI_i + \lambda Y + \varepsilon_i \quad (10')$$

在 $(10')$ 式中,$C_T = \gamma_0 - \gamma'\omega$。如果假说 II 成立,那么在 $(10')$ 式中 γ_1、γ_2 的符号应该为负。

上面两个方程中涉及的其他解释变量 Y,包括人力资本和外国直接投资。人力资本的定义和假说 I 的计量方程中的定义完全一样,不再赘述。外国直接投资(以 FDI_i 表示),往往意味着先进的管理经验和技术诀窍,所以外国投资越多的省区,则技术进步方面的优势就越大。我们在计量分析中实际使用的外国直接投资指标的定义是:1978—2000 年期间外国直接投资累计额的自然对数。[①] 我们预期人力资本和外国直接投资两个解释变量的系数符号应该为正。

在 $(10')$ 式中的随机扰动项,我们假定存在异方差问题,即:

$$E(\varepsilon) = 0, \quad Var(\varepsilon) = \sigma_2^2 \cdot \vartheta_{ii}$$

第四节　两个假说的计量检验结果

基于前述的介绍,我们依次给出假说 I 和假说 II 的计量检验结果。

一、经济发展战略对劳均资本积累影响的检验

我们运用 LIMDEP7.0 的计量软件,对方程(9′)进行了 OLS 估计。考

---

① 严格地说,外国直接投资的具体投入形式可能是多种多样的,有现金、技术股权、实物作价的资本品等等。国民经济核算角度的总投资定义和外国直接投资的含义不是完全吻合的。从这个角度考虑,通常研究中采用 FDI 除以投资总额的比例来刻画外资对于经济增长影响的做法,未必妥当。我们认为,从我们主要关注的技术进步角度而言,外资的绝对量要比前述的比例指标的含义更加合适。当然采用这样的定义也暗含地假定,所有来自 FDI 的技术进步优势,是最初投资时候的一次性贡献。事实上,或许外商投资企业在未来能够分享母公司 R&D 的进一步信息。也就是说一次 FDI 带来了持续的技术进步优势。对此我们无法刻画。

虑到截面估计的异方差问题,我们报告了基于 White Robust 方差协方差矩阵的系数标准差估计。这些结果报告于表 2 中。

为了和通常的研究所考虑的解释变量进行比较,也为了检验发展战略特征变量(TCI)的稳定性(Robustness),我们估计了 8 种具体的函数形式。模型 I 是 Barro 回归的无条件 β 收敛的方程设定,其中仅仅将初始条件作为解释变量。初始条件变量的定义在前文已经介绍过,这里不再赘述。我们看到,模型 I 的估计结果在统计上不理想,初始条件变量的系数估计结果的符号为正,与理论预期相背。

无条件 β 收敛背后的理论依据是资本边际报酬递减。那么模型 I 的估计结果似乎说明在中国资本边际报酬递减规律不成立。但是正如模型 II—模型 IV 所表明的那样,一旦将各省区发展战略特征控制住,就会得到迥然不同的结论。模型 II 当中,除了初始条件变量之外,我们还通过 1978—1985 年期间各个省区的 TCI 指数的算数平均值指标 TCI7885 控制住各个地区的发展战略特征。模型 III、模型 IV 与模型 II 的区别在于控制发展战略特征的变量不同,模型 III 当中用 1978、1980、1985、1990、1995 共 5 个年份的 TCI 指数的算术平均指标 TCI-5-A 来控制发展战略特征;模型 IV 则用 1978—1999 年期间各省区 TCI 指数的算术平均值指标 TCI7899 来控制发展战略特征。

从模型 II—模型 IV 的估计结果来看,所有的场合之下发展战略变量和初始条件变量的系数符号均符合理论预期,且双尾 t 检验均在 1%—10% 的水平上显著异于零。

另外,一旦控制住发展战略特征之后,模型 II—模型 IV 的整体显著性就较之模型 I 大大提高,从调整的可决系数的变化可以看出这一点。由此表明在控制住发展战略特征的条件下,中国 1978—2000 年期间 29 个省区的经济增长与无条件 β 收敛的理论推断相容。[①] 也就是说资本边际报酬递减规律以及发展战略特征共同决定着一个地区的经济增长。

模型 V 当中根据新古典增长理论的分析,引入了初始条件、储蓄率、劳动力增长率和人力资本初始条件等作为解释变量。模型 VI—模型 VIII 在模型 V 的基础上增加了 TCI7885、TCI-5-A 和 TCI7899 作为解释变量。

引入初始条件、储蓄率、劳动力增长率和人力资本初始条件等解释变

---

① 作者还进行了以 1978—2000 年期间劳均 GDP 平均年增长率作为被解释变量的 Barro 回归,结果表明,当控制住发展战略特征之后,也支持无条件 β 收敛的理论假说。

表 2　经济发展战略对劳均资本要素积累影响的检验

	模型 I	模型 II	模型 III	模型 IV	模型 V	模型 VI	模型 VII	模型 VIII
常数项	0.0300	0.0368	0.0419	0.0426	−0.0063	−0.0008	0.0059	0.0095
	(0.0046)	(0.0050)	(0.0042)	(0.0038)	(0.0314)	(0.0321)	(0.0302)	(0.0276)
	[0.0000]***	[0.0000]***	[0.0000]***	[0.0000]***	[0.8425]	[0.9805]	[0.8456]	[0.7346]
$\text{Ln(KPL}_0)$	−0.0022	−0.0144	−0.0202	−0.0215	−0.0196	−0.0239	−0.0250	−0.0249
	(0.0058)	(0.0075)	(0.0081)	(0.0078)	(0.0097)	(0.0095)	(0.0095)	(0.0094)
	[0.7131]	[0.0652]*	[0.0194]**	[0.0109]**	[0.0549]*	[0.0190]**	[0.0148]**	[0.0143]**
TCI7885		−0.0024				−0.0013		
		(0.0008)				(0.0007)		
		[0.0082]***				[0.0877]*		
TCI-5-AVER			−0.0046				−0.0026	
			(0.0013)				(0.0009)	
			[0.0013]***				[0.0118]**	
TCI7899				−0.0055				−0.0034
				(0.0015)				(0.0012)
				[0.0016]***				[0.0076]***
SAVE					0.0335	0.0357	0.0349	0.0331
					(0.0203)	(0.0181)	(0.0165)	(0.0155)
					[0.1124]	[0.0610]*	[0.0465]**	[0.0446]**

（续表）

	模型 I	模型 II	模型 III	模型 IV	模型 V	模型 VI	模型 VII	模型 VIII
LABG					−0.6342	−0.5526	−0.4645	−0.3581
					(0.2851)	(0.2735)	(0.2757)	(0.2723)
					[0.0362]**	[0.0556]*	[0.1061]	[0.2020]
HUMK82					0.0487	0.0433	0.0367	0.0320
					(0.0406)	(0.0404)	(0.0378)	(0.0344)
					[0.2432]	[0.2956]	[0.3432]	[0.3616]
调整后的 R^2	−0.0344	0.0814	0.2604	0.4033	0.4416	0.4608	0.5066	0.5631

1. 每个解释变量的系数估计值下面圆括号里的数字，是系数估计值的标准差；再下面方括号里的数据为"该系数显著异于零"的假说的双尾 t 检验的 p 值。

2. 因为我们假定方程的随机扰动项呈现异方差特征，所以在估计各个数字含义都与此相同，不再另行交待。以下各个 OLS 估计时，进行了相应的调整。表中所报告的系数估计值的标准差，是调整之后得到的 White Robust 方差协方差矩阵。以下各个 OLS 计量结果都进行了同样的处理，不再另行交待。

3. 为了直观起见，我们将各个检验的显著性水平（p 值）小于 1% 的情形标记为"***"；将双尾 t 检验的显著性水平（p 值）大于 1% 小于 5% 的情形标记为"**"；将双尾 t 检验的显著性水平（p 值）大于 5% 小于 10% 的情形标记为"*"。以下各表的情形相同，不再专门说明。

4. 由模型 II—模型 IV、模型 VI—模型 VIII 推算出来的收敛系数 β 分别为：0.0173、0.0267、0.0291、0.0339、0.0363、0.0361。

量之后,模型 V—模型 VIII 分别比模型 I—模型 IV 的统计性质有了根本的改善。初始条件变量和发展战略变量的系数符号符合预期,且其双尾 t 检验均在 1%—10% 的水平上显著异于零,整个方程的调整可决系数也大大提高。这在一定程度上说明了条件收敛比起无条件收敛而言,更符合中国实际情况。

储蓄率、劳动力增长率和初始人力资本三个解释变量的符号符合理论预期,但是,除了储蓄率在大多数场合下显著异于零之外,其他两个变量在大部分场合下不显著。对于这些变量揭示出来的信息,我们予以进一步说明。

储蓄率在新古典增长理论中的含义是自愿的储蓄倾向,同时新古典理论模型又假定了储蓄自动全部转化为投资的市场出清假定。但是我们定义的储蓄率实际上是事后的投资率,投资率未必和自愿的储蓄意愿相一致。最容易想见的例子是,存货资本的增加往往是经济周期的反映;而且在许多国有企业执行赶超任务的情况下,因为多生产了不符合市场需要的产品而增加的存货,显然不是社会合意的储蓄行为。更重要的是中国政府在经济中发挥的作用比较大,政府的投资行为在整个社会投资中占有的比例比较大。所以,我们这里的计量结果反映的信息,一部分是自愿的合意储蓄行为的结果,另一部分是其他因素的作用。有鉴于此,应该谨慎对待这里的计量结果的政策含义。新古典模型中社会合意的自愿储蓄行为能够影响长期的稳态收入水平,但是储蓄倾向在较长时期内是稳定的,政府政策对这个因素固然有影响,但影响毕竟是有限的。至于我们的计量结果中蕴含的政府投资方面的信息,我们的看法是,政府不应该为了提高投资率而采取各种短期的宏观政策增加投资,尤其不应该从赶超目的出发大量投资于资本密集的产业、产品和技术。这样的政策尽管可以刺激短期产出上升,但赶超在短期的有限的正作用,会被 TCI 指数的反向影响所抵消。

饶有趣味的是劳动力增长率变量的影响。在模型 V 和模型 VI 里面,劳动力趋势增长率的系数符号显著为负,在其他情况下均不显著。从业人数的增长包含两方面原因:劳动力随着人口的自然增长和劳动力的净流入而增长。新古典增长模型本来要求各个经济体是相对封闭的经济体。一旦考虑到开放条件下的生产要素流动,则收敛速度会加快,因为资本会从相对丰裕(从而资本边际报酬比较低)的经济体,流向资本相对稀缺(从而资本边际报酬比较高)的经济体,而劳动力的流动方向则是从劳动力相对丰裕的经济体流向相对稀缺的经济体。要素流动在新古典增长理论中的直接含义是，各个经济体劳均资本的趋同速度，要比封闭经济条件下来得快，从而劳均产出的趋同速度在开放条件下也比封闭条件下来得快。我们研究的对象是中国内地的各个省区，这种情形下的要素流动性应该比较强，从而收敛检验所要求的封闭经济条件就不能够满足。不过我们在现实的观察中，并没有看到大量的资本从相对富裕的东部地区流向中西部地区，中国各个省区之间要素流动的主要形式是劳动力从中西部流向东部。这种劳动力流动使得各个省区之间的劳均资本量更快地趋同，从而使得劳均产出水平的收敛更加迅速。

但是在中国，劳动力流动也许有更加复杂的含义。按照我们的理解，赶超特征越强的省区，劳动力富裕程度就越高，在劳动力流动限制比较严格的情况下，难以流动出来。但一旦劳动力流动的限制逐渐放松之后，赶超特征强的省区里的富裕劳动力，就会流向按照比较优势发展的省区。如果抛开中国的现实情况不论，仅仅在新古典理论设想的没有干预和扭曲的条件下考察劳动力流入东部沿海省区的事实，其含义应该是降低这些流入地的劳均资本提升速度，进而降低其劳均产出增长速度；同时应该使得劳动力流出地省区的劳均资本提升速度和劳均产出增长速度加快。但是，一旦考虑中国的现实，结论就大不一样。劳动力之所以从某个地区流出，之所以流入另外一个地区，在很大程度上是因为流出地的赶超特征强，调整存量结构的步伐缓慢，对于劳动力的吸收能力弱，而流入地的赶超特征弱，吸收劳动力的空间大。赶超特征强的省区如果不调整产业、产品和技术结构的话，尽管从统计上看从业人数减少了，但是劳均资本积累速度，进而劳均产出增长速度，会低于潜在水平，从而收敛速度还是不能够达到顺应比较优势时的水平。进一步的结论是，尽管赶超特征弱的省区是劳动力流入地，但是其劳均资本和劳均产出的增长速度未必比劳动力流出地的增长速度慢。我们认为这个机制可以在很大程度上解释劳动力增长率变量的系数不太显著的现象。

初始人力资本水平变量的统计性质不理想，尽管系数的符号为正，符合理论预期。当然我们这里得到的仅仅是初始时刻的人力资本。如果资料允许我们控制住整个时期的人力资本特征，或许会得到更加理想的统计结果。所以并不能够从这里的结果中导出人力资本不重要的结论来。

Cheng(2002)在评价关于中国地区经济增长收敛性的经验研究文献时指出，经验检验的结果对于京津沪三大直辖市是否包括在样本中比较敏感。为此我们还进行了不包含三个直辖市的数据集的回归。检验表明，数据集当中是否包含三大直辖市对估计结果稍有影响,但没有根本性的改变。我们要检验的假说在包含和不包含三个直辖市的两种数据中,基本上和经验事实相容。另外,作者还将上述介绍的针对方程(9′)的8个模型中的初始条件变量,全部用初始的劳均 GDP 本身作为替代变量进行了估计,而且分别就包含和不包含三个直辖市的两个数据集进行了检验。结果也表明,经验事实和假说 I 相容。对这些结果感兴趣的读者,可以向作者索要有关的结果。

表 2 报告的估计结果的一个不太理想的性质是,在方程(9′)的估计中,模型 V—模型 VIII 的常数项的估计结果中甚至出现了负号,和理论预期相反。不过这些估计结果的 p 值在 0.8 以上,非常不显著。对于这个现象,我们目前还难以给出合理的解释。而在不包含储蓄率、劳动力增长率和人力资本的模型中,常数项均显著吻合于理论预期。

需要说明的是,像 Kumar 等(Kumar et al. 2002)、Maudos 等(Maudos et al. 2000)和 Gumbau-Albert(2000)等那样,以初始 GDP 作为初始条件变量得到的估计结果,和以 $KPL_{0, i}$ 作为初始条件变量得到的估计结果相比,前者条件下初始条件变量的系数估计值的绝对值均小于后者的情形。这个差别的现实含义是,后者情形中收敛速度比在前者情形中来得快。这些现象其实是非常直观的。在我们的分析框架中,落后经济体之所以初始时刻劳均 GDP 比较低,根源有二:劳均资本比较少;技术水平比较低。相应地,落后经济体追赶先进经济体的途径就有二:① 凭着资本边际报酬递减规律而以较之先进经济体更快的速度积累劳均资本;② 凭着技术模仿的低成本优势而以较之先进经济体更快的速度改进技术。我们要检验的假说 I 是这里的途径①,所以,以 $KPL_{0, i}$ 作为初始条件变量进行估计,所得到的收敛系数反映的就是单纯资本边际报酬递减规律的作用机制。而一旦将初始条件变量定义为 1978 年劳均 GDP 的自然对数,那么实际上是误导性的,这个替代变量的含义不是纯粹的,其中还包含着技术水平和技术效率差异带来的影响。因为初始时刻劳均 GDP 较少的经济体,往往技术水平和技术效率低下,所以,Kumar 等(Kumar et al. 2002)、Maudos 等(Maudos et al. 2000)和 Gumbau-Albert(2000)的做法等价于这样的含义:劳均资本的积累除了要追赶劳均资本量本身的差别以外,还要追赶初始时刻技术水平和技术效率方面的差距。换言之,按照 Kumar 等(Kumar et al. 2002)、Maudos 等(Maudos et al. 2000)和 Gumbau-Albert(2000)做法估计得到的收敛系数,实际上还承担着将初始时刻的技术水平和技术效率等方面的差距，弥补到起始时刻先进经济体那样高的水平上的任务。从这个角度可以看出，我们运用数据包络分析方法将初始年份劳均 GDP 差异分解为劳均要素拥有量差别的效应和技术水平差别的效应，对于问题的理解是有意义的，从而丰富了这方面的经验研究文献。

二、经济发展战略对技术前沿提升影响的检验

表 3 报告了假说 II 的检验结果，所给出的系数估计的标准差是 White Robust 方差协方差矩阵的系数标准差估计。我们估计了 8 种模型。

从模型 I 的估计结果来看，技术落后经济体在技术进步方面的后发优势，在中国并不是无条件成立的。在模型 II 和模型 III 当中，我们分别引入了发展战略特征的变量 TCI7885 和 TCI7899。在前面检验劳均资本要素积累时控制发展战略特征的比较理想的变量为 TCI7899，但是在那里这个变量的分母和被解释变量同方向变化，所以需要就发展战略特征尽可能地进行 Robust 的估计。但是在这里检验技术前沿提高和发展战略之间的关系时，没有任何先验理由可以认为 1978—1999 年 22 年间的 TCI 指数的平均值 TCI7899 和被解释变量（即技术进步）之间存在系统性关系。从这个角度来讲，TCI7899 是反映发展战略的比较好的指标。不过我们还是估计了以 TCI7885 为发展战略控制变量的模型。

从模型 II 和模型 III 的估计结果来看，初始技术水平变量以及发展战略特征变量的系数符号均符合理论推断，除初始技术水平变量的系数在模型 II 中的 p 值为 0.1049 以外，其他场合下初始技术水平变量和发展战略指标的系数估计值的双尾 t 检验均显著异于零。

模型 IV 和模型 V 在模型 I 的基础上，分别引入了外国直接投资（FDI）和初始的人力资本水平（HUMK82）作为解释变量；模型 VI 则同时引进两者作为解释变量。从这里的估计结果来看，FDI 变量的系数符号符合预期且显著。但是初始人力资本变量的系数在有些场合下为负，与通常的直觉相背。当然，造成这种情况的原因可能是我们定义的人力资本本身的数据质量不高，所以难以从中归纳出人力资本对技术前沿提高起反向作用的一般性结论。

模型 VII 和模型 VIII 在模型 VI 的基础上分别引入了 TCI7885 和 TCI7899 作为解释变量。估计结果表明，发展战略变量本身的系数符号均显著为负，双尾 t 检验的显著性水平分别为 5% 和 10%。初始技术水平变量的系数符号也均稳定地为负，且在 5% 显著性水平上异于零。

表 3 经济发展战略对技术进步影响的检验

	模型 I	模型 II	模型 III	模型 IV	模型 V	模型 VI	模型 VII	模型 VIII
常数项	0.0403 (0.0037) [0.0000]***	0.0435 (0.0038) [0.0000]***	0.0452 (0.0038) [0.0000]***	0.0081 (0.0168) [0.6339]	0.0354 (0.0143) [0.0204]**	0.0184 (0.0186) [0.3324]	0.0162 (0.0153) [0.3007]	0.0250 (0.0177) [0.1709]
$TECH_0$	−0.0011 (0.0041) [0.7939]	−0.0100 (0.0059) [0.1049]	−0.0107 (0.0049) [0.0384]**	−0.0058 (0.0049) [0.2463]	−0.0024 (0.0060) [0.6945]	−0.0017 (0.0060) [0.7798]	−0.0121 (0.0057) [0.0436]**	−0.0111 (0.0048) [0.0307]**
TCI7885		−0.0018 (0.0007) [0.0131]**					−0.0014 (0.0006) [0.0283]**	
TCI7899			−0.0029 (0.0007) [0.0004]***					−0.0022 (0.0008) [0.0095]***
FDI				0.0022 (0.0011) [0.0545]*		0.0029 (0.0011) [0.0121]**	0.0018 (0.0010) [0.0712]*	0.0013 (0.0011) [0.2510]
HUMK82					0.0061 (0.0167) [0.7155]	−0.0268 (0.0165) [0.1172]		
调整后的 R^2	−0.0372	0.1220	0.2206	0.1519	−0.0744	0.1763	0.2407	0.2523

经济发展战略对劳均资本积累和技术进步的影响

我们还做了不包含三个直辖市的数据集的回归,检验结果没有根本的变化,要检验的假说在包含和不包含三个直辖市的两种数据中,基本上和经验事实相容。另外,作者还将上述介绍的针对方程(10′)的 8 个模型中的初始条件变量,全部用初始的劳均 GDP 本身作为替代变量,进行了估计,而且分别就包含和不包含三个直辖市的两个数据集进行了检验。结果也表明,经验事实和假说 I 相容。对这些结果感兴趣的读者,可以向作者索要。

以初始 GDP 作为初始技术水平的替代变量的估计结果,和以初始技术水平 $TECH_0$ 作为初始条件变量的估计结果相比,初始条件的系数估计值的绝对值,在后者情形中均大于在前者情形中的结果。这个对比关系的现实含义是,后者情形中的后发优势比在前者情形中更大。在方程(10′)中,以纯粹技术前沿相对水平作为初始变量,则得到的后发优势变量的系数就是单纯技术模仿成本小于自己创新成本的规律的作用。而当我们将方程(10′)中的初始条件变量替换为 1978 年劳均 GDP 时,事实上还把由于劳均资本要素拥有量差别以及技术效率差别对初始时刻劳均 GDP 的影响也包括进来。因为初始时刻劳均 GDP 较少的经济体往往劳均资本量少、技术效率低下,所以,以 1978 年劳均 GDP 自然对数作为初始条件变量进行估计所得到的后发优势系数,实际上还包含了这样的含义:技术模仿成本低下带来的快速的技术进步除了要追赶技术水平本身的差距之外,还要将初始时刻劳均资本量低下等方面的差距弥补起来。由此可见,运用数据包络分析方法将初始年份的劳均 GDP 差异分解为劳均要素拥有量差别的效应和全要素生产率水平差别的效应,深化了对问题的理解。

第五节　结论性评论

本文对比较优势发展战略理论的两个理论假说进行了经验检验。结果表明,两个理论假说和中国 1978—2000 年期间 29 个省区的劳均 GDP 增长的经验证据相容。归纳起来,有下面几个结论:

因为资本边际报酬递减规律的作用,在顺应比较优势战略而没有扭曲的情况下,初始劳均资本量较少的经济体在未来时期劳均资本积累的潜在速度,较之初始劳均资本量较多的经济体来得更快;而违背比较优势的发展战略,将使得实际的劳均资本积累速度低于潜在速度。

技术落后经济体顺应比较优势战略，从先进经济体那里选择适合落后经济体自身发展阶段的适用技术进行模仿，所花费的成本低于自己研发这些技术的成本，所以初始技术水平较低的经济体根据自身要素禀赋结构的动态变化，确立适当的目标技术进行模仿，在未来时期潜在技术进步速度可以较之初始技术先进经济体更快；而违背比较优势的发展战略将使技术进步的实际速度低于潜在速度。

　　综合起来，初始劳均收入水平较低的经济体，通过确立适当的目标技术进行模仿，可以在未来时期获得较之初始劳均收入水平较高经济体更快的劳均 GDP 潜在增长速度。但是违背比较优势的发展战略则会使劳均收入实际增长速度低于潜在速度。

东亚奇迹背景下的中国农村工业化*

　　农村工业化是东亚发展中的一个独特现象,同时也是东亚奇迹中一个不可缺少的组成部分。作为这一地区中最大的经济体,中国在其农村工业化的速度上即使没有超越其邻国,也至少保持着与之同步的发展速度。中国过去 20 年的经济增长,在很大程度上应归功于农村工业部门的高速发展,而中国的农村工业部门又是由无数的乡、镇、村和个人所建立的小规模的农村企业(rural enterprises, REs)所组成的。[①] 空前规模的中国农村工业化构成了它区别于其他东亚国家农村工业化的独特之处。1978 年,大约有不到 10% 的农村劳动力从事工业活动,并且农村中的非农业收入只占整个农村收入的 8%。但到了 1996 年,已经有 30% 的农村劳动力在当地的工厂中工作,并且非农业收入在整个农村收入中的比重已经上升到了34%。尽管在农村工业化的快速发展是否已经使得中国地区间收入差距进一步加大的问题上,目前还存在着争论,但是中国农村工业的快速发展确实使得各地区内部的收入分配差距趋于更加平等。

　　中国农村工业化发展的规模和速度已经引起了国际学术界的广泛注意,并且已经提出了几种相互竞争的理论,以试图解释这一成功的原因。文化理论特别强调中国农村中的合作文化传统在促进农村企业发展过程中的作用。新增长理论则强调由知识积累以及最近所提出的社会资本积累所创造的正外部效应对促进经济持续增长过程中的作用。在中国,地方政府所有的农村企业大量存在,这种现象促使大量的文献将重点集中在探讨产权定义的不明确性在促进农村企业迅速发展中的积极作用上。这些

　　* 本文和姚洋教授合作,原文发表于诺贝尔经济学奖获得者 Joseph E. Stiglitz 和 Shahid Yusuf 主编的 *Rethinking the East Asian Miracle*(《东亚奇迹的再思考》),中文稿由张鹏飞翻译。作者感谢 Shahid Yusuf 以及 1999 年 2 月在旧金山召开的研讨会的参与者富有建设性的建议。同时也感谢刘明兴在本文数据的收集和整理过程中所提供的极大帮助。

　　① 在中国的文献和统计数据中,不管企业的所有权归属如何,所有的乡镇级以及乡镇以下一级的企业都包括在农村企业里。这些农村企业不仅仅包括工业部门的企业,还包括建筑业、交通运输业、商业以及饮食服务业的企业。在这里,我们采用这个定义。

文献重点强调地方政府——尤其是那些乡村级地方政府——在帮助农村企业获得宝贵的财政和物质支持以及在帮助它们打通迷宫般的官僚等级制度方面所起的重要作用。还有一种理论,则着重指出了农村企业的发展和中国农村的比较优势之间的联系。这一解释是非常传统的,以至于经济学家们在寻找新理论时往往忽视它。但是,它却可以解释中国农村工业化的成功以及在中国存在的地区间的巨大差距。

本章的目的,就是要对上述不同的解释作出评价,并对中国农村企业的发展和特点进行评述。我们运用计量经济学的分析方法,对这些解释农村企业为什么成功的竞争性理论进行检验。同时,我们还分析了在过去近30年间中国各省农村工业化的历史进程。

不仅如此,我们还把中国的历史经验放在东亚的大背景中加以分析,以将它与其他东亚国家(地区)尤其是泰国作一比较。中国的经验有其独特性,这具体体现在中国最近所发生的历史事件及其背景之中。但是,中国的经验与其他东亚国家的经验之间同样也存在着许多共性的东西。凭借其在亚洲金融危机中的表现,中国的经验可以为其他发展中国家提供有益的参考。尽管东亚危机是由资本的外逃所直接引发的,但是那些在危机中遭受重创的经济体恐怕都存在着一些根本缺陷,以使得它们无法抵抗严重的金融冲击。韩国、泰国以及其他东亚和东南亚国家(地区)政府都鼓励建立大规模的工业企业,以希望他们可以参与世界市场的竞争。但是,这种发展战略在很大程度上偏离了这些国家(地区)的比较优势所在——按照国际分工,它们应该是劳动力密集型的国家(地区)。这种对本国(地区)比较优势的偏离,连同这些国家(地区)脆弱的、同时带有严格管制的金融体系一起形成了导致危机的根本原因。根据世界银行(1993)所提出的对发展中国家的建议,韩国曾被认为具有获得成功所必备的合适的制度和文化背景,但是它同样没有能够经受住亚洲金融危机的考验。在这一章,我们以中国内地、中国台湾和日本早期的发展经验为例,将它们作为采取同本国比较优势相一致的发展战略而取得成功的典型,希望通过研究可以加深对亚洲金融危机根源的理解,同时探讨具有普遍意义的发展战略问题。

第一节　农村企业对中国国民经济的贡献

经过了 20 多年的发展,农村企业已经彻底改变了中国农村地区的经济状况。从 1978 年到 1997 年这段时间里,农村企业的数量从 150 万增加到了 2 020 万,其雇用的人数也从 2 830 万增加到了 1.305 亿。换句话说,农村企业雇用人数占总农村劳动力的比重从 9% 上升到了 28%。农村企业创造的产值占整个农村总产值的比重则上升得更多。1978 年,农村企业创造的产值仅占农村总产值的 24%,到了 1995 年,这一比重已上升到 79%(见表 1)。

表1 1978—1997 年中国农村企业的发展
(按当前价格计)

| 年份 | 劳动力 | | | 总产值[a] | | 工业产值 | | 农村收入 | |
	企业数量 (百万个)	劳动力 数量 (百万人)	占农村劳动力总量的比例 (%)	数值 (百万元)	占农村总产值的比例 (%)	数值 (百万元)	占全国总产值的比例 (%)	人均 收入[b]	农村企业对人均收入的贡献 (%)
1978	1.52	28.27	9.2	495.1	24.2	385.3	9.1	122.9	7.6
1979	1.48	29.09	9.4	552.3	—	425.3	9.1	—	—
1980	1.42	30.00	9.4	656.9	23.5	515.1	10.0	166.4	10.1
1981	1.34	29.70	9.1	736.7	—	567.9	10.5	194.5	—
1982	1.36	31.13	9.2	846.3	30.4	636.0	12.0	—	—
1983	1.35	32.35	9.3	1 007.9	24.2	744.3	11.5	272.91	—
1984	6.07	52.08	14.5	1 697.8	33.7	1 240.0	16.3	315.06	—
1985	12.22	69.85	18.8	2 755.0	43.5	1 845.9	19.0	350.1	24.6
1986	15.15	79.37	20.9	3 583.3	47.7	2 443.5	21.8	374.68	—
1987	17.50	88.05	22.6	4 947.7	52.4	3 412.4	24.7	418.4	28.1
1988	18.88	95.45	23.8	7 017.8	56.0	4 992.9	27.4	494	30
1989	18.69	93.67	22.9	8 401.8	58.0	6 144.7	27.9	540.3	31.2
1990	18.50	92.65	22.1	9 581.1	57.7	7 097.1	29.7	623.1	26.8
1991	19.08	96.09	22.3	11 611.7	61.1	8 708.6	32.7	638.9	27.9
1992	20.92	106.25	24.2	17 695.7	69.7	13 193.4	38.1	746	27.1
1993	24.53	123.45	27.9	31 776.9	74.3	23 558.6	48.7	873	32.5
1994	24.95	120.18	26.9	45 378.5	74.2	34 688.0	49.4	1 144.8	31.8
1995	22.03	128.61	28.6	68 915.2	77.2	51 259.2	55.8	1 479.5	32.6
1996	23.36	135.08	29.8	77 903.5	76.9	55 901.1	56.1	1 813.3	34.2
1997	20.15	130.50	28.4	89 900.6	78.5	65 851.5	57.9	1 987.27	—

— 表示"数据无法获得"。

a. 总产值为正文中定义的所有类型农村企业的产值总和。

b. 1991 年之后的农村总产值仅包括农业产值和农村企业产值,其他年份的数值还包括其他类别的产值(如家庭副业的产值)。农村收入为除馈赠和汇款收入外的净收入。

资料来源:国家统计局(SSB)《中国统计年鉴》,1997,1998;《中国乡镇企业年鉴》,1995,1997,1998;《中国经济年鉴》,1997,1998。

同样令人注目的是,农村企业已经成为中国经济整体持续增长的一个主要推动力。1978年,农村企业产值只占国内工业部门总产值的9%。在大约20年后,1997年这一数字达到了58%。农村工业已经不再仅仅是农业生产的补充,而是成为国家经济增长的一个不可或缺的动力源泉。众所周知,出口是中国经济近来所取得成功的一个主要因素。但是,农村企业对中国经济的推动作用几乎与出口等同。特别是在最近10年里,农村企业出口增长超过了全国平均出口的增长。1986年,农村企业出口占中国出口总额的比重仅为9%,到1997年这一比重已经上升到46%(见表2)。

表2 1986—1997年中国农村企业出口状况

单位:百万美元,当年价格

年份	出口总额	农村企业出口	农村企业出口占出口总额的比例(%)	农村企业出口占总产值的比例(%)
1986	309.42	28.45	9.19	0.03
1987	394.37	43.45	11.02	0.03
1988	475.40	72.31	15.21	0.04
1989	525.38	99.77	18.99	0.04
1990	620.91	96.07	15.47	0.05
1991	719.10	148.27	20.62	0.07
1992	849.40	216.66	25.51	0.07
1993	917.44	380.70	41.50	0.07
1994	1 210.38	394.64	32.60	0.07
1995	1 487.70	644.58	43.33	0.08
1996	1 510.66	723.86	47.92	0.08
1997	1 827.00	836.93	45.81	0.08

资料来源:国家统计局《中国统计年鉴》,1995,1997,1998;《中国乡镇企业年鉴》1995,1997,1998。

从不同省(市/自治区)之间的比较来看,农村企业的发展和人均国内生产总值(GDP)之间存在着非常明显的、密切的相关性。表3中的数据表明,农村企业发展水平较高的省份,其人均国内生产总值也较高。这一现象的出现使得人们对农村企业的发展是否加剧了中国区域经济发展的不平等产生了怀疑(例如,见Lin,Cai and Li 1997;Rozelle 1994)。让我们暂时忽略省际之间经济发展的不平等,首先来看一下乡村企业的发展在一个省之内是如何影响收入分配平等的。

表3　1992年中国各省非农业产值比重及

各省收入分配的不平等程度

	农村企业产值占农村总产值的比重（％）	基尼系数整个地区	基尼系数农村地区
全国高水平省份	60	0.35	0.20
上海	86	0.12	0.09
天津	85	0.14	0.03
北京	78	0.04	0.13
江苏	76	0.30	0.16
浙江	76	0.30	0.23
山东	67	0.31	0.13
山西	66	0.32	0.15
河北	63	0.30	0.17
辽宁	63	0.24	0.15
广东	61	0.40	0.12
河南	59	0.25	0.13
福建	54	0.24	0.10
四川	49	0.30	0.18
安徽	48	0.26	0.13
陕西	47	0.30	0.13
平均	65	0.25	0.14
低水平省份			
湖北	46	0.31	0.16
江西	44	0.22	0.16
湖南	43	0.23	0.12
吉林	43	0.20	0.05
甘肃	42	0.38	0.24
黑龙江	38	0.21	0.12
宁夏	35	0.43	0.30
广西	30	0.25	0.17
贵州	27	0.34	0.18
内蒙	27	0.23	0.13
云南	27	0.39	0.25
青海	21	0.31	0.15
新疆	15	0.31	0.15
海南	14	0.29	0.08
西藏	04	0.16	0.16
平均	30	0.28	0.16

　　资料来源：非农业收入的比重数值来自国家统计局，1993；《中国农村统计年鉴》，中国统计出版社，北京；基尼系数来自 Lin，Cai 和 Li，1997，表11。

表 3 列出了 1992 年中国 30 个省级单位中的非农业产值在农村总产值中的比重,以及农村和城市综合计算的人均收入基尼系数和农村地区单独计算的人均收入基尼系数。[①] 按照非农业产值的比重,并以它们的中位数为分界点,可以将 30 个省分成两组。非农业产值比重较高的一组(平均为 65%)包括所有的沿海省份和自治区以及一些资源丰富的内陆省份。而非农业产值比重较低的一组(平均为 30%)则全部都是内陆省份。与人们的一般看法相反,平均来说,第一组中的人均收入分配要比第二组中的人均收入分配更加公平。第一组的平均基尼系数为 0.25,而第二组则为 0.28。两组间的农村平均基尼系数也大约相差 0.03,其中第一组为 0.14,第二组为 0.16。考虑到整个国家的人均收入的基尼系数仅仅从 1978 年的 0.13 上升到 1995 年的 0.18,这看起来很小的 0.02 的差距就显得很显著了(Lin, Cai and Li 1997)。

农村企业在一个省的内部收入分配公平化中所起到的巨大作用,是由其小规模、本地化和劳动密集型的本质特性所决定的。这与中国台湾的情况十分相似,而韩国的情况则与此大相径庭。在韩国,工业化是通过将农村人口迁移到一些大工厂集中的城市而完成的。因此,尽管韩国工业化的进程几乎与中国台湾同步,但其农村地区的工业化程度直到最近还是远远落后于中国台湾的农村地区(Saith 1987)。或许是出于有意,或许是出于无意,中国内地的工业化之路却与中国台湾的工业化之路十分相似——通过在农村地区建立劳动密集型的、低技术水平的企业来达到工业化的目的。农村企业所具有的劳动密集型和本地化的性质,使得更大范围的人都能够分享到由其所带来的好处,农村企业也因此使得城乡之间以及城乡内部的收入分配更加平等。另外,随着对农村企业产品需求的增加,劳动力(密集使用的生产要素)回报的增加会超过资本(非密集使用的生产要素)回报的增加。劳动力回报相对于资本回报的更快速的增加会进一步促进城乡之间的平等。

但是,在关于中国各省之间农村企业发展的不平衡是否使得地区间收入差距得以扩大,目前仍存在争论。尽管没有研究提供直接的实证性例证,林、蔡和李(Lin, Cai and Li 1997)的研究表明,造成中国国内收入不平等的主要原因是城乡居民间的收入差距,而不是沿海和内陆省份间的收入

东亚奇迹背景下的中国农村工业化

---

① 这里基尼系数的计算是基于县级水平的数据,而不是基于家庭收入的数据。关于基尼系数的计算方法以及数据方面的问题请参见(Lin, Cai and Li 1997)。

差距。因此,地区间的收入水平差距,应当与内陆省份农业人口相对较多而沿海省份农业人口相对较少有关。农村企业的发展将增加农村地区的收入,从而对促进中国地区间的收入平等起到重要的推动作用。

第二节　简单的历史回顾

在20世纪70年代以前,中国的工业化政策倾向于建立大型重工业企业。这一政策的结果是,农村地区被远远抛在工业化进程之外。具有讽刺意味的是,农村企业的稳定发展是在70年代早期作为响应中国政府农业机械化的号召而开始的。而当时的这一政策实际上并不适合中国的实际。但为了响应这一号召,一些农村地区开始建立人民公社所有和大队所有的工厂,以制造农业机械和修理农用工具。由于当时中国城市的工厂在"文化大革命"所造成的派系斗争中已经陷入瘫痪,农村企业因此获得了巨大的市场机会。结果是,农村企业的产值从1970年的95亿元猛增到1976年的272亿元,年均增长速度达到26%。[①] 1976年粉碎"四人帮"以后,人民公社所有和大队所有的工厂进一步加快了发展的步伐。到1978年,以1970年不变价格计算,这些工厂的产值已达到493亿元,雇用人数也达到2 383万。然而,这些公社和大队所有的工厂的产值仍只占农村总产值的24%,并且它们的雇用人数也不足农村总劳动力的10%(见表1)。

20世纪70年代,人民公社所有和大队所有的企业的发展为80年代农村企业的发展奠定了坚实的基础。事实上,广泛吸引学术界注意的许多集体所有的农村企业是这些企业的一个自然延续(Putterman 1997)。此外,尽管人民公社体制后来证明是一种存在功能性障碍的经济组织形式,但这种制度在当时还是将相当规模的投资投向了农村基础设施建设,特别是道路建设。然而,70年代决定农村企业地理位置分布的最重要的因素仍然是土地和劳动力的丰裕程度,这表现在乡村企业集中分布在沿海省份上。

始于20世纪70年代末和80年代初的农村改革,为农村地区的发展揭开了新的篇章。与之相适应,农村工业化也步入了一条通向快速发展的

---

① 这部分所引用的数值,如果没有另外注明出处,则表示数值均引自 Byrd 和 Lin(1990:9—10)。

轨道。1978—1984 年,被禁止了 20 多年的家庭农业(family farming)体系被重新建立起来。这一改革的结果是,农业的实际产值在这段时期里以每年 6%的速度增长。据估计,农业生产增长的 60%应归功于这一改革(Lin 1992)。尽管农业生产的快速增长占用了农村地区大量的资源,但同时也为农村企业的起飞积累了至关重要的原始资本。

1984—1988 年是中国农村工业化的起飞阶段,同时也是农村企业快速发展的阶段。这一阶段中国农村企业所取得的成功,主要是几项制度改革和市场改革的成果,人民公社制度的解体和价格改革则更是功不可没。同时,农村收入的增长也是促进农村企业发展的一个重要原因。1984 年,有 470 万个新工厂建立,从而使农村企业的工厂总数达到 610 万个,是 1983 年的 4.5 倍。1985 年,农村企业工厂的数目又增加了 2 倍多,达到 1 220 万个(见表 1)。大部分新建的工厂是私人所有或私人经营的。1984 年,610 万个农村企业中 69%是私人企业或集体企业。到 1986 年这一比例则上升到 89%(见 Chen 1988)。

在 20 世纪 90 年代,乡村企业继续以强劲的速度增长。除此之外,乡村企业也进行了私有化改革以改进原来公有制下的激励机制。到 1998 年底,超过 80%的由县级政府或者县级以下政府所有的公有企业都进行了私有化改革(Zhao 1999)。从而彻底改变了中国的基层经济状况。在最近几年,乡村企业的数量有所下降,但是这种下降也许是出于对邓小平 1992 年南巡讲话而导致过度投资的一种自我纠正。然而,与乡村企业的数量下降相反,乡村企业的产出在这个时期却继续增长。这或许反映了原来的没有效率的企业被更加有效的企业所合并或者所挤出而带来的结构上的调整。

第三节　改革时期中国农村企业发展的决定因素

改革时期,中国农村企业的发展有几个显著的特点。第一,支持农村企业发展的大量资本,在开始阶段来源于农业的剩余,其后则主要来源于农村企业自身的积累;由正规的银行体系所提供的贷款则很少。第二,尽管那些位于沿海地区的农村企业近来开始进入到资本密集型产业和高级消费品制造业,但是中国农村企业绝大部分集中于劳动力密集和资本密集型的产业。第三,中国农村企业的一个特点是具有多种所有制类型,但是

毫无疑问,20 世纪 90 年代起它是朝着私有产权的方向发展的。第四,农村企业与城市企业之间存在着多方面的紧密联系,这既包括从城市企业那里获得技术、设备、人员和市场渠道,也包括与城市企业进行面对面的竞争。第五,尽管农村企业在全国各地区间的发展很不平衡,但这一现象多数可以由各地区的初始条件、地理位置和要素禀赋的不同而得到解释。这一节的余下部分,我们将对以上所述的五个特点分别作详细的论述。其目的是要证明中国农村工业化进程的复杂性和动态性,并引出几个相互竞争的理论,来解释中国农村企业的成功。

一、资本积累

中国农村改革初期,在农村企业最初的资本原始积累过程中,有两个因素起着主要的作用。首先,重工业优先的发展战略逐渐削弱,对农产品价格的限制相对减少(Feng and Lin 1993)。其次,在农村实行的家庭联产承包责任制提高了农民劳动的积极性,并且在 20 世纪 80 年代极大地促进了农业产量和农村收入的增长(Lin 1982)。这两个因素的共同作用,导致了农村储蓄的大幅度增长。表 4 列出了 1978—1993 年间农村信用合作社所获得的存款。农村信用合作社是惟一经法律允许可以在县以下地区设立分支机构的金融机构,因此它们所吸纳的存款额可以作为农村储蓄总额的很好的近似。1993 年农村储蓄总额为 1978 年的 26 倍。

1978 年以前中国所采用的"赶超型"发展战略(catch-up development strategy)造成了基本消费品的供给不足,这个没有得到满足的市场,有助于农村企业的最初发展和资本积累。在改革的初始阶段,中国的产业结构中重工业占有绝对的优势。表 5 显示了 1952—1978 年间不同时期轻工业和重工业所获得的固定资产投资量,以及它们各自在工业生产总值中所占的比重。多数时期,只有不到 10% 的投资投向了轻工业。这一时期,消费品明显匮乏,作为这一现象的标志性表现就是中国从基本食品到数量有限的奢侈品都实行凭票供应的配给制。随着 20 世纪 70 年代末和 80 年代初改革开放政策的实行,城乡居民收入都有所提高。1978—1982 年,城市居民的消费支出和农村居民的消费支出分别以年均 5.8% 和 6.5% 的速度增长,大大高于 1952—1977 年的增长速度(分别为 3.0% 和 1.8%,见 Lin, Cai and Li 1994, p.155)。经过了 20 年的停滞,消费品需求的高速增长为农村企业的发展创造了一个良好的机会,农村企业可以去填补由重工业优先的国有企业所留下的劳动密集型消费品的空白。

表 4 1978—1993 年中国农村信用合作社吸收的存款

单位:亿元,当年价格

年份	总额	集体所有制企业		农村企业		家庭企业		
		总和	比重	总和	比重	总和	比重	其他
1978	166.0	93.8	0.57	—	—	55.7	0.34	16.5
1979	215.9	98.3	0.46	21.9	0.10	78.4	0.36	17.3
1980	272.3	105.5	0.39	29.5	0.11	117.0	0.43	20.3
1981	319.6	113.2	0.35	29.7	0.09	169.6	0.53	7.1
1982	389.9	121.1	0.31	33.7	0.09	228.1	0.59	7.0
1983	487.4	91.8	0.19	62.3	0.13	319.9	0.66	13.4
1984	624.9	89.9	0.14	81.1	0.13	438.1	0.70	15.8
1985	724.9	71.9	0.10	72.1	0.10	564.8	0.78	16.1
1986	962.3	83.9	0.09	91.7	0.10	766.1	0.80	20.6
1987	1 225.2	89.9	0.07	104.7	0.09	1 005.7	0.82	24.9
1988	1 399.8	98.4	0.07	128.3	0.09	1 142.3	0.82	30.8
1989	1 669.5	92.3	0.06	126.2	0.08	1 412.1	0.85	38.9
1990	2 144.5	106.5	0.05	149.9	0.07	1 841.6	0.86	47.0
1991	2 709.5	135.9	0.05	191.7	0.07	2 316.7	0.86	65.2
1992	3 477.7	215.2	0.06	301.8	0.09	2 867.3	0.82	93.4
1993	4 297.3	245.8	0.06	362.1	0.08	3 576.2	0.83	113.2

— 表示"数据无法获得"。

资料来源:国家统计局,《中国金融年鉴》,1990—1993,中国金融出版社。

表 5 1952—1978 年中国工业固定资本投资

单位:10 亿元,当前价格

时期	轻工业		重工业	
	总额	比重	总额	比重
第一个五年计划 (1952—1957 年)	3.75	15.0	21.28	85.0
第二个五年计划 (1957—1962 年)	7.66	10.1	65.17	89.9
调整时期 (1963—1965 年)	1.65	7.8	19.37	92.2
第三个五年计划 (1966—1970 年)	4.26	7.9	49.89	92.1
第四个五年计划 (1971—1975 年)	10.30	10.5	87.49	89.5
第五个五年计划 (1976—1978 年)	7.48	10.6	62.45	89.4

资料来源:Lin ,Cai, and Li ,1994,p.62。

在融资渠道方面,农村企业非常依赖于家庭储蓄或向非正式金融市场的借款,而向正规银行的借款则十分有限。表6比较了近年来乡村企业和国有企业(SOEs)获得的正规的银行贷款的数额。国有银行(包括农村信用合作社)明显倾向于给国有企业贷款,1993—1996年间,它们给国有企业的贷款占其贷款总额的近90%。

表6 1993－1996年中国农村企业和国有企业获得的正规银行贷款数额

单位:10亿元,当前价格

年份	农村企业			国有企业		
	贷款	比例	贷款/利润	贷款	比例	贷款/利润
1993	2 198	9.08	1.24	22 014	90.02	8.97
1994	3 686	12.37	1.61	26 104	87.63	9.08
1995	4 823	13.41	1.48	31 149	86.59	10.84
1996	5 191	13.14	1.34	34 324	86.86	12.54

注:贷款指的是年终的总债务,利润则为税前值。

资料来源:国家统计局,《中国统计年鉴》:1995,1997;《中国乡镇企业年鉴》:1995,1997。

外商直接投资(FDI)在中国农村工业化的融资方面正扮演着越来越重要的角色。1978年已实现的外商直接投资只有2 630万美元,但到1997年则达到了644亿美元。尽管没有关于农村企业所获得的外商直接投资的确切数额,但有理由相信很大一部分的外商直接投资投向了沿海省份的农村地区。其中,来自大中华地区(Great China),包括中国香港地区、中国台湾地区、中国澳门地区和新加坡等国家和地区的投资尤其如此。研究表明,来自这些地区的外商直接投资更倾向于进入劳动密集型的部门,而农村企业在这一领域则占极大的份额(Wang 1997)。1995年,乡镇企业产值的28%是由外资企业所创造的,其中包括外商独资企业和中外合资企业。

二、产业结构

农村企业的产业结构,反映了中国农村地区的比较优势。在国际层面上,国际贸易中的比较优势始终是由各个国家的要素禀赋所决定(Song,1993)。中国劳动力丰富,土地、自然资源和资本稀缺,因此中国的比较优势就非常明显地集中在劳动密集型的产业上。表7中就1975年和1990年中国、其他一些发达国家以及亚洲发展中国家(地区)的工人人均非住宅资本存量(nonresidential capital stocks per worker)作了比较。在这两个年份中,中国工人的人均资本几乎都是最低的(仅略高于印度)。这清楚地表明,在国际分工中,中国的比较优势在劳动密集型产业。

表 7　1975 年和 1990 年中国工人人均非住宅
资本存量及国际间比较

单位:1985 年美元的国际价格

年份	美国	英国	法国	日本	韩国	中国台湾	泰国	菲律宾	印度	中国内地
1975	26 109	14 618	24 242	16 400	6 533	8 451	2 385	3 314	1 259	1 869
1990	34 705	21 179	35 600	36 480	17 995	25 722	4 912	3 698	1 946	3 260

　　资料来源:国际数据来源于 Penn World Table , Mark 5,6。中国数据来源于《中国工业统计年鉴》。将 1975 年和 1990 年的值换算成 1985 年的不变价格用的是生产价格指数。人民币对美元的换算用的是 1985 年的官方汇率,1 美元兑换 2.94 元人民币。

　　在中国内部,相对城市而言,农村地区劳动力的极大丰富以及资本的极其匮乏表现得更为明显。表 8 显示了 1987—1996 年间乡镇企业的产业结构。在发展初期,农村企业中大多数是资源型(resource-based)企业。1987 年,61％的轻工业产值和 93％的重工业产值是由资本密集型的企业所创造的。到 1996 年,这些企业中的大部分还是资源型,但是轻工业企业却逐渐走出了这一模式。1996 年,资本密集型轻工业企业的产值占轻工业总产值的比重下降到了 53％。这种下降趋势同要素禀赋的变化是一致的。事实上,卢(Lu 1998)的研究显示,中国正在逐渐失去粮食生产上的比较优势。因此,如果农村企业仍然坚持发展生产投入相对价格不断上升的粮食及相关产业是不明智的。

表 8　1987—1996 年中国乡镇企业产值分布情况

单位:10 亿元,除另外注明外均为当年价格

年份	轻工业			重工业		
	总和	资源型企业（％）	制造业企业（％）	总和	资源型企业（％）	制造业企业（％）
1987	134.93	61.21	38.79	126.09	93.10	6.90
1988	182.69	58.39	41.61	161.09	92.88	7.12
1989	237.98	59.93	40.07	223.47	93.19	6.81
1990	282.17	59.93	40.07	241.85	93.31	6.69
1991	354.49	59.47	40.53	297.34	93.36	6.64
1992	523.17	57.34	42.66	462.11	93.20	6.80
1993	864.00	56.05	43.95	832.23	93.16	6.84
1994	1 292.40	57.41	42.59	1 260.08	93.22	6.78
1995	1 846.11	55.95	44.05	1 628.26	93.33	6.67
1996	1 851.75	52.91	47.09	1 702.12	93.47	6.53

　　资料来源:国家统计局《中国乡镇企业年鉴》:1995,1997;《中国统计年鉴》:1995,1997。

　　与城市中的国有企业相比,农村企业使用更多的劳动力,而使用更少的资本。表 9 对 1978—1984 年间农村企业和国有企业的资本密集度作了比较。在多数年份中,农村企业中的工人的人均净资本存量一直不到国有企业的 20%,并且就每 10 000 元产出所雇用的工人数目而言,在许多年里,农村企业却是国有企业的好几倍。然而,近几年来国有企业和农村企业在资本密集度上的差距却已经有所缩小。这主要是因为农村企业为应对经济中要素禀赋的变化(及由此而带来的比较优势的变化)而作出的调整。这种变化的一个标志就是农村企业和国有企业中工人的年人均工资的差距在不断缩小。

表 9　1987—1996 年中国国有企业和农村企业资本密集度以及工资水平

年份	工人人均资本(元)			每 10 000 元产值的雇工数			年工资(元)		
	国有企业	农村企业	农村企业对国有企业的比例	国有企业	农村企业	农村企业对国有企业的比例	国有企业	农村企业	农村企业对国有企业的比例
1978	7 090	643	0.09	0.92	5.17	6.21	681	307	0.45
1979	—	777	—	0.86	5.27	6.11	755	357	0.47
1980	7 582	887	0.12	0.85	4.57	5.38	852	398	0.47
1981	—	1 024	—	0.86	4.03	4.69	851	440	0.52
1982	—	1 100	—	0.83	3.68	4.46	863	493	0.57
1983	—	1 153	—	0.76	3.21	4.20	877	544	0.62
1984	9 255	856	0.09	0.71	3.07	4.32	1 070	601	0.56
1985	10 435	—	—	0.65	2.53	3.88	1 239	676	0.55
1986	11 489	—	—	0.64	2.22	3.47	1 448	738	0.51
1987	12 830	—	—	0.50	1.78	3.59	1 601	836	0.52
1988	14 283	—	—	0.41	1.36	3.33	1 931	1 009	0.52
1989	16 460	—	—	0.35	1.11	3.22	2 177	1 126	0.52
1990	18 534	2 254	0.12	0.33	0.97	2.89	2 409	1 219	0.51
1991	21 259	2 484	0.12	0.30	0.83	2.77	2 627	1 358	0.52
1992	24 293	2 964	0.12	0.25	0.60	2.37	3 161	1 445	0.46
1993	29 578	4 164	0.14	0.20	0.39	1.96	3 912	1 898	0.49
1994	31 282	5 539	0.18	0.17	0.26	1.59	5 165	2 499	0.48
1995	39 741	7 933	0.20	0.14	0.19	1.33	6 343	3 406	0.54
1996	51 767	9 254	0.18	0.15	—	—	7 069	3 957	0.56

　　— 表示"数据无法获得"。
　　注:资本是每年的平均净固定股本存量。数据以当前价格计算。1984 年之前农村企业数据不包括私人企业。
　　资料来源:国家统计局《中国统计年鉴》:1995,1997;《中国乡镇企业年鉴》:1995,1997。

中国农村企业劳动密集型的特性,提高了其在中国出口中所占的份额。如表 2 所示,1986 年农村企业在中国出口总额中仅占 9%;但 10 年之后,它以平均每年 21% 的速度增长,到 1996 年这一比重达到了 48%。从1986—1995 年,出口产值占农村企业总产值的比重从 3% 上升到了 8%,增长了 1.6 倍。同时,农村企业正从国内市场走向国际市场,其产出的增长速度超过了全国的平均增长速度。

三、所有权及其动态发展

与以公有制为主的城市工业不同,中国农村企业在所有制方面表现出多样性。农村企业中,地方政府所有的企业占有很大的比重。伴随着中国农村企业取得的非凡成就,这种地方政府所有的所有制形式与农村企业成功之间所存在的关系,引起了学术界的极大兴趣,并由此产生了几种不同的理论,以说明这种地方政府所有的所有制形式产生的原因,以及它取得成功的原因。其中,多数理论将公有制视为在制度和市场环境不完善的情况下的次优选择(Fan 1988;Chang and Wang 1994;D. Li 1994;Che and Qian 1998;S. Li 1997;Zhao 1997)。也有一些理论指出了中国农村中的合作文化传统所起的作用(Weitzman and Xu 1994)。尽管这些理论都有一定的价值,但是过去 20 年的实践证明,它们的适用性可能仅仅只局限于某个特定的历史阶段。

在计划经济时期,中国没有私有企业。到农村改革初期,尽管中国政府并不鼓励私有企业的发展,但是私有企业的数量仍然迅速增加。人民公社制度的正式废除以及开始于 1984 年的农村改革,进一步加速了私有企业的发展。表 10 显示了 1984—1997 年私有农村企业的发展状况。1984年,69% 的农村企业是私有的,到 1997 年,这一数字增加到了 94%,也就是说,此时私有企业已经成为农村企业的主流。在雇用人数和产值方面,1997 年私有农村企业雇用的人数占整个农村企业总雇用人数的 59%,创造的产值占农村企业总产值的 51%。因此,尽管私有企业在规模上要比公有企业小,但它们已经和公有企业一样成为中国经济中的重要组成部分。过度强调公有企业的作用会产生误导,因为农村企业的主要部分是私有成分,并且这些私有成分占了农村企业总的雇用人数和总产出的一半以上。

表 10　1984－1997 年中国私人农村企业的发展

年份	企业数量		雇工人数		总产值	
	总量（百万）	在农村企业中的比例	总量（百万）	在农村企业中的比例	总量（亿元）	在农村企业中的比例
1984	4.20	69.28	12.26	23.54	244.01	14.37
1985	10.37	84.87	26.52	38.00	681.41	24.73
1986	13.43	88.60	33.96	42.78	1 026.98	28.66
1987	15.92	90.95	40.87	46.42	1 587.95	32.11
1988	17.29	91.58	46.52	48.73	2 282.94	32.53
1989	17.15	91.78	46.47	49.61	2 819.55	33.56
1990	17.05	92.14	46.72	50.43	3 327.34	34.73
1991	17.64	92.44	48.42	50.39	3 901.87	33.57
1992	19.39	92.70	54.49	51.28	5 883.15	33.31
1993	22.84	93.13	65.78	53.28	11 355.42	35.73
1994	23.29	93.38	61.19	50.91	14 712.41	32.42
1995	20.41	92.65	68.01	52.88	5 236.00	35.88
1996	21.81	93.37	75.55	55.93	7 401.00	41.91
1997	18.86	93.59	77.24	59.19	46 056.46	51.23

注：私人企业包括个体企业和合伙企业。

资料来源：国家统计局，《中国统计年鉴》：1995，1997；《中国乡镇企业年鉴》：1995，1997；《中国经济年鉴》1998。

　　进入 20 世纪 90 年代，私有化浪潮迅速遍及整个中国。在农村公有制企业的发展过程中，它们也面临与城市里公有制企业一样的软预算约束（Zhang 1997）。这些公有制企业同时还要承担一些诸如提供就业等的额外负担，结果导致公有企业运行的效率大大低于私有企业（Yao 1998）。这些问题促进了私有化进程的发展（Zhao 1999）。尽管中国也遇到了那些像东欧和俄罗斯所共同面临的问题，例如，挪用公有资产现象的普遍存在，但不同的是，在中国，要求划清农村企业的产权界限的呼声一直很高，并且通常都收到了很好的效果（Zhao 1999）。

　　即使假设公有产权已经存在的话，这些理论模型最多只能解释政府所有制得以持续的原因。此外，尽管所有这些模型都声称自己找到了农村企业成功发展的原因，但是它们都无法解释在农村企业发展中所存在的巨大的地区差异现象。在解释中国农村企业的成功以及地区差异时，传统的比较优势理论显得更加有说服力。

四、与城市工业的关系

在发展的最初阶段,中国的农村工业化就与城市工业紧密联系在一起了。最初,它们之间的联系是单向的:技术从城市工业向农村转移。就这一点来说,由于多数农村企业都是劳动密集型的,某个地区内城市工业的产业结构较为轻工业化,则对该地区的农村企业发展有正的外部效应。关于这一点,我们将在下面研究农村企业发展的区域差异的部分作进一步的探讨。

20世纪80年代末期以后,城市企业向农村工业的技术转移,开始采取另一种形式。与城市企业的合作开始成为农村企业获得新技术的主要渠道。(Yan and Zhang 1995)通过对一组农村企业的调查研究发现,与同等规模的、没有进行外部合作的企业相比,进行了外部合作的企业有更加标准化的产品、更高的劳动生产率、更高素质的劳动力和更多的技术创新投资(见表11)。另外,这些企业更愿意应用中间技术(middle technology)。

表11　1990年中国有外部合作的企业与没有外部合作的企业的比较

特征值	有外部合作的企业	没有外部合作的企业	前者与后者的比例
雇员人数	228	211	1.08
受过高等教育人员的比例(%)	25.9	24.5	1.06
技术人员比例(%)	4.6	3.1	1.48
熟练工人	8.0	4.5	1.77
签约的外来技术人员和管理人员	4.9	2.2	2.25
技术创新的投入(千元)	127.5	16.2	7.87
标准化产品比例(%)	50.5	31.3	1.61
80年代制造的设备比例(%)	69.0	71.0	0.97
税前人均利润(千元)	2.83	2.6	1.06

资料来源:Yan and Zhang, 1995。

随着乡村企业规模的扩大,20世纪80年代后期,城市工业开始感受到了压力。在80年代中期城市改革之前,城市工业享受着过家计划的保护,因为从原料供应、贷款到产品销售渠道都是由国家来安排的。如表12所示,在一个城市中,大企业、国有企业以及与政府高层有关系的企业,明显有更多的机会获得计划资源(Jia and others 1994)。由于财金制度的松散,国有企业对信贷资源的利用效率十分低下。如表6所示,国有企业每单位税前利润所需的贷款额是乡村企业的7—10倍。

表12　20世纪80年代中国各类企业计划性资源分配情况

资源	按企业规模			按企业所有制			按企业隶属关系		
	大型	中型	小型	国有	集体所有	中央直接所有	市属	国属	镇办
计划性产品	26.3	21.9	17.2	24.2	10.6	14.8	21.6	0	0
计划性原材料供应投资	58.5	19.6	21.4	21.0	24.5	54.0	21.0	17.9	0
计划投资	22.2	5.6	3.7	6.9	2.1	31.5	3.1	6.7	7.5
银行贷款	46.2	48.3	50.6	51.5	47.9	24.6	53.0	27.7	45.0
企业自筹	31.5	46.2	42.2	41.6	43.5	43.9	41.6	65.7	47.5
计划销售	18.6	3.6	12.8	9.0	11.2	8.3	10.5	0	0

资料来源：Jia and others (1994:37—39)。

与此相反，非常有限的或根本无法得到的计划资源，对农村企业来说既是它们所面临的约束，也是它们的福气。在这种恶劣的环境中，农村企业逐渐学会了如何在真正的市场中生存的本领。与此同时，始于1984年的工业和城市改革逐渐拆除了计划的藩篱，扩大了农村企业的活动空间。最初的城市改革的结果是价格双轨制，该体制同时保留了计划价格和面向所有企业产品的市场价格。尽管价格双轨制导致了寻租行为的盛行，但是这一体制仍然扩大了市场在资源配置中的作用，并且对经济向市场经济体制的顺利过渡起到了桥梁的作用。价格体制的改革使得农村企业受益匪浅。这样，农村企业就可以在市场中购买到生产资料，并打入到纺织和服装等原来由国有企业垄断的市场中去。进入20世纪90年代，几乎所有的工业产品都由市场来定价，农村企业和国有企业在获得原材料和进入产品市场等方面有了平等的机会。

农村企业在技术水平上落后于国有企业是一个不争的事实。但是，这一差距正随时间的推移而逐渐缩小。表13显示了20世纪80年代农村企业的全要素生产率(TFP)指数以及国有企业和农村企业各自全要素生产率的增长率。平均来说，农村企业在技术水平上的效率比国有企业低49%。但是，农村企业的全要素生产率的增长率要远高于国有企业。结果是，二者在技术效率上的差距迅速缩小。1980年，农村企业在技术效率上比国有企业低61%，但到1988年这一差距就缩小到了41%。尽管20世纪90年代的直接数据还没有计算出来，但王和姚(Wang and Yao 1998)却已发现，小企业(其中多为农村企业)与大企业(其中多为国有企业)的技术效率差距在1995年则下降为35%。

表 13　20 世纪 80 年代中国国有和农村企业的全要素
生产率指数及其增长速度

年份	全要素生产率指数			全要素生产率增长速度(%)	
	国有企业	农村企业	农村企业和国有企业的比例	国有企业	农村企业
1980	1.102	0.431	0.39	−2.4	5.3
1981	1.029	0.451	0.44	−6.9	4.4
1982	1.036	0.466	0.45	0.7	3.7
1983	1.037	0.509	0.47	3.7	9.6
1984	1.156	0.591	0.51	7.9	19.8
平均				0.6	8.6
1985	1.174	0.638	0.54	1.5	8.7
1986	1.160	0.659	0.57	−1.2	3.6
1987	1.175	0.663	0.56	1.3	0.5
1988	1.137	0.668	0.59	−3.5	0.8
1989	—	0.663		—	−1.0
平均				−0.5	2.5
总平均	1.116	0.574	0.51	0.1	5.5

— 表示"数据不可得"。

资料来源:Y. Wu,1992:表 4。

五、地区差异

如前所述,中国农村企业地区之间的发展是很不平衡的。如表 3 所示,农村企业的产值占农村总产值的比重从上海的 86% 到西藏的 4% 不等,并且平均比重比较高的一组要比比重比较低的一组大约高 35%。中国农村企业发展的巨大的地区差异有几个方面的原因。这里我们讨论其中三个最主要的因素:初始条件、地理位置和要素禀赋。

20 世纪 70 年代后期,中国的沿海省份和内陆地区相比有两方面的优势。一方面优势是由于 19 世纪末世界列强迫使中国半殖民化过程中而使得中国沿海省份的商业化要早于其他省份。1949 年前,沿海地区的经济主要集中在几个大的商业城市,例如,天津、上海、广州等,这些城市是中国与世界其他国家联系的纽带。在长江三角洲,农村经济与上海联系得十分密切,而农村非农业收入主要来自养蚕——或者,在一定程度上来自其他农村副业和当地丝绸工厂中的工作——甚至早在 20 世纪 30 年代,非农业收入就已经超过了农业收入(Cao 1996)。这一漫长的从事商业活动的历史培养了企业家精神,而企业家精神则是后来农村企业发展阶段的一个至关重要的因素。

许多沿海省份相对于其他省份的另外一方面的优势是,沿海省份在20世纪70年代末就有了一个较为轻工业化的产业结构。在计划经济时期,出于平衡发展的考虑,更重要的是为了备战,很大比例的国家投资被投向了中部和西部地区(也就是所谓的二线和三线建设)。这时所建立的工厂都是重工业领域的工厂。其结果是,内陆地区的产业结构相对于沿海地区更加被人为地向重工业倾斜。然而,更为轻工业化的结构更符合中国的比较优势,同时也使得沿海地区企业的技术向农村企业的扩散更加容易。

一个良好的地理位置意味着得到市场、信息和外国投资等方面有更好的机会。在这个方面,沿海省份与内陆省份相比有着压倒性的优势。其中最突出的例子是广东省,它邻近香港和澳门的地理位置大大促进了农村企业的发展(Zhe 1997)。

要素禀赋的不同,也许是解释中国农村企业地区发展差异的最主要原因。中国较早开始发展农村企业以及一直在农村企业发展方面处于领先地位的省份,是那些位于沿海地区的省份,这些省份和内陆省份相比,劳动力相对于耕地和其他自然资源来说要显得更为丰富。表14的最后三栏显示了1987—1995年所有省份的人均耕地面积及其变化速度。确切地说,这些省份可以分为两组:沿海省份和直辖市为一组,其他省份为一组。第一组的人均耕地面积仅为第二组的51%—54%。这种以区域比较优势为基础的分工,要求内陆地区专业化于农业和与资源相关的工业。而沿海地区专业化于劳动密集型的产业,这些劳动密集型的产业对农村企业来说是具有相当大的比较优势的。这就基本解释了沿海省份的农村企业要比内陆省份的农村企业发展得更为成功的原因。

表 14　1987 年和 1995 年中国各省份人均国内
生产总值(GDP)和人均耕地面积

	人均 GDP(按 1990 年的币值计,元)			人均耕地面积(公顷)		
	1987 年	1995 年	变化(%)	1987 年	1995 年	变化(%)
全国	1 741	3 010	72.9	0.154	0.161	4.3
沿海省份						
辽宁	2 511	3 959	57.7	0.179	0.183	1.9
天津	3 795	5 665	49.3	0.119	0.125	4.5
北京	4 730	6 467	36.7	0.077	0.062	−19.1
河北	1 307	2 568	96.4	0.147	0.135	−8.6
山东	1 491	3 333	123.6	0.103	0.093	−10.3
江苏	2 011	4 232	110.4	0.096	0.087	−9.0
上海	6 243	10 094	61.7	0.077	0.069	−10.3
浙江	1 990	4 733	137.9	0.060	0.061	1.1
福建	1 322	3 871	192.8	0.065	0.057	−12.4
广东	1 980	4 842	144.5	0.070	0.077	10.5
平均	2 738	4 976	81.8	0.099	0.095	−4.6
内陆省份						
黑龙江	1 838	3 157	71.8	0.447	0.539	20.6
吉林	1 729	2 527	46.2	0.320	0.372	16.3
内蒙古	1 228	2 115	72.2	0.439	0.487	11.1
山西	1 296	2 059	58.9	0.199	0.208	4.7
河南	1 094	1 914	75.0	0.109	0.103	−5.5
安徽	1 122	1 933	72.2	0.106	0.097	−8.2
湖北	1 464	2 403	64.2	0.099	0.103	3.4
江西	1 052	1 777	69.0	0.091	0.132	45.6
湖南	1 161	1 992	71.6	0.079	0.083	5.9
广西	860	2 051	138.4	0.079	0.080	1.7
海南		2 917			0.087	
陕西	1 080	1 642	52.0	0.199	0.187	−6.0
甘肃	1 085	1 316	21.4	0.217	0.214	−1.5
宁夏	1 249	1 919	53.7	0.221	0.274	23.8
青海	1 449	1 993	37.5	0.182	0.166	−8.8
新疆	1 493	2 881	93.0	0.265	0.305	14.8
四川	1 007	1 810	79.6	0.076	0.083	9.6
贵州	776	1 010	30.2	0.081	0.079	−3.3
云南	858	1 754	104.4	0.099	0.117	18.9
西藏	1 274	1 353	6.2	0.157	0.158	0.4
平均	1 217	2 026	66.6	0.182	0.194	6.2

资料来源:国家统计局,《中国统计年鉴》:1988,1996。

表 15 1987 年和 1995 年农村企业工人的人均资本存量

单位：元，按 1990 年的原始价格计算

省/市/自治区	1987	1995	变化（%）
全国	2 604	5 790	122.3
沿海地区			
辽宁	3 445	5 942	72.5
天津	4 119	11 071	168.8
北京	5 299	11 033	108.2
河北	1 972	5 704	189.3
山东	3 007	6 464	115.0
江苏	3 086	9 341	202.7
上海	5 463	14 523	165.9
浙江	3 175	9 112	187.0
福建	2 396	6 644	177.3
广东	3 129	7 814	149.7
平均	3 509	8 765	153.6
内陆省份			
黑龙江	3 222	4 786	48.5
吉林	2 926	3 644	24.6
内蒙古	2 577	3 430	33.1
山西	3 256	4 562	40.1
河南	1 801	5 117	184.1
安徽	1 590	4 977	213.0
湖北	2 563	4 142	61.6
江西	1 828	2 881	57.6
湖南	2 154	3 237	50.2
广西	1 546	6 399	313.8
海南		9 417	
陕西	2 067	3 121	51.0
甘肃	1 894	2 673	41.1
宁夏	2 682	7 269	171.0
青海	2 221	5 842	163.1
新疆	3 115	7 014	125.2
四川	1 980	3 041	53.6
贵州	1 330	4 571	243.6
云南	2 517	4 260	69.2
平均	2 293	4 757	108.0

资料来源：国家统计局，《中国统计年鉴》：1988，1996。

沿海和内陆地区要素禀赋的不同,导致它们的农村企业内部资本密集度也不同。表 15 列出了两年的数据以说明这种不同。1987 年内陆地区工人的人均资本存量仅为沿海地区工人的人均资本存量的 65%。1987—1995 年。沿海地区工人的人均资本存量平均增长了 154%,而内陆地区工人的人均资本存量平均只增长了 108%。结果,内陆地区工人的人均资本存量相对沿海地区工人的人均资本存量的比例下降到了 54%。这种变化,同这两个地区比较优势的动态变化是相一致的。

六、农村企业发展的计量经济分析

对中国农村企业的实证性研究已经取得了大量的成果。其中一些研究对农村企业发展的特点作了概括性的说明(Potterman 1997;Ronnas 1996;Zweig 1997)。更多的研究则涉及:农村企业和农业、城市工业间的相互作用(Byrd and Lin 1990;Y. Wu 1990;H. Wu 1992a;Zhang 1993;Lin 1994);效率测算(Y. Wu 1992, 1993;H. Wu 1992b;Jefferson Rawski and Zheng 1996)以及工资和雇用人数的决定因素(Byrd and Lin 1990)。在 20 世纪 90 年初,对产权问题的研究也取得了大量的成果(见 Byrd and Lin 1990;Dong and Putterman 1997),其中有一些研究分析了农村企业快速发展的决定因素(Chen, Watson and Findley 1990;H. Wu 1992b;Zweig 1997),但是,这些研究都没有对农村企业巨大的地区间发展差距以及这一领域的不同理论进行全面的评论。[①] 林和姚(Lin and Yao 1999)研究了中国各省的比较优势及其在各省农村企业发展的不同绩效上的联系。在这一节中,我们将利用与林和姚(Lin and Yao 1999)相同的数据,来对前两节提到的不同理论和看法进行检验。中国的任何一个省(市/自治区),在面积和人口上都相当于一个中等或大型的国家,并且各省之间存在着巨大的差异。这使我们有机会来进行这一检验。

根据前两节的讨论,我们在这里给出一些可供检验的假说:

1. 初始条件。那些在农村工业、国有工业以及结构方面具有更好的基础条件的省份,或更接近市场,尤其是外国市场和外国资本的省份,其农村工业部门的规模也会更大。

---

① Jin 和 Qian(2000)所作的研究和这个研究非常相似,但是它们所用的面板(panel)数据时间太短(1986 年—1994 年),以至于使得他们的研究结果并不十分可信,因为在 1986 年前已经有很多的政策发生了变化。

2. 市场条件。那些城市居民更多、收入更高、人口密度更大、交通更便利的省份，其农村工业部门的规模也会更大。

3. 人力资源。那些具有更多受过良好教育的劳动力资源的省份，其农村工业部门的规模也会更大。

4. 与国有企业的相互作用。产业结构更加轻工业化的国有企业会有助于农村企业的发展。

5. 经济改革。经济改革会在全国范围内加速农村工业化进程。

6. 要素禀赋。那些耕地较多而资本相对于劳动力较少的省份，其农村工业部门规模会更小。

7. 公有制。具有更多的公有制企业的省份，其农村工业部门的规模也会更大。

考虑到本章的主题，最后两个假说最为重要。下一节中，我们将对这些在检验中要用到的变量进行定义。

七、变量

我们的检验基于两组数据。在本章附录中，我们对如何构建这两组数据做出详细的说明。第一组数据包括 28 个省（市/自治区）1978—1997 年的数据；第二组则包括 15 个省（市/自治区）1970—1997 年的数据。两组数据都不包括 1996 年的数据，这是因为，1996 年只有农村企业产值增加值的记录，而其他年份则有农村企业总产值的记录。1970—1997 年的数据仅包括 15 个省份，这是由于 1970—1977 年其他省份没有农村工业产值的数据。即使在这 15 个省份，一些重要变量的数据仍然缺乏，以至于我们不得不忽略掉它们。我们对这两组数据分别做回归。1978—1997 年的数据反映了一个相对正常的发展过程，以此为基础我们可以检验大多数的假说。而 1970—1997 年的数据，则提供了反映长期发展的决定因素的更多的信息。下面，我们将讨论在回归分析中所用到的变量。

1978—1997 年间，因变量是各省份农村人口的农村企业人均产值（元/人）。[1]1978 年是起始点。这一年的基础条件包括三个变量和几个关于地区的虚拟变量。三个变量是农村企业人均产值（元/人）、全省的国有企业人均产值（元/人），以及国有企业每个工人的人均资本（元/人）。第一个变量表明了农村企业自身的初始条件。第二和第三个变量则反映了国

---

[1] 所有货币计量单位都标准化为 1978 年的人民币。关于标准化的详细讨论请参见附录。

有企业规模和资本构成对农村企业发展的可能影响。更多的国有企业部门可以为农村地区提供更多的合适技术,而更加以轻工业为主的国有部门(具有较低的每个工人的人均资本)则可能能有更多的适合于劳动密集型的农村企业的合适技术。这两个因素对其后农村企业的发展都有积极的影响。为了反映这三个变量的影响,这里我们没有采用省份虚拟变量。作为替代,与金和钱(Jin and Qian 2000)一样,我们将28个省(市/自治区)分为六个区域:大城市(北京、上海和天津),沿海地区,南部省份,西南省份,西北省份和北部省份。三个大城市与其他地区有很大的不同,它们的农业人口相对很少。沿海地区则具有更长的工业和贸易发展的历史,同时也更接近外国市场和外国资本。南部和北部省份是两个过渡地区,西南和西北省份则是两个最不发达地区。在回归分析中,南部省份被用来作为参照地区。

　　反映市场状况的变量包括各省滞后的人均国内生产总值(元/人),城市化程度(城市人口占总人口的比例),人口密度(人口/平方公里),以及公路、铺设柏油的公路和铁路的密度(公里/平方公里)。前三个变量反映各省份的购买力,后三个变量则反映交通运输的便利程度。这里,公路包括铺设柏油的公路和未铺设柏油的公路。由于农村企业的产品主要在本省销售,因而各省份的购买力是农村企业发展的一个重要的决定因素。这里采用各省滞后的国内生产总值,目的是为了避免由于农村企业对当年的国内生产总值的贡献而造成的因果倒置问题。

　　我们增加两个变量来反映各省份的开放程度:人均出口(元/人)和人均外省直接投资(FDI)(元/人)。同样,由于农村企业出口是出口总量中的重要组成部分,这里采用滞后的出口额。外商直接投资不仅反映了各省份的开放程度,同时也反映了各个省份的资本可获得性。我们没有流入农村地区的外商直接投资的数据。否则,我们会把它加入到农村地区可获得的资本总量中去。

　　我们用农村企业中有职称的技术人员的比例来反映其人力资源的状况。和在初始条件中的处理一样,我们用各省份国有企业人均产值和国有企业每个工人的人均资本来反映国有企业和农村企业间的相互作用。由于大多数经济改革的政策在全国范围内得到了统一的推行,因此它们的影响和在回归分析中加入的时间虚拟变量的影响相混淆。不过有一个例外是,家庭联产承包责任制(HRS)是1978—1983年间在全国各地逐渐实行的,并且这期间各地的实行情况也不一致。因此,我们引入了一个度量各地农村不同年份实行家庭联产承包责任制的程度的变量来反映这一改革的影响。对于在 1984 年和 1992 年实行的另外两项主要的改革政策，其影响则只能由时间虚拟变量来决定。

另外，用两个变量来反映各省份的相对要素禀赋。一个是人均耕地面积(亩/人：1 亩 = 1/15 公顷)；另一个是滞后的人均资本(元/人)，这两个变量都只计算农村地区的数值。我们没有关于农村劳动力更好的数据，因而只有用农村人口来代替。这里采用人均资本的滞后值，目的是消除变量的内生性。我们用一个省的由乡、镇和村所有的农村企业的产值占该省农村企业总产值的比例来反映公有产权的作用。

最后，我们以 1979 年为参照年份，并在各年份中包含了一个时间虚拟变量。尽管这些时间虚拟变量反映了从政府政策变化到技术进步的各种信息，但我们在此主要用它们来反映重大经济改革的影响，特别是 1984 年和 1992 年经济改革的影响。

对于 1970—1997 年间，由于缺乏数据，我们无法构造出交通运输变量、技术人员比例以及国有企业每个工人的人均资本的完整数据序列。尽管我们不得不忽略前四个变量，但在这里我们用轻工业产值在工业总产值中的比例的滞后值来替代最后一个变量。和原来变量相比，这个新的变量有两个不足：一是轻工业产值所占的比重是对整个省份的工业结构的度量，而不是仅仅对国有部门的度量；二是中国关于轻工业的统计数据是基于产值的，并不反映生产过程的资本密集度。

对于农村企业产出的分类，在 1978 年之前和之后是不同的：1978 年之前，只有工业企业的数据记录在其中，1978 年之后则包括了各种企业(制造业、建筑业、运输业和服务业企业)的数据。为了对农村企业产值有一个统一的统计口径，在 1978 年之前我们将工业企业的产值和副业活动的产值相加来衡量农村企业的产值，在 1978 年之后则将各类企业的产值和副业活动的产值相加来衡量农村企业的产值。尽管这样做，仍难使得两个时期的统计口径完全一致，但是我们相信这样做以后，两者之间的差别就比较小了。

八、回归分析的结果

我们对每组数据都用两个模型来进行检验，一个带有地区虚拟变量，另一个不带有地区虚拟变量。四个模型的回归结果在表 16 中给出。我们首先分析基于 1978—1997 年数据的结果。

表 16　回归分析结果

变量	1978—1997 年		1970—1997 年	
	（模型 1）	（模型 2）	（模型 3）	（模型 4）
常数项	1 468.90*	1 330.4*	− 914.45**	112.23
	(294.29)	(378.27)	(496.00)	(543.53)
滞后的 GDP	1.69*	1.70*	0.48*	0.74*
	(0.14)	(0.14)	(0.15)	(0.16)
城市化程度	659.80	− 383.97	− 537.65	− 6176.3*
	(588.93)	(679.89)	(606.89)	(1 576.9)
人口密度	0.04	− 0.24	− 0.12	− 1.4*
	(0.27)	(0.35)	(0.30)	(0.45)
公路	− 1 723.9*	− 1 285.2**		
	(581.52)	(716.19)		
铺设柏油的公路	1 528.6*	1 371.2*		
	(516.19)	(516.87)		
铁路	1 631.3*	4 404.1*		
	(668.08)	(1 092.6)		
滞后的人均出口	− 0.93*	− 1.08*	1.34*	1.08*
	(0.16)	(0.17)	(0.28)	(0.28)
人均外商直接投资	3.43*	3.49*	2.37*	2.44*
	(0.50)	(0.50)	(0.52)	(0.51)
技术人员比例	− 2 458.2	− 117.62		
	(2 687.4)	(2 724.6)		
国有企业人均产值	0.25*	0.24*	− 0.16**	− 0.07
	(0.09)	(0.09)	(0.87)	(0.08)
国有企业工人的	− 0.02*	− 0.02*	14.94	− 229.81
人均资本	(0.006)	(0.006)	(122.48)	(150.89)
（轻工业比重）				
家庭联产承包责任	− 14.31	− 23.56	105.46	67.33
制	(241.91)	(236.19)	(300.28)	(292.72)
人均耕地	− 46.23	− 15.94	6.64	143.97*
	(33.70)	(45.56)	(38.96)	(59.027)
滞后的人均资本	0.70*	0.86*	1.01*	0.92*
	(0.20)	(0.20)	(0.16)	(0.16)
国有企业产值比重	− 723.81*	− 855.06*	407.73	287.02
	(240.60)	(242.12)	(304.58)	(307.50)

（续表）

变量	1978—1997 年		1970—1997 年	
	（模型 1）	（模型 2）	（模型 3）	（模型 4）
初始的农村企业人均产值	7.23 *	3.83	3.74	3.70
	(1.50)	(2.07)	(6.25)	(6.15)
初始的国有企业人均产值	0.64	0.43	−0.03	1.10 *
	(0.42)	(0.47)	(0.26)	(0.36)
初始的国有企业每个工人的人均资本（初始的轻工业比重）	−4.52 *	−2.64 *	303.27 *	236.97 * *
	(0.78)	(0.97)	(100.66)	(123.86)
大城市		−1 019.3 *		1 129.2 *
		(406.56)		(519.94)
沿海地区		175.03 * *		412.74 *
		(97.45)		(132.17)
西南		−85.10		−282.47 *
		(111.51)		(94.69)
西北		−164.96		−587.79 *
		(125.08)		(161.00)
北部		−192.87		−415.52 *
		(133.38)		(131.67)

* 显著水平为 5%，* * 显著水平为 10%。
注：标准误差在括号内给出。
资料来源：作者的计算。

　　基于 1978—1997 年数据的结果除了 1978 年的乡村企业产值以外，在两个回归模型中，带有地区虚拟变量的（模型 2）和不带地区虚拟变量的（模型 1）其他变量都具有相似的结果。在模型 1 中，没有考虑地区虚拟变量，农村企业初始产值对农村企业的未来发展具有显著的正影响。但是，在加入地区虚拟变量之后，这一正的影响消失了。这表明，农村工业中初始条件的变化具有很强的地区性。五个地区虚拟变量的结果表明，尽管其他三个地区和南部省份的差别不大，但是沿海城市还是领先于其他所有地区，不过大城市却远远落后于南部省份。沿海省份的领先并不令人惊奇，这是由于它们通常具有更好的历史背景，以及它们与外国市场和外国资本的联系更为紧密。尽管如此，南部省份和其他地区间的差距从经济的意义来看并不很大（只有 175 元/人）。这表明，那些未被考虑的其他的内在性的作用并不显著。两个西部地区（西南和西北）与两个中部地区（南部和北部)之间的差距并不大,则表明西部地区农村企业发展的落后并不是由其固有的"落后"——例如,缺乏企业家精神或者缺乏商业传统等所造成的;相反,其落后更多的是由较差的市场和交通条件,以及我们在回归分析中所考虑到的其他因素所造成的。三个大城市在农村企业发展上远远落后于南部省份(它们之间的人均差距为 1019 元),则多少让人感到惊奇。一个解释是,它们具有太多的有利条件,这些有利条件正像我们在回归分析中所用到的变量所描述的那样,但这些有利条件并没有带来农村企业发展的成功。

在两个反映各省份 1978 年国有企业部门特性的变量中,国有企业规模对未来农村企业的发展并没有显著的影响,但是轻工业在产业结构中的主导地位则大大有利于农村企业的未来发展。国有企业部门的初始条件决定了他们向农村企业进行技术转移的阶段。回归结果表明,国有企业部门的初始规模在这一方面不起作用,重要的是产业结构中轻重工业的比例。这一结论支持了强调中国农村企业在资本密集程度低的产业中具有比较优势的理论。

下面让我们转到对市场和交通运输条件的结果分析中去。滞后的人均国内生产总值是度量对农村企业产品的市场需求的最重要也是最有效的指标。人均国内生产总值每增加 1 元将会使第二年农村企业人均产值大约增加 1.70 元。若换算成弹性系数,则表明人均国内生产总值每增长 1%,会带来农村企业产值 1.89% 的增长(在变量中位数计算的弹性)。与此相反,城市化程度和人口密度对农村企业产值的增长没有显著作用。在交通运输条件中,铺设柏油的公路和铁路密度的增加,会带来农村企业产值的显著增长。然而,农村企业产值与总的公路密度则呈现负相关。这一结果令人非常费解。当将总的公路密度从回归分析中剔除之后,铺设柏油的公路密度的正的作用也消失了。这表明,这两个变量存在很强的相关性(它们的相关系数为 0.74)。尽管两种公路的影响都不大,但从回归分析中我们发现,铺设柏油的公路在为农村工业部门提供更好的运输条件方面,要比未铺设柏油的公路具有更大的作用。

在度量各省份开放程度的两个变量中,滞后的出口具有负的作用,同时外商直接投资则具有正的作用,而且这两个变量的效果都是显著的。出口的负的作用,似乎表明更多的外国需求会抑制农村企业的发展。但是,这一令人迷惑的结果在对基于 1970—1997 年数据的回归分析中则有相反的表现。由于 20 世纪 70 年代的出口额是非常小的,在分析中加入这一时期的数据使我们能够反映 20 世纪 80 年代出口显著增长所带来的影响。外商直接投资的正的影响证实了外国资本在中国农村工业融资过程中的重要作用。这种正的影响的弹性系数是 0.12(模型 2)，也就是说，人均外商直接投资每增长 1%，将带来每个农村人口的农村企业的人均产值增加 0.12%。

度量农村企业中人力资源状况的变量——劳动力中技术人员的比例，对农村企业部门的发展有显著影响。产生这一结果的原因可能有两个，第一，我们这里只计算了有职称的技术人员，而在农村地区有许多技术人员并没有正式的职称。也就是说，我们在回归分析中使用的变量低估了农村工业部门中技术人员的数量。第二，由于农村企业主要从事劳动密集型的行业，因而并不需要高素质的劳动力，这使得更多的技术人员并不意味着能够创造更高的产量。

接着，我们讨论农村企业和国有企业部门间的联系。国有企业向轻工业的倾斜不但对农村企业的发展有促进作用，国有企业部门的规模同样对农村企业的发展有促进作用。弹性系数约为 0.24(模型 2)。尽管农村企业的起步阶段和各省是否具有更大的国有企业规模无关，但是它在此之后的发展确实受惠于国有企业部门的规模。

家庭联产承包责任制的实施对农村企业的发展具有非常不显著的影响。由于 1983 年之后几乎所有的村庄都实行了家庭联产承包责任制，因而家庭联产承包责任制这个变量的值仅在 1978—1983 年间有变化。在家庭联产承包责任制改革实行的阶段，农村企业的发展相对停滞。改革提高了农业的劳动生产率，同时为农村企业的起飞增加了原始资本积累，然而，它对农村企业发展的直接影响是比较弱的，这是由于当时几乎所有农村地区都忙着增加农业的产量。

在反映各省份要素禀赋的两个变量中，尽管人均耕地表现出负的影响，但其影响并不显著，而农村人均资本却有显著的正的影响。尽管在两组数据中我们可以看到不同省份的耕地条件差异会对农村企业发展水平产生不同的影响，但在多元回归分析中这种差异却消失了。资本禀赋的不同会导致各省农村企业发展上出现巨大的差异。

最后，我们来分析农村企业中公有制企业的作用。公有制企业产值所占的份额对农村企业的规模有显著的负的影响。根据模型 2 的估计，农村企业中公有制企业份额每增加 1%，意味着农村企业总产值将下降 0.61%。

在对基于 1970—1997 年数据的回归分析中,对人均国内生产总值、人均外商直接投资、家庭联产承包责任制、人均资本以及农村企业的初始规模的估计,和基于 1978—1997 年数据的回归分析的估计具有相同的定性结果。这里我们略过这些变量,而主要研究那些表现出不同结果的变量。这些不同的结果,主要是由于在回归分析中加入了 1978 年之前的数据所造成的。

中国在 20 世纪 70 年代仍然实行重工业优先的发展战略,并且在工厂的选址上做出了许多不合理的决定。在 20 世纪 60 年代和 70 年代早期,中国不仅承受着来自西方国家的压力,同时还面临着苏联的战争威胁。因此,许多工厂被有意地建在偏远的内陆省份,多数情况下是建立在任何现代交通工具都难以到达的群山之中。在基于 1970—1997 年数据的回归分析中,许多结果反映出了这一不合理决策的影响。

在基于 1970—1997 年数据的回归分析中,城市化程度、人口密度以及人均耕地面积显著不同于基于 1978—1997 年数据的分析结果。其中,前两个变量对各省份农村企业的规模有显著的负的影响,而后一个变量则有很强的正的影响。这些结果和基于 1978—1997 年数据的分析结果截然相反,但却和 20 世纪 70 年代实行的将工厂建立在人口稀少的农业省份的政策完全一致。同时,尽管 1970 年国有企业部门的初始规模和轻工业所占的比例对此后的农村企业发展有正的影响,但是国有企业和农村企业部门间的正的影响作用却消失了。尽管存在不合理的工厂选址策略的影响,但是两个内陆地区以及北部省份仍然落后于南部地区,而南部地区则落后于沿海省份和大城市。

新的回归分析还产生了一些值得进一步探讨的有趣的结果。与基于 1978—1997 年数据的回归分析结果相反,滞后的出口对次年的农村企业产值有明显的正的影响。这主要是因为新的数据反映了 1978 年之后出口的快速增长。除此之外,公有制企业的比例变得与农村企业的规模不相关了。这一结果反映了 1978 年之前只允许公有制企业发展的政策的影响,而公有制企业发展的差异则是在改革之后才开始出现的。

更为重要的是,新的回归分析揭示了农村企业发展的长期趋势。基于 1978—1997 年数据的回归分析,尽管没有表现出农村企业发展中清晰的时间趋势,但在新的回归分析中时间趋势却表现得非常清楚,即,农村企业在整个 1970—1997 年间的发展可以分为三个阶段:1970—1983 年、1984—1991 年和 1992—1997 年。其中,后两个阶段的起始年份——1984

年和 1992 年对应着重要的改革和政策变化。1984 年,人民公社制度被正式废止,同时城市改革开始实施。1992 年,邓小平视察了南方并且要求继续进行改革,从而结束了长达三年的对农村企业的压制。这些改革和政策变化的影响,直接反映在模型 4 对年份虚拟变量的估计上。尽管在 1984 年之前的年份虚拟变量同 1971 年开始时相比较没有显著的不同,但是在 1984—1991 年间就开始呈现出一定的变化趋势,在 1992—1997 年间这一变化趋势则非常明显。以 1984 年为分界点,1984 年之前的年份虚拟变量的平均值为 135.5,而 1984 年(包括 1984 年)之后的平均值为 771.6。对这两个平均值间差异检验的 F 统计量为 4.01,远大于 5% 显著水平的临界值。以 1992 年为分界点,1992 年之前的年份虚拟变量的平均值为 282.5,而 1992 年之后(包括 1992 年)的平均值为 116.58。对这两个平均值间差异检验的 F 统计量为 16.72,远大于 1% 显著水平的临界值。尽管年份虚拟变量除政策变化之外还反映了其他许多东西,但是估计值的时间特性和改革与政策变化在时间上的一致性,绝不是只用"巧合"两个字就可以解释的。

九、假说

在对回归分析结果进行讨论之后,我们来验证在本节开始时所提出的假说的正确性。除了农村企业的初始规模对其发展的影响不大以外,我们已经验证了假说 1 的大多数内容。我们发现了农村企业发展上具有很强的地区差异性,其中沿海省份较其他地区占有非常明显的优势地位。对于假说 2,我们发现收入是刺激农村企业发展的一个强有力的需求方面的因素,同时交通运输的便利也会带来显著的促进作用。与这一假说相关,我们发现,国际贸易以及吸收外商直接投资将促进该省份农村企业的发展。我们还没有发现可以支持假说 3 的证据,这部分是由于缺乏关于农村企业中人力资源状况的合适数据所造成的。对于假说 4,我们发现,较大的国有企业规模以及更加轻工业化的产业结构,会有助于农村企业的发展。假说 5 中所提出的经济改革的正的影响,已经在 1984 年和 1992 年改革的影响中得到证实。在对 1978—1997 年的数据的分析中,证据有力地支持了假说 6 中关于资本作用的观点,但是对于耕地作用的假说则缺乏有力的证据。对于最后一个公有制成分的假说,我们同样发现,在 1978—1997 年间各省份的公有制成分越大,对农村企业发展的抑制作用越强。但是,在对包括 1970—1977 年数据在内的分析结果中,这种负面作用消失了。这可以通过在 1978 年之前只允许发展公有制企业来加以解释。

第四节　从东亚视角看中国农村的工业化

　　中国农村工业化的经验,对整个东亚的发展究竟能有多大的启示? 毫无疑问,中国有其自身的特点,这些特点既来自于中国在过去一直实行的计划经济体制,也和它最近实行的向市场经济过渡的改革政策有关。但更为重要的是,中国内地的情况与中国台湾和日本在工业化进程最初阶段的情况具有广泛的相同性。对于三者而言,农村工业化都经历了一条通过在农村地区建立小规模、劳动密集型、本地化企业的发展道路。另外,它们的农村工业化进程均开始于其经济起飞的最初阶段。这与韩国、泰国、马来西亚以及印度尼西亚等其他东亚经济体政府采取的,支持大规模的城市企业的政策截然不同。从 20 世纪 80 年代早期开始,韩国和泰国等一些国家开始将城市企业分散到农村地区。韩国似乎在这一方面取得了成功(Otuska and Reardon 1998),但泰国的境况在很大程度上并没有什么改观(Poapongsakorn 1995)。[①] 为了分类方便,这里我们称中国内地、中国台湾和日本采取的政策为"本地化策略",而将其他国家(地区)采取的政策称为"推进策略"。已经有许多学者对东亚与其他发展中国家,以及东亚内国家或地区之间的发展经验作了比较研究(World Bank 1993;White 1988;Hughes 1988;Amsden 1989;Ranis, Hu and Chu 1998;Hayami 1998;Hayami and Aoki 1998 等等,这里不一一列举)。在这一领域出现了两个学派:新古典学派认为东亚的成功是自由化市场和有限政府(limited government)的胜利;发展主义学派(developmental state school)则强调政府干预的重要作用(White and Wade 1988)。新古典学派忽视了东亚经济体中政府有很强的干预性;发展主义学派则无法解释,在其他发展中经济体中,特别是在拉丁美洲,政府的干预为什么没有能够取得成功。林(Lin 1996)试图将这两种学派的观点统一起来,并认为东亚的成功是由于各个经济体在发展的每一个阶段都很好地将产业、技术结构和本国(地区)的比较优势结合在一起。在本节中,我们通过对东亚国家(地区)所采取的两种不同的发展策略

---

　　① Nugent(1996)论证了韩国政府通过将金融政策做出更加有利于小企业的调整,那么上述的政策逆转是可能发生的。

进行检验来进一步扩展林的观点。这里，我们并不是要提供一个更全面的比较研究。相反，我们只是对与农村工业化相关的问题作一个有选择性的比较研究。我们选择中国内地和中国台湾作为"本地化策略"的典型代表，而以韩国和泰国作为"推进策略"的典型代表。

在东亚地区，有四个经济体经过短时间的发展，最先获得了成功。我们称之为新兴工业化经济体，其中包括中国台湾和韩国。正因为如此，对中国台湾和韩国之间的比较研究引起了学者们的特别关注(Ho 1979；Saith 1987；Kuznets 1988；Otsuka and Reardon 1998)。对于这两个经济体，新古典学派强调自由化市场和有限政府在经济高速增长中的作用，发展主义学派则强调两者在成功的政府干预方面的共性。但是，除了以出口为导向外，这两个经济体的发展并没有其他更多的共同之处。

尽管韩国和中国台湾在20世纪50年代都经历了一个实行进口替代战略的时期，在此期间两个经济体都采取了一系列相似的政策：压低利率、高估本国货币、向农业征税等。但是，此后两个经济体政府的干预政策朝着截然不同的两个方向发展。在韩国，政府推行一种积极的产业政策，引导私人资本流向那些被认为是对整个经济至关重要的特定产业中去(参见本书① 中珀金斯和伍—卡明斯撰写的相关章节以及 Luedde-Neurath 1988)。阿姆斯登(Amsden 1989)强调了韩国政府在实现从劳动密集型产业向资本密集型产业这两个发展阶段的飞跃中所起的作用，大多数情况下，这种作用体现在政府有意扭曲价格的政策上。政府还鼓励在钢铁、造船、重化工业以及汽车制造产业等行业建立大的集团公司。同时，为了保证这些大企业能够获得充足的资本来源，政府加强了对金融系统的控制(Luedde-Neurath 1988)。这一政策的结果是，韩国的工业完全集中在汉城和釜山两个城市及其周边地区，而农村地区则发展缓慢。

与韩国相反，中国台湾采取了相对分散化的策略。尽管它也采取了一些选择性的政策来鼓励特定产业的发展(例如，在20世纪60年代鼓励重化工业的发展)，但是与韩国政府相比，中国台湾当局的干预要少得多，其干预形式也完全不同。中国台湾当局没有在整个经济范围内实行控制私人投资的政策，而是采取了在关键产业，如重化工业和钢铁业，实行国有化的政策，对于私有部门则不加干预。这就为农村本地的工业化提供了发展

---

① 指由 Joseph E. Stiglitz 和 Shahid Yusuf 主编的 *Rethinking The East Asian Miracle*, Oxford University Press, 2001——译者注。

空间。两者不同的发展政策,直接反映在它们企业规模的不同上。1981年,韩国城市企业平均雇用 67.8 个工人,农村企业平均雇用 51.5 个工人。同年,中国台湾城市企业平均雇用的工人仅为 31.8 个,农村企业平均雇工仅 18.1 个。

为什么两者会采取不同的工业化战略?森斯(Saith 1987)通过追述两个经济体所面临的不同的基础条件而给出了一个回答。中国台湾和韩国在第二次世界大战以前都受过日本的殖民统治,但是台湾农村的基础设施发展水平要远好于韩国。这种差别是由日本采取的、将台湾发展成其本国工业发展所需农产品供应地的殖民政策所造成的。另外,台湾具有良好的农业气候条件,这使其可以发展多种经营的农业,为其农村工业化的原始资本积累提供了有利条件。而韩国则没有这么"幸运"。它仍然保持着单一的、以高投入的水稻种植为中心的农业结构。最后,尽管二者都完成了土地改革,但是台湾地区给予地方的自主权要比韩国多得多。然而,尽管这些因素在决定两个经济体的最初发展中起到了重要作用,但其后韩国政府的政策使上述问题进一步恶化,同时还带来了许多新的问题。下面,我们将对中国和泰国的情况作比较研究,以增加对政府作用的进一步认识,同时也作为对森斯(Saith)观点的扩展。

尽管中国和泰国都在进行着各自的农村工业化,但两者的发展策略却完全不同。中国在很大程度上采取的是"本地化策略",而泰国则采取"推进策略"。这里使用"采取"一词多少带有一定程度的误导性,它似乎表明两国政府都是有意识地采取了不同的发展战略。但是,至少在中国,情况并不是如此,因为中国 20 世纪 80 年代农村工业的高速增长,对于中国的领导者来说完全是一个意外。① 而在泰国,政府则更加有意识地采取了鼓励大企业和区域集中的发展战略。尽管这种政策上的差别和两国的初始条件以及资源禀赋的差异是一致的,但泰国政府的政策进一步加剧了企业大型化和企业区域集中化的趋势。

中国和泰国分别在 20 世纪 60 年代和 70 年代开始农村工业化时,农业在经济中都占有绝对的支配地位。在 20 世纪 80 年代以前的很长一段

---

① 中国已故领导人,邓小平曾告诉记者:"一般来说,我们的农村改革进展得很快,农民也很热衷于这些改革。但是,使我们大吃一惊的是乡镇企业的迅速发展。产品的多样化,商品经济以及各种类型的小企业在农村地区的大量出现,使得乡镇企业异军突起。这些成就就不是我们中央政府所能取得的。乡镇企业取得了年 20% 的增长速度。这不是我所能想到的,也不是我的同事们所能想到的。这完全出乎我们的意料。"(《人民日报》,1987 年 6 月 13 日)。

时间里,农村人口一直占中国总人口的 80% 以上。1960 年,泰国农村劳动力则占其总劳动力的 90%(Krongkaew 1995)。另外,在中国和泰国有两个因素是完全不同的。

其一,中国农村最初发展时的基础设施条件和资本原始积累情况要比泰国好得多。这在很大程度上要归功于中国农村实行了 20 多年的集体经济政策。尽管集体经济后来被证明是效率低下的,但是集体经济的发展却积累了相当多的公共财富,包括道路、电力以及基本的卫生保健设施。另外,中国 20 世纪 70 年代发展起来的人民公社和大队所有的企业,为未来农村的工业化提供了坚实的基础。最后,规模庞大的国有部门,特别是在那些产业结构更加向轻工业倾斜的省份的国有部门,为农村工业提供了急需的技术和人力资源。与中国的情况相反,泰国农村工业化几乎是从零开始的。即使是 20 世纪 60 年代实行的进口替代政策,也没有能够改善其农村地区的状况。这种基础条件上的不同和森斯(Saith 1987)所提出的中国台湾和韩国在基础条件上的不同是完全一致。

其二,中国和泰国在过去直到今日,它们的耕地条件都有很大的不同。中国的耕地非常有限,而泰国的耕地则相对充足。由于土地资源的丰富,直到 20 世纪 80 年代中期,泰国农村家庭的平均耕地面积仍然在不断增加(Poapongsakorn 1995)。在泰国,大面积的森林名义上是归国王所有的,但直到最近,这些森林都是公共的。耕地面积的增加主要来源于对这些森林的不断侵蚀。丰富的耕地资源带来了泰国在农业生产上的比较优势,特别是在其传统的水稻种植业上的比较优势。这就解释了泰国至今仍然是世界市场上水稻的主要出口国的原因。丰富的耕地资源,制约了劳动力从农业部门的外流。除此之外,由于在口头上对土地的私人占有是非法的,这些土地的擅自占有者们就不得不通过在土地上建造房屋的方法来实现这些占有。这就进一步限制了农村工业的发展,同时也限制了农村人口向城市的永久性迁移。

中国和泰国所采取的发展战略,是基本和它们的初始条件以及土地禀赋情况相一致的。在中国,几乎所有的省份都面临耕地面积相对于劳动力稀缺的处境。这使得各个省份均致力于发展非农业产业。尽管由于各省的耕地相对于劳动力的稀缺程度各不相同,使得各省发展非农产业的程度也有所不同,但是这种发展非农产业的趋势却是一致的。此外,中国农村地区有相对良好的基础条件,也有利于本地工业企业的建立。这两个因素的共同作用,使得中国农村的分散型工业化能够取得成功。这一发展道路的选择,并不是中国政府有意识的行为。尽管中国政府在 20 世纪 80 年代初改变了重工业优先的发展战略,但它们从来就没有期望农村工业部门会成为整个国民经济的重要支柱。甚至可以说,农村工业化的发展就像很多农村改革一样,是由各个地方以完全自发的形式产生的。

在泰国,农村地区基础设施的不足以及丰富的耕地促进了工业分布的集中化,至少在工业化初始阶段情况是这样的,这时曼谷地区更高的劳动力成本被城市的经济群聚效应所抵消。然而,中国和泰国的初始条件和土地资源禀赋的差异所造成的影响并没有到此结束。尽管中国同样也保留了一些对农村小型企业在财政和其他方面的歧视性政策,但这些政策并没有阻碍中国农村工业部门的发展。这得益于计划经济时期地方公共财富的积累,以及农业改革后私人储蓄的增加。泰国的情况则截然不同。由于农村地区缺乏坚实的资本积累,政府的优先政策进一步加剧了大型企业集中分布的现象。

1960 年以前,泰国政府推行的是国家资本主义的发展战略。此后,由于接受了世界银行根据当时发展水平而制定的进口替代应集中于私人投资的建议,泰国政府放弃了其国家资本主义的发展战略,转而通过制定投资法来鼓励私人和外商直接投资(Falkos 1995)。这一法律规定,进口替代行业的大型企业,在进口资本品和原材料时可以免交关税,并允许从事制造业产品的出口贸易以及享受利润返还等政策。此外,泰国的最低工资法还抑制了就业的增加。上述政策所导致的结果是大型的、资本密集型的企业不断涌现,进而主宰了各自的行业(Tinakorn 1995)。同时,由于大型企业要求有更好的基础设施,因此工业部门向曼谷周边地区集中的趋势不断加强。很明显,这种发展趋势背离了泰国当时的比较优势。作为这种偏离的自然结果,进口替代政策在 20 世纪 60 年代末遇到了持续的贸易赤字以及国内市场需求不足等一系列问题。政府政策转而鼓励出口。政府降低了企业享受优惠政策的规模限制。同时,为了将工业部门从曼谷周边地区疏散开来,采取了立体分布(spatial)的产业政策。然而,仍然还有一些因素阻碍了农村地区小型企业的发展。第一,泰国的财政体系仍然高度中央集权化,使得地方政府丧失了改善其投资环境的能力。第二,在享受优惠上仍然存在企业规模的限制以及高额的申请费用。第三,在工业区设立的企业较其他地区的企业可以享受到更多的优惠政策。由于工业区的地价往往是其他地区的 2—3 倍,这种政策明显不利于小型企业。第四,最低工资法提高了劳动力成本,进而阻碍了农村地区新企业的建立。因此,工业部门的扩散并没有真正发生。事实上，1995年仍然有35％的工业企业集中在曼谷地区(Poapongsakorn 1995)。

尽管采取"本地化策略"和采取"推进策略"的经济体都取得了显著的经济成就，但二者之间在一些特定领域内还是存在着明显的差距，其中最为突出的是收入分配上的差距。尽管中国内地0.20的基尼系数可以归因于其在计划经济时期长时间实行的平均分配政策，但是表17中给出的8个东亚新兴工业化经济体的数据仍可以清楚地反映了这一问题。表中列出了1985年8个新兴工业化经济体的增长率和收入分配平等程度在东亚34个国家(地区)中的排名(Riedel 1988)。这里的排名基于更加宽泛的计算，它将多种标准加总到一个单一的排名顺序中。单独基于收入增长的排名的结果和基于收入增长与收入分配的综合排名的结果比较相似，而单独基于收入分配的排名的结果则与前两者的结果相去甚远。中国台湾在所有三个指标中均居于第1位，韩国的收入增长为第4，但是其收入分配仅为第8。其他和韩国采取相同发展战略的国家的排名结果则更为糟糕。例如，单独考虑收入增长，泰国和印度尼西亚分别为第10和第8，但基于收入分配的排名，它们则分别为第16和第15。一些学者(如 Wade 1988)认为，中国台湾在收入分配上表现得更为公平与中国的"不患寡而患不均"的文化传统有关。如果这一看法是正确的话，那么中国台湾应当会比韩国等其他经济体采取更多的收入再分配措施，但事实并非如此。我们认为，中国台湾和中国内地在收入分配上的公平性是其在工业化过程中采取"本地化策略"的结果。

表 17　八个新兴工业化经济体的增长率和收入分配平等程度
在东亚 34 个国家中的排名

经济体	收入分配	收入和 GDP 的增长速度	收入分配和人均收入增长
中国台湾	1	1	1
新加坡	5	2	2
韩国	8	4	3
中国香港	11	5	4
印度尼西亚	15	8	8
泰国	16	10	9
马来西亚	26	16	14
菲律宾	22	17	17

资料来源：Riede(1988:20)。

两种不同的工业化战略不仅在收入分配上,同时也会在经济发展过程中产生长期的影响。台湾地区是东亚地区惟一一个既实行货币自由兑换,同时又没有受到东亚金融危机影响的经济体,这一现象绝非巧合。[①] 尽管多数国家(地区)中金融危机在金融部门产生,同时也仅限制于金融部门内部发生,但是这些经济体采取的鼓励大企业和大集团建设的发展战略,是导致工业部门发展失衡和脆弱的金融部门的主要原因。首先,众多大型企业的建立,特别是在韩国,是为了追求所谓的动态比较优势,也就是一个国家(地区)现在没有而在未来才具有的比较优势。然而,任何计划性的发展都要面临着对未来估计错误的风险。因此,计划扩展的比较优势也许永远也不会变为现实。中国台湾和韩国在汽车产业中的政策真切地反映了这一现象。台湾侧重于发展汽车零部件的生产,它的企业利润率很高。韩国则主要发展整车生产,因此它的企业利润率很低。在金融危机前,政府通过对银行系统的控制,不断地通过贷款向这些大企业输血。政府的支持同时也给外国借款人一个错误的信号,似乎这些大企业决不会轻易垮台。这进一步鼓励了不负责任的借款行为。结果是韩国30个最大的企业集团的平均负债率高达350%,其中一些甚至高达1200%。泰国的情况与此类似。政府的发展战略鼓励建立大型的资本密集型企业,导致了这些大企业的高负债率和脆弱性,进而直接导致了金融危机的发生。

第五节 结 论

农村工业化是东亚地区发展中的特有现象,其中,中国的农村工业化尤其引人注目。通过上述分析,我们可以得到以下几个结论:第一,中国的农村工业化很大程度上是由一些客观条件无意识推动的结果,其中包括中国的耕地、资本、劳动力等要素禀赋,以及由其过去集体化所带来的相对较好的农村基础设施。第二,农村企业的快速发展,得益于中国在过去20年所实行的市场化改革。其中特别重要的是,中国放弃了向大企业倾斜的、重工业优先的发展战略。第三,城市的轻工业在早期帮助了中国农村企业

---

① 当然,台湾地区对开放它的金融市场持更加谨慎的态度。例如,它对于短期国外贷款以及外国银行在当地开办业务仍然实行很严格的管制。最近,台湾的货币也有所贬值,但是这种贬值不是金融危机所直接造成的,而是由于其他东亚国家需求不景气所造成的。

的发展。第四，在发展过程中，中国农村企业逐步放弃了公有制，同时逐步硬化了企业的财经制度。

那么，中国的经验究竟在多大的程度上适合于其他发展中国家？由于农村工业化发展带来的利益可以被更多的人所分享，因此中国农村工业化进程促进了地区内收入分配的平等。同时，农村工业化的发展缓和了由于不断增大的收入差距所带来的社会紧张状况。但是，如果从中国农村工业化的发展更多的是由其自然和历史条件所带来的无意识的结果这层意义来说，中国农村工业化的经验对于那些耕地和资本充足的国家，如拉丁美洲国家来说，其指导意义是非常有限的。尽管如此，这些国家也可以从中国的经验中认识到这样一个问题，即政府的政策不应当偏离本国的比较优势。然而，对于那些要素禀赋条件和中国相似的亚洲国家而言，中国的经验就具有更多的指导意义。除了强调国家选择的产业发展政策要符合本国的比较优势以外，中国的经验还表明，加大对农村基础设施的投资是促进乡村企业发展的一个关键因素。

附录　关于数据的说明

在本附录中，我们对本章回归分析的数据作一详细的说明。在本章中，我们用到了两组数据：一组是 28 个省(市/自治区)1978—1997 年的数据，另一组是 15 个省(市/自治区)1970—1997 年的数据。在第一组数据中，不包括海南和西藏，同时重庆被计算在四川省内。第二组数据包括北京、天津、河北、山西、上海、江苏、浙江、安徽、江西、湖北、湖南、广西、四川、陕西和宁夏。所有关于农村企业的数据来源于 1987—1997 各年《中国农村统计年鉴》和中国农业部。其他数据，如人口、轻工业比重、耕地面积、出口、外商直接投资等，则来源于《中国国内生产：1952—1995》、《全国各省、自治区、直辖市统计资料汇编：1949—1989》、《中国农业年鉴》(1978—1990 各年)、《中国农村统计年鉴》(1986—1997 各年)，以及《中国统计年鉴》(1983—1998 各年)。所有数据都以 1978 年相对不变价格计算。对不同的变量采用了两种价格平减指数：一种是特定商品的价格指数，如工业产品的零售物价指数以及固定资产的物价指数；另一种则是我们自己构造的价格指数，例如，通过比较各个省份的实际国内生产总值和名义国内生产总值，我们构造了各省份的国内生产总值平减指数。这一平减指数用来计算实际人均出口和其他实际变量。下面,我们将说明在回归分析中用到的一些变量是如何构造的(其他变量在正文中已经说明,这里不再重复)。

农村企业人均产值。在 1985—1997 年,该值由农村企业的总产值计算得到;而在 1977—1984 年,由于私营企业的数据无法获得,我们仅根据集体企业的数据进行计算。在 1970—1976 年,用来计算的数字是农村企业产值和副业收入的总和。在 1970—1997 年这一组的数据中,为了使得统计口径更加一致,1976 年之后的数据同时包括副业收入和农村企业产值。这里,我们用各省份的农村工业产品零售物价指数作为价格平减指数。

铺设柏油的公路。从 1996 年起,官方的统计公报不再提供铺设柏油的公路的数据。我们用一、二级公路以及高速公路的总和作为 1996 年和 1997 年的铺设柏油的公路的数据。

技术人员的比例。1987 年、1990 年和 1991 年的数据无法获得。1987 年的数据用 1986 年和 1988 年的平均值代替。为了获得其他两个年份的数据,我们假定 1989—1992 年间的技术人员的增长率为常数。

轻工业所占的比例。1978—1997 年,这一比例是基于乡镇及乡镇以上的工业企业总产值来计算的。1970—1977 年,这一比例则基于各省份的所有工业企业总产值的计算。

出口和外商直接投资。两者均换算为中国的人民币。从 1970 到 1986 年,换算汇率为官方汇率;从 1995 到 1997 年,换算汇率用的是官方汇率和兑换汇率的加权平均值。出口用各省份的国内生产总值平减指数来折算,外商直接投资用固定资产价格指数来折算。

国有企业产值。这里的平减指数采用各省份的工业部门国内生产总值平减指数。

农村地区人均资本。1985—1997 年,由农村企业和农村家庭所有的生产性固定资产的总和计算。1977—1980 年,由公社所有的固定资产计算。1977 年之前的数据无法获得。为了得到完整的数据序列,我们应用范和帕蒂(Fan and Pardey 1997)的平滑方法估计出了缺失的数据。这里对于 1977 年之前的数据,我们假定各省份的生产性固定资产增长率在 1970—1980 年之间是一个常数。因此,以 1977 年为起始点,用 1977—1980 年的年均增长率向后逐年估计出各年份的数值。对于 1980 年和 1985 年之间的年份,我们假定这一阶段的增长率为常数,从而,根据这两个年份的数值估计出其他年份的数值。这里,用各省份的固定资产物价指数作为平减指数，将数据换算为 1978 年的物价水平。

公有企业的比例。在 1985 年之前，这一比例假定为 1。在 1995 年和 1996 年，这一比例用的是企业增加值，而不是企业总产值。

经济发展战略与中国的工业化[*]

第一节　关于中国农村工业化的
理论争论与实证证据

在关于中国工业化过程的讨论中,一个公认的事实是自改革开放以来国有企业地位的相对萎缩,而乡镇企业的发展却取得了巨大的成功,即中国的工业化过程在很大程度上表现为农村的工业化。中国农村工业化的成功所引起的广泛学术关注中,一个争论核心就是乡镇企业的发展中公有产权或地方政府所起到的作用。许多学者认为,中国的改革由于采取了渐进主义的策略,所以模糊产权在乡镇企业发展中起到了积极作用,即将乡村政府对企业的扶持和保护作为乡镇企业高速成长的源泉,特别是在发展的早期。这主要是由于在不完全竞争和政策扭曲的情况下,公有产权是一个次优的选择。[①] D. Li (1994)通过理论模型来表明在灰色市场的环境中,模糊产权是一个最优的制度安排。Che 和 Qian (1998)从另外的角度上说明,地方政府有效地防止了中央政府对乡镇企业的不利影响。此外,S. Li (1997)的模型认为,公有产权通过质押关系和竞争为不完备的合约提供了自我实施的机制。

在实证研究方面,赵耀辉(1997)总结了在中国的政策环境下地方政府潜在的积极作用:①税收优惠;② 低利息的优惠贷款;③ 获取土地使用的许可权;④ 获取原材料;⑤ 赢得消费者的信任。这些潜在的收益在很大程度上为乡镇企业采取公有产权提供了理性基础。但这种事后的推理往往

---

* 本文和刘明兴合作,原文发表于《经济研究》2004 年第 7 期。

① 其他的看法也是存在的。Oi(1992)提出了地方政府与地方企业联合的"地方政府公司主义",她认为这是由始于 20 世纪 80 年代中期的财政分权改革所引起的,其刺激了地方政府参与本地经济的热情。Chang 和 Wang (1994) 将地方政府所有权视为一种机制设计。Weitzman 和 Xu (1994)强调乡镇企业是一种产权模糊的劳动合作企业,其是建立在经由多阶段博弈所形成的合作文化的基础之上。

会使人忽略了历史的本来面目。正如 Putterman (1997)所指出的,在改革之初,有能力发展乡镇企业的地区,往往是那些在过去社队企业已较为成功,且地方政府也较有影响力的地区。Jin 和 Qian (1998)的实证分析证实了此点。① 给定公有产权在发展初期的存在性,许多理论模型成功地解释了其在后期依然能够得以维持的原因,但它们却未能证明公有产权就是乡镇企业良好绩效的原因。

就公有产权是否比私有产权更有效这一点,文献中有两类实证结果。一类认为在生产效率方面二者没有太大区别。Svejnar (1990)利用 1975年到 1986 年 122 个厂商的纵列数据,表明产权对产出并没有显著的影响。Pitt 和 Putterman (即将出版)则利用 1984 年到 1989 年 200 个厂商的纵列数据,比较了在工资和就业决定方面集体和私营企业的效率,结果得出了同样的结论。Dong 和 Putterman (1997)对上述数据集中的部分数据进行了随机前沿生产函数分析,也证实在两类企业的技术效率缺口方面没有明显区别。村属企业的平均技术效率要高于私营企业,但同时所有制类型与地区虚变量相关,即在沿海发达地区村属企业的比例较其他地区为高。因此,在引入地区虚变量之后,所有制的影响就消失了。Jin 和 Qian (1998)研究了公有乡镇企业对政府收入、农村非农就业和农村收入的贡献。他们发现贡献是显著的,但当保持非农就业和地方公共品供给不变时,公有乡镇企业并不能提高农村收入。他们的结论是,公有乡镇企业的作用是创造就业和地方公共品供给,尽管一定形式的低效率是存在。

第二类实证分析则提供了与前者截然相反的结论。Zhang (1997)基于对四川和浙江两省 630 个乡镇企业普查的结果发现,在预算约束方面集体和非集体企业存在很大差别。集体企业在银行贷款、企业间信用往来、交纳税收等方面均存在预算软约束,特别是随着银行贷款的增加,亏损企业相对于盈利企业的比重也在提高。约有三分之一的盈利企业和亏损企业对其他企业存在净的商业信用拖欠,40% 的盈利企业和 75%亏损企业拖欠政府的税收。因此,集体企业的行为与国有企业十分近似,尽管地方

---

① 他们也为 Che 和 Qian (1998)的理论提供了某些证据,即中央政府干预越严重的省份,就越有可能采取公有产权的形式。不过,他们使用国家信贷供给这一指标来表示中央政府干预程度是值得置疑的。正如 Che 和 Qian 所提及的那样,该变量是内生的。另外一个表示中央政府干预程度的指标是人均实际国有工业产出,不过在我们看来该变量并不能反应国家对于农村地区的干预。因为如果一省内部国有工业的发展较为符合本地区比较优势的话,那么国有工业就对乡镇企业的发展,在信息、技术、人力资本等方面具有促进作用。我们后文的实证分析支持上述看法。

政府掩盖了这些问题。

Yao (2001)研究了浙江省宁县农村工业化和劳动力市场整合之间的关系。Yao 在就业选择是内部解而不是角点解的情况下,发展了一个计量模型来检验市场分割问题。检验表明,对于集体经济占主导地位的宁县,工业就业中存在着配给,配给的程度随着地方政府干预程度的提高而提高。Pitt 和 Putterman (即将出版)及 Xu (1991)发现乡镇企业的实际工资高于劳动的边际生产率,他们同时也发现了工作配给的存在。不过,他们未能发现集体和私营企业之间存在系统性的差异。姚洋(1998)利用 1995年第三次工业普查对 14 670 个企业进行的随机抽样数据,比较了不同所有制类型、不同规模、不同行业及地理位置的企业在技术效率上的差异。他估计了 12 个行业的随机前沿生产函数,并得到了相应的企业技术效率。将企业的技术效率和包含所有制在内的一系列解释变量进行回归,回归的结果表明私有厂商的效率比国有和集体企业分别高 57% 和 35%。

总之,模糊产权理论不能解释中国农村工业化的成功,微观和宏观的实证分析也均未能提供有力的证据。实际上,从产权角度出发来解释中国工业的发展绩效,将会存在种种矛盾之处。比如,存在相当多的论文试图证明,国有企业的效率低下是源于企业自身的治理结构或产权结构,即公有制是关键症结所在。但是改革开放以来,许多地区的国有部门仍然在较长时期内保持了快速增长的势头,而 20 世纪 80 年代的乡镇企业中私营企业并不占据主导地位。在讨论乡镇企业的成功经验时,许多学者却又强调模糊产权在农村工业化中的重要作用。可是虽然国有企业在多个方面仍然享有乡镇企业所无法比拟的优惠政策,其在市场竞争中却节节败北。同时,延续集体所有制的乡镇企业在 20 世纪 90 年代的发展中也落伍于私营企业,各种政策性负担严重影响了企业的运行,乡镇政府也被迫放弃了对集体企业的各种政策性干预,并开始了大规模的产权改革。

第二节　经济发展战略与工业化

中国农村工业化成功的关键究竟何在呢? 回答这个问题,需要我们从经济增长、技术进步和产业结构变迁的基本逻辑关系入手展开分析。从新古典增长理论的角度看,无论是发达国家为了达到持续增长的目标,还是发展中国家要摆脱二元经济的格局,均要依赖快速的技术进步。因为在没有技术进步的情况下，资本的边际报酬会趋于递减，所以如何引致技术进步是经济增长和工业化的关键。那么怎样才能实现这一目标呢？林毅夫及其合作者(1996，1998，1999c)从比较优势理论的角度对此问题进行了详细的论述。他认为，在一国的经济发展过程中存在两个重要的外生变量，发展战略和禀赋结构[①]，其他变量，如技术水平、积累率、增长速度、产业结构、金融结构、收入分配等均内生于这两个变量。

第一，一国最具竞争能力的技术结构(或者说产业区段[②])是由其禀赋结构所决定的(对于一个成本极小化的厂商而言)，因为不同的技术结构必然与相应的投入结构相一致，而投入要素的相对价格则主要受制于本国的禀赋结构。遵循比较优势，特别是按照本国的禀赋结构来选择相应的技术结构，会使该国的产业最具市场竞争力，经济剩余最大，资本积累最多，要素禀赋提升最快，技术水平也就相应得以迅速提升。因此，如何更好地利用本国的比较优势是经济持续增长和工业化的关键，任何人为的扭曲性干预均会造成效率和福利的损失。

第二，发展战略这个概念是对政府的经济政策行为进行的高度抽象，从技术结构和禀赋结构的吻合程度上，我们可将之区分为遵循比较优势的战略和违背比较优势的战略，后者主要是指赶超战略。发展中国家的政府往往只看到了先进技术的重要性，而忽视了技术进步的禀赋约束，进而在工业部门中实施技术赶超。改革开放以前，中国政府一直都在推行赶超战略，将资源高度集中在一些资本密集的重工业部门，这些部门由于背离了本地的比较优势，结果发展速度缓慢。而具有比较优势的部门却又因为得不到必要的资金投入，其发展受到了抑制。

第三，一个企业的自生能力(即不需要政府保护和补贴而能在公开竞争的市场中赚取市场可接受的利润水平的能力)决定于其选择的产品和技术所在的产业区段是否符合其要素禀赋所决定的比较优势。为了建立不具自生能力的企业以推行赶超战略，政府必须进行一系列扭曲的干预，最终也带来相应的弊病：增长速度放慢、工业化进程被抑制(资金集中在少数几个行业，且效率低下)、企业生产效率低下(无论是国有企业还是私营企业)、收入分配不均(尤其是城乡差距加大)、金融压制及结构扭曲、经济开

---

① 当然，就政治领导人来说，发展战略也是内生变量，但就我们所要分析的经济政策和制度来说，发展战略可以视为外生变量，要素禀赋则就任意时点的决策来说是外生给定的。更进一步的讨论参见章奇和刘明兴(2004)。

② 注意，同一个产业中，不同的厂商在技术结构和资金密度上可能会存在较大差异。

放度低下,以及外部账户失衡等等。

第四,在赶超战略的左右下,企业往往承担了沉重的政策性负担,从而造成了企业治理中信息传递的扭曲。与此同时,企业经理人与政府谈判的能力却增强了。这就产生了预算软约束,其存在与否不一定与企业的所有制类型有必然联系。早期的乡镇企业受到较多的地方政府干预或者保护,这在特殊的历史背景下可能促进了农村工业的发展,但却不能构成农村工业超过国有工业的基本原因。实际上,随着时间的推移,政府干预对乡镇企业发展的不利之处暴露无遗。与此同时,倘若政府不放弃干预,企业的政策性负担不能得以消除,则即使企业进行了私有化改制,也达不到预期的效果。

总之,中国之所以在工业化方面取得了举世瞩目的成绩,并实现了持续的经济增长,其根本原因在于政府逐步放弃了传统的赶超战略,而按照自身的比较优势来选择技术结构和产业区段。中国农村工业化的成功是源于,在 20 世纪 70 年代末期以来以市场为导向的乡镇企业在发展的过程中充分遵循了中国农村劳动力丰富的比较优势。而城市(国有)工业由于承担了政府赶超战略的政策性目标,其生产成本过高而产品又不符合市场的需求,这就从根本上抑制了其发展的空间。换言之,使乡镇企业在市场竞争中获取胜利,并超过国有企业的关键是因为其更遵循比较优势的发展规律,而不是因为乡村政府给了它足够的支持和保护。另外,赶超战略在轻工业领域所造成的市场空白也使得乡镇企业在发展伊始能够轻而易举地打开市场销路,实现迅速的增长。

我们在下文的实证分析中[1],利用中国 1978—1997 年 28 个省的纵列数据(Panel Data)和几种不同的计量方法检验了这一假说。[2] 我们发现,能否充分遵循比较优势的原则是农村工业发展成败的根本。而当地区和时间效应均被控制住时,非私营的厂商占乡镇企业的比重越高,对工业化的绩效存在抑制作用的可能性就越大,这也就从一个侧面证明了模糊产权理论缺乏实证依据。我们同时利用类似的实证方法对国有工业企业的发展过程进行了分析,一个基本的结论是:同样是国有企业,更遵循比较优势的地区,其国有企业的发展速度将快于其他地区。

---

① 林毅夫和姚洋(1999a,1999b)对中国的农村工业化过程进行了多方面的探讨,本文在他们研究的基础上进行了必要的拓展。

② 更准确地讲,本文的实证分析涵盖了所有的农村非农产业,工业企业仅仅是乡镇企业的一部分。

第三节　计量模型

计量模型的核心问题是研讨发展战略(工业部门对本省比较优势的吻合程度)与工业发展绩效之间的关系。为了简化分析，我们假定只有两种投入劳动和资本，人均资本即为要素密集度或禀赋结构。设 k_{it}^R 和 I_{it}^* 分别是人均资本存量和最优的工业资本密集度，下标 i 和 t 分别代表省份和时间。设 I_{it}^* 是 k_{it}^R 的函数

$$I_{it}^* = I(k_{it}^R) \tag{1}$$

这里，$I(\cdot)$ 是一个增函数。简单起见，假定函数关系是线性的，系数 c^* 对于所有省份均相等，则

$$I_{it}^* = c^* k_{it}^R \tag{2}$$

工业部门对本地区比较优势的吻合程度可以被表示为实际资本劳动比，即 k_{it}^E 和 I_{it}^* 之间的比值

$$C_{it} = \frac{k_{it}^E}{I_{it}^*} = c_{it}/c^* \tag{3}$$

其中，c_{it} 是 k_{it}^E 和 k_{it}^R 间的比值。我们称 C_{it} 为比较优势指数[①]，在最理想的情况下，该指数应等于 1。因此，D_{it} 就可以表示工业部门对本地比较优势的偏离程度：

$$D_{it} = (C_{it} - 1)^2 = (c_{it} - c^*)^2/c^{*2} \tag{4}$$

我们认为 D_{it} 越大，工业的发展就受到越多的阻碍。不过，当年的工业产出和 D_{it} 具有一定的内生性，且资本配置不当的影响也不能马上得到体现。因此，我们的回归中将使用滞后的 k_{it}^E 和 k_{it}^R 的比值，以构造 c_{it}。我们利用人均工业总产出 Y_{it} 来测量一省农村工业部门的规模，Y_{it} 和 C_{it} 应有如下函数关系：

$$Y_{it} = A + \alpha(C_{it} - 1)^2 + e_{it} = \alpha_0 + \alpha_1 c_{it}^2 + \alpha_2 c_{it} + e_{it} \tag{5}$$

式中，A 是常数，e_{it} 是随机变量。α 用来测量一省对比较优势的偏离程度，我们预期 α 是个负数。由于所估计的参数 $\alpha_0 = \alpha + A$，$\alpha_1 = \alpha/c^{*2}$，

[①]　显然，C_{it} 是不可观测的。因此，我们在下文的计量中将 k_{it}^E 和 k_{it}^R 间的比值称为技术选择指数。

$\alpha_2 = -2\alpha/c^*$，则 c^* 和 α 就满足如下关系：

$$c^* = -\frac{\alpha_2}{2\alpha_1}, \quad \alpha = \alpha_1 c^{*2} \tag{6}$$

所以，α 与 α_1 同号，我们的一个重要工作就是检验 α_1 是否为负数。

上式的表达中，我们没有考虑厂商在一省内部的分布状况，特别是当一省内部存在许多大型的资本密集型企业的时候。例如，有两个省的人口和资本存量大致相同，即比较优势大致相同。但其中之一将资本均集中到少数大型企业中，而另外一省则较均匀地分配给所有的企业。显然，前者的做法违背了比较优势原则，而对该省的长期增长有害。为了包含这种可能性，我们需要测度厂商的分布。在下文对农村工业的计量分析中，我们使用了按农村人口平均的厂商数。这个数值越大，就表明资本在厂商间分布得越平均，政府人为地赶超干预就越少。当然，如果大企业的生产具有很强的上下游关联性，那么建立一些大企业不见得就会减少小企业的数目，这里我们排除了这种可能性。因为，乡镇企业大多生产中等消费水平的消费品，产业关联性并不强。我们将厂商数量 N_{it} 和 c_{it}^2、c_{it} 相乘以反映其影响：

$$Y_{it} = \alpha_0 + \alpha_1 c_{it}^2 + \alpha_2 c_{it} + \alpha_3 N_{it} c_{it}^2 + \alpha_4 N_{it} c_{it} + e_{it} \tag{7}$$

为了进一步明确 α_3 和 α_4 的含义，整理上式得，

$$Y_{it} = (\alpha_1 + \alpha_3 N_{it})(c_{it} - c_N^*)^2 + \theta_{it} + e_{it} \tag{8}$$

其中，

$$c_N^* = -\frac{1}{2}\frac{\alpha_2 + \alpha_4 N_{it}}{\alpha_1 + \alpha_3 N_{it}}, \quad \theta_{it} = -\frac{1}{4}\frac{(\alpha_2 + \alpha_4 N_{it})^2}{\alpha_1 + \alpha_3 N_{it}} \tag{9}$$

这里，c_N^* 等同于 c^*。从理论上讲，随着厂商数量发生大变化，c_N^* 应当保持不变，因为它代表了工业资本密集度与当地人均资本存量的理想比重，从而独立于厂商大数量。[1] 即，$\partial c_N^*/\partial N_{it} = 0$，这就产生了一个对参数的约束式，

$$\alpha_2 \alpha_3 - \alpha_1 \alpha_4 = 0 \tag{10}$$

我们将检验该参数约束式。此外，α_3 可以被解释为包含了厂商分布的修正参数，按照以往的分析，它应当是正的。

设 X_{it} 是其他解释变量的向量，α_5 是待估计的参数向量。最终的计量

经济发展战略与中国的工业化

---

[1]　这里一个暗含的假定是，理想的技术选择指数是惟一的，其并不随省份的不同而变化。

方程式为，

$$Y_{it} = \alpha_0 + \alpha_1 c_{it}^2 + \alpha_2 c_{it} + \alpha_3 N_{it} c_{it}^2 + \alpha_4 N_{it} c_{it} + X_{it}\alpha_5 + e_{it} \qquad (11)$$

第四节　对于中国农村工业化的实证分析[①]

我们收集了 1978—1997 年 28 个省的数据，但在回归中没有使用 1996 年的数据，因为在该年只有增加值的统计，没有总产值的数据。由于缺乏几个关键变量的滞后值，回归中所使用的实际数据是从 1981 年开始的。我们使用双向固定效应方法（即固定省级效应和固定时间效应）来估计 (11)式，同时我们也用其他的纵列数据估计方法来进行参数敏感性分析。

一、变量的选择与测量

被解释变量是按各省 1978 年不变价计算的按农业人口平均的乡镇企业总产出（1 000 元/人）。[②] 解释变量主要包括乡镇企业的技术选择指数和乡镇企业的数量密度。当然，如何选择其他解释变量 Xit 也是个重要的问题，原则上应选择外生于企业产出且又对之存在较大影响的变量。这里，我们选择了代表市场条件、基础设施状况、开放度、农村工业部门特征、与国有部门的相互影响、经济体制改革、所有制类型、土地禀赋等因素的变量。以下是具体的变量选取：

技术选择指数：乡镇企业的技术选择指数是将乡镇企业的资本密度比上各省农村人均资本存量。农村资本存量是乡镇企业净固定资本、农村集体净生产性固定资本与农民的储蓄存款之和，所有的数值均按年末值计算。由于农民的储蓄作为一个存量有相当一部分已经贷给了乡镇企业，并形成了资本存量，因此上述资本存量的估计显然偏高。实际上，如果假定乡镇企业难以通过银行从城市储蓄中获得资金，那么该估计值就应当是农村生产性资本存量的上限（或者说是乡镇企业可获得的生产资本总额）[③]。

---

①　因篇幅所限，本部分的讨论省略了对于乡镇企业发展特征的详尽数据分析，以及这些特征和东亚其他国家的比较研究。更为全面的研讨可参见林毅夫和姚洋(1999a)。

②　回归中所使用的价值变量，均按照其相应的分省的价格平减指数折算为 1978 不变价。数据的详细说明可参见林毅夫和姚洋(1999a)一文的附录。

③　我们关于乡镇企业可得资金的测量存在一些误差，例如，乡镇企业的利润（作为个人手持现金或者银行存款）或者农民手持现金等就没有计算在内。

相反,我们也可以把乡镇企业的可得资本定义为从银行中获取的贷款,并将之看作可得资本的下限。我们在计量中同时考虑了这两种测度方式,但在估计结果上并没有太大区别,上限估计和下限估计是正相关的。因此,我们仅报告利用上限估计值的计量结果。[①]

企业数量密度:用乡镇企业数目除以农村人口来表示乡镇企业的相对规模(个/10 000 人)。

市场条件:我们用城市化比率(城市人口在总人口中所占的比重)、人口密度(人/平方公里)代表一个省对乡镇企业产品的需求规模,由于乡镇企业的产品主要在同一省内销售,因此该省的需求规模可能是决定乡镇企业发展的主要变量。

基础设施:我们使用公路网密度、有路面里程的公路网密度、铁路网密度(公里/平方公里)三个变量表示交通便利程度。

开放度:我们使用人均出口(元/人)和人均 FDI(元/人)来表示各省的开放程度。出口和 FDI 均使用过去三年的平均值,因为乡镇企业的出口在总出口中占到了相当的份额,而 FDI 则容易受到当年总产出波动的影响。FDI 不仅是一省开放度的衡量,而且也是资本可得性的衡量。由于没有FDI 在城市和乡村之间分布的数据,否则就应将其加入到农村地区的可得资本之中。

人力资本:我们用技术工人占总雇员人数的比率作为乡镇企业人力资本存量。

国有企业的影响:关于乡镇企业与国有企业的相互影响,我们使用了分省的人均国有工业企业产出(1 000 元/人)和国有工业企业的资本劳动比(1 000 元/人)。

农业体制改革:1978—1983 年进行的家庭联产承包责任制改革,是采取了渐进和不平衡的策略,因此我们在回归中引入了采取家庭联产承包责任制村庄所占比重这一变量。

产权结构:为了表示乡镇企业的产权结构,我们使用了乡村所有的企业在乡镇企业总产出中所占份额这一指标。

---

① 严格地讲,我们难以准确测量一个经济系统中生产性资本存量的大小(实际上本文在讨论城市工业和乡村工业时,对生产性资本存量的测量方法采取了不同的方式),也无法准确估算劳动力流动的规模(例如,沿海省份吸纳了大量的外来劳动力,这在很大程度上影响了沿海地区的禀赋结构)。这些均会对估计结果产生较大影响,所以技术选择指数仅仅具有理论上的意义,并不存在实际的指导作用。

土地禀赋：由人均耕地(亩/人)来表示。耕地丰富的情况下，就会对农村工业产生两种相反的效应。一方面，其意味着该省有更多的比较优势来发展农业；另一方面，农产品供给的上升也促进了食品加工业的发展。为了比较这两种不同的效应，我们加入了土地面积作为一个辅助变量。Leamer(1987)认为，当土地禀赋相对较小时，第二种效应占主导，从而乡镇企业的规模与土地面积成正比；但如果土地面积相对较大，则比较优势的效应就会占主导，即土地面积与乡镇企业的规模成反比。

二、计量结果

按照表 1 中所给出的估计结果，发展战略对农村工业的影响与前文的理论判断相一致。α_1 的估计值，即 c_{it}^2 的系数，在 5% 的水平上负向显著，从而为比较优势理论提供了实证支持。α_3 的估计值显著为正，这也和我们的预期相一致。由于该估计值和 N_{it} 的平均值都很小，偏离比较优势的影响就近似等于 α_1 的估计值。根据点估计的结果，c_N^*、技术选择指数的样本均值，及人均乡镇企业产值，偏离理想技术选择指数负效应的弹性是 1.78，即 $c_{it} - c_N^*$ 的绝对值上升 1 个百分点，人均乡镇企业产出将下降 1.78 个百分点。我们检验了(9)式中的约束，发现其在 1% 的显著水平上接受，因此厂商的数量实际上并不影响理想的资本密集度。

在表示市场规模的两个变量中，人口密度对乡镇企业存在正的显著作用，而城市化比率则不显著。这表明，农村市场的大小是影响乡镇企业发展的主要因素，而乡镇企业的产品也主要是供应其所在地区。关于基础设施的三个变量都不显著，这意味着乡镇企业可能主要是围绕着城市分布，道路的密度，特别是通向边远地区的道路没有太大的影响。另外一种解释是，道路密度与某些不可观测的省级特征(反应在省级虚拟变量中)相关。模型 III 和 IV 中的结论支持了这一猜测。

对于代表经济开放度的变量，出口不显著，而 FDI 则有正的显著作用。前者可能是其在乡镇企业产值中所占比例过小的缘故(大约在 8% 的水平上)。FDI 的作用可能来源于几个方面。第一，FDI 代表着资本的可得性；第二，外商投资企业是本地企业与国际接轨的重要桥梁；第三，FDI 为乡镇企业带来了新的技术和管理经验 (Yao 1998)；最后，通过创造向上和向下的产业关联，FDI 促进了乡镇企业的发展。

在关于乡镇企业自身的两个解释变量中，厂商相对于农村人口的数量是十分显著的，而具认证资格的技术工人所占比重则不显著。后者的原因

表 1 农村工业的回归结果（448 个观察值）

变量名	模型 I	模型 II	模型 III	模型 IV
常数项	-11.035**	-11.695**	-1.865**	-0.493
	(2.978)	(2.988)	(0.495)	(0.664)
城市化比率（%）	-3.393	-2.356	-3.025**	0.404
	(2.860)	(2.895)	(0.696)	(0.916)
人口密度（人/km²）	0.010**	9.922E-03**	5.330E-04	4.020E-04
	(0.002)	(1.966E-03)	(2.850E-04)	(4.000E-04)
公路网密度（km/km²）	1.073	0.867	0.143	-1.267
	(2.718)	(2.776)	(0.734)	(0.898)
有路面里程的公路网密度（km/km²）	-0.173	0.310	0.710	1.853**
	(0.948)	(0.963)	(0.563)	(0.791)
铁路网密度（km/km²）	-3.815	-4.109	4.369**	1.797*
	(2.593)	(2.652)	(0.741)	(0.974)
滞后（人均）出口（元/人）	-5.400E-05	-8.000E-05	5.770E-04**	2.100E-05
	(3.110E-04)	(3.180E-04)	(2.430E-04)	(2.320E-04)
滞后（人均）FI（元/人）	7.469E-03**	7.446E-03**	9.327E-03**	9.876E-03**
	(1.234E-03)	(1.262E-03)	(1.151E-03)	(1.093E-03)
人力资本（%）	3.626	1.743	5.367*	0.218
	(4.221)	(4.296)	(2.816)	(3.634)
人均厂商数量（N_{it}）	0.010*	2.577E-03**	0.011**	8.538E-03**
	(0.002)	(8.220E-04)	(0.002)	(1.966E-03)
人均国有工业产出（1000 元/人）	0.623**	0.655**	0.455**	0.842**
	(0.141)	(0.144)	(0.108)	(0.133)
国有工业资本密度（1000 元/职工）	0.010	1.270E-02	0.029**	9.860E-03
	(0.008)	(8.260E-03)	(0.007)	(7.687E-03)

（续表）

变量名	模型 I	模型 II	模型 III	模型 IV
家庭联产承包责任制的推广幅度（%）	-0.494 (0.351)	-0.237 (0.351)	-0.031 (0.218)	-0.358 (0.363)
公有厂商的产出比重（%）	-0.717* (0.432)	-0.575 (0.441)	0.717** (0.301)	-0.042 (0.396)
人均耕地（亩/人）	3.496* (1.091)	3.793*** (1.098)	-0.090 (0.128)	-0.027 (0.131)
人均耕地平方值	-0.300** (0.117)	-0.307** (0.119)	0.024 (0.017)	5.166E-03 (1.691E-02)
技术选择指数平方值（c_{it}^2）	-1.466E-02** (3.710E-03)	-5.659E-03* (3.195E-03)	-8.685E-03* (3.513E-03)	-5.430E-03 (3.680E-03)
技术选择指数（c_{it}）	4.003E-01** (9.188E-02)	1.694E-01* (7.731E-02)	2.112E-01* (7.979E-02)	1.562E-01* (9.079E-02)
N_{it}×技术选择指数平方值	8.500E-05* (4.300E-05)		9.700E-05** (4.500E-05)	9.800E-05** (4.400E-05)
N_{it}×技术选择指数	-2.138E-03** (6.240E-04)		-2.136E-03** (6.050E-04)	-2.106E-03** (6.170E-04)
1978年人均乡镇企业产出（1000元/人）				10.331* (2.386)
1978年人均国有工业企业产出（1000元/人）				-0.380 (0.647)
1978年国有工业企业资本密集度（1000元/职工）				-2.729* (1.180)
R^2	0.90	0.89	0.84	0.87

1. 括号内的数字是参数估计值的标准差。
2. *表示在10%的水平上显著；**表示在5%的水平上显著；***表示在1%的水平上显著。

大致上是由于所选指标不能够很好地代表乡镇企业的人力资本存量。在发展的初期,大量的乡镇企业由于所使用的技术较为简单,因而也不太需要技术工人。何况,政府政策也阻碍了乡镇企业的技术工人获取正式的认证资格。

国有工业企业的规模对乡镇企业的发展具有显著的正向影响,而其资本密集度的影响则不明显。国有工业企业规模的影响可能来源于两方面[①],一是国有工业技术和人力资本的外溢,二是国有工业企业可以与乡镇企业签订分包合同,从而直接刺激乡镇企业的增长(Wang 和 Yao 1998)。而这两种效应中,至少有一个独立于国有工业的资本密集度。[②]

家庭联产承包责任制的实行对乡镇企业没有显著影响。在家庭联产承包责任制推行期间,农业生产迅速上升,而非农部门则相对下滑。公有企业的产出比重对乡镇企业规模的负面影响在 10% 的水平上显著。我们的结论要强于 Jin 和 Qian(1998)的发现,因为即使不控制住非农就业和公共品供给,公有制厂商仍然呈现出负面的影响。[③] 关于土地禀赋,我们的结论与 Leamer(1987)相一致,曲线效应明显存在。

为了检验系数的敏感性,我们对上述计量模型的设定作了一些修正。模型 II 中,我们去掉了 c_{it} 和 N_{it} 的交叉项,结果技术选择指数的影响依旧显著。其他的参数估计值也没有发生太大的变化,不过土地的曲线效应减弱,而公有产权的负面影响增强,看来这两项对交叉项较为敏感。

模型 III 是对(10)式的 OLS 估计,其目的在于检验我们的结论是否受到时间和省级特定效应的影响。其中,技术选择指数的影响变化不大,仅仅是 c_N^* 的估计值略有下降(与模型 I 相比)。不过,模型 III 的许多参数估计结果均与模型 I 存在较大的差异。公路网密度、滞后的出口、技术工人比重、国有企业的资本密度和公有企业的产出份额均显著为正,城市化比率则显著为负。这说明这些变量与时间和地区特定效应高度相关。

模型 IV 是在模型 III 的基础上引入了 3 个反应一省初始条件(1978

---

① 另外的一个原因是国有工业和农村工业的规模在较遵循比较优势的省份中都会超过那些进行赶超的省份,此点在对国有工业的计量分析中得到了证实。

② 当我们去掉技术选择指数项后,计量的结果发生了较大的变化,这为我们提供了另外一种解释。国有工业企业资本密集度的系数显著为负,这就是说国有工业的结构越偏向轻工业,就对乡镇企业越有利。但控制住发展战略的影响以后,该效应消失了。即该变量所包含的信息量,在一定程度上由技术选择指数体现出来。

③ Jin 和 Qian(1998)研究的一个缺陷是数据样本(1987—1992)太短,从而不能刻画产权结构的演变,而我们的结论则要强健(robust)得多。

年)的变量。这 3 个变量是人均乡镇企业产出、人均国有工业企业产出和国有工业企业的资本密集度。人均乡镇企业产出的系数是正的,而国有工业企业的规模则没有显著影响,国有工业的资本密度对于乡镇企业的发展起到了显著的负作用。① 之所以出现这样的情况,一种可能是由于国有工业和乡镇企业之间的关系一直在发生着系统性的变化。在发展的初期乡镇企业更依赖于国有工业的技术外溢,国有部门的结构偏向轻工业对乡镇企业的发展有利。但当乡镇企业进入高速增长期以后,产品和市场的相互关联则成为了国有工业对乡镇企业的最主要的影响渠道,直接的技术和人力资本外溢则变得较为次要了。此外,乡镇企业的技术进步也主要是通过市场和产品交易的方式来获取。另外一种解释是,改革之初国有工业越发达,工业结构越偏向重工业的地区,就越受到政府赶超战略的左右,乡镇企业的发展障碍就越高。当然,究竟哪种可能性占据主导地位,尚需要进一步的研究。

与模型 I 相比,模型 IV 的结论说明 c_{it} 的曲率是很弱的,即我们的结论对一些特定的初始条件很敏感。但其对省级的虚拟变量并不敏感,就是说,初始条件与更为持久的省级特定效应相关,而这些不能被观测到的省级特征抵消掉了初始条件对我们结论的影响。实际上,当我们重新在模型 IV 中加入五个区域虚拟变量时②, c_{it} 的曲率再次变得十分明显。

模型 III 与模型 I 在变量估计值上的差异大多在模型 IV 中又重新取得一致。这些变量包括城市化比率、滞后的出口、具有认证资格的技术工人所占比重、国有企业的资本密度、公有企业的产出份额。惟一的例外是公路网密度,它仍旧显著为正,尽管显著性下降了。也就是说,所有这些变量均与省级特定效应存在较强的相关关系,而与时间特定效应弱相关。另外,有路面里程公路网密度的影响第一次显著为正,即它也与特定的初始条件高度相关。

---

① 当我们去掉技术选择指数项时,初始条件的影响没有发生太大变化。再在模型 IV 中加入六个地区虚拟变量时,乡镇企业的初始产出就变得不显著了,即乡镇企业的初始产出呈现出较强的地域特征。

② 即将中国的 28 个省分为六个区域。其中包括:大城市(北京、天津、上海)、北方(河北、山西、内蒙古、吉林、黑龙江、安徽、河南)、沿海(辽宁、江苏、浙江、福建、山东、广东)、南方(湖北、湖南、江西、广西)、西南(四川、贵州、云南)、西北(陕西、甘肃、青海、宁夏、新疆)。

第五节　对于中国国有工业发展的实证分析

本节中,我们同样使用 1978—1997 年 28 个省的纵列数据,并采取与上文基本类似的计量方法对国有工业的发展进行简要的分析。通过与农村工业的对比,我们试图证明比较优势理论对国有工业部门具有同样的解释力。回归中,被解释变量是按各省 1978 年不变价计算的按总人口平均的国有工业企业总产出(1 000 元/人)。当然,解释变量的选取与前文有一定区别。

为了得到国有工业企业的技术选择指数,我们首先计算了各省的实际资本存量(使用了资本形成总额中的固定资本形成总额这一指标),具体方法是:先按照分省的固定资产投资平减指数将固定资产投资统一折算到 1978 年不变价的数据。然后,按照折旧率 10% 累计计算资本存量,所以资本存量均按照 1978 年不变价计算。将资本存量除以相应省份的劳动力总数,该比值即代表一省的禀赋结构。国有工业企业的资本密集度主要是用其固定资产原值(按固定资产投资平减指数折算到 1978 年不变价)除以职工人数得来的。我们把国有工业资本密集度比上滞后一期的禀赋结构值,然后再将该比值滞后一期就得到了国有工业的技术选择指数。至于其他的解释变量,如表示市场规模、交通条件和开放度的变量选取和测算与前文相同。所不同的是,我们引入人均乡镇企业产出和滞后一期的(全省)轻重工业产值比,来反映国有工业受到整体工业结构和非国有工业部门的影响。同理,在反应初始条件的变量中,我们也相应地采用了 1978 年轻重工业产值比这一指标。

表 2 中给出了具体的计量结果。[①] 其中,各组计量结果所采取的计量方法与表 1 完全相同。模型 V 和模型 VI 均采用了双向固定效应方法,后者去掉了国有工业的厂商密度和技术选择指数的交叉值。模型 VII 是 OLS 的结果,其目的同于模型 III。模型 VIII 在模型 VII 的基础上加入了三个初始条件变量。

国有工业的技术选择指数、厂商密度及其交叉项的作用与我们的理论

经济发展战略与中国的工业化

---

① 注意,具体回归中为了扩大样本数量,我们只将人均出口和人均 FDI 滞后了一期。不过这里,滞后一期和滞后三期在计量结果上并没有显著差别。

表 2　国有工业的回归结果（532 个观察值）

变量名	模型 V	模型 VI	模型 VII	模型 VIII
常数项	-1.4795** (0.28504)	-1.1480* (0.31021)	-1.4170** (0.12705)	-1.0183** (0.12289)
城市化比率（%）	1.4219* (0.78135)	0.20722 (0.85015)	2.0352** (0.19631)	0.65843** (0.21028)
人口密度（人/km²）	0.12601E-02** (0.56006E003)	0.26915E-02** (0.57890E-03)	0.14321E-02** (0.66475E-04)	0.28367E-03** (0.13435E-03)
公路网密度（km/km²）	2.2884** (0.73548)	2.3005** (0.81672)	-0.44999** (0.19681)	-0.61723** (0.18802)
有路面里程的公路网密度（km/km²）	0.12209 (0.25885)	0.42392E-01 (0.28558)	0.34760** (0.15908)	0.93792** (0.15286)
铁路网密度（km/km²）	-0.57653E-01 (0.70393)	-0.35376 (0.78082)	-0.93749** (0.26078)	-0.98802** (0.25453)
滞后（人均）出口（元/人）	0.14401E-03** (0.72450E-04)	0.26961E-03** (0.79141E-04)	0.56568E-03** (0.54651E-04)	0.46947E-03** (0.48656E-04)
滞后（人均）FDI（元/人）	-0.15169E-02** (0.20507E-03)	-0.16899E-02** (0.22705E-03)	-0.22754E-02** (0.20897E-03)	-0.20609E-02** (0.18265E-03)
人均乡镇企业产出（1 000 元/人）	0.11987 (0.14810E-01)	0.10901** (0.16175E-01)	0.12219** (0.14853E-01)	0.14321** (0.13529E-01)
滞后的轻重工业产值比（%）	-0.17459 (0.10653)	-0.77195E-01 (0.11788)	-0.26077 (0.38989E-01)	-0.26978** (0.71596E-01)

变量名	模型 V	模型 VI	模型 VII	模型 VIII
人均国有工业厂商数量（N_{it}）	1.1491** (0.87304E-01)	0.57566** (0.60890E-01)	1.5152** (0.95507E-01)	1.2118** (0.87953E-01)
国有工业技术选择指数（c_{it}）	0.25607** (0.31929E-01)	0.10829E-01 (0.76372E-02)	0.27338** (0.31126E-01)	0.23554** (0.28287E-01)
国有工业技术选择指数平方值（c_{it}^2）	-0.90625E-02** (0.17212E-02)	-0.15654E-03 (0.11957E-02)	-0.11266E-01** (0.17991E-02)	-0.94225E-02** (0.15856E-02)
$N_{it}×$国有工业技术选择指数（c_{it}）	-0.25277** (0.28516E-01)		-0.27939** (0.27405E-01)	-0.24713** (0.24942E-01)
$N_{it}×$国有工业技术选择指数平方值（c_{it}^2）	0.84485E-02** (0.15337E-02)		0.10580E-01** (0.15948E-02)	0.89639E-02** (0.14058E-02)
1978年人均国有工业企业产出（1 000 元/人）				0.83100** (0.68244E-01)
1978年的轻重工业产值比（%）				0.27232** (0.93363E-01)
1978年人均乡镇企业产出（1 000 元/人）				-0.84079E-01 (0.65293)
R^2	0.98175	0.97739	0.96537	0.97397

1. 括号内的数字是参数估计值的标准差。
2. ＊表示在 10% 的水平上显著；＊＊表示在 5% 的水平上显著。

预期相一致,但是技术选择指数在模型 VI 中不显著。看来,政府对国有工业的整体资金密度和资金在不同企业间的分布同时进行了干预。因此,技术选择指数对交叉项比较敏感。

与农村工业一样,市场规模对国有工业同样存在显著正向影响,且城市化比重对国有工业的作用要明显强于农村工业。公路网密度的影响在模型 V、VI 和 VII、VIII 中发生了相反的变化。在四组模型中,铁路网密度的影响始终为负(无论考虑了时间和区域特定效应与否),有路面里程的公路网密度的影响始终为正,但在模型 V、VI 中显著性均消失了,这说明交通条件对时间和地区效应较为敏感。

测量开放度的变量对国有工业企业的影响与乡镇企业存在较大区别,国际贸易对国有工业企业有明显的正向促进作用,而 FDI 则对之有显著的负面影响,即外资更多的是作为乡镇企业而不是国有工业的资金来源,这与前面的结论相一致。

乡镇企业对国有工业的影响始终显著为正,这说明乡镇企业在产业结构上与国有工业存在正向关联。更重要的是,对于那些更遵循比较优势的省份,农村工业和国有工业的发展均会超过其他省份。我们没有考虑乡镇企业的结构外溢效应,而使用了滞后一期的轻重工业产值比重这一指标。模型 VII、VIII 中,滞后的轻工业产值对国有工业规模存在负面影响,这意味着国有工业在产业结构上更偏向于重工业(相对非国有工业而言)。不过控制住时间和地区效应后,这种影响的显著性便消失了。

模型 VIII 中,国有工业对其自身规模的初始条件十分敏感,而初始的工业结构则存在显著的正向影响。这说明初始年份中,国有工业越偏向轻工业,整体发展规模越大,以后的发展绩效也就越好。增加五个区域虚拟变量后,上述两个变量的影响没有明显变化。在两种情况下,乡镇企业的初始规模对国有工业的发展均影响不大。

第六节 结 语

通过前文的分析,我们有如下几个结论:(1)中国的市场化改革,特别是放弃了重工业优先发展战略,对农村工业和国有工业的发展均起到了至关重要的作用;(2)偏离理想的资本密集度将损害工业的发展,无论是对于农村工业还是国有工业;(3)公有产权对乡镇企业的发展起到了负面的作用,因此乡镇企业目前正在逐步改革自身的产权结构,以硬化预算约束;(4) 虽然公有制比重的提高可能意味着政府干预的增强,但国有企业与技术选择指数的实证关系说明,发展战略的选择在更基本的层面上决定着经济绩效的高低,而产权并非是最关键的因素,即如果不放弃赶超战略,私有化未见得一定会带来工业增长;(5) 农村工业和国有工业的发展均受制于市场规模的大小;(6) 在同一个省的范围内,国有工业部门的规模越大,结构越偏向轻工业,农村工业的发展就越快。同样,农村工业对国有工业也存在正的外溢效应,尽管乡镇企业的竞争使国有企业的地位相对下降。另外,一省工业结构越偏向轻工业,国有工业的发展速度也就越快;(7) 在对外开放度方面,FDI 在农村工业的发展中是一个强有力的解释因素,而对国有工业则起到了相反的作用。这表明 FDI 主要是作为乡镇企业的资金来源;(8) 假定其他条件不变,在具有中等水平耕地面积的省份,乡镇企业的发展要优于耕地面积过少或过多的省份。

经济发展战略与中国的工业化

第 2 部分
预算软约束与
国企改革

北京大学中国经济研究中心研究系列

自生能力、经济发展与转型：理论与实证

自生能力、政策性负担、责任
归属和预算软约束[*]

社会主义经济中的国有企业一旦发生亏损,国家(或政府)常常要追加投资、减税,并提供其他补贴,国有企业经理也预期会得到国家的财政支持。这种现象被亚诺什·科尔奈(Kornai 1986)称为"预算软约束"。科尔奈把社会主义经济中的许多问题都归因于预算软约束的存在。为了取得国有企业改革和社会主义经济改革的成功,消除预算软约束刻不容缓。但是,在许多转型经济中,即使国有企业被私有化以后,仍然存在预算软约束现象(World Bank 1996, p.45)。

关于预算软约束的文献十分丰富,Dewatripont、Maskin 和 Roland(1996),以及 Maskin(1996)对已有的文献进行了综述。根据科尔奈(1998)的讨论,对预算软约束的存在有外生和内生两种解释。第一种解释将预算软约束的存在归咎于各种外生原因,包括社会主义国家的父爱主义,国家追求就业目标或领导人获取政治上的支持,等等(Kornai 1986)。第二种解释将预算软约束视为内生的现象,起因于时间非一致性问题(time inconsistent problem)(Dewatripont and Maskin 1995)。对于一个未完工的无效率投资项目,政府或贷款者有积极性追加投资,因为追加投资的边际收益可能大于项目废弃产生的边际成本。钱颖一(Qian 1994)将社会主义经济的物资短缺归因于这种由时间非一致性产生的预算软约束。钱颖一和 Roland(1999)进一步分析政府财政分散化与货币集权化对于预算软约束的影响。

在这篇文章里,我们提出在社会主义经济和转轨经济中预算软约束盛行的一种新解释。我们希望能说明,预算软约束根源于国家或政府的责任

---

* 本文是和原任教于加拿大英属哥伦比亚大学经济系和香港科技大学经济系,现任教于美国南加州大学的谭国富教授合作的文章,英文原文发表于《美国经济评论》1999 年第 89 卷第 2 期,中文译稿发表于《经济社会体制比较》2000 年第 4 期。

归属问题。传统的斯大林经济模式是为了有利于建立某种战略性的国有企业而设计的,这类国有企业在竞争性的市场经济制度中不具备自生能力。为了扶持不具有自生能力的国有企业,社会主义政府只好扭曲绝大多数资源和产品的价格,使用行政手段按计划分配这些资源和产品来扶持这类型的国有企业。但是,由于存在信息不对称问题和计划协调问题,政府所做的有关投资和生产的决定往往是错误的,并且不能及时提供原材料和投入品。结果,是政府而不是国有企业需对企业经营失败负责,追加信贷和提供其他援助给国有企业,以便完成投资和生产。预算软约束就这样产生了。

向市场经济转轨以后,许多战略性企业在市场经济中依然没有自生能力。为了战略目的,政府需要对这些企业提供支持。而且,转轨经济中绝大多数国有企业企业承担着许多政策性负担,这些负担内生于转轨前的制度之中(Lin, Cai, and Li 1998)。因为政府对企业源于政策性负担的损失负有责任,企业亏损时,政府同样有责任给予补贴,预算软约束现象就继续存在。在市场经济里,如果政府企图建立没有自生能力的产业部门,或者给企业强加政策性负担,也会导致预算软约束。

第一节 战略性产业部门的自生能力和传统的斯大林模式

为了理解传统社会主义经济中的预算软约束问题,我们需要讨论战略性产业部门的自生能力问题,以及它与斯大林模式创立的关系。

我们根据一个产业部门或一类企业在开放的竞争性市场经济中的预期获利能力来定义"自生能力"一词。如果在开放的竞争性市场中,一个产业部门的企业在没有外部扶持的情况下,能够获得一个可被投资者接受的预期利润,则该产业部门就是有自生能力的。能够自发地存在于竞争性的市场经济中的产业,应该都是有自生能力的。如果一个产业不具有自生能力,它将衰亡或根本就不会出现。一个产业部门不具有自生能力的原因可能是由于该产业部门的技术结构和该经济的要素禀赋结构所决定的比较优势不一致。例如,在一个资本十分稀缺的经济中,如果建立了一个产业部门,其最节约成本的技术结构是资本十分密集的,那么该产业部门在面对国际竞争的时候,就会变得没有自生能力。同样,如果随着经济的发展,一个经济的要素禀赋结构升级,劳动力变得相对稀缺,资本变得相对过剩,原来有自生能力的劳动密集型的产业部门也会逐渐丧失自生能力。

传统社会主义经济中的斯大林模式的经济制度,以对资源配置进行高度集权的行政控制和偏向优先发展重工业著称。苏联在 20 世纪 20 年代末采用了斯大林模式的经济体制,主要是为了在资金稀缺的状况下加快发展没有自生能力的资本密集型重工业。

俄罗斯 1917 年发生布尔什维克革命以后成为一个社会主义国家,但是斯大林模式直到 1928—1929 年斯大林加紧推行重工业优先发展战略以后才出现。十月革命刚结束的时候,苏俄实行的是战时共产主义制度,1921 年被新经济政策取代。新经济政策下的经济制度是市场经济,只有一些最大的战略性企业处于国家的控制之下。斯大林在巩固权力以后,从 1928 年开始实施一系列五年计划,努力实现雄心勃勃的重工业化目标,结果重工业在整个工业产出中的份额迅速增加,从 1928 年的 31% 增加到 1937 年的 63% (Gregory and Stuart 1990, p.94)。

然而,20 世纪 20 年代以前的苏联还只是一个收入水平相当低下的农业国,1928 年的人均收入按购买力计算仅为美国的大约五分之一 (Maddison 1995)。重工业在当时是最先进的产业,资本密集,是高收入国家的比较优势所在。苏联迅速扩张的重工业实际上不符合其比较优势,在竞争性的市场中是没有自生能力的。

从理论上说,对其他部门课税并维持市场制度,然后以直接补贴来支持没有自生能力的重工业的扩张,也许会更有效率。但是,在 20 世纪 20 年代的苏联,支撑重工业扩张的资源主要来自农业部门。一般来说,在低收入的农业社会,国家征集税收的能力十分有限,而且支撑重工业扩张所需要的资金规模太大,以明税的方式来筹集这些资金,在政治上是无法接受的。这样,国家只好垄断农产品市场,人为压低粮食和其他农产品收购价格,同时开始了全面集体化运动,以利于收购农产品,控制农业生产,以暗税的方式来动员农业剩余支持工业扩张。同样地,利率、汇率、工资和绝大多数原材料价格也被人为压低,以利于动员资源来支持重工业扩张。

人为压低各种价格信号导致信贷、外汇、农产品和其他原材料的供给和需求全面失衡,使斯大林模式下的经济成为短缺经济。为了确保有限的短缺资源能够被配置到重工业部门,国家首先需要有一个计划,根据国家的战略目标来排定每一个投资项目的优先顺序,然后使用行政手段按计划来配置有限的资源 (Lin, Cai, and Li 1996, Chapter 2)。

第二次大战以后,斯大林模式被强加给东欧国家,但是中国则是自愿采纳该体制的。1949 年新中国成立的时候,中国是个农业国,国家实施重工业优先发展战略的雄心在 1953 年开始的第一个五年计划中正式形成。那时,中国人均收入按购买力计算大约仅相当于美国的 7% (Madison 1995)。与 20 世纪 20 年代的苏联相比,重工业在中国的自生能力甚至更低。同样是为了动员资源发展重工业,斯大林模式的计划体制被移植到了中国。①

第二节 传统苏联模式中的计划失败、责任归属和预算软约束

在斯大林模式中,由于价格扭曲,一个国有企业的获利能力主要取决于该企业所面对的产出品和投入品的计划价格。因此,政府不能仅仅靠观察企业的利润水平来判断经理的经营绩效。计划取代市场成为资源配置的机制也使国家不能根据竞争情况间接地对经理的绩效进行衡量。在这种情况下,由于激励不相容和信息不对称,国有企业的经理有可能利用其经营自主权来损公肥私,这成为国有企业面临的一个严重问题。为了避免由此产生的问题,国有企业在人、财、物、产、供、销的自主权被剥夺。这为解决经理经营自主权所可能带来的问题是个内生的次优的制度安排(Lin, Cai, and Li 1998)。这样,国家以行政手段决定国有企业的生产目标,根据企业的生产计划把投入品分配给国有企业,用财政拨款包揽国有企业的全部支出。相应地,国有企业将全部产品和收入都上缴国家。

如果计划当局能够很好地协调企业的计划目标和所需资源,能够将资源及时地、保质保量地提供给国有企业,那么国有企业经理应该对计划实施的成败负责。但是,由于计划目标常常过于雄心勃勃,现有资源无力支撑目标的完全实现,并且计划常常缺乏内在的一致性,计划当局很难及时地、保质保量地按计划将投入品提供给国有企业。② 在这种情况下,政府自身对国有企业计划实施的不成功负有直接责任,并被迫追加时间、信贷

---

① 中国社会主义革命所走的道路是有别于苏联的,而在经济建设的道路上却照搬苏联模式,其原因是因为中国经济发展的战略目标和苏联相似,而要素禀赋结构和战略目标的矛盾也相同。

② 西方估计苏联第一个五年计划的国民收入、工业产量、生产资料、消费品等只完成了计划目标的 39%—70% (Gregory and Stuarrt, p.109)。

和其他资源,以便国有企业能够完成投资计划或生产目标。国有企业的预算约束因而软化。

而且,政府没有足够的信息区分由计划协调问题造成的失败和由其他原因造成的失败,因而被迫对所有的失败,包括经营失败负责。因为有预算软约束的保护,国有企业经理可以推卸对自己的行为后果应负的责任,于是道德风险成为斯大林模式的一个严重问题,科尔奈(1986)所描述的预算软约束的所有不良后果因而在社会主义计划经济中普遍存在。总之,国家或政府对计划失败负有责任是在传统的斯大林模式下产生预算软约束的根源。

第三节 转轨经济中的政策性负担和预算软约束

由于存在预算软约束和其他问题,传统的斯大林模式的效率十分低下。几乎所有采纳斯大林模式的国家现在都已经开始从计划经济向市场经济转轨。转轨有两种不同的方法:第一种是大爆炸或休克疗法,企图同时或在较短的时间间隔内实现宏观经济稳定、价格放开、私有化。前苏联东欧国家一般采用这种方法。第二种是渐进的、增量的方法,中国的转轨是一个典型。虽然这两种方法的绩效差异很大,但是转轨经济中存在预算软约束是两种方法的共同特点。国家对企业的亏损负有责任仍然是预算软约束的根源。除了前面所讨论的国有企业的自生能力问题以外,内生于传统的斯大林模式的政策性负担也迫使国家应该对许多国有企业经营绩效不佳负有责任。

一、自生能力

如上所述,如果一个低收入的农业国采用斯大林模式,那么重工业是没有自生能力的。经过几十年的发展,重工业中较为资本密集型的部门在这些国家可能依然没有自生能力。因此,在向市场经济转轨过程中,许多重工业企业仍然没有盈利能力,如众多的军工企业。而且,一部分在采用斯大林模式之前具有自生能力的工业,在转轨之后由于经济的比较优势发生变化而可能不再具有自生能力。一个明显的例子是上海的纺织业,在社会主义革命前,上海是中国纺织业中心。由于资本积累和上海经济迅速发展,特别是经济改革开始以后,上海劳动力变得十分昂贵。这样,劳动密集的纺织业在上海就变得没有自生能力了。

出于战略上的考虑，政府可能仍想维持没有自生能力的重工业。当然，出于种种原因，国家也可能不会允许劳动密集型的、没有自生能力的非战略性企业破产。这些原因包括国家担心伴随破产而来的失业在政治上的后果，以及下面将要讨论的政策性负担问题。在这两种情况下，无论企业是否私有化，国家必须提供各种类型的扶持，以防止它们破产。

二、政策性负担

除了那些转轨以后新建的企业之外，几乎所有的国有企业都从以前的体制中继承了一些政策性负担（Lin, Cai and Li 1998）。主要的政策性负担如下：

1. 退休金和其他福利支出

在斯大林模式里，工人的工资只够现期消费之用，住房、医疗、养老和其他需要都由国家财政直接拨款解决。转轨开始后，承担在职和退休职工的这些开支的责任已经转移给企业。因此，老企业和新企业竞争时，在成本负担上就处于不利的地位。

2. 冗员

资本密集型重工业的优先发展不能创造出足够的工作岗位来满足日益增加的人口的就业需要。于是，社会主义政府常常把国有企业里的 1 个工作岗位分配给 3 个人，使国有企业负担了许多冗员。转轨以前工资基金的增长由国家财政拨款自动满足，转轨以后企业不得不负责发放自己工人的工资，支付冗员的工资因而成为一种政策性负担。企业并不能随便解雇冗员，因为这些工人对自己成为冗员不负有责任。

3. 价格扭曲继续存在

在那些采纳渐进方式转轨的国家，例如，中国，为了补贴消费者和没有自生能力的企业，某些产品和服务的价格继续受到压制。

无论企业是否被私有化，或是依旧由政府所有，上述由政府政策所造成的负担都可能继续存在。因为政府对由政策所造成的负担负有责任，企业无论是否具有盈利能力，都会和国家讨价还价，争取事前的政策优惠，如获取低利率贷款、税收减免、关税保护、法律特许，等等，以补偿政策性负担带来的损失。政府很难承受得住企业施加的要求优惠的压力。科尔奈认为社会主义国家对国有企业的各种政策优惠是出于国家父爱主义的原因。我们则认为不是简单的父爱主义，而是政府对企业的政策性负担负有直接的责任,才是这些优惠政策的根源。

即使得到了政策优惠,如果企业仍然遭到损失,它们仍将再次要求政府提供某种事后的行政扶持,这是预算软约束的典型情况。因为各个企业都有多少不同的政策性负担,得到不同的政策优惠,所以确定和度量政策性负担对企业成本的净影响,对政府来说十分困难。于是,企业常常将自己全部损失都归咎于政府的政策性负担,政府也难辞其咎,预算软约束因而继续存在。

转轨以后企业经营自主权扩大,从而企业经理损公肥私的可能性增加,使谋求事前的政策优惠和事后的行政扶持与经理自身的利益息息相关。从前苏联和东欧国家的经验来看,为了上述目的进行的寻租活动,在国有企业私有化以后更为盛行(Brada 1996)。

转轨经济中的预算软约束根源于一些企业没有自生能力,以及绝大多数企业仍然承担着政策性负担。对于那些在没有自生能力的产业中的国有企业,如果政府决定不让这些企业退出现有产业,以事前的政策优惠和事后的行政支持形式出现的预算软约束就不可能取消,私有化可能仅仅增加了该企业寻租的积极性。对于那些在有自生能力行业中的国有企业,企业改革成功的先决条件是消除企业所负的政策性负担。当企业不再承受各种政策性负担后,企业就必须对自己的经营绩效负起完全的责任,不再有理由向政府要各种政策优惠和行政扶持,企业的预算约束才有可能硬化。

第四节 结 语

在这篇文章里,我们分析了传统斯大林模式经济和转轨经济中的预算软约束现象产生的根源。在其他类型经济中的企业也有可能存在自生能力和政策性负担的问题。如果国家企图加快发展没有自生能力的行业,或者避免其崩溃,那么预算软约束是这些行业生存下来所必不可少的。20世纪70年代韩国为了发展重型机械和重化工业对大企业集团的扶持,是一个十分显著的例子,英国政府对煤炭采掘业的保护是另一个例子。如果国家要求企业雇佣更多的工人,将电力、运输和邮电服务的价格压到低于市场供需平衡的水平,或者采取其他行动增加企业成本,那么政策性负担在市场经济中也会出现。除非这些价格扭曲程度和成本很容易计量,相应的抵补政策是透明的,否则预算软约束现象在任何类型的经济中都会存在。

政策性负担、道德风险与预算软约束*

　　"预算软约束"是 Kornai(1980)在分析社会主义经济时提出的一个概念，它描述的是社会主义经济中一个普遍存在的现象，即政府不能承诺不去解救亏损的国有企业，这些解救措施包括财政补贴、贷款支持等等。预算软约束会带来很多经济中的问题，比如，企业经理的道德风险问题、银行的呆坏账问题、财政风险问题。人们也越来越深刻地意识到，硬化企业的预算约束，已经成为解决社会主义和转轨经济中一系列问题的先决条件。

　　而要想真正地解决企业的预算软约束问题，就必须对预算软约束形成的原因有一个正确的认识。对于预算软约束形成的根本性的原因，曾经有一种观点非常流行，就是认为企业的公有制性质是形成预算软约束的原因。然而，很多转型国家的国有企业在进行了大规模私有化之后，这些企业的预算软约束问题并没有消失，有些甚至变得更严重了。由此可见，企业的预算软约束同企业的公有产权之间并没有必然的联系。

　　林毅夫及其合作者(1994,1997,1998,1999)在一系列的文章中，对转轨经济中国有企业的预算软约束问题进行了系统的分析，认为国有企业所承担的"政策性负担"是形成企业预算软约束问题的根本原因，而剥离政策性负担则是硬化企业预算约束的关键条件。本文就是力图通过一个规范的模型来阐述这些思想。

　　文章的结构安排如下：第一节是文献综述；第二节是主要思想，在这一节我们简要阐述了文章将要论证的关于预算软约束问题的主要思想；第三节和第四节是文章的理论模型部分，我们分别考察了政策性负担对国有企业和私有企业在预算软约束问题上的影响，并得到了一些具体结论；第五节是对现实经济问题的解释和政策建议；第六节是结论。

---

　　* 本文和李志赟合作，原文发表于《经济研究》2004 年第 2 期。

第一节　文献综述

虽然关于"预算软约束"问题已经积累了很多的文献,并在一些问题上达成了共识,但是,到目前为止,理论界对产生预算软约束的原因和制度环境仍然存在着争论。对于预算软约束的文献,我们可以按照如下的逻辑链条来归纳:(1) 形成预算软约束的制度因素→(2) 政府或银行进行救助的动机→(3) 预算软约束的后果(Kornai et al. 2002)。现有的文献都集中于分析从(2)到(3)的逻辑关系,并且对于预算软约束所造成的后果,基本上都已经达成了共识。但是,对于(1)预算软约束所产生的制度环境,实际也就是预算软约束问题产生的根本原因,文献中有系统论述的却非常少,并且对预算软约束问题产生的原因(1)及政府(银行)进行救助的具体动机(2),文献中仍然存在许多争论。

Kornai(1980)将预算软约束的起因归结为社会主义政府的"父爱主义(Paternalism)",这种解释现在看来无疑是缺乏说服力的,因为在社会主义经济中并非每一个企业都存在预算软约束,而且资本主义市场经济中也存在预算软约束的情形,因此社会主义的父爱主义并不是产生预算软约束现象的充分条件,也不是必要条件。

另外一种曾经非常有影响的观点认为,公有产权是产生预算软约束的原因。李稻葵(1992)认为,公有制可能是社会主义比资本主义更容易受预算软约束影响的原因。在他的模型中,公有制就意味着再融资的决策是政府(银行)和企业共同做出的,这会导致预算软约束问题。但是,在东欧和俄罗斯都进行了大规模的私有化之后,预算软约束现象并没有消失,有不少企业从政府得到的补贴不减反增(World Bank 1996, 2002),这些事实都说明公有产权并不是造成预算软约束的根本原因。

Dewatripond 和 Maskin(1995)认为,社会主义经济之所以比资本主义经济更容易出现预算软约束现象,是因为前者是一个高度集中的计划经济,而后者则是一个高度分权的经济,在企业进行再融资时,后者的交易成本会更高,使得再融资变成"事后无效"的,从而能够硬化企业的预算约束。① 钱颖一和 Roland(1998)的文章也持类似观点：他们认为中国的经济改革之所以比东欧和前苏联要成功，一个重要的原因是中国的行政结构相当于联邦制，由于各个地区之间投资于基础设施以吸引外资的竞争具有外部性，所以地区竞争会提高地方政府补贴亏损企业的机会成本，这就有利于硬化企业的预算约束。虽然分权化的确有可能硬化企业的预算软约束，但是，从我们下文的分析中可以看到，分权化在一定情况下同样可能恶化企业的预算软约束问题。

Segal(1998)的文章对俄罗斯大规模私有化后出现的严重的预算软约束现象提供了一个解释。他认为垄断是造成预算软约束的原因：由于垄断企业不能实现完全的差别定价，所以垄断企业的利润会比企业所带来的社会剩余要少，政府为了实现这部分社会剩余，便有动机对垄断企业进行补贴。他的分析显得非常牵强，因为他的结论只在局部均衡的情况下成立，从整个经济来讲，垄断无疑会带来巨大的效率损失。

Boycko、Sheleifer 和 Vishny(1996)在解释俄罗斯的私有化问题时提出了一个解释预算软约束问题的思路。他们认为，政府官员往往倾向于让企业雇佣冗员，因为企业雇佣更多的工人对政府是有利的，为了让企业雇佣更多的工人，政府就要向企业提供补贴，这就形成了预算软约束问题。但是，他们的文章在分析预算软约束问题时也存在局限：首先，雇佣更多的工人并非预算软约束存在的惟一原因，不少新设立的高科技企业雇佣的人员不多，但是也存在预算软约束的情形；其次，在他们的静态模型下，也难得到更多有意义的推论。

第二节　主 要 思 想

现有的文献在导致预算软约束的制度原因这个问题上还存在许多争论。虽然任何一个单一的理论都不可能解释预算软约束所有方面的现象，但是，对于前社会主义经济和转型经济来讲，预算软约束问题的形成却有一些共同的原因。

林毅夫及其合作者(1994, 1997, 1998, 1999)系统阐述了对转型经济中

---

① Dewatripond 和 Maskin(1995)的最重要贡献并不在于他们对预算软约束原因的解释，而在于他们从动态承诺不一致的角度为分析预算软约束问题提供了一个一般性的分析框架。

企业的预算软约束问题的观点,认为"政策性负担"是形成企业预算软约束问题的根本原因,企业的所有权性质与企业的预算软约束问题之间并不存在必然的因果关系。进一步,林毅夫及其合作者在一个更大的框架下分析了为什么转型经济中企业的"政策性负担"会普遍存在:关键就在于这些国家都不同程度地推行着违背经济比较优势的赶超战略。下面我们以中国的经济现实为例,对上述思想进行简要的归纳:

中国的国有企业普遍都承担着两方面的政策性负担:战略性政策负担和社会性政策负担。战略性政策负担,是指在传统的赶超战略的影响下,投资于我国不具备比较优势的资本密集型产业或产业区段所形成的负担;社会性政策负担,则是指由于国有企业承担过多的冗员和工人福利等社会性职能而形成的负担。国有企业所承担的这两方面的政策性负担,都是中国推行重工业优先发展战略的内生产物。

中国从 20 世纪 50 年代开始推行重工业优先发展的战略,然而中国却是一个资本非常稀缺、劳动力相对富余的经济,政府想要优先发展的资本密集型的重工业是同中国经济的比较优势相背离的,所以这些企业在开放、竞争的市场环境中缺乏自生能力(Lin 2003)。国家为了推进资本密集的重工业优先发展的战略,就必然会对经济进行扭曲,人为压低利率、汇率、原材料价格等以降低重工业企业的成本,并且给予市场垄断地位以提高产品价格。但是,当市场化改革开始后,经济中的要素和产品价格逐渐由市场竞争决定,失去了这些补贴和保护以后,重工业企业缺乏自生能力,在开放竞争的市场中无法盈利的问题就由隐性变为显性,这便形成了国有企业的战略性政策负担。另一方面,由于重工业是资本密集型的产业,它能够吸收的就业人口非常少,而中国却是一个劳动力富余的国家,为了解决社会就业问题,政府就会要求国有企业雇佣过多的冗员[1],并承担起一些企业所不应当承担的社会职能,这就形成了国有企业的社会性负担,它无疑也将增加国有企业经营的成本。[2]

政府对企业的政策性负担所造成的亏损负有责无旁贷的责任,政府为了让这些承担着政策性负担的国有企业继续生存,就必然对国有企业进行事前的保护或者补贴,但是由于信息不对称问题的存在,政府无法确知政

---

① 比如,河南的民营钢铁企业海鑫集团年产钢 200 多万吨,企业职工有 4 000 多人,而国有钢铁企业包钢年产钢 500 多万吨,企业职工却高达 12 万(《财经》杂志,2003 年第 15 期)。

② 许多大型的国有企业同时承担了战略性政策负担和社会性政策负担,但是许多在劳动密集型产业的国有企业则只承担了社会性政策负担。

策性负担给企业带来的亏损是多少，也很难分清楚一个企业的亏损是政策性负担造成的还是由于企业自身的管理不当或是企业经理人员的道德风险造成的，在激励不相容的情况下，企业经理人员会将各种亏损，包括政策性负担形成的亏损和道德风险、管理不当等造成的亏损都归咎于政策性负担，在政府无法分清楚这两种亏损的差别，而又不能推托对政策性负担所造成的亏损的责任时，就只好把企业的所有亏损的责任都负担起来，在企业的亏损形成后又给予事后的补贴，因此形成了企业的预算软约束。由于事后的保护或者补贴可能性的存在，更加重了企业经理事前的道德风险问题。这样，在信息不对称和激励不相容的情况下，这种由于政策性负担带来的企业的预算软约束问题，会严重地影响国有企业的经营效率和激励机制。

　　只要企业承担着政策性负担，就会引发企业的预算软约束问题。而企业是否背负政策性负担实际上同企业的所有制形式没有关系，所以在预算软约束与企业的所有制性质之间并不存在必然的联系。东欧与俄罗斯等国家的国有企业在大规模私有化之后，它们的政策性负担并没有剥离，而且私有化还会增加企业讨价还价的能力，所以预算软约束问题不但没有解决，政府补贴反而增加了，这些事实实际上都可以由上面的理论来解释。

第三节　政策性负担与国有企业的预算软约束

一、国有企业不承担政策性负担的基准模型

　　我们首先考虑国有企业不承担政策性负担的情况，目的是将这种基准情形同国有企业承担政策性负担的情况作比较。我们假定经济中有 N 家国有企业，这些企业都生产同一种产品，该产品的市场反需求函数为 $P(Q)$，Q 为产品的总供给量，反需求函数满足对任意的 $Q \geqslant 0$ 都有 $P'(Q) < 0$；假定每家企业的成本函数都相同，成本函数为 $C(q) = K + e(q)$，K 为企业进行生产的固定成本，q 为企业的产量，而 $e(q)$ 代表国有企业经理付出努力的成本，对于任意的 $q \geqslant 0$，我们有 $e'(q) > 0$，$e''(q) > 0$，$e(0) = 0$；$\overline{N}$ 为纳什—古诺市场自由进入均衡下，市场所能容纳的最大企业数量，为简化起见，假设 $N \leqslant \overline{N}$；国有企业的利润为 $\pi(q_i) = P(Q) \cdot q_i - e(q_i) - K$，其中 $Q = Q_{-i} + q_i$，Q_{-i} 为除企业 i 外其他 $N-1$

家企业的产量。我们假设,当国有企业不承担政策性负担时,政府与国有企业经理间的信息是对称的。[1]

在如上的模型设定下,我们可以得到当市场达到纳什—古诺均衡时,应该满足如下条件:

(1) 企业的利润最大化条件　　$q_i \in \arg\max\ p(Q_{-i} + q_i) \cdot q_i - K - e(q_i)$

(2) 市场均衡条件　　　　　　$p(Q) = p(Q_{-i} + q_i)$

(3) 个人参与条件　　　　　　$w - e(q_i) = 0$　　　　$i = 1, 2, \cdots, N$

其中 w 表示政府付给国有企业经理的工资。根据 Novshek(1980)的结果,上述问题的解一定存在,我们假设上述问题的均衡解为 $\{q^*(N), w^*(N)\}$,政府获得的企业利润为 $\pi^*(N)$,国有企业经理获得工资 $w^*(N) = e[q^*(N)]$。[2] 一般情况下,企业的边际收益曲线斜率总是比需求曲线要陡,那么就有条件 $p' + p'' \cdot q < 0$ 成立,由此我们可以得到如下引理:

引理一:如果 $N^* < N^{**} \leqslant \overline{N}$,那么在纳什—古诺市场均衡下就有 $\pi^* > \pi^{**}$、$q^* > q^{**}$。

引理一说的是,如果市场中的企业数量增加,那么市场中企业的均衡利润和均衡产出都会下降。也就是说,市场竞争程度的增加会使企业的利润水平降低。[3] 后面我们将分析,市场竞争程度增加对企业预算软约束问题的影响。

二、政策性负担与国有企业的预算软约束

上面的基准模型是一种理想情况,实际中我们看到更多的是,国有企业承担着各种各样的政策性负担。下面我们将引入政策性负担,在一个动态博弈的框架下分析政策性负担所带来的国有企业的预算软约束问题。

我们用 L 表示国有企业承担的政策性负担,用 π 表示没有政策性负担时国有企业的利润,则企业承担政策性负担后的利润为 $\Pi = \pi - L$。我

---

① 作这个假定只具有相对含义,因为同后面将要讨论的企业承担政策性负担,从而造成扭曲的情况相比,这种情况下信息不对称的程度应该更低。所以在基准模型中,我们假设信息是对称的。

② 如无特殊说明,我们在下文中都将 N 省略,而简单地表示为 q^*,w^* 等。

③ 需要本文各推论和命题的具体证明过程的读者可以同作者联系,Email:zhiyunlee@china.com.cn。

实质上,这一部分的模型设定与结论同样适用于私有企业的情况,只需要对假设作一点调整即可。

们用 $B(L)$ 表示企业承担政策性负担 L 给政府带来的好处，我们假设一般情况下有 $B(L) > L$，也就是说除了经济上的利益，政策性负担还带给政府其他的一些好处，比如，建立了让政府官员可以炫耀的资金密集的先进产业，或是增加就业促进了社会的稳定等等。我们假设政府向国有企业的经理支付一个固定的报酬 w^*，国有企业经理的支付函数为 $U_S = w^* - e(q)$，在没有补贴情况下政府的支付函数为 $U_G = B(L) + \Pi = B(L) + \pi(q) - L$。

下面我们来考虑当国有企业承担政策性负担时，政府与企业之间的如下博弈：

博弈一：

时期一，在国有企业生产之前，政府选择是否让国有企业承担政策性负担 L；

时期二，国有企业经理观察到企业是否承担政策性负担 L，然后选择自己的努力程度 $e(q)$ 进行生产；

时期三，生产完成，政府观察到国有企业的利润情况，然后决定是否补贴及补贴多少。

对于上述博弈需要进行几点说明。首先是政府的补贴策略，我们假设政府只有在企业生产亏损的情况下才会考虑是否补贴；并且，如果政府决定对企业进行补贴，则补贴额正好等于企业的亏损额，也就是说补贴额 $S = |\pi(q) - L|$；此外，政府所承担的补贴成本为 $\theta \cdot S$，其中 $\theta \in (0,1]$，也就是说，有可能政府只承担部分的补贴成本。① 其次是企业经理的报酬问题，我们假设只有在生产完成之后，并对生产的启动资金 K 和企业的政策性负担 L 进行支付后，才支付企业经理的报酬 w^*；也就是说，如果在时期三企业亏损并且政府不提供补贴，经理便拿不到报酬，在这种情况下企业倒闭，政府获得的支付为 0。第三是模型的信息结构，如果存在政策性负担，企业生产增加了一些不确定因素，这会带来信息不对称的问题，我们假设在企业的生产过程中（时期二），政府观察不到、从而无法控制企业家的努力程度。最后，就是政府和企业经理的保留支付问题，如果政府不让企业承担政策性负担，则政府的保留支付为 π^*，国有企业经理的保留支付为 0。我们假设在相同的支付水平下，政府总是倾向于让企业承担政策性负

① 这一假设尤其能反映中国的情况，地方政府往往会强迫金融机构对本地国有企业提供优惠贷款，而一旦这些成本形成呆坏账，所带来的成本却往往由中央政府和整个经济来承担。

担,而企业经理则总是倾向于尽量低的付出努力水平。我们采用逆推法求解上面的博弈,可得到如下的命题:

命题一 上述博弈的子博弈精练均衡为:

(1) 如果 $\pi^* < B(L)$,则国有企业经理选择生产产量 $q_L = \{q \mid \pi(q) = L - \frac{1}{\theta}[B(L) - \pi^*]\}$,企业亏损,政府选择让国有企业承担政策性负担 L,并对国有企业补贴 $\frac{1}{\theta}[B(L) - \pi^*]$;

(2) 如果 $\pi^* \geqslant B(L)$,则国企经理选择生产产量 $q_H = \{q \mid \pi(q) = L + [\pi^* - B(L)]\}$,企业不亏损,政府选择让国有企业承担政策性负担 L,并且不补贴国有企业。

从命题一,我们可以看到 π^* 与 $B(L)$ 的相对大小,决定了承担政策性负担的国有企业是否盈利,进而决定了政府是否对国有企业进行补贴。我们将上述命题的(1)部分描述为国有企业的"预算软约束"结果,因为在这种情况下企业亏损,并且政府在事后对国有企业进行了补贴。从命题一,我们可以清楚地看到政策性负担是如何影响国有企业的生产行为,以及承担着政策性负担的企业是如何获得生存条件的。

首先,政策性负担会影响国有企业的生产效率,这从命题一中国企经理所选择的产量就可以看到。很多实证的研究都表明,国有企业的生产效率比私有企业要低,文献中往往将其归结为国有企业的公有性质,但是从我们这里的分析可以看到一点,国有企业承担政策性负担也是导致国有企业缺乏效率的一个重要原因。

其次,由于承担政策性负担 L 必然增加国有企业的成本,所以这些企业在竞争性的市场环境中是没有"自生能力"的。命题一告诉我们,承担政策性负担的国有企业要获得生存的条件,可以通过两种途径:一是依靠政府补贴来救助亏损的国有企业,这就是命题一的(1)部分描述的情形;二就是维护国有企业的垄断地位,限制市场进入以获取垄断利润,这就是命题一的(2)部分描述的情形。实际上,从一种更广义的概念来讲,维护国企的垄断地位实际也是一种补贴,这是以损失社会效率为代价向国有企业提供的一种隐性的补贴。

进一步分析命题一,我们可以得到如下的一些推论:

推论一 当国有企业承担政策性负担时,国企经理选择生产的产量 q 总是小于最优产量 q^*。

推论一实际上说明了在信息不对称情况下,政策性负担必然会带来企业经理的道德风险问题,企业经理会降低自己的努力程度,从而降低国有企业的生产效率,增加社会的生产者和消费者剩余损失(如图1所示)。在我们的模型中,政策性负担是导致国有企业低效率的原因,因为它引发了国有企业经理的道德风险问题。实质上,从命题一的临界值为$B(L)$而非L这点,我们就已经看到了政策性负担对国企效率的影响,因为当$L < \pi^* < B(L)$时,即使国有企业承担政策性负担,但只要国企经理选择最优产量,国有企业是能够实现盈利的;但是,由于承担政策性负担,国有企业经理却没有动机去实现企业盈利,因为他从政府事后的补贴中能够获得更高的支付水平。

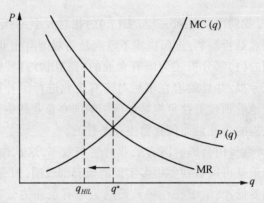

图1 政策性负担与道德风险

推论二 当国有企业承担政策性负担时,市场竞争程度的增加会使国有企业更容易出现亏损,并使政府补贴的成本增加。

推论二实际上说明了,市场竞争程度的增加会使国有企业的预算软约束问题显性化,并增加政府补贴的成本(如图2所示)。中国经济改革的历程能够很好地反映推论二的结论:改革开放以前,国有企业普遍盈利,改革开放以来,中小型国有企业的亏损面越来越大,很大程度上就是因为它们所处的行业市场进入门槛低,大量非公有制经济的进入加剧了竞争程度。由于承担着政策性负担,并由此而带来国有企业的低效率(推论一),所以中小型国企的亏损也就在所难免,并且亏损面越来越大,政府对这些企业的补贴也不断增加,这就带来了财政和金融体系的风险。由推论二,我们同样可以理解为什么中央政府对国有企业改革会采取"抓大放小"的战略,因为全国国有企业几乎所有的利润都是由处于垄断行业的大型国有企业创造的①,中小国企普遍亏损,政府便有动机甩掉中小国有企业这个包袱。②

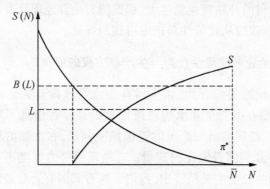

图2 市场竞争与政府补贴的规模

推论三　当国有企业承担政策性负担并亏损时,θ 越低则政府补贴越多,国有企业的产量偏离(偏低)最优产量 q^* 的幅度也越大。

推论三告诉我们,如果政府所承担的补贴成本的比率越低,那么它能够承担的补贴规模就越大。国有企业经理就有动机扩大企业的亏损额,以使得企业能够从政府那里得到更多的补贴。推论三的结论反映了中国经济的特点:地方政府都有很强的动机去干预金融机构,要求这些金融机构向地方性的国有企业提供贷款,而一旦这些贷款形成呆坏账,则这种贷款损失的成本却大多是由中央政府来承担;而中国国有商业银行的经营者也反映,自从1994年银行商业化改革以来,国有商业银行受到中央政府的干预已经越来越少,而他们所受到的干预主要都来自地方政府。从推论三我们可以推断,当市场竞争程度足够高时,如果实行严厉的金融财政政策,地方政府的财政或金融约束越硬(θ 越高),那么地方国有企业的预算约束也越硬(得到的补贴越少),国有企业的效率也越高。

推论四　当国有企业承担政策性负担时,如果 $B(L)$ 越大,则国有企业的产量偏离(偏低)最优产量 q^* 幅度就越大。

---

　　①　2001年,我国0.9万户国有大型和特大型企业的资产总额为109 643.8亿元,户均资产规模12.2亿元,占全部国有企业资产总额的65.8%,实现利润2 731亿元,占全部国有企业利润总额的97.1%。2001年,国有大型企业前50家的资产总额、利润总额、销售收入和上缴税金占全部国有企业的比重分别为37%、73.6%、34.4%和44.7%(张卓元,路遥 2003)。

　　②　在我们的模型中,"政府"实质上更相当于地方政府,因为它们并不承担补贴的全部成本。我们并没有将补贴成本的最终承担者——中央政府或财政部——的行为纳入分析,所以仅仅从现有的模型,我们得不出政府想"甩包袱"的结论。

推论四反映和推论三相似的道理，只不过它适用的范围更广（并不要求国有企业亏损）。如果政府从企业承担政策性负担中得到的好处越多，则政府愿意支付的补贴额也就越大，那么国有企业经理就有动机付出更少的努力，以分享政府从政策性负担中得到的好处。

三、国有企业的政策性负担与生产自主权的限制

从上面的模型我们看到，如果国有企业经理具有完全的生产自主权（Autonomy），则在国有企业承担政策性负担并存在信息不对称问题的条件下，国有企业经理会出现严重的道德风险问题，在上面的模型中表现为产量 q 低于企业利润最大化的产量 q^*，经理的努力程度不足。但是在转型前高度计划的社会主义经济中，我们常常看到国有企业经理并不拥有生产自主权，政府往往通过计划或者行政的手段去干预企业生产，剥夺企业经理在人、财、物、产、供、销上的自主权，这当中产量配额就是一个常见的干预手段。一种制度的存在往往都有它的合理性，下面我们就将对博弈一进行调整，以考察产量配额是如何影响模型的均衡结果的。我们将会发现在社会主义或转型经济中剥夺企业的生产自主权，往往是一种次优的制度安排，具有它存在的合理性。

我们对博弈一进行调整，假设在时期一政府规定国有企业经理必须完成生产配额 $\underline{q}$，为简化起见，我们假设 $\underline{q}$ 在国有企业经理能够承受的范围内 $[e(\underline{q})\leqslant w^*]$；在时期三生产完成，如果企业经理没有完成生产配额（$q<\underline{q}$），则国有企业经理被政府撤职，国有企业经理的支付为 $U_S = -e(q)$。模型的其他设定不变，求解这个博弈我们可以得到如下的命题：

命题二　在政府规定国企的生产配额 $\underline{q}$ 的情况下，调整后的博弈一的子博弈精练均衡为：

（1）如果 $\pi^*\geqslant B(L)$，则国企经理选择生产产量 $q=\max\{q_H,\ \underline{q}\}$，如果 $\pi^*<B(L)$，则国有企业经理选择生产产量 $q=\max\{q_L,\ \underline{q}\}$；

（2）政府选择让国有企业承担政策性负担 L，如果国有企业亏损，则对企业进行补贴。

由命题二的结果我们看到，在任何一种情况下，国有企业生产的产量都不会比博弈一的结果低，政府得到的支付也不会比博弈一更少。当 $\underline{q}>q_H,q_L$ 时，国有企业的均衡产量将高于博弈一的水平，企业效率的损失将减小，而政府得到的支付将增加。所以，当国有企业承担政策性负担

时,政府通过规定一个合理的生产配额,剥夺国有企业经理部分的生产自主权,能够有效地缓解国有企业经理的道德风险问题,减小国有企业的效率损失,增加社会福利水平,并提高政府所获得的支付。

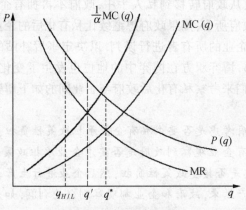

图3 政策性负担与"放权让利"

从前面的分析我们知道,当国有企业承担政策性负担时,单纯的"放权"会引起国有企业经理严重的道德风险问题,但当回顾中国国有企业的改革历程时,我们会发现国企改革的"放权"是与"让利"联系在一起的。下面我们将在上面的模型框架下对"放权让利"这种改革方式进行简单的解释,以说明这种改革方式作为一种次优安排存在的合理性。当政府决定让利时,若国有企业经理可以获得企业利润的一个份额,比如 $\alpha \in (0, 1)$,这时国有企业经理的支付就变为 $U_S = w^* + \alpha \cdot \pi(q) - e(q)$,这就给企业经理提供了一个付出努力的激励。如图3所示,在单纯只"放权"的情况下,国有企业经理会选择 q_H 或 q_L,而在放权让利的情况下,如果 $U_s(q') > U(q_{H/L})$,则国有企业经理会选择 q',在这种情况下国有企业的效率提高,社会福利的损失减小了。

第四节　私有化、政策性负担与预算软约束

人们曾经普遍认为,社会主义和转型经济中企业的预算软约束问题主要归结于这些企业的公有制性质,然而转型国家的经验却告诉我们这个命题并不成立。在这一节,我们将考虑私有化后,政策性负担与私有企业预

算软约束的关系。根据 Grossman 和 Hart（1986），企业所有权的差别就在于企业控制权的差别，比如，对民营企业来讲，企业的所有者就拥有企业的剩余索取权和企业的生产控制权。所以，国有企业一旦私有化，则企业的这些控制权也就从政府转移到私人手中，政府不再拥有企业的控制权，企业利润 π 不归政府所有，如果政府想继续让私有化后的企业承担政策性负担，就必然要同企业的所有者进行谈判，以决定事后补贴的规模。伴随着企业产权的转移，博弈双方在博弈中的地位也发生了变化，对博弈一进行部分的调整，我们来考察私有化后政府与企业间的如下博弈：

博弈二：

时期一，政府考虑是否要求私有企业承担政策性负担 L；

时期二，私有企业观察到政府是否要求企业承担政策性负担 L，如是，则私有企业考虑是否接受政策性负担，然后企业进行生产；

时期三，生产结束，政府和企业都观察到企业利润，如果私有企业承担了政策性负担 L，则企业要求政府提供补贴 S；

时期四，政府考虑是否补贴私有企业。

同博弈一相比，政府与企业的角色在博弈二中发生了以下几方面的变化：首先，政府与企业的保留收入发生了变化，政府的保留收入由 π^* 变为 0，而企业的保留收入则由 0 变为 π^*；其次，私有企业的所有者对企业拥有控制权，企业可以选择生产多少，也可以选择是否承担政策性负担 L；第三，补贴额不再是亏多少补多少，而是企业向政府要求一个补贴额 S，政府考虑是否接受。模型的其他设定同博弈一，求解博弈二可以得到如下的命题：

命题三 博弈二的子博弈精练均衡为：

（1）如果 $\pi^* < \frac{1}{\theta}B(L)$，则政府选择要求私有企业承担政策性负担 L，私有企业选择接受政策性负担 L，并选择生产产量 $q = \{q \mid \pi(q) = \min(L, \pi^*)\}$，政府对私有企业补贴 $S = \frac{1}{\theta}B(L)$；

（2）如果 $\pi^* \geqslant \frac{1}{\theta}B(L)$，则政府选择要求私有企业承担政策性负担 L，私有企业选择不接受政策性负担 L，并选择生产产量 $q = q^*$。

从命题三我们看到，如果私有企业承担政策性负担，那么就必然有政府对企业事后的补贴，也就是存在企业的预算软约束问题。我们将命题一预算软约束结果同命题三的预算软约束结果列于下表，从中我们可以分析

在承担政策性负担的情况下,国有企业与私有企业的预算软约束问题的不同:

表 1　承担政策性负担的国有企业和私有企业的预算软约束问题

	命题一(国有企业)	命题三(私有企业)
预算软约束的产生条件	$\pi^* < B(L)$	$\pi^* < \dfrac{1}{\theta} B(L)$
政府的补贴额	$\dfrac{1}{\theta} [B(L) - \pi^*]$	$\dfrac{1}{\theta} B(L)$
企业选择的产量	$q_L = \left\{ q \mid \pi(q) = L - \dfrac{1}{\theta} [B(L) - \pi^*] \right\}$	$q = \{ q \mid \pi(q) = \min(L, \pi^*) \}$

从表 1 的比较我们可以得到如下一些结论:① 如果都承担政策性负担 L,并且 $\theta \in (0,1)$ 那么在其他条件都相同的情况下,私有企业比国有企业更容易产生预算软约束问题,比如当条件 $B(L) < \pi^* < \dfrac{1}{\theta} B(L)$ 成立时,国有企业不会产生预算软约束,而私有企业则会产生预算软约束问题;② 当 $\pi^* > 0$,并且国有企业和私有企业都有预算软约束问题时,政府需要向私有企业提供更多的补贴,这是产权转移后企业经理的保留收入发生了变化的缘故,这一点实际上可以解释为什么俄罗斯的国有企业在私有化之后,从政府得到的补贴反而增加了;③ 当国有企业和私有企业都有预算软约束问题时,则在其他条件都相同的情况下,国有企业的产量比私有企业更低,也就是说国有企业的效率损失比私有企业更大。

第五节　对现实问题的解释及政策建议

前面的两节对林毅夫及其合作者(1994,1997,1998,1999)提出的关于政策性负担与预算关系的理论进行了模型化,并在一些方面进行了扩展,模型的结果有助于加深我们对社会主义和转轨经济现实的问题的理解。下面我们将对模型的构造和关键假设作进一步的说明,对解释现实经济的问题做出解释,并提出相应的政策建议。

首先,模型关于政策性负担和预算软约束的结果来自于两个关键的假设。一是政府能够从企业的政策性负担中获得额外的好处,或者说如果企业不承担政策性负担政府将蒙受更大的损失,在模型设定中也就表现为 $B(L)-L>0$,这样一来政府就会有动机让企业承担政策性负担。二就是政府可能只承担企业补贴的部分成本,在模型假设中就表现为 $\theta \in (0,1)$,在这种情况下,即使前面的假设 $B(L)-L>0$ 不成立,政府也有动机让企业承担政策性负担,因为政策性负担给政府带来的好处有可能大于政府补贴的成本。在这两个假设下,政府就一直有动机让企业承担政策性负担,而政策性负担则会带来企业的道德风险和预算软约束问题,这便会损失经济的效率(命题一、三)。政策性负担与预算软约束问题在国有企业与私有企业所表现出来的不同,主要来自于产权转移改变了政府与企业在博弈中的相对地位,私有企业具有更高的保留支付水平,也具有更大的企业生产的控制权,这都使得政府让私有企业承担政策性负担时处于更不利的地位(命题三)。

下面我们就利用模型的结果来对社会主义和转轨经济中的一些现实问题进行分析。首先,为什么在计划经济时代,企业基本上没有任何生产的自主权?从命题一和命题二的结论我们可以知道,当企业承担着政策性负担时,企业经理完全的自主权会带来严重的道德风险问题,而剥夺企业的自主权,比如,采用产量配额手段,则是一种次优的制度安排,它在一定的条件下能够减少企业的效率损失,保证企业经理最低的努力程度。其次,为什么在中国国有企业的改革过程中,政府对国有企业的补贴经历了财政补贴——银行贷款——股市融资的一个过程? 实际上对于政府而言,这是因为财政对政府的财务约束是最硬的,银行贷款次之,股市融资的财务约束最软(即 θ 最低),财政是政府拿自己的钱去补贴,而银行贷款则是拿别人的钱去补贴,而股市融资亦然,并且股权融资的约束比债权融资更软。第三,为什么俄罗斯在对国有企业大规模私有化之后,政府向企业提供的补贴反而更多了? 从命题三的结论我们看到,如果私有企业承担政策性负担,则私有企业从政府获得的补贴要比国有企业多,这可以解释俄罗斯经济的现象。那为什么俄罗斯政府不剥离私有化后企业的政策性负担呢? 这是因为在"大爆炸"式的改革措施下,企业的政策性负担并未被剥离,或者不具备剥离企业政策性负担的条件,即 $B(L)-L>0$ 的条件仍然成立。①

---

① 例如,由于重型军工产业的存在才使俄罗斯继续成为世界军事强国,而许多私有化后的企业继续雇佣大量冗员是保持社会稳定所必需的。

最后，我们对上述模型结果的政策含义进行一下讨论。实际上从对转轨经济的研究中，理论界对"硬化企业的预算约束"的必要性已经形成了共识，但是，如何硬化企业的预算约束大家还存在很多的争论，因为大家对预算软约束的原因各执一词。在经济由计划经济向市场经济转轨的过程中，市场的竞争程度必然越来越激烈，而从命题一的结论我们可以知道，在这种情况下，企业的政策性负担必然带来企业的预算软约束问题，所以，要硬化企业的预算软约束问题就必须剥离企业的政策性负担。但是，如何剥离企业的政策性负担呢？从前面的分析我们可以看到，关键要从两个方面入手：

第一是要降低企业承担政策性负担给政府带来的好处 $B(L)$，或者增加政府让企业承担政策性负担的成本。$B(L)$ 在我们的模型中是外生的，但显而易见的是 $B(L)$ 的大小也受外部经济制度因素的影响，比如，如果社会充分就业或者具有完善的社会保障系统，那么，政府让企业保持大量冗员的必要性就降低，$B(L)$ 就会比较小，同时如果全社会都清楚地知道赶超的代价，政府放弃了赶超的思想，那么 $B(L)$ 也会减小。

第二是要硬化政府的财务约束，对政府行为实施比较紧的金融和财政政策，目的在于让政府承担它补贴企业的全部成本（$\theta = 1$），比如，减少政府对金融体系的干预，实现金融机构独立的商业化经营，以免后者成为政府补贴国有企业的工具。另外，加入 WTO 给金融体系带来的竞争压力也有助于金融体系的商业化改革。

当如上两方面的条件具备时，政府就会有积极性去消除企业的政策性负担，而一旦政策性负担消除，政府就不再对企业的亏损负有责任，企业的预算约束也就能够硬化，从而提高经济效率。从上面的分析我们就可以看到，为什么俄罗斯的私有化改革没有硬化企业的预算约束，因为它没有剥离企业政策性负担，私有化只会使政府的补贴增加，财政金融压力增大，进而导致严重的通货膨胀和金融风险。

政策性负担是转型国家中企业预算软约束存在的根本原因，追本溯源，政策性负担起因于政府的赶超思想，所以，我国若要取消现有的企业的预算软约束，并且避免造成新企业的预算软约束问题，首先必须放弃赶超的思想，其次，要对症下药剥离国有企业现在承担的政策性负担。从近期来看，就是要加快健全社会保障系统，加快发展劳动密集型的中小企业，以减轻剥离企业的社会性、政策性负担给政府和社会带来的压力；另一方面，就是要减少政府对金融机构和金融体系的干预，硬化政府的财务约束，降低金融体系的风险,同时要创造条件让资本过度密集的企业利用国际资本或是转产到劳动力比较密集的产业以解决国有企业的自生能力问题,消除国有企业的战略性政策负担。

第六节　结　　论

本文在一个动态博弈的框架下,对林毅夫及其合作者(1994,1997,1998,1999)所提出的关于政策性负担与企业预算软约束的理论进行了模型化。文章的主要结论包括:在信息不对称、激励不相容的情况下,政策性负担必然会带来企业的道德风险问题,降低企业的效率;进一步,如果市场竞争程度足够充分,则政策性负担必然带来企业的预算软约束问题,也就是说,在这样的情况下前者是后者的充分条件;预算软约束问题与企业的公有制性质无关,相反,在企业承担政策性负担的情况下,私有企业会比国有企业更容易产生预算软约束问题,并且被激励向政府要更多的补贴;当国有企业承担政策性负担时,剥夺国有企业经理的生产自主权,比如,产量配额规定,往往是一种次优的制度安排,这解释了改革前国有企业厂长和经理的人、财、物、产、供、销的自主权都被剥夺的原因。进一步,在本文的逻辑框架下我们提出了相应的政策建议:在经济转轨过程中,市场化程度不断加深的情况下,要想硬化国有企业的预算软约束,就必须剥离国有企业的政策性负担,而要剥离国有企业的政策性负担,就必须放弃赶超思想,降低政府从让国有企业承担政策性负担中获得的好处,并硬化政府本身的财务约束。

144

竞争、政策性负担和国有企业改革[*]

国有企业改革是中国向市场经济转型过程中若干尚未解决的最重要的问题之一。1978 年末改革启动的时候,国有企业在中国工业部门的各个方面都居于绝对优势地位。经过 18 年的渐进转型,国有企业在中国工业总产值中的份额已经从 1978 年的 77.6% 下降到 1996 年的 28.8%。但是,1996 年国有企业仍然雇用着 57.4% 的城市工人,拥有 52.2% 的工业固定资产总投资。改善国有企业经营绩效对中国社会稳定和经济持续增长至关重要。然而,40% 以上的国有企业目前仍处于亏损状态。在这篇文章里,我们将证明国有企业问题的根源在于所有权和控制权的分离,经常受到批评的预算软约束缘于国家强加的各种政策性负担,这些政策性负担使得国家必须对企业的绩效不佳负责。国有企业改革成功的关键在于消除政策性负担、创造公平竞争的环境,使市场竞争能提供有关国有企业经营绩效的充分信息,并使经理人员行为与国家激励相容。[①]

第一节　市场经济中的竞争和大公司绩效

虽然从定义上讲,国有企业归国家所有,但是国家不能自己经营这些企业,需要将控制权委托给企业经理人员。所有权和经营权的分离在任何大型现代公司里都是司空见惯的。这种分离产生了经理人员和所有者之间激励不相容和信息不对称问题,经理人员的道德风险、管理松懈和自主自利等代理问题也都会出现。任何大型现代公司制度的成功都取决于它

---

[*]　本文和蔡昉、李周合作,英文原文发表于《美国经济评论》1998 年 5 月第 88 卷第 2 期,中文译稿发表于《经济社会体制比较》1998 年第 5 期。

[①]　我们在本文的讨论仅限于大型国有企业改革。1996 年大型国有企业占国有企业总数的 5.6%,但在国有企业总产值中占 63.3%。至于中小型国有企业,租赁、私有化或破产是恰当的改革方案。

们解决这些问题的能力。根据直觉，一种可能的解决办法是所有者直接监督经理人员的行动并根据他们的经营努力情况支付报酬(Armen A. Alchian and Harold Demsetz 1972)。实际上，在大型现代公司里，对经营行为进行完全监督要么不可能，要么过于昂贵而无法承受。而且一个大型现代公司的所有者人数众多，由于存在免费搭车问题，公司的单个所有者并无监督企业具体活动的积极性。大型现代公司不存在产权经济学文献里定义的所有者。①

大型现代公司盛行于市场经济表明确实有一些可缓解代理问题的制度安排的存在。最近有些文献指出市场竞争正是这样的一种制度安排。竞争市场中的一些总括性指标，如企业在市场中的相对利润，为评价经理人员的绩效提供了充分的统计量条件(Bengt Holmstrom 1982)。使用充分统计量，可以通过两种途径实现所有者和经理人员间的激励相容：就直接途径而言，所有者可以比较企业的绩效和同行业平均绩效，或者考察企业绩效在行业里的排名，然后设计经理人员的报酬支付方案(Holmstrom, 1982)；就间接途径而言，企业在竞争市场中的经营绩效为经理市场提供了经理才能和品行的信号，这种信号将决定经理人员的未来工资(Eugene F. Fama 1980)。②

第二节 苏联模式经济国有企业管理
体制的内生性

中国经济和其他苏联模式经济中传统国有企业的一个显著特征是缺乏自主权。国家根据中央计划向国有企业提供所有要素投入并承担全部成本，与之相对应，国有企业将所有产品和收入上缴国家，国家决定国有企业工人和经理人员的工资水平，国有企业的所有活动都需要得到国家的批准。这样一种明显不合理的制度安排实际是对传统苏联模式经济存在的代理问题的内生反应。

---

①　一个机构投资者也许拥有一家企业的很大份额，但是这个机构投资者也是一个代理人，可能没有足够的积极性来监督经理人员。机构基金的所有者可能也没有积极性去监督机构投资者。

②　如果只有企业自身的经营绩效是可观察的（但是市场中其他企业的经营绩效无法观察），因为存在破产清算(Klaus M. Schmidt 1997)和企业利润减少（这会缩小企业经理人员采取自主自利行为的活动空间）(Oliver D. Hart 1983)的威胁，竞争仍然可以减轻代理问题，虽然最优合同方面的文献表明这些效果不是十分显著。

苏联模式经济以最大限度地动员资源用于发展资本密集的重工业著称于世。这些重工业项目具有三个特征：① 建设周期长；② 欠发达国家建设这些项目所需的绝大多数设备要从发达国家进口；③ 每个项目都需巨额投资。但是，苏联模式经济一般是低收入的农业国，这类国家也具有三个特征：① 资本稀缺，市场决定的利率高；② 可出口商品有限，市场决定的外汇价格高昂；③ 经济剩余少而分散，难以为大型项目动员所需资金。为了降低成本和为重工业项目动员资金，苏联模式经济形成了扭曲的宏观经济政策环境，利率、汇率、工资、原材料及其他产品的价格被人为地压低（Lin et al. 1996）。

上述宏观经济政策扭曲引起信贷、外汇、原材料以及其他产品的供求全面失衡。因为非优先发展部门与优先发展部门竞争低价资源，国家需要通过计划来指定每一个项目的优先权，相应地就使用行政性手段来配置资源，以确保根据国家战略目标配置稀缺资源。这样，市场竞争即被抑制。

在这样的宏观经济政策环境和资源配置制度下，国家为优先发展项目最大限度地动员资源的目标受到代理问题的严重威胁。以计划配置代替市场竞争排除了国家考察相对经营绩效并据此评价国有企业经理人员的可能性。而且，由于宏观经济政策环境的扭曲，国有企业的盈亏主要取决于企业产出和投入的价格，经理人员的行为对国有企业盈亏的影响是次要的。因此，国家也不可能仅仅通过考察企业的利润水平来奖惩经理人员。何况由于棘轮效应，国家也不可能靠比较当前绩效和过去绩效的激励合同来解决代理问题（Martin L. Weitzman 1980），加上国家常常不能及时地或按照要求的数量和质量提供原材料，以致经理人员可以将自己的失败归咎于国家。而且国家直接监督经理的行为是不可能的或者代价过于高昂。在这种情况下，如果国家给予经理人员经营自主权，政策决定大量能够盈利的国有企业经理人员就会偷懒并进行在职消费，因为国家既不能直接观察他们的不良行为，也无法间接地知道企业应有的利润。对于政策决定亏损的国有企业，将出现类似的代理问题，因为国家既不能观察到经理人员的自主自利行为，也不能观察到企业应有的亏损额。在苏联模式经济中，建立扭曲价格制度的目的之一是为优先发展项目最大限度地动员资源。为避免政策创造的经济剩余被经理的自主自利行为所浪费，国家必须剥夺经理人员的自主权，使国有企业在经济体系中像傀儡一样。中国和其他苏联模式经济在目前进行的改革开始以前，国家每次尝试扩大国有企业自主权后总是要再次收回管理权限，以控制工资过快增长，这一事实证实了上述分析。

第三节　中国国有企业改革效果

苏联模式经济非常擅长于动员资源来建立若干优先发展部门。但是这种经济也非常无效率，这由两个原因造成：① 由产业结构偏离经济比较优势决定的模式造成的资源配置效率低下；② 经理无法调动工人的积极性，也没有改善经营的激励，从而造成技术效率低下 (Lin et al. 1996)。

为了提高经济效率，1979 年中国政府发起了一系列增量的、渐进式的改革，这些改革最终导致向市场经济过渡。在此过程中，管理体制改革引发了资源配置制度的改革，继而又引起宏观经济政策环境的改革。具体来说，中国政府最初实行利润留成制，允许企业分享经营管理改善的好处，开始的时候将国有企业 12 % 的新增利润额或亏损减少额留给企业。国有企业可以用留成收入给工人发奖金，支持企业福利事业，或者投资扩大企业规模。承包责任制后来取代了利润留成制，国有企业在承包合同中同意将预先决定的一定数量的收入上缴国家，然后留下剩余部分，以后现代企业制度又取代承包责任制，国家根据在国有企业资产中占有的份额分得红利，这些改革使扩大企业经营自主权逐步深入。与国有企业经营管理改革并行的是农村集体化的取消，家庭责任制取代了生产队体制。同时还开始实行双轨制来改革资源配置制度，国有企业在完成了规定的上缴任务以后，可以将超额产量在市场上按市场价格出售，也允许国有企业在市场上购买投入品以增加生产或扩大生产能力。

改革的一个意想不到的结果是非国有企业，特别是乡镇企业的进入和迅速增长。农村工业改革前就已经存在，是政府 1971 年采取的发展农村加工工业为农业机械化计划融资政策的结果。然而，由于没有纳入国家计划，乡镇企业难以得到资金、原材料、设备和市场，发展受到严重束缚。改革为乡镇企业的迅速扩张创造了两个有利条件：① 家庭责任制改革产生了一个新的剩余流，并且留在了农村地区，为原始积累提供了资源基础 (Lin 1992)；② 双轨制使非国有企业能够获得十分重要的原材料、设备和市场。1978 年乡镇企业产值占中国工业总产值的 7.2 %，1996 年乡镇企业的产值份额上升为 31.1 %。

非国有企业外生于传统体制，必须从竞争市场中获得信贷和投入要素,相应地,其产品也在市场上销售。他们面临的是硬预算约束,如果绩效不佳就无法生存。非国有企业的活力给国有企业施加了很大的压力,促使国家实行深化国有企业经营管理体制改革的政策。企业层面的研究表明扩大经营自主权和强化竞争显著提高了国有企业的经营激励和全要素生产率(Wei Li 1997)。

1997 年改革开始的时候,绝大多数国有企业是盈利的,国有企业的税收和收益是政府财政收入的主要来源。但是,改革开始以后国有企业尽管生产率显著提高,其盈利能力却大幅度下降。有证据表明,尽管从低利贷款和其他政策保护中得到大量暗补,目前 40% 以上的国有企业仍然处于亏损状态。国有企业盈利能力下降部分归因于其垄断租金的消失,不过,工资和额外福利的快速增长也是重要原因。1978—1996 年间,国有部门中国有企业工资基金的年均增长率为 16%,而同期产量的年均增长率为7.6%。

第四节　政策性负担和预算软约束

改革前由于缺乏经营自主权,除了偷懒,国有企业的代理问题,如在职消费、侵吞公物及其他自主自利行为并不严重。第二节的分析表明市场经济中竞争加强应该已经消除或至少减轻了这些代理问题,可是改革以后尽管加强了竞争,国有企业的代理问题却更加严重,其原因何在?

如果企业面临的只是共同的不确定性(即企业的投入成本、产出价格和生产过程没有受到任何该企业个别的冲击),我们从文献中知道,对一些总括性指标,如相对利润的考察将成为评价经理行为的一个充分统计量(Holmstrom 1982)。但是,这个条件对中国和其他经济转型国家的国有企业并不成立。作为改革以前的政策遗产,国有企业承担着许多特殊的负担,包括:

1. 根据中国经济资本稀缺的状况判断,很多大型国有企业的资本密集度过高。

如果必须支付市场利率,面对市场竞争,特别是来自资本充裕经济的竞争,它们将难以生存。改革前,它们的投资及流动资本都来自无息财政拨款。它们也避免了国际竞争。改革后,政府以有息贷款取代了财政拨款,贸易保护也逐渐取消。在资本稀缺的经济中,资本密集型产业本质上并不具有竞争力,可国家把资本密集型产业视为战略重点,国有企业被指定经营这些产业。

2. 国有企业承担着退休金、其他社会福利开支和冗员等的沉重负担。

改革前,国家采取低名义工资政策,工资只够职工当前消费,国有企业负责职工的退休金、住房、医疗费及其他需求。改革前,这项政策并没有给企业增加额外的负担,因为国家用财政拨款承担了国有企业的所有开支。但是,经营管理体制改革后,在职职工和退休职工的工资和社会福利都由国有企业负担。国有企业建立的时间越长,退休职工就越多,退休金和社会福利支出负担也就越重。同样道理,改革前的重工业优先发展战略不能为城市居民提供足够的就业机会,国有企业不得不雇佣很多冗员,为了保持社会稳定,不允许国有企业裁员。

3. 国有企业一些产品的价格仍然是扭曲的。

改革前,能源、原材料及其他被视为重工业项目投入品的产品或服务价格被人为压低。改革 18 年以后,绝大多数价格已被放开,但是能源、交通运输及其他若干产品的价格仍然被控制在市场均衡水平以下,这些价格常常不能抵补生产成本。

上述政策性负担使国有企业在与非国有企业竞争时处于不利地位。因为国有企业建立的时间不同,技术、资本密集程度、退休职工人数及冗员人数都不尽相同,上述政策性负担对国有企业竞争能力的影响也各不相同,这样国有企业间或国有企业与非国有企业间的竞争就并不能作为获取信息的最佳手段。在这种情况下,扩大国有企业经营自主权就使代理问题更加严重。

从理论上说,国家只应该对国有企业由于政策性负担造成的亏损负责,但是,因为存在信息不对称问题,国家很难区分政策性亏损和国有企业自身的经营性亏损。无论亏损是由政策性负担造成的还是由他们自己经营不善造成的,国有企业的经理人员都会将所有的亏损归咎于国家政策,结果在绝大多数情况下,国家实际上不得不承担国有企业的全部亏损,于是国有企业的预算约束软化。预算软约束加剧了道德风险、管理松懈、在职消费及其他代理问题。为了控制代理问题,国家就不得不对企业经营活动进行直接干预。这样,在国有企业的经营管理体制中就出现了政策性负担、补贴、代理问题和政治干预的恶性循环。[①]

第五节　公平竞争和国有企业改革

18年来为硬化国有企业预算约束、改善国有企业经营绩效进行的经营管理体制改革的失败，使一些经济学家认为私有化是另外一种具有吸引力的解决办法。然而，如果政策性负担依然存在，即使国有企业被私有化，国家也不能从政策性亏损中脱身，预算软约束将不会消失。东欧和前苏联私有化以后的事实证明了这一点（World Bank 1996，p.45）。因此，要使国有企业改革取得成功，首先必须消除国有企业的政策性负担，为它们提供一个公平的竞争环境。可以采取一些帕累托改进措施来解决上述的每一项政策性负担（Lin et al. 1998）。取消政策性负担后国家不再对国有企业经营失败负责，就可以给国有企业强加硬预算约束。国家补贴取消，国有企业的经理便能够抵制对企业经营活动进行的不必要的行政干预。当然，公平竞争并不能保证国有企业经营绩效一定会变好。如果某个国有企业绩效不佳，其他企业，包括私有企业，就有积极性接管它，撤换它的经理人员，提高效率，并且因为消除了政策性负担，国有企业应该能够在正常的经营管理下获得正常的利润，从而可以从接管中获利。但是，私有化是否是提高国有企业效率的一个必要条件不能先下定论。从根本上说，正如Fama(1980)指出的那样，任何大型现代公司都没有真正意义上的所有者。

---

① 委托—代理文献显示，没有竞争仍然有可能设计出一种次优的激励性合同以最小化委托—代理问题。但是，这类文献假设商业风险无论是共同的还是某个企业特有的，都是外生的，合同是可执行的。由于存在政策性负担，国家必须对这些负担承担责任。所以，国家无法按与企业的激励性合同上的规定来执行，这种合同不会减轻委托—代理问题。

政策性负担与企业的预算软约束[*]

——来自中国的实证研究

社会主义经济中的国有企业一旦发生亏损，政府常常要追加投资、增加贷款、减少税收、并提供财政补贴，这种现象被亚诺什·科尔奈（Kornai 1986）称为"预算软约束"。毋庸置疑，预算软约束的存在将扭曲企业的微观行为，导致企业资金配置和经营的低效率。究竟是什么原因导致了预算软约束的存在，是理论界争论的热点问题之一。科尔奈本人及国内发表的许多论文认为，预算软约束是源于国有企业的公有制的产权结构。但是，由于预算软约束的现象并非社会主义国家或者公有制企业所独有，所以国外有些学者则主张前后期投资的时间不一致性是预算软约束产生的根源（Dewaatripont and Maskin 1995；Qian 1994）。林毅夫及其合作者（1994，1997，1998，1999a，1999b）在一系列论文和著述中提出了与上述观点不同的解释，认为企业预算软约束产生的主要原因不在于所有制本身，而在于诸种政策性负担的存在。明确预算软约束的实际根源是十分重要的，因为不同的理论观点在如何消除预算软约束的政策结论上是完全不同的。本文的目的在于用中国工业企业的统计资料来检验政策性负担对预算软约束的影响，以及其他竞争性理论观点的正确性和可靠性。

第一节　企业预算软约束的根源

一、理论简述

关于预算软约束的文献十分丰富，Dewatripont，Maskin 和 Roland（1996），以及 Maskin（1996）对已有的文献作了相当全面的综述。根据科

* 本文和刘明兴、章奇合作，原文发表于《管理世界》2004 年第 8 期。

尔奈(1998)的讨论,对预算软约束的存在有外生和内生两种解释。第一种解释将预算软约束的存在归咎于各种外生原因,包括社会主义国家的父爱主义(Kornai 1986),国家追求就业目标或领导人获取政治上的支持(Shleifer and Vishny 1994)等等。第二种解释将预算软约束视为内生的现象,起因于时间非一致性问题(time inconsistent problem)(Dewatripont and Maskin 1995),即对于一个未完工的无效率投资项目,政府或贷款者有积极性追加投资,因为追加投资的边际收益可能大于项目废弃产生的边际成本。目前在文献中,该理论框架被广泛应用。例如,钱颖一(1994)将社会主义经济的物资短缺也归因于这种由时间非一致性产生的预算软约束;Huang 和 Xu(1999)即使用该框架来解释东亚金融危机;钱颖一和 Roland(1999)还进一步在此基础上,分析了政府财政分权与货币集权化对于预算软约束的影响,等等。

从对现实经济状况的解释力出发,上述两种理论观点均有一定缺陷。就科尔奈的看法而言,其难以解释为什么许多前社会主义国家在进行了大规模的私有化和政治体制改革已经 10 年以后,企业预算软约束的现象仍旧普遍存在(World Bank 2002,pp.53—54),且许多以私有制为基础的发展中国家也不能幸免。而按照内生预算软约束的理论逻辑,固然能解释美、日、欧洲等发达的市场经济国家出现的个别案例,但在社会主义经济和某些发展中国家预算软约束的情形普遍而且长期存在于许许多多的企业,这些长期、普遍、不断重复出现的预算软约束起因于对投资项目的信息不充分以及出现时间非一致性所致的事实很难令人信服。

林毅夫和其合作者认为,社会主义计划经济、转型经济和许多发展中国家普遍存在的预算软约束的根源在于这些有软约束的企业承担了某种政策性负担,由于政策性的亏损的存在,从而可以将投资、经营失败的责任推卸到政府一方,政府对此亏损负有责任,只好给予补贴,但是因为激励不相容,企业会将所有亏损,包括经营性亏损和政策性亏损,都归因于政策性原因,在信息不对称的情况下,政府分不清楚这两种亏损的差别,只有都给予补贴,于是产生了预算软约束的现象。注意,从逻辑上讲,这一观点可以被视为对外生预算软约束理论的进一步发展,同时对内生预算软约束理论具有互补性。

二、政策性负担与企业的自生能力

在社会主义计划经济、转型经济和许多发展中国家,政策性负担主要由企业的自生能力所产生的战略性负担和由于承担冗员、社会养老问题的社会性负担两部分组成。

自生能力(viability)是根据一个企业的预期利润率来定义的。在一个自由竞争的市场经济中，一个正常经营、管理的企业在没有外部扶持的条件下，如果能够获得不低于社会可接受的正常利润率水平的预期利润率，则这个企业就是有自生能力。在开放的经济中，一个企业的自生能力决定于这个企业所选择的产业、产品和技术是否和这个经济的要素禀赋结构所决定的比较优势一致而定(Lin 2003)。如果一个企业不具自生能力，在正常经营时的预期利润率低于社会可接受的水平，则不会有人投资于这个企业，这样的企业只有靠政府的扶持才能够生存。

一般发展中国家的要素禀赋特征是劳动力相对丰富，而资本极端短缺。在开放竞争的市场环境下，企业可以具有自生能力的是劳动密集的产业或资本密集产业中的劳动密集区段。但在一般人的理解中，资本越密集的产业、技术，代表着越先进的产业、技术，因此，发展中国家的政府经常为了追求产业、技术的先进性，而鼓励企业进入资本过度密集而没有比较优势的产业或产业区段，从而致使响应政府号召的企业在开放竞争的市场中缺乏自生能力(Lin 1999 和林、蔡、李 1997)。因此，政府必须给予这些企业保护和补贴。转型前我国和其他社会主义国家传统经济体制中，人为扭曲价格体系、建立相应的以行政手段配置资源的计划体制、剥夺企业的经营自主权，这些做法实质上是在资金极端稀缺的要素禀赋结构下，推行资金密集的重工业优先发展战略，为了那些想实现这个战略意图，但在市场竞争中不具自生能力的企业能够被建立及其生存的必要制度安排(Lin 2003和林、蔡、李 1994，第 2 章)。在进行了市场化的改革以后，经济制度结构虽然已经有了很大改观，但是许多国有企业或是私有化了的企业，其产业、产品、技术选择尚未改变，在开放、竞争的市场中不具自生能力的问题依旧存在，对这类由于政府的发展战略选择而致使企业缺乏自生能力的问题，我们称之为战略性政策负担。这类问题在推行进口替代战略以及重工业优先发展战略的非社会主义发展中国家也普遍存在(Krueger 1992)，并成为这些国家政府干预金融市场和外贸体系的原因。

在中国和其他转型中国家，除了战略性负担外，许多企业还承担着另外一种社会性负担。在改革前的计划经济中，推行的是资金密集的重工业优先发展，投资很多，创造的就业机会很少，但政府对城市居民的就业负有责任，为了满足新增就业的需要，经常将一个工作岗位分给多个职工来就业,由于当时推行的统收统支制度,工人的工资直接由财政拨款来支付,因此对企业来说冗员多并不是一个负担。同时,当时实行的是低工资政策,工资只够职工当前的消费,职工退休后的养老、医疗费和其他需求,同样由政府以财政拨款的方式透过企业来支付,对企业也非额外的负担。但是,经营管理体制改革后,工人的工资和退休职工的退休金的支付,成为企业自己的责任。为了保持社会稳定,国有企业不允许淘汰冗员,同时,国有企业建立的时间越长,退休职工就越多,退休金和社会福利支出负担也就越重。由上述两种原因形成的负担可称为社会性政策负担。

三、政策性负担与企业的预算软约束

政策性负担,不管是战略性的还是社会性的,使企业和没有这些负担的企业相比,在市场竞争中处于不利的地位。政策性负担所带来政策性亏损,政府必须为之负起责任,结果也就导致了预算软约束。这种状况在中国经济体制改革的前后都是极为普遍的。

在改革以前,国有企业为国家所有,但国家作为所有者并不直接参与企业的经营,而是委托经理人员来经营,因此,和任何大型企业一样,必然会产生激励不相容和信息不对称的问题。而在扭曲的宏观政策环境下,一个企业盈亏不反映其经营状况,而在计划取代了市场以后,企业之间不再有竞争,一个企业到底是该赢多少或亏多少,也没有一个参考的标准。在这种状况下,如果企业经理享有经营自主权,必然会有积极性增加在职消费、职工福利等损公肥私的"道德风险"行为。为了保证国家的产业发展意图不至于被国有企业经理人员的自利行为所影响,国家就要剥夺国有企业在"人、财、物、产、供、销"上的一切经营自主权。企业的职能仅在于实施上级下达的生产计划、投资计划。但是,由于计划协调问题,政府所作的有关投资和生产的决策往往是错误的,并且不能及时提供原材料和投入品。结果,在传统的计划经济中,是政府而不是国有企业必须对企业的投资、经营失败负责,政府只好追加信贷和提供其他援助给国有企业,以便完成投资和生产,这是在改革前预算软约束产生的原因。

进行市场化改革以后,市场在投资和生产上的资源配置作用增加,但国有企业却从传统的计划经济中继承下来一系列的政策性负担,而一旦有了政策性亏损,企业亏损的责任归属仍然在于政府,因此,政府必须给予国

有企业各种事前的政策性优惠和事后的政策性补贴。① 政策性负担成为
在市场条件下，国有企业预算软约束继续存在的原因。不管是在计划条件
下还是在市场条件下，由于激励不相容国有企业的经理人员会将投资、经
营不善所造成的问题也归咎于政府，而由于信息不对称，政府分不清楚政
策性亏损和经营性亏损，只好对所有的亏损都给予补贴②，预算软约束现
象就继续存在。

上述中国的经验具有一定的普遍性，许多发展中国家的政府为了达到
其发展战略目标，对企业施加了一系列的政策干预，结果只好给予这种企
业以政策性补贴、优惠和保护。在发达国家则正好相反，原先劳动力相对
密集产业中的有自生能力企业，在要素禀赋结构的水平提高以后，随着产
业升级，可能变为没有自生能力，如果没有政府的保护，这些企业将在市场
竞争中被淘汰，但发达国家的政府往往为了维持劳动者的就业，而给予这
些企业以各种保护和扶持。总之，如果政府企图建立没有自生能力的产业
部门，或者给企业强加其他政策性负担，均会导致预算软约束。例如，20
世纪70年代韩国政府为了发展不符合比较优势、不具自生能力的重型机
械和重化工业而对大企业集团的扶持，是一个十分显著的例子。英国政府
对为了增加就业，对煤炭采掘业的保护是另一个例子。如果国家要求企业
雇佣更多的工人，将电力、运输和邮电服务的价格压到低于市场供需平衡
的水平，或者采取其他行动增加企业成本，那么政策性负担在市场经济中
也会出现。除非这些价格扭曲程度和成本很容易计量，相应的抵补政策是
透明的，否则预算软约束现象在任何类型的经济中都会存在。从这一角度
上讲，我们实际上是对外生预算软约束理论进行了重新阐述，把分析扩大
到整个的发展中国家、经济转轨国家，以及奉行国家干预主义的某些发达
国家。③

---

① 例如，a.继续压低资金的价格，并通过国家控制的银行系统把社会储蓄优先分配给国有
企业；b.技改资金继续由国家财政拨款投入；c.继续给予各种垄断、限制非国有企业的进入等保
护。

② 值得特别指出的是，有一种观点认为，既然国有企业享受了政策性补贴，那么政策性负担
就不成其为负担了，国有企业也就不能再以此为借口，为其经营性失败开脱了。这种看法看似有
理，实则混淆了因果关系。政策性补贴是结果，是内生于政策性负担的。而问题的要害之处在于，
国家与企业之间在政策性负担方面存在严重的信息不对称问题，只要政策性负担不消除，国家永
远难以确知其真实水平，企业只要一出现亏损，可以原有的补贴或优惠不足的理由，继续向国家
要更多的补贴和优惠。

③ 如果从企业理论的角度出发，上述观点则可以表述为：企业的治理结构内生于经济发展
战略，其内部的效率高低取决于外部的市场环境。

应当指出的是,中国改革开放二十年来,为硬化国有企业预算约束、改善国有企业经营绩效,已经进行了一系列的改革,推行了承包制、股份制、现代企业制度以及对上市公司进行的各种制度设计,其目的都是为了硬化国有企业的预算约束。但是,预算软约束的问题仍然存在,其原因在于国有企业的预算软约束内生于政策性负担,上述改革没有消除政策性负担,所以这些改革只是治标而非治本之策。在企业的预算无法硬化的情况之下,任何给予企业更多自主权的公司治理或是产权结构的改革都是对改革前剥夺企业人、财、物、产、供、销自主权的"次优"制度安排的背离,国家作为所有者来说只会是更糟糕而不会是更好。只要是存在政策性负担,而国家又不能让企业破产,即使是将国有企业私有化,国家对企业的亏损还是负有责任,而且,私有化了以后,企业向国家要优惠、要补贴的积极性会更高,国家要为此付出的代价也就会更大,东欧和前苏联私有化以后各种政策性补贴不减反增的事实证明了这一点(World Bank 1996 p. 45;World Bank 2002,pp.53—54)。中国和其他转型中国家国有企业预算约束的硬化,改革的最终成功有赖于政策负担的消除。

第二节 实证分析

本节的目的主要在于利用 1995 年中国工业普查的数据资料,来检验林毅夫和其合作者所提出的政策性负担导致预算软约束的假说及其他相关的理论。[①]

一、变量测量和模型设定

1995 年工业普查的资料中有按省份和 7 种所有制分类以及按省份和 34 类行业分类的两组数据。这两组数据对于理论检验各有利弊。第一组数据按不同省份将企业的所有制类型分成 7 类(国有企业、集体企业、私营

---

① 在预算软约束的文献中,以数据对各种理论假说进行严格的计量检验的研究相对较少,平新乔(1999)的论文是其中的一篇,他利用了 1980—1989 年我国 4 个省的国有企业抽样财务数据,对内生的预算软约束理论作了详细的实证分析。本文的研究目的在于尽可能地比较各种理论观点,所以要求统计数据尽量涵盖不同行业、规模、地区和所有制的企业样本,而目前能够满足这一要求的样本主要是 1995 年的普查数据。其主要缺陷在于没有时间序列的信息,而仅仅是一个截面样本,因此本文所使用的具体计量方法与平新乔的文章有一定区别。

企业、联营企业、股份制企业、国外和港澳台三资企业、其他所有制企业），从而有利于控制不同的所有制对企业行为所产生的影响。但是该样本只有169个观察值（原始数据共210个观察值，去掉缺损值后为169个观察值），另外其对企业所有制类别的划分方式相对经济理论中对产权结构的定义也不完全相同。第二组数据在去掉了缺损值以后，包含了28个省34类工业行业的874个观察值（原始数据共1051个观察值，去掉缺损值后为874个观察值）[1]，但该样本没有区分企业的所有制类型，所以只有用其他的变量来替代。

在实证分析时，我们遇到的第一个问题是如何构造一个反映企业预算软约束程度的指标，并以之作为被解释变量。1995年工业普查的数据中有两个重要的财务指标，即不同产业或者不同所有制类别的企业的负债水平和相应的利息支出。假定所有企业的财务账目均按照国家统一的财务和金融制度设置，且面临相同的贷款利率水平，忽略不同企业（尤其是行业上的差异）在负债结构上的差异，那么有些企业利息支出明显低于其他企业，则很可能是由于对同一笔贷款无力还本付息的结果。特别是，在中国的财务制度中，如果银行在当期年度中不能按时收回企业贷款，则通常会将逾期的款项结转至下一年，如果企业连利息也付不起，那么应付利息在下一年就也作为银行贷款处理。对于一个预算约束硬化的企业，要么被破产清算，要么按时归还贷款，不存在这种债务不断被展期（甚至债转股）的可能，因此利息支出占债务（采用企业年末负债合计这一指标）的比重（IDR）应大致相同（企业均面临同样的贷款利率）。在其他条件类似的情况下，存在预算软约束的企业该比值必定远低于同类企业。[2] 如果有大量的企业在这个财务指标上表现异常（可以赖账不还），那么我们就认为该经济中预算软约束的机制是存在的。

在实证分析中我们面对的第二个难题是如何构建一个政策性负担的指标以作为回归分析中的解释变量。政策性负担分为战略性政策负担和社会性政策负担。战略性政策负担指的是一个企业所在的产业区段的资本密集程度（即，资本/劳动力）超过了按经济中的要素禀赋决定的在产业

---

① 我们排除了海南和西藏两省，同时也排除自来水和煤气两个政府垄断性较强的行业。具体行业名称见表5。

② 在1995年，广东私营企业的这个比值大约在7%左右，而东北三省的国有企业则在4%左右。当然，这也可能是国企的利率低于非国有企业的利率造成的，但是后文中所有制虚拟变量对此指标的变化没有显著作用。

中具有比较优势区段的资本密集程度。以 CI 代表企业的实际资本密集程度,以 CI^* 代表按要素禀赋决定的在该产业具有比较优势区段的资本密集程度,那么,具有战略性政策负担的企业其 $(CI - CI^*)$ 必为正。另外,社会性政策负担中的一个重要内容是企业雇用太多冗员,其结果是企业实际的资本密集程度会低于按经济中的要素禀赋决定的最优密集程度,即 $(CI - CI^*)$ 为负。那么,在计量分析中 $(CI - CI^*)^2$ 可以作为政策性负担的一个指标,这个变量的数值越大,政策性负担就越大,预算的约束就应该越软,利息支出占债务的比重就应该越低。

在实际的计量分析中,每个省在各个产业中的 CI^* 依其要素禀赋和产业特性而定,是不可观察的。为了控制各省的要素禀赋对 CI 和 CI^* 的影响,我们构建了技术选择指数(TCI),首先,按不同省份不同所有制类型分别计算该类企业的平均资本密集度,方法是用企业年末资产总计除以相应的从业人数,然后再按照 1995 年各省固定资产平减指数(1978 = 100)统一折算到 1978 年不变价。同时,我们计算了各省的实际资本存量(使用了资本形成总额中的固定资本形成总额这一指标),即先按照分省的固定资产投资平减指数将固定资产投资统一折算到 1978 年不变价的数据,再以 10% 的折旧率累计计算资本存量。利用企业的资本密度除以 1992—1994 年各省实际人均资本密集度平均值,就得到了 TCI 指标。在回归分析中我们用来代表政策性负担的解释变量为 $(TCI - TCI^*)^2$。

在现实经济中,企业的利息支出占债务的比重除了受政策性负担所导致的预算软约束的影响之外,可能还受到以下因素的影响:

债务结构(LTOD)。因为利息支出作为企业的财务费用是一个年度累计值,而负债总额仅仅是对该企业年末未清偿负债的统计。即对于那些资金周转快,流动负债多的企业,该项比率会相对偏高。因此,我们在计量中引入企业的负债结构(年末流动贷款占总负债的比重,%),以控制住这种偏差。

企业资产规模(SCA)。企业资产规模对企业的利息支出可能产生两种影响。企业资产规模越大,每笔贷款的规模也可能越大,同时,用来作为抵押的资产也越多,一般情况下,贷款的利息就会越低。在第一组数据中,我们将各省份不同所有制企业的平均资本密度作为衡量企业资产规模的变量(万元/人)。

所有制(OWS)。根据科尔奈的理论,预算软约束是由企业的所有制性质决定的,为了检定这一理论假说,我们在计量分析中引入了所有制虚拟变量,并将国有制企业作为参照所有制类型。

中央所属工业企业在工业中所占比重(CEN)。作为企业贷款主要来源的四大银行均为中央所有,因此,对于中央所属的企业在贷款的量和条件上可能会较其他企业有所倾斜,我们在回归中引入了1993年各省"中央所属工业企业增加值在工业总产值中所占比重"这一指标(%),以反应上述考虑。[①]

区域特性(R)。我国幅员辽阔,区域经济的发展水平差异很大,要素禀赋和投资回报率不同,资金成本以及利率水平也可能不同,为了控制地域发展水平对利率水平的影响,在计量分析中我们将28个省分成了六大区域:大城市(北京、天津、上海)、北方(河北、山西、内蒙古、吉林、黑龙江、安徽、河南)、沿海(辽宁、江苏、浙江、福建、山东、广东)、南方(湖北、湖南、江西、广西)、西南(四川、贵州、云南)、西北(陕西、甘肃、青海、宁夏、新疆)。在回归分析中,我们将沿海地区作为参照地区。

根据上述讨论,我们可得如下单方程估计式,

$$\mathrm{IDR}_{\pi j} = a_0 + a_1(\mathrm{TCI}_{\pi j} - \mathrm{TCI}^*)^2 + a_2\mathrm{LTOD}_{\pi j} + a_3\mathrm{SCA}_{\pi j}$$
$$+ a_4\mathrm{CEN}_{\pi j} + b * \mathrm{OWS} + c * R + \varepsilon_{\pi j} \tag{1}$$

其中 $\pi = 1, \cdots, 6$ 代表不同的所有制,j 代表不同的省份,$\mathrm{OWS} = (\mathrm{OWS}_1, \cdots, \mathrm{OWS}_6)$,$R = (R_1, \cdots, R_5)$,$b$ 和 c 则为向量。

由于在第二组数据样本中,我们考虑了按省份和行业将数据集分类,所以变量的测算与上式略有不同。主要的区别是,上一个数据样本中变量反映的是不同所有制企业的行为,而这里则是反应不同行业企业的行为。另外,我们改变了对企业资产规模(SCA)的测量,行业企业平均资产规模(一省某一行业内部的)等于年末资产总计除以企业个数(亿元/个)。由于关于行业的统计没有区分不同所有制类型企业的汇总值,我们使用了代表1995年各省国有工业企业资产占工业总资产的比重(RT,%)或国有工业企业产值占工业总产值的比重两个指标来反映所有制的影响。为了刻画行业的特性,计量中加入了33个行业虚拟变量(H),并以专用设备制造业作为参照行业。由此得出方程估计式如下:

$$\mathrm{IDR}_{ij} = a_0 + a_1(\mathrm{TCI}_{ij} - \mathrm{TCI}^*)^2 + a_2\mathrm{LTOD}_{ij} + a_3\mathrm{SCA}_{ij}$$
$$+ a_4\mathrm{CEN}_{ij} + a_5\mathrm{RT}_{ij} + b * H + c * R + \varepsilon_{ij} \tag{2}$$

---

① 1995年的全国工业普查以及中国工业经济统计年鉴中没有提供该项指标在1995年的数值。

其中 i 代表不同的产业，j 代表不同的省份，$H = (H_1, \cdots, H_{33})$，$R = (R_1, \cdots, R_5)$，$b$ 和 c 为向量。

在回归分析时，TCI^* 是不可观察的一个常数，因此，我们将 $(\text{TCI}_{\pi j} - \text{TCI}^*)^2$ 展开，将(1)，(2)重新整理，而得如下，

$$\text{IDR}_{\pi j} = \alpha_0 + \alpha_1 \text{TCI}_{\pi j} + \alpha_2 \text{TCI}_{\pi j}{}^2 + \alpha_3 \text{LTOD}_{\pi j} + \alpha_4 \text{SCA}_{\pi j}$$
$$\qquad\qquad (+) \qquad\quad (-) \qquad\qquad (+) \qquad\quad (-)$$
$$+ \alpha_5 \text{CEN}_{\pi j} + \beta * \text{OWS} + \gamma * R + \varepsilon_{\pi j} \qquad (1')$$
$$\quad (-)$$

$$\text{IDR}_{ij} = \alpha_0 + \alpha_1 \text{TCI}_{ij} + \alpha_2 \text{TCI}_{ij}{}^2 + \alpha_3 \text{LTOD}_{ij} + \alpha_4 \text{SCA}_{ij}$$
$$\qquad\qquad (+) \qquad\quad (-) \qquad\qquad (+) \qquad\quad (-)$$
$$+ \alpha_5 \text{CEN}_{ij} + \alpha_6 \text{RT}_{ij} + \beta * H + \gamma * R + \varepsilon_{ij} \qquad (2')$$
$$\quad (-)$$

各解释变量对 IDR 的理论预期影响由变量下"＋"、"－"符号代表。[1]

二、基于分省和分所有制数据的回归结果

在计量分析中，我们主要使用普通最小二乘法(OLS)。不同模型间的差异主要来自所使用的解释变量不同。除了虚拟变量以外，解释变量和被解释变量都是原始数据的自然对数值。

在模型 I 和 II 中，技术选择指数的符号与我们的预期相一致，但是一次项的显著性不高。这就是说，在小样本的情况下，技术选择指数与利息支出比重之间的关系近似成一条向下弯折的曲线，说明政策性负担是企业预算软约束的显著性原因。

负债结构的影响与我们的预期相反，但不显著。

企业资产规模的作用在模型 I 中不明显，中央企业则有显著影响，但是，在模型 II 中，去掉中央企业比重这一指标时，企业资产规模的作用显著为负，说明这两个指标有一定的相关性。到底是因为中央企业在贷款上有利率优惠，还是因为中央企业一般资产规模较大，所以，在贷款利率上有先天的优势，则有待进一步研究。如果是前者，则属科尔奈所阐述由国有制造成的预算软约束，如属后者，则不算为预算软约束。

---

[1] 按本文的理论分析 $(\text{TCI} - \text{TCI}^*)^2$ 对 IDR 应有负的影响，$(\text{TCI} - \text{TCI}^*)^2 = \text{TCI}^2 - 2\text{TCI} * \text{TCI}^* + (\text{TCI}^*)^2$，$(1')$ 和 $(2')$ 式中，$\alpha_1 = (\alpha_1) * (-2\text{TCI}^*)$，所以应该为负。

表1　基于分省和分所有制数据的回归结果一（169个观察值）

	模型 I	模型 II
常数项	− 3.1398＊＊ (0.24388)	− 2.7419＊＊ (0.19076)
技术选择指数的对数值	0.16360E-01 (0.10992)	0.99437E-01 (0.10685)
技术选择指数对数值的平方	− 0.26509E-01＊＊ (0.11976E-01)	− 0.24032E-01＊＊ (0.12150E-01)
负债结构的对数值	− 0.141 (0.21929)	− 0.12739 (0.22314)
企业资金密度的对数值（企业规模）	− 0.17819 (0.11476)	− 0.25546＊＊ (0.11266)
中央工业企业增加值占总增加值比重的对数值	− 0.17364＊＊ (0.68093E-01)	
集体企业	− 0.17858 (0.14058)	− 0.16138 (0.14292)
联营企业	− 0.55053＊＊ (0.25261)	− 0.52351＊＊ (0.25689)
私营企业	0.12959 (0.10725)	0.13132 (0.10916)
股份制企业	0.35994E-01 (0.10493)	0.28386E-01 (0.10675)
三资企业	0.10385 (0.11156)	0.94967E-01 (0.1135)
其他所有制企业	− 0.12945 (0.13624)	− 0.13626 (0.13864)
大城市	− 0.98887E-01 (0.13077)	− 0.85569E-01 (0.13299)
北部	0.1036 (0.11396)	− 0.79910E-01 (0.89944E-01)
南部	0.11459 (0.13088)	− 0.16683E-01 (0.12248)
西南	0.31691＊＊ (0.15692)	0.64301E-01 (0.12387)
西北	0.23967＊ (0.12611)	0.29089E-01 (0.97017E-01)
调整后的 R^2	0.13834	0.10735

1. 括号内的数字是参数估计值的标准差。
2. ＊表示在10％的水平上显著；＊＊表示在5％的水平上显著。
3. 以沿海地区和国有制企业作为参照。

所有制的影响与一般的预期不一致,集体和联营企业的预算软约束程度超过了国有企业,私营和外资企业则低于国有企业。即使考虑到企业规模和信贷结构的差异,这一结果也出乎意料。不过,所有制虚拟变量的显著性不高。在区域特性方面,内陆省份的企业比沿海和大城市的企业反而具有更高的利息支出比重,但估计值的显著性同样较低。

表 2 基于分省和分所有制数据的回归结果二(169 个观察值)

	模型 III	模型 IV
常数项	−3.501**	−3.707**
	(0.18889)	(0.20275)
技术选择指数的对数值	0.12996	0.26653E−01
	(0.10866)	(0.10513)
技术选择指数对数值的平方	−0.31369E−01**	0.32409E 01**
	(0.95162E−02)	(0.94092E−02)
负债结构的对数值	−0.12927	−0.148
	(0.18859)	(0.18637)
企业资金密度的对数值(企业规模)	−0.16512	−0.57333E−01
	(0.10745)	(0.10384)
中央工业企业增加值占总增加值比重的对数值	0.20751E−01	0.17518E−01
	(0.93127E−01)	(0.84282E−01)
各省国有工业企业资产占工业总资产比重的对数值	−0.67349**	
	(0.22897)	
各省国有工业企业产值占工业总产值比重的对数值		−0.45943**
		(0.12769)
大城市	0.10221	0.99836E−01
	(0.14558)	(0.13868)
北部	0.29175**	0.30432**
	(0.12707)	(0.12269)
南部	0.35391**	0.38982**
	(0.15102)	(0.14756)
西南	0.44294**	0.5667**
	(0.16154)	(0.16902)
西北	0.50111**	0.60562**
	(0.14929)	(0.15621)
调整后的 R^2	0.14637	0.16794

1. 括号内的数字是参数估计值的标准差。

2. * 表示在 10% 的水平上显著;** 表示在 5% 的水平上显著。

3. 以沿海地区作为参照。

模型 III 和 IV 中去掉了所有制虚拟变量,代之以各省国有制企业所占比重的两个指标。结果,技术选择指数的影响与表 1 相同。负债结构、企业资产规模、中央企业所占比重的影响都不显著。但国有制企业越多,预算约束就越软。内陆地区虚拟变量变得非常显著,且与我们最初的预期相反。当我们去掉中央企业所占比重这一指标重新回归时,模型 III 和 IV 计量结果没有太大改变。

三、基于分省和分行业数据的回归结果

模型 V 和 VI 是基于大样本(分行业)的回归结果,与模型 I—IV 四者相比,计量结果发生了很大变化。首先,技术选择指数的影响均高度显著,与我们的理论预期完全一致。其次,负债结构的影响显著为正,企业资产规模显著为负,这也与我们的预期相同。中央所属企业和国有企业的比重的两个变量的影响都不显著。另外,我们更换了区域虚拟变量的参照地区,结果相对于南部地区,所有的区域虚拟变量均显著为负,这与前文的结果大不相同。

从上述结果看,政策性负担理论得到了支持,但科尔奈的所有制造成预算软约束的理论则和经验结果不一致。

模型 VII 和 VIII 是在 OLS 回归中同时引入了地区和产业虚拟变量。在此情况下,区域虚拟变量的符号和显著性与表 3 基本一致,企业规模、中央企业所占比重、国有制企业所占比重和技术选择指数的影响都变得不显著,只有负债结构一项仍然显著为正。这说明前几个变量均存在较强的产业和地区特征,而负债结构则相对独立。尽管如此,引入行业虚拟变量仍然能够为我们提供一些有用的信息,即如果行业虚拟变量显著为负,则说明该行业的负债拖欠现象严重。根据表 4,这样的行业包括:煤炭采掘业、木材和竹材采运业、石油加工和炼焦业、烟草加工业。而与此相反的行业则包括:纺织业、石油天然气开采业、有色金属业冶炼及压延加工业。这些不同行业的特征为我们提供了进一步研究的可能性,比如,主要由中央所属企业组成的石油开采业,因为政府给予了全面的市场保护,所以财务状况良好。而煤炭业却因为政策性负担严重,加之全行业的供给过剩,显得奄奄一息。

表 3 基于分省和分行业数据的回归结果一(874 个观察值)

	模型 V	模型 VI
常数项	-3.4258**	-3.4239**
	(0.10438)	(0.10443)
技术选择指数的对数值	0.3026**	0.30585**
	(7.56E-02)	(7.63E-02)
技术选择指数对数值的平方	-4.64E-02**	-4.72E-02**
	(1.79E-02)	(1.80E-02)
负债结构的对数值	0.30607**	0.31099**
	(7.39E-02)	(7.38E-02)
行业平均企业资产规模的对数值	-4.48E-02**	-4.41E-02**
	(1.44E-02)	(1.44E-02)
中央工业企业增加值占总增加值比重的对数值	1.84E-02	-5.24E-03
	(3.98E-02)	(4.00E-02)
各省国有工业企业资产占工业总资产比重的对数值	-7.67E-02	
	(0.10733)	
各省国有工业企业产值占工业总产值比重的对数值		1.51E-02
		(6.14E-02)
大城市	-0.21435**	-0.20505**
	(6.59E-02)	(6.46E-02)
沿海省份	-0.13948**	-0.1067*
	(6.23E-02)	(5.57E-02)
西南省份	-0.15587**	-0.16109**
	(5.07E-02)	(5.17E-02)
西北省份	-9.82E-02**	-0.10638**
	(4.84E-02)	(5.13E-02)
北部省份	-0.12853**	-0.13204**
	(4.23E-02)	(4.28E-02)
调整后的 R^2	0.09645	0.09598

1. 括号内的数字是参数估计值的标准差。
2. *表示在 10% 的水平上显著;**表示在 5% 的水平上显著。
3. 以南部地区作为参照。

表4 基于分省和分行业数据的回归结果二(874个观察值)

	模型 VII	模型 VIII
常数项	−3.018**	−3.0214**
	(0.12638)	(0.12638)
行业平均企业规模的对数值	−5.63E-05	−1.94E-03
	(2.10E-02)	(2.12E-02)
负债结构的对数值	0.37827**	0.37562**
	(8.34E-02)	(8.34E-02)
中央工业企业增加值占总增加值比重的对数值	−4.63E-02	−3.77E-02
	(3.57E-02)	(3.62E-02)
各省国有工业企业资产占工业总资产比重的对数值		−5.62E-02
		(9.49E-02)
各省国有工业企业产值占工业总产值比重的对数值	−1.14E-02	
	(5.46E-02)	
技术选择指数的对数值	7.18E-02	7.38E-02
	(7.81E-02)	(7.70E-02)
技术选择指数对数值的平方	−1.89E-02	−1.89E-02
	(1.78E-02)	(1.77E-02)
大城市	−0.40829**	−0.41391**
	(6.37E-02)	(6.44E-02)
沿海省份	−0.20447**	−0.21861**
	(5.15E-02)	(5.61E-02)
西南省份	−0.11011**	−0.11047**
	(4.64E-02)	(4.53E-02)
西北省份	−5.76E-02	−5.83E-02
	(4.62E-02)	(4.33E-02)
北部省份	−0.15412**	−0.154**
	(3.78E-02)	(3.74E-02)
IND11 (煤炭采选业)	−0.87855**	−0.87742**
	(0.10257)	(0.10238)
IND12 (电气机械及器材制造业)	4.55E-02	4.60E-02
	(0.10494)	(0.10485)
IND13 (电子及通信设备制造业)	−9.18E-02	−9.12E-02
	(9.58E-02)	(9.58E-02)
IND14 (纺织业)	0.17173*	0.17278*
	(9.49E-02)	(9.49E-02)

	模型 VII	模型 VIII
IND15 （非金属矿采选业）	−0.11961 (0.10275)	−0.11997 (0.1026)
IND16 （非金属矿物制品业）	−1.09E-02 (9.63E-02)	−1.26E-02 (9.64E-02)
IND17 （服装及其他纤维制品制造）	−6.91E-02 (0.1)	−6.98E-02 (9.99E-02)
IND18 （黑色金属矿采选业）	−6.76E-02 (9.96E-02)	−6.79E-02 (9.96E-02)
IND19 （黑色金属冶炼及压延加工业）	−0.15648 (9.93E-02)	−0.15463 (9.94E-02)
IND20 （化学纤维制造业）	4.66E-02 (0.10685)	4.72E-02 (0.10683)
IND21 （化学原料及制品制造业）	0.12372 (9.63E-02)	0.12303 (9.63E-02)
IND22 （家具制造业）	−0.10347 (0.10279)	−0.10598 (0.10286)
IND23 （交通运输设备制造业）	−8.16E-02 (0.10107)	−8.03E-02 (0.10095)
IND24 （金属制品业）	1.50E-02 (9.66E-02)	1.31E-02 (9.67E-02)
IND25 （木材及竹材采运业）	−0.62497** (0.11589)	−0.62442** (0.11577)
IND26 （木材加工及竹藤棕草制品业）	−4.53E-02 (9.90E-02)	−4.77E-02 (9.90E-02)
IND27 （皮革毛皮羽绒及其制品业）	6.02E-02 (9.50E-02)	5.95E-02 (9.50E-02)
IND28 （普通机械制造业）	−1.11E-02 (9.38E-02)	−1.15E-02 (9.38E-02)
IND29 （石油和天然气开采业）	0.12521 (0.15741)	0.13106 (0.15744)
IND30 （石油加工及炼焦业）	0.26945** (0.10465)	0.26935** (0.10463)
IND31 （食品加工业）	9.45E-02 (9.49E-02)	9.33E-02 (9.49E-02)

（续表二）

	模型 VII	模型 VIII
IND32 （食品制造业）	−9.00E-03 （9.54E-02）	−1.03E-02 （9.54E-02）
IND33 （塑料制品业）	8.28E-02 （9.60E-02）	8.10E-02 （9.60E-02）
IND34 （文教体育用品制造业）	−0.13781 （0.10476）	−0.13894 （0.10469）
IND35 （橡胶制品业）	0.10169 （9.40E-02）	0.10189 （9.40E-02）
IND36 （烟草加工业）	−0.42154** （0.11371）	−0.41918** （0.11376）
IND37 （医药制造业）	7.94E-02 （9.64E-02）	7.98E-02 （9.64E-02）
IND38 （仪器仪表文化办公用机械）	−0.10611 （9.57E-02）	−0.1061 （9.57E-02）
IND39 （饮料制造业）	−2.01E-02 （9.61E-02）	−2.14E-02 （9.61E-02）
IND40 （印刷业记录媒介的复制）	−4.27E-02 （9.98E-02）	−4.52E-02 （9.99E-02）
IND41 （有色金属矿采选业）	0.14727 （0.10094）	0.14668 （0.10087）
IND42 （有色金属冶炼及压延加工业）	0.18435* （9.99E-02）	0.18478* （9.98E-02）
IND43 （造纸及纸制品业）	0.13236 （9.61E-02）	0.13135 （9.61E-02）
调整后的 R^2	0.302	0.30226

1. 括号内的数字是参数估计值的标准差。
2. *表示在 10% 的水平上显著；**表示在 5% 的水平上显著。
3. 以南部地区作为参照。
4. IND**表示行业虚拟变量，后两位数是行业代码。以专用设备制造业为参照。

我们现在总结一下上文实证分析的主要结论：(1) 关于政策性负担的外生预算软约束理论对企业拖欠债务的行为具有很强的解释作用，特别是在大样本中尤为明显；(2) 在大样本中，企业的负债结构对利息支出有显著的影响，而企业的资产规模则有显著的负的影响。(3) 中央政府干预的影响在不同的行业中，随其干预的程度不同而变化。

第三节 结　语

　　本文实证分析的结果支持了企业的政策性负担是企业预算软约束的主要原因。科尔奈所强调的所有制对预算软约束的影响则在有些回归分析中得到证实,但在另一些回归分析中则得不到证实。从这个实证结果可知,要硬化企业的预算约束必须先消除企业的各种政策性负担,如果,企业还承担着这样那样的政策性负担,不管是私有化了还是国有,国家就摆脱不了补贴、优惠企业的责任,预算软约束也就不可能消除。在企业的政策性负担剥离、自生能力提高以后,政府不再负有给国有企业提供政策性优惠和政策性补贴的责任,预算软约束的问题才能得以解决。并且,只有在没有政策性负担的情况下,企业才需完全对其经营的好坏负完全的责任,公司治理结构的改革才有意义。

　　当然,消除了企业的政策性负担以后,Dewatripont 和 Maskin 所论及的在银行和企业的借贷间,由于信息不完全和时间不一致性所造成的预算软约束的现象可能还会存在。但是,和国家的发展战略而形成的企业的政策性负担的情形相比,这种内生型的预算软约束的现象应该只是个别的,而不会是普遍的问题。

第 3 部分
收入分配

经济发展战略与公平、效率的关系[*]

第一节　引言：一些基本的事实和理论综述

既能够快速地发展经济，又能够使人民均享发展带来的利益，这是人类梦寐以求的目标。但是放眼世界各国的实际情况，能够解决好这两个问题的国家为数寥寥。图 1 刻画了世界 105[①] 个国家和地区 1999 年的人均GNP 水平[②] 和收入分配状况。从该图可见，以 GINI 系数[③] 等于 0. 40[④]和 1999 年的人均 GNP 等于 15 000 美元作为两个分类维度，世界各国（地区）的人均 GNP 和收入分配的类型大致可以分为三类：① 高收入且收入分配比较公平；② 低收入且收入分配比较公平；③ 低收入且收入分配不公平程度比较严重。除少数发达国家外，几乎所有的发展中国家（地区）属于后两者之一[⑤]。正因为如此，公平和效率的关系也是学术界长期关注的焦点，这方面的文献可谓汗牛充栋。

经济增长和收入分配的理论研究由来已久。Gills 等（Gills, et al.1987, Ch.4）对经济思想史上影响广泛的几个关于经济增长和收入平等问题的理论，进行了非常好的评述。这里仅仅围绕本文的主题，评述当代的几个重要理论观点。

---

　[*]　本文和刘培林合作，原文发表在《中外管理导报》2002 年第 8 期。
　[①]　其他国家缺少人均收入或者 GINI 系数资料，故没有在图中标出。
　[②]　这里的人均 GNP 按照官方汇率折算得来，而按照 PPP 计算的人均 GNP 和按照汇率计算的人均 GNP 之间的相关系数为 0.9663。我们的研究主要关注各国收入水平的对比，而不是实际的绝对水平，所以具体选用哪个口径的 GNP，对于这里的结论影响不大。
　[③]　这里的 GINI 系数的调查年份并不完全一样。另外，有的国家根据收入调查资料计算GINI 系数，有的国家则根据消费支出计算 GINI 系数。具体情况请参见 *World Development Report* 2000—2001（World Bank, 2001, Oxford：Oxford University, p.283 的注解和 pp.320—321）。
　[④]　0.4 的 GINI 系数是国际公认的公平和不公平的分界线。
　[⑤]　事实上，把衡量发展程度标志的人均收入改变为 10 000 美元或者是 8 000 美元，上述的收入水平和收入分配格局的几种类型，基本没有什么改变。
从这个意义上讲，公平和效率的两难，更多地表现为发展中国家（地区）所面临的问题，后面的分析也将更多地围绕发展中国家的情形展开。

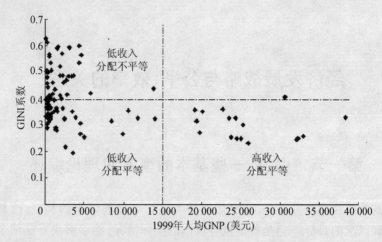

图1　105个国家的人均收入和收入分配情况

资料来源：根据 *World Development Report* 2000—2001（World Bank, Oxford：Oxford University, 2001）资料整理而来。

标准的新古典福利经济学认为，公平和效率不可同时兼得，必须以两个步骤分别解决公平和效率问题。福利经济学第一定理表明，在充分竞争的条件下，各种生产要素获得的报酬率等于其边际产品的价值。由此得到的关于收入分配方面的推论则是，任何在市场竞争条件下形成的收入分配格局，都是帕累托最优的；而第二定理表明，市场竞争的某个具体的帕累托最优的结果，未必在规范的意义上就是最合意的，而合意的福利分配[①]格局，必须通过人与人之间的禀赋转移才能够达到（Varian 1992）。而有的学者则走得更远，如 Feldstein（1998）认为："……收入不平等并不是一个值得矫正的问题。通常的观念把衡量不平等程度的 GINI 系数的上升理解为一桩坏事，这种观念违背了帕累托原则。该观念事实上无异于使用了一个特定的社会福利函数，在这个特定的社会福利函数中，高收入者的收入增加被赋予了负的权数。分配问题的真正所在不是不平等，而是贫困。"（Feldstein 1998, p.1）。

在发展经济学中，对经济增长和收入分配研究产生重大影响的两个理

---

① 福利经济学意义上的平等，所比较的并不是单位时间段之内的货币收入流，而是经济主体之间的效用水平。福利经济学第二定理所称的人与人之间的禀赋转移，指的是财富的存量；而通常的收入分配文献则主要研究收入流量之间的不平等。这是因为存量财富的不平等数据难以得到。

论分别由两位诺贝尔经济学奖的获得者提出:刘易斯的二元经济理论和库兹涅茨的收入分配倒 U 型规律的假说。前者更侧重于理论分析,后者更侧重经验研究。

刘易斯(Lewis 1954)提出的劳动力无限供给条件下的二元经济发展理论认为,在整个二元经济向现代经济发展的过程中,可以以不变的工资水平获得无限供给的劳动力。这个理论在经济增长和收入分配方面的推论是,随着经济的增长,收入分配的不平等程度将会在发展的早期阶段上升,因为现代部门的利润只归少数资本家掌握。只有在二元结构消失之后,工资水平的上升才是可能的。但是,刘易斯的理论框架隐含了两个条件。其一,由于劳动力"无限"供给,所以工资率长期处于仅仅能够维持劳动力生存的低水平上;其二,现代部门在发展过程中始终采用同样的技术结构。

舒尔茨(Schultz 1964,中译本)对刘易斯持有的农业劳动力边际产出为零的观点进行了批评。舒尔茨认为,在传统农业中资源配置是完全有效率的,重新配置农业生产中的各种要素,不会显著增加产量,而且,农业劳动力的边际生产率为正。换言之,不能认为农业中存在大量的过剩劳动力。舒尔茨援引了大量的经验例证来支持他的理论判断。一个著名的例子就是 1918—1919 年印度流行性感冒导致的农业减产。舒尔茨进一步认为,低收入国家的农民之所以贫困,往往是缺乏打破旧的均衡的新技术,以及国家政策错误所致,而不应归因于天灾、农民的本性或者其他的原因。

从舒尔茨的论述中,我们可以得到结论:如果传统农业部门中市场机制都能够有效运转,那么,在没有人为扭曲的情况下,随着劳动力不断从农业部门转移到工业部门,农村劳动力的边际产出和农民的收入就会不断增长。而且,由整个经济体系中要素相对价格所决定的所谓"现代部门"的生产要素投入结构,也未必像刘易斯所理解的那样在二元经济弥合之前一直保持不变。所以,农村劳动力向工业部门的转移对农民和劳动者收入的提高至关重要。事实上,在拉尼斯和费景汉 (Ranis and Fei 1961)对刘易斯模型的修正中就指出,发展中国家资本相对稀缺、劳动力相对丰富,这种要素禀赋结构下,应该采用劳动密集型的技术,以增加对农村劳动力的吸纳。

经济增长和收入分配经验研究方面的奠基性工作是库兹涅茨的研究。他在分析两个发达国家和三个发展中国家的经验时发现,各经济体中最富有的 20% 的人占有的收入份额与最贫穷的 60% 的人占有的收入份额之比,在发展中国家都大于发达国家的水平,由此还进一步归纳出倒 U 型假说(Kuznets 1955)。Paukert(1973)对 56 个国家的经验实证工作得到了表 1 所示的结果，其结论支持了库兹涅茨的假说：

表 1　Paukert 的经验工作

收入等级 (1965 年的美元计算)	平均的 GINI 系数	GINI 系数的范围
低于 100	0.419	0.33—0.51
101—200	0.468	0.26—0.50
201—300	0.499	0.36—0.62
301—500	0.494	0.30—0.64
501—1 000	0.438	0.38—0.58
1 001—2 000	0.401	0.30—0.50
2 001 及以上	0.365	0.34—0.39

资料来源：Paukert(1973)。

Chenery 和 Syrquin(1975)关于 20 世纪 50 年代到 70 年代许多国家发展形式的研究、Ahluwalia(1976)关于收入分配和贫困的实证研究工作[①]，也得到了类似的结论。

但是对新近经验的研究表明，库兹涅茨理论假说的一般性意义值得推敲。Fei、Ranis 和 Kuo(Fei, et al. 1979)对中国台湾地区经济发展经验的实证研究工作发现，台湾在经济发展起飞阶段的 20 世纪 50 年代到 20 世纪 70 年代，不仅保持了高速经济增长，而且 GINI 系数也由 20 世纪 50 年代的 0.53 下降到 20 世纪 70 年代的 0.33。Fields 和 Jakubson(1994)就库兹涅茨倒 U 曲线对 35 个国家进行的实证研究工作也认为，在经济发展过程中，至少在 20 世纪的发展进程中，不平等程度是下降的。库兹涅茨的倒 U 型假说缺乏经验支持。

也有文献(Ray 1998, pp.23)这样来描述倒 U 曲线：以人均收入水平为横轴，以两组特定收入水平的人群(如最穷的 40% 的人群和最富有的 20% 的人群)占有的收入在总收入中的比例为纵轴，描出两组人群收入水平比例和收入比例的散点图，以及两组散点各自的趋势线。如果高收入人群的趋势线是向下开口的倒 U 线，低收入人群的趋势线是向上开口的 U 型曲线，那么就支持库兹涅茨倒 U 型假说。

[①]　该研究涉及 60 个国家，其中有 40 个发展中国家、14 个发达国家、6 个社会主义国家。研究中涉及的 GNP 以 1970 年价格的美元计量。

我们认为,衡量收入分配的一个合适指标是 GINI 系数[1],因为该系数度量了所有调查样本中的所有人际之间的收入差距。图 2 是根据 Penn World Table 5.6(Summers and Hanston 1991)中按 1985 年美元度量的 1970 年到 1992 年期间有关国家的人均收入,以及 Deininger 和 Squire (1996)中对应年份的 GINI 系数画出的。如果库兹涅茨归纳的人均收入和收入分配公平程度之间呈现倒 U 型曲线关系的假说成立的话,那么,在图 2 中,各散点之间的趋势线应该大致表现为一个向下开口的二次曲线。[2]但是我们以二次曲线拟合图中的散点所得到的实际情形,显然难以支持该假说。从图中拟合的二次曲线的趋势来看,宁可认为人均收入和收入分配的公平程度之间,是一种正向的关系,即人均收入越高的国家,收入分配越趋向于公平。这个判断也基本吻合图 1 中截面数据所反映的大致规律。[3]

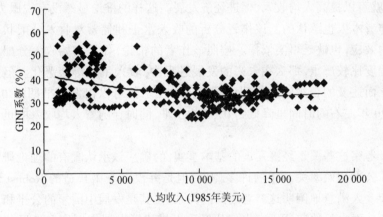

图 2　人均收入和 GINI 系数

资料来源:1970—1992 年的人均收入数据来自 Penn World Table 5.6;对应年份的 GINI 系数来自 Deininger 和 Squire (1996)。这里的 GINI 系数仅仅包括 Deininger 和 Squire (1996)根据他们的标准筛选出来的质量较好("Accept")的那些数据。

Deininger 和 Squire(1998)利用他们收集整理的收入分配 Panel 数据集 (Deininger, Squire 1996),对倒 U 型假说进行了严格的实证分析,其结果也

经济发展战略与公平、效率的关系

---

① 关于不平等程度衡量指标的深入理论分析,可以参见 Amartya Sen(1973)。
② 检验库兹涅茨假说时可以有两种方程设定,其中的一种以人均收入和人均收入的平方项作为解释变量;另一种设定以人均收入和人均收入的倒数作为解释变量。我们在这里给出按前一种设定所拟合的曲线,在后文中给出按第二种方程设定所拟合的计量结果。后面的结果和这里的图形展示是相互吻合和相互支持的,均表明库兹涅茨假说缺乏强有力的经验支持。
③ 图 1 中散点的趋势线,明显是向右下方倾斜的。

表明,经验证据对该假说几乎没有提供什么支持。

近来发展经济学的一些文献比较关注公平和效率二者之间的互动关系。比如,有的文献(Ray 1998,pp.211—217)分析了收入分配状况对储蓄和增长的影响,以及收入水平和储蓄对收入分配状况变化的影响。该作者的主要逻辑依据是不同收入水平人群的消费心理和消费目标差异。但是我们认为其若干理论推论是难以令人信服的。就收入分配状况对储蓄和增长的效应而言,由于各不同收入水平人群的边际储蓄倾向不同[①],所以不同的收入分配状况,就意味着国民经济总储蓄率的不同水平。这个逻辑推论进一步的含义是,标准的新古典增长模型中储蓄率外生的假定(Solow 1956)就要修改,从而不同的收入分配结构会导致不同的人均收入水平和人均资本存量。但是照此逻辑导出的政策含义是,通过调节收入分配状况,就可以提高人均收入、促进经济发展。这样的推论显然没有说服力,这是作者本人也承认的。该作者分析的收入水平和储蓄对收入分配状况变化的效应,也缺乏事实依据。按照该作者的推论,如果初始收入分配不平等程度比较严重,那么在未来的发展进程中,收入不平等会恶化。但是正如上面述及的台湾经验表明的那样,GINI 系数可以由发展早期的 0.53,在 20 年左右的时间里降低到 0.33 的水平,同时伴随着人均收入的迅速提高。

考察这些关于经济发展的基本事实,的确应该承认既有的理论研究看到了公平和效率关系中的许多侧面,但是并没有一个普适的 Robust 理论框架令人满意地阐明这二者之间的关系,尤其是发展中国家的公平和效率问题。而大量的实证研究也仅从经验上描述了发展中国家和地区的实际经济发展的现象,并没有深入归纳出这些现象背后的逻辑。关于经济增长和收入分配决定机制的理论,不仅要与某些国家收入增长慢且不公平的经验现象相容,而且还要与另一些国家收入增长快且公平的经验现象相容。既有的文献往往把公平和效率当作两个截然分开的问题进行研究。即便在那些关注二者之间互动关系的文献中,要么把由公平到效率和由效率到公平的两种效应归于不同的逻辑过程;要么只能与部分而不是全部的经验现象相容。本文旨在提出一个新的研究思路,以便在一个统一的逻辑框架中,同时解释经济发展过程中的公平和效率问题。我们的观点是:① 从动

---

① 一般认为,当收入水平比较低时,边际储蓄倾向递增;当收入水平达到一个临界水平之后,边际储蓄倾向递减。

态角度讲,一个国家所采取的发展战略会同时影响公平和效率问题的实际状况。② 发展中国家普遍的现实情况是,置自身要素禀赋条件于不顾,奉行违背比较优势的赶超战略,扶持没有自生能力的企业,为此扭曲甚至是严重扭曲了经济生活的方方面面,使低收入者所拥有的最重要的劳动力资产的就业机会大为减少、劳动工资被严重压低。以市场经济为基本体制的发展中国家,如果采用此战略不仅经济效率低下而且收入分配也会很不公。发达国家如果也追求超越于其要素禀赋结构的高资本密集度、高技术部门的发展,那么其收入分配问题也不可避免地趋于恶化。当然,发达国家更多的是出于维持就业目的而采取保护劳动较密集的传统产业的政策,这种政策虽然牺牲了效率,但应该有助于收入分配达到较为公平的水平。③ 任何国家和地区,只有遵循比较优势战略来发展经济,经济体当中的企业才具有自生能力,从而不需要政府的扶持措施,整个经济体系也就不会受到扭曲;社会当中低收入者的劳动力资产才可以充分就业,公平和效率才有可能二者兼得。

本文后面部分的安排如下:第二部分阐述违背比较优势的赶超战略对经济发展绩效的影响机制;第三部分分析违背比较优势的赶超战略导致的收入分配不均等的问题;第四部分是对理论假说的经验检验,第五部分是结论。

第二节 违背比较优势的发展战略 对经济增长绩效的影响①

不同的发展战略将导致不同的经济发展绩效。之所以如此,是因为不同发展战略之下企业自生能力的情形各异。自生能力指的是在自由、开放、充分竞争的市场中,一个正常管理的企业获取社会上可接受的预期正常利润率的能力。如果一个正常管理的企业在竞争性市场中不能获得社会可接受的预期利润率,这样的企业是不会有人进行投资的;或者,投资后也不能继续经营下去,除了依靠政府的政策扶持外这样的企业是不可能存在的(Lin 1999;林毅夫 2002a)。显然,在自由、开放、充分竞争的经济中,一个企业经营、管理的好坏会影响这个企业实际的利润率水平。但是给定

---

① 这部分的讨论,我们已经进行了初步的经验检验工作。参见林毅夫,"发展战略、自生能力和经济收敛",《经济学季刊》第 1 卷第 2 期(2002 年 1 月),第 269—300 页。

正常经营管理的条件下,一个企业的利润率还决定于其产业和技术选择是否得当。

在自由竞争的市场中,只有实现了成本最小化的企业才有自生能力(林毅夫 2002a)。发展中国家(地区)劳动力相对丰富、资本相对稀缺,这就决定了在发展中国家(地区)有自生能力的企业进入的产业和采用的技术结构,一定是劳动相对密集的,而不是资本相对密集的。与发展中国家的情形相反,发达国家资本相对丰富、劳动相对稀缺,所以在发达国家里具有自生能力的企业进入的产业和采用的技术结构,一定是资本相对密集的。无论是发展中国家(地区),还是发达国家(地区),惟有按照市场竞争的要求,在市场引导之下发展有比较优势的产业,企业才会有自生能力,才能够使经济效率达到潜在的最高水平。然而现实中许多国家的政府都在一定程度上采取和上述要求相反的政策。

众所周知,二战以来,除了日本和东亚"四小龙"外,绝大多数发展中国家和地区与发达国家的技术和人均收入差距没有根本缩小,有些国家和地区甚至拉大了差距。仔细观察就会发现,成功者背后的共同因素是,它们实际上(不管是出于主观愿望还是出于现实制约)走了一条符合比较优势的发展道路,在其各个发展阶段较好地利用了当时的要素禀赋结构所决定的比较优势。而失败者背后的共同因素是其发展道路违背比较优势(林毅夫等 1999),这些发展中国家置要素禀赋结构于不顾,单单凭着热情和决心,以一代和/或几代人福利的牺牲为代价,建设那些技术结构和资本密集度接近发达国家水平的生产项目。发展中国家建设这些项目,必然要求企业大量使用相对稀缺、相对昂贵的资本,而少量使用相对丰富、相对便宜的劳动,因而在开放的市场中,其产品的成本必然高于资本相对丰富、资本价格相对低的发达国家同类产品的成本。这就决定了发展中国家建立的资本密集的生产项目,在开放竞争的市场中企业会没有自生能力。市场竞争的结果必然是,如果单单靠这些企业自身的力量,将竞争不过发达国家的同类企业。为了维持这些企业的生存,政府就要予以扶持或保护。

发展中国家政府扶持没有自生能力企业的具体措施涉及经济生活的方方面面。首先要为所扶持的企业筹集到足够的起步资本和建成之后的运营资本。然而,发展中国家之所以是发展中国家,就在于其资本相对短缺的特征。发展中国家和地区每个生产周期的经济剩余量少,而且极其分散,动员起来比较困难。所以发展中国家资本短缺、资本价格高。这就意味着所扶持的企业无力按照市场均衡的价格来支付所需的资本。那么,为了实现资本密集生产项目优先发展的战略目标,就必须人为压低这些生产项目所面对的资本相对于劳动的价格。McKinnon(1973)和 Shaw(1969)在研究发展中经济时,归纳出"金融压抑"和"肤浅的金融战略"等特征,其中最主要的特征之一就是利率水平低下。这个特征背后的原因,就是大量的发展中国家为了推行违背比较优势的发展战略,扶持没有自生能力的企业,而不得不采取以行政手段压低利率的政策。

赶超战略下所要优先发展的产业通常还需要从发达国家进口必要的机器、设备,而发展中国家可以出口的产品少、外汇短缺、由市场决定的外汇的比较高,为了让优先发展部门的企业能够以低廉的价格进口这些机器设备,通常政府还会人为扭曲汇率。

除了利率和汇率外,为了扶持缺乏自生能力的赶超企业,发展中国家的政府有时还会压低其他投入要素,如能源、交通的价格。

扭曲的价格体系必然会抑制供给、刺激需求,从而导致短缺。非优先发展部门会和优先发展部门争夺资源。为了保障战略目标中重点部门企业的发展,还需以行政手段直接干预资源的配置。

所有这些扶持手段综合作用之下,在短期之内或许还可以实现有限的产业/技术水平的提高,但是国民经济的整体增长速度缓慢,微观主体的效率低下,长期的经济绩效不尽如人意(林毅夫等 1994,1999),导致大多数发展中国家人均收入水平与发达国家的差距并没有缩小 (Pearson, et al. 1969;Romer 1994;林毅夫 2002a)。

就发达国家的情形而言,如果也像发展中国家那样,优先发展资本密集度超越于所处发展阶段要素禀赋结构的产业和企业,那么,赶超措施对经济增长效率的实际影响机制,与发展中国家的情形大致相同。所不同的是,发达国家需要进行赶超的部门和企业数量比较小,可以直接通过政府财政补贴来支持,不需要扭曲利率、汇率就可以达到目的。如果发达国家干预经济的目的,是维持因资本密集度低于所处发展阶段的要素禀赋结构而丧失比较优势的产业中那些缺乏自生能力企业的雇员的就业,如日本的农业、英国的煤矿产业,通常采取的方式也是直接给予补贴或是限制这类产品的进口。上述干预不可避免地对经济增长的效率带来消极的影响,但是,由于要保护、支持的产业在经济中的比重不大,所以负面的影响也会比较小。

第三节　违背比较优势的发展战略对
收入分配的影响

为了推行违背比较优势的战略、扶持没有自生能力的企业而实行的各方面的政策和制度安排，不仅导致经济效率低下，而且，还会影响收入分配。以下分别就发展中国家(地区)和发达国家的情形来分析。

一、违背比较优势的发展战略对发展中国家收入分配状况的影响

由于财富分配的原因，发展中国家(地区)本来就存在社会公平方面的问题。要改善收入分配状况，需不断提高社会当中经济地位低下的群体在全社会的相对经济地位。而经济地位低下的群体所具有的能够用来获取财富的全部手段和资产，几乎就是他们的劳动力。对于相对富裕的阶层来讲，除了劳动力之外他们还拥有一些其他的资产，如土地、资本、良好的教育、人际关系、政经网络等可以用来获取收入。要提高经济地位低下群体在社会中的相对收入水平，惟一可持续的途径只能是给予他们所拥有的劳动能力以最大、最充分的就业机会，以及按供求决定的合理价格。如果发展中国家按照自身的比较优势，大力发展劳动密集型产业，就能使劳动者获得最充分的就业机会，从而分享经济发展的果实。而且，按比较优势战略发展经济，可以最快地积累资本，使要素禀赋结构由劳动力相对丰富、资本相对短缺的状况，逐渐改变为劳动力相对短缺、资本相对丰富的状况(林毅夫等 1999；林毅夫 2002a)。在这个发展过程中，原来属于低收入阶层的劳动者的收入也会随着资本的积累、产业和技术的升级，以及劳动边际生产力的提高而不断增加，收入分配的情形也就会随着经济的增长而不断趋于平等。不难理解，如果发展中国家按照比较优势战略发展经济，其效率和公平目标，就能够协调起来(林毅夫 2002b)。

反之，如果一个发展中国家采取赶超战略而优先发展不具比较优势的资本密集型产业和密集使用资本的技术结构，那么，由于优先发展的资本密集部门不能创造多少就业机会，绝大多数劳动力只能滞留在劳动边际生产率低下的传统部门就业，工资水平难以提高；同时，政府为了实现赶超目标，必须扭曲各种价格信号，用行政力量配置资源(林毅夫等 1999；林毅夫 2002a)。其结果必然是寻租行为盛行、经济效率低下。少数受到保护的

资本家可以聚集大量的财富,而多数劳动者的收入情形则难于改善,最终使收入分配的情形日益恶化。① 由此可见,如果落后国家在发展早期资本相对稀缺的条件之下,就确立高技术的资本密集部门优先发展的战略,那么,二元经济的格局就不可避免地形成并固化。②

具体而言,违背比较优势,走赶超式的发展道路,会在四个方面人为地恶化社会公平方面的问题:人与人之间收入差距扩大;地区差距扩大;社会腐败行为获得了制度上的温床;经济缺乏效率致使可用以对丧失劳动能力群体转移支付的资源量小于潜在水平。

违背比较优势的发展模式会拉大人与人之间的收入分配差距。这是为扶持没有自生能力的企业而扭曲整个经济价格体系的必然结果。资本相对于劳动的价格人为压低之后,尽管优先发展部门面临的成本被人为压低,但同时也刺激了非优先发展部门对资本的需求,并抑制了这些部门对劳动的需求。这些部门会和优先发展部门争夺资本。为了保障优先发展部门的发展目标,政府往往人为地把要素市场分割为一种二元市场的格局,其中的一元是政府从全部社会生产要素禀赋资源中,先拿出足以满足优先发展部门需要的资源,配置到优先发展的部门中去。显然这一元要素市场占有的资本量非常大,而吸收的劳动力则比较少。由此导致的结果是,另一元要素市场的"剩余资本禀赋量"和"剩余劳动禀赋量"之比的结构,甚至低于全社会的总比例。结果是非优先发展部门实际面临的资本和劳动的相对价格,高于优先发展部门所面对的水平,甚至高于没有任何扭曲时的市场均衡的资本和劳动的相对价格。这种分割的二元要素市场的直接含义,就是不同部门就业人员的收入水平差距拉大。优先发展部门就业人员的工资,高于非优先发展部门就业人员的工资。

---

① 社会主义国家在城市采用均等的工资制度,在农村采用具有平均主义性质的工分制,这使得城市居民之间的收入和农村同一生产队之内农民的收入趋于平均,但城乡之间和不同生产队之间的收入水平差距则很大。研究表明合作化运动并未减少农村的收入不平均(Perkins and Yusuf 1984, chap. 6)。世界银行的研究则发现中国在经济体制改革之前的 GINI 系数和印度大致相同,1980 年中国的 GINI 系数为 0.32 (Ying 1995),1983 年印度 GINI 系数为 0.3149(Datt 1995)。但在计划经济下,由于收入来源单一,贪污、受贿易于被察觉,而且,有钱也难以买到东西,因此,贪污受贿的情形较少。

② 发展中国家推行赶超战略,国内的资本往往不敷使用,在用完国内资金后,可能会依靠国外的资金再维持一段时间的发展。但由于发展中国家优先发展的产业不具国际竞争力,无法赚取足够的外汇来还本付息,当他们必须偿还外汇借款时,就会出现金融、货币危机。而且,因为国内优先发展起来的产业不具比较优势,而国内具有比较优势的产业因为缺乏资金得不到充分发展,此时,如果被迫打开国门,实行完全开放,危机就会爆发。当危机发生时,低收入人群总是受害最甚。

政府为了扶持重点部门的发展而压低初级原料和其他中间投入品的价格之后，这些投入品的供给部门的利润空间缩小，进而其从业人员的收入水平也就不可避免地相应压低。从而会使收入分配趋向于不平等。

违背比较优势的赶超发展模式还会拉大地区差距。发展中经济内部地区之间发展水平本来就参差不齐，各个地区的要素禀赋结构不同、比较优势有所差异。但是，当实施违背比较优势的赶超发展战略时，政府不仅不能让各个地区之间协调发展，反而会以压低价格的方式动员整个经济体中可以动员的一切必要资源，以扶持少数地区中少数项目的发展。按照管制的低价进行资源的地区间转移，其后果必然是获得扶持的资源输入地区的发展水平高过资源输出地区。而且赶超的力度越大、优先发展的部门增长越快，则地区差距就越大。

赶超战略之下，腐败的滋生和大量非生产性活动对收入分配也会产生负面影响。优先发展的部门在社会当中享有的地位要高于其他部门，游说政府的能力也高于其他部门。这个事实造成两方面的效应：其一，有大量的资源用于游说政府，争取补贴和扶持，造成了极大的浪费，滋长了寻租之风；其二，优先发展部门的各种优惠条件，为腐败活动提供了先天的土壤。通过游说得到补贴，较之改善管理、提高绩效，要容易得多。决策阶层实际上掌握着大量的资源，为了得到这些资源，即使是各个优先发展部门之间，也要展开竞争。但是他们往往通过腐败手段来争取资源。倘若一个经济体的法治或者行政系统自上而下的监控还能够有效地运转，那么腐败尚且不会严重恶化。但是，一旦法治和行政系统运转不畅，腐败问题会急剧恶化。腐败和寻租导致了社会特权阶层的形成，必然拉大收入差距，严重影响社会公平。

实施赶超战略减少了社会经济剩余，致使对于社会弱势群体的救济水平比较低。一个社会的弱势群体大致有三类：其一，先天或事故等原因而丧失劳动能力的人群；其二，因为年龄小而不具备劳动能力的儿童，以及因为年龄大而自然丧失劳动能力的退休人员；其三，大量有劳动能力而经济地位低下的人群。我们上面分析的主要着眼点，是违背比较优势的赶超发展道路对第三种弱势群体的影响。① 就第一、第二种人群而言，任何社会

---

① 在我们看来，前面述及的福利经济学第二定理的本来含义，应该是对于第一和第二种人群的禀赋转移，而决不应该是对上面第三种人群的禀赋转移。因为社会如果持续地靠从一部分人那里转出资源扶助第三种人群，势必扼杀资源转出方的积极性。对于第三种人群来说，可以持续的办法只能是为其创造就业机会和提高人力资本价值。

都应该通过社会保障、社会救济体系积累的资金，以及家庭其他成员的收入，为之提供基本的生活保障，这是社会公平的题中之意。而社会能够划拨出来的用于救助第一和第二种人群的资源，以及家庭中从事劳动的人员的收入水平，均取决于社会整体经济增长状况。违背比较优势的赶超道路导致经济效率低下，这意味着能够提供给第一、二种人群的资源少，有时政府甚至会把本来应该留作社会救助和社会保障的基金，用来扶持优先发展部门。这样一来，社会上真正需要通过转移支付来扶持的弱势群体，处境会恶化，社会公平就更无从谈起了。

当然，从理论角度而言，发展中国家也有可能为了就业而保护失掉比较优势的产业中缺乏自生能力的企业，但是，发展中国家政府可动员的资源少，保护落后产业的能力低，在现实中这种情况也基本不存在。

二、违背比较优势的发展战略对发达国家收入分配状况的影响

发达国家的情形和发展中国家有所区别。发达国家政府有可能基于两种不同目的干预经济，相应也就会对收入分配状况产生两种不同的影响。首先，发达国家政府为维持就业等而实现的干预措施，将使收入分配的均等程度高于没有干预时的水平。发达国家里密集使用劳动力的企业不符合其比较优势、没有自生能力。所以随着经济的不断发展，发达国家中产业部门和企业必然会按照劳动密集程度由高到低的顺序，渐次退出生产。而这些部门和企业中的雇员就会面临失业和重新就业的问题，这就使得社会的收入分配公平状况至少在达到新的均衡前的时期里趋于恶化。如果发达国家政府出于维护就业和控制收入分配局面的目的，通过关税等贸易壁垒以及财政税收、补贴等手段来维持这些企业的生存，那么，收入分配问题可以得到改善。[①] 其次，如果发达国家也像发展中国家那样，追求资本密集度超前于其所处发展阶段要素禀赋结构的产业和企业的优先发展，那么也必然像推行赶超战略的发展中国家一样，使收入分配问题趋于恶化。[②] 只不过在发达国家里为实现这种赶超而需要的干预力度小于发展中国家的情形，所以，对收入分配的不利影响也小于发展中国家的情形。

---

① 但整个经济体的效率必将受到负面影响(林毅夫 2002a)。
② 同时经济效率也将受到不利的影响。

第四节　经济发展战略和收入分配之间
关系的经验检验

本节就上述关于经济发展战略和公平与效率的关系进行经验检验。作者之一已经检验了发展战略和经济增长之间的关系。结果表明，发展中国家越是顺应比较优势来选择各个阶段要发展的产业/技术，则该国的人均收入水平就以越快的速度向发达国家的水平收敛，理论推断吻合于经验事实。具体的结果请参见林毅夫(2002a)。这里着重检验上文归纳的关于经济发展战略和收入分配之间关系的理论推断。

我们的理论假说是，如果一个国家或地区优先发展资本密集度超越于所处的发展阶段要素禀赋结构所决定的最优的产业/技术，就会使收入分配状况趋于恶化。在介绍可证伪的命题之前，首先介绍发展战略的度量指标。

一、度量发展战略特征的指标

作者之一(林毅夫 2002a)构造了一个技术选择指数(TCI)来度量发展战略的特征。其原理如下：

一个经济体在顺应比较优势的条件下，其制造业最优的资本投入量和劳动投入量最优结构，内生决定于整个经济体的资本禀赋量和劳动禀赋量结构。亦即，一个经济体的制造业的最优资本密集度水平，是该经济体当中资本和劳动禀赋结构的函数。

$$\left(\frac{K_i}{L_i}\right)^* = f\left(\frac{\overline{K}_i}{\overline{L}_i}\right) \tag{1}$$

上式左边的项代表制造业的最优资本劳动投入比例；$\overline{K}_i/\overline{L}_i$ 代表整个经济体的资本劳动禀赋相对结构。为了度量一个经济体的发展战略对比较优势战略的偏离程度，首先定义制造业实际的技术选择指数 TCI，该指数的具体表现形式是一个经济体的制造业的实际资本/劳动比率，除以整个经济体的资本/劳动禀赋量比率。即：

$$\text{TCI} = \frac{(K_i/L_i)}{(\overline{K}_i/\overline{L}_i)} \tag{2}$$

前面的理论分析表明，政府的发展战略决策会影响到该经济体的 TCI 指数的大小。

接下来定义制造业最优的技术选择指数 TCI^*。一个显然成立的原理是,资本相对丰富的经济体当中制造业的最优资本密集度,高于资本相对稀缺的经济体的水平。换言之,资本/劳动禀赋比例越高的经济,其制造业的最优资本/劳动投入量之比也越高。我们假定(1)式中的函数关系是如下的线性形式[1]:

$$\left(\frac{K_i}{L_i}\right)^* = \omega \cdot \left(\frac{\bar{K}_i}{\bar{L}_i}\right) \tag{3}$$

上式中的 ω 是一个正的常数。基于上述,定义最优技术选择指数 TCI^* 为:

$$TCI^* = \frac{(K_i/L_i)^*}{(\bar{K}_i/\bar{L}_i)} = \omega \tag{4}$$

TCI^* 就是给定一个经济体的要素禀赋结构条件下的最优 TCI。[2]

可以采取如下的定义,间接地度量政府的实际发展战略对于比较优势战略的偏离程度:

$$DS = TCI - TCI^* = TCI - \omega \tag{5}$$

如果一个国家(地区)的决策当局推行顺应比较优势的发展战略,则 $DS=0$。如果优先发展资本密集度超越于所处发展阶段要素禀赋结构所决定的具有比较优势产业,则 $DS>0$。进一步,DS 的实际取值越是大于 0,则表明赶超力度越大。反之,如果像有些发达国家那样为维持就业而保护资本密集度落后于所处发展阶段要素禀赋结构的传统产业,则 $DS<0$。

二、待检验的假说和经验检验方程式的设定

我们以衡量收入分配公平程度的指标 GINI 系数作为被解释变量。前文的分析可以归纳为如下可证伪的假说:

假说:如果一个国家(地区)以越大的力度优先发展资本密集度超越于所处发展阶段要素禀赋结构所决定的产业、产品和技术,则其收入分配越趋向于不公平。

为检验这个假说和其他的竞争性假说,我们构造如下的计量检验方程

经济发展战略与公平、效率的关系

---

① 现实当中,制造业最优资本劳动投入比例和整个经济体的资本劳动相对禀赋结构之间的实际函数关系可能非常复杂,不过难以通过建立理论模型推导出其精确形式。所以经验研究中只能简化处理。

② TCI^* 除决定于要素禀赋结构之外,还受到发展阶段和自然资源丰裕程度的影响。我们这里不考虑这些因素。

式：

$$\text{GINI}_{i,t} = C + \alpha \text{DS}_{i,t} + \beta X + \varepsilon \tag{6}$$

(6)式中，$\text{GINI}_{i,t}$ 代表当前时期 t 第 i 国的 GINI 系数；C 是常数项，$\text{DS}_{i,t}$ 代表相应的 t 时期 i 国的实际赶超力度指标。按照我们的理论推断，赶超力度越大，则收入分配越趋向于不公平，那么 $\text{GINI}_{i,t}$ 与赶超力度 $\text{DS}_{i,t}$ 呈现正向的关系，即 α 为正。X 代表其他的解释变量，β 是这些变量的系数。ε 是残差项。

由于 ω 不可从实证上观察，所以无法直接计算 DS 的取值。但是，注意到 ω 是一个正的常数，所以在回归分析时，可以将(6)式经由(6′)式最终展开为(6″)式。

$$\text{GINI}_{i,t} = C + \alpha(\text{TCI}_{i,t} - \omega) + \beta X + \varepsilon \tag{6′}$$

$$\text{GINI}_{i,t} = C' + \alpha \text{TCI}_{i,t} + \beta X + \varepsilon \tag{6″}$$

在(6″)式中，$C' = C - \alpha\omega$。下面的回归分析中将估计的方程式是(6″)式。

三、变量和数据集说明

我们所选用的 GINI 系数数据，来自 Deininger 和 Squire(1996)数据集的一个修订版，下载自世界银行。[①] 该数据集报告了众多文献对有关国家 GINI 系数的估计。[②] 其中有的用收入数据进行估计，有的用消费支出数据进行估计；各种估计所涵盖的范围也不尽一致。Deininger 和 Squire(1996)对各项 GINI 系数估计的质量给出了评估。我们采用数据质量为"较好"（"Accept"）[③] 的那一类。

需要说明的是，我们根据 Deininger 和 Squire(1996)的研究结果，对原始数据中基于收入估计的 GINI 系数和基于支出估计的 GINI 系数作了必要的调整，将按照消费支出估计的 GINI 系数加上 6.6。这个数是两种口径估计结果平均的差值。

TCI 指数的具体计算办法和资料来源，请参见林毅夫(2002a)附录 II 当中的介绍。本文的附录中给出了本文用于计量分析的样本国家（地区）GINI 系数（调整口径之后）和 TCI 指数数据集。

---

① 网址为 http://www.worldbank.org/research/growth/dddeisqu.htm。

② GINI 系数通常是以百分数计量的。世界银行的数据集中的 GINI 系数是通常意义的 GINI 系数乘以 100 得到的。

③ 判断 GINI 系数质量是否"较好"的标准，参见 Deininger 和 Squire(1996, pp.567—571)。

全部 Panel 数据集涉及 36 个国家(地区)从 1970—1992 年间的 290 个观察值。其中,能够同时得到 TCI 指数,以及 1992 年人均收入水平在 10 000 美元以下、且具有"较好"("Accept")质量的 GINI 系数的发展中国家(地区)数目有 18 个,这 18 个发展中国家(地区)的 Panel 数据一共有 108 个观察值。图 3 和图 4 是基于发展中国家数据集和全部数据集描出的散点图。从图中可以看出,正如理论预期的那样,实际 TCI 指数的值越大,GINI 系数越趋向于上升。

为了同时检验其他的竞争性假说,我们还引入了如下解释变量。

人均收入($GDPPC_{i,t}$)和人均收入的倒数($GDPPC\text{-}1_{i,t}$)。这两个变量用来检验库兹涅茨倒 U 型曲线的假说。如果该假说成立,那么,这两个解释变量系数的符号应该显著为负。[①]

其次,根据 Li, Squire 和 Zou(1998)基于 Deininger 和 Squire(1996)的整个数据集进行的严格的检验得到的结果,GINI 系数就各个国别自身来说,在时间上是相对稳定的。基于这个发现,为控制各个发展中国家(地区)众多因素在历史上累积的对收入分配影响,以及国别之间若干不可观察因素的影响,我们引入了初始年份的 GINI 系数,记为 IGINI。由于数据集的限制,我们能够得到的各个国家(地区)的初始年份并不一致。但是,一般而言,可以认为,不论初始年份具体为哪一年,各初始年份的收入分配越不平等,IGINI 系数就越高,则给定其他条件不变情况下,后续年份的GINI 系数也相对越高。为此,IGINI 在方程(6″)中系数的符号应该为正。

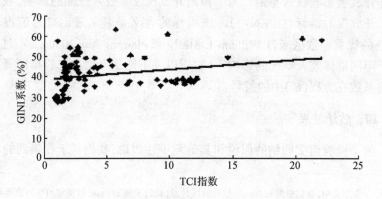

**图 3　1970—1992 年期间 18 个发展中国家(地区)
TCI 指数和 GINI 系数的经验关系**

[①]　关于这个检验的方程设定,可参见 Deininger 和 Squire(1998)。

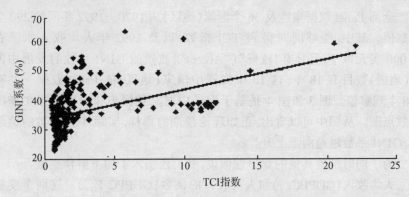

图 4   1970—1992 年期间 36 个国家（地区）
TCI 指数和 GINI 系数的经验关系

另外，政治腐败和官僚清白程度显然也会影响收入分配状况。为此我们引入了另外两个解释变量：政府腐败指数（$CORR_{i,t}$）和官僚质量指数（$BQ_{i,t}$）。两个指标的数据来自 Jeffrey D. Sachs 和 Andrew M. Warne（1997），这两个指标对于每个国家来说，在整个分析时间段之内为一个固定的值。指数的取值越高，则政府越清廉，官僚质量越高。按照理论预期，这两个解释变量系数的符号应该为负。

贸易状况将会影响要素相对价格（Samuelson 1948），而且会影响到不同部门的市场空间，进而影响这些部门的就业容量（Krugman, 1997），所以对外开放会影响收入差距。为了控制开放程度对收入分配的影响，我们引入了开放度的指标（$OPEN_{i,t}$）。该指标的含义是名义进出口总值占名义 GDP 的比重。数据来自 William Easterly 和 Hairong Yu（2000）。不过开放对于不同群体收入状况的影响不同，所以并不能从理论上先验推断开放程度的系数在方程(6″)中的符号。

四、估计结果[①]

为了检验前文归纳的假说和其他竞争性假说，我们基于收集到的 Pan-

---

① 在正文中，我们根据 Hausman 检验的统计量，报告了基于 Panel 数据集的单向或者双向效应模型的估计结果。另外，我们还在正文的表 2 和表 3 中报告了拉格朗日乘子检验（LM 检验）统计量。表 2 和表 3 的模型 I、模型 II、模型 IV 和模型 V 的 LM 检验结果均表明，不能拒绝仅仅包含各个解释变量而不控制时间随机效应的 OLS 的估计结果。为此我们在附录 1-1 和附录 1-2 中，分别报告了针对表 2 和表 3 的上述 4 个模型的 OLS 估计结果。这些结果也表明经验事实和我们的假说相容。

el 数据集,运用 LIMDEP7.0 的计量软件对(6″)式进行回归拟合。我们首先分析了全部国家的数据集,结果报告于表 2 中;另外分析了发展中国家的数据集,结果报告于表 3。

表 2　基于全部 36 个国家(地区)数据集的估计结果

解释变量	模型 I[b]	模型 II[b]	模型 III[a]	模型 IV[b]	模型 V[b]	模型 VI[a]
常数	9.56	6.53	36.83	6.17	6.60	34.62
	(0.000)***	(0.000)***	(0.000)***	(0.000)***	(0.000)***	(0.000)***
TCI	0.15	0.30	0.37		0.21	0.46
	(0.063)*	(0.000)***	(0.092)*		(0.032)**	(0.026)**
IGINI	0.791	0.81		0.81	0.80	
	(0.000)***	(0.000)***		(0.000)***	(0.000)***	
GDPPC			−0.30E-3	0.82E-5	−0.85E-6	
			(0.106)	(0.906)	(0.990)	
GDPPC-1			2 399.1	3 373.6	1 547.3	
			(0.358)	(0.004)***	(0.288)	
CORR	1.25					
	(0.000)***					
BQ	−1.45					
	(0.000)***					
OPEN	−0.021					
	(0.0102)**					
调整后的 R^2	0.7981	0.7761	0.8942	0.7725	0.7757	0.8938
LM 检验统计量	1.47	0.60	973.42	1.56	0.89	643.2
LM 检验 p 值	(0.225)	(0.440)	(0.000)	(0.211)	(0.345)	(0.000)
Hausman 统计量	1.60	0.84	8.59	2.59	2.26	4.09
Hausman 检验 p 值	(0.901)	(0.657)	(0.035)	(0.459)	(0.689)	(0.043)
样本容量			290			

　　1. LM 检验的零假说是:"不存在国别和时间上的随机效应"。备择假说是:"存在国别和时间上的随机效应"。(另外,请参见附录 1-1)

　　2. Hausman 检验的零假说是:"存在国别和时间上的随机效应"。备择假说是:"存在国别和时间上的固定效应"。

　　3. *、**和***分别表示有关变量的系数在 10%、5%和 1%的水平上显著异于零。(下同)

　　a:双向固定效应估计。

　　b:单向时间随机效应估计。

　　我们首先估计了以技术选择指数(TCI)、初始 GINI 系数(IGINI)、政府腐败指数($CORR_{i,j}$)和官僚质量指数($BQ_{i,t}$)作为解释变量的模型 I。由于初始 GINI 系数(IGINI)、政府腐败指数($CORR_{i,t}$)和官僚质量指数($BQ_{i,t}$)等变量不随时间而改变(Time Invariant),共线性问题致使无法估计双向国别固定效应模型;另外这些变量又控制了国别的影响,所以模型 I 中我们估计单向时间效应模型。在全部国家数据集以及发展中国家数据集的分析中，模型 I 的 Hausman 检验拒绝固定效应模型，所以在表 2 和表 3 中报告了单向时间随机效应模型的估计结果。从估计的结果来看，如我们的理论假说所预期的那样，36 个国家的数据集中，TCI 指数的系数符号在 10% 的显著性水平上为正；18 个发展中国家数据集中，则在 5% 的显著性水平上为正。

表 3　基于 18 个发展中国家（地区）数据集的估计结果

解释变量	模型 I[b]	模型 II[b]	模型 III[c]	模型 IV[b]	模型 V[b]	模型 VI[c]
常数	2.33	3.85	43.73	8.00	8.53	42.09
	(0.471)	(0.022)**	(0.000)***	(0.001)***	(0.000)***	(0.000)***
TCI	0.27	0.23	0.44		0.19	0.44
	(0.017)**	(0.005)***	(0.044)**		(0.057)*	(0.026)**
IGINI	0.91	0.89		0.89	0.88	
	(0.000)***	(0.000)***		(0.000)***	(0.000)***	
GDPPC			$-0.24E-3$	$-0.73E-3$	$-0.71E-3$	
			(0.460)	(0.005)***	(0.005)***	
GDPPC-1			-1989.1	-1846.4	-3457.5	
			(0.520)	(0.300)	(0.078)*	
CORR	0.39					
	(0.363)					
BQ	-0.37					
	(0.386)					
OPEN	0.01					
	(0.586)					
调整后的 R^2	0.8302	0.8285	-0.2431	0.8339	0.8393	-0.2686
LM 检验统计量	0.18	0.12	432.38	0.03	0.00	459.26
LM 检验 p 值	(0.672)	(0.725)	(0.000)	(0.864)	(0.997)	(0.000)
Hausman 统计量	0.63	0.40	3.18	5.24	4.00	0.00
Hausman 检验 p 值	(0.987)	(0.817)	(0.365)	(0.155)	(0.406)	(0.991)
样本容量			108			

1. LM 检验的零假说是："不存在国别和时间上的随机效应"。备择假说是："存在国别和时间上的随机效应"。（另外，请参见附录 1-2）

2. Hausman 检验的零假说是："存在国别和时间上的随机效应"。备择假说是："存在国别和时间上的固定效应"。

3. *、** 和 *** 分别表示有关变量的系数在 10%、5% 和 1% 的水平上显著异于零。（下同）
b：单向时间随机效应估计。
c：双向随机效应估计。

模型 I 的估计结果中，政治腐败变量的系数符号为正，这和通常的推断相反；而官僚质量变量系数的符号为负，符合预期。在全部 36 个国家的数据集中，两个变量均在 1% 的显著性水平上异于零，在 18 个发展中国家数据集的分析结果中则均不显著异于零。而出现政治腐败变量的系数为正的情形，则令人费解。我们认为其中一个可能的原因是，腐败等因素对收入分配的影响难以在收入分配调查时得到准确的反映。另外,这两个变量的取值本来是离散的,只有1—6六个正整数,近乎虚拟变量,所以,也难以反映政治和官僚方面的基本情况。与这两个变量形成对照的是,TCI指数的符号一直稳定为正。

在36个国家的数据集分析结果中,模型I开放程度(OPEN)的系数的符号,在5%的显著性水平上为负;而在18个发展中国家数据集的分析结果中则为正,但是不显著。开放对于熟练劳动力和非熟练劳动力、可贸易部门和不可贸易部门、在开放的短期和长期之内的不同影响,是极其复杂的。我们这里的小样本经验证据,不足以导出一般性的结论来。

Lin(2002a)的分析和前文的分析均表明,政府腐败指数($CORR_{i,t}$)、官僚质量指数($BQ_{i,t}$),以及开放程度(OPEN)都内生决定于发展战略。为了避免这里的内生性问题①,我们估计了不包含这几个解释变量的模型II。在全部36个国家数据集和18个发展中国家数据集当中,Hausman检验均拒绝了固定效应模型,我们报告了单向时间随机效应模型的估计结果。结果表明,TCI指数均在1%的显著性水平上为正,与我们的假说相容。

从表2和表3报告的估计结果来看,模型I和模型II里,IGINI系数的符号均在1%的显著性水平上为正。这与Li, Squire和Zou(1998)检验结果相一致。不过模型II所检验的我们的假说,较之Li, Squire和Zou(1998)的结果,提供了更多的信息。即:不论初始的收入分配状况如何,未来时期收入分配状况的演变路径,将受到未来时期发展战略的显著影响。给定初始收入分配状况,如果推行赶超战略,则收入分配趋于不平等;反之,如果按照比较优势战略发展经济,或是采取就业保护政策,那么未来时期的收入分配会比初始时期变得更加均等。

我们的数据集能够用来检验库兹涅茨倒U假说。为了将库兹涅茨假说和我们的假说相对比,我们估计了3个模型:模型III、模型IV和模型V。模型III当中包括人均收入($GDPPC_{i,t}$)、人均收入的倒数($GDPPC-1_{i,t}$),以及TCI指数作为解释变量;模型IV当中包括人均收入、人均收入的倒数,以及IGINI系数作为解释变量;模型V在模型IV的基础上再引入TCI指数作为解释变量。就模型III而言,由于三个解释变量均随时间改变,所以可以估计双向固定效应模型。在全部36个国家数据集的估计

---

① 在全部36个国家的数据集中,TCI指数和政治清白程度指数的相关系数为 - 0.65;TCI指数与官僚清白程度指数的相关系数为 - 0.6。

结果中，Hausman 检验拒绝了双向随机效应模型，我们报告了双向固定效应模型的估计结果；而 18 个发展中国家数据集的估计结果中，Hausman 检验拒绝了双向固定效应模型，我们报告了双向随机效应模型的估计结果。就模型 IV 和模型 V 而言，全部 36 个国家数据集和 18 个发展中国家数据集的估计结果表明，Hausman 检验均拒绝单向固定效应模型，我们报告了单向时间随机效应模型的估计结果。

表 2 和表 3 报告的模型 III 和模型 IV 估计结果均表明，人均收入(GDP-PC$_{i,t}$)和人均收入的倒数(GDPPC-1$_{i,t}$)的系数要么符号不显著，要么在有的场合下系数符号根本就和库兹涅茨假说的预期相反。而模型 III 涉及的 TCI 指数的系数的符号，则均显著为正。其中，在 36 个国家的数据集中，显著性水平为 10%，在 18 个发展中国家数据集中显著性水平为 5%。

就模型 V 而言，全部国家数据集的估计中，显然拒绝了库兹涅茨假说；而发展中国家数据集的估计结果则支持库兹涅茨假说。与之相对照，TCI 系数的符号在 36 个国家和 18 个国家的数据集中均比较稳定，且在 36 个国家数据集中以 5% 的显著性水平为正；在发展中国家数据集中以 10% 的显著性水平为正。

最后为了比较起见，我们估计了仅包括 TCI 作为解释变量的模型 VI，在全部 36 个国家数据集当中，Hausman 检验拒绝了双向随机效应模型，我们报告了双向固定效应模型的估计结果。在 18 个发展中国家数据集当中，Hausman 检验拒绝了双向固定效应模型，我们报告了双向随机效应模型的估计结果。估计的结果印证了我们的假说，TCI 指数均在 5% 的显著性水平上为正，但在只包括 18 个发展中国家样本的估计结果中，R^2 为 -0.0886。

综合模型 III、模型 IV、模型 V 和模型 VI 的全部估计结果，尽管基于 18 个发展中国家的数据集的模型 V 的估计结果支持库兹涅茨假说，但是很难认为该假说是普适的(Robust)。如果说我们的小样本检验所采集的数据少、代表性不强的话，Deininger 和 Squire(1998)基于他们的大样本数据集(Deininger and Squire 1996)对库兹涅茨倒 U 型假说的严格的检验结果，则是比较可信的。具体的估计结果请参见他们的论文。在他们关于库兹涅茨假说的几种可能情形的检验结果当中，只有一种情形下库兹涅茨假说获得了经验支持，即：将各个国家 10 年期间的 GINI 系数平均之后，比较各国横截面上平均 GINI 系数和人均收入之间的关系。然而，让人们感兴趣的是他们接着给出的说明：库兹涅茨假说在这里获得的经验支持不稳定，对于其他情况比较敏感，一旦引入拉丁美洲国家的虚拟变量，检验结果就不支持库兹涅茨假说。

综合上述所有的检验，TCI 指数的系数的符号在各种模型和各种估计方法中均显著为正。由此可以归纳出一个基本判断：无论是 36 个国家在 1970—1992 年期间的发展战略和收入分配之间关系的经验证据，还是 18 个发展中国家(地区)在相同时期的经验证据，都与我们的假说相容。也就是说，TCI 指数越高，即赶超力度越大，则 GINI 系数越高，收入分配越不公平。

第六节　结　　论

综合全文的分析可见，困扰诸多国家和地区的公平和效率的两难问题，并不像许多文献讨论的那样相互割裂，它们两者实际上都共同受到一个国家和地区所奉行的经济发展战略的影响。置自身要素禀赋结构状况于不顾，举全国之力推行少数资本密集部门的技术赶超战略，势必使担负赶超任务的企业没有自生能力。为扶持这些没有自生能力企业的生存并保障赶超目标的实现，政府必须扭曲经济体系的方方面面，最终使得经济的实际增长速度低于潜在水平，进而无法实现向发达国家收入水平的收敛(林毅夫 2002a)，同时还会恶化收入分配问题。

广大发展中国家必须放弃赶超战略，代之以符合自身比较优势的发展战略，其企业才会有自生能力，从而才能够快速地发展经济，使得要素禀赋结构以可持续的最快速度提升，技术和产业结构也才能够以最快的速度升级。同时，顺应比较优势的发展战略之下，仅有劳动力的低收入人群能够得到最为充分的就业机会，随着资本的积累，劳动的边际产值和劳动收入不断提高，相反地，资本的边际产值不断下降，依靠资本为其主要收入的富有人群和依靠劳动收入的人群之间的收入差距也就会不断减少，收入分配将会趋于均等。同时，腐败和寻租行为的制度基础在比较优势战略之下也不复存在。进一步地，高效率的经济增长会使得社会保障和救济体系获得更多的资金积累，从而使丧失劳动能力的人群也能够共同分享发展带来的利益。

对高收入的发达国家而言，同样也不应该追求资本密集度超越于所处发展阶段要素禀赋结构的技术和产业结构的优先发展，否则其收入分配和经济增长状况也均会恶化。

当然，由于资料的限制，在计量分析中我们只涉及 36 个国家(地区)的市场经济国家。在一个比较大的样本、包括更多国家和地区的经验研究中，我们的结论是否能得到支持，则有待于未来的进一步研究，我们期盼、也欢迎这样的进一步研究。

附录 1-1　表 2 中相关模型对应的 OLS 估计

解释变量	模型 I	模型 II	模型 IV	模型 V
常数	9.49	6.52	6.01	6.52
	$(0.000)^{***}$	$(0.000)^{***}$	$(0.000)^{***}$	$(0.000)^{***}$
TCI	0.16	0.31		0.22
	$(0.053)^{*}$	$(0.000)^{***}$		$(0.024)^{**}$
IGINI	0.79	0.81	0.81	0.80
	$(0.000)^{***}$	$(0.000)^{***}$	$(0.000)^{***}$	$(0.000)^{***}$
GDPPC			0.16E-4	0.34E-5
			(0.824)	(0.965)
GDPPC-1			3 401.8	1 457.9
			$(0.004)^{***}$	(0.317)
CORR	1.25			
	$(0.000)^{***}$			
BQ	-1.45			
	$(0.000)^{***}$			
OPEN	-0.02			
	$(0.013)^{**}$			
调整后的 R^2	0.8138	0.7933	0.7900	0.7931
样本容量		290		

附录 1-2　表 3 中相关模型对应的 OLS 估计

解释变量	模型 I	模型 II	模型 IV	模型 V
常数	1.96	3.77	7.94	8.49
	(0.0520)	$(0.020)^{**}$	$(0.001)^{***}$	$(0.001)^{***}$
TCI	0.26	0.21		0.19
	$(0.013)^{**}$	$(0.006)^{***}$		$(0.051)^{*}$
IGINI	0.92	0.90	0.90	0.88
	$(0.000)^{***}$	$(0.000)^{***}$	$(0.000)^{***}$	$(0.000)^{***}$
GDPPC			-0.72E-3	-0.71E-3
			$(0.006)^{***}$	$(0.006)^{***}$
GDPPC-1			$-1 928.3$	$-3 541.9$
			(0.279)	$(0.069)^{*}$
CORR	0.36			
	(0.370)			
BQ	-0.34			
	(0.406)			
OPEN	-0.014			
	(0.472)			
调整后的 R^2	0.8387	0.8398	0.8440	0.8482
样本容量		108		

国别	年份	GINI 系数	TCI 指数	国别	年份	GINI 系数	TCI 指数
澳大利亚	1976	34.33	0.5316	哥斯达黎加*	1971	44.40	2.0531
	1978	38.10	0.5005		1977	50.00	1.6400
	1979	39.33	0.4849		1979	45.00	1.6188
	1981	39.96	0.4429		1981	47.49	1.5688
	1985	37.58	0.5109		1982	42.00	1.5892
	1986	40.60	0.5528		1983	47.00	1.5888
	1989	37.32	0.6254		1986	42.00	1.7352
	1990	41.72	0.6817		1989	46.07	1.6048
	1976	34.33	0.5316	丹麦	1976	31.00	0.8019
比利时	1979	28.25	0.7256		1981	30.99	0.9097
	1985	26.22	0.8455		1987	33.15	0.9616
	1988	26.63	1.0833		1992	33.20	0.9004
	1992	26.92	1.4058	埃及*	1975	44.60	3.9430
加拿大	1971	32.24	1.0477		1991	38.60	3.2550
	1973	31.60	0.9931	芬兰	1971	27.00	0.9170
	1974	31.03	0.9914		1977	30.45	0.9127
	1975	31.62	1.0301		1978	30.41	0.9181
	1977	31.97	1.0863		1979	31.06	0.8671
	1979	31.00	0.9793		1980	30.86	0.8189
	1981	31.80	0.9661		1981	32.04	0.8221
	1982	29.40	1.0426		1982	31.46	0.8431
	1983	32.80	1.0194		1983	30.98	0.8493
	1984	32.97	0.9508		1984	30.84	0.8474
	1985	32.81	0.9075		1987	26.19	0.9325
	1986	32.50	0.8859		1991	26.11	1.0327
	1987	32.28	0.8584	法国	1970	44.00	1.0101
	1988	31.91	0.8286		1975	43.00	0.8494
	1989	27.41	0.8399		1979	34.85	0.7950
	1990	27.56	0.9048		1984	34.91	0.8065
	1991	27.65	0.9791	德国	1973	30.62	0.6561
智利*	1971	46.00	2.1905		1978	32.06	0.7033
	1980	53.21	2.6644		1981	30.59	0.6841
	1989	57.88	1.0249		1983	31.37	0.7356
哥伦比亚*	1970	52.02	2.7934		1984	32.20	0.7400
	1971	52.30	2.7920	希腊	1974	41.71	1.5369
	1972	53.21	2.5695		1981	39.89	1.5320
	1974	46.00	2.0604		1988	41.79	1.6946
	1978	54.50	2.0587	萨尔瓦多*	1977	48.40	5.2508
	1988	51.20	2.2341				
	1991	51.32	2.6004				

（续表一）

国别	年份	GINI 系数	TCI 指数	国别	年份	GINI 系数	TCI 指数
危地马拉*	1979	49.72	14.553	韩国*	1970	33.30	3.1563
	1987	58.26	22.069		1971	36.01	3.2274
	1989	59.06	20.484		1976	39.10	1.7535
印度*	1970	36.98	10.469		1980	38.63	1.7986
	1972	38.45	9.7147		1982	35.70	1.7886
	1973	35.77	9.3550		1985	34.54	1.6087
	1977	38.74	9.0607	荷兰	1975	28.60	0.9571
	1983	38.09	10.193		1977	28.39	0.9624
	1986	38.82	11.658		1979	28.14	0.9860
	1987	38.42	11.467		1981	26.66	1.0987
	1988	37.75	11.623		1982	27.62	1.1606
	1989	37.06	11.181		1983	27.56	1.2125
	1990	36.29	11.151		1985	29.10	1.2556
	1991	39.13	11.039		1986	29.68	1.2799
	1992	38.62	10.611		1987	29.40	1.3005
爱尔兰	1973	38.69	1.0414		1988	29.00	1.4079
	1980	35.65	1.1736		1989	29.60	1.3768
	1987	34.60	1.4112		1991	29.38	1.3516
意大利	1974	41.00	1.2548	新西兰	1973	30.05	0.6734
	1975	39.00	1.2736		1975	30.04	0.6346
	1976	35.00	1.3011		1977	32.95	0.5986
	1977	36.30	1.3247		1978	31.90	0.5742
	1978	35.98	1.3463		1980	34.79	0.5987
	1979	37.19	1.3313		1982	33.93	0.7712
	1980	34.29	1.3646		1983	34.10	0.8666
	1981	33.12	1.4232		1985	35.82	1.0235
	1982	32.02	1.5014		1986	35.53	1.0296
	1983	32.87	1.4307		1987	36.45	1.0192
	1984	33.15	1.4115		1989	36.58	1.0688
	1986	33.58	1.4908		1990	40.21	1.0514
	1987	35.58	1.4652	挪威	1973	37.48	0.6848
	1989	32.74	1.5214		1976	37.30	0.6617
	1991	32.19	1.5126		1979	31.15	0.6728
秘鲁*	1971	55.00	2.6752		1984	30.57	0.6950
	1981	49.33	3.9957		1985	31.39	0.6868
	1986	49.36	3.3223		1986	33.11	0.6875
肯尼亚*	1992	60.99	9.9122		1991	33.31	0.8447
津巴布韦*	1990	63.43	5.7300	斯里兰卡*	1970	37.71	5.2527
					1973	35.30	4.0545
					1979	43.50	2.6046
					1980	42.00	2.7854
					1981	45.30	2.6018
					1987	46.70	1.4780

国别	年份	GINI 系数	TCI 指数	国别	年份	GINI 系数	TCI 指数
巴基斯坦*	1970	36.51	6.6182	中国台湾*	1970	29.42	1.8787
	1971	38.05	6.8470		1972	29.02	1.5868
	1979	38.92	12.1490		1973	33.60	1.4179
	1985	39.04	12.0990		1974	28.09	1.4454
	1986	38.75	11.5800		1975	31.20	1.4939
	1987	38.73	10.9920		1976	28.40	1.4527
	1988	38.03	11.5490		1977	28.00	1.3329
	1991	37.75	11.8640		1978	28.43	1.1921
菲律宾*	1971	49.39	8.0796		1979	27.70	1.0866
	1985	46.08	6.4710		1980	27.96	1.0560
	1988	45.73	5.4152		1981	28.15	1.0673
	1991	45.00	4.0700		1982	28.51	1.0518
葡萄牙	1973	40.58	1.0676		1983	28.45	0.9866
	1980	36.80	1.1863		1984	28.81	0.9155
	1990	36.76	0.5604		1985	29.20	0.9161
	1991	35.63	0.5314		1986	29.29	0.9005
瑞典	1975	27.31	0.7974		1987	29.65	0.8813
	1976	33.12	0.8215		1988	30.02	0.9223
	1980	32.44	0.8685		1989	30.41	0.9333
	1981	32.54	0.8882		1990	30.11	0.9815
	1982	30.66	0.9039		1991	30.49	0.9965
	1983	30.06	0.9063		1992	30.78	0.9894
	1984	31.83	0.8793	委内瑞拉*	1971	47.65	2.5719
	1985	31.24	0.8869		1976	43.63	1.6548
	1986	31.72	0.9074		1977	42.41	1.5836
	1987	31.65	0.9431		1978	40.72	1.6909
	1988	32.22	0.9874		1979	39.42	1.6592
	1989	31.33	1.0266		1981	42.82	1.8647
	1990	32.52	1.0786		1987	45.17	1.9763
	1992	32.44	1.1408		1989	44.08	2.4637
土耳其*	1973	51.00	6.9283		1990	53.84	2.6911
	1987	44.09	4.2399	美国	1970	34.06	0.6610
英国	1970	25.10	0.7023		1971	34.30	0.7013
	1971	25.70	0.7185		1972	34.46	0.6838
	1972	26.00	0.7322		1973	34.42	0.6512
	1973	25.10	0.7034		1974	34.16	0.6772
	1974	24.20	0.6794		1975	34.42	0.7599
	1975	23.30	0.6892		1976	34.42	0.7552
	1976	23.20	0.6873		1977	34.98	0.7371
	1977	22.90	0.6834		1978	35.02	0.7303
	1978	23.10	0.6969		1979	35.06	0.7373
	1979	24.40	0.7110		1980	35.20	0.7858
	1980	24.90	0.7450		1981	35.62	0.8346

（续表三）

国别	年份	GINI 系数	TCI 指数	国别	年份	GINI 系数	TCI 指数
	1981	25.40	0.8199		1982	36.48	0.9157
	1982	25.20	0.8654		1983	36.70	0.9268
	1983	25.70	0.8909		1984	36.90	0.8942
	1984	25.80	0.8806		1985	37.26	0.9078
	1985	27.10	0.9091		1986	37.56	0.9050
	1986	27.80	0.9065		1987	37.56	0.8602
	1987	29.30	0.8994		1988	37.76	0.8336
	1988	30.80	0.8643		1989	38.16	0.8435
	1989	31.20	0.8471		1990	37.80	0.8663
	1990	32.30	0.8515		1991	37.94	0.9259

凡是带 ∗ 号的国家(地区)，是检验发展中国家(地区)时涉及的样本。

资料来源：GINI 系数来自 http://www.worldbank.org/research/growth/dddeisqu. htm；TCI 指数来自 Lin(2001)。

中国经济转型时期的地区差距分析[*]

第一节 引 言

经济如何增长、经济增长的结果如何分配、经济增长与收入分配具有什么样的关系,是经济学中相当重要的问题(Adelman and Morris 1973)。

Kuznets(1955)最早从统计上描述一些国家收入提高与分配之间的共同趋势,即随着人均收入提高,收入分配不均等的程度先扩大,达到一个转折点继而缩小这样一种倒 U 字型轨迹。Williamson(1965)则按经济大区和州,计算了 1840—1961 年期间美国区域间收入分配不均等程度的变化。结果表明,区域间的收入分配不均等,也同样遵循一个先上升后下降的倒 U 字型轨迹。

然而,收入分配在经济增长过程中的倒 U 字型变化,实际上是采用"先增长,后分配"模式的结果,而不是一种规律。在世界范围内,无论较早的时期,还是更为晚近的时期,都不乏经济增长与收入分配同步的事例。或者说,在"先增长,后分配"的模式之外,还有一种更为成功的"边增长,边分配"模式。例如,较早进入发达国家的瑞典、稍后跨入发达国家行列的日本,以及创造了东亚奇迹的亚洲四小龙,都是这种模式的成功典范(UNDP,1996)。

一个国家或地区的收入分配的变化,决定于所选择的经济发展战略和所实行的社会政策。对于一个发展中经济,如果推行能最大限度地发挥劳动力丰富这一比较优势的发展战略,并一如既往地实行关注收入分配的社会政策,就可以避免倒 U 字型结果(Fei, Ranis, and Kuo 1979)。

中国从 20 世纪 70 年代末开始进行由计划经济向市场经济转型的改革。中国的经济改革,从改进激励机制和提高微观经营效率入手,着眼于新增资源的重新配置,基本形成了一种具有"帕累托改进"性质的渐进式改

* 本文和蔡昉、李周合作,原文发表在《经济研究》,1998 年第 6 期。

革道路(林毅夫等 1996)。这种改革方式在经济增长上取得的成功,已经得到了广泛的认同。在这堪称奇迹的经济快速增长过程中,收入分配,特别是地区间的收入分配状况如何? 趋势又会怎样? 这些问题引起研究者们的浓厚兴趣。迄今为止,关于中国经济改革前后地区收入差距的变化,国内外已有大量的研究成果。

概括地说,研究的进展表现在以下四个方面。第一,研究者普遍采用多种指标,度量改革前后地区间差异的变化。这些指标包括 coefficient of variation, Gini coefficent, Theil entropy, Atkinson index 等等。例如, Tsui (1991)对 1952—1985 年中国国民收入和国民收入使用额的省际差异指标进行了估算,发现在改革前,尽管存在着强有力的财政转移机制,但地区间发展差距并未缩小。第二,随着越来越多的可利用数据的开发,不仅揭示出总体的地区不平衡趋势,而且开始尝试分解这种差距。例如, Ruzelle 对农村社会总产值的 5 个组成部分(农业产值,农村工业产值,农村运输业产值,农村建筑业产值和农村商业、服务业产值)进行分解,以寻找地区间农村发展不平衡的结构原因。Tsui(1993)利用县一级数据,把地区差距分解为省内差异、省际差异、农村内部差异、城市内部差异和城乡差距,并得出城乡差距对地区间产值差异的影响十分显著的结论。第三,地区差距的研究不再限于人均收入和人均产值的比较,而是包括了人均消费水平的差异,以及一些社会指标的差异。例如,在 Tsui 的分解研究中,包含了地区间婴儿死亡率和文盲率差别的比较。世界银行(1995)把中国划分为 7 类地区,不仅把每类地区的产值、收入、消费指标与全国平均值作比较,还对人口分布、婴儿死亡率、教育水平、保健能力等进行了比较。纳入地区间差别分析的因素的增加,无疑提高了有关差距产生原因的解释能力。第四,许多研究开始把中国地区间差异产生的原因归结为经济发展战略。例如, Yang(1990)把改革前与地区发展相关的发展战略称为"毛泽东式的发展战略",特点是高度依赖于再分配手段,试图缩小地区差距;把改革后的发展战略概括为"不平等的发展战略"。然而, Tsui(1991)的经验研究结果表明,尽管 20 世纪 80 年代前中央政府作出了种种再分配的努力,其缩小地区差别的实际效果却并不明显。

本文力图在已有研究的基础上,对改革以来中国地区差距的变化趋势作出比较准确的描述,并通过比较细致的分析,揭示出影响地区差别状况变化的经济原因。

第二节　改革以来地区差距的
变化趋势:总的图景

研究差异的统计方法和用于度量分配偏离均等程度的指标都很多。采用不同方法计算出的分配不平等程度有一定的差异,但它们勾勒出的变化趋势总是相同的。鉴于不同的统计方法和指标具有特定的用途,我们为寻找地区差距产生的原因而分解这些不平等指数时,往往根据需要,使用其中一种或几种方法及指标来描述分配不平等状况。

表 1　人均 GDP 和人均收入的地区差异变化(1978—1995)

年份	人均 GDP	基尼系数	人均收入	基尼系数
1978	359	0.2438	164	0.1261
1979	386	0.2394	197	0.1174
1980	414	0.2394	217	0.1119
1981	431	0.2391	248	0.0998
1982	465	0.2335	279	0.1003
1983	517	0.2404	311	0.1057
1984	580	0.2323	357	0.1123
1985	660	0.2324	376	0.1106
1986	700	0.2355	409	0.1198
1987	762	0.2467	423	0.1271
1988	847	0.2463	420	0.1326
1989	870	0.2419	408	0.1394
1990	892	0.2414	443	0.1452
1991	975	0.2436	464	0.1407
1992	1 135	0.2538	509	0.1484
1993	1 331	0.2613	551	0.1629
1994	1 523	0.2695	607	0.1685
1995	1 715	0.2747	656	0.1670

资料来源:国家统计局出版的历年《中国统计年鉴》,下同。

为了展示改革以来地区差距的一般图景,我们以省、直辖市、自治区(以下皆简称省)为观察值,计算出人均国内生产总值、人均收入及它们的基尼系数。从汇总这些结果的表 1 可以看出,在 1978—1995 年期间,全国人均 GDP 快速增长,翻了两番多,但反映地区差异变化的基尼系数相对稳定,在 1978—1985 年期间呈缓慢下降的趋势,由 0.24 下降到 0.23。1985

年以后缓慢上升，1995 年提高到 0.27。同期，人均收入增长也很快，翻了两番，人均收入基尼系数的变化同人均 GDP 基尼系数的变化有点相似，在 1978—1982 年期间是降低的，从 0.13 下降到 0.10，此后开始回升，于 1987 年超过 1978 年的水平，达到 0.13，然后一直提高到 1995 年的 0.17。

第三节　地区发展差距：人均 GDP 的考察

基尼系数的变化可以说明地区差异的变化，但解释不了差异是如何发生变化的问题。为了说明这个变化，先按产业对人均 GDP 基尼系数进行分解，弄清哪个产业对变化的趋势具有更重要的影响。这里把 GDP 分解为第一产业产值、第二产业产值和第三产业产值，分别计算每个产业产值的基尼系数、基尼系数贡献率和基尼系数弹性。[①] 其中，基尼贡献率表示在人均 GDP 基尼系数中，每个产业的人均产值基尼系数分别发挥多大的作用。基尼弹性表示每个产业产值的增长率对总基尼系数提高的影响。

从表 2 可以看出，第一产业的基尼系数和基尼贡献率虽然很小，但趋于上升。其基尼系数由 1978 年的 0.135 提高到 1995 年的 0.189，基尼贡献率由 0.001 提高到 0.016，意味着该产业对总体基尼系数的水平及变化的影响，从微不足道变得逐渐显著起来。第三产业的基尼系数略有下降，从 1978 年的 0.369 下降到 1995 年的 0.354，但基尼贡献率却与农业一样，也呈逐步提高的趋势，从 0.204 上升为 0.286。第二产业的基尼系数和基尼贡献率仍然较大，但 1978 年以来趋于下降，分别从 0.496 和 0.795 下降到 0.427 和 0.698。由此可见：第一产业和第三产业基尼系数和基尼贡献率的提高，是 1978—1995 年，特别是 20 世纪 80 年代中期以后，人均 GDP 基尼系数提高的主要原因，而基尼系数和基尼贡献率呈现下降趋势的第二产业仍居于主导地位，则是总体基尼系数提高十分平缓的原因。从表 2 还可以看到，第一产业和第三产业的基尼弹性皆为负值，1995 年它们分别为 −0.098 和 −0.010，意味着这两个产业的产值增长，有降低总体不平等程度的作用。第二产业的基尼弹性为正，其产值增长会导致总基尼系数的上升。

---

① 由于统计方法的限制，这里的计算未作加权处理，因此与第一节的计算有所差别，但变化趋势仍然相似。

表 2　人均 GDP 和三个产业产值的基尼系数

年份	GDP	基尼系数			基尼贡献率			基尼弹性		
		第一产业	第二产业	第三产业	第一产业	第二产业	第三产业	第一产业	第二产业	第三产业
1978	0.350	0.135	0.496	0.369	0.001	0.795	0.204	−0.225	0.221	0.004
1979	0.346	0.157	0.492	0.357	0.004	0.795	0.201	−0.218	0.219	0.001
1980	0.351	0.167	0.490	0.363	0.011	0.782	0.207	−0.200	0.204	−0.004
1981	0.346	0.181	0.498	0.357	0.020	0.763	0.217	−0.203	0.209	−0.006
1982	0.334	0.166	0.483	0.355	0.015	0.751	0.233	−0.214	0.212	0.002
1983	0.377	0.157	0.535	0.352	0.008	0.808	0.184	−0.195	0.225	−0.030
1984	0.337	0.147	0.476	0.362	0.028	0.723	0.249	−0.190	0.189	0.001
1985	0.329	0.162	0.466	0.340	0.015	0.742	0.243	−0.182	0.194	−0.012
1986	0.328	0.161	0.461	0.342	0.012	0.728	0.260	−0.177	0.187	−0.010
1987	0.336	0.165	0.477	0.335	0.005	0.739	0.257	−0.177	0.201	−0.024
1988	0.331	0.171	0.450	0.328	0.012	0.724	0.264	−0.156	0.174	−0.018
1989	0.326	0.159	0.445	0.325	0.003	0.724	0.272	−0.160	0.177	−0.016
1990	0.327	0.164	0.444	0.336	0.013	0.700	0.288	−0.156	0.164	−0.008
1991	0.326	0.166	0.436	0.331	0.014	0.693	0.293	−0.146	0.153	−0.008
1992	0.335	0.173	0.435	0.338	0.017	0.689	0.294	−0.127	0.137	−0.010
1993	0.337	0.175	0.425	0.340	0.015	0.698	0.287	−0.116	0.128	−0.012
1994	0.344	0.186	0.426	0.345	0.016	0.705	0.280	−0.106	0.121	−0.015
1995	0.349	0.189	0.427	0.354	0.016	0.698	0.286	−0.098	0.108	−0.010

为了进一步解释这个变化,再按地区对人均 GDP 基尼系数进行分解,弄清各地区对总体差距产生的影响。这里采用对 Theil entropy 分解的方法,把人均 GDP 差距区分为东部地区内部差距、中部地区内部差距、西部地区内部差距和三类地区之间差距,总体差距为 100%,分别观察四种差距在总体差距形成中所占有的比重。列入表 3 的计算结果表明,城乡之间的差距始终居第一位,在 50% 上下浮动。东部地区内部差距的作用占第二位,约 25% 左右,中部地区和西部地区内部差距的作用则在 12%—13% 之间浮动。

表 3 东部、中部、西部地区内部及之间人均 GDP 差距贡献率(%)

年份	东部内部	中部内部	西部内部	东中西之间
1978	26.84	13.06	13.15	46.95
1979	26.97	13.00	13.07	46.96
1980	26.79	12.93	13.09	47.19
1981	26.32	12.97	13.47	47.24
1982	25.85	13.18	13.44	47.53
1983	26.09	13.09	13.06	47.76
1984	26.31	12.97	13.06	47.66
1985	25.99	12.95	13.16	47.89
1986	25.88	12.88	13.09	48.16
1987	25.37	13.37	12.90	48.36
1988	25.51	12.89	13.09	48.51
1989	25.48	12.96	13.04	48.52
1990	25.37	12.97	13.04	48.62
1991	24.79	12.96	13.09	49.16
1992	24.14	12.79	13.02	50.06
1993	23.25	12.72	13.02	51.02
1994	22.89	12.63	12.95	51.52
1995	22.86	12.53	12.88	51.72

从几种份额变动的情况看,东部地区人均 GDP 差距对总体差距的影响,由 1978 年的 26.84% 下降到 1995 年的 22.86%,中部地区由 13.06% 下降为 12.53%,西部地区由 13.15% 下降到 12.88%,而三类地区之间差距所产生的影响,则从 46.95% 提高到 51.72%。我们还注意到,东部地区内部是靠原先较落后的省份提高位次而缩小差距的,而中西部地区是靠较先进省份降低位次来缩小差距的。尽管中部、西部地区内部差距影响总体差距的作用在缩小,但趋势相当平缓;东部地区内部差距的作用相对明显,并且与三类地区之间差距所起作用的提高十分以相似的速度朝相反的方向运动,说明东部在地区内部差距缩小的同时又有较大的总体增长。三类地区内部差距的缩小,有效地制约了总体人均 GDP 基尼系数上升过快;而东部地区人均收入增长持续高于平均水平,中西部地区仍然低于平均水平,则导致三类地区间的差距进一步拉大(参见图 1)。世界银行按 7 类地区划分进行的描述,也揭示了同样的趋势(World Bank, 1995)。

图 1　三类地区人均 GDP 差异（与平均水平差异）

第四节　地区收入差异的变化

　　一个地区人均收入水平，是其经济发展水平的结果和表现。所以，人均收入与人均 GDP 两个指标的变动趋势通常是一致的，或者说两者之间具有高度正相关性。然而，粗略的对比却看不出这种关系。为此，我们作了更为细致的观察。结果发现，人均 GDP 与人均收入所反映的地区差距变化的关系可以概括如下：第一，在 20 世纪 80 年代中期，人均 GDP 差异的变化并未出现像人均收入那样明显的转折，其差距虽有扩大，却是持续而平缓的；而人均收入差距的变化在越过 20 世纪 80 年代中期的转折点后迅速扩大了。第二，东中西部三类地区内部的人均 GDP 差异的变化，表现出相同的趋势，而人均收入的情形是：发达地区的领先程度越来越高，落后地区与全国平均水平的差距越来越大。第三，作为上述两方面的结果，人均 GDP 的省际差距扩大并不明显，主要表现在三类地区之间的差距上，而人均收入的地区差距，既表现在三类地区之间，也明显地反映在各省之间。以上分析表明，地区之间经济发展水平的差异，只是地区之间人均收入差异扩大的部分原因。为了对差异扩大作出更全面的解释，下面分别按农民和城镇居民的收入来源对收入差异进行分解。

　　首先分析农民家庭的人均收入。在人民公社体制下，农民收入来源十分单一，几乎全部来自生产队的统一分配。由于各地农村的经济条件存在差异，农民收入的地区差异是存在的，但在传统体制下各地农业生产结构基本相同，农产品价格也是固定的，因此当时农民人均收入的地区差距并不十分明显。实行家庭联产承包制以后,特别是农村产业结构趋向多元化和乡镇企业迅速发展以后,农民收入来源多元化了,人均收入的地区差异也扩大了。按国家统计局的分类,目前农民家庭收入有四个来源,即劳动力收入、家庭经营收入、转移性收入和财产性收入。从全国平均来看,前两部分收入占农民全部收入的93.8%,它们是农户的基本收入,决定着农民收入分配状况的地区分布。

从表4可见,劳动力收入和家庭经营收入两项的基尼贡献率都较高,1995年分别为58%和35%,两者合起来可以解释农民收入地区差别的90%以上的原因。然而,各地农民收入来自这两项收入的比重却很不一样。低者如海南,劳动力收入与家庭经营收入之比仅为4.1%,高者如上海,它们之比高达231%。在家庭联产承包制下,土地承包是按家庭人口和劳动力平均分配的,如果承包的土地数量没有很大的差别,家庭经营收入的地区差异就不会太大。劳动力获得非农产业就业机会则因各地经济发展水平的不同而有较大的差别。因此,这两种收入来源之比值的地区差异,主要是由劳动力收入差异造成的。从表4可见,劳动力收入的地区间基尼系数大大高于家庭经营收入的基尼系数,1995年前者为0.54,后者只有0.13。换言之,农民人均收入地区差距拉大,主要是各地劳动力从非农产业获得收入的机会不一样造成的。转移性收入和财产性收入的地区差异虽然较大,但它们的基尼贡献率和基尼弹性都小到微不足道的程度,所以目前对这两种收入来源的分析没有多少政策含义。

其次来看城镇居民收入的差异情况。在改革前,劳动工资制度是资源计划配置体制的一个组成部分。城镇居民依靠全面就业政策得到比较稳定的收入。当时的收入具有两个特点:(1)城镇居民收入几乎全部来自国有经济部门和集体经济部门的工资,工资水平由计划部门统一制定,地区间、部门间和等级间的差异都很小;(2)职工工资水平变化非常小。改革以来,这两种情况都发生了变化。第一,城镇居民收入的来源呈现出多元化的情形,这一变化对地区间居民收入差异的影响比较明显;第二,各地区城镇居民收入都呈现迅速增长的趋势。

从表5可以看出,近几年国有经济部门省际平均工资水平差异仍然很小,基尼系数在0.10—0.12之间,这意味着国有部门的工资制度仍保留着计划体制下的特征;集体经济部门平均工资的省际差异较大,基尼系数在0.27—0.33之间;包括联营经济、股份制经济、外资经济和港澳台资经济在内的"其他经济单位"平均工资水平的省际差异特别大,基尼系数高达

0.7 以上。此外,职工得到的其他收入的省际差异趋于扩大,由 1991 年的 0.19 提高到 1995 年的 0.25,而转移收入的省际差异趋于下降,基尼系数由 1991 年的 0.25 下降到 1995 年的 0.19。

表 4　农民人均收入地区差异的分解

		1993	1994	1995
农户人均收入	基尼系数	0.1992	0.2233	0.2297
劳动力收入				
	基尼系数	0.4911	0.5517	0.5449
	基尼贡献率	0.4825	0.5791	0.5797
	基尼弹性	0.2546	0.3219	0.3152
家庭经营收入				
	基尼系数	0.1399	0.1342	0.1331
	基尼贡献率	0.4556	0.3589	0.3464
	基尼弹性	− 0.2636	− 0.3205	− 0.3231
转移性收入				
	基尼系数	0.3347	0.3597	0.3514
	基尼贡献率	0.0451	0.0375	0.0403
	基尼弹性	0.0019	− 0.0006	0.0043
财产性收入				
	基尼系数	0.4824	0.3790	0.4078
	基尼贡献率	0.0167	0.0245	0.0336
	基尼弹性	0.0070	− 0.0008	0.0037

表 5　城镇居民平均每人全年家庭收入分来源基尼系数

	国有单位职工工资	集体单位职工工资	其他单位职工工资	职工得的其他收入	转移收入
1991	0.1086	0.2716	0.7464	0.1962	0.2521
1992	0.0947	0.2840	0.7548	0.1885	0.2087
1993	0.1077	0.2989	0.7391	0.2209	0.1675
1994	0.1259	0.3324	0.7420	0.2263	0.2248
1995	0.1154	0.3134	0.7635	0.2512	0.1930

通过进一步地分解可以发现(参见表 6),城镇居民收入省际差异的变化主要受两方面的影响。一方面,来自国有经济部门的收入具有较大的基尼贡献率(50%以上)和较大的负值基尼弹性,起着稳定和降低收入差距的作用。另一方面,其他所有收入来源的基尼贡献率接近 50%,基尼弹性几

乎都为正值，起着扩大收入差距的作用。所以可以说，近年来城镇居民人均收入的省际差距扩大，主要是非国有经济部门在就业和收入来源中作用的增强而形成的。

表6　城镇居民平均每人全年家庭收入来源对基尼系数的影响

年份	基尼系数贡献率					基尼系数弹性				
	国有单位职工工资	集体单位职工工资	其他单位职工工资	职工得的其他收入	转移收入	国有单位职工工资	集体单位职工工资	其他单位职工工资	职工得的其他收入	转移收入
1991	0.5565	0.1132	0.0231	0.1056	0.2014	−0.1045	0.0154	0.1973	0.3291	0.0364
1992	0.5485	0.1094	0.0346	0.0830	0.2245	−0.1173	0.1486	0.0294	0.1525	0.0578
1993	0.5685	0.1318	0.0411	0.1045	0.1540	−0.9242	0.0416	0.0337	0.0300	−0.0129
1994	0.5580	0.1020	0.0552	0.0799	0.2049	−0.1059	0.0280	0.0433	0.1032	0.2428
1995	0.5343	0.0959	0.0739	0.0791	0.2168	−0.1348	0.2212	0.0595	0.0238	0.0293

我们还发现，虽然在每个省内部，城乡收入水平的变化呈现相同的趋势，但收入水平位次上升的省份，农民收入的提高更为突出。而收入相对水平下降的地区，农民收入水平的下降幅度也更加引人注目。农民人均收入不平等程度的提高，比城市人均收入不平等程度的提高表现得更加显著。这种情形反映在城乡收入差距的变化趋势上，就形成了1978年以来农民收入水平始终落后于城镇居民、城乡居民收入差距趋于不断扩大的特点。

迄今为止，农村家庭经营收入仍是农民家庭收入的主要来源，1995年这部分收入占农民基本收入的79.1%，其中农业收入又占非常重要的地位(68.8%)，所以越是依赖于农业的地区，农民的收入越是与农产品价格水平相关。1984年以前，农村改革体制变革(实行家庭联产承包制)效应和市场化(提高农产品价格)效应在增加农民收入方面都发挥了巨大的作用(林毅夫，1992)。到1984年为止，体制变革效应已经发挥殆尽，1985年粮食购销体制的调整又使粮食价格大幅度回落，因而农民收入进入徘徊阶段。从那以后，农民收入的提高一方面取决于非农产业发展水平，另一方面因农产品价格特别是粮食价格的时起时落而波动。直到20世纪90年代以后，粮食价格趋于提高，农民收入才开始又有较快的增长。此外，20世纪80年代后期乡镇企业迅速发展主要集中在东部沿海地区，中西部的比较优势仍在粮食和其他初级产品上。然而，粮食和主要初级产品的价格受到控制和抑制，结果导致了中西部地区GDP相对水平的下降和农民收入地区差距的扩大。也就是说，20世纪80年代中期以后农民收入地区差距的扩大是由地区比较优势和价格结构不同造成的。

　　这里,我们再次采用 Theil entropy 分解法和用城乡人口加权的人均收入,考察地区因素对人均收入差距变化的影响。同分解人均 GDP 地区差距一样,我们将人均收入总体差距分解为东部地区内部差距、中部地区内部差距、西部地区内部差距和东中西部之间的差距。表 7 显示,在人均收入的地区差距中,东中西部之间差距的作用最大,接近于 50%,东部地区内部次之,略高于 20%,中西部地区内部差距的作用大致相同,均接近于15%。从变动情况看,东中部地区内部差距所起的作用略有下降,但并不显著,西部地区内部差距的作用略有提高,三类地区之间差距所起的作用有所增强,由 1978 年的 48.95% 提高到 50.15%,虽然其幅度不如人均GDP 地区差距那样显著,但在总体地区差距决定中仍是起主要作用的因素。

表7　东部、中部、西部地区内部及之间人均收入差距贡献率(%)

	东部内部	中部内部	西部内部	东中西之间
1978	21.52	14.95	14.57	48.95
1979	21.21	14.78	14.67	49.34
1980	21.12	14.72	14.76	49.40
1981	20.79	14.75	14.87	49.59
1982	20.67	14.77	14.91	49.66
1983	20.61	14.81	14.95	49.64
1984	20.71	14.74	14.95	49.60
1985	20.74	14.73	14.92	49.62
1986	20.76	14.69	14.91	49.64
1987	20.73	14.66	14.85	49.76
1988	20.74	14.65	14.87	49.75
1989	20.84	14.62	14.81	49.73
1990	20.78	14.70	14.78	49.74
1991	20.77	14.61	14.66	49.96
1992	20.80	14.57	14.67	49.96
1993	20.99	14.43	14.61	49.96
1994	21.09	14.36	14.68	49.87
1995	20.88	14.39	14.58	50.15

　　按照相同的方法,我们考察了农村内部、城镇内部和城乡之间的人均收入差距,对总体地区收入差距变化所起的作用。从表 8 可以看出,城乡

间差距对总体差距的影响最大,始终保持在一半左右,农村和城镇内部差距的作用占另外一半,其中农村内部差距的作用更重要一些。从变化情况看,农村内部差距对总体收入差距的贡献上升最快,从 1978 年的 23.82% 提高到 1995 年的 27.02%,城镇内部差距的贡献率也有所提高,从22.82%提高到23.47%,但不如农村那样明显。十分有趣的现象是,城乡间收入差距对总体地区收入差距的贡献虽然占重要的地位,却有下降的趋势,从 53.36% 下降到 49.51%。而且,这种下降过程从 1979 年就开始了,主要发生在家庭联产承包制尚未在全国推行的期间。人们通常注意到改革以来城乡收入差距的扩大,却没有注意到这种差距影响总体差距的作用处于下降的态势。

表8 城镇、农村内部及之间人均收入差距贡献率(%)

	农村内部	城镇内部	城乡之间
1978	23.82	22.82	53.36
1979	24.16	23.21	52.63
1980	24.45	23.63	51.92
1981	24.72	23.95	51.33
1982	25.04	24.20	50.76
1983	25.33	24.43	50.24
1984	25.73	24.37	49.89
1985	25.17	24.36	50.47
1986	25.06	23.93	51.01
1987	25.23	23.98	50.79
1988	25.36	24.05	50.58
1989	25.38	23.77	50.85
1990	26.12	23.86	50.02
1991	26.27	23.65	50.08
1992	26.15	23.56	50.29
1993	26.10	23.40	50.50
1994	26.42	23.37	50.21
1995	27.02	23.47	49.51

分省资料反映了各省的总体状况,却掩盖了各省内部存在的差异。为了弥补这一不足,我们利用 1992 年的分县数据分析了全国和各省内部的收入差异。表9显示了计算结果:首先,比较第 1 行和第 2 行的数据可以看出,以分县资料计算的人均收入、农村地区人均收入和城市地区人均

表9　利用1992年分县资料计算的基尼系数

	人均收入	农村人均收入	城市人均收入
全国(分省)	0.1484	0.1437	0.0910
全国(分县)	0.3519	0.2003	0.1448
北京	0.0446	0.1330	
天津	0.1434	0.0251	
河北	0.2996	0.1741	0.0616
山西	0.3158	0.1460	0.0951
内蒙古	0.2331	0.1328	0.0691
辽宁	0.2408	0.1475	0.0631
吉林	0.1991	0.0491	0.0505
黑龙江	0.2142	0.1240	0.0991
上海	0.1171	0.0893	
江苏	0.2991	0.1575	0.0813
浙江	0.3134	0.2258	0.0498
安徽	0.2593	0.1258	0.0533
福建	0.2375	0.1006	0.1229
江西	0.2154	0.1578	0.0289
山东	0.3118	0.1336	0.0586
河南	0.2470	0.1301	0.0798
湖北	0.3122	0.1554	0.0572
湖南	0.2272	0.1181	0.0700
广东	0.3969	0.1239	0.1194
广西	0.2455	0.1710	0.0475
海南	0.2949	0.0818	
四川	0.3038	0.1752	0.0445
贵州	0.3385	0.1770	0.0386
云南	0.3886	0.2515	0.0499
西藏	0.1644	0.1644	
陕西	0.2954	0.1320	0.0652
甘肃	0.3803	0.2362	0.0706
青海	0.3069	0.1510	
宁夏	0.4259	0.3026	
新疆	0.3141	0.1524	0.1048

注:城市样本数3个以下的省区,没有计算基尼系数。

收入的基尼系数,都如预期那样,大于以分省资料计算的同类基尼系数。其次,不管以分县资料或以分省资料计算,也不管是全国还是全省,农村内部和城市内部的人均收入基尼系数都比不分农村和城市的人均收入基尼系数小，说明城乡收入差距是地区收入差距的主要来源。第三，多数省份以县为单位计算的人均收入基尼系数比全国以县为单位计算的人均收入基尼系数小，说明多数省份内部的收入分配比全国的收入分配均匀，但广东、云南、甘肃和宁夏四个省是例外。最后，北京、天津和上海三大都会的人均收入差异最小。

第五节　结论与建议

1978 年以来，我国人均 GDP 和人均收入的地区差距都有扩大的趋势。其中，人均 GDP 差异扩大主要表现在三类地区之间，省际差异扩大并不明显；而人均收入差距扩大既表现在三类地区之间，也明显地反映在各省之间，收入差距的扩大也快于增长差距的扩大。无论人均 GDP 还是人均收入，都是地区之间的差异大于地区内部的差异。从城乡角度考察，农村内部差距对总体收入差距的贡献上升最快，城镇内部差距的贡献率也有所提高，但不如农村那样明显，城乡间收入差距对总体地区收入差距的贡献仍然最大，却有下降的趋势。以县级数据计算的基尼系数显著大于以省级数据计算的结果表明：采用省级数据有低估地区差距的倾向。三类地区之间发展水平和收入水平的差距，越来越表现在利用市场和发展机会的差距上，由此可以引出一些有关的政策建议。

1. 政府旨在缩小地区差距的社会经济政策，要以提高落后地区利用市场机会和发展的能力为目标。

在国家主导型战略逐渐被市场引导型战略所取代、市场机制引导区域经济发展的作用越来越大的情况下，政府的区域发展政策，应以改善交通运输等基础设施条件、居民和劳动者的教育和健康水平，提高这些地区利用市场机会的能力为目标，为解决中西部地区利用市场机会和发展能力弱的问题作出积极的贡献。

2. 中西部地区要充分利用劳动力流动来促进自己的发展。

中西部在利用市场的和发展能力较弱的情形下，发育劳动力市场、促进劳动力流动，同自己发展乡镇企业相比，是见效更快、风险更低的选择，也是充分利用东部的比较优势发展自己的重要途径。

3. 第三产业是促进中西部地区经济发展、缩小地区差距的产业重点。

在向市场经济转型的过程中,仍有必要实施旨在缩小区域发展差距的产业政策,但政府的扶持需要与中西部地区的实际能力相适应。鉴于农民收入水平地区差距扩大的趋势最为明显,农民收入水平的差距主要来自于非农产业就业的差异,实施旨在加快中西部地区非农产业发展的政策无疑是正确的。但是,选择什么样的非农产业作为突破口,政策效果将十分不同。从 20 世纪 90 年代初开始,中央政府在信贷等方面给予中西部地区乡镇企业发展以很高的重视。然而,这种政策的效果并不明显。究其原因,主要是政府对乡镇企业的扶持瞄准的是农村工业。在必要的基础设施和市场条件尚未具备的情况下,形成和维持工业生产能力的代价是十分的昂贵。靠政府的直接扶持和干预,人为地在中西部地区发展乡镇工业企业,会造成资金的严重浪费。与发展工业相比,中西部地区发展第三产业要更容易些,也更加合乎当地的需求。根据本文的结论,发展第三产业还具有降低地区间发展差距的效果。

4. 必须继续深化农产品价格和流通体制改革。

上述分析表明,无论是城乡收入差距,还是它在总体地区差距中的贡献,都与农产品相对价格水平的变化相关。截至 1994 年底,农产品价格由市场决定的比重已经达到 79% 以上,但粮食的流通和价格决定仍受到政府管制,农民收入仍在很大程度上受政策性市场和价格波动的影响。目前政府实行的各省都要实现粮食自给的政策,既浪费了发达地区的资源,又制约了中西部地区(尤其是中部地区)在粮食生产上的比较优势。因此,一个市场化的粮食流通体制和价格形成机制,将会促进地区间专业化程度的提高,使中西部地区在农业上的比较优势凸显出来,进而使中西部地区农民通过发展农业增加收入。

中国的经济发展战略与地区收入差距[*]

第一节 引 言

从 1978 年改革开放以来,中国经济发展取得了举世瞩目的成就。1978—2001 年期间按照不变价格计算的人均 GDP 以每年 8.1% 的速度增长。[①] 在一个人口超过 10 亿的国家里持续这样长时间的高速经济增长,让大家看到了人类经济史上奇迹般的成就(林毅夫等 1994,1999)。

然而,正如图 1(a)和图 1(b)所示的那样,中国各地区差距从 20 世纪 90 年代以来逐渐拉大。[②]以 1978 年价格衡量的 31 个省区市的人均 GDP 和劳均 GDP 的变异系数在 1978 年分别为 0.97 和 0.69;1990 年两个指标分别为 0.84 和 0.70;但是到 2000 年,两个指标则分别上升到 0.96 和 0.82。以 1978 年价格衡量的人均 GDP 和劳均 GDP 的基尼系数在 1978 年分别为 0.35 和 0.30;到 1990 年则变为 0.33 和 0.30;但是 2000 年这两个指标则分别上升到 0.38 和 0.36。由此可见,中国各省区市的发展水平有拉大的态势。

2001 年中国 31 个数据可得的省区市中,当年价格人均 GDP 最高的上海、北京和天津分别为 37 382 元/人、25 300 元/人和 19 986 元/人。除去三大直辖市之外人均 GDP 最高的四个沿海省区浙江、广东、江苏和福建的水平分别为 14 550 元/人、13 612 元/人、12 925 元/人和 12 375 元/人。一些落后省区的情形则与这些人均收入水平较高的省区市形成鲜明对比。2001 年当年价格人均 GDP 最低的四个省区贵州、甘肃、广西和云南分别为 2 865 元/人、4 173 元/人、4 697 元/人和 4 872 元/人。上海的人均 GDP

---

* 本文和刘培林合作,原文发表在《经济研究》,2003 年第 3 期。

① 上面报告的数据来自最新的《中国统计摘要 2002》第 14—18 页。

② 许多研究发现中国经济发展呈现出"俱乐部收敛"特征。(蔡昉和都阳 2000;Tsui 1991, 1993;Jian, Sachs and Warner 1996;World Bank 1995, 1997;Zhang, Liu and Yao 2001;Aziz and Duenwald 2001)

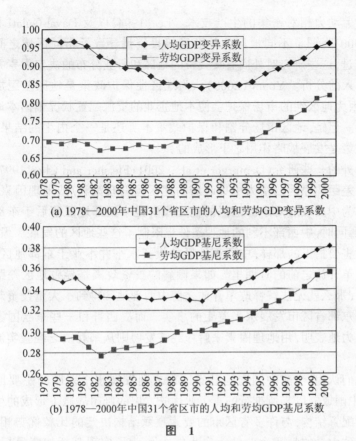

(a) 1978—2000年中国31个省区市的人均和劳均GDP变异系数

(b) 1978—2000年中国31个省区市的人均和劳均GDP基尼系数

图 1

说明:图1(a)和(b)中涉及到的 GDP 均以 1978 年的价格来衡量。图 1(a)中的变异系数的定义是有关指标的标准差除以均值;图 1(b)中的基尼系数是根据 Lorenz 曲线的原理得来的。

资料来源:《新中国五十年统计资料汇编》(国家统计局国民经济综合统计司 1999,中国统计出版社)和各省区市统计年鉴资料。

是贵州的 13 倍,浙江的人均 GDP 是贵州的 5 倍。

国内外众多学者对日益拉大的地区差距给予了高度的关注,也提出了各种各样的假说来解释这个现象。Chen 和 Feng(2000)对 1978—1989 年中国 29 个省的经验研究中,强调了私有企业对经济增长的促进作用。私有企业的发展状况能够对地区差距产生影响。然而,正如激进转轨国家的经验事实所表明的那样,私有化本身并不会促进经济增长,中国的非国有企业之所以充满活力,是因为这些企业进入了符合中国比较优势的行业,选择了劳动力相对密集的生产技术。Lee(1994)以及 Dayal-Gulati 和 Husain(2000)强调了不同地区的外商直接投资量导致了不同区域之间的差距。不过,这些研究对外商直接投资的地区和行业分布的决定因素并没有进行深入的分析。Young(2000)认为地区性保护政策是地区差距加大的关键,因为地区性的市场保护会使本地企业的资源配置状况偏离本地的比较优势。但是,地区市场分割和保护政策本身还是一个内生的结果,地区分割政策是发展战略作用之下形成的。

另外的一些研究(Démurger et al., 2001;Fleisher and Chen 1997)将中国地区差距的原因归结为中央政府的地区倾斜政策和/或地理因素,这些研究认为中央政府对东部地区的优先投资是中西部地区落后于东部地区的根源,同时,中西部不利的地理条件也限制了这些地区的发展。但是,正如后面将要指出的那样,中西部地区的投资水平并不亚于东部地区,尤其是在改革开放之前的时期里。如果倾斜的投资政策是导致地区差距的主要因素,那么就无法解释改革开放之前中西部地区得到了大量投资却没有缩小和东部省区市发展水平差距的事实。而墨西哥和一些东欧国家的情形就有力地表明,用地理因素来解释经济发展则从来就缺乏经验实施的支持。

我们认为,当前中国内地各省区市之间发展水平差距的主要原因在于,新中国成立以来所推行的重工业优先发展的赶超战略下形成的生产要素存量配置结构,与许多省区市的要素禀赋结构决定的比较优势相违背,从而导致大量的赶超企业缺乏自生能力①,为了实现赶超战略目标,政府就要扶持这些没有自生能力的企业。而各种各样的扶持措施影响了市场的正常运转,制约了这些省区的资本积累速度,也制约了这些省区的技术进步和生产率提高。中西部省区没有充分摆脱赶超战略的影响,因而其经济增长绩效相对较差。为此,应该按照市场信号的引导,对赶超战略之下形成的存量要素配置结构重新进行调整,以促进地区之间协调发展和国民经济的可持续增长。

本文后面的结构安排如下:第二部分回顾新中国成立以来,特别是改革开放以来的地区经济发展政策,第三部分对中国地区发展政策的效果进行理论分析,阐明赶超战略下形成的生产要素配置结构是制约地区经济协调发展的重要因素。第四部分利用改革开放以来的系统的统计资料,对本

---

① 关于自生能力这个概念的含义,后面还将详述。

文的理论观点进行严格的计量分析。最后是结论性评论。

第二节 中国地区发展政策的大致变化历程[①]

新中国的成立彻底结束了各地纷争的局面,全国空前统一。但是各省区市之间的发展水平存在较大的差距。[②] 从图2中可见,1952年可得的28个省区[③] 数据之间,人均 GDP 水平的均值为 134.89 元/人,变异系数[④]为 0.59。上海市人均 GDP 最高,为 436 元/人,最低者贵州则只有 58 元/人,前者为后者的 7.5 倍。

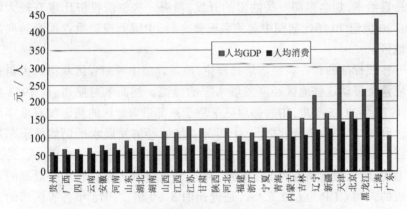

图2 1952年中国内地各省区市人均 GDP 和人均消费支出

为了发展国民经济,中国政府从 1953 年实施的第一个"五年计划"开

---

① 本小节所引数据,均来自《新中国五十年统计资料汇编》。

② 中国地区发展差距在历史上一直是存在的。中华民族的发祥地在黄河流域,因而早期的经济活动重心也就主要集中在那个地区。大约到宋朝时,中国的经济活动重心逐渐南移,主要农作物种类发生了变化。近代意义上的工业化始于洋务运动。不过洋务运动并不是全面意义上的工业化,而是有选择地在一些沿江、沿海等交通条件好的地区设立工厂。19 世纪末中国的工业主要集中在东南沿海地区。当时上海、广州和武汉三个城市的工厂数占全国的 64%。一次世界大战之后的一段时间里,民族工业有一个较快的发展。1928—1937 年之间的十年建设时期,国民经济也有一个大的发展。这个时期里中国地区经济格局出现了一些变化,东北的重工业发展迅速,天津、青岛等地也形成了工业中心。抗日战争爆发之后,一些重要的工业设施向大西南地区迁移,客观上促进了西南地区的发展,但是基本格局仍然是东南沿海比较领先。二次世界大战结束一直到新中国成立,中国地区之间的经济发展水平差距是比较大的。

③ 海南、西藏数据不可得,重庆的数据包括在四川省当中。

④ 变异系数等于标准差除以均值。

始,推行了重工业优先发展的战略。第一个"五年计划"时期苏联帮助建设的 156 项重点工程是新中国重工业优先发展战略的第一轮建设高潮。出于国防安全的考虑,这些重工业建设项目中的相当部分,都建设在西北和西南的一些大城市里,建立在沿海城市的只有 1/5。

第二个"五年计划"时期(1958—1962 年),为了使以上海为龙头的长江三角洲和华北沿海地区的生产潜力充分挖掘出来,国家加强了对沿海地区的资金投入。"三五"时期(1966—1970 年)是中国工业建设布局的一个战略转移时期。为了备战,中央政府按照"一、二、三线"的划分,将建设项目的重点主要集中于"大三线"的川、贵、滇、陕、甘、晋、鄂、湘等省区。"四五"时期,国家对大三线投资的力度趋缓,中央政府要求各省区市提高工业产品自给率,加之东部一些油田的开发,沿海一些省份投资比重有较大回升。20 世纪 70 年代初期中美关系改善之后,中国的投资重点逐渐转向沿海地区。

按照标准的新古典经济增长理论,改革之前中西部省区获得的大量投资应该会带动这些地区经济发展水平的提高。然而事与愿违,从 1953 年到 1978 年的 25 年里,中西部地区落后于东部沿海地区的局面没有根本改观。到 1978 年改革开放之前,中西部省区的经济发展水平仍然低于东部省区。从图 3 可见,1978 年人均 GDP 最高的上海市为 2 498 元/人,是人均 GDP 最低的贵州省的 14.28 倍,除三大直辖市之外发展水平最高的辽宁省的人均 GDP 为 680 元/人,是贵州的 3.89 倍。1978 年各省区市的人均 GDP 均值为 467.57 元/人,变异系数为 0.9588,远高于 1952 年的 0.59 的变异系数。

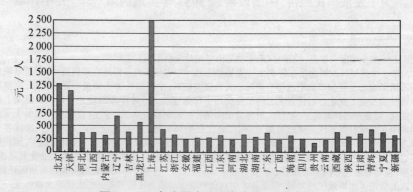

图 3　1978 年中国内地各省人均 GDP 水平

1978 年秋季, 中国共产党第十一届三中全会确立了改革开放的政策。在邓小平的领导下, 实施了允许一部分人和一部分地区先富起来的政策。[1] "六五"(1981—1985 年)、"七五"(1986—1990 年)计划当中确立了充分利用沿海地区现有的经济技术基础, 首先加快东部沿海地区的发展方针。在这些政策之下, 沿海地区的投资比重迅速上升。

在中央和地方的财政关系体制方面, 从 1980 年开始, 改革了过去实行的"统收统支"财政体制, 代之以"分灶吃饭"的财政包干体制, 以激发各省区市财政增收节支的积极性。

20 世纪 80 年代重视沿海地带发展的政策取得了显著效果, 但是中西部地区的发展水平却相对滞后, 对未来国民经济的发展构成挑战。在这种状况之下, 进入 20 世纪 90 年代以来政府的长期发展规划中又重新强调了"区域经济协调发展"。在 1996 年 3 月第八次全国人民代表大会上制定的"九五计划和 2010 年远景目标规划"中, 提出了防止地区差距扩大的若干政策措施, 加大了对中西部地区的基础设施投资, 同时也引导大量的外资投入到中西部地区。20 世纪 90 年代末期, 中央政府又提出了"西部大开发"的战略。伴随着这些宏观政策的变化, 1994 年改革了中央和地方政府的财政关系, 实行了分税制, 统一了所有内资企业的所得税。

第三节 自生能力问题以及赶超战略对中国地区差距的不利影响

正如我们前文介绍的那样, 改革之前在重工业优先发展战略指导下投向中西部地区的大量投资没有根本提高这些地区的人均和劳均 GDP 水平。事实上, 改革开放以来中国地区发展不平衡的重要症结, 也在于赶超战略之下对中西部省区的投资大量集中于资本密集的行业。

为阐明发展战略对经济绩效的影响机制, 林毅夫(2002a, 第 272 页)正式定义了"自生能力"的概念:

"如果一个企业通过正常的经营管理, 预期能够在自由、开放和竞争的市场中赚取社会可接受的正常利润, 那么这个企业就是有自生能力的; 否

---

[1] "在 1980 年 3 月召开的关于制定长期计划的会议上, 邓小平指出, 要'发挥比较优势, 扬长避短, 要承认不平衡'"(王梦奎等 2000, 第 266 页)。

则,这个企业就是没有自生能力的。"

在该论文中,林毅夫将发展中国家推行的发展战略划分为两种类型:① 违背比较优势的发展战略(CAD),这种战略鼓励和引导企业在进入具体的产业、选择具体的生产技术时,置经济的比较优势于不顾;② 顺应比较优势的发展战略(CAF),这种战略鼓励和引导企业根据经济的比较优势来选择所进入具体的产业和具体的生产技术。

自生能力的概念在新古典经济学框架中似乎无足轻重,因为新古典经济学的信奉者秉持着这样的观念:如果一个企业在长期内预期不能够获得社会可接受的利润水平,那么这样的企业就不会被建立起来,或者即使建立起来也将在竞争性的市场上被淘汰。[1]但是,如果一国政府推行违背比较优势的发展战略,鼓励企业不顾所处发展阶段的比较优势去选择产业进入方向和技术结构,那么,在一个开放、自由、竞争性的市场中,这样的企业就没有自生能力(林毅夫 2002a)。

中国政府从第一个"五年计划"开始实施的重工业优先发展的赶超战略是典型的违背比较优势战略(CAD 战略)。这些优先发展的工业部门具有三方面的显著特征:① 建设周期长;② 需要进口大量的机器设备;③ 大量投入资本。但在开始推行赶超战略时,中国是一个贫穷的农业经济,资本、外汇储备和投资资金都极其有限。赶超战略下建立的资本密集企业的要素投入结构,以及资本稀缺的要素禀赋结构之间存在矛盾,这些企业在竞争性市场上是没有自生能力的。为建立这些企业并维持其运营,政府建立了"三位一体"的经济体制,即:① 扭曲的宏观要素价格和产品价格体系;② 资源的计划配置体制;③ 没有微观自主权的微观治理机制。(林毅夫等 1994, 1999)

赶超战略所内生决定的自生能力问题,以及为克服这个问题而形成的"三位一体"的经济体制,在区域经济发展方面的一个直接后果就是拉大地区发展差距。其作用机制有几个方面。

在中西部地区建立许多资本密集项目需要大量的初始投资。单单从统计数据看,这种投资分配模式意在(或者说有可能)缩小相对发达的沿海地区和相对落后的内陆地区的发展水平差距(Yang 1990)。但是这些投资真正形成的生产性资本量却是有限的,而且这些投资形成的资本品专用性

---

[1] 当然,通常进行项目投资决策时,投资早期净利润流为负,但整个投资周期内预期净利润流的贴现值,一定要大于或等于零。事实上,新古典经济学将企业具有自生能力视为当然前提。

极强,对当地经济活动几乎产生不了什么显著的正向外部效应。[1]

第二,大部分赶超项目需要投入大量自然资源、初级原矿产品和初级制成品,而这些投入品大部分出自中西部地区。为补贴赶超项目,政府出面人为压低这些商品的价格。由此导致的结果是,中西部地区事实上在补贴这些赶超项目。所以,在中西部地区建立的许多赶超项目不但不会促进这些地方的经济发展,相反还会在一定程度上起负面作用。

第三,尽管政府为赶超项目投入了大量的资本,但是这些项目只能够为来自发达的沿海地区的受过良好教育的劳动力创造有限的就业机会,而当地劳动力则被局限于生产率低下的农业部门。因而,本地的劳动力收入水平难以提高。

传统体制的低效率决定了 1978 年以来的渐进式经济改革。改革首先是对农户、国有企业管理者等微观主体放权,之后逐渐推进到资源配置体系和宏观政策环境。(林毅夫等 1994,1999)

渐进式改革使得中国得以平稳地启动和推进改革,同时避免剧烈社会动荡带来的巨大社会成本。但是渐进改革也决定了各个地区在捕捉新的发展机会方面有所差异。原来赶超特征强的地区,转型成本高、难度大、周期长,这是因为这些地区大量国有企业的自生能力问题将逐渐由隐性转为显性。而原来受赶超战略影响相对较弱的地区,情形则正好相反,其经济转轨速度更快,因为这些地区只有少量的企业背负着因为赶超而导致的自生能力问题。

改革以来为补贴没有自生能力的国有企业,政府继续压低原材料和初级产品的价格。而这些资源和产品的产地主要集中在中西部地区。当沿海省区在改革以来快速发展的同时,也从中西部地区输入越多的原材料和初级产品。因此,相对落后的中西部地区向经济相对发达的东部地区的经济增长不断提供补贴,导致地区差距进一步扩大。另外,中西部地区没有自生能力的企业所背负的政策性负担,内生地导致了这些企业的软预算约束问题(林毅夫等 1997;Lin and Tan 1999),所以,即使承担赶超任务的中西部地区的企业能够获得政策性补贴,其经济绩效也不高。

大量国有企业没有自生能力,这是中国经济改革的关键问题(林毅夫 2002b)。但是中国中央和地方政府对此都没有足够的认识。中央政府在

---

[1] 这是因为赶超项目进入的产业和选择的技术均具有资本过度密集的特征,而项目建设地区的资本又过于稀缺,所以优先发展的赶超项目的技术难以向当地企业转移。

考核地方政府政绩时,强调技术进步和总产出以及净产出的增长。因此地方政府在决策时经常无视市场信号,继续推行赶超战略。所幸的是,中国已经加入 WTO,这将限制各级政府对没有自生能力企业的保护和补贴,从而使得各级政府充分意识到在经济发展过程中遵循比较优势规律的重要性。

第四节 对中国地区差距的实证分析

一、实证分析的基本框架

为了深入说明发展战略对地区经济发展的影响,我们在这里进行严格的计量分析。按照新古典经济增长理论(Solow 1956；Barro and Sala-I-Martin 1991, 1992),由于资本边际报酬递减,初始人均收入较低的经济体在未来经济增长的潜在速度比初始人均收入较高的经济体的潜在增长速度快,这是经济增长内在的收敛机制。但是,新古典经济增长理论没有考虑到发展战略特征决定的经济结构对经济增长的影响。正如前文阐明的那样,如果一个欠发达的经济体推行违背比较优势的赶超战略,那么其经济增长步伐将被延缓,从而使得其实际经济增长速度低于潜在速度。

林毅夫(2002)构造了一个技术选择指数(TCI)来度量发展战略的特征。其原理如下:

如果一个经济体推行顺应比较优势的发展战略,其企业均根据该经济体的比较优势进行产业、产品和技术结构决策,那么整个经济制造业资本投入量和劳动投入量的最优结构,内生决定于整个经济体的资本禀赋量和劳动禀赋量结构。也即,一个经济体的制造业最优资本密集度水平,是该经济体中资本和劳动禀赋结构的函数。

$$\left(\frac{K_i}{L_i}\right)^* = F\left(\frac{K}{L}\right) \tag{1}$$

为了度量一个经济体的发展战略对比较优势战略的偏离程度,首先定义一个制造业实际技术选择指数 TCI,该指数的具体表现形式是,一个经济体的制造业的实际资本/劳动比率,除以整个经济体的资本/劳动禀赋量比率。即:

$$TCI = \frac{(K_i/L_i)}{(K/L)} \tag{2}$$

政府的发展战略决策会影响到各个经济体 TCI 指数值的大小。

接下来定义制造业的最优技术选择指数 TCI^*。将(1)式在 $K/L = 0$ 处进行一阶泰勒展开,并忽略余项可以得到:

$$\left(\frac{K_i}{L_i}\right)^* = \omega\left(\frac{K}{L}\right) \tag{3}$$

上式中 ω 是一个常数,表示(1)式在 $K/L = 0$ 处的导函数的取值。[①] 显然,资本/劳动禀赋比例结构越高的经济,其制造业最优的资本/劳动投入量之比也比也越高。也就是说 $\omega > 0$。至此可以定义最优技术选择指数 TCI^* 为:

$$TCI^* = \frac{(K_i/L_i)^*}{(K/L)} = \omega \tag{4}$$

TCI^* 就是给定一个经济体要素禀赋结构条件下的最优 TCI。[②]

我们可以采取如下方式间接度量政府实际发展战略对于比较优势战略的偏离:

$$DS = TCI - TCI^* = TCI - \omega \tag{5}$$

如果一个国家(地区)推行顺应比较优势的发展战略,则 $DS = 0$。如果优先发展资本密集度超越于所处发展阶段要素禀赋结构所决定的具有比较优势的产业,则这种赶超战略之下 $DS > 0$。DS 的实际取值越是大于 0,则表明赶超力度越大,或者赶超的特征越强。进而言之,给定 ω 之后,TCI 越大则赶超的特征越强。

基于上述,我们构造如下的计量方程:

$$G_i = \alpha_0 + \alpha_1 \cdot Ln(GDPPL_{0,i}) + \alpha_2 \cdot DS_i + \psi X + u_i \tag{6}$$

(6)式中,被解释变量是 1978—2000 年期间各省区市的劳均 GDP 年增长率。$Ln(GDPPL_{0,i})$ 是各省区市在 1978 年的初始劳均 GDP,代表初始的发展水平。按照前述分析,如果收敛机制存在,则 α_1 的符号预期应该为负;同时,如果预期 α_2 符号也应该为负。

由于最优的 $TCI^* = \omega$ 是不可观察的,所以我们无法直接计算出 DS_i 的取值。但是,注意到 ω 是一个正的常数。所以,在回归分析时,我们就

中国的经济发展战略与地区收入差距

[①] $K/L = 0$,意味着一个经济体的生产要素禀赋结构中没有任何资本存量。显然,此时制造业最优的资本劳动比率必定是 0。也就是说(4.1)式是从原点出发的一条曲线。ω 是该曲线在原点之处的斜率。

[②] TCI^* 除决定于要素禀赋结构之外,还受到发展阶段和自然资源丰裕程度的影响。这里不考虑这些因素。

可以将(6)式最终展开为(6′)式。

$$G_i = C_k' + \alpha_1 \cdot Ln(GDPPL_{0,i}) + \alpha_2 \cdot TCI_i + \psi X + u_i \qquad (6')$$

在方程(6′)当中，$C_k' = \alpha_1 - \alpha_2\omega$，我们预期 TCI_i 的系数 α_2 的符号为负。在方程(6)和(6′)当中，X 代表其他解释变量，对此我们在后文将进行详细的介绍。

二、变量和数据来源

关于 TCI_i 的具体测算办法，请参见北京大学中国经济研究中心发展战略研究组(2002)。[①] TCI_i 实际上是刻画各个省区的产业、产品和技术结构特征的变量。我们得到的原始 TCI_i 数据是各个省区市 1978—1999 年期间的年度时间序列数据。为了刻画整个改革期间里各省区市发展战略特征，首先引入 1978—1999 年各个年份 TCI_i 指数的算术平均值作为解释变量，记为 TCI7899。

我们还引入了发展战略指标的另外一个定义：TCI7885。表示 1978—1985 年各省区 TCI 的算术平均值，以便分析改革初始阶段各个省区发展战略特征。[②]

(6′)式涉及的其他解释变量 X，视具体情况而变化。按照新古典增长理论，储蓄倾向越高的经济体，其稳态劳均产出就越高。这样，如果各个经济体之间储蓄倾向不同就会影响到收敛速度。具体来讲，储蓄倾向越高的经济体，经济增长速度就越高。因为其他条件相同的情况下，高储蓄倾向导致高稳态收入水平，进而意味着给定的初始人均收入和稳态收入之间存在更大的差距，从而就有更快的劳均收入增长速度。所以，我们引入了储蓄倾向(以 SAV_i 代表)指标。按照理论预期，这个解释变量的系数符号应该为正。在具体进行计量估计时，我们沿用 Mankiw 等(Mankiw et al. 1992)的做法，定义各个省区储蓄倾向为：

---

① 需要说明的是，由于国家推行的资本密集重工业优先发展战略只能吸收少量劳动力，出于社会稳定等因素的考虑，国家往往还赋予企业吸收超过必要量的劳动力的社会性政策负担。从而出现一个人的工作三个人干的局面。这和追求资本相对密集产业优先发展的技术赶超是两个概念，两者并不矛盾。因为雇佣同样劳动力数量之下，实际的劳动力利用效率可以大不一样。高就业表象背后实际上是大量的隐性失业。

② 我们这里计算 TCI 指数所依据的劳动力数量，实际上就高于真实(或者说有效)的劳动力雇佣量。这样一来，就会低估人均资本装备水平。也就是说，我们得到的 TCI 指数高估了实际情况。不过这个事实只会加强我们的结论。

$$SAV_i = \left(\sum_{t=1978}^{2000} \frac{I_i}{GDP_i} \right)$$

其中分子代表固定资本和存货资本投资[①]，分母代表当年的 GDP。两者均为当年价格。

另外，在新古典增长模型中，劳动力平均增长率越高的经济体，稳态人均收入就越低。按照和上述储蓄倾向大致类似的理论原理，我们引入了各个省区劳动力平均增长率(以 $LABG_i$ 来代表)作为解释变量。这个解释变量的系数符号应该为负。

大量的经济增长收敛回归都将人力资本作为一个解释变量。不过各个研究者实际使用的定义不一样。我们在这里也将各个省区起点时刻的人力资本存量作为解释变量(以 $HUMK82_i$ 表示)。具体定义是各个省区1982 年具有小学文化程度的人口占总人口的比例。这个指标的系数符号预期为正。

有文献强调外商直接投资对地区差距的影响(Lee 1994；Dayal-Gulati and Husain 2000)。外资流入，尤其是外国直接投资的流入，往往能够带来新的技术诀窍和管理经验。所以外国直接投资(以 FDI_i 表示)越多的省区，技术进步方面的优势就越大。我们在计量分析中实际使用的外国直接投资指标的定义是：1978—2000 年期间外国直接投资累计额的自然对数。[②] 我们预期外国直接投资变量的系数符号应该为正。

另外，大量的经验研究文献认为中国改革开放以来出现了"俱乐部收敛"现象。(蔡昉和都阳 2000；Tsui 1991, 1993；Jian, Sachs and Warner 1996；World Bank 1995, 1997；Zhang, Liu and Yao 2001；Aziz and Duenwald

---

① 我们这里没有考虑政府财政盈余和净出口对储蓄的影响。毕竟这两者与生产性资本的意义要远一些。

这里的储蓄指标的定义，事实上不是特别理想。在新古典模型中运用的是自愿的储蓄倾向，同时暗含了市场出清的条件，从而储蓄自动地全部转化为投资。而我们这里的指标还可以被解释为投资率。一旦从投资率角度理解这个变量，那么得出的政策含义就应该谨慎对待。毕竟，Solow模型中暗含的自愿储蓄倾向和储蓄自动全部转化为投资的机制，和政府进行赤字政策扩大投资的机制，包含着迥然不同的含义。

② 严格地说，外国直接投资的具体形式多种多样，有现金、技术股权、实物作价的资本品等等。国民经济核算角度的总投资定义和外国直接投资的含义不是完全吻合的。从这个角度考虑，通常研究中采用 FDI 除以投资总额的比例来刻画外资对经济增长影响的做法，未必妥当。我们认为，从我们主要关注的技术进步角度而言，外资的绝对量要比前述的比例指标的含义更加合适。当然采用这样的定义也暗含地假定，所有来自 FDI 的技术进步优势，是最初投资时的一次性贡献。事实上，或许外商投资企业在未来能够分享母公司 R&D 的进一步信息，也就是说一次 FDI 带来了持续的技术进步优势。对此我们无法刻画。

2001Jian et al. 1996)。而中国地域辽阔,各地自然条件和市场容量相差悬殊。为了控制这些因素,我们也引入中部和西部两个虚拟变量。[①]

新古典经济增长理论模型没有考虑经济的结构方面。Barro等意识到新古典增长理论本身忽视经济结构带来的不利后果,于是试图在对新古典经济增长理论进行实证检验时进行弥补。他们在关于美国地区收敛的计量回归中引入了一个结构冲击变量,该变量是一个加权和,权数是各州中各产业的产出份额,被加权的因子是各产业在全国水平上的增长率(Barro and Sala-I-Martin 1991, 1992)。这个变量代表了现在新古典经济增长理论对经济结构的理解。从理论层面讲,Barro等理解的经济结构冲击变量基本上是侧重需求方面的。考虑需求冲击对经济增长的影响,本来无可厚非,但是Barro等关于经济结构对经济增长的影响的理解,违背了一个基本的经济学道理。举例来说,如果全国水平上工业增长快,而某个省区的比较优势却恰恰在农业,那么,这个省区里工业所占比重较小不见得就是坏事,并不见得不利于经济增长。换言之,各地的产出结构各不相同,本来就是各地比较优势不同而且产品和要素充分流动导致的结果,发挥各地比较优势也并不要求各地的各个产业增长速度和全国增长速度相等,因为各地的比较优势不同,同时也在不断变化。

当然,在美国那样成熟的市场经济国家,在较长的时期内,各个州之间的产业分工格局已经很好地顺应了各自的动态比较优势。这样一来,Barro等理解的结构冲击基本上就是相对短的时期里需求冲击的影响。换言之,这个指标用在美国还能够刻画较短时期里的需求冲击。尽管如此,这个指标用来理解中国的经济结构对经济发展的影响,力有不逮。这是因为中国各省区的经济结构和其比较优势吻合得不太好。1978年以来中国在全国水平上增长最快的无疑是工业,但是各省区工业,尤其是中西部省区的工业,未必符合其比较优势。那么,在这样的赶超工业中实现专业化,不仅不会促进经济增长,反而会适得其反。

---

① 这里的四川包括重庆的数据,因为得不到重庆的系统数据,所以只能将重庆成立直辖市以来的数据与四川合并。西藏和海南的系统数据不可得,所以也没有包括在数据集中。

魏后凯(1997)的经验研究中使用了完全按照 Barro 等定义的结构变量。[1] 为了比较前述定义的发展战略结构变量和 Barro 定义的结构变量，我们也根据 Barro 等的定义计算了 1978—2000 年期间中国 29 省区的结构变量，并将之纳入回归分析。[2] 表3是我们后面的计量分析的数据集。

Cheng(2002)的研究认为，中国地区收敛的检验结果对于样本选取比较敏感。具体说来，对于京、津、沪三个直辖市的不同处理方法将导致不同的结论。比如，Tusi(1996)将三大直辖市包含到临近的省份之后，就会得到中国地区收入在改革之后趋异的结论。其他研究得到收敛的结论，是把三大直辖市作为独立的经济体来处理的。我们在后面将分别按照包含和不包含京、津、沪三大直辖市的情形进行计量分析。

(6′)式中的随机扰动项假定存在异方差问题，即：$E(u)=0$, $\text{Var}(u)=\sigma^2\zeta_i$。为此在计量分析结果中，我们报告了 White Robustness 方差协方差矩阵的估计结果。

三、计量分析结果

表4—表6报告了我们的计量分析结果。

表4报告了8个模型的估计结果。模型 I 是新古典无条件收敛的框架。这个模型的估计结果似乎不支持新古典无条件收敛的假说。而且这个模型的拟合精度也比较差。模型 II 和模型 III 分别用 TCI7885 和 TCI7899 控制了改革开放初期和整个改革期间各省区市的发展战略特征。从这两个模型的估计结果来看，发展战略越体现出赶超的特征，劳均 GDP 增长率就越低，而且初始条件变量 $\text{Ln}(\text{GDPPL}_0)$ 的符号也符合理论预期。

模型 IV—模型 VIII 的基础是条件收敛框架。在这些模型中涉及到的发展战略特征变量系数的符号均显著为负。不过，尽管初始条件变量

---

[1] 其他大量关于中国地区增长的文献中，也引入了各种各样的结构变量。Cheng(2002)在通常的 Barro 回归中，引入了一个解释变量来刻画经济结构的影响，具体含义是非农 GDP 占总 GDP 份额的变化。无独有偶，Jian 等(Jian et al. 1996)使用了初始的农业 GDP 份额。事实上 Barro 等(Barro et al., 1991)在关于美国 1929 年之前的地区收敛的研究中，也运用了农业占州总收入比重的结构指标。沈坤荣等(沈坤荣，马俊 2002)使用了所谓工业化程度的指标——各个省区真实的工业总产值占全国工业总产值的比重；蔡昉等(蔡昉，王德文，都洋 2001)中也引入了一个试图刻画要素市场发育影响的结构变量——农业的比较劳动生产率，这个指标的定义是农业产出比重除以农业劳动力比重。不过蔡昉等没有交代这里的比重是农业占全国农业的比重，还是农业占本省总产出的比重。

[2] 基于可得的数据，我们计算结构变量时，将国民经济划分为第一产业、工业、建筑业、零售贸易业、交通运输业和其他第三产业等 6 个子产业。

表 3　计量分析的数据集

省区市	G_i	Ln($GDPPI_0$)	TCI7899	TCI7885	SAV	LABG	HUMK82	FDI	中部虚拟量	西部虚拟量	Barro定义的结构变量
安徽	0.0730	6.4107	6.1704	10.5070	0.3815	0.0294	0.4834	12.627	1	0	0.0628
北京	0.0789	7.8043	2.5433	3.8859	0.4032	0.0148	0.7780	14.164	0	0	0.0886
福建	0.0981	6.5764	3.8099	6.4157	0.3957	0.0297	0.5525	15.024	0	0	0.0698
甘肃	0.0492	6.8381	8.8154	8.6895	0.3587	0.0366	0.4674	10.794	0	1	0.0790
广东	0.1017	6.7051	3.2347	4.0162	0.2610	0.0262	0.6592	16.091	0	0	0.0736
广西	0.0615	6.2556	6.2663	6.9535	0.3203	0.0267	0.6147	13.366	0	1	0.0677
贵州	0.0599	6.0923	7.7422	11.8262	0.1714	0.0290	0.4358	10.604	0	1	0.0658
河北	0.0781	6.7660	3.8184	5.2152	0.2948	0.0232	0.6365	13.606	0	0	0.0598
河南	0.0704	6.3619	5.3099	7.7140	0.3600	0.0298	0.5702	12.996	1	0	0.0745
黑龙江	0.0515	7.4594	3.4011	5.1687	0.3383	0.0229	0.6781	12.818	1	0	0.0672
湖北	0.0742	6.6726	5.0769	6.9841	0.4250	0.0205	0.6251	13.364	1	0	0.0773
湖南	0.0655	6.4688	5.9411	8.9617	0.4197	0.0227	0.6733	13.167	1	0	0.0666
吉林	0.0647	7.1470	4.0611	4.7230	0.4366	0.0298	0.6851	12.602	1	0	0.0667
江苏	0.1062	6.7994	2.9713	4.6113	0.4708	0.0131	0.6028	15.298	0	0	0.0741
江西	0.0748	6.5419	4.6175	5.7546	0.3665	0.0248	0.5784	12.505	0	0	0.0750
辽宁	0.0611	7.5108	3.3617	4.3924	0.3084	0.0192	0.7364	14.192	0	0	0.0659

省区市	G_i	$\text{Ln}(\text{GDPPL}_0)$	TCI7899	TCI7885	SAV	LABG	HUMK82	FDI	中部虚拟量	西部虚拟量	Barro定义的结构变量
内蒙古	0.0714	6.7902	5.1472	7.0115	0.3575	0.0223	0.6009	10.506	0	0	0.0827
宁夏	0.0533	6.8653	3.3853	3.6154	0.1916	0.0330	0.4718	9.975	1	0	0.0719
青海	0.0439	6.9790	5.2507	4.8027	0.2359	0.0272	0.4558	8.645	0	1	0.0776
山东	0.0836	6.6321	4.2107	6.1633	0.3703	0.0278	0.5767	14.560	0	1	0.0771
山西	0.0672	6.8153	3.9497	4.9722	0.3097	0.0195	0.6874	11.924	0	1	0.0712
陕西	0.0657	6.6228	4.5893	6.4586	0.2764	0.0250	0.6076	12.630	1	0	0.0794
上海	0.0836	8.2704	1.7581	2.4050	0.2754	0.0077	0.7706	14.940	0	1	0.0728
天津	0.0771	7.7204	1.9893	2.2888	0.2379	0.0136	0.7491	14.132	0	0	0.0893
新疆	0.0827	6.6787	4.6238	6.3387	0.2755	0.0172	0.5839	10.562	0	1	0.0884
云南	0.0663	6.2648	6.4853	7.4401	0.2122	0.0258	0.4269	11.808	0	1	0.0693
浙江	0.1048	6.5356	2.1395	2.6067	0.4214	0.0183	0.6284	13.929	0	1	0.0650
重庆四川	0.0586	6.3922	4.3966	6.1308	0.3366	0.0194	0.6133	13.051	0	1	0.0684

1. 海南省没有 TCI 指数的数据，所以我们的全部回归回中就不包含这个省的样本。这里也没有列出。

2. TCI7899 代表中国各省 1978—1999 年各个年度 TCI 指数的算术平均；TCI7885 代表 1978—1985 年各个年度 TCI 指数的算术平均。
资料来源：从《新中国五十年统计资料汇编》（国家统计局国民经济综合统计司，1999）可以当年价格到总量 1978—1998 年以当年价格到得到总量 GDP 和真实 GDP 指数。由此可以得到按照 GDP 和真实 GDP 指数。从各省区的真实 GDP 总量从各省区的统计年鉴中可以得到同序列资料。G_i，Ln(GDPPL$_0$)涉及的从业人数，来自于《新中国五十年统计资料汇编》和各个
1978 年价格衡量的真实总量 GDP 的时间序列资料。G_i，Ln(GDPPL$_0$)涉及的从业人数，来自于《新中国五十年统计资料汇编》和各个
省区市的统计年鉴。外商直接投资数据，来自中国统计年鉴各省。代表人力资本的 1982 年小学文化程度人口占总人口比例的数据，直
来自于《中国人口年鉴 1985》（中国社会科学院人口研究中心中国人口年鉴编辑部，1986，第 614—615 页）。各省区储蓄率的数据，直
接利用上述介绍的各省区义资本形成数据，除以总量 GDP 数据，就可以得到。

表 4　回归结果

	模型 I	模型 II	模型 III	模型 IV	模型 V	模型 VI	模型 VII	模型 VIII
Constant	0.0703	0.1807	0.2267	0.0746	0.1281	0.2123	0.1413	0.2258
	(0.0290)	(0.0587)	(0.0502)	(0.0478)	(0.0503)	(0.0474)	(0.0497)	(0.0477)
	[0.0224]**	[0.0050]***	[0.0001]***	[0.1330]	[0.0188]**	[0.0002]***	[0.0098]***	[0.0001]***
$Ln(GDPPL_0)$	0.0003	−0.0123	−0.0171	−0.0039	−0.0089	−0.0161	−0.0087	−0.0152
	(0.0042)	(0.0073)	(0.0063)	(0.0053)	(0.0055)	(0.0082)	(0.0052)	(0.0076)
	[0.9436]	[0.1038]	[0.0113]**	[0.4712]	[0.1223]	[0.0626]*	[0.1098]	[0.0573]*
TCI7885		−0.0042			−0.0024	−0.0033		
		(0.0017)			(0.0008)	(0.0014)		
		[0.0200]**			[0.0049]***	[0.0252]**		
TCI7899			−0.0084				−0.0047	−0.0071
			(0.0020)				(0.0012)	(0.0021)
			[0.0003]***				[0.0006]***	[0.0026]***
SAVE				0.0313	0.0395	0.0714	0.0394	0.0660
				(0.0244)	(0.0209)	(0.0330)	(0.0203)	(0.0293)
				[0.2124]	[0.0732]*	[0.0415]**	[0.0656]*	[0.0348]**

	模型 I	模型 II	模型 III	模型 IV	模型 V	模型 VI	模型 VII	模型 VIII
LABG				-1.2078	-1.0894	-1.1571	-0.8746	-0.7890
				(0.4221)	(0.3777)	(0.4901)	(0.3689)	(0.5323)
				[0.0078]***	[0.0089]***	[0.0275]**	[0.0274]**	[0.1525]
HUMK82				-0.0736	-0.0855	-0.0119	-0.0887	-0.0349
				(0.0269)	(0.0249)	(0.0506)	(0.0196)	(0.0424)
				[0.0078]***	[0.0025]***	[0.8157]	[0.0002]***	[0.4181]
FDI				0.0070	0.0065		0.0056	
				(0.0016)	(0.0015)		(0.0015)	
				[0.0003]***	[0.0004]***		[0.0012]***	
调整后的 R^2	-0.0384	0.1214	0.4022	0.5836	0.6330	0.3271	0.6717	0.4715

1. 每个解释变量下面的系数估计值里面的数字，是系数估计值下面的圆括号里面的数字，是系数估计值的标准差；再下面的方括号里的数字为"该系数显著异于零"的假设的双尾 t 检验的 p 值。以下各个 OLS 计量结果中各个数字含义都与此相同，不再另行交待。

2. 因为我们假定方程里的随机扰动项呈现异方差特征，所以在进行 OLS 估计时，进行了相应的调整。表中所报告的系数估计值的标准差，是调整之后得到的 White Robust 方差协方差矩阵。以下各个 OLS 计量结果都进行了同样的处理，不再另行交待。

3. 为了直观起见，我们将双尾 t 检验的显著性水平（p 值）小于 1% 的情形标记为"***"；将检验的显著性水平（p 值）大于 1% 小于 5% 的情形标记为"**"；将双尾 t 检验的显著性水平（p 值）大于 5% 小于 10% 的情形标记为"*"。以下相同，不再专门说明。

Ln(GDPPL$_0$)的系数符号均符合预期，但是在一些情形下不显著。其他的解释变量中，储蓄率、劳动力增长率和外商直接投资的系数符号均符合理论预期。不过这些系数符号的显著性却不稳定。而初始人力资本变量的系数符号却相悖于理论预期，而且在有些场合之下系数的显著性水平还比较高。当然，从中难以导出人力资本对劳均 GDP 增长的影响为负的一般结论来。

表 5 报告的 8 个模型是在表 4 的 8 个模型的基础上加入中部和西部两个虚拟变量。加入地区虚拟变量之后，所有模型的拟合精度均有比较大的改善。而且加入地区虚拟量之后，初始条件变量 Ln(GDPPL0) 的系数符号均显著为负，说明新古典收敛机制仍然成立。从表 5 的各个计量结果中均可以看出，中部省份劳均 GDP 增长率显著低于东部省区市，而西部省区又低于中部省份。这表明自然条件以及其他不可观察的区域特征等因素对经济增长的影响。不过即使在加入地区虚拟变量之后，发展战略特征的影响也仍然符合理论预期，从而充分说明发展战略特征对劳均 GDP 增长的反面影响。

表 6 显示了 9 个模型的估计结果。在这些模型里均引入了按照 Barro 等定义的结构变量。从估计结果来看，这些结构变量的统计性质非常不理想。而与 Barro 等定义的结构变量形成鲜明对比的是发展战略特征变量。所有涉及发展战略特征变量的模型中，发展战略特征变量的系数符号均显著为负。

不包含京津沪三大直辖市数据集的估计结果与上述包含三大直辖市的数据集的估计结果相类似，在此不再赘述。如果对该结果感兴趣可以和作者联系索取相关资料。

回归结果有力地支持了我们归纳的理论假说，即如果一个经济体推行违背比较优势的战略，以至于其 TCI 偏离 ω，那么该经济体的劳均 GDP 增长率将显著降低。表 4—表 6 表明 TCI7899 的系数的估计值处于 -0.0028 和 -0.0084 之间，其中大部分估计值在 -0.003 左右。如果我们以 -0.003 作为 TCI7899 的估计值，那就意味着，一个省区市的 TCI 对 ω 有一单位的偏离，将使其劳均 GDP 在 1978—1999 年期间每年的增长率降低 0.3%。表 3 的第四列显示了每个省的 TCI7899，而 ω 的精确值无法测度。表 3 的第二列表明各省区市之间江苏省的劳均 GDP 增长速度最快。如果我们以江苏的 TCI7899(其取值为 2.9713)作为 ω，则可以发现发展战略对每个省区市经济增长的影响。举例来说，贵州的 TCI7899 为

表 5　回归结果(包含地区虚拟变量)

	模型 I	模型 II	模型 III	模型 IV	模型 V	模型 VI	模型 VII	模型 VIII
常数项	0.1976	0.2354	0.2389	0.2100	0.2333	0.2723	0.2244	0.2609
	(0.0268)	(0.0316)	(0.0304)	(0.0414)	(0.0385)	(0.0285)	(0.0421)	(0.0307)
	[0.0000]***	[0.0002]***	[0.0000]***	[0.0001]***	[0.0000]***	[0.0000]***	[0.0000]***	[0.0000]***
$Ln(GDPPL_0)$	−0.0152	−0.0195	−0.0196	−0.0146	−0.0166	−0.0200	−0.0155	−0.0186
	(0.0038)	(0.0044)	(0.0041)	(0.0042)	(0.0039)	(0.0043)	(0.0045)	(0.0046)
	[0.0005]***	[0.0002]***	[0.0001]***	[0.0026]***	[0.0005]***	[0.0001]***	[0.0026]***	[0.0006]***
TCI7885		−0.0018			−0.0017	−0.0039		
		(0.0006)			(0.0006)	(0.0013)		
		[0.0103]**			[0.0105]**	[0.0074]***		
TCI7899			−0.0035				−0.0029	−0.0028
			(0.0014)				(0.0012)	(0.0013)
			[0.0179]**				[0.0263]**	[0.0350]**
SAVE				0.0104	0.0142	0.0161	0.0199	0.0218
				(0.0212)	(0.0178)	(0.0196)	(0.0209)	(0.0224)
				[0.6292]	[0.4361]	[0.4212]	[0.3504]	[0.3428]

（续表）

	模型 I	模型 II	模型 III	模型 IV	模型 V	模型 VI	模型 VII	模型 VIII
LABG				-1.0148	-0.9867	-0.9342	-0.8428	-0.7981
				(0.3483)	(0.3316)	(0.3415)	(0.3112)	(0.3266)
				[0.0086]***	[0.0078]***	[0.0128]**	[0.0140]**	[0.0239]**
HUMK82				-0.0427	-0.0577	-0.0328	-0.0557	-0.0343
				(0.0281)	(0.0286)	(0.0285)	(0.0259)	(0.0268)
				[0.1445]	[0.0581]*	[0.2643]	[0.0442]**	[0.2143]
FDI				0.0019	0.0023		0.0020	
				(0.0017)	(0.0018)		(0.0017)	
				[0.2819]	[0.2115]		[0.2459]	
中部地区虚拟量	-0.0258	-0.0230	-0.0211	-0.0184	-0.0148	-0.0206	-0.0148	-0.0198
	(0.0040)	(0.0040)	(0.0043)	(0.0055)	(0.0056)	(0.0041)	(0.0058)	(0.0045)
	[0.0000]***	[0.0000]***	[0.0002]***	[0.0034]***	[0.0158]**	[0.0001]***	[0.0202]**	[0.0003]***
西部地区虚拟量	-0.0377	-0.0352	-0.0303	-0.0287	-0.0257	-0.0326	-0.0229	-0.0289
	(0.0053)	(0.0055)	(0.0067)	(0.0069)	(0.0072)	(0.0062)	(0.0085)	(0.0073)
	[0.0000]***	[0.0000]***	[0.0002]***	[0.0005]***	[0.0020]***	[0.0000]***	[0.0142]**	[0.0007]***
调整后的 R^2	0.6596	0.6794	0.7070	0.7080	0.7279	0.7239	0.7320	0.7315

表 6 回归结果（包括 Barro 定义的结构冲击变量和地区虚拟变量）

	模型 I	模型 II	模型 III	模型 IV	模型 V	模型 VI	模型 VII	模型 VIII	模型 IX
常数项	0.0608	0.1874	0.2262	0.2294	0.0841	0.2100	0.2413	0.2333	0.2251
	(0.0354)	(0.0301)	(0.0328)	(0.0336)	(0.0464)	(0.0409)	(0.0299)	(0.0382)	(0.0413)
	[0.0985]*	[0.0000]***	[0.0000]***	[0.0000]***	[0.0845]*	[0.0001]***	[0.0000]***	[0.0000]***	[0.0000]***
$Ln(GDPPI_0)$	0.0077	−0.0071	−0.0099	−0.0129	−0.0108	−0.0149	−0.0157	−0.0160	−0.0173
	(0.0130)	(0.0095)	(0.0093)	(0.0089)	(0.0070)	(0.0059)	(0.0066)	(0.0058)	(0.0061)
	[0.5575]	[0.4634]	[0.2971]	[0.1618]	[0.1369]	[0.0201]**	[0.0286]**	[0.0125]**	[0.0105]**
Barro 定义的结构变量	−0.5622	−0.6152	−0.7485	−0.4932	0.5233	0.0294	−0.1507	−0.0574	0.1628
	(0.8591)	(0.5657)	(0.5319)	(0.5177)	(0.4546)	(0.5537)	(0.4420)	(0.5322)	(0.5468)
	[0.5188]	[0.2881]	[0.1733]	[0.3511]	[0.2627]	[0.9583]	[0.7367]	[0.9153]	[0.7694]
TCI7885			−0.0019					−0.0017	
			(0.0006)					(0.0006)	
			[0.0040]***					[0.0094]***	
TCI7899				−0.0034					−0.0030
				(0.0014)					(0.0012)
				[0.0249]**					[0.0203]**
SAVE					0.0395	0.0107	0.0106	0.0136	0.0218
					(0.0260)	(0.0206)	(0.0228)	(0.0179)	(0.0212)
					[0.1440]	[0.6111]	[0.6470]	[0.4561]	[0.3190]

（续表）

	模型 I	模型 II	模型 III	模型 IV	模型 V	模型 VI	模型 VII	模型 VIII	模型 IX
LABG					-1.2643	-1.0205	-0.9430	-0.9755	-0.8715
					(0.4260)	(0.3467)	(0.3583)	(0.3054)	(0.2983)
					[0.0073]***	[0.0083]***	[0.0160]**	[0.0050]***	[0.0091]***
HUMK82					-0.0815	-0.0433	-0.0216	-0.0566	-0.0592
					(0.0279)	(0.0361)	(0.0292)	(0.0349)	(0.0335)
					[0.0081]***	[0.2450]	[0.4687]	[0.1216]	[0.0936]*
FDI					0.0070	0.0019		0.0022	0.0022
					(0.0017)	(0.0020)		(0.0020)	(0.0020)
					[0.0004]***	[0.3595]		[0.2819]	[0.2840]
中部地区虚拟量		-0.0272	-0.0244	-0.0223		-0.0182	-0.0233	-0.0151	-0.0140
		(0.0044)	(0.0042)	(0.0045)		(0.0072)	(0.0045)	(0.0069)	(0.0069)
		[0.0000]***	[0.0000]***	[0.0001]***		[0.0196]**	[0.0000]***	[0.0414]*	[0.0595]*
西部地区虚拟量		-0.0372	-0.0344	-0.0301		-0.0286	-0.0341	-0.0259	-0.0223
		(0.0054)	(0.0057)	(0.0067)		(0.0072)	(0.0062)	(0.0073)	(0.0084)
		[0.0000]***	[0.0000]***	[0.0002]***		[0.0008]***	[0.0000]***	[0.0023]***	[0.0163]*
调整后的 R^2	-0.0684	0.6569	0.6833	0.7017	0.5737	0.6927	0.6968	0.7129	0.7180

7.7422，所以该省的 DS 为 4.7709。那么，贵州的劳均 GDP 在 1978—1999 年期间每年的增长率被降低了 1.43%。

第五节 结论性评论

本文中我们研究了中国的地区差距问题。研究发现，一个省区市如果在发展其工业时推行违背比较优势的战略，那么其整体的 GDP 增长将受到负面的影响。从表 3 中报告的各省区市 TCI 指数的具体取值来看，中西部省区市的发展战略较之东部省区市而言，更加接近于违背比较优势的战略。因此，中西部地区推行的错误的工业发展模式，是导致观察到的 1978 年以来逐渐扩大的地区差距的重要原因。为了在经济增长过程中缩小地区差距，对各省区市而言，尤其是对那些中西部省区市而言，亟须根据其各自的比较优势优化其增量投资，以便调整其现有的产业结构。一个地区要违背自身比较优势而发展经济，那么其企业就要选择超越其要素禀赋结构的产业、产品和技术结构，进而这些企业就没有自生能力，需要政府的保护或补贴。加入 WTO 之后中国政府保护或补贴企业的可能性大为降低。正是出于这个考虑，中国政府在"十五计划"中正式全面确立了"比较优势"原则在农业、制造业、服务业以及在经济结构调整当中的地位。由于地区之间自然条件差异的作用，地区差距难以彻底消除。但是加入 WTO 之后的新条件下，地区差距拉大的趋势将得到遏制。

中国经济的增长收敛与收入分配[*]

经济增长分析的一个基本立足点就是探讨长时间内,究竟是何种因素决定了不同国家或地区的经济增长绩效。其中一个至今悬而未决的问题是,为什么 20 世纪 50 年代以来落后国家中一部分实现了对发达国家的追赶,而更多的国家却在相对的意义上日渐贫困。特别是内生增长理论的兴起,在更为深入的程度上促进了这方面的研究。在本文中,我们结合增长理论既有的一些研究经验,对中国经济在近二十年来的高速增长提供一个较为全面的解释。我们通过实证分析试图回答这样几个问题:影响中国经济增长绩效的主要因素是什么? 在不同的省份或地区之间,是否存在,或者在何种条件下存在所谓"增长收敛"的现象? 如何解释"增长收敛"现象中所存在的时域和地域特性? 同一区域内部(特别是城乡之间)出现人均收入水平发散的原因何在? 等等。

第一节 文 献 简 述

新古典模型关于收敛的预测是基于一个基本的假定:资本的边际报酬递减以及技术进步的一致性。然而在实际观察中,在绝对意义上的增长收敛并不具有普遍性。因此在理论文献中,对收敛问题的关注并不是从提出索罗模型开始,而是当经济学家们发现经济发展的实际经验"违背"了新古典理论预言的时候。显然,我们不难发现造成国家间经济增长趋于分散的最可能的因素是由于技术进步的速度不同。但是,对于技术落后的地区,由于技术学习的成本要低于研究开发的成本,所以技术进步也应当趋于收敛。或者说,增长发散的原因是因为技术进步的差异,那么技术本身没有出现收敛的原因何在呢? 内生增长理论的兴起极大地促进了对于类似问题的研究,在增长收敛的决定条件方面,人力资本积累、对外开放程度、国

---

* 本文和刘明兴合作,原文发表在《世界经济》2003 年第 8 期。

际技术外溢和制度结构等因素受到了广泛重视。Barro(1997)对跨国增长收敛实证研究作了一个比较完整的总结。他所使用的解释变量包括：初始水平的人均 GDP、人力资本、人口增长率、储蓄水平、预期寿命、政府消费占 GDP 的比例、贸易条件、投资率、通货膨胀率、区域虚拟变量、对产权的保护程度、政局的稳定和民主化程度等等。Alesina(1998)对以往实证分析中所使用的解释变量进行了一个简单的总结。但是，在既有的理论文献中，并没有形成一个完整的逻辑框架，来解释发展中国家的广泛经济现实，许多的结论仅仅是基于统计意义上的简单总结。Brock 和 Durlauf(2000)甚至对整个实证分析方法的框架及其结论提出了全面置疑。

对于中国的经济增长和各地区之间差距演变的研究，已经存在较为丰富的文献，这些文献可以大致上分成两部分：一是采用多种指标对中国的经济增长和地区经济差距进行了测度和分解，如基尼系数、变异系数(coefficient of variation)、Theil 指数(Theil entropy)、阿特金森指数(Atkinson index)、σ 收敛指数和 β 收敛指数、Kernel 估计量等等；二是为中国的实际经济增长绩效和收敛特征提供理论解释。由于基本研究思想和所使用的方法与统计指标上的差异，不同的研究人员或机构得出了不同的结果，但是就前一个问题而言分歧相对较小。一个比较能够达成共识的观点是，在1990 年以前我国各地区的经济增长呈现收敛的趋势，到了 1990 年以后则迅速发散。此结论在 Jian(1996)、世界银行(1997)、田晓文(1999)、张兆杰(2000)的研究中均得到了认可，但与林毅夫等(1998)的发现稍有差别。林毅夫采用基尼系数的方法测度了中国的地区差距，发现 1986—1990 年间，中国地区差距的上升幅度并不明显，1990 年以后的上升幅度略大，1990 年基尼系数只有 0.2414，到 1995 年已上升到 0.2747。另外一个比较一致的看法是，中国的经济增长呈现出较强的地域特性。蔡昉和都阳(2000)对中国地区经济增长收敛问题作了初步的分析，他们注意到中国经济中所谓"收敛的俱乐部"现象，即东中西三大区域之间的差距不断拉大，但区域内部却呈现出收敛的趋势(其中，西部地区的内部收敛趋势较弱)。Tsui(1991，1993)、Jian，Sachs 和 Warner(1996)、世界银行(1995，1997)、Zhang，Liu 和 Yao(2001)、Aziz 和 Duenwald(2001)等人的研究结果也基本上如此。

不过，在对中国经济增长绩效进行理论解释的文献中，则存在很大分歧。Chen 和 Feng(2000)对 1978—1989 年中国 29 个省的数据进行回归，其结果认为 20 世纪 80 年代的中国区域经济呈现出了收敛的趋势，且私有化是促进增长的主要因素。Lee(1994)、Dayal-Gulati 和 Husain(2000)的观点和张兆杰(2000)类似，他们均强调了 FDI 对经济增长的刺激作用，但 FDI 同时也拉大了不同区域之间的差距。关于私营资本和外国资本对于中国经济增长的积极作用是毋庸置疑的，但是私有化和外资的大规模进入是 20 世纪 90 年代以后的情况，按照上述观点我们如何解释 20 世纪 80 年代国有经济和集体经济的高速增长呢？

蔡昉和都阳(2000)的实证研究表明人力资本上的差异是造成地区差距的主要原因，不过他们没有对 1990 年前后增长收敛的基本特性发生转变提供解释。韩廷春(1999)认为在经济增长的早期阶段(如现阶段的中国)，人力资本的作用远远高于科研投入。Yan 和 Yao (2001)等也持类似观点。无疑，人力资本在经济发展中的重要作用一直受到理论界的广泛关注，在 Lucas、Stocky 等人的论文中，也一再强调人力资本及其在东亚奇迹中所扮演的角色。这在一定程度上反应了技术学习的重要地位。但是，所有这些论点都忽视了人力资本理论中的一个关键问题，那就是人力资本是以何种方式成为生产要素的，换言之，什么才是人力资本的最优积累水平？并不见得有了教育就有了所谓的人力资本。否则，中国农村的工业化过程何以要远远超过城市呢？这是否与"人力资本是促使经济系统产生持续增长的关键要素"这一看法相违背呢？众所周知，按照通行的计算方法，乡镇企业的人力资本存量是远远无法和城市工业相比的。

Young(2001)认为地区性保护政策是地区差距加大的关键，因为市场保护会使经济的发展偏离本地的比较优势。Young 通过农业发展的数据来佐证上述观点。但是，各地区所推行的本地市场保护政策在长期内的有效性却令人怀疑，实际上由于保护政策刺激了项目的重复建设，最终加剧了地区间的市场竞争，结果导致了市场保护政策的垮台。中国家电行业的演变能够充分证明这一点。

在更为一般的观念中，中国经济的地区差距问题又往往被归结为中央政府的地区倾斜政策(Démurger 等 2001；Fleisher 和 Chen 1997)，即中央政府将全国资金过多投向东部地区是中西部地区落后于东部地区的根源①，

① 例如，Yang(1990)把改革前与地区发展相关的发展战略称为"毛泽东式的发展战略"，特点是高度依赖于再分配手段，试图缩小地区差距；把改革后的发展战略概括为"不平等的发展战略"。然而，Tsui(1991)对 1952—1985 年中国国民收入和国民收入使用额的省际差异指标进行了估算，发现尽管 20 世纪 80 年代前中央政府作出了种种再分配努力，其缩小地区差别的实际效果却并不明显。

或者所谓的"地理优势"。胡书东（1999）测量了国民收入在地区间的流动趋势[1]，其结果表明中央的倾斜政策始终偏向中西部，并且中央的政策干预可能进一步造成了中西部的落后，因为重工业优先发展战略所扶持的工业企业与中西部本地的比较优势相背。但是，他没有对此观点进行更为详尽的计量分析，而这正是本文讨论的一个核心问题。

另外，财政分权（Zhang and Zou 1998；Jin、Qian and Weingast 1999、2001）、基础设施投资（Démurger 2001）等其他因素对于经济增长和收敛的影响也受到了一定的重视。

本文以下的讨论并无意于去修正增长收敛分析的基本架构，而是打算在林毅夫、蔡昉、李周（1994，1999）的理论基础之上，通过中国的经验数据来论述中国中央及地方政府发展战略的变化对增长收敛的重要涵义，借此为理论研究提供一条新的思路。同时，本文打算利用同一个理论，为多个中国经济增长中的"Stylized Facts"提供解释。

第二节　发展战略与中国经济增长中的 σ 收敛[2]

通过对文献的总结，在中国地区经济增长收敛问题上，我们注意到两个基本事实：一是中国经济中存在所谓"收敛的俱乐部"现象，即东中西三大区域[3] 之间的差距不断拉大，但区域内部却呈现出收敛的趋势；二是1990 年前后增长收敛的基本特性发生了转变。为什么随着经济体制改革，不同的地区有不同的反应呢？为什么增长收敛的趋势会发生扭转呢？中国区域经济增长中，分阶段的收敛特征究竟是怎样形成的呢？文献中并没有给出一个在逻辑上完全一致的解释，进而也就未能对于差距的形成及其变动趋势（增长收敛）的原因得出令人信服的结论。

---

[1]　事实上，在关于西部各省的 GDP 核算统计中，净出口一项在多数年份都是负的。

[2]　为了在实证上更好地识别国家间增长收敛或发散的趋势，围绕着关于收敛的统计定义，理论界存在一系列的争论。Barro 和 Xavier Sala-I-Martin（1991，1992，1995）提出了度量收敛的两个指标，分别称为（收敛和（收敛。不过，Bernard 和 Durlauf（1995）对此收敛度量概念置疑，并提出了新的时间序列检验方法。但该方法也存在一定缺陷，因此并没有比 Barro 的计量方法得到更广泛的应用。

[3]　在本文中，东部地区包括京、津、沪、辽、鲁、苏、浙、闽、粤九个省（市），中部地区包括冀、晋、内蒙古、吉、黑、皖、赣、豫、湘、鄂十个省（区），西部地区包括桂、云、贵、川、陕、甘、宁、青、新九个省（区）。

这里，我们首先采用 σ 收敛方法来直观地度量中国的地区差距，所谓 σ 收敛指数通常是指人均真实 GDP 对数的标准差。图 1 中，为了全面反映增长的实际绩效，分别计算了 1970—1997 年间，中国 28 个省市自治区（不包括西藏和海南）的对数农村人均消费标准差、对数城市人均消费标准差、对数人均 GDP 标准差和对数人均工业 GDP 标准差。

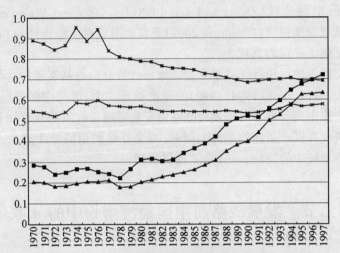

■— 对数农村人均消费标准差
▲— 对数城市人均消费标准差
✕— 对数人均GDP标准差
✱— 对数人均工业GDP标准差

图 1　中国经济增长中的 σ 收敛

图 1 的计算结果说明，在 1978 年以后，人均工业 GDP 和人均 GDP 都呈现出先收敛，后发散的趋势（以 1990 年前后为界）。不过，1978 年至 1990 年间，虽然人均工业 GDP 呈现出收敛趋势，但人均 GDP 的收敛趋势就要弱得多，至于人均消费水平（城市和乡村）则在整个样本期内几乎完全呈发散的趋势。这与我们在国际数据样本中所积累的一些经验有一定差别。图 2 中将人均 GDP 的对数标准差区分为东、中、西三个地带，借此反映增长收敛中的区域特性。显然，东部沿海地区呈现出了强劲的收敛趋势，中部地区则相对微弱，而西部地区实际上是处于差距逐步拉大的状态之中。这些基本上与文献中的结论一致。

更为重要的工作是找到影响经济增长及造成地区差距的主要因素。林毅夫、蔡昉、李周（1994，1999）的理论框架认为，影响经济增长实际绩效的关键因素在于技术进步的状况，而技术结构的实现又需要相应的要素投

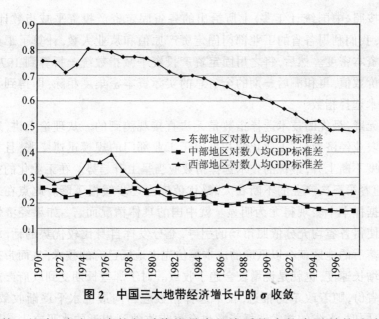

图 2　中国三大地带经济增长中的 σ 收敛

入结构。注意,生产要素的相对价格是由经济系统中的禀赋结构决定的,因此经济增长的过程中要求技术结构的选择需要与本地的禀赋结构相吻合。但是,中国政府长期以来受到赶超战略的影响,一直坚持重工业优先发展的方针,这就造成了工业发展背离了中国劳动力丰富的比较优势,从而在长期内损害了经济增长。本文立论之处正在于强调经济发展战略对于经济增长的影响,或者说经济系统能否获取持续的增长,主要是看其在技术进步的过程中,是否充分遵循和利用了本地的比较优势。中国之所以能够在改革开放以来获得了持续 20 年的高速增长,一个根本的原因就是政府逐步放弃了传统的赶超战略,而通过市场的力量逐步将经济系统纳入到遵循比较优势的轨道上来。

　　从上述基本思想出发,接下来的工作就是要准确测量中国各省在过去的一段时期内,技术结构的选择与本省比较优势的吻合程度。为此,我们首先计算了各省的实际资本存量,具体方法是:先按照分省的固定资产投资平减指数将固定资产投资统一折算到 1978 年不变价的数据;然后,按照折旧率 10% 累计计算资本存量,所以资本存量均按照 1978 年不变价计算。各省人均资本存量是按照劳动力总数计算出来的。1995 年以前的固定资产投资平减指数主要按照《中国国内生产总值核算历史资料:1952—1995》一书中给出的固定资本形成指数值计算得来。1996—1999 年间,则直接按照《中国统计年鉴》上所给出的各省固定资产投资平减指数计算。其次，我们利用各省的工业部门固定资产原值和从业人数，计算了工业部门的资本密度。然后，将之用固定资产投资平减指数统一折算到1978年不变价数值，再和滞后一期的全省总的实际资本密集度相除，即得到了所谓技术选择指数。

无疑，最优的技术选择指数是无法直接观测到的。从理论上讲，对于一个农业经济而言，工业化的初期由于工业部门的规模迅速膨胀，且资本密集度不断上升，最优的技术选择指数应当呈上升趋势。在工业化的中后期，随着第三次产业的不断壮大，最优值应当逐步缓慢下降。此点在跨国的数据样本中表现得尤为明显。就中国的具体情况而言，如果经济体制改革使得各省均充分依照市场的引导，充分发挥自身比较优势的话，那么原来落后的地区就会以低廉的成本模仿先进地区已有的技术，从而带来更快的增长速度，也就是说增长会趋于收敛。对于那些长期受到政府严重干预的省份，随着改革的推进，技术选择指数应当向最优水平逐渐收敛（降低）。同时，各省的技术选择指数也会逐步收敛到相近的水平之上。换一个角度讲，如果发展战略理论可以解释前文所提出的基本问题，那么技术选择指数的变化特征也就应当同时具有时期性和地域性。

图3和图4中，给出全国28个省市自治区总体以及区分了三大地带的技术选择指数的算术均值和标准差。图5中则计算了三大地带技术选择指数均值之间的方差和标准差。和图1、2相比，我们不难发现如下几点：

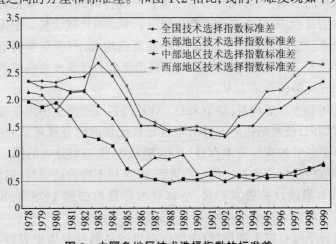

图3　中国各地区技术选择指数的标准差

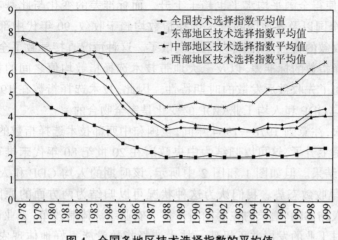

图 4　全国各地区技术选择指数的平均值

图 5　东中西部技术选择指数均值的方差与标准差

　　首先,在算术平均水平上,技术选择指数的变动趋势与人均 GDP 具有极其相似之处,指数在不同省份的大小变化基本上反映出了人均收入水平的差异。东部沿海地区的技术选择指数始终处于较低的水平,也即技术结构和禀赋结构之间相对吻合,经济水平也就最为发达。此点正是发展战略理论的基本结论。

　　其次,技术选择指数的跨时期对比说明,全国以及各区域指数的均值在 20 世纪 80 年代中后期均趋于下降,到 90 年代的表现却呈现了很大差异。东部地区已经处于非常平缓的状态,中部略有上升,西部上升的幅度最大，这使得全国平均水平也趋于上升。而标准差的变化与此基本一致，80 年代全国以及各地区的技术选择指数均趋于收敛，90 年代中部和东部保持了收敛的特性，但西部却迅速发散了。这种情况直接导致了全国总体技术选择指数的标准差，以及三大地带技术选择指数均值之间的标准差，都表现出了先收敛后发散的时期特性。因此，技术选择指数在 1984 年以后与人均 GDP 和人均工业 GDP 的变化是完全吻合的。

再次，注意到 1978—1984 年间，全国和中西部技术选择指数的标准差实际上是上升了，这可以归结为中央政府在 20 世纪 80 年代末推行的"洋跃进"的结果。但如图 1 和图 2 中所示，该时期的人均 GDP 和人均工业 GDP 却呈收敛态势。我们认为这种状况可以归结为两方面的原因：一是该时期人均 GDP 增长的主要动因来自于农业经济体制改革，工业部门，尤其是农村工业的发展并不迅速。技术选择指数没能很好地体现农业部门的变化；二是东部地区的工业水平在改革之前并不高于中西部，如福建省。而在改革的早期阶段，东部迅速地纳入到比较优势的轨道上来，中西部却依然受到较多的政府干预。于是，东部省份的工业水平逐步赶上并超过了中西部。换言之，技术选择指数不收敛，但人均工业 GDP 却收敛的原因在于，那些工业得到了政府扶持的地区无法迅速摆脱赶超战略的影响，而因政府的歧视政策使工业增长被抑制的地区，却能够更好地利用本地的比较优势，实现后来者居上。

另外，类似的道理还可以用于解释人均消费的变化。在改革之前，工业发达的地区并不一定就是经济发达的地区，相反可能是由于政府的强制性扶持，如"三线建设"，制造了一些"孤岛型"工业群。这些类似的工业并不能在普遍的水平上提高居民收入。换言之，工业发达与否在改革之前与人均消费水平关系不大。而改革则使遵循比较优势的东部迅速实现了工业化，从而缩小了与中西部在工业上的差距，消费水平相应就高于中西部。赶超战略向比较优势战略的转变，造成了这种工业收敛而消费水平不收敛的现象。

综上所述，基于发展战略理论而构造的技术选择指数，基本上能够反映出通过σ收敛来描述的中国经济增长及收敛的现实状况。此点为该理论在直观上提供了一个有力的佐证。

第三节　中国经济增长与收敛的计量分析

在这一节中,我们打算使用 1978—1999 年中国 28 省的纵列数据样本,从计量分析的角度来验证发展战略理论,将上述较为直观的论点变得更严格一些。和 Barro(1997)的跨国研究相比,这种省级水平的研究是各有利弊的。使用一个国家的分地区数据,可以有效地回避对于大量的非经济因素的解释,而将类似于政治制度等因素全部由时间虚拟变量和区域虚拟变量来代表。对于不同的省份,则认为这些非经济因素在同一时间界面上是无差异的。在增长收敛问题中,被解释变量是一个地区的实际人均 GDP 增长率,我们关心的问题是究竟在何种情况下,条件 β 收敛才会成立。

一、计量方程与变量定义

在讨论增长绩效的决定和收敛的计量分析方面,常用的方法包括似不相关回归[①](Seemingly unrelated regression equations, Sure)和纵列数据回归两种。就本文所使用的数据而言,Sure 方法却并不适合,因为我们只有 28 省的截面观察值,这样的小样本是不适合多元回归的。比起 Sure,纵列数据方法被更为广泛地应用,但在具体处理方式上却存在众多的争议,其原因包括多方面,比如说,噪音项在子数据集内部及其之间的异方差和序列相关问题、解释变量的内生性问题等等。[②]

我们首先考虑下述计量方程,

$$\frac{\log y_{j(T+t)} - \log y_{jt}}{T} = C + \beta_1 \log y_{jt} + \beta_2 \log y_{jt} (\log \text{TCI}_{jt}$$
$$- \log \text{TCI}^*)^2 + BX + \varepsilon_{jt} \tag{1}$$

---

① Sure 方法主要是针对不同时期内的截面数据(考虑到使用了人均实际 GDP 增长率在某一时期内的平均值),例如,Barro(1997)将其数据回归区分为 1965—1975、1976—1985 和 1986—1990 三个时期,每个时期内大致包含 80—100 个国家(观察值)。在 Sure 估计的基础之上可以进一步考虑工具变量方法(以当期变量的滞后值)和 3SLS 等等。

② 值得一提的是,在传统的 LSDV 方法的基础之上,Arellano(1995)提出了纵列数据的差分估计量(Difference Estimator)和系统估计量(System Estimator)方法,目前该方法是被最为广泛接受的处理方法之一。Brock 和 Durlauf(2000)就纵列数据估计的各种原则和方式,作了一个较为全面的总结。

其中，$C = \mu_j + \kappa_t$；$\beta_1 = e^{\lambda t} - 1$。

在上述基于新古典模型导出的增长方程中，人均真实 GDP 的平均增长率作为因变量，T 是样本期。由于理论上 $\lambda < 0$，所以 t 时刻的初始人均 GDP 的系数 β_1，即所谓 β 收敛指数应当为负数。如果该系数为负，且从统计上来看是显著的，我们就说存在 β 收敛，即增长处于收敛状态；如果该系数为正，且从统计上来看是显著的，那么我们就说不存在 β 收敛。如果不存在 β 收敛，而加入一些其他控制变量，β 的符号和显著性发生了相反变化时，我们称之为条件 β 收敛。TCI 代表前文所谓的技术选择指数，由于发展战略理论认为技术选择指数一旦偏离最优值将损害经济增长，所以我们引入了 TCI^* 代表其最优值。同时，由于随着经济增长，最优的技术选择指数可能会发生变化（不是固定不变的），所以回归方程中使用了技术选择指数对其最优水平的偏离度与滞后人均 GDP 的交叉乘积项。其基本涵义在于，给定人均收入的水平的情况下，如果 β_2 显著大于 0，则意味着 TCI 偏离最优水平的程度越大，从而会在边际上降低经济收敛的速度。

（1）式可以作为针对纵列数据的回归方程式，其中常数项 C 可以再分解为时间和地区特定（固定或者随机）效应。时间特定效应主要用于表示经济波动的周期以及经济体制改革的不同阶段。地区特定效应代表不同省份的地理特征。另外，X 是其他一些控制变量，ε_{jt} 是噪音项。整理（1）式得到，

$$\frac{\log y_{j(T+t)} - \log y_{jt}}{T} = C + \gamma \log y_{jt} + \beta_2 \log y_{jt} \log^2 \text{TCI}_{jt}$$
$$+ \beta_3 \log y_{jt} \log \text{TCI}_{jt} + BX + \varepsilon_{jt} \tag{2}$$

其中，$\gamma = \beta_1 + \beta_2 \log(\text{TCI}^*)$；$\beta_3 = -2\beta_2 \log(\text{TCI}^*)$。

在实际回归中，为了尽量增加数据样本，被解释变量使用了当期的增长率，而不是多时期的平均值，所以解释变量中使用了滞后一期的实际人均 GDP（下文中我们用 logGDP 表示）。我们将技术选择指数的滞后一期值和滞后三期的平均值作为一个主要的控制变量，后者主要是为了尽量平滑掉周期波动的影响。[①] 本节回归中使用了该指数自然对数值的一次方项和二次方项。滞后一期的指数自然对数值的一次方项和二次方项用 logTCI1-1 和 logTCI2-1 来代表，滞后三期则用 logTCI1-3 和 logTCI2-3 来

---

① 由于技术选择指数的分子项使用了工业部门的人均固定资本存量，而这个指标显然和工业固定资本投资以及经济周期存在正向相关。

代表。我们预期二次项的系数为正,一次项的系数为负,即给定 GDP 滞后值的绝对水平及其负向影响,技术选择指数越偏离最优值,增长率就会越低。[①] 下文的实证分析中还考虑了如下解释变量,由于方程(1)的理论形式,所有的解释变量均取了自然对数值[②]:

logUrban:非农业人口在总人口中所占的比重(%),用于衡量城市化程度。

logDpop:人口密度(人/平方公里),用于衡量市场规模的大小。

logRoad:公路网密度(公里/平方公里),表示基础设施的规模和便利程度。

logLabor:劳动力的增长率(%)。

logSaving:储蓄率(%),利用资本形成总额与净出口之和再比上 GDP 计算得来,用于代表资本的积累速度。

logExport:出口占 GDP 的比重(%),用以衡量对外开放的程度。

logGcon:政府消费支出占 GDP 的余额(%),代表政府的平均规模及其干预。

logSoe:国有工业总产值占工业总产值的比重(%),用于衡量民营经济发展的程度。

logInfla:滞后一期的通货膨胀率(%),按照分省的 GDP 平减指数计算,用以衡量宏观经济的稳定性。

二、实证分析结果

因为我们同时使用了技术选择指数滞后一期值和滞后三期的平均值,为了便于比较,回归的样本跨度是从 1981—1999 年,共 532 个观察值。表 1 中给出了所有的回归结果。其中,模型 1 采用了地区固定效应方法;模型 2 使用地区固定效应方法的同时,假定对于各省内部观察值的随机扰动项服从 AR1;模型 3、4 所使用的计量方法与模型 1、2 的顺序完全相同,区别之处在于模型 3、4 采用了技术选择指数滞后三期的平均值,模型 1、2 则使用了技术选择指数的滞后一期值;模型 5 和 6 采用了双向(地区和时间)

---

① TCI 在测量上有一定的弊端,即由于受到工业固定资本波动的影响,而具有较强的顺周期性。从这个意义上讲,强调截面分析的似不相关回归方法更适合我们的分析。遗憾的是,由于我们的截面样本过小,只得放弃。

② 由于劳动力增长率和通货膨胀率在某些年份是负值,因此回归中我们将原比率加 1 再取对数。

表 1　经济增长与收敛的回归结果

	模型 1	模型 2	模型 3	模型 4	模型 5	模型 6
常数项					2.0733*** (0.54350)	2.0152*** (0.54863)
logGDP	-0.67182E-01*** (0.16996E-01)	-0.75973E-01*** (0.17528E-01)	-0.69047E-01*** (0.17016E-01)	-0.77362E-01*** (0.17511E-01)	-0.13973*** (0.20915E-01)	-0.14028*** (0.21050E-01)
logUrban	0.78956E-01*** (0.29780E-01)	0.75530E-01** (0.31392E-01)	0.81769E-01*** (0.30199E-01)	0.80231E-01** (0.31724E-01)	0.63041E-01*** (0.23996E-01)	0.63388E-01*** (0.24351E-01)
logDpop	0.23650*** (0.79539E-01)	0.19835** (0.87705E-01)	0.25942*** (0.79841E-01)	0.22334** (0.87979E-01)	-0.20393** (0.95529E-01)	-0.19128* (0.96379E-01)
logRoad	-0.36165E-01 (0.28015E-01)	-0.44985E-01 (0.29012E-01)	-0.36232E-01 (0.28330E-01)	-0.47093E-01 (0.29280E-01)	-0.29950E-01 (0.22764E-01)	-0.28852E-01 (0.22992E-01)
logLabor	0.18697E-01 (0.13723E-01)	0.17980E-01 (0.12216E-01)	0.17544E-01 (0.13752E-01)	0.17030E-01 (0.12221E-01)	0.27074E-01** (0.11088E-01)	0.26582E-01** (0.11114E-01)
logSaving	0.17304E-01 (0.10590E-01)	0.32277E-01** (0.13049E-01)	0.17304E-01 (0.10648E-01)	0.32818E-01** (0.13094E-01)	0.40377E-02 (0.85495E-02)	0.35197E-02 (0.86063E-02)
logExport	-0.33255E-02 (0.50942E-02)	-0.11137E-01** (0.55970E-02)	-0.49274E-02 (0.50553E-02)	-0.13013E-01** (0.55177E-02)	-0.74888E-02 (0.48325E-02)	-0.74206E-02 (0.48449E-02)

	模型 1	模型 2	模型 3	模型 4	模型 5	模型 6
logGcon	0.18646E-01 (0.13255E-01)	0.24835E-01* (0.13907E-01)	0.14239E-01 (0.13327E-01)	0.21914E-01 (0.13982E-01)	-0.10427E-01 (0.11597E-01)	-0.12651E-01 (0.11565E-01)
logSoe	-0.87569E-01*** (0.15214E-01)	-0.10050*** (0.15292E-01)	-0.84764E-01*** (0.15404E-01)	-0.98124E-01*** (0.15446E-01)	-0.86111E-01*** (0.15169E-01)	-0.84090E-01*** (0.15446E-01)
logInfla	-0.29873E-01 (0.38755E-01)	-0.30196E-01 (0.37715E-01)	-0.41604E-01 (0.38265E-01)	-0.41649E-01 (0.37192E-01)	-0.13573E-01 (0.50512E-01)	-0.18325E-01 (0.50631E-01)
logGDP* logTCI1-1	-0.81224E-02* (0.41710E-02)	-0.63990E-02 (0.44381E-02)			-0.45206E-02 (0.35017E-02)	
logGDP* logTCI2-1	0.40113E-02*** (0.14223E-02)	0.33713E-02* (0.15084E-02)			0.23763E-02** (0.11531E-02)	
logGDP* logTCI1-3			-0.10670E-01** (0.43404E-02)	-0.10334E-01** (0.47435E-02)		-0.47668E-02 (0.36636E-02)
logGDP* logTCI2-3			0.42045E-02*** (0.14812E-02)	0.41215E-02*** (0.15991E-02)		0.20974E-02* (0.12057E-02)
Adjusted R-squared	0.12612	0.14721	0.12104	0.14553	0.45174	0.44845

注：括号内是系数估计值的标准差。
* 表示在 10% 的水平上显著，** 表示在 5% 的水平上显著，*** 表示在 1% 的水平上显著。以下各表同。

固定效应的方法，技术选择指数滞后一期值在模型 5 中作为解释变量，技术选择指数滞后三期的平均值在模型 6 中作为解释变量。我们也将模型 1—6 中的固定效应方法全部变换为随机效应方法，不过所有的 Hausman 检验结果均高度显著，即固定效应模型优于随机效应模型。因而，我们只给出固定效应方法的估计结果。

滞后一期的人均 GDP 的系数估计值在所有的回归结果中都显著为负，即条件(收敛是成立的。国有工业总产值占工业总产值的比重在回归中起到了显著的负向作用，即民营经济在工业中的地位越高，经济增长的速度就越快。TCI 和 GDP 的交叉项的符号及其显著性在绝大多数的回归结果中均与我们的理论预期一致。城镇化程度的影响均显著为正，人口密度的影响则在单向固定和双向固定模型之间发生了反向变化，此点有待于进一步地阐释。除了考虑 AR1 的模型外，储蓄率对经济增长没有显著影响[1]，开放度甚至存在负向影响，通货膨胀率以及政府消费等等也都没有明显作用，这些结果和跨国研究中的部分结论具有较大不同。双向固定效应模型中，劳动力增长率的影响显著为正，这或许从一个侧面上说明当一省进入高速增长期时，会有大量的外来劳动力涌入。

特别需要说明的是，我们也检验了人力资本与经济增长的关系。当然，如何估算人力资本是个重要的问题。在关于中国各省的教育统计中，比较详尽的指标是入学率、升学率和学生在校人数，但这几个指标是流量概念，且在 20 世纪 80 年代皆成下降趋势。人力资本则是一个存量指标，其变动与流量指标有一定区别。但是，对于存量水平的统计，只有在 1982 年和 1990 年人口普查，以及部分年份的千分之一人口抽样调查中才可以得到。另外一个常用的指标是国有企业技术人员占劳动力的比例，但该指标 1996 和 1997 年的数据出现了较大的下降，这与人力资本积累的规律不符，所以只得放弃。我们使用了两次人口普查中对于具有小学文化程度的人数的统计，这可以作为一种特殊的地区固定效应。具体变量设定为：1982 年具有小学以上文化程度人口数占总人口的比例(%)，衡量各省在 20 世纪 80 年代人力资本丰腴度的差异；1990 年具有小学以上文化程度人口数占 6 岁及 6 岁以上人口数的比例(%)，衡量各省在 20 世纪 90 年代人

---

① 关于储蓄率需要解释的是，沿海发达省份由于充分利用了自身的比较优势，因此改革开放以来储蓄率呈上升趋势，而存在较多干预的内地省份则呈现出多种模式。比如，西南地区部分省份储蓄率逐步下降，而西北地区这种趋势并不明显。因此，更为贴切的指标应当是私人部门的储蓄率，但目前尚不存在对这一指标的完整估计。

力资本丰腴度的差异。当然,这种处理方法过于简化了。上述方法的回归结果说明,教育的普及程度对经济增长不存在显著的促进作用。因篇幅所限,我们省略了该实证结果。

第四节 中国的城乡差距问题

一、平等的经济增长

在讨论了中国经济增长的动因之后,本节将重点分析经济增长结果的分配。实际上,经济增长与收入分配具有什么样的关系,一直是经济学中相当重要的问题。这方面,一个经典的实证结论是 Kuznets(1955)提出的所谓倒 U 轨迹,即一些国家收入提高与分配之间的共同趋势是,随着人均收入的上升,收入分配不均等的程度先扩大,达到一个转折点继而缩小。对于 Kuznets 曲线的理论解释和进一步的验证各种各样,但倒 U 现象并不是在所有的经济发展过程中都成立的。例如,Fei,Ranis,and Kuo(1979)发现 20 世纪 50 年代以来中国台湾地区持续的经济增长并没有带来收入差距的扩大。

无疑,平等的经济增长是我们所期待的一个理想状况。林毅夫、蔡昉、李周(1994,1999)认为,一个国家或地区的收入分配的变化,决定于所选择的经济发展战略和所实行的社会政策。对于一个发展中经济,如果推行比较优势的发展战略,能最大限度地发挥劳动力丰富,并一如既往地实行关注收入分配的社会政策,就可以避免倒 U 字型结果。其道理并不难理解,比如,在中国这样一个劳动力丰富的国家,对于低收入者其最主要的获利资产就是自身的劳动能力。遵循比较优势,大力发展劳动力密集型产业将使绝大多数人获得就业机会,进而也就能够在更为公平的环境中,参与市场竞争。

如果政府实施以赶超为目的的产业政策,则少数资本密集型的产业得到了保护。由于缺少市场竞争,被保护产业的工人收入水平将明显高于其他行业;同时,政府对生产剩余的行政控制又使大量劳动力密集型的产业,因资金投入不足而发展缓慢,结果造成了严重的失业(显性的或者隐性的)。这种不平等的格局一旦形成,为了维系赶超战略以及防止出现严重的社会性危机,政府往往又辅之以更具有歧视性的社会政策。例如,中国一直采取严格的户籍管理制度,限制人口从乡村向城市或者从小城市向大城市流动。这样,多数劳动力在相当大的程度上就丧失了择业的自由,并在经济和政治上均处于被歧视的地位,收入分配状况的恶化将是难以避免的。

近期内,国际学术界的许多论文均强调资本和高技能劳动力之间的要素互补性是造成收入不平等的一个主要原因,例如,Acemoglu(1998)和Krusell, etc.(2000)。但类似解释主要针对发达国家。因为在西方发达国家,工人可以自由地转换职业,自由地从收入低的地区和行业流向高收入的地区和行业,所以从长期来看,收入差距更多的是存在于劳动熟练程度不同的工人之间,而地区差距、城乡差距或者行业差距都不应当是问题的关键。不过,从另外一个角度上讲,即使这种互补现象在发展中国家也广泛存在,政府的赶超战略也将使之成为加剧收入两极分化的诱因。毕竟在发展中国家,大多数劳动力都处于低技能的水平之上。

二、中国的城乡差距

和许多发展中国家一样,尽管创造了堪称奇迹的经济快速增长,但是中国同样存在严重的收入分配不平等问题,且收入分配差距体现在不同地区、不同行业以及城乡等多个方面。前文中对于增长收敛的讨论主要是涉及地区差距问题,这里我们主要关心自改革开放以来中国的城乡差距。并且在城乡差距的测量上,我们没有选择人均 GDP,而是采用了所谓的生计(livelihood)指标,人均农业人口消费水平和人均非农业人口消费水平。这主要因为城乡之间在生产结构上存在较大差异①,以及政府对工农业产品相对价格一直存在扭曲性干预。

促使我们将城乡差距问题作为收入分配研究重点的一个主要原因是,大量的实证分析表明,城乡差距是中国收入分配不平等的主要根源。其中,Tsui(1993)利用县一级数据,把地区差距分解为省内差异、省际差异、农村内部差异、城市内部差异和城乡差距,并得出城乡差距对地区间产值差异的影响十分显著的结论。林毅夫等(1998)再次采用 Theil Entropy 分解法考察了农村内部、城镇内部和城乡之间的人均收入差距,对总体地区

---

① 实际上,越来越多关于收入差距的研究,均开始考虑众多社会性指标的差异。例如,在Tsui 的分解研究中,包含了地区间婴儿死亡率和文盲率差别的比较。世界银行(1995)把中国划分为 7 类地区,不仅把每类地区的产值、收入、消费指标与全国平均值作比较,还对人口分布、婴儿死亡率、教育水平、保健能力等进行了比较。

收入差距变化所起的作用。结果,城乡间差距对总体差距的影响最大,始终保持在 50% 左右,农村和城镇内部差距的作用占另外的 50%。[1] 另外,我们缺少一个完整的分省 GINI 系数纵列数据[2],因此使用城乡相对人均消费水平也是一种替代性的做法。

图 6 中给出了 1978—1997 年间,中国 28 个省市自治区总体,以及东中西三大地带的城乡相对人均消费水平的算术平均值。整体上讲,城乡差距在 20 世纪 80 年代早期由于农村经济体制改革的原因而趋于缩小,但是自 80 年代中后期以来就一直呈现扩大的趋势。在截面上,东部地区的城乡差距最小,西部地区的城乡差距最大。换言之,经济越不发达,城乡差距就越大,但显然这只是一种表面现象。对比图 4,我们就不难发现技术选择指数的变动趋势和分布特征与城乡相对人均消费水平是极为相近的,此

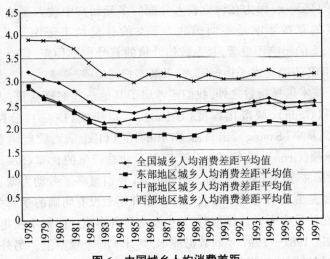

图 6 中国城乡人均消费差距

---

[1] 不过,他们的计算结果也表明,城乡间收入差距对总体地区收入差距的贡献虽然占重要的地位,却有下降的趋势——从 53.36% 下降到 49.51%。而且,这种下降从 1979 年就开始了。农村内部差距对总体收入差距的贡献上升最快,从 1978 年的 23.82% 提高到 1995 年的 27.02%,城镇内部差距的贡献率也有所提高,从 22.82% 提高到 23.47%。关于这个问题,本文并不打算着重讨论。

[2] Xu 和 Zou(2000)的论文首次计算了 1985—1995 年中国分省的 GINI 系数(主要是按照城市居民的收入统计来计算的),其主要结论是,伴随着增长率的提高、通货膨胀率的加剧,以及外贸的发展,收入分配日趋不平等。内地省份的城市收入分配要比沿海省份更为不平等,政府财政的作用是将高收入和低收入居民的收入再分配给中等收入的居民,教育和城市化并未抑制收入不平等的加剧。

点在直观上提示我们，城乡差距或者收入分配不平等的加剧是因为经济发展过程中，政府所采取的发展战略日趋背离了本地的比较优势。下文中，我们利用对纵列数据样本的计量分析，来进一步论证发展战略理论对收入分配问题的基本判断。

三、计量分析及结果

我们依旧将技术选择指数的滞后一期值和滞后三期的平均值作为最重要的解释变量，即 TCI1-1、TCI2-1 和 TCI1-3、TCI2-3。按照发展战略理论，TCI 二次项的符号应当为正，一次项的符号应当为负，也就是说经济系统的技术选择越偏离自身的禀赋结构，收入分配就会越趋向于不平等。注意，本部分的计量分析不再使用技术选择指数与人均 GDP(或者人均 GDP 增长率)的交叉项，因为在讨论收入分配的多元回归中收入平均水平及其增长速度的直接影响是不明确的。下文的计量结果证明了此点，人均 GDP 增长率的影响不显著，且系数估计值的符号也不稳定，而当将之替代为人均 GDP 的绝对水平指标时，结果基本相同。

除了技术选择指数之外，我们还考虑了其他一些解释变量：人均 GDP 的增长率(Ggdp)、城市化程度(Urban)、人口密度(Dpop)、公路网密度(Road)、储蓄率(Saving)、出口占 GDP 的比重(Export)、政府消费支出占 GDP 的余额(Gcon)、国有工业总产值占工业总产值的比重(Soe)、滞后一期的通货膨胀率(Infla)。与前文不同的是，我们忽略了劳动力增长率这一指标，主要是劳动力增长率和收入分配在理论上没有明确的逻辑关系。实际上，当在计量中引入该指标时，其也没有显著影响。回归中使用了 28 个省市自治区 1981—1997 年的数据样本，共计 476 个观察值。另外，回归中的变量使用了原始数据的直接计算结果，均没有取对数。①

表 2 中给出了所有的回归结果，其计量方法同表 1：模型 7、8 将技术选择指数的滞后一期值作为解释变量，并采用了地区固定效应方法，模型 8 则引入了噪音项的 AR1 假定；模型 9、10 的计量方法与 7、8 的顺序完全相同，仅仅是采用了技术选择指数滞后三期的平均值作为解释变量。模型 11 和 12 采用了双向固定效应的方法，技术选择指数滞后一期值在模型 11 中作为解释变量，技术选择指数滞后三期的平均值在模型 12 中作为解释

---

① 前文对于收敛的计量中由于被解释变量采取了对数差分的方式，所以解释变量也相应取了对数。这里被解释变量使用的是城乡消费水平的绝对比值，解释变量也就没有取对数。

表 2 城乡差距的回归结果

	模型 7	模型 8	模型 9	模型 10	模型 11	模型 12
常数项					1.5336** (0.62633)	1.3947** (0.64692)
Ggdp	-0.26209 (0.28765)	-0.93678E-01 (0.14777)	-0.31120 (0.28557)	-0.94464E-01 (0.14598)	0.29700 (0.31982)	0.23952 (0.32210)
Urban	1.0407 (1.1139)	1.3677 (1.3547)	1.1657 (1.1226)	0.98940 (1.3820)	4.1795*** (1.1704)	4.3308*** (1.1858)
Dpop	-0.36064E-03 (0.12990E-02)	0.41361E-02** (0.17377E-02)	-0.18717E-03 (0.13407E-02)	0.31117E-02* (0.18558E-02)	0.13050E-02 (0.12908E-02)	0.12990E-02 (0.13154E-02)
Road	-0.17113 (0.81356)	-0.83005 (0.84049)	-0.27348 (0.82180)	-0.43311 (0.86605)	-0.30621 (0.76017)	-0.34853 (0.77215)
Saving	-0.39176 (0.30551)	0.57962** (0.27291)	-0.34093 (0.31403)	0.52253* (0.27490)	0.16817 (0.33380)	0.20780 (0.33807)
Export	-0.16575E-01 (0.23017)	0.10137 (0.22071)	-0.28996E-01 (0.23076)	0.11909 (0.22104)	-0.62601E-01 (0.22809)	-0.11332 (0.22973)
Gcon	-1.2454 (0.78700)	1.5004** (0.64463)	-1.1141 (0.80367)	1.3491** (0.64652)	0.18725 (0.81651)	0.34943 (0.82344)

中国经济的增长收敛与收入分配

（续表）

	模型 7	模型 8	模型 9	模型 10	模型 11	模型 12
Rsoe	-0.48636** (0.24024)	0.18195 (0.18427)	-0.46669* (0.24020)	0.19976 (0.18346)	-0.86394E-01 (0.26671)	-0.11840 (0.26890)
Infla	-0.34169 (0.26241)	0.12233 (0.13700)	-0.31091 (0.26223)	0.11837 (0.13560)	-0.75691** (0.38115)	-0.68015* (0.38408)
TCI1-1	-0.81815E-01* (0.42872E-01)	-0.72975E-01** (0.34926E-01)			-0.15652*** (0.42715E-01)	
TCI2-1	0.50840E-02* (0.28796E-02)	0.34777E-02 (0.24595E-02)			0.79960E-02*** (0.27403E-02)	
TCI1-3			-0.64558E-01 (0.46953E-01)	-0.12994** (0.53722E-01)		-0.11816** (0.47151E-01)
TCI2-3			0.43049E-02 (0.31285E-02)	0.62682E-02* (0.36791E-02)		0.59184E-02** (0.30100E-02)
Adjusted R-squared	0.81432	0.64537	0.81360	0.63646	0.84354	0.84061

变量。Hausman 检验的结果均支持固定效应模型。

在绝大多数的回归结果中,TCI 一次项和二次项的符号及显著性均与发展战略理论的逻辑判断相一致。但是,其余的解释变量则要么不存在显著影响,要么系数估计值的符号在更换计量方法时不够稳定(出现了相反的变化)。特别是国有工业总产值占工业总产值的比重的影响不再像增长收敛分析中那样明显,这意味着如果政府不放弃赶超战略的话,局部的市场化改革(如企业私有化)未见得一定会缩小收入差距。另外,模型 11 和 12 中通货膨胀显著地负作用于城乡差距(不同于 Xu 和 Zou 关于城市居民内部收入分配的实证结论),这可能是因为城市居民消费更容易受到名义价格水平变动影响的缘故。而城市化的程度对城乡差距存在正的影响,这和一般的预期是一致的。当然,这些结果对于时间固定效应均较为敏感。

第五节　结　　语

毋庸置疑,学术界关于中国长期经济增长及收入分配的研究是极为广泛和深入的。例如,强调对外开放、人力资本、私有化、财政分权。但是却缺少一种学说,能够同时在逻辑上解释中国经济增长中的各种问题。这些问题包括中国能够保持高速增长的原因、增长收敛的趋势在不同的地区和时期呈现了不同特性的原因,居民收入的差距在改革的中后期不断拉大的原因等等。文献中更多的情况是,在解释不同的现象时,采取不同的理论视角。结果在理论的各种推论中,逻辑相互抵触的情况时有发生,因而无法令人信服。本文则试图在这个方面提供一个完整的一致的阐释,即发展战略是解释中国经济增长和收入分配的关键。本文通过对技术选择指数的构造以及相应的实证分析,佐证了这一理论判断。

第4部分
金融结构和危机

北京大学中国经济研究中心研究系列

自生能力、经济发展与转型：理论与实证

银行业结构的国际比较与实证分析[*]

第一节 导　言

在经济学既有的文献中,银行业在经济发展中的地位和作用已经得到了充分的肯定,而关于银行业结构的讨论则相对较为欠缺,且并未达成较为共识的看法。从实证数据上看,银行业的结构在不同的国家之间实际上是千差万别的。特别是 20 世纪 90 年代以来,伴随着发达国家金融管制的放松和发展中国家的金融自由化改革,银行业的结构也在发生着较大的变化。显然,对于银行业结构的国际差异的解释因素不是惟一的,我们需要充分考虑到制度结构、禀赋结构、政府政策等多方面的因素。在本文的分析中,我们在既有研究成果的基础上,将影响银行业结构的因素分解为法律传统、金融管制、市场规模、发展阶段和发展战略五个方面。我们将分别阐明这五方面的因素对银行业结构的作用机制,并通过实证数据来验证理论上的推断。

需要指出的是,经济发展战略和发展战略对银行业结构的影响是本文论述的重点。一个明显的经验事实是,随着经济的发展,银行业结构发生了很大程度上的改变。那么,收入增长和银行业结构之间究竟存在怎样的关系呢? 我们认为,在经济发展的过程中,禀赋结构、技术/产业结构与金融结构(银行业结构)之间是相互影响和相互作用的。按照本国经济发展的实际情况选择正确的技术/产业结构和金融结构,是确保持续的经济增长的关键。本文的讨论中,为了清晰地理解经济发展与银行业结构之间的关系,我们首先抽象掉政府的作用,并从信贷市场资金供求均衡和金融体系分工的角度出发,给出了禀赋结构和技术结构演变对银行业结构的影响机制。

另外一方面,银行业结构和实际经济结构之间的互动关系未见得一定

---

[*] 本文和刘明兴及章奇合作,原文发表在《中国金融学》第 2 卷第 1 期(2004)。

会遵循市场经济运行的规则，因为政府干预是一个不可忽视的因素。政府的干预对金融发展的影响是一个早已在文献中被公认的事实，但是政府为什么要干预金融体系呢？其具体的干预手段是什么呢？在政府的金融干预这一问题上，发达国家和发展中国家究竟有怎样的区别呢？林毅夫、蔡昉、李周（1994，2000）提出了一个关于发展中国家政府行为的新的理论假说，即所谓"发展战略理论"。如果政府采取以技术赶超或者保护落后为目的的发展战略，为了尽可能地动员和控制社会资源，政府必然对金融结构进行扭曲，其结果是使得资金流入到不具备比较优势和自生能力的产业中去，最终阻碍经济的发展。我们的分析强调，综合考虑经济发展阶段和政府发展战略的影响，对于解释银行业结构的国际差异是至关重要的。

为了能够为上述理论思想提供经验证据，同时与目前理论文献中的各种流行观点进行对比，本文利用跨国的数据样本，对影响银行业结构的各种因素进行了实证研究。[①] 实证分析的结果表明，一国所处的发展阶段和所选择的发展战略对银行业的结构（主要指银行集中度）乃至整个信贷市场的结构（主要指银行和非银行金融机构在信贷市场中的相对地位）有显著的影响。同时，市场的规模与范围、金融管制的力度和一国采取的法律传统也在不同的程度上影响着银行业的结构（主要指银行集中度）。

本文的结构安排如下：第二部分简要地介绍了现有的解释银行业结构的理论；第三部分探讨经济发展阶段对银行业结构的影响机制，并从中归纳出银行业结构在自由市场经济条件下变化的一般趋势和规律；第四部分考察的对象主要是二战后的发展中国家，分析发展战略对金融结构和银行结构的影响；第五部分给出了本文所使用的计量模型，以及一个衡量发展战略的指标——技术选择指数（TCI）。对数据的详细说明也是本节的一个主要内容；第六部分是对计量结果的说明和分析；最后一部分是结论。

第二节　理论文献综述

金融和经济发展与经济增长之间的关系，很早就受到许多学者的关注并对之进行了较为详细的讨论。无论是早期的研究者如 Goldsmith（1969）、Mckinnon（1973）、Shaw（1973），还是从 20 世纪 80 年代到 90 年代

---

① 相对于现有文献而言，本文算得上是第一篇关于银行业结构的跨国实证分析。

的一些学者，如 Stiglitz(1985)、Mayer(1990)、King 和 Levine(1993a, b)、Levine(1997)等，都一致认为金融市场——特别是银行——在经济发展中起着关键的作用，跨国别的实证研究(如，Levine 和 Sara 1997；Rajan 和 Zingales 1998b；Rousseau 和 Wachtel 1998、2000；Levine、Loayza 和 Becker 2000a、2000b；Wurgler 2000 等)也表明，在金融发展水平与经济发展和经济增长之间存在着显著的正相关关系，即一国的金融发展水平越高，对该国经济发展的各个方面(如人均 GDP 增长、固定资本形成和储蓄率高低)也就越有利。

然而，与此形成对比的是，即使在正统的金融发展理论里，学术界对金融结构与经济发展和增长之间的关系却讨论得较少。广义的金融结构主要涉及了两个方面的问题，一个是各种金融机构及其所代表的融资方式在宏观经济中的相对地位和重要性，例如，直接融资(market-based)和间接融资(bank-based)的比例及其变化；另一个是指银行业内部的结构，即信贷资产在不同银行间的分布状况。本文着重讨论后一个问题。[①]

究竟什么因素决定和影响着银行结构的形成和变化，这种变化是否具有一定的规律性并具有普遍意义，它对当前的金融自由化的改革有无借鉴的价值，等等。所有这些都是政策制定者和研究人员所共同关心的问题。但是，直到最近几年来，经济学家才开始关注引起银行业结构的国际差异及其发展演变的决定因素。尽管随着研究的深入，许多学者开始试图分析影响金融结构变化的因素，以给出金融结构变化的趋势，评价金融结构的经济影响。但无论是金融结构的决定因素，还是其在经济体系中所起的作用，抑或金融发展和金融结构在经济发展中到底是内生变量还是外生变量[②]，等诸多方面的讨论，并不存在统一的学术意见(Becker 和 Levine，2000a、2000c；Cecchetti 1999)。比如，研究者将金融结构的影响因素归结为政府管制政策、历史的路径依赖、产业结构变迁和法律制度传统等等多个方面，但这些因素究竟孰轻孰重，相互之间关系如何，并没有一个完整的

银行业结构的国际比较与实证分析

---

① 关于经济发展过程中直接融资和间接融资比例关系的问题，可以参见 Rajan 和 Zingales (1999c)，以及 Beck、Demirgüç-Kunt、Levine 和 Maksimovic(2000)的论述。其中，前者认为工业结构的发展演变是金融结构的主要决定因素，后者则认为依赖于银行还是股票市场进行融资对于整体经济增长的影响是不明显的，到底采取哪一种形式取决于一国的法律传统。

② 早期的研究者认为金融和经济发展与增长间的关系是不确定的，例如 Goldsmith(1969)所指出的："……然而，无法确定(金融发展与经济增长之间的)因果关系。或者说，到底是金融促进了经济发展，还是金融发展仅仅反应了经济增长的需要，而经济增长的主要原因在于其他因素，是没有确切答案的。"

分析框架。本节中,为了便于讨论,我们大致上把文献中的既有观点分成两类,即所谓银行业结构的内生决定观点和外生决定观点。

一、银行业结构的内生性及其对经济增长的影响

在跨国实证研究中,银行集中度是测量银行业结构的一个最常用指标,其一般以最大的几家银行的资产(存款额、贷款额)占银行总资产(总存款、总贷款)的比例来表示,银行集中度的高低及其变化不仅反映了整个银行体系的市场结构和竞争程度,而且反映了大银行和中小银行在整个银行体系中所处的地位和重要性,刻画了大银行和中小银行之间在对不同企业进行融资方面所进行的分工。[①] 强调银行集中度内生于经济体系的论文,大多数从银行集中度对经济发展与增长的影响与作用出发,进而论述银行业结构的国际差异的根源。Guzman(2000a)将类似的讨论内容划分为两类:局部均衡模型和一般均衡模型。

按照一般产业组织理论的观点,垄断将会减少整个经济的社会福利。垄断者生产低于最优水平的产品和服务,向消费者收取更高的价格,阻碍发明与创新,扭曲了资源的有效配置,所有这些都会妨碍资本的积累,无利于经济的发展和增长。对垄断的批评同样也适用于过高的银行集中度。可以预期,银行结构越集中,银行的垄断权力越大,就越倾向于设定较高的贷款利率或降低存款利率,收取更高的服务佣金,等等。一些学者认为,以上所列举的理由只有当存在完全竞争的银行市场和完全信息的情况下才成立,但实际上这是不存在的。从关系融资理论(Relationship Lending)的角度出发,Petersen 和 Rajan (1995)以及 Rajan 和 Zingales(1999b)认为缺少竞争并不一定会降低融资的效率。他们指出,竞争性银行市场所面临的一个最大的问题就是缺少借款者(包括借款者如何使用贷款)的信息,不对称信息将诱发逆向选择和道德风险问题,从而降低资源配置的效率,而这一问题在垄断的银行市场结构下却变得较易解决。一个处于垄断地位的银行可以通过选择利率水平和信贷配给,或者和借款者建立长期的联系,达到对不同类型的借款者进行甄别(screening)并减少道德风险行为的目的,因此银行市场的垄断对经济是有利的。

---

① 参见表 2.1 关于银行业结构的统计概要。

表 2.1 全球 42 个国家的人均 GDP、银行业结构和 TCI 指数

国别	PGDP	CON90-93	CON94-97	CON5	NONBANK	TCI
澳大利亚	14 546.1	0.732268	0.564203	0.8	1.307438	0.566469
奥地利	12 849.09	0.724316	0.719521	0.55	1.003396	0.880188
比利时	13 338.64	0.625574	0.669751	0.73	1	0.977091
加拿大	16 611.33	0.584975	0.582607	0.84	1.542373	0.934635
智利	4 711.339	0.518239	0.417028	0.62	1.230928	2.132423
哥伦比亚	3 367.959	0.494192	0.378637	0.54	2.036908	2.291212
哥斯达黎加	3 555.87	0.876298	0.737648	0.82	1.040351	1.657223
塞浦路斯	8 712.333	0.999749	0.813641	—	1.571686	0.878279
丹麦	14 059.42	0.750384	0.737197	0.82	1	0.916113
埃及	1 894.433	0.661473	0.632083	0.73	1.195438	3.820725
萨尔瓦多	1 881.573	1	0.805278	—	1	7.761437
芬兰	12 631.22	0.855823	0.909826	0.98	1	0.91546
法国	13 838.81	0.384044	0.444832	0.44	1	0.874158
德国	14 598.67	0.453781	0.45616	0.39	1.056643	0.763686
希腊	6 766.873	0.785027	0.753668	0.91	1.955498	1.671761
危地马拉	2 199.969	0.611098	0.254678	—	1.143621	19.73742
冰岛	12 975.22		1	—	1	0.673538
印度	1 279.727	0.434447	0.510936	0.51	1	10.67752
印度尼西亚	2 084.233	0.485145	0.347271	—	1	2.494138
爱尔兰	9 563.601	0.879669	0.626557	—	2.431462	1.32201
以色列	9 696.485	0.895479	0.788629	0.94	1	1.015257
意大利	12 585.8	0.364685	0.347842	0.38	1	1.465651
日本	14 871.3	0.214039	0.219981	0.32	1.673398	2.31312
肯尼亚	904.6122	0.888706	0.589831	0.9	1.652795	7.720542
韩国	7 346.652	0.387099	0.256783	0.44	1.973896	1.665231
荷兰	13 200	0.782538	0.693062	0.88	1.729986	1.260944
新西兰	11 485.97	0.879346	0.647641	0.99	1.12092	0.951896
挪威	15 328.74	0.869949	0.809684	0.74	1.691127	0.745775
巴基斯坦	1 410.935	0.83245	0.650191	0.9	1	11.92258
秘鲁	2 159.568	0.770555	0.627246	0.76	1.262654	3.514875
菲律宾	1 709.195	0.487583	0.451249	0.56	1.197941	5.097027
葡萄牙	7 697.784	0.473228	0.442471	0.63	1	1.016624
南非	3 136.32	0.810051	0.725264	0.9	1.371317	1.607482
斯里兰卡	2 208.755	0.855572	0.790989	0.89	1	1.535954
瑞典	14 176.82	0.920144	0.855336	0.94	2.572056	0.960302
中国台湾	8 824.537	0.469192	0.369539	—	1.103516	0.969078
土耳其	3 815.727	0.465395	0.40991	0.56	1.080079	4.729158
英国	12 925.91	0.598068	0.514933	0.65	1	0.870788
美国	17 944.53	0.193422	0.179522	0.2	2.189424	0.879099
委内瑞拉	6 675.267	0.525065	0.521442	0.62	1.486918	2.223333
津巴布韦	1 185.375	0.936334	0.763749	0.97	1.674723	4.19427

注:CON5 为 5 家最大银行资产占银行总资产的比例(Ceteorlli 1999),是 1989—1996 年的均值。

更晚近的理论进展则认为,在局部均衡模型中得出的所谓垄断的银行结构有利于效率提高的结论是片面的,局部均衡模型仅仅注意了银行和借款者之间的关系以及银行市场结构对它的影响,但这些模型并没有考察银行业结构中的所有重要特征。沿着这一思路,理论模型的修正朝着两个方向迈进。一是把局部均衡模型拓展为一般均衡模型,不仅考虑银行的信贷行为,而且考虑居民的储蓄行为。此类分析强调,局部均衡模型假定银行有足够的资金进行信贷,即忽略了银行的存款来源,也没有详细分析特殊的银行结构对经济的全面影响(如对资本积累和经济增长的影响)。在考虑了这些因素以后,垄断的银行结构所带来的成本很有可能超过它所带来的好处(Guzman 2000b;Cetorelli 2000)。一般均衡模型并没有认定竞争的银行市场比过高的银行集中度更有效率,但它认为过早地就这一问题下结论是不明智的。Cetorelli(1999)的实证研究比较支持一般均衡模型的观点,他的研究结果表明,较高的银行集中度有利于那些依赖于银行融资的部门提高效率,但对整个经济而言则会造成效率的损失。[1] Becsi、Wang 和 Wynne(1998)也在一个类似的一般均衡框架中,讨论了产品市场与金融市场之间的相互作用。

无疑,忽略经济发展的阶段与过程,单纯在信息经济学的框架下讨论问题,必然会得出不同的金融结构各有利弊的结论。因此,另一个修正方向是引入产业结构变化的特征。Rajan 和 Zingales(1999c)认为,在经济发展早期,对于以物质资本积累为主的行业,贷款可以以资产抵押为基础,则关系融资或者以较强垄断的银行为主体的融资结构是相对有效的选择;而对于以无形资产积累(如专利)为主的行业,项目回报的不确定性增强,市场导向型的融资结构(指更为分散的银行和更为发达的证券市场)则更有利。Chang(2000)以韩国的发展为例,认为金融体系的结构和经济发展阶段之间存在着紧密的联系。当经济处于较低发展阶段时,劳动力密集型产业占据了比较优势,影响项目回报率的各种不确定因素较弱,所以集中型的金融体制和政府对资金配置的干预不一定会起到负作用。但随着经济的发展,投资项目的技术复杂性日益增加,所以市场导向的证券市场就会占据主导地位。

---

① 文献中讨论金融结构对产业增长的影响时,一般都注意区分不同行业在对外部融资依赖性的差异。当然跨国分析中,在具体测量行业对外部融资依赖性方面(包括对银行和股票市场),Rajan 和 Zingales(1998 b)以及 Carlin 和 Mayer(1998)都是以美国经济作为参照标准的。

二、银行业结构的外生决定:法律传统和政府管制

和内生决定论相比,对银行集中度的另外一种流行解释是所谓外生决定理论。La Porta、Lopez-de-Silanes、Shleifer 和 Vishny(1997, 1998, 1999a, 1999b, 2000)认为,各国的金融结构受本国的法律制度影响和制约,正是法律传统和制度的不同造成了各国金融结构间的差异。换言之,一国的金融结构取决于该国法律所赋予的债权人和股东的权利,以及执行这种权利的力度,我们可称之成为金融结构的法律观点。[1] 他们的假设前提是,投资者只有在确信他们能够收回货币时才会向企业提供资本。对股权拥有者而言,这意味着他们有权投票解雇无法向他们支付的企业经理;对债权人而言,这意味着他们拥有收回抵押品或进行企业重组的权力。除了享受名义上的法律权利以外,上述的股东和债权人还必须确信这些法律能够得到有力的实施。对股东或债权人权力的保护意味着以相应的方式提供资金能够获得稳定的回报保证,从而促进相应的融资行为,并形成一定的金融结构。在各种融资方式中,股权融资对契约的法律形式、内容,以及履行契约的保证要求相对较高,因而法律制度越是健全,那么执行法律的力度越大,效率就越高,从而直接融资发展的空间就越大,因而那些法律健全的国家一般都有较高的直接融资比重。

La Porta 等人在对 59 个国家的法律进行了分析之后,认为所有国家的法律体系可以大致分为四类:英格兰法律体系、法兰西法律体系、德意志法律体系和斯堪迪纳维亚法律体系。英格兰法律体系最强调对股东权利的保护,法兰西法律体系最次,对债权人权利的保护也显现出类似的模式。但是,斯堪迪纳维亚法律体系对法律的执行最为得力,而法兰西法律体系则最差。他们的一个结论是,对投资者——股东和债权人——保护越得力的国家,资本市场就越发达,例如,美国和英国就比法国的资本市场更为庞大。Cecchetti(2000)的实证研究进一步发现,斯堪迪纳维亚法律体系国家的银行集中度最高,德意志法律体系国家银行集中度最低,英格兰和法兰西法律体系国家则居中(表 2.2)。不过,他并没有对此作出详细解释。

银行业结构的国际比较与实证分析

---

[1]　Rajan 和 Zingales(1999a)从政治学的角度对类似问题也作了阐述。

表 2.2　各主要发达国家的银行集中度与法律传统(%)*

	1990	1994	1997	法律传统
澳大利亚	86.8	56.7	59.2	英格兰
奥地利	72.2	71.2	74.7	德意志
比利时	63.2	60.8	83.2	法兰西
加拿大	57.9	56.9	58.9	英格兰
丹麦	48	76.7	75	斯堪迪纳维亚
芬兰	90.2	85.6	98.3	斯堪迪纳维亚
法国	26.8	45.9	46	法兰西
德国	47.2	40.7	54.1	德意志
意大利	38.6	33	37.4	法兰西
日本	23.2	20	24.8	德意志
荷兰	78.4	66.6	83.3	法兰西
挪威	95.7**	79.8	86.5	斯堪迪纳维亚
瑞典	1***	83.9	92.6	斯堪迪纳维亚
英国	49.2	54.9	52.9	英格兰
美国	22.6	16	19.9	英格兰

* 这里的银行集中度指的是 3 家最大的银行资产占银行总资产的比重；
* * 这里为 1992 年的值；
* * * 这里为 1991 年的值。

资料来源：World Bank：http://www.worldbank.org/research。

　　虽然法律观点很有新意，但也存在一些问题，首先，法律观点或许可以解释不同法律传统国家之间银行结构的差异，但却没有解释在相同法律传统国家之间银行结构为什么也同样存在较大的差异。例如，同属英格兰法律体系，澳大利亚、加拿大和美国的银行结构就很不一样；其次，即使在同一个国家，银行结构也呈现不断变化的现象，法律观点却无法对此进行解释。[①] 法律观点的另一个缺陷是，如果金融和银行结构果真主要由法律体系所决定，那么一个自然的推论是，除非两国法律体系接近，否则金融和银行结构是存在结构性差异的。然而事实上，即使两个分属于不同法律体系的国家，银行结构的变化也有可能表现出相同的趋势，而属于同一法律体

----

　　① 针对这种批评，Zweigert 和 Kotz(1998)提出了动态法律观点。他们在承认法律体系对金融有着巨大的影响的同时进一步强调了不同的法律传统在适应外部条件变化方面的能力是不一样的。法律传统对外界条件变化反应越敏捷，则它就越能缩小经济的需求与现有法律能力之间的差距，从而能更有效地推动金融的发展。比较法律制度的文献还指出，和其他法律传统相比，普通法(common law)的动态适应能力最强，德意志和斯堪迪纳维亚法律传统次之，法兰西法律传统的动态适应能力最弱。

系的国家,银行结构的变化也有可能表现出相反的趋势。特别是如果将发展中国家的银行结构的变化也考虑进来的话,这种变化就更加明显。Coffee(2001)通过回顾欧美发达国家的法律和金融体系的发展历史,指出法律传统的作用并不像 La Porta 等人所强调得那样重要。不过,他同时也认为一国的法律传统越偏向普通法系,则越容易形成较为分散的市场经济体制,政府干预就相对较少。由此,经济体系中金融市场的作用可能就会变得更为重要,而银行的地位会相对下降。

管制观点部分地弥补了法律体系观点的不足。这种观点指出,一国具体的金融管制政策(从广义上讲还包括对金融机构的税收政策)规定了该国金融机构的营业范围、自由度和竞争程度,因而在很大程度上直接决定了金融发展水平和结构。例如,银行管制法案往往规定了银行营业的地理限制、跨业限制,也包括对银行之间、银行与非银行金融机构之间兼并的限制,等等。对于这些方面金融管制的解除,可能会有效地刺激银行规模的上升,以及银行间的购并,从而促使银行集中度的上升。Stiroh 和 Poole (2000)的研究表明,管制政策的改变和信息技术的进步是直接推动美国银行集中度变化的两大因素。在一项更为详细的实证研究中,Ennis(2001)分析了 20 世纪 70 年代以来美国银行业放松管制和银行业结构之间的关系。放松管制引起的银行购并活动,并未使全部的小银行消失,同时中型银行的地位有所上升。购并主要针对资产规模在 4 亿美元以下的银行,其数量从 1986 年的 12 060 家,下降到 2000 年的 6 558 家。并且,其中 96% 的银行资产规模少于 1.2 亿美元。总之,放松管制的确使得美国银行业的集中度趋于上升。[①]

管制观点可以对发达国家的银行集中度的变化做出较好的解释,对发展中国家银行结构的变化也具有一定的预测力,但是它并不能很好地回答为什么大多数发展中国家早在 20 世纪 70、80 年代就开始了金融自由化改革,但直到 20 世纪 90 年代中期其银行结构才发生了显著的变化。而且,管制观点也无法说明,解除管制对于银行结构的影响在发达和发展中国家之间究竟有什么不同。应当指出,这里所谓的金融管制应作狭义理解(主要是对银行业务和地域经营范围的限制),并不能适应于发展中国家的情况。我们在后文中,将引入关于发展战略的分析,用以解释发展中国家政府对金融体系的干预。

---

① 美国 20 世纪 70 年代以来银行业结构的演变参见表 2.3。

表 2.3　美国银行业结构变化趋势

	银行数量	Gini 系数	1%最大银行所占资产比重	10%最大银行所占资产比重	1%最大银行和 40%最小银行资产比值	10%最大银行和 40%最小银行资产比值
1976	14 419	0.82	55.8	78.1	15.6	21.8
1977	14 417	0.83	56	78.2	15.8	22.1
1978	14 392	0.83	56.8	78.7	16.4	22.7
1979	14 356	0.83	58.1	79.3	17.3	23.6
1980	14 426	0.83	58.1	79.4	17.1	23.4
1981	14 407	0.83	57.9	79.3	16.9	23.1
1982	14 430	0.83	57.3	79.2	16.8	23.2
1983	14 420	0.83	55.9	78.8	16	22.6
1984	14 388	0.83	55.6	79	16.2	23.1
1985	14 278	0.84	55.5	79.7	16.8	24.1
1986	14 059	0.84	55.4	80.1	17.2	24.8
1987	13 553	0.84	55.1	80.6	17.5	25.6
1988	12 982	0.85	54.7	81.1	18	26.8
1989	12 572	0.85	54.6	81.4	18.6	27.8
1990	12 212	0.85	54.1	81.3	18.2	27.3
1991	11 807	0.85	53.6	81.2	17.7	26.8
1992	11 363	0.84	54	81.1	17.6	26.5
1993	10 881	0.85	55.3	82.1	18.9	28.1
1994	10 381	0.86	56.7	83.5	21.2	31.2
1995	9 875	0.87	57.3	84.2	22.8	33.4
1996	9 465	0.88	60.9	85	25.5	36
1997	9 081	0.89	66.5	86.4	31.1	40.4
1998	8 713	0.89	68	87.2	33.8	43.4
1999	8 520	0.90	68.5	87.5	35.5	45.3
2000	8 252	0.90	70.2	88.2	38.6	48.5

资料来源：Ennis(2001)。

另外,如果把 Coffee(2001)的看法和金融管制的论点结合起来的话,就意味着普通法系的国家由于政府的管制措施相对较少,从而比大陆法系的国家,有更高的银行集中度。当然,类似的推测也仅仅适用于分析发达国家的情况。

第三节 经济发展、要素禀赋与银行集中度

从金融功能说的角度出发,现代金融市场和金融体系的基本价值和功能就是积累资本、配置资本。资本的配置效率取决于金融市场和金融体系的效率:只有将资源/资金配置到经济中最有竞争力的产业和部门中去,金融体系自身才有竞争力,才能获得丰厚的、持续的回报,才有不断发展壮大的动力。所以,金融市场演化的内在规律是,顺应产业/技术结构发展的需要,不断地把资本配置到特定发展阶段里最符合比较优势的生产活动中去。从这个意义上讲,我们并不能先验地认为某一种金融市场组织优于另一种,某一种金融组织结构优于另外一种。金融体系的模式选择一定要服从于实物经济中优势产业部门发展的需要。就金融结构和企业融资的具体模式而言,实质经济对金融服务的需求,以及由此形成的金融结构,将主要通过经济中产业、企业的性质和特点反映出来(林毅夫、李永军 2000)。

基于上述认识,我们在本节提出一种能够解释银行集中度变化的新的观点。我们认为,从经济发展的动态的角度来看,一国的金融结构——包括银行集中度——主要内生于本国的要素禀赋结构和具体的发展战略。随着要素禀赋结构和发展战略的变化,银行集中度也必须发生相应的变化,以适应要素禀赋结构和发展战略变化后不同产业和企业的融资要求。也就是说,合适的银行结构必须能够满足不同产业和企业融资需求。当然,金融体系本身也会随着经济的发展,在资金的筹措和信贷方式上发生一些改变,或者说在资金需求变化的同时,资金供给的特性也在发生改变。无疑,这也会对银行结构的特征产生一定的影响。总之,伴随着要素禀赋结构的升级和资金供求均衡的演化,银行业结构所发生的相应改变就构成

了不同经济发展阶段最优银行业结构的动态路径。① 不过,如果政府采取不恰当的发展战略的话,银行业结构就有可能由于错误的外部干预而偏离最优路径。因此,在这个新的模型中银行结构既受到了内生变量(禀赋结构)的影响,也受到了外生变量(发展战略)的作用。和文献中的局部均衡模型以及一般均衡模型相比,上述观点则更强调银行业分工的重要性。当然,其和基于法律或者管制的外生决定观并不矛盾。

一、信贷市场均衡配置与金融分工

(一)企业的融资成本与信贷市场均衡

金融结构的安排首先应当取决于企业的融资需求,而企业的融资需求取决于资金投入的收益和资金筹措的成本。这里,我们可以把企业的外部融资成本分成两个组成部分:经济体系中资金使用的机会成本和金融体系为提供资金所耗费的融资成本。我们将后者进一步区分为金融体系的资金筹措、管理和提供成本。在一个均衡的信贷市场中,为了明确上述两种成本的影响,我们应当全面地考虑资金的供给和需求。

首先,从企业资金需求的角度看,资金使用的机会成本决定了企业的要素投入结构,从而从根本上影响了企业对资金的需求,即,对于同一个生产可能性边界,企业的要素投入在资本和劳动力之间到底采取怎样的配置组合。金融体系的融资成本,影响了企业对资金的获取形式,即,给定企业生产的要素投入结构和资金投入规模,企业到底是采取内部融资,还是外部融资(进入金融市场)。当然,无论是企业自融资还是外部融资首先面对的就是,经济体系中资金使用的机会成本,该成本是由禀赋结构决定的,即,随着人均收入的提高,经济体系中资本的丰腴度相对于其他要素将不

---

① 金融体系为经济中具有比较优势的企业和产业提供服务、配置资本的过程,就是金融市场以及适应产业发展需要的金融结构的形成过程。在经济史上,现代金融市场的出现,有赖于一系列看似偶然的条件或事件的出现,然而仔细观察,满足这些条件或发生这些事件的国家或地区,恰恰是那些在经济发展中能够较好地发挥比较优势的国家或地区,积极参与金融市场交易的,也主要是那些能够利用比较优势,具有竞争力的企业或者企业联盟。例如,银行业的最初形成是在13—14世纪,并最先出现在贸易发达活跃的地区,如当时的地中海一带。第一家现代意义上的银行——荷兰阿姆斯特丹银行的建立,也是应出口商的要求而建立的。其中道理不难理解,因为那些较好地利用了比较优势的国家经济增长较快,经济剩余较多,对金融的服务需求能够形成足够的规模,从而在需求的刺激下,金融市场和金融体系应运而生。另外,不同的产品需要不同的要素投入,而且不同的企业和产业在规模大小、治理结构、所面临的外部环境以及业务性质等方面都存在着很大的差异,从而会对金融体系所提供的服务也提出不同的要求。由于不同的金融机构和中介在提供不同的金融服务上各具优势,因此,相应于不同的产业结构,就会形成不同的金融结构。

断上升,从而资金的使用成本相对于其他要素会逐步下降。与此同时,外部融资的成本应当高于内部融资。这个成本差额代表了金融体系为筹措资金而需要额外支付的成本,金融体系越发达,该成本就会越低。

其次,从资金供给的角度看,给定资金使用的机会成本、企业的资金需求、金融体系的融资成本及其构成决定了金融体系本身对资金的提供规模和方式,包括金融机构究竟向何种企业、以何种方式、提供多少的问题。换言之,均衡中既包含了金融发展的水平(信贷总规模),也包含了金融体系的结构(不同的信贷业务在资金提供方和资金需求方之间的分布状况)。

再次,资金供求的均衡决定了经济体系中资本配置、企业的要素投入结构、金融发展的水平和金融体系结构。当然,这一均衡并非是静态的,而是随着经济的发展,资金使用的机会成本和金融体系的融资成本均将随之改变,企业的要素投入结构、对内外部融资的选择,以及金融体系的资金供给规模和方式,均会发生改变,从而金融体系的结构亦将逐步演变。

(二) 金融分工与银行业结构

在上述分析框架中,给定资金使用的机会成本和金融体系的融资成本,在一个均衡的信贷市场中,银行业结构究竟是怎样决定的呢? 为了说明此问题,这里需要重点讨论一下金融结构对企业的资金提供成本(作为金融体系融资成本的一部分)的影响。无疑,由于在信贷市场中,不同的企业均在从事着不同的经济业务,所以银行在信贷提供的过程中需要耗费一定的信息成本,包括事前的信息甄别和事后的信息监督。为了最大限度地降低这一信息成本,不同的银行就往往会专门为不同的企业提供金融服务。其实,我们在前文中所提及的关系型融资理论也是基于这一认识,但是该理论却忽视了不同的银行之间在不同的信贷业务中分别具有各自的比较优势,即不同的融资方式和不同的融资中介对不同企业的资金提供的成本是各不相同的,并由此形成了银行体系分工(银行业结构)的基本格局。

在文献综述中,无论是局部均衡模型还是一般均衡模型,都将垄断的银行结构与竞争性的银行结构进行比较,却都没有考虑银行间的分工。当然,银行业分工是一个非常广泛的概念,因为分工可以是地域性的、行业性的、规模性的,或者期限性的,等等。由于我们的实证数据主要是银行集中度,所以我们的讨论主要集中在不同规模的银行之间的分工(这是一种纵向分工)。这就是说,大银行和中小银行在对不同活动规模、性质的企业信贷上具有不同的比较优势。由于中小企业与大企业在经营透明度和抵押条件上的差别以及单位贷款处理成本随着贷款规模的上升而下降等原因,银行等金融结构会在经营中将中小企业与大企业区别对待。而且，大银行和中小银行在为不同规模的企业提供服务上具有不同的信息优势，相比较而言，中小银行在为中小企业提供融资方面比大银行更具优势。[①] 具体地说，可以分成三方面：

第一，大银行不能很好地为中小企业提供融资服务。首先是大银行为中小企业提供融资服务时，单位资金的平均信贷审批成本相对较高。大银行集中的资金量比较高，它们发放贷款的审批环节多、审批链条长。同样，一笔资金如果贷给一个大项目，只需要进行一次复杂的审批程序，单位资金分摊的交易成本就比较低。但是，如果把这一笔资金分散地贷放给若干个中小项目时，就必须按照几乎同样复杂的程序进行若干次审批，单位资金分摊的交易成本就相对比较高。从中小企业自身的角度来看，从大银行融入小额资金，不如从中小银行融入同样额度的资金划算，因为后者的贷款审批程序比较简单。

第二，大银行为中小企业提供融资服务时，信息与风险控制成本比较高。银行在发放贷款时需对申请贷款的企业进行资信审查；贷款发放之后要对所贷放资金的运用情况进行监督。这些都依赖于所掌握的关于企业从事项目的质量、企业的管理水平等方面的信息。大银行由于其规模大，所以必须采用多级的分支行代理体制。但是多级分支行代理体制的一个内在的特征是人员的流动性比较大。分支行的工作人员会随其业绩的好坏而发生职务的升降和流动。这样一来，银行的工作人员就很难对一个地区的中小企业建立起足够的信息积累。即使这些地方分支机构的银行职员能够了解地方中小企业的经营状况，他们也很难向其上级机构传达中小企业的经营信息。因为中小企业没有上市公司那样的信息披露制度约束，其经营信息缺乏透明度。中小企业经营信息的这种非"公开性"，使得在贷款出现问题时分支机构的经理人员很难向其上级解释。大银行对于大企业和大项目，则能够相对容易地建立起信息积累。与大银行的情形不同，中小银行的服务对象比较集中于特定的较小的区域内。小银行对于所在地区内数量众多的中小企业的经营管理和资信状况比较了解，而且容易建立起持续的信息积累。所以从大银行角度来看，贷款给中小企业就必须比大企业支付更多的信息成本。

第三，大银行由于资金庞大而拥有更多的机会，所以它们往往会忽视

① 关于这种信息优势的讨论，参见 Banerjee(1994)。

对中小企业的贷款,这就很难与中小企业建立长期稳定、紧密的合作关系,很难解决存在于金融机构与中小企业之间的信息不对称问题。因此,大型金融机构倾向为中小企业提供较少的贷款。[①]

总之,在信贷市场均衡的条件下(给定资金使用的机会成本和金融体系的融资成本),由于不同的企业对融资具有各不相同的需求,合适的银行结构应该能够及时地满足企业的这种需求,才能在此过程中达到资源的有效配置。因此,一个能够较好分析银行结构与经济发展和增长之间相互关系的模型,不仅仅要看这种银行结构是否有利于银行间的竞争,还要看它是否有利于银行间的分工,以更好地满足企业的融资需求。

由此形成的一个典型结果就是,大银行通常更愿意为大型企业提供融资服务,而中小银行主要为中小企业提供融资服务(林毅夫、李永军2000)。因此,若信贷市场中主要是大企业占主导地位,则银行结构也将以大银行为主,此时银行集中度较高。反之则银行集中度较低。[②] 注意,这个推论是在给定资金使用的机会成本、金融体系的融资成本,以及信贷市场均衡的条件下得到的。

二、经济发展与企业的资金需求

信贷市场均衡的特征和银行业结构的决定与企业的内外部融资成本是密切相关的,而融资成本本身会随着经济发展而改变。这是我们在前文中的一个基本看法,本节则先考虑一下资金使用的机会成本变化的影响,或者说从企业的整体融资需求角度(先不考虑企业在内、外部融资之间的选择),讨论经济发展对银行业结构的可能影响。在经济学中一个普遍得到承认的观点是,经济体系的禀赋结构决定了要素市场的相对价格,进而决定了企业的要素投入结构。因此,经济体系越发达,企业的经营活动就

---

① 上述关于大型金融机构和中小金融机构在为中小企业服务方面的差别的论述已经被国外的一些经验研究所证明。首先,一些研究证明了在银行对中小企业贷款与银行规模之间存在很强的负相关关系(Nakamura 1993; Keeton 1995; Berger et al. 1995; Levonian and Soller 1995; Berger and Udell 1996; Peek and Rosengren 1996; Strahan and Weston 1996, 1998);其次,一些对美国20世纪80年代中期以后开始的银行合并的研究证明,大银行对小银行的吞并或大银行之间的合并倾向于减少对中小企业的贷款(Peek and Rosengren 1996; Berger et al 1995);第三,一些研究已经证明,在银行业比较集中的地区,中小企业即使能够顺利地获得贷款也必须付出较高的代价。通常在这些地区中小企业为其贷款所支付的利率比大企业贷款利率高出 50%—150%(Meyer 1998)。

② Cetorelli(2001)的实证研究发现,较高的银行集中度容易导致产业结构的集中(即以大企业为主),同时越依赖外部融资的行业,这一效应就越强。

越偏向资金密集型,企业的融资需求和资金的投入规模也就越大,企业的规模也就不断上升(从资金的投入规模角度看)。或者说,以资金密集型为代表的大企业在经济活动中占据日益重要的地位。企业的平均规模及其融资需求的变化无疑将从根本上影响银行业的结构。

(一)禀赋结构与企业规模

经济学中的要素投入无非是三大类:土地(自然资源)、资本和劳动力。企业在生产过程中,出于成本最小化的要求,一定会密集使用相对便宜的要素,或者说,以相对便宜的要素替代相对昂贵的要素。在这里,要素的相对价格成为指导企业选择和调整投入(技术)结构的关键变量。一个经济中要素的相对价格取决于要素的供给和需求状况,在需求给定的情况下,要素投入的相对价格就取决于要素的相对丰裕程度,即取决于一国的要素禀赋结构。例如,若一个经济资源禀赋结构的基本特征是劳动力相对丰富而资本相对稀缺,且要素价格由市场所决定,那么反映这种资源禀赋结构特征的要素价格就应该是劳动力相对便宜而资本相对稀缺。受这样的相对价格信号的诱导,企业在生产中一定会较多地使用相对便宜的劳动力而较少地使用相对昂贵的资本。实际上,这个过程就是企业所谓的技术选择和变迁过程,速水和拉坦的诱致性技术变迁理论详细描述了这一过程。从宏观上看,也就是整个国民经济技术结构的决定和变迁过程。因此,技术变迁的路径和速度,以及由此形成的国民经济的技术结构都取决于要素禀赋结构,由于技术结构决定了产业结构,因此,产业结构最终也取决于要素禀赋结构。

在经济发展的初期,资本是较稀缺的要素,经济中的比较优势在于土地等资本密集型产品(如农产品和矿产品等)或劳动密集型产品,相应地,资源和劳动密集型产业将成为主导产业。但是,一个经济中的资源禀赋结构并不是固定不变的,只要能够合理利用并发挥这一比较优势,这个经济的生产成本就低,竞争能力就强,创造的经济剩余也就多,资本积累的数量也就更多,积累的速度也将超过劳动力和自然资源增加的速度,在经过一段时间之后,经济中资源禀赋结构将得到提高[①],此时资本将成为较丰富

[①] 在经济发展的过程中,自然资源是先天给定的。劳动力的增长受到人口出生率的限制,各国劳动力变动的差异不大,一般年增长率不超过 3%。惟一有巨大增长差异的资源是资本。有的国家可以达到年平均 20%—30%的资本积累速度,而有的国家只能达到 10%甚至更低的年平均资本积累速度。如果这种差异持续一个较长的时期,譬如说一个世纪,则资源禀赋结构将发生巨变。因此,当我们讨论资源禀赋结构的提升时,事实上是指资本相对丰裕度的提高。

的要素,资本的价格也将由相对昂贵变为相对便宜。此时资本和技术密集型产业将成为经济中比较优势之所在,产业结构将以资本和技术密集型产业为主。由于劳动密集型产业和资本、技术密集型产业的技术特征存在很大差异,因而在不同发展阶段下的金融结构也将呈现出相应的差异。

劳动力密集型产业因为资本产出比较低,需要的资本相对较少,技术较为简单,规模经济不十分突出,因此行业进入比较容易,市场竞争也比较充分,因此中小企业成为企业结构的主体。中国台湾省的经济发展过程就是一个很好的例子。20 世纪 50 年代早期台湾经济刚刚起步的时候,人均GDP 只有 144 美元,资本极为稀缺,与这样的要素禀赋结构相适应,台湾重点发展的是农产品加工、食品、纺织、水泥制造等劳动密集型产业,这些行业多以中小企业为主,台湾为数不多的大型企业主要集中在交通、通讯、金融以及基础设施等领域,而且多为"国营"或"党营"。①

在发达国家的经济史中,中小企业在经济发展早期的地位同样是不容忽视的。当欧洲人开始在北美殖民时,他们所面临的资源禀赋状况是:土地和自然资源极其丰富,人力资源和资本却极其短缺。这种状况一直延续到 19 世纪中后期。到了那个时期,经过了长期的发展,资本渐渐累积起来,人口也逐渐增长。但是,土地的丰富迄今仍是美国资源禀赋的特点之一。在人力和资本双重稀缺的前提下,资本密集型产品自然成为主要的生产和贸易品,并且在每种产品的生产上,尽量选择既节省人力,又节省资本的方法。这样,企业的规模就比较小。内战之后,随着市场的扩大和生产技术的进步,生产的最优规模逐渐扩大,再加上资本已经逐渐积累起来,企业采取较大的规模成为可能。但是,在 19 世纪的大部分时间里中小企业仍是生产的主要力量。

表 3.1 给出了美国在不同时期的主导产业。由于缺乏早期的数据,表中所涉及的最早的年代为内战时期。从中可以看出,尽管科技在不断进步,资本积累不断增加,但资源密集仍然是美国产业的特点。实际上,内战之前的美国经济中生产的资源密集特色更为明显。按照历史资料(虽然缺乏精确的统计数字),在殖民地时代和建国后相当一段时期内,美国的主要制造业部门为:面粉、木材加工、肉类加工、皮革鞣制、棉纺。其中,面粉业

① 改革后的中国内地也有类似的经历:改革以来发展最快的乡镇企业充分利用了中国劳动力极其便宜的比较优势,它们所从事的行业几乎无一例外都是劳动密集型产业,规模也不大,主要以中小企业为主。到 1998 年底,中国工商注册登记的中小企业已经超过了 1000 万家,占全国企业总数的 99%,产值和利税占到了 60% 和 40%,所解决的就业人数超过了就业总人数的 75%。

和木材业长期位居美国经济中产出增加值的最前列。[①]

表 3.1　不同时期美国十大领先产业

单位：百万美元　按 1914 年美元计算

排名	1860 年		1880 年	
	行业	增加值	行业	增加值
1	棉制品	58.8	机械	111.0
2	锯木	54.0	钢铁	105.3
3	鞋靴	52.9	棉制品	97.2
4	面粉	43.1	锯木	87.1
5	男装	39.4	鞋靴	82.0
6	机械	31.5	男装	78.2
7	羊毛制品	26.6	面粉	63.6
8	皮革	24.5	羊毛制品	59.8
9	铸铁	22.7	印刷和出版	58.3
10	印刷和出版	19.6	酒类	44.2

（续表 3.1）

排名	1900 年		1920 年	
	行业	增加值	行业	增加值
1	机械	432.1	机械	575.6
2	钢铁	339.2	钢铁	492.8
3	印刷和出版	313.5	锯木	393.4
4	锯木	299.9	棉制品	363.7
5	男装	262.1	造船	348.4
6	酒类	223.6	发动机	347.3
7	棉制品	196.0	商店建筑	327.7
8	砖石建材	140.1	印刷和出版	267.7
9	商店建筑	131.0	电器	245.9
10	肉类	124.6	男装	239.2

资料来源：Jeremy Atack and Peter Passell, "A New Economic View of American History", pp. 461, 467.

---

①　表 3.2 和 3.3 则分别从不同角度给出了美国制造业在不同历史时期的规模（以企业雇佣劳动者的数量来代表）。由于同样的原因，这些数据都是内战之后的统计或调查数据。需要注意的是内战之前尤其从建国到 19 世纪早期的历史时期内，企业的规模要比表中所给出的小得多。

表 3.2　不同时期美国制造业中工资劳动者平均数[①]

(1949—1929)

调查年度	手工的和邻里的产业(包括工厂)*	产出不低于 500 美元的工厂	产出不低于 5 000 美元的工厂	平均工人数的指数(1 899 = 100)
1849	7.8			75
1859	9.3			90
1869	8.1			79
1879	10.8			104
1889	12.0			115
1899	10.4	22.7		100
1904	11.5	25.3		111
1909		24.6		108
1914		25.8	38.9	114
1919			42.0	123
1929			41.9	123

* Hand and Neighborhood Industries Plus Factories;

资料来源:Anthony P. O'Brien, "Factory Size, Economies of Scale and the Great Merge Wave of 1898—1902," *Journal of Economic History* 48(1988), p.648。

表 3.3　不同时期中按行业划分的美国制造业企业
平均雇佣工资劳动者人数(1869—1919)

行业	1869	1879	1889	1899	1904	1909	1919
食品和类似产品	5.86	8.70	8.99	8.12	8.53	7.79	10.03
烟草和烟草制品	9.19	11.29	10.09	8.86	9.47	10.54	15.27
纺织品	50.63	81.83	99.17	123.49	145.66	153.27	148.25
服装及相关产品	13.37	29.24	30.39	26.42	34.34	35.53	28.10
木材和木制品	6.31	6.94	18.00	17.43	20.38	16.94	18.50
家具和室内装修品	8.90	11.28	36.77	46.26	43.16	39.97	42.83
纸及类似产品	24.83	33.04	41.23	52.17	62.67	66.59	86.23
印刷和出版	17.41	17.34	14.08	11.94	12.64	11.94	11.08
化学及类似产品	10.12	13.70	14.34	16.72	16.14	15.19	19.98
石油和煤产品	12.25	43.37	46.26	59.97	65.55	68.66	107.22

银行业结构的国际比较与实证分析

[①]　当然,如果按照现在的标准来衡量,表 2.3 中列出的大部分企业都必须划入小企业 49 的范围。1989 年联邦小企业管理局给国会的报告定义小企业为雇佣工资劳动者人数少于 500 人或 100 人(视所考察的行业平均规模而定)。1986 年小企业管理局的小企业数据库(SBDB)共登记了 380 万个企业,其中的 379 万个企业雇佣人数少于 500 人 49。可见,直到现在,从数量上说,中小企业在美国经济中仍占有绝对优势。

（续表）

行业	1869	1879	1889	1899	1904	1909	1919
橡胶和塑料产品				404.05	553.39	568.58	967.53
皮革及其制品	5.60	8.71	20.09	32.04	39.12	40.17	46.09
石、陶土及玻璃制品	13.55	14.73	22.91	21.93	30.50	35.13	48.44
初级金属产品	85.48	157.96	202.62	252.46	298.62	316.57	432.62
金属制品	9.01	11.14	15.06	34.40	37.30	34.67	39.95
机械	14.30	21.30	35.19	48.35	54.77	55.51	71.72
运输工具	4.67	12.43	13.06	10.89	13.98	12.80	9.77
仪器及相关产品	19.73	32.55	37.48	36.91	51.50	47.58	51.22
其他制造品（包括军火）	13.66	16.55	18.08	22.32	28.73	27.67	27.75

资料来源：Anthony P. O'Brien, "Factory Size, Economies of Scale and the Great Merge Wave of 1898—1902", *Journal of Economic History* 48(1988)：648。

（二）中小企业在发达经济中的地位

随着人均收入的提高和经济发展阶段的提升，资本、技术密集型产业成为经济中的主导产业。虽然资金和技术密集型企业具有较明显的规模效应，因而其平均规模较大。不过，就企业规模而言，不会由于资金密集度的上升，而使所有的行业被大企业控制。在此方面，行业的一些具体特性，比如，生产是否具有规模经济、产品是否可贸易等，也有重要的影响。[①] 特别是，规模经济更多地体现在物质资本密集型产业中，而随着发展阶段的提高，物质资本密集型产业的相对地位是下降的，相反那些规模经济不明显的产业在经济中开始占据越来越重要的地位。因此，即使在发达的经济中，中小企业的在国民经济中的地位可能较发展中国家丝毫不逊色。[②]

表3.4和表3.5对两个不同发展阶段的国家和地区——中国台湾和美国的中小企业的状况予以了描述。从该表可以明显看出，尽管美国的人均 GDP 高于中国台湾许多，但显然中小企业在美国的经济中同样起着突

[①] Rajan 和 Zingales(1999b)在通过 15 个欧洲国家数据样本分析之后提出，企业的规模受到多种因素影响。厂商所面对的市场越大，垄断性越强，物质资本越密集，R&D 越多，工资越高(人力资本越密集)，厂商的平均规模也就越大。另外，一国的司法体系越有效，厂商的规模就越大。从金融发展的角度看，一个行业对外部融资的依赖性越低，其厂商的平均规模就越大，在不同的金融发展水平上，同等的外部融资依赖性的行业，其厂商平均规模随着金融发达程度的上升而上升。同时，他们的实证分析也表明，那种认为国家越富有，企业规模越大的观点并不一定正确。

[②] 根据美国小企业管理局(SBA)的标准，员工人数在 500 人以下，资产净值低于 1 800 万美元，连续两年年均税收不超过 600 万美元的营利性经济实体都可称为小企业。

出的作用。目前,美国有小企业约 2 300 万家,占企业总数的 99％,其中,90％的企业员工少于 20 人,2/3 的员工少于 5 人。这些企业就业人数占美国就业人数的 2/3,销售收入约占美国全部企业的 50％。同时,根据美国小企业管理局(SBA)的统计,全美 50％以上的技术创新和高技术行业中 30％以上的就业都来自小企业。当然,所有这些均不能作为我们进行理论判断的充分依据。企业的规模分布和经济增长之间的关系究竟怎样,还有赖于进一步的、更为全面的跨国统计资料。

表 3.4 美国小企业概况

	厂商个数	按就业人数的权重
全部厂商	5 276	100
全职雇员的数量		
0—1	1 496	38.78
2—4	1 137	29.15
5—9	718	16.10
10—19	436	7.86
20—49	531	5.07
50—99	482	1.75
100—499	476	1.30
销售收入(千美元)		
<25	432	12.82
25—49	293	8.44
50—99	431	11.88
100—249	800	24.10
250—499	541	15.01
500—999	479	11.49
1 000—2 499	541	8.91
2 500—4 999	369	3.63
5 000—9 999	319	1.85
>= 10 000	464	1.87
资产(千美元)		
<25	997	32.11
25—49	366	12.48
50—99	449	14.39
100—249	604	17.29

（续表）

	厂商个数	按就业人数的权重
250—499	407	10.51
500—999	320	5.87
1 000—2 499	394	4.13
2 500—4 999	233	1.43
≥5 000	346	1.81
出口销售		
出口	626	7.41
不出口	4 650	92.59
产业类别(SIC)		
建筑业和采掘业(10—19)	617	13.76
初级制造业(20—29)	304	3.81
其他制造业(30—39)	350	4.09
运输业(40—49)	210	2.78
商业批发业(50—51)	487	8.07
商业零售业(52—59)	1 142	22.06
保险代理和不动产业(60—69)	366	7.19
商业服务业 (70—79)	1 038	21.82
专业服务(80—89)	762	16.41

资料来源：Rebel A. Cole and John D. Wolken (1995)。

表 3.5　1999 年台湾地区企业规模概况

项目	全部企业	中小企业	大企业
家数(家)	1 085 430	1 060 738	24 692
占全部企业比率(%)	100.00	97.73	2.27
就业人数 (千人)	9 385*	7 344	1 080
占全部企业比率(%)	100.00	78.25	11.51
受雇员工人数 (千人)	6 625*	4 587	1 076
占全部企业比率(%)	100.00	81.00	19.00
销售额(万元)	2 385 093 485	690 511 197	1 694 582 288
占全部企业比率(%)	100.00	28.95	71.05
直接出口值(万元)	567 546 102	119 782 010	447 764 092
占全部企业比率(%)	100.00	21.11	78.89
内销值(万元)	1 817 547 382	570 729 187	1 246 818 196
占全部企业比率(%)	100.00	31.40	68.60
营业税(万元)	11 656 011	5 145 631	6 510 380
占全部企业比率(%)	100.00	44.15	55.85

1. 本表之中小企业定义，系按 1995 年修订之中小企业认定标准。
2. 表中有 * 表示包括受政府雇用者。

不过,如果我们主要比较制造业的国际差异,那么一个基本的事实就是:随着收入水平的提高,企业的平均规模在上升。[①] 因此,按照前文关于金融分工的讨论,在经济发展初期,金融(银行)结构主要以中小企业融资为主,此时的银行集中度应该较低。[②] 而伴随着禀赋结构的提升和企业规模的扩张,银行集中度应当逐步上升。

表 3.6　美国商业银行对中小企业的放款情况

银行的国内资产规模	1993	1994	1995	1996
不同资产规模的银行在对中小企业的放款中所占的比重(%)				
低于 100 百万美元	14.4	14.1	13.1	11.7
100 百万美元—300 百万美元	14.6	15.0	14.5	14.5
300 百万美元—10 亿美元	10.8	10.3	10.9	11.0
10 亿美元—50 亿美元	12.5	11.7	11.0	10.5
超过 50 亿美元	47.7	48.9	50.6	52.3
银行的资产中对中小企业的放款所占的比重(%)				
低于 100 百万美元	8.6	8.6	9.1	9.2
100 百万美元—300 百万美元	9.0	8.9	9.1	9.3
300 百万美元—10 亿美元	8.1	7.4	8.0	8.3
10 亿美元—50 亿美元	6.1	5.8	5.7	5.9
超过 50 亿美元	3.5	3.2	3.3	3.4

资料来源:Strahan 和 Weston(1998)。对中小企业的放款是指低于 100 万美元的工商业放款。

---

① 见林毅夫、章奇、刘明兴(2002)。

② 表 3.6—表 3.9 描述了 20 世纪 90 年代,美国和中国台湾银行业结构和中小企业信贷的基本关系。从中不难发现,与大银行相比,小银行更倾向于为小企业贷款。例如,在台湾,中小企业专业银行对中小企业的放款比重,确实高于其他一般银行,其中高雄区中小企银的放款比重高达 72.03%。另外,由于台湾的发展过程中强调遵循自身的比较优势,中小企业的地位举足轻重,许多中等规模的银行及信用合作社也十分注重建立和中小企业的信贷关系。就市场占有率较高的前 5 大银行而言,其对中小企业的放款占其全部放款比重也都在 5 成左右,可见这些银行融资的重心也都以中小企业为主。注意,和美国相比,中国台湾地区银行业相中小企业的倾斜明显较高。

表 3.7 美国银行的规模和复杂度对中小企业借款的影响(1996 年)

	拥有单个下属行的银行	拥有多个下属行的银行	
		分布在单个州之内	跨州
银行的国内资产规模	银行的资产中对中小企业的放款所占的比重(%)		
低于 100 百万美元	0.088	0.089	0.077
100 百万美元—300 百万美元	0.093	0.093	0.105
300 百万美元—10 亿美元	0.076	0.096	0.105
10 亿美元—50 亿美元	0.050	0.070	0.076
超过 50 亿美元	0.034	0.044	0.047

资料来源:Strahan 和 Weston(1998)。

表 3.8 台湾地区银行业对中小企业贷款余额前十大银行(1999 年底)

单位:%;新台币百万元

银行	市场占有率	贷款余额	占总贷款余额的比重
合作金库	15.20	523 383	50.69
第一商业银行	12.17	419 315	60.41
台湾中小企业银行	11.53	397 282	58.09
彰化商业银行	10.52	362 419	57.41
华南商业银行	9.69	333 820	49.75
台湾银行	4.01	138 121	11.07
新竹国际商业银行	3.02	104 145	57.51
台湾土地银行	2.59	89 351	9.13
台北国际商业银行	2.46	84 633	44.70
台中商业银行	2.29	79 031	59.12

注:台湾地区关于中小企业的具体界定参见,《中小企业认定标准》,台湾"经济部",2000 年 5 月 3 日,经(89)企字第八九三四零二零号令发布。

资料来源:《金融业务统计辑要》,台湾"财政部"金融局统计室,2000 年 2 月。

表 3.9 台湾地区银行业对中小企业贷款比重前十大银行及其金额(1999 年底)

单位:%;新台币百万元

银行	贷款比重	贷款余额
高雄区中小企业银行	72.03	40 324
台南区中小企业银行	69.10	58 685
花莲区中小企业银行	64.22	21 323
台东区中小企业银行	62.75	19 466
第一商业银行	60.41	419 315
台中商业银行	59.12	79 031
台湾中小企业银行	58.09	397 282
新竹国际商业银行	57.51	104 145
彰化商业银行	57.41	362 419
汇通商业银行	51.29	42 522

（三）企业规模与投资风险

值得注意的是,除了企业规模外,不同发展阶段的经济活动具有不同的内容和性质,这也会对融资活动产生影响并提出要求。在早期的发展阶段,劳动密集型产业具有比较优势,此时有较多反映企业的利润前景的信息,或者说,何种产业会获得利润较易判断,例如,那些较多利用便宜劳动力的产业(鞋、玩具等),能够有稳定的收入流和利润。随着人均收入的提高,资本和技术密集型产业逐渐具有比较优势。但此时究竟何种产业能够盈利却是不确定的,特别是那些易受技术变化影响的企业更是如此。投资项目风险的上升将会产生两方面的影响:一是要求单个银行规模的上升,以增强抵御风险的能力;二是信贷风险控制的难度加大,是信贷提供的信息成本提高,从而银行之间的分工会进一步趋于精细(关系型融资的范围会相对缩小)。这实际上是从相反的方向上作用于银行集中度。①

注意,随着投资风险的上升和银行的信贷提供成本的增加,银行之间分工的细化在具体形式上是比较复杂的。为了简化问题,我们不妨将之理解为一种横向分工,即对于同等规模的企业,由于其从事的业务活动的风险性质和内容各异,同等规模的银行也需要在信贷上进一步细化分工。②另外,分散的银行(投资者)更易向企业施加预算硬约束,这在不确定性较大的环境中尤为重要(Huang 2000),它使得银行及时停止为坏项目融资的承诺是可信的,从而有利于减少借款者的道德风险,降低银行可能会付出的成本。

总之,投资项目技术风险的提高,要求金融体系的竞争程度必须加强,以便于信息披露和风险控制,而单个银行的规模应当上升以增强抵御风险的能力。这就要求即使是以大银行为主导的银行体系,也不能太过垄断。无疑,企业规模效应和投资项目的风险效应对银行集中度的影响是不太相同的,后者对银行集中度的影响方向是不明确的。

---

① 随着信息技术的发展和金融市场的完善和成熟,以及由于投资风险上升所引起的银行分工细化,越来越多的非银行金融机构开始承担起了传统的银行业务,企业融资的来源渠道也更加拓宽了,银行不再是为企业提供资金的惟一机构。虽然并不能直接在企业融资来源的多元化和金融结构、银行结构分散化之间划等号。但是也有理由相信银行结构的集中度和融资主体的多元化之间存在一定的联系,银行集中度越低,融资主体也是更倾向于分散。

② 目前,我们尚没有足够的统计依据,来说明在一个市场北部,不同规模的企业和不同风险的投资项目之间的关系。

三、经济发展与银行体系的资金供给

我们这里不妨假定，企业的平均规模和禀赋结构之间存在一个正向的相关关系。那么，按照前文从资金需求角度的分析，大银行的地位应当随着经济的发展越来越重要，即银行集中度和收入水平之间应当是正向关联的。注意，从资金需求的角度推测禀赋结构、企业规模和银行业结构之间关系的做法，在文献中并非没有引起足够的注意。Lucas(1978)指出，禀赋结构和技术结构的升级，将引起企业规模的扩张。Ennis(2001)在Lucas论文的基础上，则进一步认为，企业的规模变化将引起银行业结构的变化，特别是银行集中度的变化(大银行和小银行相对地位的变化)。

但是，人均收入，或者说经济发展阶段和企业规模、金融结构之间并不存在简单的线性关系，各国的实际情况差异很大。在表2.1中，我们不难发现一个基本事实，即伴随着经济的发展，银行集中度是在不断下降的。发达国家的银行集中度普遍要比发展中国家低。如果金融功能说的基本出发点是正确的话，则跨国数据的这一复杂特性至少说明，禀赋结构的变化并不仅仅单纯通过企业规模的变化来影响金融结构。金融体系作为一个产业部门，其本身也直接受到禀赋结构变化的影响。或者说，我们必须要考虑资金供给过程中的某些特性。

在前文的讨论中，我们区分了企业内部自融资和外部融资在融资成本上的差异。一般而言，企业外部融资的成本应当高于内部融资。这个成本差额代表了金融体系为了融通资金而需要额外支付的成本，金融体系越发达，该成本就会越低。换言之，伴随着经济增长和禀赋结构的提升，整个金融体系为融通单位资金所耗费的成本会不断下降。例如，随着经济的发展，由于金融电子和金融管理的技术不断提高，银行对分支机构控制的信息成本和银行体系的资金筹措成本将不断下降。给定资金使用的机会成本和企业的总体资金需求的情况下，金融体系融资成本的变化对金融体系资金的供给，至少产生了两方面的影响：

一是影响银行自身的经营行为与模式。金融体系整体融资成本的下降，实际上是金融发展的一个重要标志。由于信息交换手段的进步和资金运营管理能力的提高，从而银行有能力在更大的范围内开展经营活动，其自身的规模经济效应增强，银行集中度也将会有所上升。

二是影响企业利用外部融资的可能性。显然，不同的企业在进入金融

体系获取资金的机会上,是不相同的。考虑两个同样的企业,包括企业的活动性质和资金投向等,假定两个企业分别处于两个不同的国家,处于金融发展程度较高国家的企业可能会采取外部融资的形式;而处于金融发展程度较低国家的企业,由于外部融资的成本过高,便可能采取内部融资的形式。具体讲,在发达国家众多的中小企业,特别是那些并不具有高成长特性的小企业,依然可以通过金融体系筹资。而发展中国家的中小企业却由于金融体系的筹资成本太高(姑且不考虑政府干预的影响),被排除在金融体系之外。[①]

综上所述,随着经济的发展,企业实际获取外部融资的成本,无论是一般意义上的机会成本,还是金融体系的融资成本均会有所下降。其实际影响却较为复杂,首先,随着经济发展,实际产业和金融部门的规模经济均有所增强,企业的资金密集度和融资规模不断上升,为了满足大规模的融资需要,银行业本身应当变得相对集中;而与此同时,由于总体外部融资成本的不断下降,以及金融体系自身的发展,更多的企业均有获取外部融资的可能,特别是可能使更多的中小企业进入到外部融资活动之中,结果金融部门的服务对象就日益多元化了,从而金融体系也应当走向分散化和多元化。[②] 上述几种复杂的效应会对金融结构产生相反的影响,使得在经济发展过程中,金融服务在不同规模的企业间的分布变得不确定,从而需要经验的验证,而不能单凭逻辑推理。

四、银行业结构的动态决定

总而言之,金融市场演化的内在规律是,顺应产业/技术结构发展的需要,不断地把资本配置到特定发展阶段里最符合比较优势的生产活动中去。金融发展和金融结构内生于产业结构和资源(要素)禀赋结构。为了明确禀赋结构提升对金融结构的具体影响机制,在分析逻辑上,我们首先

---

① Beck, Demirguc-Kunt 和 Maksimovic(2002)通过一个跨国的数据样本证明,金融发展的程度高低对不同规模的企业的增长会产生不同的影响,中小企业要比大企业敏感得多。

② 例如,一些研究也发现在发达国家小银行之间的合并倾向于增加对个人和中小企业的贷款(如 Peek and Rosengren 1996, 1998)。这可能与如下原因有关。首先,在美国和其他发达的市场经济中,信用制度很健全,银行取得个人和企业信用评级的成本低,市场上的绝大多数交易都要以信用卡为中介支付,个人和企业赖账需要支付很高的成本,这就减少了个人和中小企业在借贷过程中发生道德风险的可能性;其次,随着信息技术的进步,大银行处理小额贷款的单位成本正在降低;最后,20世纪80年代之后在金融自由化的风潮中发达国家对银行业的管制逐渐放松,非银行金融机构在贷款业务上与银行业竞争激烈,这些因素都促使银行寻找更多的可盈利业务。

界定了所谓企业融资成本的概念,并将之具体区分为资金使用的机会成本和金融体系的融资成本两部分。后者又可以分成资金的筹措、管理和提供成本三部分。理论上,经济发展和禀赋结构的变化改变了企业的融资成本,进而影响了资金的供求均衡、企业的要素投入结构和金融结构。

其次,我们引入了不同的金融机构和融资形式在对不同企业的资金提供成本上的差异,强调了金融体系的分工特性,或者说,从金融分工的角度重新理解了"银行业结构"的内涵。即,大银行和中小银行相比,在为中小企业提供融资服务上不具有比较优势。

再次,利用上述对金融分工的认识,我们讨论了经济发展和禀赋结构的变化对银行业结构产生影响的几种可能性:

(1) 随着经济和金融体系的发展,资金使用的机会成本将不断下降,企业的资金密集度和融资规模将不断上升,这从需求的角度要求银行业结构应当日趋集中,以便于为大企业融资(这是一个纵向分工的概念);

(2) 随着企业规模的增大,投资风险亦逐步上升,银行的规模应当上升以抵御风险,但银行业的分工可能进一步细化,且总体信贷结构也不应趋于过度垄断(这是一个横向分工的概念);

(3) 经济发展使得金融体系的总体融资成本不断下降,银行业本身的规模经济效应增强。这从资金供给的角度促使银行业日趋集中;

(4) 金融体系融资成本的下降同样会影响企业的融资需求,因为其会使更多的中小企业进入到外部融资活动之中,从而银行业结构会趋于分散化。

上述四种效应会对银行业结构产生较为复杂的影响。例如,按照第一种效应,经济发展初期的金融结构应主要以为中小企业融资为主,从而形成主要以满足中小企业融资要求为特征的金融结构。即,小银行比大银行更重要。随着经济的发展,大企业日趋重要,从而导致部分银行的规模不断上升。那么,为什么发展中国家的银行集中度普遍高于发达国家呢? 一种推测是,由于中小企业利用外部融资的机会逐步增加,使得银行业的总体结构变得更为分散。总之,随着经济的发展,银行业结构的实际变化方向需要进一步的经验验证。[①]

五、其他要说明的几点问题

（一）金融市场的规模与范围

从实证数据上看,银行业结构的外生决定观忽视了一个重要的因素,即银行业结构本身受到市场规模的影响。一国的经济规模相对较小的情况下,银行集中度会相应较高。例如,在香港、新加坡这样的地区,银行集中度(一般均大于 80%)远远高于其他一些新兴工业化地区或国家。

市场规模和银行业结构之间的关系同样可以从企业融资成本的角度加以分析。给定经济发展的水平,当市场的地域范围和规模趋于下降时,市场的信息交换成本应当随之下降。同理,金融市场之中金融机构对于不同企业的资金提供成本的差异亦会趋于缩小。金融分工效应的作用也将有所下降,至少在信贷规模意义上的分工可能如此。因此,银行业的结构可能会变得相对集中。

（二）不同影响因素的重要性

当然,我们所强调的要素禀赋结构观点并不和文献中的其他看法相冲突,法律传统和各种各样的金融管制措施也都会对银行结构产生影响。但是,这些因素不会从根本上扭转要素禀赋结构与银行结构之间的关系,特别地,它们不可能使得银行结构从根本上偏离要素禀赋结构的特点。西方发达工业国家银行业演变的历史也在很大程度上说明了这一点。例如,美国的银行结构长期以来深受法律传统和银行管制的制约。属于英格兰法律传统的美国一直拥有强烈的自由主义倾向,反对过度集中的金融体系。早在 1784 年北美银行发展之初,马萨诸塞州政府就规定银行只能在其注

---

① 尽管我们在理论上不能确定经济发展对银行业结构的各种影响机制究竟孰轻孰重,但是银行业结构,或者更广义上的金融结构,无疑将会对经济增长本身产生一定的影响。其中的道理,我们在第三点一开始就强调过了。经济中比较优势的动态变化依赖于资源(要素)禀赋结构的变化,后者又直接与资本积累的速度相联系。能否尽快地积累资本(无论从规模还是从效率上看),主要取决于微观经济主体在进行技术和产业选择时是否最大限度地发挥和利用了现阶段的比较优势。由于金融市场和金融体系是为产业的发展服务的,因此产业结构的变动必然会导致金融发展水平和金融结构发生相应的变化。由于合理的金融体系结构有助于发掘现阶段的比较优势,因而金融结构在经济增长和发展中的作用也绝不是无足轻重的。例如,给定人均收入和金融体系的融资成本,或者说控制住企业对于外部资金的可得性,则在一个以中小企业为主的经济中,如果银行结构以中小银行为主体,那么在其他条件相同或相近的条件下,由于这样的银行结构更能满足企业的金融服务需求,从而将有利于经济的顺利增长。反之,此时如果银行结构以大银行为主体,那么在其他条件相同或相近的条件下,由于这样的银行结构无法充分满足企业的金融服务需求,从而不利于经济增长。

册地建立一个营业机构。以后的许多州政府也都有类似的规定。同样，当国民银行兴起时联邦政府也禁止他们设立分行，更不允许跨州设立分行。单一银行制在发展过程中曾经发生过一些变化，特别是到了本世纪更遇到极大的挑战，出现了州内有限分行制（即允许在总部所在州内有条件地设立分行），甚至全州分行制（即允许在总部所在州内的任何地方设立分行）等新的变化。但是，单一银行制始终没有被完全打破。跨州设立分行迄今仍受到很大限制。实行单一银行制的结果使得每当经济产生新的融资需要而这些需要又不能被旧有的银行所满足时，便会产生新的银行。这种以建立新银行而不是让旧银行建立分支机构来满足融资需要的方法，有效地阻止或延缓了银行业的集中。同时使得经济中始终保持着大量中小银行，来为银行所在地（或地区）的中小企业服务。无疑，中小银行长期占据美国银行业的主导地位的特点至少在一定程度上与中小企业长期在美国经济中占有重要地位有关。而中小企业的这种特殊地位又直接与美国的资源禀赋状况及其变化有关。

20世纪中期之后，情况开始有了较大的变化，尤其是信息技术的发展使得银行业中的规模经济尤其明显，从而使得银行部门拥有进一步扩大规模的内在动力。例如，信息技术使得大银行可以设立诸如ATMs和网络银行等复杂的经营网络，设计复杂的金融产品和风险管理技术，信息技术还使得大银行在经营过程中拥有明显的信息优势。顺应经济形势的变化，美国国会在20世纪80年代修改了银行法，同时许多州也修改了自己的相应法律。这些修改的核心是对银行业的放松管制——包括允许有条件地设立分行，甚至跨州设立分行。银行业的这种改革促进了银行业内部的竞争，导致了20世纪80年代和90年代初大量银行倒闭和合并事件的发生。这使得美国银行业中中小银行的数量相对减少，银行业集中程度相对增加。但是从跨国的截面数据中看，美国的银行集中度始终要比多数国家（特别是发展中国家）要低。

为了将这些不同的效应区分开，我们需要控制住一些变量，以检验其他假说，特别是我们关于金融分工的假说。理论观点是否正确，只能利用跨国数据，通过实证研究予以回答（见第五、六节）。

第四节　发展战略与银行业的结构

政府对金融体系的干预是导致金融体系结构在各国间表现出明显差异的一个重要原因,更是各国金融体系结构形成的直接因素。不过,和发达国家出于维护金融体系的稳定性、提高金融体系的效率等目的,而对金融体系进行管制的做法不同,大多数发展中国家最初干预金融体系的目的在于集中并有效配置稀缺资源,以顺利推行违背比较优势的发展战略。

一、发展战略与银行融资

如果一个经济中的相对价格主要由市场来决定,那么最终的结果就是形成符合资源禀赋结构的产业结构,并在此基础之上和其他的各种因素(如历史、法律和管制)相结合,形成相应的金融结构和银行集中度。但是,20 世纪特别是二战以来,除了少数发达的工业化国家之外,大多数发展中国家的政府为了尽快实现工业化而违背了自身的比较优势,对经济进行了广泛的干预。在这些国家的政府看来,现代化等同于工业化尤其是重工业化,因而把重工业放在了优先发展的位置。例如,不仅像中国、苏联这样的前中央计划经济国家都选择了重工业优先发展的战略,印度在其独立后不久,就在尼赫鲁的领导下将重工业作为经济发展的主要目标。韩国政府从20 世纪 60 年代末 70 年代初起就不遗余力地大力推行经济的重工业化。[①]而以中南美洲为代表的发展中国家,也实行了进口替代战略来推动国家的工业化。[②] 由于这些国家的目的在于忽视自身的比较优势,试图通过实现工业化而达到赶超发达国家的目的,因此可将它们所推行的这些发展战略统称为"赶超"战略。

一旦确立了违背比较优势的"赶超"战略,这些发展中国家的政府——无论是实行中央计划经济的社会主义国家还是实行市场经济的资本主义国家——就不可避免地要建立起一整套相类似的违背比较优势的政策制

---

　　① 新加坡前总理李光耀在其自传中提及新加坡刚独立时,有着强烈的实现工业化的愿望,希望新加坡能够生产几乎一切工业品。

　　② 进口替代战略旨在以本国生产的工业制成品来满足国内需求,取代进口品并通过进口替代工业的发展推动本国的工业化。而重工业的优先发展则是这种战略的必然阶段,即次级进口替代战略。因此,重工业优先发展战略和进口替代战略本质上是同一种战略。

度,以强行推动发展目标的实现(林毅夫、蔡昉、李周 2000)。[①] 其中,扭曲产品和生产要素的价格(例如,实行利率和汇率管制、压低投入品,特别是农产品的价格等)是这套经济制度的核心内容,而高度统治的管理体制则是这套扭曲政策的实施保障,例如,为控制经济命脉而推行的国有化或过高的工业经济比重、政府直接参与稀缺资源的配置并实行贸易垄断、为扶持没有自生能力的工业而建立产业保护制度和设置进入障碍、设立利率上限并控制金融业、实行金融压抑政策、实行向城市和工业企业(家)倾斜的社会福利政策,等等。

从金融制度上看,政府拥有多种手段以保证有限的资金优先配置到那些被认定为有利于实现(重)工业化的部门中去,这些手段包括:高度集中的金融体系、对金融体系实现较大程度的国有化、利率控制、指导性或政策性贷款、较高的准备金要求以及较高的银行进入壁垒,等等。当然,由于经济制度和意识形态的不同,与非计划经济国家相比,计划经济国家政府对金融资源的垄断、使用和分配的制度形式更完整,力度也更大。

中国传统经济和金融体制的形成和演变就是一个典型的例子。中华人民共和国在 1949 年成立的时候,也是一个极为落后的农业经济。与印度等新独立的发展中国家一样,中国政府将重工业作为优先发展的部门。为了在资金稀缺的情况下实现资金密集型重工业优先发展的目标,中国形成了以扭曲产品和生产要素价格的回国政策环境、没有自主权的微观经营竞机制,以及高度集中的资源计划配置制度为特征的三位一体的制度模式。[②] 在金融管理体制方面,早在 1949—1952 年,中国就已逐步实现了以中国人民银行为中心的金融体系和银行业的国有化。金融市场被取缔,银行也最终合并为中国人民银行一家银行并总揽了全部金融业务,从而实现了信用的高度集中,形成了"统贷统存"的资金管理体制。

银行业的完全集中使得没有其他的金融机构与之竞争,再加上推行低利率的金融压抑政策,因而尽管这套制度安排有利于国家把资金优先安排到重点计划产业和项目中去,整个金融体系的效率却很低,金融中介的作用也受到了很大的限制。[③] 直到 1978 年经济改革前,中国没有金融市场,

---

① 实现工业化,尤其是重工业的发展需要大量的资金投入,然而发展中国家的资源禀赋结构的特征却是劳动力相对富裕而资本相对稀缺。这样,仅仅依靠市场的力量是无法实现资金密集型的工业化的。

② 有关这一特征的详细描述,请参阅林毅夫、蔡昉、李周(2000)。

③ 当时绝大部分投资都是由国家财政预算拨款,而不是通过银行来融资。

没有其他的融资手段。除了银行存款外,居民没有什么其他的金融资产。整个国民经济的货币化程度也很低,M3/GDP 的值从 1952 年的 17.2% 上升到 1978 年的 35.8%,低于同期的新兴工业化国家和发达国家(图 4.1)。

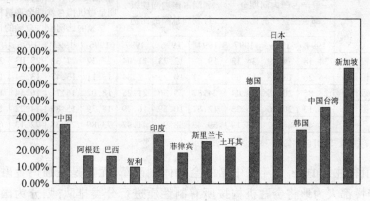

图 4.1 1978 年世界各国 M3/GDP 值比较(%)

1. 中国的数值为 M2/国民收入;

2. 中国的数字取自 1979 年《中国金融年鉴》;其他国家的数字转引自麦金农《经济市场化的次序》(中文版),上海,三联书店出版社,1997 年。

1978 年中国开始经济改革,金融体系和银行结构也相应发生变化。新的全国性的商业银行开始建立(如中国工商银行、交通银行等)或恢复(如中国农业银行和中国人民建设银行),一些地方性的银行也被允许设立并展开业务,同时许多外资银行也得以在国内设立分支机构和代表处。目前,中国共有政策性银行 3 家、国有独资商业银行 4 家、其他商业银行 10 家、住房储蓄银行 2 家、城市商业银行 88 家、非银行金融机构 328 家、农村信用联社 2 367 家、营业性外资金融机构 191 家(林毅夫、李永军、路磊,2000)。尽管如此,由于国家并没有从根本上放弃重工业优先发展的发展战略,因此,政府发展原先那些缺乏比较优势的产业和企业的目标未变,也就仍然需要对这些产业和企业进行支持。由于主要由银行承担起为这些企业和产业提供廉价资金的任务,因而政府对银行业仍保留着很强的控制,国家对银行业的进入实行严格的管制。这使得新银行和金融机构的设立十分困难,银行业之间的竞争也很不充分。截至 2000 年,中国最大的四家国有商业银行在银行市场上仍占据绝对垄断地位(表 4.1)。[①]

表 4.1　中国四大国有商业银行的市场份额(期末数,%)

	资产占国内同期全部金融资产的比例			利润占国内同期银行利润总额的比例			存款占国内同期金融机构存款总额的比例		贷款占国内同期金融机构贷款总额的比例	
	1994	1996	1997	1994	1996	1997	1996	1997	1996	1997
工商银行	34.18	34.59	34.13	19.4	12.73	11.04	27.37	27.32	28.03	26.63
农业银行	16.26	13.98	13.69	2.41	10.25	2.84	13.11	13.47	13.34	13.09
中国银行	23.85	20.08	19.04	24.82	25.36	21.25	18.02	16.7	16.54	15.05
建设银行	18.13	20.26	26.33	12.8	10.25	6.79	15.39	15.89	14.22	14.80
总计	92.42	88.92	93.19	59.43	58.93	41.92	73.89	73.38	72.13	69.57

资料来源:转引自林毅夫、李永军、路磊(2000)。

值得注意的是,近年来中国的金融体制改革,尤其是在强调金融风险责任时,都人为地将金融机构按所有制性质进行分类排队,划分为国有政策性银行、国有独资商业银行、区域性股份制商业银行、地方商业银行和合作制金融组织等。这种将金融机构按所有制划分并在政策上加以区别的做法使得个人和企业在与上述非国有银行打交道时也会将国有独资商业银行与其他商业银行区别对待(林毅夫、李永军、路磊,2000),实质上也构成了银行自由准入的障碍,也是使银行集中度居高不下的一个重要原因。

另一方面,正如前文所指出的,"赶超"战略一经形成,即使非计划经济的资本主义国家也需要通过一套有效而集中的资金配置制度来尽可能地确保把资金分配向优先部门倾斜。[②] 虽然由于意识形态的限制,这些发展中国家的政府不可能像社会主义国家那样实现整个经济体制的完全集中,但对银行部门的集中化同样是实现这一政策目标的有效方法之一,在集中的银行结构下,政府更容易实现对金融资源的垄断、调配和监督。达到这一政策目的的手段主要是限制新银行尤其是外资银行的进入、推动大企业(集团)和大银行之间的互相参股、提高国有银行资产在整个银行体系中所占的比重,等等。例如,土耳其直到 20 世纪 80 年代中期才开始允许外资

[①]　除四大国有商业银行和由原有的城市信用社改造的 88 家城市商业银行外,迄今为止被批准营业的商业银行仅包括:10 家中等规模的商业银行(即交通银行、中国光大银行、中信实业银行、华夏银行、上海浦东发展银行、福建兴业银行、招商银行、广东发展银行、深圳发展银行和中国民生银行)和 2 家住房储蓄银行(烟台住房储蓄银行和蚌埠住房储蓄银行)。

[②]　Mckinnon(1973)和 Shaw(1973)将这一现象称之为发展中国家的"金融抑制"政策,他们的一大贡献在于指出了金融压抑的关键特征是较低的甚至是负的实际利率,但他们并没有认识到这一现象也是发展中国家政府推行"赶超"战略的必然结果。

银行的进入,而国内新银行的进入则一直到 20 世纪 90 年代初才获得允许 (Denizer,2000)。从表 4.2 可以看出,直到 20 世纪 90 年代初,许多实行 "赶超"战略的发展中国家的银行集中度也是非常高的。

表 4.2　一些发展中国家 1990 年 3 家最大银行资产占国内银行总资产的比重(%)

国别	银行集中度
尼日利亚	95.7
印度尼西亚	60.8
韩国*	57.8
巴基斯坦	90.3
新加坡	85.2
马来西亚**	89.7

* 表示是 1991 年数据, * * 表示是 1993 年数据。

资料来源:http://www.worldbank.org/research/projects/finstructure/database.htm。

二、经济后果

集中的银行结构对发展中国家的影响是多方面的,首先,集中的银行结构虽然有利于向执行"赶超"任务的那些资金密度较高的大型企业提供资金,但是却加大了广大中小企业融资的难度,从而阻碍了中小企业的发展。但正如我们所指出的那样,在经济发展的初期,资源禀赋结构的特点决定了中小企业在经济中必然起到极为重要的作用,由于过高的银行集中度并不利于向中小企业融资,因此从一般均衡的角度来看,过高的银行集中度对经济发展的作用是弊大于利的;另外,由于违背了经济中的比较优势,执行"赶超"任务的企业虽然规模很大,但效率却普遍低下,必须不断地投入资金才能维持企业的经营,因而这些企业的负债率一般都较高。这一点在韩国表现得非常明显,由于韩国的产业政策鼓励大企业通过借贷实现扩张,因此与其他国家相比,韩国大企业的资本结构具有极高的债务杠杆(表 4.3)。一旦企业无限制借款的条件和环境有所改变,这种依靠借款维持生存的策略不再有效,以往所积累下来的债务问题就显得十分严重。若这些借款不能归还,就会进一步恶化银行的资产负债表,从而加大了爆发银行危机甚至金融危机的可能性。

表 4.3　1997 年韩国最大 5 家企业(非金融企业)的资本结构(10 亿元)

	股票	债务	债务/股票(%)
现代	10 670	61 745	578.7
大宇	9 055	42 736	472.0
三星	13 492	50 044	370.9
金星	8 491	42 944	505.8
SK	5 109	23 910	468.0

资料来源:Chun Chang, *The Informational Requirement on Financial Systems at DifferentStages of Economic Development*: *The Case of South Korea*, http://www.worldbank. org/research/projects/finstructure/papers_22000. htm。

从 20 世纪 80 年代开始,出于维持宏观经济稳定和提高金融机构效率的目的,在 IMF 等国际组织的推动下,大多数发展中国家开始实行金融自由化[①],其中一个重要的内容就是解除对银行业的各项限制,包括允许银行异地开设分支机构、允许新银行(包括国内和外资银行)进入、允许银行和其他金融结构开展混业经营、放宽对银行和其他金融结构之间兼并的限制,等等。金融自由化对银行集中度会产生多方面的影响:利用自身所拥有的技术和资金优势,通过建立更广泛的分支机构,开展混业经营,大银行可以抢占更大的市场份额,从而提高银行集中度;但同时,允许新银行的进入无疑会加大银行间的竞争,推动银行间的分工,从而降低银行集中度。从各个国家实行金融自由化的情形来看,后一种情况似乎更占上风(Denizer 2000;Kang 1997)。

但是,断言金融自由化一定会大幅降低发展中国家银行集中度似乎言之过早。正如前文所说,集中的银行结构是为了向推行"赶超"战略的产业(企业)优先提供资金,既然如此,国家就必须承担起银行为执行这一战略所造成的亏损——政策性亏损,而且由于信息不对称,国家无法将政策性亏损和银行由于日常经营失误而造成的亏损——经营性亏损相区别,这样一来,即使由于面临来自金融自由化中新进入者竞争的压力而发生亏损,原有体制下的银行(尤其是那些游说和谈判能力强的大银行)就可以以政策性亏损为理由要求国家予以补贴,它们原来所拥有的市场份额就可能不会因为竞争不利而大大降低。所以金融自由化对银行结构的影响在很大

①　在没有放弃"赶超"战略的情况下,原有的问题,例如,企业过度借债所导致的银行坏账问题不可能得到很好的解决(Lin and Tan 1998),这时过早地实行金融自由化反而有可能导致银行和金融危机。

程度上还是要看国家推行"赶超"战略的程度,以及国家为解决这一问题所拥有的决心和资源。

总而言之,发展中国家的银行结构直接受发展战略的影响,从 20 世纪 80 年代开始,金融自由化也开始成为影响银行结构越来越重要的因素。必须指出的是,除了集中的银行结构外,发展中国家还有许多其他的政策手段干预金融资源的配置,例如,创办国有银行、对私人银行的贷款进行政策性"指导"、设立存贷款利率管制,等等。集中的银行结构并不是惟一的办法,但肯定是一种政策实施成本较低的一种办法,因此完全可以预期,"赶超"的力度越大,银行集中度就可能越高。

第五节 计量模型和数据说明

一、对于银行集中度计量分析

我们利用包括 61 个国家 1990—1993 年的横截面数据[①] 分别检验要素禀赋、发展战略对银行结构的影响,基本的计量模型为:

$$\text{CONCEN} = C + \alpha \cdot \text{PGDP} + \beta \cdot \text{FS} + \gamma \cdot X + \varepsilon \qquad (5.1)$$

在方程(5.1)中,C 为截距项,ε 为残差项。CONCEN 为 1990—1993 年 3 家最大银行资产占银行总资产的平均比重,它衡量一国银行集中度的大小[②];PGDP 为 1990—1993 年的实际人均 GDP(按 1985 年国际价格计算)的均值。[③] 由于资源禀赋结构的特点和人均 GDP 的高低一般呈现高度的相关关系,因此加入 PGDP 变量一方面可以考察资源禀赋结构的特点是否会显著地影响银行集中度,另一方面控制住 PGDP 可以更好地考察其他因素(发展战略、法律传统和管制)在剔除了对经济发展的影响之后对银行集中度的影响。

一个很关键的问题是如何具体衡量出国家对发展战略(FS)的选择。根据迄今为止的有关论述,如果一个国家经济的发展是遵循比较优势的话,那么该经济的产业资本密度应内生于要素禀赋结构。换言之,给定要

[①] 最新银行集中度的数据涉及的时期为 1990—1997 年,但本文的关键变量的截止期为 1992 年,因此这里的因变量只取了 1990—1993 年的平均值。

[②] 数据来源:http://www.worldbank.org/research/projects/finstructure/database.htm。

[③] 数据来源:PWT56:*Penn World* Tables5.6,Summers 和 Heston(1995)。

素禀赋结构,该经济存在一个最优的产业资本密度。产业资本密度越是偏离这一最优的资本密度,就越说明这个经济推行了违背比较优势的发展战略,对经济的扭曲就越大。为了衡量对最优资本密度的偏离,我们构造了一个简单的统计指标——技术选择指数(TCI),并同时定义相应的最优技术选择指数——TCI*。

TCI*是一个经济中制造业的人均资本密度对整个经济人均资本密度的比例。TCI*是理论上与给定经济中的要素禀赋结构相对应的最优TCI。除了受要素禀赋的影响外,TCI*还应该是经济发展阶段和自然资源相对丰裕度的函数。

根据我们的理论,政府是否选择了 CAD 发展战略会对一个经济的TCI 产生影响。因此,等式(5.2)给出了一个间接衡量政府如何选择发展战略的公式:

$$\Delta TCI \approx TCI - TCI^* \tag{5.2}$$

如果政府所选择的发展战略没有违背自身的比较优势,那么我们预期$\Delta TCI = 0$;如果政府选择了违背比较优势的"赶超"战略——即推动资本密集型产业的发展,我们预期 $\Delta TCI > 0$;必须指出的是,当 $\Delta TCI < 0$ 时,同样说明政府采取了另一种违背比较优势的发展战略,即保护传统("落后")部门的发展战略。[①] 但无论是"赶超"先进还是"保护"落后,我们在前面所分析的战略对银行结构的影响机制都是大同小异的。很显然,ΔTCI 的绝对值越大,发展战略对经济比较优势的偏离就越大。

显然,上述指标是与制造业资本密度直接联系的,但这并不足以完全反映出发展战略及其对经济和金融发展(结构)影响的全部内容。例如,政府可能仅仅只支持某几个行业而不是整个制造业,或者只是支持某几个大企业而不是行业中的所有企业。另外,对要素禀赋的衡量也是不完善的。TCI 并没有将熟练劳动力和非熟练劳动力区别开,也没有很好地将不同经济间自然资源禀赋的差异考虑进来。这需要在将来的研究中进一步予以完善。[②]

在构造了 TCI 之后,模型(5.1)写为:

$$CONCEN = C + \alpha \cdot PGDP + \beta \cdot (TCI - TCI^*)^2 + \gamma \cdot X + \varepsilon \tag{5.3}$$

---

① 例如,政策的重点是为了解决就业问题时就会出现这种情况。另外,那些自然资源非常丰裕的国家也可能存在较低的 TCI。

② 对指标构造与计算的更详细说明和讨论,可参阅林毅夫(2002),北大中国经济研究中心发展战略组(2002)。

方程(5.3)最终可转化为：

$$CONCEN = C' + \alpha \cdot PGDP + \beta_1 \cdot TCI + \beta_2 \cdot TCI^2 + \gamma \cdot X + \varepsilon$$

$$(5.4)$$

方程(5.4)中，$C' = C + \beta \cdot (TCI^*)^2$，$\beta_1 = -2\beta \cdot TCI^*$，$\beta_2 = \beta$。根据对 TCI 的讨论，如果发展战略的观点是正确的，那么可以预期 β_1 和 β_2 的估计系数应该显著地异于零，且 $\beta_1 < 0$、$\beta_2 > 0$。另外，若要素禀赋的观点正确，则 $\alpha < 0$ 且在统计上应显著地异于零。计量中，TCI 取 1980—1992 年技术选择指数的均值。表 2.1 列出了 61 个国家的银行集中度、人均 GDP 和 TCI 的描述性统计结果。

X 为其他可能会影响银行结构的控制变量，包括：

RESTRICT：Barth、Caprio 和 Levine(2000, 2001)所构造的 20 世纪 90 年代银行业务管制指数[①]，其内容包括：(1) 商业银行能在多大程度上参与证券业的活动；(2) 银行参与保险业的能力；(3) 银行参与房地产业(包括投资、发展和管理)的能力；(4) 银行拥有或控制非金融公司的能力。根据以上内容所构造的 RESTRICT 取值范围为 1—4，值越大代表该国对银行业务的管制力度越大，反之则越小。需指出的是，RESTRICT 并不反映管制当局对银行准入的管制力度，因此这个指标只说明了对银行管制的一部分内容。[②]

LAW：法律传统虚拟变量，按照 LLSV 等人的观点，所有国家的法律体系可以大致分为四类：英格兰法律体系(BL)、法兰西法律体系(FL)、德意志法律体系(GL)和斯堪迪纳维亚法律体系(SL)。若一国属于英格兰法律体系，则该变量取值为 1，否则为 0。法兰西、德意志法律体系的取值方法与之类似。这里我们以斯堪迪纳维亚法律体系为参照。[③]

BOP：1990—1993 年银行和其他非银行金融机构向私人部门贷款占 GDP 平均比例，它是衡量一国整体的金融发展水平指标之一(Beck, Levine & Kunt 1999)[④]；

SMT：1990—1993 年股市交易量占 GDP 的平均比例，同样也是衡量

---

① 见 http://www.worldbank.org/research/projects/bank_regulation.htm。

② 在 Barth、Caprio 和 Levine(2001)新发布的数据集中包含了反映银行准入管制的数据，但有效观测少。

③ 数据来源：LaPorta, Lopez-de-Silanes, Shleifer, and Vishny, "The Quality of Government", *Journal of Law, Economics, and Organization*, 1999a, 15(1), pp.222—279。

④ 见 http://www.worldbank.org/research/projects/finstructure/database.htm。

一国整体的金融发展水平指标之一(Beck, Levine & Kunt 1999)；

FINSTR:金融结构指数,为 1990—1993 年股票市场交易额对银行以及非银行金融机构向私人部门贷款的平均比例,它衡量一国总体的融资结构；

SOEB:国有银行资产占国内银行总资产的比重,它也是衡量国家直接干预银行市场程度的一个重要指标[①]；

INV:投资率,为 1990—1993 年一国国内总投资占 GDP 的平均比重；

INF:1990—1993 年通货膨胀率的均值；

SEI:1990—1993 年进出口总额占 GDP 比重的均值；

M_2:1990—1993 年 M2 占 GDP 比重的均值；

BQ:官僚质量指数,取值范围为 0—6,取值越大代表官僚所提供的服务质量越高；

CORR:政府腐败指数,取值范围为 0—6,取值越低代表政府越腐败；

上述六个变量均来源于世界银行全球增长数据库。[②] 最后,除虚拟变量外所有的变量均取了自然对数。表 5.1 给出了计量中一些主要变量的描述性统计结果。

表 5.1　一些主要变量的描述性统计结果

	观测个数	均值	中位数	最大值	最小值	标准差
CONCEN	60	0.673806	0.672524	1	0.193422	0.209601
PGDP	60	7 414.483	5 864.746	17 944.53	904.6122	5 392.952
TCI	41	2.892792	1.465651	19.73742	0.566469	3.789815
BOP	60	0.583011	0.469078	1.976824	0.059868	0.427597
SMT	56	0.165074	0.056955	2.274105	0.000364	0.339377
BANKBOP	60	1.279305	1.125262	2.572056	1	0.37853
SOEB	50	0.19484	0.084	0.8	0	0.22791
RESTRICT	53	2.345849	2.25	3.75	1	0.662229

二、关于非银行金融机构的发展

当然,"三家最大银行占全国银行总资产的比重"这一指标在反应银行业结构方面是有一定缺陷的,特别是刻画整体企业信贷市场结构上。例

---

① 数据来源：http://www.worldbank.org/research/interest/prr_stuff/bank_regulation_database.htm。

② 见 http://www.worldbank.org/research/growth/GDNdata.htm。

表 5.2 美国小企业的融资结构（%）

| | 股本来源及其结构比重 | | | | | 债务来源及其结构比重 | | | | | | | | | |
| | | | | | | 金融机构 | | | 非金融性企业与政府 | | | 私人 | | | |
	初始出资人	天使融资	风险资本	其他	总股本	商业银行	金融公司	其他金融机构	商业信用	其他企业	其他金融机构与政府	初始出资人	信用卡	其他个人负债	总债务
全部小企业	31.33	3.59	1.85	12.86	49.63	18.75	4.91	3.0	15.78	1.74	0.49	4.10	0.14	1.47	50.37
按企业的规模分类															
雇员少于 20 个，销售额低于 100 万美元	44.53	n.a.	n.a.	n.a.	56.0	14.88	3.08	3.53	11.81	1.06	0.37	5.59	0.53	3.16	44.0
雇员大于 20 个，销售额大于等于 100 万美元	27.22	n.a.	n.a.	n.a.	47.67	19.94	5.47	2.83	17.01	1.95	0.52	3.63	0.02	0.94	52.33
按企业的发展阶段分类															
幼稚期（0—2 年）	19.61	n.a.	n.a.	n.a.	47.9	15.66	8.33	3.84	13.40	1.52	0.33	6.04	0.21	2.77	52.1
成熟期（3—4 年）	17.37	n.a.	n.a.	n.a.	39.37	30.84	2.51	2.36	13.42	1.06	0.72	6.19	0.20	3.32	60.63
中年期（5—24 年）	31.94	n.a.	n.a.	n.a.	48.0	17.86	5.85	2.87	17.10	2.39	0.44	3.91	0.17	1.42	52.0
老年期（大于 25 年）	35.42	n.a.	n.a.	n.a.	56.5	17.25	3.28	3.38	13.86	0.56	0.54	3.68	0.06	0.88	43.5

注：这里所谓小企业是指全日制雇员少于 500 人的企业，并且不包括房地产业、金融业和农业中的小企业，不以盈利为目的或为政府所办的小企业也不包含在内。

资料来源：Berger 和 Udell(1998)。

如,对于中国内地的银行体系这个指标是比较能够说明问题的,但是对于韩国等一些国家就不一定十分适用,因为信贷资产较为平均地分布在十几家银行中,而政府则同时对这些大中型银行的信贷流向进行干预。所以尽管从上述银行集中度的指标来看,其银行结构较为分散,但是符合比较优势的中小企业依旧难以得到足够的信贷支持。另外一个问题是,在信贷市场上对于中小企业而言,非银行金融机构一直起到了重要作用。例如,从表5.2、表5.3中我们可以清楚地看到在美国小企业的负债结构中,非银行金融中介占据了相当重要的地位,其对小企业的贷款大致上接近银行所提供金额的40%,且在企业的成长早期就更为重要了。[①]

表 5.3　美国小企业的债务结构(1992 年)

	所有的金融结构	商业银行	金融公司	其他金融结构
各类贷款在贷款总额中所占比重(%)				
Credit lines	52.03	56.35	52.13	24.83
抵押贷款	13.89	14.91	6.94	18.92
设备贷款	10.71	10.21	14.81	7.12
汽车贷款	6.08	3.99	14.62	5.16
资本租赁	5.65	2.45	6.83	23.71
其他贷款	11.64	12.09	4.66	20.25
贷款中存在抵押或担保的比例(%)				
有抵押的贷款(Secured loans)	91.94	91.99	94.34	87.72
有担保的贷款(Guaranteed loan)	51.63	53.82	51.08	38.87

资料来源:Berger 和 Udell(1998);1993 NSSBF。

总之,如果从产业结构、发展战略和金融体系结构互动的角度出发来理解金融体系结构的演变,单纯依赖"银行集中度"或者其他某一个指标是完全不够的,因此需要通过多个指标来加以综合衡量。对比上述计量模型,这里我们引入另外一个信贷市场结构指标,以反应不同的金融机构在对私人部门的信贷中所占据的地位。

[①]　Cole, Rebel A., John D. Wolken 和 R. Louise Woodburn (1996) 对美国近年来的银行和非银行金融机构在小企业融资中的地位和作用进行了简要探讨。其研究结果表明,自 20 世纪 80 年代以来,相对于银行而言,非银行金融机构在小企业融资中的地位正在迅速上升。Wu 和 Hu (1997)指出中国台湾地区自 20 世纪 60 年代至 80 年代间,企业总体融资的 1/3 来自于非正式的金融机构。

BANKBOP：为银行及其他金融中介向私人部门贷款与银行向私人部门贷款的比值。这里，其他金融中介包括五类：准银行的金融机构（bank-like institution），其中包括储蓄银行（savings banks）、合作银行（cooperative bank）、抵押银行（mortgage banks）；保险公司（insurance companies），其中包括人寿保险公司及其他保险公司，但不包含已经纳入政府社会保障体系的保险基金；私人养老金和公积金（private pension and provident funds），不包含已纳入政府社会保障体系的养老保险基金；混合投资计划（pooled investment schemes），包括不动产投资基金和共同基金等等；发展银行（development banks）。[①]

按照我们前文的理论推论，整个信贷市场结构在信贷流向分布上也应当遵循产业结构和企业规模的演变规律，发展战略的影响同样存在。为了进一步验证此观点，我们按照方程（5.4）的设定，检验各种因素对于非银行金融机构的影响。可以预见，随着经济发展阶段的上升，非银行金融机构应当扮演更为重要的角色，而战略则抑制了其正常的发展。

第六节　计量结果和分析

一、对银行集中度(方程5.4)的估计

表 6.1 的结果（1）表明，人均 GDP 和发展战略可以在相当大的程度上解释不同国家间银行集中度的差异。PGDP 和 TCI、TCI^2 都在 1% 的水平上显著异于零，TCI、TCI^2 的符号也符合理论的预期，说明越是推行 CAD 发展战略的经济，银行集中度就越高。PGDP 的符号为负，说明随着经济发展阶段的上升和资源禀赋结构的变化，银行集中度有下降的趋势。这意味着，金融体系融资成本下降的影响超过了资金使用的机会成本下降的影响。虽然企业的平均规模在上升，但是由于越来越多的中小企业有机会进入信贷市场融资，银行业的结构变得日趋分散。

在控制住了金融发展和金融结构因素的影响之后，人均 GDP 和发展战略的影响仍然是显著的。在表 6.1 的结果（2）中，PGDP 和 TCI^2 在 5% 的统计水平上、TCI 在 1% 的统计水平上显著异于零，并且符号仍然符合

---

① 这里关于银行和非银行金融机构的划分标准参见 IMF(1994)。

理论的预期。

BP 和 SMT 的符号皆为负，且 SMT 在 5% 的水平上显著，说明金融发展水平越高，银行集中度就越低。这一结果和我们关于企业融资成本的分析是一致。金融发展水平提高的同时，伴随着金融机构(包括银行)和金融市场之间分工的细化和竞争的加剧，银行集中度有下降趋势。这与银行集中度随人均 GDP 的上升而下降的结果也是十分吻合的。①

在表 6.1 结果(3)中，控制住其他主要反映宏观经济基本状况和国别效应的变量之后，TCI、TCI² 仍然在 1% 的统计水平上显著地异于零，且符号仍然符合假说预期。但是 PGDP、BP 和 SMT 的符号虽然仍为负，此时却不再显著。从表 6.1 结果(3)还可以看出，一国对外贸易(SEI)的发达程度对银行集中度有显著的正的影响，这或许是因为从事国际贸易的主要都是一些大企业，因此对外贸易越发达，银行集中度就越高。通货膨胀率(INF)、货币化程度(M_2)对银行集中度的影响并不显著。

表 6.1 结果(4)—(6)同时控制住了反映一国制度环境的变量。结果在显示发展战略影响依然显著的同时亦表明，一国的官僚质量(BQ)越高，银行集中度越低；政府越腐败(CORR)，银行集中度越低。另外，值得注意的是，银行业的国有化程度(SOEB)对银行集中度的影响同样是不显著的，这间接说明银行集中度更能反映出国家对金融资源的干预程度。

考虑到不同规模大小的国家银行业结构有可能出现结构性差异，表 6.2 在表 6.1 的基础上控制住了国家规模(人口)的影响。除了结果(6)以外，在几乎所有的情况下都显示出要素禀赋与发展战略对银行集中度都有显著的影响。这说明本章的假说即使在考虑国家规模大小差异的影响后仍然成立。至于市场规模大小的影响亦符合我们前文的分析。

表 6.3 对我们在本章中所提到的三种解释银行结构的观点(要素禀赋和发展战略观点、管制观点、法律传统观点)同时进行了检验。结果(1)—结果(2)分别对管制观点(RESTRICT)、法律体系和传统观点(BL、FL、GL)进行了单独检验，同时还控制住了反映要素禀赋观点的变量 PGDP。结果显示所有的变量都显著。RESTRICT 的符号为负，说明对银行从业范围的管制力度越大，银行集中度越低。这表明金融自由化有推动银行集

---

① 一个有趣的发现是，虽然金融发展水平对银行集中度存在一定影响，但同时银行集中度却不受金融结构(FINSTER)的影响(结果并未列出)。虽然一个更加倾向于金融结构的经济银行集中度较低，但这种效应是高度不显著的。这一结果说明，与金融结构相比，金融发展水平更能表明一国整体的金融发展和分工状况。

表 6.1 银行集中度与要素禀赋、发展战略

变量	估计结果(1)	估计结果(2)	估计结果(3)	估计结果(4)	估计结果(5)	估计结果(6)
PGDP	-0.44074***	-0.27869**	-0.16886	0.029728	-0.21005	-0.15824
	0.120957	0.110271	0.17907	0.216827	0.20121	0.217424
TCI	-0.72283***	-0.83369***	-0.67464***	-0.62461***	-0.54015***	-0.64967***
	0.213963	0.195075	0.176492	0.204406	0.223107	0.195651
TCI^2	0.162097**	0.210188***	0.247637***	0.294247***	0.242575***	0.247589***
	0.060322	0.075506	0.059916	0.064016	0.077005	0.066648
BP		-0.09651	-0.03712	-0.07925	-0.14099	-0.02073
		0.089668	0.224876	0.265747	0.249346	0.266514
SMT		-0.10249***	-0.05397	-0.10062	-0.09985	-0.10963
		0.034066	0.055806	0.081337	0.086605	0.078808
INF			0.102012	0.078083	0.084591	0.068357
			0.074511	0.086136	0.085116	0.094591
BMP			0.039831	0.779307	-0.66899	-0.12974
			1.317911	1.305751	1.578185	1.376301
SEI			0.476445***	0.531917***	0.557011***	0.431619
			0.166258	0.202674	0.188904	0.190383

（续表）

变量	估计结果 (1)	估计结果 (2)	估计结果 (3)	估计结果 (4)	估计结果 (5)	估计结果 (6)
M_2			0.020223	-0.0365	0.084223	-0.03786
			0.229247	0.270632	0.250839	0.27577
BQ				0.009452		
				0.154784		
CORR					0.246501	
					0.146835	
SOEB						-0.09674
						0.433047
观测个数	40	37	34	30	29	31
调整后的 R^2	0.19	0.35	0.5	0.46	0.51	0.44
AIC	0.86	0.71	0.58	0.68	0.62	0.74
F 值	4.02	4.81	4.67	3.47	3.87	3.31

1. 本表结果没有列出截距项；
2. *、**、***分别代表变量在 10%、5% 和 1% 水平上显著；
3. 变量估计值下的数字为估计值的标准差；
4. 所有变量估计值的标准差均作了 WHITE 异方差调整。

表 6.2 银行集中度与要素禀赋、发展战略（控制住国家规模：人口数）

变量	估计结果(1)	估计结果(2)	估计结果(3)	估计结果(4)	估计结果(5)	估计结果(6)
PGDP	-0.35075***	-0.28952***	-0.32846**	-0.12578	-0.27309	-0.29884
	0.073569	0.0967	0.156723	0.201166	0.159554	0.192778
TCI	-0.41185***	-0.46087***	-0.4524***	-0.46333**	-0.41958**	-0.4236
	0.13307	0.161473	0.15985	0.153094	0.16832	0.17817
TCI²	0.10331***	0.193784***	0.192973***	0.248831***	0.219276***	0.182986
	0.052351	0.048864	0.048714	0.042812	0.046081	0.052806
POP	-0.20562***	-0.23287***	-0.22177***	-0.2448***	-0.24186***	-0.22839
	0.030147	0.043858	0.040811	0.037464	0.039713	0.040965
BP		-0.03061	-0.03355	0.011631	-0.05953	-0.00621
		0.071877	0.151624	0.142872	0.139462	0.153964
SMT		0.011769	0.036896	-0.03282	-0.00057	0.026312
		0.035925	0.036442	0.037743	0.044111	0.052752
INF			0.019103	0.018487	-0.0002	0.022878
			0.056011	0.060914	0.069706	0.072758
BMP			-0.18817	0.186211	-0.50239	-0.2263
			0.95353	1.052043	1.017575	0.986671

（续表）

变量	估计结果(1)	估计结果(2)	估计结果(3)	估计结果(4)	估计结果(5)	估计结果(6)
SEI			0.118659	0.118045	0.169939	0.115699
			0.126843	0.157204	0.144818	0.14164
M_2			0.017322	−0.05468	0.004644	−0.01673
			0.186725	0.206327	0.208473	0.203919
BQ				−0.11603		
				0.149507		
CORR					−0.02123	
					0.110454	
SOEB						0.245057
						0.246563
观测个数	40	34	34	30	29	31
调整后的 R^2	0.68	0.73	0.73	0.77	0.77	0.69
AIC	−0.065	−0.018	−0.018	−0.13	−0.135	0.14
F 值	22.24	9.93	9.93	9.597	9.66	7.15

1. 本表结果没有列出截距项；
2. *、**、*** 分别代表变量在 10%、5% 和 1% 水平上显著；
3. 变量估计值下的数字为估计值的标准差；
4. 所有变量估计值的标准差均作了 WHITE 异方差调整。

表 6.3 银行集中度与要素禀赋、发展战略、管制和法律传统

变量	估计结果 (1)	估计结果 (2)	估计结果 (3)	估计结果 (4)	估计结果 (5)
PHDP	-0.14962* 0.078215	-0.09067 0.056324	-0.39749*** 0.112852	-0.39527** 0.156402	-0.34198*** 0.1262
TCI			-0.58872** 0.228395	-0.55422** 0.238894	-0.36826** 0.208665
TCI²			0.149831** 0.058765	0.111941** 0.060561	0.092685** 0.053347
RESTRICT	-0.42411** 0.197147		-0.40104 0.246507		-0.47549** 0.261994
BL		-0.2062** 0.112237		-0.33325** 0.17843	-0.40819** 0.204817
FL		-0.44438*** 0.081009		-0.40334*** 0.132356	-0.45012** 0.166934
GL		-0.7186*** 0.230439		-0.62114*** 0.165204	-0.69255*** 0.149816
观测个数	52	58	37	39	37
调整后的 R^2	0.101	0.23	0.23	0.28	0.35
AIC	0.85	0.67	0.85	0.82	0.75
F 值	3.87	5.22	3.73	3.41	3.77

1. 本表结果没有列出截距项；
2. *、**、*** 分别代表变量在 10%、5% 和 1% 水平上显著；
3. 变量估计值下的数字为估计值的标准差；
4. 所有变量估计值的标准差均作了 WHITE 异方差调整。

银行业结构比较：跨国实证分析与结构分析

表 6.4　非银行金融机构的决定估计

变量	估计结果 (1)	估计结果 (2)	估计结果 (3)	估计结果 (4)	估计结果 (5)	估计结果 (6)
PGDP	0.151045***	0.132741	0.189402	0.150453	0.22778***	0.228473*
	0.089032	0.099498	0.265613	0.095348	0.100189	0.113142
TCI	0.348771***	0.305272***	0.259419	0.272103	0.586374***	0.47885*
	0.147778	0.155252	0.191816	0.172085	0.183867	0.205199
TCI^2	−0.117***	−0.10535***	−0.13213	−0.12039***	−0.18453***	−0.17804***
	0.044908	0.059141	0.094012	0.048736	0.060824	0.063764
RESTRICT				0.3137***	0.36888***	
				0.146342	0.128737	
BL					0.019643	0.105883
					0.204283	0.167872
FL					−0.2236	−0.14529
					0.210522	0.188675
GL					−0.15478	−0.07729
					0.222756	0.194699
SMT		−0.008524	0.028496			
		0.035632	0.104143			
INF			−0.02241			
			0.117288			

（续表）

变量	估计结果(1)	估计结果(2)	估计结果(3)	估计结果(4)	估计结果(5)	估计结果(6)
BMP			0.901589 2.261057			
SEI			-0.16826 0.180728			
M_2			-0.15071 0.241426			
BQ			-0.34413 0.390885			
CORR			0.271717 0.441057			
SOEB			-0.1322 0.454529			
观测个数	41	37	28	38	40	38
调整后的 R^2	0.04	-0.03	-0.08	0.14	0.08	0.19
AIC	0.4	0.66	0.61	0.35	0.44	0.36
F 值	1.55	0.7	0.81	2.55	1.583	2.24

1. 本表结果没有列出截距项；
2. * 、* * 、* * * 分别代表变量在 10%、5% 和 1% 水平上显著；
3. 变量估计值下的数字为估计值的标准差；
4. 所有变量估计值的标准差均作了 WHITE 异方差调整。

中度上升的一面。BL、FL、GL 的符号为负,说明和斯堪迪纳维亚法律体系的国家相比,奉行英格兰法律体系、法兰西法律体系和德意志法律体系的国家银行集中度更低。由于推行斯堪迪纳维亚法律体系国家都是北欧国家,因此这一结果或许也反映了历史文化的影响。PGDP 估计系数符号显著为负,说明要素禀赋结构的提升会显著降低银行集中度。[①]

最后,我们将代表本文所讨论的几种主要观点的解释变量放在一起进行联合检验。在表 6.3 结果(3)—结果(5)中,所有的解释变量都是显著异于零的。这一结果表明,多种因素——包括经济发展水平和要素禀赋结构的特点、发展战略、管制和法律传统——共同影响着银行集中度的高低。

二、对非其他银行金融机构发展(BANKBOP)的估计

表 6.4 的结果表明,随着人均 GDP 和要素禀赋结构的提高,非银行金融机构会获得更大的发展。但在结果(2)—结果(4)中,PGDP 在统计上不再显著。在绝大多数结果中(结果(3)除外),在控制了发展阶段和其他因素的影响后,发展战略对非银行金融机构的发展有着显著的影响且符合理论预期,这说明我们对发展战略的分析同样适合整个信贷市场结构的演变。除此之外,管制对非银行金融机构的发展也有着显著的影响,但是法律传统对非银行金融机构发展却是不显著的。

第七节　结　　论

本文讨论银行业结构的一个基本立足点就在于,强调选择正确的银行业结构对于经济发展是至关重要的。一般认为,法律传统和银行管制会影响一个国家的金融和银行结构。本文从基本的经济原理出发,指出金融发展和金融(银行)结构的特点和变化会服从基本经济条件——要素禀赋结构和产业结构——的特点和变化,进一步地,采取什么样的发展战略决定了经济中的产业结构是否符合自身要素禀赋结构的特点,从而也会极大地影响金融发展和金融(银行)结构。为此,我们构造了技术选择指数(TCI)来衡量一个经济偏离自己比较优势的程度。我们的实证结果表明,经济发

---

①　在控制住反映宏观经济环境以及制度环境的变量后,管制变量和法律体系变量的估计系数符号仍然保持不变且显著。出于节省篇幅的目的,我们在这里没有单独列出这些结果。

展水平和要素禀赋结构的特点、发展战略、管制和法律传统都对银行集中度有着显著的影响。由于要素禀赋结构的变化趋势和法律传统从长期来看是一定的,因此它们决定了银行集中度的长期变化规律,而发展战略和管制则决定了围绕着这一趋势,银行集中度发生了多大的偏离。此外,就整个信贷市场结构而言,禀赋结构和发展战略以及对银行业的管制要比法律传统更有解释力。我们的结果还表明,金融发展水平提高会降低银行集中度,但这种效应不太稳定。另外,对外贸易的发展会对银行集中度产生显著影响。一国的企业、银行国有化程度、直接融资和间接融资的格局并不影响银行集中度。

金融结构与经济增长[*]

——以制造业为例

第一节 导 言

金融体系与经济增长之间的关系，很早就受到学术界的关注并对之进行了较为详细的讨论。无论是早期的研究者如 Goldsmith(1969)、Mckinnon(1973)、Shaw(1969)，还是晚近的一些学者如 Stiglitz(1985)、Mayer(1990)、King、Levine(1993a, b)和 Levine(1997)等，都一致认为金融体系在经济发展与增长中起着关键的作用。随着理论研究的深入，研究者不仅试图对金融发展和经济增长之间的关系进行重新演绎，而且对金融体系内部结构的演变及其在经济发展和经济增长中的地位和作用也开始日益关注。广义的金融结构涉及金融体系中各种不同类型的融资方式、金融中介、金融工具的相对比例，例如商业银行和中央银行的相对地位，外资银行占国内银行市场中的相对份额，国有银行与私人银行在信贷市场中的相对规模等等。本文主要讨论以下两类金融结构现象：一是指银行业内部的结构，即信贷资产在不同银行间的分布状况，特别是不同规模的银行在信贷活动中所处的地位和相应的分工；一是指金融市场的融资结构，即以股市融资为代表的市场型(market-based)直接融资(以下简记为 MS)和以银行融资为代表的关系型(bank-based & relationship-based)间接融资(以下简记为 BS)的相对比例及其分工。另外，为保持和文献的一致，在以后的行文里，如果不是作特殊说明，我们也将 BS 型与 MS 型的比例关系直接称为

---

[*] 本文和章奇及刘明兴合作，原文发表在《世界经济》2003 年第 1 期。

融资结构(financial structure)。[①]

我们认为金融结构在经济增长过程中之所以重要,是由于实质经济活动对金融服务的要求是多种多样的,而不同的金融中介及其所代表的融资方式在金融服务方面具有各自的比较优势。随着经济的发展,一个经济中的要素禀赋结构与比较优势将会发生持续的改变,从而产业结构和实质经济活动的性质也就产生了相应的变化。若抽象掉政府干预等其他人为外生因素的影响,一国的金融结构应主要内生于本国的要素禀赋结构和产业技术结构。随着要素禀赋结构和产业技术结构的变化,金融结构也必须发生相应的变化,以适应不同产业和企业的融资要求。适宜的金融结构就是能够满足不同产业和企业融资需求的金融结构,伴随着实际经济的变化,金融结构所发生的相应变化就构成了不同发展阶段最优金融结构的演化路径。

上述看法,是在传统的金融功能学说之上更进一步地强调金融体系分工的重要性。换言之,不同的金融机构及其所代表的融资方式在对不同性质的企业信贷上具有不同的比较优势,而企业对融资具有各方面的需求,合适的金融结构只有能够及时地满足企业的各种需求,才能在此过程中达到资源的有效配置。因此,一个能够较好分析金融体系与经济发展和增长之间相互关系的模型,不仅仅要看这种金融体系是否有利于不同金融机构和融资方式间的竞争(金融发展),还要看它是否有利于不同金融机构和融资方式间的分工(金融结构),以更好地满足企业的融资需求。我们通过对制造业 1980—1992 年数据的实证分析,初步证明了上述看法,即和产业规模结构相匹配的金融结构会对制造业的增长起到重要的作用。

本文的结构安排如下:第二节是就现有理论对银行业结构以及融资结构的作用所进行的讨论的综述;第三节讨论银行业结构和融资结构对产业发展和经济增长的作用;第四节是对数据和计量模型设定的说明;第五节是结果和分析;第六节是结论。

---

① 论文所讨论的金融结构是一个较为广泛的概念,主要包括两个内容,一是银行业内部结构,另一个即文献中广泛讨论的 BS 型和 MS 型金融结构。虽然在所有国家股票市场融资的绝对数量要低于银行融资额,但股票市场的重要性是得到金融理论肯定的。大量的理论文献都把精力集中于对股市功能和作用的讨论上。至于文献中 BS 和 MS 划分的问题,实际上基本上都并不是讨论绝对量的大小,而是各国间股市—银行比例的差异,比例最高的即定义为 MS 型,最低的即定义为 BS 型。Levine (2000),Becker & Levine(2000, 2001)以及 Tadersee(2000)都沿用这一定义,世界银行金融研究小组也采用这一定义,所以我们在研究中也采用这一定义。应该说,这是迄今为止已有方法中较好的方法。

第二节　理　论　综　述

一、银行业结构与经济增长

银行集中度是测量银行业结构的一个最常用指标,一般以最大数家银行的资产(存款额、贷款额)占银行总资产(总存款、总贷款)的比例来表示,银行集中度的高低及其变化不仅反映了整个银行体系的市场结构和竞争程度,而且反映了大银行和中小银行在整个银行体系中所处的地位和重要性,刻画了大银行和中小银行之间在对不同企业进行融资方面所进行的分工。虽然金融发展理论认为银行对推动经济增长和发展有重要意义,但相对而言,银行结构与经济增长之间的关系却才刚刚开始受到关注。目前的讨论大多从银行集中度对经济发展与增长的影响与作用出发,进而论述银行业结构国际差异的根源。Guzman(2000a)将类似讨论内容划分为两类:局部均衡模型和一般均衡模型。

按照一般产业组织理论的观点,垄断将会减少整个经济的社会福利。垄断者生产低于最优水平的产品和服务,向消费者收取更高的价格,阻碍发明与创新,扭曲了资源的有效配置,所有这些都会妨碍资本的积累,无利于经济发展和增长。对垄断的批评同样也可适用于过高的银行集中度。可以按照同样的逻辑预期,银行结构越集中,银行的垄断权力越大,就越倾向于设定较高的贷款利率或降低存款利率,收取更高的服务佣金等等。一些学者认为,以上所列举的理由只有当存在完全竞争的银行市场和完全信息的情况下才成立,但实际上这是不存在的。从关系融资理论(relationship lending)的角度出发,Petersen 和 Rajan (1995)以及 Rajan 和 Zingales (1999c)认为缺少竞争并不一定会降低融资的效率。他们指出,竞争性银行市场所面临的一个最大的问题就是缺少借款者(包括借款者如何使用贷款)的信息,不对称信息将诱发逆向选择(adverse selection)和道德风险(moral hazard)问题,从而降低资源配置的效率,而这一问题在垄断的银行市场结构下却变得较易解决。一个处于垄断地位的银行可以通过选择利率水平和信贷配给,或者和借款者形成长期的联系,达到对不同类型的借款者进行甄别(screening)并减少道德风险行为的目的。另外,垄断的银行结构可以减少银行间的过度竞争,防止由于银行间过度竞争所造成的金融

320

不稳定。因此银行市场的垄断对经济是有利的。

更晚近的理论进展则认为,在局部均衡模型中得出的所谓垄断的银行结构有利于效率提高的结论是片面的,局部均衡模型仅仅注意了银行和借款者之间的关系以及银行市场结构对它的影响,但这些模型并没有考察银行业结构中的所有重要特征。沿着这一思路,理论模型的修正朝着两个方向迈进。一是把局部均衡模型拓展为一般均衡模型,不仅考虑银行的信贷行为,而且考虑居民的储蓄行为。此类分析强调,局部均衡模型假定银行有足够的资金进行信贷,即忽略了银行的存款来源,也没有详细分析特殊的银行结构对经济的全面影响,包括对资本积累和经济增长的影响。在考虑了这些因素以后,垄断的银行结构所带来的成本很有可能超过它所带来的好处。其中 Guzman(2000b)和 Cetorelli(2000)的模型较有代表性。

Guzman 通过一个一般均衡模型来分析银行集中度对资本积累和经济增长的影响,同时还考察了银行集中度对可贷资金数量即可能出现的信贷配给问题的影响。[①] 他的模型是一个两期存活(青年和老年)的迭代生产模型($t = 0, 1, 2\cdots$),在每个时期生产惟一的一种最终产品,其用途为消费和投资,生产函数 $F(K, L)$ 假设为常规模报酬,K 和 L 是资本和劳动。在每一期所有个人都分为两类:借款者和贷款者,并假设所有个人都具有相同的偏好,即偏好上一期的消费并属于风险中性者。贷款者在年轻时赚取工资收入,并存在两种支配其工资收入的方式:存入银行或者用以进行投资。借款者在年轻时没有收入,但平均而言拥有收益更高(相对于贷款者)的投资项目。借款者必须获得资金才能投资项目,同时投资回报服从相同的随机分布。借款者的投资回报是私人信息,但任何人只要付出一个固定成本就可以获得这样的信息。银行和借款者之间的合同是标准的债务合同。正常情况下借款者还本付息,若借款者无力支付贷款,银行就评估投资项目的回报并保留所有的投资收入。Guzman 的结论是由于垄断的银行结构会减少资本积累,更容易导致信贷配给,且在垄断的银行结构下信贷配给的后果比竞争性银行结构下的信贷配给后果更加严重,因此较高的银行集中度不利于经济增长。

和 Guzman 的模型相比,Cetorelli(1997),Cetorelli 和 Peretto(2000)的

金融结构与经济增长

---

① 一般认为信贷配给有两种形式,一种是借款者无法获得贷款,另一种是他们无法获得他们所希望获得的贷款量。在存在信贷配给情况下,优质的借款者(项目预期回报率较高)会设法将自己与那些劣质借款者区别开来,通过某种具体的合同条款安排可以达到这一目的。但这和我们在文中所谈到的银行对企业家进行甄别不同,后者属于被动甄别,而前者是主动甄别。

一般均衡模型并没有认定竞争的银行结构比垄断的银行结构更有效率,但他认为过早地就这一问题下结论是不明智的。Cetorelli 等人同样利用一个标准的 Diamond 迭代生产模型来进行分析。生产分两阶段进行,在第一阶段,企业家需要向银行借款投资项目。在每个时期的期初,任何一个青年人都是潜在的企业家,青年人又可以分为两类:一类投资回报率较高,项目成功概率高。另一类投资回报率较低,项目失败概率高。如果无法成功地借款投资项目,个人就在第二阶段的生产中提供劳动力。

银行是惟一向第一阶段的投资提供资金的机构,并且银行在对借款者和项目进行甄别(screening)的过程中拥有规模经济优势。银行虽然在甄别时要付出成本,但的确可以提供有关企业家类型的完美信息(perfect information)。Cetorelli 等继续假设一旦个人的类别被甄别出来,就会产生信息溢出效应(spillover effect),此时经济中所有其他银行也就同时知道了个人的信息与类别。最后,甄别成本并非常数,而是与储蓄数量存在一个比例关系。

Cetorelli 等比较了两种银行结构下的经济后果,一种情况是服从博兰德式竞争(Bertrand competition)的银行结构,另一种是垄断的银行结构。前者由于信息的溢出效应而会产生"搭便车"现象,从而导致甄别不经济;而后者由于甄别成本低于向差项目融资所支付的成本从而可以进行正常甄别。但垄断的银行结构同时也有缺点:银行利润被用来消费而不是返还给个人用以投资,从而不利于资本积累。因此,垄断银行结构的利弊并不能明显被判断出来。①

无论是局部均衡模型还是一般均衡模型,都认为不能忽视垄断的银行结构对经济的有利影响,尤其是垄断的银行结构通过设定利率水平,可以克服(或者说是至少可以减轻)由于信息不对称所带来的逆向选择和道德风险问题。分歧在于局部均衡模型认为垄断银行对经济的收益高于它所带来的成本,而一般均衡模型则持相反的观点,或至少对局部均衡模型的结论表示怀疑。从目前的讨论来看,银行结构的作用主要取决于理论模型的设定,对模型假设条件的依赖性较强,这在很大程度上限制了模型的说服力。同时,现有理论一般只分析银行——存款人联系(局部均衡模型)或

---

① Cetorelli(1998)分析了垄断银行结构在以下环境下,更有利于其发挥正向效应,包括:企业家才能低劣、高储蓄弹性、低贷款需求弹性等等。他同时分析了哪些国家更容易具有这样的环境。

银行——借款人联系(一般均衡模型),银行的作用仅仅在于通过在贷款前进行甄别,或在贷款后对信贷进行配给和监督,但实际上银行有许多工具和手段来获得顾客的各种信息。或许最大的缺陷还在于无论局部均衡模型还是一般均衡模型都没有考虑银行市场上政府干预的存在和作用,这使得目前的讨论多少给人以脱离实际的印象,其政策意义也因此大大打了折扣。

鉴于理论上的争执,许多研究者试图从实证中寻求证据。Shaffer(1998)分析了美国跨行业的数据,发现在银行数目更多的市场上,家庭收入的增长速度更快。Black & Strahan(2000)分析了美国的跨州数据,发现在银行集中度较低的州,新企业创建的数量更大。与此相反,Bonaccorsi 和 Dell' Ariccia(2000)分析了意大利不同行业不同市场的数据,发现总体而言较高的银行集中度对新企业的创建具有正向效应,并且这种正向效应在那些信息不透明的行业表现得更加明显。Petersen 和 Rajan(1995)通过对美国小型商业企业的考察,发现这些企业基本上没有受到所谓的信贷约束,并且在集中的银行市场上反而可以以较低的利率获得贷款。值得一提的是 Cetorelli 和 Gambera(1999)的研究,他们用巧妙的计量方法对跨国跨行业的数据进行了分析,发现集中的银行市场结构会带来总体上的福利损失,导致可贷资金总量的减少(信贷配给),但是这种效应对不同行业的企业而言并不是同质的,如果企业属于那些更依赖于外部资金的行业,那么它们能够从垄断的银行结构中获益。

二、融资结构和经济增长

与银行结构相类似,经济学家在融资结构的作用方面亦存在很大的分歧。目前的主流意见可以大致分为 3 类:BS 型优越论、MS 型优越论、金融服务和法律、制度论。[①]

BS 型优越论

持这种观点的学者在强调银行在获取信息、实施公司控制、动员资金等方面功能的同时,批评股票市场无法提供与此类似的金融服务。

Stiglitz(1985)强调完善的直接融资市场向所有的投资者揭示信息,这就会产生搭便车问题,即使得个别投资者不愿意花费成本去研究企业。但搭便车问题在 BS 型金融市场中并不严重,因为银行可以不用把他们所获

---

① 对这方面的详细介绍可参阅 Levine(2000b)。

得的有关信息在公开市场上发布。

另外,通过股市融资无法提供有效的公司治理手段。首先,相对于外部人而言,内部人拥有有关公司的更多信息,这种信息不对称削弱了收购(takeover)的潜在有效性,因为处于信息劣势的外部人不会为了控制企业而付出一个比处于信息优势的内部人所付出的价格更高的价格。其次,虽然一个流动性高的股票市场有利于收购者通过收购获利,但社会福利却有可能会因此而受到损失(Shleifer & Summers 1988)。第三,更高的流动性可能会减少进行有效公司治理的激励。由于流动性提高意味着退出成本的降低,股市的流动性使得所有权更为分散,从而导致每一个单个股东有效监督管理者的激励下降(Shleifer & Vishny 1986)。第四,如果外部人花费大量资源获取信息,当他们购买企业股权时,其他市场参与者就会观察到这一行动,并同样也去购买企业股票,导致股价上升。因此,原来花费资源研究信息的外部人就必须支付一个更高的价格(相对于初始外部人在"搭便车"的投资者没有观察到自己行为时所需支付的价格而言)。换言之,这种需要付出高昂成本才能获得的信息,它的公共产品性质使得获取信息并进行有效收购的激励下降了。第五,企业原有管理者通常会采取所谓的"毒丸"(Poison Pills)策略来反击收购,从而使市场作为约束管理者行为的功效下降。第六,虽然股东可以通过董事会对管理行为进行控制,但是董事和管理者之间的密切联系和利益关系却可能使得董事会的监督功能无法正常发挥(Allen & Gale 1999a)。

总之,BS型融资结构优越论认为MS型的融资结构无法很好地履行获取信息、监督管理者等方面的功能,不利于资源配置和经济发展。与之相比,银行就不会存在类似的缺陷。另外,虽然证券市场能设计出各种套现风险的金融产品,市场却是不完善的,在某些情况下(例如跨期分担风险),BS型的融资结构在提供减小金融风险服务方面更具优势(Allen & Gale 1999a)。

MS型优越论

MS型融资结构优越论认为,BS型的融资结构的弊端在于在这种结构下,金融中介机构会对企业的影响力较大,并因此而带来负面效应。例如,一旦银行获得了大量有关企业的内部信息,就可以从企业获取租金,企业为了获取更多的资金就必须支付租金。和MS型融资结构相比,在BS型融资结构下,银行通过新的投资以及重签债务协议,可以从企业的预期利润中攫取更多,这就减少了企业从事风险投资行为的激励(Rajan 1992)。

另外,银行具有天生的谨慎倾向性,使得 BS 型融资结构不利于公司创新和增长。Weinstein 和 Yafeh (1998)认为日本的情况就是一个很好的例子。通过与所谓的"主银行"(Main Bank)结成紧密的联系,企业虽然很容易获得资金,减轻资金约束程度,但和那些没有主银行关系的企业相比,主银行体制下的企业通常会采取保守的成长策略,从而增长缓慢。不仅如此,由于获取资金相对容易,这些企业的更多地进行资本密集投资,加上银行从中攫取较多利润,导致利润率较低。Allen 和 Gale(1999a, 1999b)进一步发现,尽管银行在信息收集、处理上更为经济、有效,但在一些非规则的情况下(例如,有时决策人员在应该去收集哪些信息并如何去处理这些信息方面无法达成一致意见),银行却反而没有效率。因此,在那些情况多变、充满了不确定性和创新的环境中,银行在信息获取上并不占优势。

BS 型融资结构在公司治理方面的优势也收到了质疑和攻击。银行也是自身利益最大化者,银行有可能和企业共谋(collusion)而采取对其他贷款人不利的举动。例如有影响力的银行如果从管理者手中获取足够的好处,就可能因此而阻止外部人解雇无效的管理者的努力(Black & Moersch 1998)。Wenger 和 Kaserer(1998)列举了德国的例子。在德国,银行经理在股份公司中拥有投票权,例如 1992 年在 24 家最大的公司中银行经理平均拥有 61 % 的投票权。不仅如此,银行经理对公司的控制还影响到银行自身。在德国 3 家最大银行的股东大会上,委托投票比例超过了 80 %,其中大部分投票是由银行自身做出的(Charkham 1994)。因此,银行经理通过对银行的控制而对全国性的大官司施加影响。Wenger 和 Kaserer (1998)还列举了银行向公众提供错误的财务报表、无法有效约束经理的例子。

最后,MS 型的融资结构在提供大量的风险管理工具上具有优势,可以根据不同的情况涉及不同的金融风险产品,而 BS 型的融资结构只能提供最简单、最基本的风险管理服务。

金融服务以及法律、制度观点(FLI 观点)

金融体系的功能在于提供各种金融服务:评估项目、实施公司控制、管理风险、动员储蓄。FLI 观点首先认为一个成功的金融体系在于能够及时、充分地提供这些服务,即问题的关键在于这些金融服务的可得性(Availability)和质量(Quality),至于金融体系的结构特征,即究竟是 BS 型融资结构还是 MS 型融资结构只是一个次要问题。

FLI 观点实际上认为银行和市场是互补品而不是替代品,它们都可以提供相似的金融服务(Levine 2000b, Beck & Levine 2000a, c)。例如,即使无法通过股票市场筹集足够资金以支持金融发展,股市对经济发展也具有不可小觑的正向作用,包括定制各种风险管理工具以及提高流动性等等。另外,股市实际上是银行的补充。例如通过推动公司控制之间的竞争,提供各种可替代的金融投资手段,证券市场可以减轻银行势力过大所带来的负面作用。

其次,FLI 观点进一步认为各国的制度环境——尤其是法律制度决定了金融体系所能够提供的金融服务的内容和质量以及金融体系的结构差异(Laporta, Lopez-de-Silanes, Shleifer, 和 Vishny(LLSV)1998, 1999)。LLSV(1999)强调通过设立强有力的保护外部投资者——包括股票和债券投资者——的法律,并有力地执行这些法律,是提供增长促进型金融服务的关键。他们在对 59 个国家的法律进行了分析之后,认为所有国家的法律体系可以大致分为四类:英格兰法律体系、法兰西法律体系、德意志法律体系和斯堪迪纳维亚法律体系。英格兰法律体系最强调对股东权利的保护,法兰西法律体系最次;对债权人权利的保护也显现出类似的模式。但是,斯堪迪纳维亚法律体系对法律的执行最为得力,而法兰西法律体系则最为松懈。LLSV 观点的一个较为直接的推论是,对投资者产权保护越为有效,则金融体系的发展就越倾向于直接融资。

Beck, Demirguc-Kunt 和 Levine(2002)通过跨国的数据样本进一步验证法律制度对金融发展的影响,他们将法律体系的功能分成"保护产权"和"对经济变迁的动态适应性"两部分。其中,前者强调大陆法系和普通法系的区别;后者则强调英格兰法系和德意志法系的优越性。他们的实证结果表明,法律制度主要是通过后一种渠道影响金融发展。另外,Coffee(2001)通过回顾欧美发达国家近一个半世纪的金融发展史,对基于保护产权论的法律制度观提出了质疑。他认为,法律制度和金融监管其实总是落后于金融市场的发展,如果说普通法系有利于直接融资的发展的话,主要是因为在该法律传统下,经济体系比较容易形成分散化的市场结构,从而增强市场竞争的作用。总之,按照上述观点,各国的法律、制度环境决定了其金融发展水平,进一步决定了其经济绩效,这比考察该国的融资结构重要得多。

目前的实证研究并没有给理论上的争执做出最终判断。Levine(2000b)跨国数据研究了融资结构对经济增长的影响,发现融资结构的作用不显著,Becker & Levine(2000a)对一个跨国企业抽样数据的分析得出了类似的结果。不过,相反的证据也可以很容易地找到。Tadesse(2000)

同样利用 36 个国家 1980—1995 年的数据进行分析后,却发现虽然无法否认银行融资与股市融资在提供融资服务上有互补之处,但 MS 型融资结构与 BS 型融资结构之间的确存在明显差异。Cecchetti(1999)的研究更有意思,他对欧盟 20 世纪 90 年代融资结构与货币政策效果的分析不但支持了融资结构的重要性,而且把不同融资结构导致货币政策绩效的差异归结到各国法律制度的差异上。

第三节　要素禀赋、融资成本与金融结构

一、经济发展与金融结构

　　上述各种观点之所以会大相径庭,主要原因是它们基本上都只考虑了问题的一方面,即大多都单纯从信息经济学的角度去分析金融体系,却忽略了实质经济本身对不同金融中介和金融市场的要求,因此虽然揭示了金融体系的功能,却无法看清金融体系尤其是金融体系结构对经济发展和增长的作用,从而必然会得出不同的金融结构各有利弊这样似是而非的结论。一个可以改进的方向是从经济发展阶段的基本特征出发,从要素禀赋结构所决定的经济结构和产业结构的特性对不同金融结构的要求这一角度,将企业融资的成本和结构及其变化引入分析,来探讨金融结构的作用及其动态演化规律。

　　金融体系是为实质经济的发展服务的,是实质经济发展的结果和需要。金融体系对经济发展和增长的作用,只能通过它是否满足了实质经济的需要来判断,而不能将实质经济与金融体系割裂开来,抽象地讨论金融体系的作用。当每一个企业乃至整个经济的技术和产业结构都和本国的资源禀赋结构相适应,从而更好地发挥本国的比较优势的时候,其产品的竞争力无论在国内还是在国际上都必然是较高的。但是,要更好地发挥比较优势,有赖于一系列的条件,其中之一就是要有一个灵活高效的融资渠道。金融市场和金融体系的功能和目标,就在于适应建立在资源禀赋结构之上的产业结构的需求,为这些具有竞争力的产业服务,保证将资本配置到这些企业和产业中去,从而最大限度地利用比较优势。反过来讲,也只有将资源有效地配置到这些具有比较优势的企业和产业中去,资本才能获

得更高的回报率,金融业自身才有竞争力和活力。①

　　金融体系为经济中具有比较优势的企业和产业提供服务、配置资本的过程,就是金融市场以及适应产业发展需要的金融结构的形成过程。由于不同的产品需要不同的要素投入,而且不同的企业和产业在规模大小、治理结构、所面临的外部环境以及业务性质等方面都存在着很大的差异,从而会对金融体系所提供的服务也提出不同的要求。同时,不同的金融机构和中介在提供不同的金融服务上各具比较优势,因此,相应于不同的产业结构,就会形成不同的金融结构。

　　在经验数据中,经济发展和金融结构的变化及其互动关系是否和上文的观点一致呢? 就跨国数据而言,各国银行结构和融资结构之间的差别还是相当大的,见图 3.1、3.2 和 3.3。在国际比较中,一般而言随着人均收

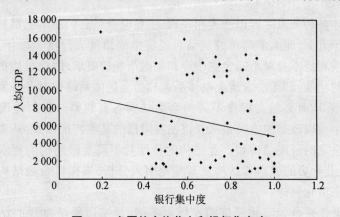

图 3.1　各国的人均收入和银行集中度

　　注:上图中人均 GDP 是按照 1985 年美元不变价计算的 1980—1992 年的平均值,银行集中度是最大三家银行的信贷资产占总银行信贷资产比重的 1990—1992 年平均值。线性拟合估计式为 $y = -5164x + 9957.6$,$R^2 = 0.0555$。

---

　　① 在经济史上,现代金融市场的出现,有赖于一系列看似偶然的条件或事件的出现。然而仔细观察,满足这些条件或发生这些事件的国家或地区,恰恰都是那些在经济发展中能够较好地发挥比较优势的国家或地区。积极参与金融市场交易的,也主要是那些能够利用比较优势、具有竞争力的企业或者企业联盟。例如,银行业的最初形成是在 13—14 世纪,并最先出现在贸易发达的地区,如当时的地中海一带。第一家现代意义上的银行——荷兰阿姆斯特丹银行的建立,也是应出口商的要求而建立的。其中的道理不难理解,因为那些较好地利用了比较优势的国家经济增长较快、经济剩余较多,对金融的服务需求能够形成足够的规模,从而在需求的刺激下,金融市场和金融体系应运而生。

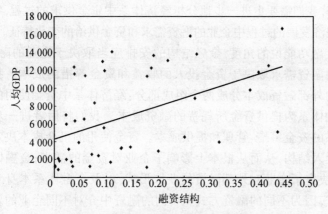

图 3.2　各国的人均收入和融资结构 I

注:上图中人均 GDP 是按照 1985 年美元不变价计算的 1980—1992 年的平均值,融资结构指标是股市交易总量对银行向私人部门贷款额的比例 1990—1992 年平均值。线性拟合估计式为 $y = 18\,538x + 4\,283.1$, $R^2 = 0.2326$。

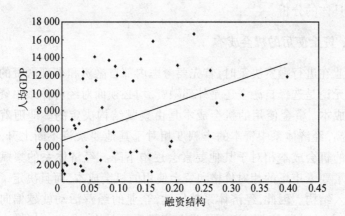

图 3.3　各国的人均收入和融资结构 II

注:上图中人均 GDP 是按照 1985 年美元不变价计算的 1980—1992 年的平均值,融资结构指标是股市交易额对银行和其他金融机构向私人部门贷款总额的比例 1980—1992 年的平均值。线性拟合估计式为 $y = 22\,111x + 4\,597.6$, $R^2 = 0.1758$。

入的提高,银行业结构会逐步走向分散化,即银行集中度越来越小。同时,股票市场对于银行而言会变得越来越重要,即融资结构越来越偏重于直接融资。关于经验数据中金融结构的这两点基本事实是非常重要的,因为本文的研究正是要解释此经验事实。为了使我们的基本理论原则能够清晰地解释经验数据，我们需要更进一步地分析经济体系中资金供求的过程，特别是要界定在经济发展的过程中企业的融资需求和资金供给的变化特征。

从金融功能说的角度，金融结构的安排应当取决于企业的融资需求，而企业的融资需求取决于资金投入的收益和资金筹措的成本。我们可以把企业的外部融资成本分成两个组成部分：经济体系中资金使用的机会成本和金融体系为提供资金所耗费的融资成本。我们将后者进一步区分为金融体系的资金筹措、管理和提供成本。资金使用的机会成本决定了企业的要素投入结构，从而从根本上影响了企业对资金的需求；金融体系的融资成本，决定了企业对外部融资的获取形式，以及金融体系本身对资金的提供方式，因为不同的融资方式和不同的融资中介对不同企业的资金提供成本是各不相同的。资金供求的均衡决定了经济体系中的资本配置、企业的要素投入结构和金融体系的结构(银行业结构和融资结构)。同时，随着经济的发展，资金使用的机会成本和金融体系的融资成本均将随之改变，从而金融体系的结构亦将逐步演变。在以下的内容中，我们对上述看法给出更为具体的分析。

二、资金使用的机会成本

企业在进行融资决策时，首先要考虑内部自融资和外部融资的相对成本。但无论是选择自融资还是外部融资，均必须面对经济体系中资金使用的机会成本。资金使用的机会成本是由禀赋结构决定的。即随着人均收入的提高，经济体系中资本的丰腴度相对于其他要素将不断上升，从而资金使用的机会成本相对于其他要素会逐步下降。经济体系的禀赋结构不仅决定了要素市场的相对价格和资金使用的机会成本，而且决定了企业的要素投入结构。因此，经济体系越发达，企业的经营活动就越偏向资金密集型，企业的融资需求和资金的投入规模也就越大，企业的规模也就不断上升(从资金的投入规模角度看)。或者说，以资本密集型为代表的大企业在经济活动中占据到日益重要的地位。同时，资本密集型产业的发展使得投资项目的技术风险不断上升。企业规模和风险随着经济发展的变化，必然对其融资需求产生影响，进一步也就影响了金融结构。

(一) 禀赋结构、要素价格与企业规模

在经济发展的初期，资本是较稀缺的要素，经济中的比较优势在于土地等资本密集型产品(如农产品和矿产品等)或劳动密集型产品，相应地，资源和劳动密集型产业将成为主导产业。但是，只要能够合理利用并发挥这一比较优势,这个经济的生产成本就低,竞争能力就强,创造的经济剩余也就多,资本积累的数量也就更多,积累的速度也将超过劳动力和自然资源增加的速度,在经过一段时间之后,经济中资源禀赋结构将得到提高,此时资本将成为较丰富的要素,资本的价格也将由相对昂贵变为相对便宜。此时资本和技术密集型产业将成为经济中比较优势之所在,产业结构将以资本和技术密集型产业为主。

另一方面,在经济发展的初期,劳动力密集型产业因为资本产出比比较低,需要的资本相对较少,技术较为简单,规模经济不十分突出,因此行业进入比较容易,市场竞争也比较充分,从而主要依靠劳动力投入的中小企业成为企业结构的主体。中国台湾省的经济发展过程就是一个很好的例子。50年代早期台湾地区经济刚刚起步的时候,人均GDP只有144美元,资本极为稀缺,与这样的要素禀赋结构相适应,台湾重点发展的是农产品加工、食品、纺织、水泥制造等劳动密集型产业。这些行业多以中小企业为主,台湾为数不多的大型企业主要集中在交通、通讯、金融以及基础设施等领域,而且多为国营或党营。改革后的中国内地也有类似的经历:改革以来发展最快的乡镇企业充分利用了中国内地劳动力极其便宜的比较优势,它们所从事的行业几乎无一例外都是劳动密集型产业,规模也不大,主要以中小企业为主(林毅夫、李永军,2000)。中国内地自改革开放以来的情况,也与台湾地区十分近似。[①] 而随着人均收入的提高和经济发展阶段的提升,资本、技术密集型产业成为经济中的主导产业。由于资金和技术密集型企业具有较明显的规模效应,因而其平均规模较大。

图3.4—3.7给出各国制造业企业平均规模的变化状况,我们采用企业总雇佣人数和总增加值两种测度方式来衡量企业的规模。两个指标随着人均GDP的上升,大致呈相反的变化趋势,即经济越发达,企业平均雇佣的人数会下降,但是增加值会上升,这说明企业的资本密集度是在不断上升的。禀赋结构和企业规模的这种变化趋势,使得企业的融资需求规模不断上升。因此,大银行和证券市场就应当在经济活动中占据日趋重要的地位。[②]

---

① 到1998年底,中国内地工商注册登记的中小企业已经超过了1 000万家,占全国企业总数的99%,产值和利税占到了60%和40%,所解决的就业人数超过了就业总人数的75%。

② Cooley和Quadrini(2001)讨论了金融市场与企业规模之间的关系,但其出发角度是单个企业的成长,而不是禀赋和产业结构的演变。其目的在于解释企业的增长速度和企业规模之间的关系。

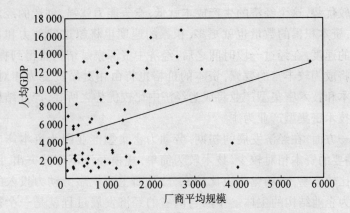

图 3.4　按增加值计算的厂商平均规模（平均后的结果）

注：上图中人均 GDP 是按照 1985 年美元不变价计算的 1980—1992 年的平均值,厂商平均规模是制造业平均（每个厂商）增加值产出额的 1980—1992 年平均值（按照 1985 年美元不变价计算,单位:千美元）。线性拟合估计式为 $y = 1.4623x + 4595.9$, $R^2 = 0.105$。

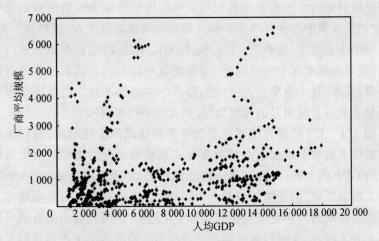

图 3.5　按照增加值计算的厂商平均规模（1980—1992 总体样本）

注：上图中人均 GDP 是 1980—1992 年按照 1985 年美元不变价计算的数值,厂商平均规模是 1980—1992 年制造业平均（每个厂商）增加值产出额的数值（按照 1985 年美元不变价计算,单位:千美元）。

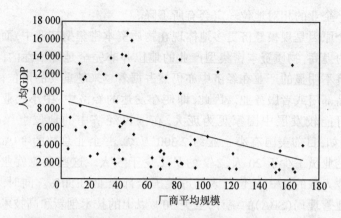

图3.6　按雇用人数计算的厂商平均规模(平均后的结果)

注:上图中人均 GDP 是按照 1985 年美元不变价计算的 1980—1992 年的平均值,厂商平均规模是制造业平均(每个厂商)雇用人数 1980—1992 年的平均值。线性拟合估计式为 $y = -40.297x + 9\,002.9$, $R^2 = 0.1488$。

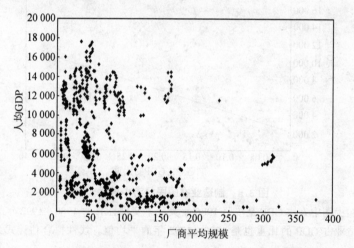

图3.7　按雇用人数计算的厂商平均规模(1980—1992 整体样本)

注:上图中人均 GDP 是 1980—1992 年按照 1985 年美元不变价计算的数值,厂商平均规模是 1980—1992 年制造业平均(每个厂商)雇用的劳动力人数。

(二) 中小企业的地位与作用

不过,就企业规模而言,并非由于资金密集度的上升,所有的行业均会被大企业控制。在此方面,行业的一些具体特性,比如生产是否具有规模经济、产品是否可贸易等等,也有重要的影响。即资本密集度的上升,并不等于中小企业的相对地位一定会有所下降。

一个原因是规模经济更多地体现在物质资本密集型产业中，而随着发展阶段的提高，物质资本密集型产业的地位并非完全是统治性的，而那些规模经济不明显的产业在经济中亦仍然占据着越来越重要的地位，特别是非贸易品部门或者服务业。因此，即使在发达的经济中，中小企业的影响与规模可能较发展中国家更为庞大，在国民经济中的地位也丝毫不逊色。[①] 例如，目前美国有小企业约 2 300 万家，占企业总数的 99%，其中，90% 的企业员工少于 20 人，2/3 的员工少于 5 人。这些企业就业人数占美国就业人数的 2/3，销售收入约占美国全部企业的 50%。同时，根据美国小企业管理局(SBA)的统计，全美 50% 以上的技术创新和高技术行业中30% 以上的就业都来自小企业。因此，随着要素禀赋结构的提升，产业规模结构更加趋于分散化。[②] 图 3.8 表明，制造业增加值占 GDP 的比重会随着人均收入的上升而上升，但同时农业部门的作用也会迅速衰减。

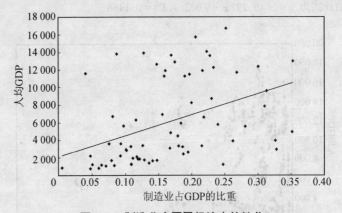

图 3.8　制造业在国民经济中的地位

注：上图中人均 GDP 是按照 1985 年美元不变价计算的 1980—1992 年的平均值，制造业占 GDP 的比重也是 1980—1992 年的平均值。线性拟合估计式为 $y = 23\,745x + 2\,117.7$，$R^2 = 0.1713$。

[①]　根据美国小企业管理局(SBA)的标准，员工人数在 500 人以下，资产净值低于 1 800 万美元，连续两年年均税收不超过 600 万美元的营利性经济实体都可称为小企业。

[②]　Rajan 和 Zingales(1999b) 在通过 15 个欧洲国家数据样本分析之后提出，企业的规模受到多种因素影响。当厂商所面对的市场越大，垄断性越强，物质资本越密集，R&D 越多，工资越高(人力资本越密集)，厂商的平均规模也就越大。另外，一国的司法体系越有效，厂商的规模就越大。从金融发展的角度看，一个行业对外部融资的依赖性越低，其厂商的平均规模就越大，在不同的金融发展水平上，同等的外部融资依赖性行业，其厂商平均规模随着金融发达程度的上升而上升。同时，他们的实证分析也表明，那种认为国家越富有企业规模就一定会越大的观点是不正确的。

美国的 GDP 中大约有 75％是由第三产业提供的。所以,发达国家的小企业大多应集中在第三产业中。当然,要更为精确地评价不同规模的企业在国民经济中的作用,就需要更为详尽的产业数据,而不单单是依赖于制造业的数据。但这是笔者目前尚无法做到的。[①]

(三) 禀赋结构与技术风险

除了企业规模外,不同发展阶段的经济活动具有不同的内容和性质,这也会对融资活动产生影响和要求。在早期的发展阶段,劳动密集型产业具有比较优势,此时有较多的信息反映企业的利润前景,或者说,何种产业会获得利润较易判断,例如那些较多利用便宜劳动力的产业(鞋、玩具等),能够有稳定的收入流和利润。随着人均收入的提高,资本和技术密集型产业逐渐具有比较优势。但此时究竟何种产业能够盈利却是不确定的,特别是那些易受技术变化影响的企业更是如此。由于投资者此时面临着较大的不确定性和风险,因而一方面需要有一个能够将信息汇集并迅速处理的市场(证券市场);另一方面,银行的集中度与投资风险之间的关系就比较复杂。信贷规模的上升、投资风险的增加和资金周转期限的增长,均要求银行规模的增加,以提高抗风险的能力。同时,分散与竞争性的银行体系(投资者)更易向企业施加预算硬约束,这在不确定性较大的环境中尤为重要,它使得银行及时停止为坏项目融资的承诺是可信的,从而有利于减少借款者的道德风险,降低银行可能会付出的成本。究竟哪一种效应占据主导作用,只能通过实证数据来确定。[②]

[①] 不过,对于制业中一些高度资本密集型的行业而言,企业的平均规模的确是在不断变大。也可以这样讲,美国的大银行和股市日趋壮大的作用在于很好地为大企业以及高成长的企业融资,但同时中小金融结构的地位并未因此而没落,相反由于中小企业仍旧十分活跃,银行业总体结构是在不停地趋于分散,而直接融资市场却由于大企业的成长而不断壮大。

[②] 有些学者已经注意到了这方面的问题,例如 Rajan 和 Zingales(1999c)认为,在经济发展早期,对于以物质资本积累为主的行业,贷款可以以资产抵押为基础,则关系融资或者以较强垄断的银行为主体的融资结构是相对有效的选择;而对于以无形资产积累(如专利)为主的行业,项目回报的不确定性增强,市场导向型的融资结构(指更为分散的银行和更为发达的证券市场)则更有利。张春(2002)以韩国的发展为例,认为金融体系的结构和经济发展阶段之间存在着紧密的联系。当经济处于较低发展阶段时,劳动力密集型产业占据了比较优势,影响项目回报率的各种不确定因素较弱,所以集中型的金融体制和政府对资金配置的干预不一定会起到负作用。但随着经济的发展,投资项目的技术复杂性日益增加,所以市场导向的证券市场就会占据主导地位。尽管如此,他们的分析仍然缺乏一个统一的微观理论基础,也没有充分认识到政府在金融结构演变中所扮演的角色。发展中国家的政府大多对金融体系进行了较强的干预,特别是一些采取赶超战略的国家人为地扶持大银行,以便于控制资金的流动与配置。这方面,中国内地是个典型。五大专业银行实际上占据了这个信贷市场 80％的份额,这种格局的形成与中央政府长期以来的金融政策是紧密联系的(林毅夫,蔡昉,李周 2000)。更为重要的是,这种金融结构最终对长期的经济增长形成了负面影响。

三、金融体系的融资成本

我们这里不妨假定，国民经济中企业规模的分布和制造业数据所提供的事实是一致的，即企业规模和禀赋结构之间存在一个正向的相关关系。按照前文的说法，金融体系是为产业的发展服务的，因此产业结构的变动必然会导致金融发展水平和金融结构发生相应的变化。在这一过程中，产业(技术)结构也必须不断地调整，以适应资源禀赋结构和比较优势的变化，这最终将导致金融发展水平和金融结构发生相应的变化。但是，人均收入，或者说经济发展阶段和企业规模、金融结构之间并不存在简单的线性关系，各国的实际情况差异很大。至少从图 3.9—3.10 的直接观察中是这样的。如果金融功能说的基本出发点是正确的，则跨国数据的这一复杂特性至少说明，禀赋结构的变化并不仅仅单纯通过企业规模的变化来影响金融结构。金融体系作为一个产业部门，其本身也直接受到禀赋结构变化的影响。或者说，我们必须要考虑资金供给过程中的某些特性。

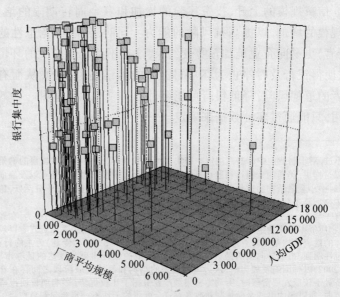

图 3.9 人均收入、厂商规模和银行集中度

注：上图中人均 GDP 是 1980—1992 年按照 1985 年美元不变价计算的数值，厂商平均规模是 1980—1992 年制造业平均(每个厂商)增加值产出额的数值(按照 1985 年美元不变价计算，单位：千美元)，银行集中度是最大三家银行占总银行信贷资产比重的 1990—1992 年平均值。

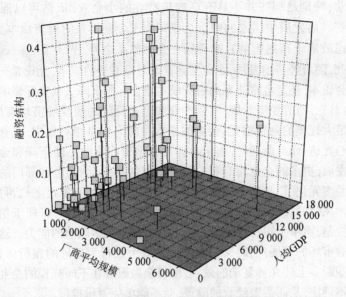

图 3.10 人均收入、厂商规模和融资结构

注:上图中人均 GDP 是 1980—1992 年按照 1985 年美元不变价计算的数值,厂商平均规模是 1980—1992 年制造业平均(每个厂商)增加值产出额的数值(按照 1985 年美元不变价计算,单位:千美元),融资结构指标是股市交易总量对银行向私人部门贷款额的比例 1990—1992 年的平均值。

一般而言,企业外部融资的成本应当高于内部融资。这个成本差额代表了金融体系为了融通资金而需要额外支付的成本,金融体系越发达,该成本就会越低。换言之,伴随着经济增长和禀赋结构的提升,整个金融体系为融通单位资金所耗费的成本会不断下降。这至少产生了两方面的影响:

一是随着经济的发展,由于金融电子和金融管理的技术不断提高,银行对分支机构控制的信息成本将不断下降(这本身也构成了银行体系资金筹措成本下降的一个重要原因),因此银行自身的规模经济效应增强,银行集中度也将会有所上升。此外,信息和电子数据交换技术的发展,同样大大降低了直接融资的交易成本,融资结构中直接融资所占的比重也将会有所上升。

二是不同的企业在进入金融体系获取资金的机会上是不相同的。考虑两个同样的企业,包括企业的活动性质和资金投向等等,假定两个企业分别处于两个不同的国家,处于金融发展程度较高国家的企业可能会采取外部融资的形式。然而,处于金融发展程度较低国家的企业,由于外部融资的成本过高,便可能采取内部融资的形式。具体讲,在发达国家众多的中小企业,特别是那些并不具有高成长特性的小企业,依然可以通过金融体系筹资。而发展中国家的中小企业却由于金融体系的筹资成本太高(姑且不考虑政府干预的影响),被排除在金融体系之外。[①]

因此,随着经济的发展,企业实际获取外部融资的成本,无论是一般意义上的机会成本,还是金融体系的融资成本均会有所下降。其实际影响是较为复杂的:首先,随着经济发展,实际产业和金融部门的规模经济均有所增强,为了满足大规模的融资需要,金融体系本身应当变得相对集中,且直接融资应当日趋发达;而与此同时,由于总体外部融资成本的不断下降和金融体系自身的发展,更多的企业均有获取外部融资的可能,结果金融部门的服务对象就日益多元化了,从而金融体系也应当走向分散化和多元化[②];再次,投资项目技术风险的提高,要求金融体系的竞争程度必须加强,以便于信息披露和风险控制,而单个银行的规模应当上升以增强抵御风险的能力。这就既刺激了证券市场的发展,同时又要求即使是以大银行为主导的银行体系,也不能太过垄断。上述几种复杂的效应,使得金融服务在不同规模的企业间的分布变得不确定,从而需要经验的验证,而不能单凭逻辑推理。

四、金融体系的资金提供成本与金融分工

在前文的讨论中,我们始终暗含着一个假定,即对于不同的融资方式,其将满足不同企业的融资需求,或者同一企业对于不同投资项目的资金需求;而对于同一种融资形式,不同的企业从不同的金融机构获取资金的成本也存在差异。为什么会存在这种现象呢? 我们认为,这是金融中介在资金提供成本方面(作为金融体系融资成本的一部分)的差异造成的。[③]

[①]　Beck, Demirguc-Kunt 和 Maksimovic(2002)通过一个跨国的数据样本证明,金融发展的程度高低对不同规模企业的增长会产生不同的影响,中小企业要比大企业敏感得多。

[②]　例如,一些研究也发现在发达国家小银行之间的合并倾向于增加对个人和中小企业的贷款(如 Peek and Rosengren, 1996, 1998)。这可能与如下原因有关。首先,在美国和其他发达的市场经济中,信用制度很健全,银行取得个人和企业信用评级的成本低,市场上的绝大多数交易都要以信用卡为中介支付,个人和企业赖账需要支付很高的成本,这就减少了个人和中小企业在借贷过程中发生道德风险的可能性;其次,随着信息技术的进步,大银行处理小额贷款的单位成本正在降低;最后,80 年代之后在金融自由化的风潮中发达国家对金融业的管制逐渐放松,非银行金融机构在贷款业务上与银行业竞争激烈,两种因素都促使银行寻找更多的可赢利业务。

[③]　关于金融分工实际上是一个非常复杂的问题,我们只考虑所谓"大小银行和股票市场"是一种极其简化的做法。首先,随着技术的发展和金融市场的完善和成熟,越来越多的非银行金融机构开始承担起了传统的银行业务,企业融资的来源渠道也更加拓宽了,银行不再是为企业提供资金的惟一机构;其次,并不能直接在企业融资来源的多元化和金融结构、银行结构分散化之间划等号。但是也有理由相信银行结构的集中度和融资主体的多元化之间存在着一定的联系,例如银行集中度越低,融资主体也是更倾向于分散的。我们目前的理论框架中,尚不能处理这些更为复杂的情况,因为这需要更为仔细地区分企业的种类及其经济活动性质,特别是伴随着单个企业的成长,经济活动性质的变化。类似这样的问题,从表 3.1 中可见一斑。

（一）大银行和中小银行相比，在为中小企业提供融资服务上不具有比较优势

大银行不能很好地为中小企业提供融资服务，首先是大银行为中小企业提供融资服务时，单位资金的平均信贷审批成本相对较高。大银行集中的资金量比较高，它们发放贷款的审批环节多、审批链条长。同样一笔资金如果贷给一个大项目，只需要进行一次复杂的审批程序，单位资金分摊的交易成本就比较低。但是，如果把这一笔资金分散地贷放给若干个中小项目时，就必须按照几乎同样复杂的程序进行若干次审批，单位资金分摊的交易成本就相对比较高。从中小企业自身的角度来看，从大银行融入小额资金，不如从中小银行融入同样额度的资金划算，因为后者的贷款审批程序比较简单。

其次，大银行为中小企业提供融资服务时，信息与风险控制成本比较高。银行在发放贷款时需对申请贷款的企业进行资信审查，贷款发放之后要对所贷放资金的运用情况进行监督。这些都依赖于所掌握的关于企业从事项目的质量、企业的管理水平等方面的信息。大银行由于其规模大，所以必须采用多级的分支行代理体制。但是多级分支行代理体制的一个内在的特征是人员的流动性比较大。分支行的工作人员会随其业绩的好坏而发生职务升降和流动。这样一来，银行的工作人员就很难对一个地区的中小企业建立起足够的信息积累。即使这些地方分支机构的银行职员能够了解地方中小企业的经营状况，他们也很难向其上级机构传递中小企业的经营信息。因为中小企业没有上市公司那样的信息披露制度约束，其经营信息缺乏透明度。中小企业经营信息的这种非"公开性"，使得在贷款出现问题时分支机构的经理人员很难向其上级解释。大银行对于大企业和大项目，则能够相对容易地建立起信息积累。与大银行的情形不同，中小银行的服务对象比较集中于特定的较小区域内。小银行对于所在地区内数量众多的中小企业的经营管理和资信状况比较了解，而且容易建立起持续的信息积累。所以从大银行角度来看，贷款给中小企业就必须比中小银行支付更多的信息成本。

再次，大银行由于资金庞大而拥有更多的机会，所以它们往往会忽视对中小企业的贷款，这就很难与中小企业建立长期稳定、紧密的合作关系，很难解决存在于金融机构与中小企业之间的信息不对称问题。因此，大型

金融机构倾向于较少地为中小企业提供贷款。[①]

（二）和通过以银行为代表的间接融资相比，以证券融资为代表的直接融资在为中小企业提供融资服务时同样不具有比较优势

在直接融资中，由于交易是直接的，资金提供者必须亲自对资金使用者的状况进行了解和判断。由于这种了解和判断过程的成本高昂，一般情况下，作为个人的资金提供者是无法完成这一任务的。这就要求资金使用者通过信息披露及公正的会计、审计等第三者监督的方式来提高经营状况的透明度。这样高昂的费用，中小企业一般是较难承受的。不仅如此，和大企业相比，中小企业信息不透明程度较高，在直接融资中投资者会要求更高的风险补偿，从而使中小企业必须支付远远高于大企业的资金成本。[②]

并不是所有的中小企业都无法承担直接融资所带来的成本，那些从事高风险、高收益的中小企业（这样的中小企业一般都是从事高新技术开发、创新的企业）相较于其他中小企业通过直接融资获取资金的概率更大（例如通过所谓的风险投资方式筹集创业资本）。但即使是高科技型中小企业要想到资本市场直接融资也必须拥有一定的业绩和规模。实际上，多数小企业是达不到直接融资所要求的规模的。[③]　中小企业的规模和实力决定了它们主要从中小银行获得贷款并依靠自有资金。表 3.1 和表 3.2 的数据中给出了美国中小企业的融资结构，以及不同规模的银行对中小企业信贷的状况，从中不难发现中小企业主要从中小金融机构获取债务融资的事实。[④]

---

①　上述关于大型金融机构和中小金融机构在为中小企业服务方面差别的论述已经被国外的一些经验研究所证明。首先，一些研究证明了在银行对中小企业贷款与银行规模之间存在很强的负相关关系（Nakamura 1993；Keeton 1995；Berger et al. 1995；Levonian and Soller 1995；Berger and Udell 1996；Peek and Rosengren 1996；Strahan and Weston 1996, 1998）；其次，一些对美国八十年代中期以后开始的银行合并的研究证明，大银行对小银行的吞并或大银行之间的合并倾向于减少对中小企业的贷款（Peek and Rosengren 1996；Berger et al. 1995）；第三，一些研究已经证明，在银行业比较集中的地区，中小企业即使能够顺利地获得贷款也必须付出较高的代价。通常在这些地区中小企业为其贷款所支付的利率比大企业贷款利率高出 50% —150%（Meyer 1998）。

②　考虑到单位资金的融资成本，直接融资需要支付一个较高的固定成本（主要是信息披露成本和融资本身对企业规模和业绩的限制），对于大企业以及一些高成长的企业而言，该融资方式是划算的。但对于经营一般业务的小企业，则是不划算的。一般的小企业常规的融资规模较小，且融资成本不能过高。

③　根据《解放日报》2000 年 9 月 16 日的报道，在我国即将设立的二板市场上市企业，有形资产需要在 800 万元以上，注册资本 1 000 万元以上，主营业务的销售收入、利润递增额要在 30% 以上。能满足这些条件的中小企业少之又少（林毅夫，李永军 2000）。

④　中小企业什么时候会采取债务融资——特别是银行信贷的形式，什么时候又会向风险资本进行股权融资呢？一些初步的讨论可参见 Ueda（2002）。

表 3.1　美国小企业的融资结构(%)

	股本来源及其结构比重					债务来源及其结构构比重									
						金融机构			非金融性企业与政府			私人			
	初始出资人	天使融资	风险资本	其他	总股本	商业银行	金融公司	其他金融机构	商业信用	其他企业	其他金融机构	初始出资人	信用卡	其他个人负债	总债务
全部小企业	31.33	3.59	1.85	12.86	49.63	18.75	4.91	3.0	15.78	1.74	0.49	4.10	0.14	1.47	50.37
按企业的规模分类															
雇员少于20个，销售额低于100万美元	44.53	n.a.	n.a.	n.a.	56.0	14.88	3.08	3.53	11.81	1.06	0.37	5.59	0.53	3.16	44.0
雇员大于等于20个，销售额大于等于100万美元	27.22	n.a.	n.a.	n.a.	47.67	19.94	5.47	2.83	17.01	1.95	0.52	3.63	0.02	0.94	52.33
按企业的发展阶段分类															
幼稚期(0—2年)	19.61	n.a.	n.a.	n.a.	47.9	15.66	8.33	3.84	13.40	1.52	0.33	6.04	0.21	2.77	52.1
成熟期(3—4年)	17.37	n.a.	n.a.	n.a.	39.37	30.84	2.51	2.36	13.42	1.06	0.72	6.19	0.20	3.32	60.63
中年期(5—24年)	31.94	n.a.	n.a.	n.a.	48.0	17.86	5.85	2.87	17.10	2.39	0.44	3.91	0.17	1.42	52.0
老年期(大于25年)	35.42	n.a.	n.a.	n.a.	56.5	17.25	3.28	3.38	13.86	0.56	0.54	3.68	0.06	0.88	43.5

资料来源：Berger 和 Udell(1998)。

注：这里所谓小企业是指全日制雇员少于 500 人的企业，并且不包括房地产业、金融业和农业中的小企业，不以盈利为目的或为政府所开办的小企业也不包含在内。

表3.2 美国小企业的债务结构(1992年)

	所有的金融机构	商业银行	金融公司	其他金融机构
各类贷款在贷款总额中所占比重(%)				
credit lines	52.03	56.35	52.13	24.83
抵押贷款	13.89	14.91	6.94	18.92
设备贷款	10.71	10.21	14.81	7.12
汽车贷款	6.08	3.99	14.62	5.16
资本租赁	5.65	2.45	6.83	23.71
其他贷款	11.64	12.09	4.66	20.25
贷款中存在抵押或担保的比例(%)				
有抵押的贷款 (secured loans)	91.94	91.99	94.34	87.72
有担保的贷款 (guaranteed loan)	51.63	53.82	51.08	38.87

资料来源:Berger 和 Udell(1998);1993 NSSBF。

注意,我们这里实际上假定,直接融资在高风险的投资项目上更具融资的比较优势。首先从风险分担机制的角度看,直接融资只有企业在有利润时才要给资金供给者分红,不像间接融资不管企业赚不赚钱都要按时还本付息,所以适合给有较高风险的企业提供资金;其次从风险控制成本的角度看,直接融资的市场竞争程度较高,更有利于及时地进行信息披露。总之,直接融资摆脱了传统的关系型间接融资的模式,从而可以为更高风险和高成长的企业提供资金。

五、融资成本、资金供求和金融结构

总之,金融市场演化的内在规律是,顺应产业/技术结构发展的需要,不断地把资本配置到在特定发展阶段最符合比较优势的生产活动中去。从这个意义上讲,我们并不能先验地认为某一种金融市场组织优于另一种,某一种金融组织结构优于另外一种。金融体系的模式选择一定要服从于实物经济中优势产业部门发展的需要。就金融结构和企业融资的具体模式而言,我们认为实质经济对金融服务的需求,以及由此形成的金融结构,主要通过经济中产业、企业的性质和特点反映出来。

为了明确禀赋结构提升对金融结构的影响,在具体的分析逻辑上,我们首先界定了所谓企业融资成本的概念,并将之具体区分为资金使用的机会成本和金融体系的融资成本两部分。后者又可以分成资金的筹措、管理和提供成本三部分。理论上,经济发展和禀赋结构的变化改变了企业的融资成本,进而影响了资金的供求均衡、企业的要素投入结构和金融结构。

其次,我们引入了不同的金融机构和融资形式在对不同企业的资金提供成本上的差异,强调了金融体系的分工特性,或者说,从金融分工的角度重新理解了"金融结构"的内涵。即大银行和中小银行相比,在为中小企业提供融资服务上不具有比较优势。和以银行为代表的间接融资相比,以证券融资为代表的直接融资在为中小企业提供融资服务时同样不具有比较优势。

再次,利用上述对金融分工的认识,我们讨论了经济发展和禀赋结构的变化对金融结构产生影响的几种可能性:

(1) 随着经济和金融体系的发展,资金使用的机会成本将不断下降,企业的资金密集度和融资规模将不断上升,这从需求的角度要求银行业结构应当日趋集中,整体融资结构应偏向 MS 型,以便于为大企业融资;

(2) 随着企业规模的增大,投资风险亦逐步上升,则 MS 型融资结构更占优势。同时,银行的规模也应当上升以抵御风险,但银行业的结构却不应趋于过度垄断;

(3) 经济发展使得金融体系的总体融资成本不断下降。这从资金供给的角度促使银行业日趋集中,同时也促使了 MS 型融资的发展;

(4) 金融体系资金成本的下降同样会影响企业的融资需求,因为其会使更多的中小企业进入到外部融资活动之中,从而金融结构(特别是银行业结构)会趋于分散化。

上述四种效应会对金融结构产生较为复杂的影响。在逻辑上,经济发展初期的金融结构应主要以中小企业融资为主,从而形成主要以满足中小企业融资要求为特征的金融结构。即银行比股票市场更重要,同时小银行比大银行更重要。那么,为什么发展中国家的银行集中度普遍高于发达国家呢? 上述分析表明,随着经济的发展,大企业日趋重要,从而导致部分银行的规模不断上升,股票市场在金融体系中的地位也日趋增强;与此同时,由于中小企业利用外部融资的机会逐步增加,使得银行业的总体结构变得更为分散,同时银行融资的地位并未因直接融资的发展而衰落。

为了将这些会产生相反影响的效应区分开,我们需要控制住一些变量,以检验其他假说,特别是我们关于金融分工的假说。例如,给定人均收入和金融体系的融资成本,或者说控制住企业对于外部资金的可得性,则在一个以中小企业为主的经济中,如果(1) 银行结构以中小银行为主体;

(2) 存在一个 BS 型的融资结构,那么在其他条件相同或相近的条件下,由于这样的银行结构和融资结构更能满足企业的金融服务需求,从而将有利于经济的顺利增长;反之,此时如果(3) 银行结构以大银行为主体;(4) 存在一个 MS 型的融资结构,那么在其他条件相同或相近的条件下,由于这样的银行结构和融资结构无法充分满足企业的金融服务需求,从而将不利于经济的顺利增长。

上述观点是否正确,只能通过实证研究予以回答。从下节起将利用跨国数据对上述分析进行实证检验[①],主要是研究银行业结构和 BS-MS 型金融结构对制造业增长的作用。之所以选取制造业数据,而不是总体经济增长的数据,一方面是由于制造业的数据相对容易获得。另一方面,和其他行业相比,制造业是一个比较易于国际比较的行业。因此,通过考察银行结构、融资结构与制造业企业平均规模之间的关系对制造业增长的影响,不仅可以对理论直接进行检验,而且在很大程度上也保证了结果的可信度。

第四节   计量模型设定与数据说明

我们关于金融分工的基本认识,可以进一步划分为两个可检验的假说:

H1:若行业(制造业)的平均规模越大,则更高的银行集中度有利于该行业的增长。反过来讲,若行业(制造业)以中小企业为主,则更分散的银行集中度更有利于该行业的增长;

H2:若行业(制造业)平均规模越大,则更倾向于 MS 型的融资结构更有利于该行业的增长。反过来讲,若行业(制造业)以中小企业为主,则更倾向于 BS 型的融资结构更有利于行业的增长。

对 H1 的检验计量方程为:

$$\text{GROWTH}_k = C_1 + \alpha_1 \cdot \text{PVALUE80}_k + \alpha_2 \cdot \text{CONCEN}_k$$
$$+ \alpha_3 \cdot \text{CONLS}_k + \alpha_4 \cdot D_k + \varepsilon \qquad (4.1)$$

---

①   选取制造业为主要分析对象,实际上也符合文献的规范。例如,Ceterolli(1998)和 Becker (2001)都利用制造业的数据来分析金融发展和银行结构的作用。Wurgler(1998)也是利用制造业的数据来分析金融发展的资源配置效率功能。文献中之所以大量地使用制造业的数据,一个主要的原因是由于数据可得性方面的限制。例如,本文所定义的"企业平均规模",除了制造业以外,对于其他行业,该指标实际上不易得到。

对 H2 的检验计量方程为：

$$\text{GROWTH}_k = C_2 + \alpha_5 \cdot \text{PVALUE80}_k + \alpha_6 \cdot \text{FINSTR}_k$$
$$+ \alpha_7 \cdot \text{STRLS}_k + \alpha_8 \cdot D_k + \omega \qquad (4.2)$$

其中，$C_i (i=1,2)$ 是截距项，$\alpha_j (j=1,2,\cdots,8)$ 为待估系数，ε、ω 为误差项。下标 k 代表第 k 个国家。

GROWTH：1980—1992 年各国制造业的人均增加值增长率。

PVALUE80：该国 1980 年制造业人均增加值，加入改变量主要是考察是否具有增长方程中通常所说的"收敛效应"，如果存在这种效应的话，系数 α_1 和 α_5 就应该显著为负。控制住这一项（或者控制住人均 GDP）的另外一个作用是在固定金融体系的融资成本的前提下，考察金融分工假说。实际上，从图 4.1 和 4.2 的直观观察中，我们不难发现类似考虑其实不无道理。

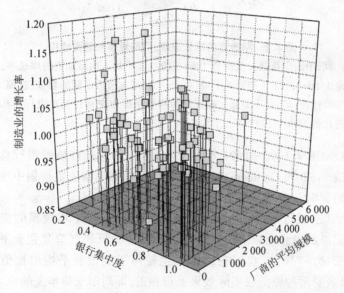

图 4.1　制造业的增长速度、厂商规模和银行集中度

注：上图中制造业增长速度是 1980—1992 年平均人均增加值的增长率，厂商平均规模是 1980—1992 年制造业平均（每个厂商）增加值产出额的数值（按照 1985 年美元不变价计算，单位：千美金），银行集中度是最大三家银行占总银行信贷资产比重的 1990—1992 年平均值。

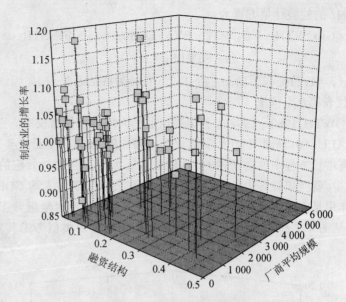

图 4.2　制造业的增长速度、厂商规模和融资结构

　　注：上图中制造业增长速度是 1980—1992 年平均人均增加值的增长率，厂商平均规模是 1980—1992 年制造业平均（每个厂商）增加值产出额的数值（按照 1985 年美元不变价计算，单位：千美金），融资结构指标是股市交易总量对银行向私人部门贷款额的比例 1990—1992 年的平均值。

　　CONCEN：1990—1993 年间 3 家最大银行资产占该国银行总资产的比重。Cetorelli 和 Gambera（1998）使用这一指标考察了银行集中度对行业增长率的影响。

　　CONLS：银行集中度和（CONCEN）制造业企业平均规模的交叉乘积项。我们以制造业企业平均雇用人数（LS）作为反映制造业企业平均规模大小的变量。[①]　当然，我们在回归中也使用了制造业平均增加值这一指标，结果表明两种做法在实际效果上很相近，即同时支持本文的论点。

　　FINSTR：由 Beck，Kunt 和 Levine（2000）定义的融资结构指标，即股市交易总量对银行向私人部门贷款额的比例。BKL（2000）认为这一指标反映了不同融资方式之间的活跃程度。

---

　　①　Beck，Kunt 和 Maksimovic（2002）按照类似的方法定义企业规模：雇用人数 5—50 人的为小企业，雇用人数 51—500 人的为中型企业，雇用人数超过 500 人的为大型企业。Rajan（1999）也同样用企业雇用人数来作为反映企业规模大小的指标。

STRLS:反映融资结构的指标(FINSTR)与制造业企业平均规模(LS)的交叉乘积项。

我们注意的是系数α_2、α_3、α_6、α_7的估计符号和统计显著性。如果我们的假说是正确的话,即行业企业平均规模越大,集中的银行结构或更倾向于 MS 型的融资结构更有利于行业的增长,那么α_3和α_7的符号应该为正且在统计上显著。CONCEN 反映的是银行结构对行业的无差异影响,即无论行业性质、企业平均规模等因素产生的影响如何,按照局部均衡观点,CONCEN 的估计系数α_2符号应该为正且显著,但一般均衡理论则预计它的符号为负。[①] FINSTR 反映的是融资结构对行业的无差异影响,按照银行优越论,他的符号应该为负;按照股市优越论,它的符号应该为正;而 FLI 观点预期它的估计系数在统计上并不显著。

D 用来控制其他一系列可能会对制造业的增长产生影响的变量,包括:

INF:通货膨胀率

SEI:进出口总额占 GDP 的比重

BMP:外汇黑市升水幅度

PGDP:按 1985 年价格计算的实际人均 GDP(美元),用来控制住各国不同的发展阶段

ASS:政治谋杀次数

REV:革命次数

BQ:官僚质量指数。取值范围为 0—6,取值越大代表官僚所提供服务的质量越高;

CORR:腐败指数。取值范围为 0—6,取值越低代表政府越腐败;

INF、SEI、BMP 用来反映一个国家的宏观经济环境,ASS、REV、CORR 用来反映一个国家的制度环境和政局稳定程度。所有的金融发展和金融结构数据(正文中已经标注来源的除外)均取自世界银行全球金融数据库[②],所有反映宏观经济和制度、政治环境的变量均取自世界银行全球发展数据库。[③] 另外,所有时间序列变量取的都是 1980—1992 年间的均

---

① 在 Cetorelli 和 Gambera(1998)的实证研究中 CONCEN 的符号为负且显著。

② 该数据库可在世界银行网址中找到:http://www.worldbank.org/research/projects/fin-structure/database.htm。

③ 该数据库可在世界银行网址中找到:http://www.worldbank.org/research/growth/GDP-data.htm。

值,因此我们这里使用的是一个横截面(cross-section)数据。

表 4.1 列出了对计量中主要变量的描述性统计结果。从表中可以看出,各国银行结构和金融结构之间的差别还是相当大的,最倾向于 MS 型金融结构的国家是英国(0.395),最倾向于 BS 型金融结构的是尼日利亚(0.0013)。银行集中度最低的是美国(0.193),最高的是阿尔及利亚、厄瓜多尔、科特迪瓦、马耳他、塞内加尔和加纳(1)。这种明显的差异使我们得以顺利地考察银行和金融结构对制造业增长的影响。这里需要说明的是,由于无法获得 1990 年前银行集中度的数据,而被解释变量的考察时间范围为 1980—1992 年,因此自然会产生一个技术上的疑问。我们认为这种担心是不必要的。从实际数据上看,直到 20 世纪 90 年代中期,各国的银行集中度都没有发生大的变化。因此,20 世纪 80 年代银行结构的变化应当相对稳定,而基本上遵循 20 世纪 90 年代初的模式。

表 4.1　一些主要变量的描述性统计结果

	观测个数	均值	中位数	最大值	最小值	标准差
GROWTH	62	1.01776	1.022344	1.213633	0.62628	0.066416
PVALUE80	63	41 210.7	14 034.88	1 638 594	166.6546	204 767.9
CONCEN	63	0.71277	0.750384	1	0.193422	0.219871
FINSTR	45	0.10263	0.082478	0.394665	0.001261	0.09373
PRGDP	63	6 276.9	4 518.333	16 676	827.25	4 819.734
BQ	44	3.8864	3.5	6	1	2.014089
CORR	44	3.86364	3	6	0	2.006859
REV	62	0.1568	0	1.692308	0	0.284574

第五节　计量结果和分析

一、银行集中度与制造业的增长

对方程(4.1)估计的基本结果列于表 5.1。回归结果(1)中列出了仅对基本解释变量进行估计的结果。PVALUE80 的估计系数在 1%的统计水平上显著为负,说明存在着明显的收敛效应。对比以后各种设定的结果,这种收敛效应始终存在且非常明显。CONCEN 的估计系数符号为负,这符合一般均衡观点的预期,也同 Cetorelli 和 Gambera(1998)的实证结果

表 5.1 银行集中度与制造业人均增加值增长率

变量	回归结果(1)	回归结果(2)	回归结果(3)	回归结果(4)	回归结果(5)	回归结果(6)
PVALUE80	-2.51E-07***	-2.54E-07***	-2.53E-07***	-2.48E-07***	-2.51E-07***	-2.53E-07***
	4.38E-09	4.92E-09	4.93E-09	6.12E-09	4.87E-09	5.04E-09
CONCEN	-0.028836	-0.076996***	-0.069341*	-0.073026**	-0.074332***	-0.075357**
	0.024777	0.028031	0.030038	0.031698	0.027454	0.029136
CONLS	0.000445**	0.000328***	0.000278*	0.000271*	0.000376***	0.000430***
	0.000222	0.000121	0.000152	0.000151	0.000129	0.000133
PRGDP	7.77E-07	1.01E-06	-1.54E-06	-2.27E-06	3.77E-07	1.35E-06
	9.41E-07	9.10E-07	2.03E-06	1.99E-06	1.13E-06	1.01E-06
INF		-0.003493	-0.009446***	-0.009261***	-0.003708	-0.003352
		0.002895	0.003029	0.003023	0.002678	0.002883
BMP		0.021559***	0.019911***	0.020364***	0.019276***	0.019905***
		0.002843	0.003206	0.003084	0.002756	0.002378
SEI		0.038061**	0.017745	0.016170	0.029357	0.040217**
		0.016256	0.016440	0.015892	0.020526	0.017358
BQ			0.002253			
			0.005438			
CORR				0.004353		
				0.004880		
ASS					-0.007522*	
					0.004473	
REV						0.018609*
						0.009797
观测个数	62	59	43	43	58	58
Adj-R^2	0.61	0.73	0.84	0.84	0.75	0.747
AIC	-3.45	-3.73	-3.94	-3.955	-3.78	-3.77
F值	24.8	23.36	28.19	28.67	22.24	22.05

1. 估计系数结果下方的数字是经过异方差调整之后的标准差;
2. *、**、*** 代表估计系数在 10%、5% 和 1% 的统计水平上显著;
3. 表中没有列出截距项计量结果,在所有估计中,截距项都显著异于零。

相一致,但是在统计上并不显著。值得注意的是 CONLS 的估计系数为正,且在 10% 的统计水平上显著。这初步验证了我们的假说。结果(1)显示模型的估计效果还是很不错的,经过调整后的可决系数为 0.62,模型的整体显著性水平也非常明显(F 值达到 33.28)。

结果(2)包括了结果(1)中的基本解释变量与反映宏观经济环境变量的估计结果。PVALUE80 系数仍然显著为负,CONLS 系数在 5% 的统计水平上显著为正,再一次验证了我们的假说。和结果(1)有所不同的是,CONCEN 系数在 5% 统计水平上显著为负,说明在控制住其他变量的效应后,一般均衡理论所预期的垄断的银行结构对经济的负面作用明显。

另外,通货膨胀率(INF)对制造业增长有负的影响,但这种影响并不明显。贸易开放度(SEI)对制造业影响具有显著的正向效应,这或许说明像制造业这种资金密集型行业会通过对外贸易的扩大而获得技术、市场上的好处。但是,从其他的回归结果来看,SEI 的这种效应并不稳定。令人有点意外的是外汇黑市溢价(BMP)对制造业增长也具有显著的正向效应。

结果(3)—结果(6)在包括了结果(2)中解释变量的同时,还控制住了反映各国制度环境与政局稳定性的变量的影响。在所有这些结果中,PVALUE80、CONCEN 和 CONLS 的估计系数符号都符合理论预期,并且在统计上均非常显著,我们的假说得到了进一步的验证。

在结果(3)—结果(6)中,除 BMP 的系数一直显著为正外,INF 和 SEI 的系数符号虽然保持不变,但显著性并不稳定。另外,政局是否稳定(ASS)对制造业的增长有显著影响,但一国制度环境对制造业增长的影响却并不明显。另外,在所有的回归结果中,人均 GDP 的影响都不显著。

二、融资结构与制造业的增长

对方程(4.2)估计的基本结果列于表 5.2。回归结果(1)中列出了仅对基本解释变量进行估计的结果。和对方程(4.1)估计的结果类似,PVALUE80 在所有的回归中都显示存在明显的收敛效应。FINSTR 的估计系数不显著,这符合 FLI 观点的预期,同时也与 Beck 和 Levine(2000)的实证结果保持了一致。同时 STRLS 在 10% 的统计水平上显著为正,初步验证了 H2 假说。

回归结果(2)控制住了反映宏观经济环境的变量。在控制住这些变量之后,仍然在统计上不显著,STRLS 在 10% 的统计水平上显著为正。我们的假说 H2 得到了进一步验证。另外,和在银行结构中各宏观经济变量的

表 5.2　金融结构与制造业的增长

变量	回归结果(1)	回归结果(2)	回归结果(3)	回归结果(4)	回归结果(5)	回归结果(6)	回归结果(7)
PVALUE80	-2.38E-07*** 3.58E-09	-2.40E-07*** 4.91E-09	-2.37E-07*** 4.46E-09	-2.38E-07*** 6.95E-09	-2.38E-07*** 5.17E-09	-2.40E-07*** 4.92E-09	-2.50E-07*** 6.60E-09
CONCEN							-5.57E-02** 2.50E-02
CONLS							1.96E-04 0.000316
FINSTR	-0.004381 0.049143	0.016207 0.051570	0.059731 0.048272	0.060597 0.049875	0.002415 0.051708	0.005692 0.053094	1.72E-03 8.09E-02
STRLS	0.001440* 0.000776	0.001359* 0.000741	0.000687 0.000678	0.000702 0.000646	0.001315* 0.000673	0.001350* 0.000723	9.13E-04 0.001321
PRGDP	-8.17E-07	-1.50E-06 1.18E-06	-2.58E-06* 1.47E-06	-2.48E-06* 1.79E-06	-2.31E-06* 1.32E-06	-1.30E-06 1.25E-06	-3.70E-07 1.26E-06
INF		-0.010059*** 0.002918	-0.012798*** 0.003154	-0.012809*** 0.003136	-0.009671*** 0.002631	-0.010416*** 0.002910	
BMP		0.003144 0.041601	0.027331 0.043993	0.027250 0.043934	-0.007250 0.043153	0.001924 0.041158	
SEI		-0.017280 0.018261	-0.005466 0.017106	-0.004907 0.016693	-0.027507 0.022435	-0.016477 0.019153	
BQ			-0.000468 0.003945				
CORR				-0.000809 0.003754			
ASS					-0.009690 0.006977		
REV						0.021617 0.011657*	
观测个数	45	44	37	37	43	43	45
Adj-R^2	0.73	0.779	0.86	0.86	0.8	0.8	0.73
AIC	-3.69	-3.83	-4.09	-4.08	-3.86	-3.88	-3.68
F值	30.23	22.75	28.38	28.4	21.44	21.7	21.3

1. 估计系数结果下方的数字是经过异方差调整之后的标准差；
2. *、**、*** 代表估计系数在10%、5%和1%的统计水平上显著；
3. 表中没有列出截距项计量结果，在所有估计中，截距项都显著异于零。

表现不同的是,通货膨胀率(INF)在所有的回归中显著为负,说明较高的通货膨胀率对制造业的增长有明显的负面影响。外汇黑市溢价(BMP)和外贸依存度(SEI)在所有回归结果中都不显著。

回归结果(3)—回归结果(6)在包括了结果(2)中解释变量的同时,还控制住了反映各国制度环境与政局稳定性的变量的影响。在控制住制度环境变量(BQ和CORR)之后,STRLS在统计上不再显著。但在控制住政局稳定性变量(ASS和REV)后,STRLS仍然在10%的统计水平上显著为正。综合而言,表5.2显示在大部分情况下,STRLS都保持了较高的显著性水平,符号也一直稳定地显示为正。

在表5.2中,除回归结果(3)和结果(5)外,在大多数情况下,人均GDP均不显著。这与表(5.1)的情形是相似的。

结果(7)同时包括了银行集中度、金融结构及各自的交叉项。在这一结果中,除了PVALUE80外,其他变量虽仍符合预期,但均不显著。这与表5.3的结果(7)、表5.6的结果(3)和结果(6)基本相似。从结果最后列出的统计量可以看出,将银行集中度、金融结构及其交叉项列在一起对于模型的估计效果并无任何改进,特别是AIC的统计量结果反而上升,说明回归(7)并不是一个好的设定形式。尤其是表5.6的结果(3)中,各交叉项的估计系数符号不再稳定,或许说明存在着较严重的多重共线性。因此我们在各表回归结果中,仍以考察方程(5.1)和方程(5.2)的基本设定形式为主。

三、强健性检验(ROBUST TEST)

我们在此做强健性检验的目的在于考察对各解释和被解释变量的不同定义是否会明显改变银行结构、融资结构对制造业增长的效果与显著性。

首先,我们考察对制造业增长的定义是否会明显改变原有结论。在基本的计量方程式里,我们定义制造业的增长为制造业人均增加值的增长,而现在我们定义制造业的增长为制造业增加值的平均增长率,并重新对方程(4.1)和(4.2)进行回归。回归结果列于表5.3。

回归结果(1)—回归结果(3)是银行结构与制造业增长的回归结果。回归结果(4)—回归结果(6)是融资结构与制造业增长的回归结果。在所有的回归结果中,CONLS与STRLS的估计系数符号都符合假说并有着很好的统计显著性。另外,收敛效应也非常显著。值得注意的是,FINSTR

表 5.3 银行结构、金融结构与制造业的增长

变量	回归结果(1)	回归结果(2)	回归结果(3)	回归结果(4)	回归结果(5)	回归结果(6)	回归结果(7)
VALUE80	-4.12E-06***	-4.15E-06***	-4.18E-06***	-3.79E-06***	-3.88E-06***	-3.81E-06***	-4.14E-06***
	1.05E-07	1.75E-07	1.14E-07	9.38E-08	2.34E-07	1.17E-07	1.86E-07
CONCEN	-0.067868**	-0.148388***	-0.129262**				-8.94E-02
	0.031224	0.041640	0.031574				4.40E-02
CONLS	0.000318	0.000244	0.000328*				2.04E-04
	0.000207	0.000173	0.000182				0.00033
FINSTR				0.008299	0.065158	0.053991	-4.32E-03
				0.076026	0.050040	0.043604	7.78E-02
STRLS				0.001906*	0.001760**	0.001404**	1.39E-03
				0.001119	0.000714	0.000671	0.001427
PGDP	-2.99E-06	-6.33E-06***	-5.09E-06***	-4.89E-06***	-6.94E-06***	-7.90E-06***	-4.35E-06***
	1.21E-06	2.77E-06	1.19E-06	1.68E-06	2.69E-06	1.43E-06	1.80E-06
INF		-0.012274***	-0.008350***		-0.014703***	-0.016327***	
		0.002006	0.002061		0.001542	0.001903	
BMP		0.008093**	0.006584**		-0.042881*	-0.027956	
		0.003127	0.003107		0.023190	0.016892	
SEI		0.047140	0.052765***		0.003155	-0.004613	
		0.030877	0.017492		0.016039	0.016398	
CORR		0.004698			-0.004656		
		0.007458			0.008254		
REV			-0.031175*			-0.017329	
			0.018061			0.013791	
观测个数	63	43	59	45	37	43	37
Adj-R^2	0.59	0.79	0.72	0.66	0.85	0.83	0.85
AIC	-3.19	-3.48	-3.48	-3.14	-3.7	-3.71	-3.69
F值	22.86	20.44	19.81	22.2	26.62	26.35	20.67

1. 估计系数结果下方的数字是经过异方差调整之后的标准差；
2. *、**、***代表估计系数在10%，5%和1%的统计水平上显著；
3. 表中没有列出截距项计重结果，在所有估计中，截距项都显著异于零。

仍然在统计上不显著,而 CONCEN 显著为负,再次印证了 FLI 关于融资结构的一般观点与一般均衡理论关于银行结构的观点。

但除回归结果(3)外,在回归结果(1)—回归结果(2)中,CONLS 不再显著。这初步表明在我们的假说中,银行结构对制造业增长的作用主要体现在对制造业人均增加值而不是对整个制造业增加值的作用上。另外,和以往结果不同的是,人均 GDP 在大多数回归中都显著为负。这种情况不难理解,因为随着人均 GDP 的提高,制造业已经不再是经济比较优势之所在,它的下降是可以明显被预期的。回归结果(7)同时考察了银行集中度、金融结构及其交叉项,结果和表 5.2 的结果(7)类似,除了 VALUE80 外几乎所有变量均不显著。

其次,我们在基本回归方程中控制住了金融发展水平,结果列于表5.4。回归结果(1)—回归结果(3)考察控制住银行部门发展水平后银行结构与制造业人均增加值之间的关系。我们以银行向私人部门贷款额占GDP 比例(BE)作为反映银行部门发展水平的指标(Beck, Kunt & Levine, 2000),结果表明,无论是否同时控制住人均 GDP,CONLS 的估计系数符号都符合预期且在统计上显著。另外,BE 在回归结果(1)—回归结果(3)中都不显著,这一方面说明了 FLI 的观点有待进一步商榷,同时也从反面印证了我们的假说。

回归结果(4)—回归结果(5)考察在控制住银行和股市发展水平后融资结构与制造业人均增加值之间的关系。我们仍以 BE 代表银行部门发展水平指标,以股市交易额占 GDP 的比例(ME)作为反映股市发展水平的指标(Beck, Kunt & Levine, 2000),结果表明,无论是否同时控制住人均GDP,在大多数情况下,STRLS 的估计系数符号都符合预期且在统计上显著。和结果(1)—结果(3)类似,在回归结果(4)—回归结果(6)中反映金融发展水平的指标都不显著。

再次,我们考察改变对金融发展与金融结构的定义是否会对现有结果造成影响。我们重新定义银行部门发展水平为银行与其他金融机构贷款占 GDP 的比例(BE),相应的,融资结构的定义为股市交易额对银行和其他金融机构向私人部门贷款总额的比例(FINSTR)(Beck, Kunt & Levine, 2000)。回归结果列于表 5.5。

表 5.5 的结果和表 5.4 相比并没有发生变化,在所有的回归中,CONLS 估计系数符号都符合假说的预期并在统计上显著。STRLS 估计系数的符号与显著性在绝大多数回归中也保持了很好的统计性质。表

表 5.4　银行结构、金融结构与制造业（人均增加值）的增长（控制住金融发展水平）

变量	回归结果(1)	回归结果(2)	回归结果(3)	回归结果(4)	回归结果(5)	回归结果(6)
PVALUE80	-2.48E-07***	-2.51E-07***	-2.46E-07***	-2.42E-07***	-2.38E-07***	-2.38E-07***
	5.71E-09	4.71E-09	7.26E-09	3.46E-09	3.58E-09	8.29E-09
CONCEN	-0.026192	-0.028309	-0.085281**			
	0.024575	0.023841	0.032246			
CONLS	0.000400*	0.000435*	0.000306**			
	0.000221	0.000233	0.000148			
FINSTR				-0.062041	-0.025073	0.134419
				0.133364	0.136208	0.124489
STRLS				0.001596*	0.001414*	0.000581
				0.000838	0.000823	0.000711
PGDP		1.15E-06	-1.86E-06		-1.27E-06	-2.52E-06
		1.41E-06	2.03E-06		1.38E-06	1.85E-06
BE	0.007222	-0.007776	-0.033979	-0.006044	0.013728	0.027807
	0.019541	0.028984	0.027371	0.038854	0.044782	0.041392
ME				0.060654	0.027864	-0.132208
				0.167141	0.172324	0.148585
INF			-0.009827***			-0.012983***
			0.002646			0.003371
BMP			0.020478***			0.032254
			0.002574			0.045458
SEI			0.018123			-0.007511
			0.015920			0.018175
CORR			0.007068			-0.000751
			0.005325			0.004699
REV			0.010626			0.010190
			0.014484			0.008829
观测个数	60	60	43	45	45	37
Adj-R^2	0.61	0.60	0.84	0.72	0.71	0.85
AIC	-3.42	-3.39	-3.9	-3.64	-3.61	-3.95
F 值	23.84	18.98	22.7	23.38	19.36	19.09

1. 估计系数结果下方的数字是经过异方差调整之后的标准差；
2. *、**、***代表估计系数在 10%、5% 和 1% 的统计水平上显著；
3. 表中没有列出截距项计算结果，在所有估计中，截距项都显著异于零。

表 5.5　银行结构、金融结构与制造业（人均增加值）的增长（金融结构不同定义）

变量	回归结果(1)	回归结果(2)	回归结果(3)	回归结果(4)	回归结果(5)	回归结果(6)
PVALUE80	-2.48E-07*** 5.42E-09	-2.52E-07*** 5.09E-09	-2.49E-07*** 8.74E-09	-2.43E-07*** 3.11E-09	-2.39E-07*** 4.92E-09	-2.39E-07*** 7.97E-09
CONCEN	-0.025355 0.024581	-0.028397 0.023491	-0.049045 0.029101			
CONLS	0.000404* 0.000224	0.000436* 0.000234	0.000622** 0.000293			
FINSTR				-0.120025 0.158564	-0.077375 0.177593	0.021821 0.218471
STRLS				0.002094* 0.001158	0.001935* 0.001118	0.001316 0.000956
PGDP		1.15E-06 1.51E-06	-6.79E-07 2.92E-06		-1.22E-06 1.60E-06	-2.74E-06 1.85E-06
BE	0.007274 0.012238	-0.004570 0.019517	0.010336 0.021075	-0.009032 0.033065	0.008853 0.043888	0.038229 0.052412
ME				0.106000 0.174197	0.060889 0.197261	-0.035254 0.238498
CORR			0.000499 0.006289			-0.002291 0.004784
REV			0.012890 0.013789			0.004435 0.011885
观测个数	60	60	44	45	45	38
Adj-R^2	0.61	0.6	0.69	0.72	0.72	0.75
AIC	-3.42	-3.39	-3.34	-3.65	-3.61	-3.56
F值	23.91	18.97	14.87	23.66	19.49	15.33

1. 估计系数结果下方的数字是经过异方差调整之后的标准差；
2. *、**、*** 代表估计系数在 10%、5% 和 1% 的统计水平上显著；
3. 表中没有列出截距项计量结果，在所有估计中，截距项都显著异于 0。

表 5.6　银行结构、金融结构与制造业的增长（企业规模不同定义）

变量	回归结果(1)	回归结果(2)	回归结果(3)	回归结果(4)	回归结果(5)	回归结果(6)
PVALUE80	-3.51E-07***	-2.51E-07***	3.77E-07***			
	5.10E-08	1.65E-08	4.96E-08			
VALUE80				-4.05E-06***	-4.53E-06***	-4.93E-06***
				6.63E-07	3.16E-07	6.33E-07
CONCEN	-0.014799		-8.65E-02***	-4.77E-02		-7.78E-02*
	0.027845		3.11E-02	3.00E-02		4.13E-02
CONVS	0.000169**		3.03E-04***	1.02E-06		4.35E-05
	8.00E-05		0.000106	6.43E-05		7.68E-05
FINSTR		6.00E-02	1.29E-01**		6.04E-02	4.65E-02
		5.44E-02	5.03E-02		6.57E-02	7.31E-02
STRVS		0.000157	-0.000619**		4.91E-04**	2.82E-04
		0.000162	0.000253		0.000209	0.000256
PGDP	-9.22E-07	-1.44E-06	-1.17E-06	-3.89E-06***	-6.14E-06***	-5.85E-06***
	1.07E-06	1.27E-06	1.07E-06	1.06E-06	1.81E-06	1.72E-06
观测个数	62	45	45	63	45	45
Adj-R^2	0.59	0.71	0.78	0.56	0.65	0.66
AIC	-3.399	-3.63	-3.89	-3.15	-3.11	-3.1
F值	22.92	27.91	28.03	21.07	21.24	15.23

1. 估计系数结果下方的数字是经过异方差调整之后的标准差。
2. *、**、***代表估计系数在 10%、5% 和 1% 的统计水平上显著；
3. 表中没有列出截距项计量结果，在所有估计结果中，截距项都显著异于零。

金融结构与经济增长

5.4 和 5.5 的结果再次印证了我们的假说。同时也表明，在考察金融体系与产业结构的性质之后，FLI 认为金融体系结构特征并不重要的观点应该在很大程度上予以修正。

最后，我们考察改变对企业规模的定义是否会对现有结果造成影响。我们重新定义企业平均规模为单位企业的增加值大小（VS），相应的，交叉项分别为 CONVS 和 STRVS。其结果列于表 5.6，并呈现和表 5.1—表 5.5 基本类似的结果。结果（1）—结果（3）的被解释变量是制造业人均增加值的增长率，结果（4）—结果（6）的被解释变量是制造业增加值的增长率。结果（1）、（2）和（4）、（5）同样表明银行结构对制造业增长的作用主要体现在对制造业人均增加值而不是对整个制造业增加值的作用上。结果（3）和结果（6）同时考察了银行集中度、金融结构及其交叉项。在结果（3）中，银行集中度及其交叉项的估计系数符号符合预期并显著，但 STRVS 的估计系数符号却显著为负，对照其结果，估计主要是由于出现多重共线性。[①] 结果（6）中，几乎所有的变量均不显著，这与前几张表中相同模型设定时的结果是一致的。

第六节　结　　论

金融体系的结构特征（银行集中度、融资结构）究竟对经济是否具有某种作用，一直是理论界争论不休但却没有一致结论的问题。本文首先对现有有关金融体系结构理论进行了较为全面的综述，接着分析了金融体系结构特征对于经济发展和增长的重要意义。本文的观点认为，如果银行结构、融资结构与经济结构的内容和要求相匹配，将会有利于经济的发展和增长；反之，则会对经济的发展和增长起阻碍作用。最后我们利用跨国的制造业数据对我们的假说进行了实证检验。

实证结果对我们的假说提供了有力的支持，结果表明，给定经济发展的阶段，金融体系的结构特征与制造业企业平均规模之间是否匹配（matching）的确会对制造业的增长起到显著的作用。特别地，无论制造业企业平均规模大小，银行集中度会对制造业的增长产生一般性影响；而单

---

① CONVS 和 STRVS 的斯皮尔曼相关系数达到 0.71。

独的融资结构的影响则不明显。① 前者可能说明,许多国家对于银行业的干预使银行业处于过度垄断的状态,同时忽视中小银行的重要作用。后者说明,股票市场和银行的相对发展规模及其演变与实际产业的规模结构存在密切联系,片面强调某一方的作用是不正确的。一国的宏观经济环境、制度环境和政局稳定性也会对制造业的增长产生影响,但(除通货膨胀外)他们的影响在很大程度上受模型设定形式的影响。另外,我们的结果还表明各个假说之间更多是互补的而不是互相排斥的。在许多情况下,关于银行结构的一般均衡的观点与关于融资结构的观点同样在我们的结果中得到了印证。这或许意味着一个更好的理论框架应该充分考虑各种理论假说之间的互补性。

---

① 这一结果在某种程度上包容了 Levine(2000),Levine & Beck(2001)的结论。

发展战略与东亚金融危机[*]

——对我国的经验教训

引　言

在 1999 年 11 月 15 日和 2000 年 5 月 18 日我国分别与美国和欧盟就我国加入 WTO 达成双边协议之后，我国加入 WTO 的进程已经进入最后的冲刺阶段。由于我国的发展中国家地位，加入 WTO 之后不会立即完全开放市场，而是按照各个行业发展程度的差别享有期限不等的缓冲时期。[①] 这就为我国有针对性地调整经济、减少因市场开放而对经济造成的危害提供了时间。目前国内各界针对加入 WTO 进行的各种讨论目的正在于此。由于金融在经济发展中的重要性，有关加入 WTO 对中国金融业影响的讨论就特别引人注目。加入 WTO 以后的金融风险防范问题就是其中之一。

一般来说，贸易和金融是一国经济与国外发生联系的两条基本渠道。加入 WTO 将使得这两条渠道的联结变得更加紧密。在贸易方面，加入 WTO 为进出口的增加提供了更大的可能性；在金融方面，即使资本账户仍然没有开放，外资金融机构的进入也增加了外资进出的渠道。这两方面的变化都将对一国的国民经济造成巨大的影响。东南亚金融和经济危机的教训已经告诉我们，在经济对外开放程度增大的情况下，国家经济结构的扭曲、经济政策上的失误很可能诱发金融危机，从而影响经济的正常发展。正是从这一考虑出发，本文将结合我国的实际情况深入探讨加入 WTO 后的金融风险防范问题。

---

[*]　本文和李永军合作，发表在《改革》2001 年第 1 期，原文的名称为"按照比较优势调整产业结构，减少金融风险"。

[①]　我国与要求谈判的各国已经达成的关于中国加入 WTO 的双边协议大都尚未公布，所以市场开放时间表的具体内容并不清楚。目前所能参考的只有美国政府单方面公布的中美协议。协议详细内容见美国政府官方站点 http://www.uschina.org。

在这一问题上,目前的讨论往往集中于金融业本身或宏观政策方面。与这些讨论不同的是,本文所关注的是经济的产业结构在金融风险方面的意义。目的要指出的是,只有按照国家资源禀赋的比较优势来调整经济,才能最大限度地增加企业的竞争力,使投资取得最好的收益,降低投资失败和金融风险发生的概率。

文章分为三个部分:第一部分探讨金融风险发生的根本原因,第二部分以东南亚金融危机为例对第一部分中的结论进行论证,第三部分则通过对韩国和中国台湾经历的对比指出按照资源比较优势调整产业结构的必要性。

一

一般来说,融资分为两种方式,即直接融资和间接融资。间接融资是通过银行等金融机构进行的融资。在融资过程中,金融机构与资金所有者和资金使用者之间形成两个层次的委托—代理关系。直接融资则是脱离金融媒介的融资。在融资过程中,资金所有者与资金使用者在金融市场上直接进行交易。

无论何种融资方式,资金所有者在决定是否让渡资金时的最终依据是他对资金回报率和风险的预期。在预期资金的回报率降低或风险增大时,资金所有者可能会撤回资金,从而导致融资失败。如果这种不良预期在经济中传播开来,甚至导致信心的崩溃,众多的资金所有者就可能同时撤回资金,造成金融危机。

在间接融资方面,金融危机可能表现为金融机构的流动性危机或支付危机。在直接融资方面,危机可能表现为投资者的抛售行为。由于信息的不完全,在这种情况下,即使经营状况良好的企业也可能难以取得资金,造成经营困难。企业经营的困难势必危害经济的增长并造成失业率上升等诸多社会问题。此时,金融危机发展成为经济危机。

上述结论是在一个封闭经济的模型下做出的推断。对外开放和外资的引进则增加了其内容,即对引进外资的支付能力问题。

外资的进入可能采取直接投资的形式,也可能通过国家或本国金融机构的媒介以贷款的形式进入国内。在一个资本账户已经开放的国家,外资也可以直接进入证券市场购买有价证券。一般来说,直接投资形式的外资比较稳定，另外两种形式的外资——尤其短期贷款形式的外资和流入证券市场的外资——则稳定性较差。

与封闭经济模型的情况相类似，国外投资者的投资决定完全取决于其对资金收益率和风险程度的预期。预期到资金收益率降低或风险增大，投资者就会撤回资金。不同的是，这里的风险又增加了汇兑风险。由于资金必须兑换为相应的外币才能撤出国内，资金引进国必须具备足够的外汇支付能力。一旦支付能力不足，投资者就可能遭受损失。

在外资争相出逃时，资金引进国就可能出现外汇的流动性危机或支付危机，同时出现巨大的货币贬值压力。国家可能会动用其国际储备来干预外汇市场以期维护汇率稳定。这种干预能否达到预期目的取决于投资者发生恐慌的程度、国家外汇储备是否充足等因素。在干预失败的情况下，国家就必须在货币贬值或控制资本账户之间进行选择。另一方面，外资的出逃一定会对国内使用外资的相应部门造成影响。因此，货币危机往往会演化为国内的金融危机和经济危机。

综合上述论述，我们发现，资金所有者——无论是国内的还是国外的——在进行让渡资金或撤回资金决策时的基本依据都是他们对资金收益和风险的预期。但是，预期未必在任何时候都能符合经济的实际情况。相应地，在探讨金融危机的原因时，往往有两种不同的意见同时出现。一种意见可能认为，投资者信心的崩溃是因为他们正确地预期到了经济运行的基本方面出现问题。在宏观方面，可能的因素包括增长率下降、通货膨胀率上升、失业率增加、国际收支不平衡等；在微观方面，可能的因素主要是企业部门经营效率的下降、投资失败、亏损增加等。另一种意见则可能认为，危机主要是一种金融恐慌，是投资者信心的无端崩溃，预期的变化未必有经济基本因素的支持。

应该说，在任何时候，两种可能性都是存在的。在金融危机爆发之后，恐慌情绪可能在周围国家或地区间传播。此时，即使经济基本面运行良好的国家或地区也可能出现金融危机。但是，经济基本面运行良好的国家成为危机策源地的可能性却比较小，并且这些国家在经济危机中受到的损害往往也比较小。所以，为了防范金融危机，正确的态度应该是相信投资者对资金收益和风险预期的变化反映了经济运行效率的变化，并根据这一原则来调整经济结构和经济政策。

从微观经济的角度讲，经济运行效率的变化主要表现为企业部门赢利能力和国际竞争力的变化。当企业部门的赢利能力降低时，银行等金融机构的投资收益降低、风险增大,产生不良资产的可能性增大。同时,股票和债券的收益率也会降低。这些变化都会促使资金所有者产生悲观预期。悲观预期必然蕴藏着金融风险。一旦发生外在冲击,悲观预期就很有可能演变为信心的崩溃,导致金融危机。同时,企业部门的盈利能力降低往往是与国家国际竞争力的降低相一致的。国际竞争力的降低可能会导致经常项目逆差,而长期的经常项目逆差又会限制国家的外汇支付能力,促使国外投资者产生怀疑情绪。在这种情况下,一旦遇到某种冲击和国际投机家的炒作就很容易爆发货币危机。

上述分析可以从东南亚各国(或地区)在金融危机过程中的经历得到印证。

我们看到,泰国、韩国、印尼是受危机影响最严重的国家,新加坡、中国香港和中国台湾地区则是受危机影响较小的国家或地区。表1给出了几个东南亚国家(或地区)1997、1998两年经济增长率和货币贬值程度的数据。可以看出,虽然经历了危机,新加坡和中国台湾的增长率仍然是正的。中国香港在1998年出现了负增长,但经济下滑的程度仍然低于其他三国。另一方面,泰国、韩国、印尼都出现了大幅度的货币贬值。新加坡和中国台湾货币贬值的幅度则较小。此外,中国香港虽然遭受国际炒家联手攻击,仍然维护了其联系汇率制。

表1　东南亚国家(或地区)金融危机过程中的经济增长率和汇率贬值幅度(%)

	GDP 增长率		汇率贬值	
	1997 比 1996	1998 比 1997	1997 比 1996	1998 比 1997
泰国	− 0.43	− 8.04	− 19.20	− 24.16
韩国	5.01	− 5.84	− 15.44	− 32.12
印尼	4.91	− 13.68	− 19.49	− 70.95
新加坡	7.99	1.49	− 5.04	− 11.28
中国香港	5.26	− 5.13	− 0.10	− 0.04
中国台湾	6.77	4.83	− 4.34	− 14.21

资料来源:采用 Asian Development Bank(1999)数据计算得出。

注:GDP 数据为当年真实 GDP,汇率数据采用当年对美元的平均汇率。

363

发展战略与东亚金融危机

一般认为，各国受危机影响的严重程度与下面几个因素有关：

(1) 各国贸易条件恶化和经常项目出现赤字的程度。

表2显示，20世纪90年代以来泰国、韩国、印尼的经常账户总是处在逆差状态，而新加坡、中国香港、中国台湾的经常账户则基本上处在顺差状态。表3给出了上述各国或地区在20世纪90年代历年中的贸易余额。从中可以看出，贸易逆差常常是经常项目逆差的主要原因。泰国和韩国在20世纪90年代以后的多数年份都出现贸易逆差。而新加坡和中国台湾的贸易则一直处在顺差状态。

表2　危机前各国(地区)经常账户余额占 GDP 的比例(%)

	1990	1991	1992	1993	1994	1995	1996	1997
泰国	−8.74	−8.01	−6.23	−5.68	−6.38	−8.35	−8.51	−2.35
韩国	−1.24	−3.16	−1.7	−0.16	−1.45	−1.91	−4.82	−1.9
印尼	−4.4	−4.4	−2.46	−0.82	−1.54	−4.27	−3.3	−3.62
新加坡	9.45	12.36	12.38	8.48	18.12	17.93	16.26	13.9
中国香港	8.4	6.58	5.26	8.14	1.98	−2.97	−2.43	−3.75
中国台湾	7.42	6.97	4.03	3.52	3.12	3.05	4.67	3.23

资料来源：Giankorlo Corsetti, etc. (1998), page 41, table 1.

注：表中数据来自各国(地区)国民收入账户(NIA)。

表3　危机前各国(地区)的贸易余额占 GDP 的百分比(%)

	1990	1991	1992	1993	1994	1995	1996	1997
泰国	−7.75	−6.88	−4.7	−4.56	−5.18	−7.09	−6.65	0.14
韩国	−0.81	−3.04	−1.42	0.06	−1.22	−1.63	−4.36	−1.44
印尼	1.68	0.91	1.81	1.48	0.72	−0.76	−1.14	0.22
新加坡	6.76	10.62	9.29	8.12	14.87	15.38	13.62	12.55
中国香港	−0.47	−2.07	−4.14	−3.17	−8.49	−14.47	−12.18	−12.67
中国台湾	4.74	4.39	1.69	1.6	1.66	1.61	3.45	2.35

资料来源：香港数据根据 Asian Development Bank(1999)数据计算得出。其他数据来自 Giankorlo Corsetti, etc. 1998, page 41, table 3

中国香港的情况有一些特殊。它的经济完全是一个城市经济，服务业特别发达。相对于其他国家或地区来说，其经济对有形商品的生产和贸易的依赖程度比较小。所以虽然其贸易余额在1990年代以来一直为负，但在大部分年份,其经常项目余额为正。[①]

(2)一国经济增长对外资的依赖程度。

研究发现,危机严重的国家(地区)经济增长对外资特别是外债的依赖程度比较高。从表4中我们可以看出,泰国、韩国、印尼的外债占 GDP 的比例大大高于新加坡、中国香港和中国台湾。

表4　危机前东南亚各国(地区)的外债占 GDP 的比例(%)

	1990	1991	1992	1993	1994	1995	1996
泰国	32.8	38.8	37.51	34.1	33.31	33.78	50.05
韩国	13.79	13.51	14.34	14.18	14.32	23.8	28.4
印尼	65.89	68.21	68.74	56.44	60.96	61.54	56.74
新加坡	11.23	11.07	9.47	9.45	10.79	9.84	10.74
中国香港	16.80	14.84	14.99	14.35	18.38	16.60	15.44
中国台湾	11.04	10.73	9.37	10.44	10.87	10.4	10.07

资料来源:同表2,第46页。

(3)短期外债对外汇储备的比例

危机严重的国家(地区)短期外债对外汇储备的比例相当高。从表5中可以看出,韩国、泰国、印尼在危机前短期外债对外汇储备的比例接近或超过100%,而新加坡、中国香港、中国台湾的相应比例则最多只达到20%左右。

表5　危机前各国(地区)短期外债对外汇储备的比例(%)

	1990	1991	1992	1993	1994	1995	1996
泰国	62.55	71.31	72.34	92.49	99.48	114.21	99.69
韩国	72.13	81.75	69.62	60.31	54.06	171.45	203.23
印尼	149.28	154.62	172.81	159.7	160.36	189.42	176.59
新加坡	2.65	2.67	2.35	2.04	1.75	1.78	2.6
中国香港	23.52	21.78	18.38	17.09	16.49	14.16	22.35
中国台湾	21.56	20.21	21	23.64	21.76	21.64	21.31

资料来源:同表2。

---

①　克鲁格曼在评论美国对中国贸易逆差时,曾戏言如果美国人对美国的巨额逆差感到不舒服,可以将纽约市划成一个独立贸易区,并拥有自己独立的国际贸易核算,那么,美国其他州输往纽约市的商品将被视为出口,基本不从事实物生产的纽约将会处于贸易赤字的状况,其他各州则将有贸易盈余。但纽约对外的无形商品输出将弥补绝大部分的商品贸易赤字,而且,许多住在纽约的有钱人的外地投资也会给纽约带来可观的收入,纽约在包含商品贸易、服务输出和投资所得的经常账户中将有盈余(Krugman 1998)。香港的情形和纽约相似。

（4）银行等贷款性金融机构不良资产累积的程度

不良贷款占全部贷款的比例反映了银行等贷款性金融机构的脆弱程度。表 6 显示，按照官方的估计，危机前除了泰国和马来西亚外，其他国家的不良贷款比例都不高。但根据 Corstti 等人的估计，东南亚各国的贷款性金融机构在危机前普遍有较高的不良贷款比例。表 6 还引用了 1998 年 J.P.摩根等机构或个人做的一些估计以作例证。这是因为，由于东亚各国的金融制度不健全，金融机构往往倾向于隐瞒不良贷款。但是，危机的爆发使许多被隐瞒的不良贷款显现出来。当然，许多新增不良贷款是由于危机的爆发而造成的。但不良贷款比例的突然增大也能说明它在危机前的严重程度。

表 6   危机前各国金融机构不良贷款占全部贷款的比例(%)

	泰国	韩国	印尼	马来西亚	菲律宾
危机前的估计					
官方估计(1996)	7.7	0.8	8.8	3.9	—
Corsetti 等人的估计	13.3	8.4	12.9	9.9	14
1998 年的估计					
J.P.摩根	17.5	17.5	11	7.5	5.5
Goldman Sachs	18	14	9	6	3
1998/1999 最高峰时的估计					
J.P.摩根	25—30	25—30	30—35	15—25	8—10
S & P	35—40	25—30	40 +	20	—

资料来源：Andrew Berg, 1999。

（5）企业经营对外部资金的依赖程度

在危机严重的国家(地区)，企业自有资金少，企业经营对外部资金——特别是债务形式的外部资金依赖程度比较高，导致较高的杠杆融资水平。以问题最严重的韩国为例，在 1996 年排名前 30 位的大企业中，债务—股东权益百分比(debt equity ratio)超过 1 000 的有 4 家，500 至 1 000 之间有 10 家，300 至 500 之间有 27 家，只有 3 家企业低于 300。其中，杠杆水平最高的企业(真露集团)债务—股东权益比高达 8 598.7，最低的企业(东天集团)也接近 200(为 191.2)(参见 OECD, 1999)。图 1 则给出了泰国、韩国、印尼在 1991 和 1996 年企业平均的债务—股东权益比，并将他们与中国台湾和美国的情况作比较。我们发现，从 1991 到 1996 年泰国和韩国企业的杠杆融资水平上升很快，大大超过中国台湾和美国的水平。

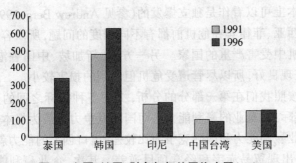

图1 各国(地区)财务杠杆的平均水平(%)

资料来源:泰国、韩国、印尼数据来自 The World Bank(1998)第 73 页;中国台湾和美国的数据来自 Borensztein and Jong-wha Lee(1999)。

(6) 企业经营的效率

危机严重的国家企业效率低下。其外在的表现为赢利能力低,甚至亏损严重。据统计,在金融危机前的 1996 年,上述前 30 家韩国大企业中,只有 16 家净利润为正,有 20 家企业的投资收益不能弥补成本,并且其中的 8 家实际上已经破产(参见 Giankorlo Corsetti, et. 1998 和 OECD 1998)。此外,图 1 给出了危机前各国企业平均利润率在 1991 年与 1996 年的对比。我们看到,泰国企业的平均利润率下降很快,韩国企业的平均利润率本来就已经很低,但仍然有很大下降。

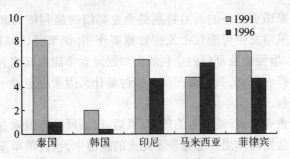

图2 危机前各国企业平均利润率变化(%)

资料来源:Andrew Berg, 1999。

根据现有文献的研究,上述指标的加总基本上反映了一个国家(地区)爆发货币危机和银行危机的可能性。比如泰国和韩国在各项指标上的表现都非常差,所以泰国成为金融危机的策源地。并且一般认为,韩国危机的爆发也并非完全由于受到泰国危机的传染。由于韩国企业问题的严重性,危机基本上可以看作是独立爆发的(参见 Andrew Berg,1999)。印度尼西亚、马来西亚、菲律宾在危机前都有不同程度的问题,所以容易被危机传染,成为危机中受害严重的国家。另一方面,新加坡、中国香港、中国台湾多数指标表现良好,所以尽管遭受危机但受到的损害较小。

最后,按照我们在第一部分的分析,上述各种指标之间的关系并不是平行的。实际上,企业的赢利能力进而国际竞争力是最为根本的指标。首先,如果企业赢利能力和国际竞争力比较差,出口创汇的能力就比较差,因此国家容易出现贸易赤字和经常项目逆差。其次,企业赢利能力差,投资收益率低,银行给企业贷款的平均风险程度自然会提高,一旦贷款失败就形成不良贷款。第三,企业赢利能力差,内部积累的能力也就比较差,对外部资金的依赖就比较强。但是,由于企业效益差,直接融资的可能性相对较小,于是就更多地依赖于间接的债务融资。在经济高速发展的时期,企业的投资需求往往不能由国内储蓄完全满足,所以国家就容易累积外债。最后,经常项目的长期逆差限制了国家积累国际储备的可能性,从而国家的外债余额对外汇储备的比例就比较高。

三

既然国家微观经济的活力特别是企业部门的赢利能力和国际竞争力在决定金融风险发生可能性上发挥着重要作用,调节经济结构、促进微观经济的活力、增强企业部门的赢利能力和国际竞争能力就成为防范金融风险的必要选择。因此,我们必须深入探讨是什么因素决定着一国企业部门的赢利能力和国际竞争力。

对单个企业来说,经营者的能力、机遇、市场风险等因素在决定企业是否赢利上都会发挥作用。在竞争不完全的经济中,也许单单垄断地位就能够确保企业赢利。所以,我们所要寻找的因素应该是具有普遍意义的因素。

一般来说,在所有因素中,最重要的因素是企业的生产成本。从单个企业的角度讲,降低经营成本是增加产品竞争力和赢利能力的有效手段。从行业的角度讲,也只有那些具有成本优势的行业或部门才具有国际竞争力。

在成本的决定上,有一个因素发挥着至关重要的作用,那就是国家资源禀赋的比较优势。从理论上讲,国家资源禀赋是指国家所拥有的资源的数量和质量构成。在市场经济中,相对丰富的资源价格就比较低;相对稀缺的资源价格则比较高。这样,大量使用相对丰富资源的企业部门的产品就具有成本优势,在同样的市场条件下就具有较强的赢利能力。反之,大量使用相对稀缺资源的企业赢利能力就比较差。

在市场经济中,各个部门之间会竞争资源的使用权。由于赢利能力较强的企业能够支付较高的资源使用费,资源就一定会流向这些赢利部门。这就是市场经济的资源配置过程。

由于不具有比较优势的部门,即较多使用相对稀缺资源的部门,在竞争的市场经济中往往不能赚取足够的利润来支付资源使用的费用,它们就可能不具有自生能力。[①] 如果国家一定要发展这些部门就只能采取足够的扶持措施。典型的扶持政策可能包括关税或非关税壁垒、税收优惠、金融扶持(比如优惠贷款)、给予垄断地位等。

在这方面,我国改革开放前经济发展的过程是一个很好的例证。为了早日实现赶超发达经济体的目标,五十年代开始,我国实行了优先发展重工业的经济政策。由于重工业的发展需要大量资本投入,这一政策就与我国劳动力丰富、资本相对稀缺的资源禀赋特征相违背。在这样的政策下所发展的重工业也就不具备自生能力。所以,国家实行了一系列扶持重工业的政策,包括压低资金、能源、原材料价格等,并由于这种价格干预政策引申出其他一系列的制度安排,形成了资源配置的计划经济体制(参见林毅夫等(1999),第2章)。

实际上,单纯从促进特定部门发展的角度看,上述扶持政策可能是非常有效的。但是,这种将资源从其能取得最大收益的地方强行调离的政策措施从全局来看则是非常有害的。由于在这种政策下资源不能配置到能够取得最大收益的经济部门,国家资本积累的潜力就被损害了。从长期来讲,资本积累不足必然阻碍国家的经济增长。所以,这种目的在于促进经济增长的政策的执行往往会得到恰恰相反的结果。二战后曾经长期执行这种政策的许多发展中国家的发展经历已经证明了这一点(参见林毅夫等(1999),第3章)。

不仅如此,这种政策还会造成一系列的经济扭曲,并可能由此引发经济动荡,金融风险的增加就是后果之一。当资源不能按照比较优势进行配

---

① 关于"自生能力"的详细论述参见 Lin, Justin Yifu and Tan, Guofu(1998)。

置时,国家最具赢利能力和国际竞争力的部门不能得到发展,优先发展的部门赢利能力又比较差,这样,企业平均的赢利能力和国家的国际竞争力就被降低,然后——按照我们在上文已经指出的逻辑——金融风险的增加就不可避免了。

国家的干预政策还可能通过另一种渠道增加金融风险。正如我国的情况所展示的,不具备资源比较优势的企业本来没有自生能力,却由于国家发展战略的需要而存在,这样的企业就背负着战略性政策负担。[1] 政策性负担的存在势必扭曲企业的公司治理结构,弱化企业内部的激励机制,增加管理人员道德风险发生的概率,进而造成管理不善,而管理不善又会进一步降低企业本来就已经很低的赢利能力。另外,融资方面的扶持往往是国家对背负战略性政策负担的企业进行扶持的主要途径之一。这种扶持对金融机构的正常经营构成很大压力,形成了金融机构的政策性负担。一方面,由于背负政策性负担的企业赢利能力差,投资失败造成不良贷款的可能性就大;另一方面,在信息不对称的情况下,国家难以分辨不良贷款是由于企业经营原因造成的还是由于政策性负担造成的,这就为金融机构经营人员发生道德风险创造了条件。道德风险进一步增加了金融机构投资失败的可能性,其结果,不良贷款不可避免地累积起来。

东亚国家经济发展和近期金融危机的经验和教训也说明了上述结论。我们可以说,东亚国家经济发展的成功是因为这些国家的经济政策倾向于按照要素禀赋的比较优势发展经济;而近期东亚国家的金融危机又说明了国家选定重点产业或部门进行支持的经济发展战略往往蕴涵着巨大的风险。两个方面看似矛盾,实际上是有机地结合在一起的。

二战之后,一大批新独立的国家实行了"进口替代战略"。这种战略的实质就是通过国家的扶持和保护尽快建立起一些资本密集的工业部门,使经济早日赶上或超过发达国家。由于这些新独立国家多数是一些劳动力丰富、资本稀缺的国家,"赶超"的政策取向就与其要素禀赋的比较优势不相符合。按照上面的分析,其执行结果往往会适得其反。事实也证明了这一点。

与之相反,由于自然资源稀缺[2]、经济规模较小从而可动员的资源有

---

[1] 关于"政策性负担"的详细论述参见 Lin, Justin Yifu and Tan, Guofu(1998)。
[2] 台湾地区经济学家于宗先(1991)曾经将台湾在二战后的经济发展概括为一个简单的模式:"台湾因限于天然资源不丰富,不足以自给自足,而人口密度相对过高,急需创造就业机会,因此,台湾必须拓展对外贸易,始能图存而有发展。"

限,东亚国家和地区无力长期支持效率低下的"赶超战略",只能按照其要素禀赋的比较优势来发展经济。结果,这些国家的经济发展反而取得了令世人瞩目的成就。同时,由于经济结构符合比较优势,产品的国际竞争力比较强,东亚国家的经济往往具有外向型特征(参见林毅夫等(1999),第4章)。

但是,在东亚国家(或地区)之间,经济政策进而经济结构符合自身比较优势的程度也有所差别。一些国家在取得了最初的经济发展因而有了一定的资金积累之后,经济政策上的选择开始出现"赶超"倾向,经济结构也逐渐偏离自己的比较优势。对比较优势的偏离在一定程度上损害了经济的健康发展。我们看到,虽然东亚国家在经济发展上都取得了一定的成绩,但成绩有大有小,并且在此次金融危机中受到的损害也有差别。按照我们的分析,这些差别与这些国家偏离自己比较优势的程度有密切的关系。

在这方面,韩国和我国台湾地区的经济发展历程是人们最常引用的例子。二者的经济增长同样取得了巨大的成绩,但是二者的经济发展模式却有一定的差别。在二战结束之初,与大多数发展中国家一样,二者同样执行了"进口替代"的经济发展战略,但由于上面已经提到的原因,在20世纪60年代初,二者又不约而同地转向"出口导向"的经济发展战略。我们已经指出,由于这种战略有助于国家按照自己的资源比较优势调整经济结构,所以该战略的执行使得经济得到长足的发展。不同的是,20世纪70年代初,韩国在实行"出口导向"战略的同时又推出了大力发展"重、化学工业"的经济政策。这样,20世纪70年代以后韩国的经济政策实际上是一种"出口导向"和"进口替代"的结合,其中包含了很大成分的"赶超"因素。①

由于重、化学工业的资本密集特性,这些行业的规模经济都比较显著,所以重、化学工业的优先发展往往等价于大企业的优先发展。国家为了发展重、化学工业,给予企业在税收、信贷等多方面的支持,这些措施也有助于大企业集团向非重、化学工业行业的扩展。这样,韩国的大企业集团就逐渐在经济中取得了支配性地位。与之相对,我国台湾地区的经济发展则

---

① 实际上,许多经济学家早就注意到并讨论过韩国经济政策上的这种混合趋势。比如,Dornbusch & Park (1988)指出,韩国在实行出口导向政策的同时,也采取了有力的政策措施来保护其幼稚产业,这一点"与拉美国家的做法很相似"。

更好地利用了自己的比较优势，即更多地发展劳动密集型产业。其结果，台湾地区的经济主要依赖于众多的中小企业。表7和表8给出了韩国和中国台湾企业部门的一些数据。其中，表7反映了一些主要行业中大企业集团销售额占市场总销售份额的比例。从中可以发现，与中国台湾相比，韩国经济中生产的集中程度是非常高的。表8则给出了制造业中大企业集团的销售所占份额。我们发现，在其中5个行业中，大企业集团的销售份额超过50%，这些行业几乎都是重工业；在其中8个行业中，大企业集团的销售份额占25%—50%，其中很多行业也是重工业。

表7　1983年韩国和中国台湾主要行业中大企业集团的市场份额(%)

行业	韩国前50家企业的销售份额	中国台湾前96家企业的销售份额	行业	韩国前50家企业的销售份额	中国台湾前96家企业的销售份额
矿业	10.6	0.0	运输仓储	23.1	1.8
制造业	45.4	19	金融	—	5.8
建筑业	66.0	5.6	商业	—	4.1

资料来源：Robert C. Feenstra, etc. (1999)。

表8　大企业集团在制造业各行业中所占销售份额(%)

行业	韩国前50家企业集团	中国台湾前96家企业集团	行业	韩国前50家企业集团	中国台湾前96家企业集团
纺织	38.4	50.7	木材加工	31.5	4.0
造纸、印刷、出版	6.7	20.1	化工产品	24	8.4
化工原料	54.3	42.4	橡胶制品	76.8	13.0
石油、煤制品	91.9	0.0(95.9)	塑料制品	0.1	5.4
石、土、玻璃制品	44.6	47.6	皮毛制品	15.2	9.1
黑色金属	28.0	7.8(30.7)	工业机械	34.9	3.6(9.8)
有色金属	26.7	6.0	电子	50.9	22.7
食品	33.7	26.3(40.7)	运输工具	79	23.6(39.0)
饮料和烟草	22.6	3.8	精密仪器	14	0.0
成衣	12.6	12.0	合金制造	5.2	10.7

资料来源：同上。
注：括号内数据包括公营企业。

　　虽然韩国在经过20世纪60年代的发展以后已经有了一定的资本积累，但相对于发达国家来说，其资本仍然是更加稀缺的。在当时开始优先发展这些工业，超越了其资源禀赋的比较优势。我们看到，尽管有政府的各种支持，韩国的大企业集团仍然普遍缺乏盈利能力，甚至亏损严重。韩国之所以成为此次金融危机中受害最严重的国家,原因正在于此。

结　语

通过理论分析和经验考察,我们发现一国的经济结构是否符合其资源禀赋的比较优势不仅决定了国家经济发展的速度,还直接影响着国家经济运行的稳定性,其中包括国家发生金融风险的可能性。这里将文章的主要观点总结如下:

(1) 如果一个国家的经济结构符合自己资源禀赋的比较优势,则这个国家的企业部门就能够最大限度地利用自己的成本优势进行生产,取得最大的收益;

(2) 企业部门赢利能力强,则金融机构贷款损失的可能性小、金融市场活跃。在此情况下,一方面,金融机构的支付能力强;另一方面,投资者的信心充足,从而国内发生金融风险的可能性就比较小,在受到外部冲击时的抵御能力也比较强。

(3) 企业部门拥有成本优势,则产品的国际竞争力强,出口创汇的能力强,对外贸易进而经常项目不容易出现逆差,这就意味着国家有比较强的外汇支付能力;同时,企业部门的赢利能力强,自我积累的能力也就强,国家经济发展对外资的依赖程度就相对比较弱。二者相结合则减少了国际金融波动对国内金融业的影响,增加了国内金融业的稳定程度,减少了对外金融风险。

综上,为了防范金融风险,首先要做的应该是调整国家的经济结构,使其更符合国家资源禀赋的比较优势,从而既能够降低金融风险发生的概率,又可以保证国家经济发展的速度。

第5部分
经济转型

北京大学中国经济研究中心研究系列

自生能力、经济发展与转型：理论与实证

计划经济向市场经济的转型[*]

——来自中国的经验

第一节　导　　言

　　社会主义国家自上世纪 80 年代开始的从苏联模式的计划经济向市场经济的转型,是现代经济发展史上最重要的事件之一。而中国的转型经历与东欧以及前苏联国家(以下简称苏东国家)的转型经历形成了许多有趣的对比。在苏东国家转型开始之际,大多数西方经济学家都倾向于采取包含稳定经济、放开价格和私有化等措施的激进方法。他们认为这三项改革都是计划经济向市场经济成功转型的必需条件,并试图同时或在一个很短的时间内完成所有的三项改革(Blanchard 等 1991, Gomulka 1989, Kahn and Richardson 1991, Lipton and Sachs 1990)。激进改革实质上就是之前所达成的华盛顿共识的一个翻版。而华盛顿共识是基于新古典经济学关于一个市场正常运行所必须具备的条件的基本经济学原理,并且在用于发展中国家市场化改革中得到国际货币基金组织/世界银行的推崇。激进改革的倡导者们预期在苏东国家的转型过程中,经济增长会像一条"J 曲线"。也就是说,他们预期采用激进改革的国家 GDP 会在转型初期出现下降,但在短期后就出现一个强劲的经济恢复,因此大多数苏东国家都采用了激进改革。然而,激进改革出乎预料地导致了一场急剧和持久的经济衰退,与此同时,经济伴随着相当高的通货膨胀和其他社会指标的严重恶化(世界

　　[*] 本文是作者 2004 年 2 月 2 日应邀在瑞典哥德堡经济学院的研讨会上所作学术报告的论文,中文稿由张鹏飞翻译。这篇文章最早是和蔡昉、李周合作,英文原文"The Lessons of China's Transition to a Market Economy"于 1996 年发表于 *Cato Journal* 第 16 卷第 2 期,2004 年到哥德堡经济学院讲演时补充了近 10 年来中国和苏东、东亚转型国家的经验数据。

银行 1996, 2002)。①

自 1978 年底改革开始之初,中国就采取了一种渐进的改革方法来进行经济转型。这种方法是局部的、逐渐的、并且常常是试点式的改革,并且中国的改革没有实行大规模的私有化。② 中国的经济转型没有坚实的经济学理论来依循,也没有一个预先设定的改革蓝图。一些经济学家认为这种改革方法带有致命的缺陷,并且只能是搬石头砸自己的脚③,而认为激进改革既有理论上的完备性,又有实践上的可行性(Sachs 1993;Murphy, Shleifer, and Vishny 1992)。在 20 世纪 80 年代末,许多观察者预言中国的改革将无路可走,并且预言中国的改革经验将给苏东国家提供一个有用的反面教材(Prybyla 1990, p. 194)。然而,与苏东国家出现的经济崩溃和社会危机形成鲜明对照的是,中国自转型一开始就成为世界上经济增长最快的国家。并且,中国也成功地把通货膨胀率控制在了一个可接受的水平。④

中国经济转型到目前为止所取得的成功,对经济理论的众多传统看法提出了挑战(Chow 1997;Perkins 2002)。中国经济的成功转型,违背了几乎所有那些在转型初期向苏联和东欧的前社会主义国家提供政策建议的经济学家们的基本主张,而这些主张被认为是从计划经济向市场经济成功转型所必须具备的。⑤ 中国经济的成功转型也让许多经济学家感到困惑(Nolan 1995)。一些经济学家把中国的成功归因于它独特的初始条件,即中国有大量的农业劳动力、较低的人头补贴、权力相对分散的经济体制以及大量的、富足的海外华人(Balcerowicz 1994;Woo 1993;Sachs and Woo

---

① 在中欧、东南部欧洲以及波罗的海国家,产出的累积减少达到了 22.6%,而独联体国家则达到了 50.5%。2000 年,俄罗斯的 GDP 只有 1990 年的 64%,而在苏东国家中表现最好的波兰,2000 年的 GDP 只比 1990 年增长了 44%(World Bank 2000)。当然,在这些国家中,经济互助委员会的崩溃造成它们相互之间贸易的减少也是引起 GDP 减少的原因之一。然而,激进改革无疑是导致这些衰退的最主要原因(Brada and King 1991;Csaki 1994)。

② 在很大程度上,越南和老挝所采用的改革方法和转型的先后顺序类似于中国。这似乎是东亚转型的一个共同模式。

③ 用捷克斯洛伐克前财政部长 Vaclav Klaus 的话说,"在一个扭曲经济中进行部分改革比没有改革要更为糟糕。"(引自 Wiles 1990, p. 56)

④ 在 1979—2002 年间,中国的年均 GDP 增长率达到 9.4%,而同期的、用零售价格指数衡量的通货膨胀率则是每年 5.3%。

⑤ 根据 Nolan (1995, pp. 401—402),这些基本主张包括:(1)"市场社会主义"没有用;(2)除非有一个稳定的宏观经济,否则制度改革不可能取得成功;(3)除非价格由市场决定,否则企业就不会生产出社会最优的产出;(4)除非经济完全融入到世界经济中,否则经济发展将受到很大的抑制;(5)要快速地实现从中央计划经济向市场经济的转型;(6)民主政治制度是经济改革成功的必要条件。

1994,1997；Qian and Xu 1994)。① 按照这些经济学家的解释,中国的经验并不具有普遍意义,因为中国的初始条件是独一无二的。然而,另外一些经济学家却认为中国经济转型的成功对华盛顿共识提出了挑战。因为华盛顿共识认为,稳定经济、市场自由化和私有化是经济转型成功的必要条件,并认为中国的转型经验说明了渐进的、试点式的、自下而上的改革要优于系统的、全面的、自上而下的激进改革(Chen et al. 1992；Harrold 1992；Jefferson and Rawski 1995；McKinnon 1994；McMillan and Naughton 1992；Murrell 1991, 1992；Perkins 1992；Rana 1995；Rawski 1995；Singh 1991)。

当苏东国家开始转型时,社会主义意识形态已经崩溃。另外,当时也没有理论支持渐进的经济转型(Aslund 1990, p.37),而一种新的意识形态——"资本主义必胜主义"却四处弥漫。②因此,苏东国家试图进行一个快速的全面改革,并且渴望在短时间从计划经济跳跃到市场经济。③ 然而,正如《1996 年世界发展报告》所回顾的,波兰和其他国家的转型经验揭示了尽管稳定经济和市场自由化可能立即实现,但是私有化却需要几年的时间来完成,而支持市场体系的制度,例如法律和金融体系则需要几年甚至几十年的时间来完成。④ 因此,事实上,不管采取哪种转型方式,任何一个国家从中央计划体制向市场经济转型都将是一个渐进的过程。在渐进式的转型过程中,因为单个制度安排的有效性取决于制度结构中的其他制度安排的有效性,从而任何单个的制度安排都不可能先验地加以确定(Lin and Nugent 1995)。尽管市场体系被确认为转型的最终目标,并且经济学家和政策制定者也都了解市场体系是如何运作的,但是这个转型目标以及

① 然而,这些初始条件对中国转型来说不一定都是好处。见 Chang and Nolan (1995)的富有见解的探讨。

② 根据 Wiles (1995, p.48)所定义的资本主义必胜论是"撒切尔主义加乐观主义；也就是,货币主义加私有化加教条主义,同时也是"轻易取胜论"的不负责任的(非撒切尔)版本。"

③ 当 Jeffrey Sachs 在 1989 年 7 月给波兰改革提供改政策建议时,团结工会领导层对他的指示——"请给我们提供你认为合适的改革纲要。但这个改革纲要带来快速的和全面的社会变革。并且请你用这样的话作为改革纲要的开头,'只要按照这个纲要来进行改革,波兰将快速进入到市场经济。'我们想动作快一点,这是有益于我们社会的惟一方式,这也是有益于我们政治的惟一方式,并且我们从专家那里知道,这也是对经济有利的惟一方式。"——反映了当时大多数人对改革的心态(Sachs 1993, pp.43—44)。

④ 甚至最有名的激进改革的倡导者 Jeffrey Sachs 在私有化速度上的立场也有所改变。在1991 年世界银行的发展经济学年会上,他认为波兰应该加速私有化进程,并且认为如果不实行快速的私有化,那么波兰的整个改革过程将被拖延好几年 (Sachs 1991)。而在他后来的论述中,他只是认为转型经济的政府有进行私有化的必要(Sachs and Woo 1997)。

关于市场体系是如何运作的知识并没有为平稳的经济转型提供太多的指导。因此，我们有必要去了解中国经济转型的经验，搞清楚中国的经济转型如何能够伴随着快速而稳定的经济增长，以及中国经济转型方式是否对其他国家的经济转型有一个普遍的借鉴意义。

在经济转型前，中国与苏东国家都是苏联模式的计划经济体制。在本文的第二部分，我将论证这种计划经济体系的逻辑起点，并论证中国与苏东国家在经济转型前和经济转型后所遇到的众多经济问题，都是由于这些国家所采纳的违背比较优势的"重工业优先"的发展战略所造成的。在文章的第三部分，我会对中国的改革历程作一个回顾。来自中国改革过程的一些经验将在文章的第四部分给出。第五部分是本文的总结。

第二节　发展战略和传统的社会主义经济体制

由于所处发展阶段的不同，中国的农业部门所占的份额要大于苏东国家的农业部门所占的份额。尽管有这个差异，中国与苏东国家经济体制中的本质和问题是十分相似的（McKinnon 1995），他们在转型前都有苏联模式的计划经济体制。[①] 已经有经济学家认识到，苏联模式的经济是一个内在一致的统一体，这个统一体有着自身的内在逻辑和必需的组成部分，并且这些组成部分之间有着天然的相互联系（Ericson 1991；Kornai 1992）。林，蔡和李（2003）指出在一个资本稀缺的经济中，苏联模式的计划经济体制是内生于它们所采纳的"资本密集型重工业优先发展"的违背比较优势的战略的。

首先，通过把中国的情形作为例子，我将对采纳违背比较优势的发展战略对苏联模式的计划经济体制的演变的影响做出分析，并对在该发展战略下计划经济体制合乎经济合理性进行分析。中国改革前的经济结构具有"三位一体"的组成部分：（1）扭曲的宏观政策环境，其特征是人为压低的利率、高估的汇率、较低的名义工资率以及非常低的生活必需品和原材料价格水平；（2）对信贷、外汇和其他生产资料的计划配置；（3）以国有企业和集体农业为传统特征的微观管理体制。尽管中国实际所采纳的特定

①　尽管在 1989 年快速自由化之前，匈牙利和波兰进行了为期十年的放开市场的试验，但他们的经济大部分仍然是苏联模式的计划经济（Lavigne 1995）。

制度安排也和社会主义意识形态、中国共产党在革命时期所积累的经验以及中国政府的政治能力有关,但是这个"三位一体"的制度安排却是一个资本相对稀缺的农业经济中采纳违背比较优势的发展战略的内生选择。[①]我在表1对发展战略和经济结构之间的关系作了总结。

表1　中国传统经济结构的形成

外生发展战略和经济禀赋结构	内生经济结构	经济绩效
a. 重工业优先发展战略	1. 扭曲的宏观政策环境 i. 压低利率政策 ii. 高估汇率政策 iii. 压低投入品价格政策 iv 压低工资率政策 v. 压低生活必需品价格的政策	经济结构失衡
	2. 资源的计划配置	极低的技术效率 极低的激励机制
b. 资本稀缺的农业经济	3. 微观管理制度 傀儡式的国有企业和集体农场制度	

　　在1949年中华人民共和国成立之时,中国政府承接的是一个饱受战争摧残的农业经济,89.4%的人口居住在农村,工业产值只占国民收入的12.6%。而在当时,发达的重工业部门是一国国力和经济成就的象征。就像印度和其他许多新独立的发展中国家的领导人一样,当时的中国领导人当然也试图加速发展重工业。中国由于在1950年卷入朝鲜战争而引起西方国家的经济封锁和禁运,为了保障国家安全就更加迫切需要迅速赶上工业化强国。另外,20世纪30年代苏联国家建设所取得的显著成就与西方市场经济的大萧条形成了鲜明的对比,也给当时的中国领导人以信心和经验来采纳违背比较优势的发展战略来加速实现中国的工业化。因此,当经济在1953年从战争破坏中恢复之后,中国政府就开始把重工业作为优先发展的目标。这个发展战略的目标是尽可能快地提高中国生产资本品和军用物资的能力。经过一系列的五年计划,重工业优先发展的发展战略终

　　[①]　Perkins and Yusuf (1984, p.4)提到,在社会主义下的中国经济发展的独特特征是政府有能力通过行政渠道实行乡村水平的运动。因此,中国政府有能力实施一定的制度安排,例如集体农业制度而不是苏联的国有农场制度,这对于意识形态或者经济理性来说是很重要的,而在其他经济体中这样做也许是不可能的(Perkins 1966)。

于形成了。[①]

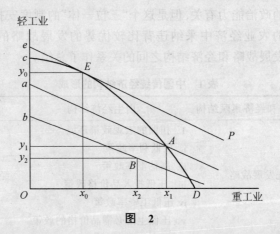

图　2

重工业是一种资本密集型的产业。而在 20 世纪 50 年代，中国却是一个资本稀缺、人均收入很低的农业经济。因此，在那时资本密集型的重工业不是中国的比较优势所在。在发展中国家，建设重工业项目一般有三个特征：(1) 重工业的建设周期较长[②]；(2) 至少在最初的阶段，重工业项目的大部分设备需要从发达国家进口；(3) 每个项目需要大量的投资。当中国政府在 20 世纪 50 年代开始采纳这个发展战略时，中国经济也有三个显著的特征：(1) 可获得的资本很有限，因此市场自由确定的利率也相当高[③]；(2) 外汇匮乏，而且外汇的价格很高，因为当时中国可供出口的产品很少，并且主要出口品大部分是价格低廉的农产品；(3) 由于中国人口绝大部分是贫穷的农业人口，因此经济的剩余相当少，并且这些相当少的剩余还分散于农业家庭中。由于中国经济的三个特征与重工业项目的三个

---

① 在1963—1965 年间，五年计划曾中断过，这恰好发生在 1959—1962 年间的农业危机之后。第一个至第七个五年计划所跨年度分别是，1952—1957，1958—1962，1966—1970，1971—1975，1975—1980，1981—1985 及 1986—1990。

② 一个轻工业项目的建设，如一个小纺织厂，花一两年时间就能完成。一个大型的重工业项目的建设一般来说需要更长的时间。举个例子，在中国一个冶炼厂的平均建设时间是 7 年，一个化工厂需要 5—6 年，一个机械制造厂则需要 3—4 年(Li and Zheng, 1989, p.170)。

③ 在采纳重工业优先发展战略之前，非正式金融市场的名义利率为每月 3%。这相当于每年 36% 的名义利率。

特征并不匹配,因此当时自发发展资本密集型的重工业是不可能的。[①] 所以,要发展重工业就需要有一系列扭曲经济的宏观政策。在第一个五年计划开始的时候,中国政府就采取了压低利率和高估汇率的政策来降低利息支付和设备进口的成本。[②] 同时,为了保证工业企业有足够的资金来扩大生产,压低投入品价格(包括压低工人的名义工资率[③] 和压低原材料、能源、交通运输价格)的经济政策就伴随着这种违背比较优势的发展战略而逐渐建立起来了。政府的设想是,压低投入品价格能够使得企业有足够的利润来偿还贷款或积累足够的资金来进行再投资。如果企业是私人拥有的话,国家就不能保证私人企业会把这些由政府政策所创造的利润投资到政府意图发展的项目上。[④] 因此,私人企业很快就被国有化了[⑤],并且新建立的关键企业也由国家拥有以确保政府能够控制企业的利润,并用这些利润投资到政府优先发展的重工业项目上。同时,为了使得低名义工资政策可行,政府不得不给城市居民提供低价的食物和其他生活必需品,这些生活必需品包括住房、医疗服务和穿着。低利息率、高估的汇率、低名义工资率以及低价的原材料和生活必需品构成了采纳违背比较优势的发展战略

---

① 不可能自发建立重工业项目可能有以下几个原因。首先,高利率使得需要长时间才能建成的项目变得不可能。举个例子来说,在中国平均七年才能建成一个冶炼厂,20 世纪 50 年代早期,中国的市场利率大约是 30% 每年(月利率 2.5%)。假设项目的建设资金全部由市场借来,并且在项目建成之后进行还款,本金和利率支付由复利计算。那么项目第一年所借的 1 元钱将要偿还 6.27 元,这显然没有哪个项目能有足够的盈利率来负担如此高的利息。其次,由于大部分设备需要从发达国家进口,有限的外汇供给又使得重工业建设在市场自由决定的汇率下变得非常昂贵。第三,因为农业剩余少而且分散,难以动员足够的资金用于大项目的建设。

② 举个例子,银行利率由官方的年利率 30%,减少到年利率大约为 5%。这样,对于一个 7 年项目开始时借的 1 元钱,在项目完成时的本金和利息支付将从 6.27 元减少到 1.41 元。

③ 尽管真实人均 GNP 在 1952 年到 1978 年翻了三倍,但是名义工资几乎没有变化,在同一时期,名义工资只增加了 10.3%(中国国家统计年鉴 1987, p.151)。然而,由于可以得到实物补贴,城市工人的真实工资比名义工资高得多。从而,如果取消劳动力城乡流动的限制,那么城市工人的工资率会急剧下降。感谢匿名审稿人指出了这一点。关于低名义工资政策的更详细的讨论,请参看 Cheng(1982, chap.8)and Wu(1965, chap.4)。

④ 即使中国采取了上述的有利于重工业发展的价格扭曲政策,一个重工业项目赚回所有的投资所需要的时间平均来说还是一个轻工业项目的 4—5 倍(Li 1983, p.37)。因此,追求利润最大化的私人企业没有积极性投资于重工业项目。

⑤ 中国共产党在 20 世纪 40 年代后期所采取的新民主主义政策,允许私有企业与国有企业在革命后长时间的共存。然而,在 1952 年政府采纳违背比较优势发展战略后,私有企业很快就国有化了。政府试图保证重工业企业的利润是政府对私有企业的态度发生改变的原因。

国家的基本宏观政策环境。①

以上宏观政策导致了对信贷、外汇、原材料和其他生活必需品的供给和需求之间的总体不平衡。由于非优先发展部门会和优先发展部门在廉价的资源购买上展开竞争，因此，计划和行政控制手段就取代市场来配置稀缺的信贷、外汇储备、原材料和生活必需品，以保证有限的资源会用于政府意图发展的项目上。另外，国家还垄断了银行、外贸以及物资分配体系。②

竞争就这样被抑制了，因而利润也不再可能成为衡量一个企业效率的指标。③ 由于市场规则的缺失，经营自主权变成了一个潜在的严重问题。因此，国有企业的管理者被剥夺了经营自主权来避免这个问题。④ 国有企业的生产通过命令式的计划来指定执行，并且国有企业绝大多部分的原材料投入品依靠行政分配体系来获得。企业生产的产品价格由价格主管部门来确定。政府机构还控制企业的生产。工人和管理人员的工资不是由他们的生产绩效来确定，而是按照他们的受教育程度、年龄、职位以及其他国家工资等级标准来确定。投资和流动资金大部分由政府财政预算拨款，或者根据政府计划由银行系统进行贷款。国有企业如果能够实现利润的话，就全部上缴给国家。当然，如果企业出现亏损的话，国家预算也会进行相应的弥补。总之，国有企业就像一个傀儡一样，在雇用工人、支配利润、如何生产、获得投入品以及产品销售上没有任何自主权。

中国所采纳的发展战略以及由此而导致的政策环境和分配体系也决定了中国农业制度的演变。为了保证粮食和其他农产品能够以低廉的价格供给城市的需求，在 1953 年，一个强制的政府采购粮食政策开始在农村

384

---

① 理论上，在资本稀缺的经济中，政府可以使用补贴而不是扭曲价格信号来促进重工业的发展。我们知道补贴政策比价格扭曲政策有更高的经济效率。然而，在补贴政策下，政府不得不向其他部门抽取重税来补贴重工业带来的巨大的显性损失。在这种情况下，政府将发现很难有充分的理由来保护重工业的发展。另外，欠发达经济体的政府也许没有能力征收重税。这也许可以解释为何不但社会主义经济体，而且资本主义经济体的政府都使用价格扭曲而不是补贴来促进优先部门的发展。

② 在关于中国和其他社会主义国家的文献中，许多作者推定扭曲的政策环境和行政管制形成于社会主义信条。社会主义意识形态也许在这些政策的形成中起了作用，但是这些政策和管制的存在也有其合乎经济理性的地方。他们有利于违背比较优势的发展战略在资本稀缺的经济中的推行。这就解释了为何非社会主义发展中国家，如印度，当他们也采纳同样的发展战略时，也有类似的政策环境和行政管制。

③ 如果一个企业，如能源和交通运输，它们的产出正好是其他部门的投入时，因为产出价格受到抑制，这个企业必定是亏本的。相反，如果一个企业的产品处于工业链的末端，因为该企业能同时享受到低价的投入和高价的产出，这个企业就能赢利。

④ 20 世纪 70 年代末的改革后，国有企业获得了一些经营自主权。正如所预期的，这个改革的结果之一是以企业利润的减少为代价的工资、奖金和其他福利的快速增长。

实行。这个政策强制农民按照政府规定的价格向国家出售固定数量的农产品,这些农产品包括谷物、棉花和食用油(Perkins 1966, chap. 4)。

除了为工业化提供廉价的食物外,农业也是外汇的主要创造者。在20世纪50年代,农产品出口一项就占了总出口的40%以上。如果把经过加工的农产品也计算在内,一直到20世纪70年代,农业出口对中国创汇的贡献率超过了60%。因为外汇对违背比较优势的发展战略来说同资本具有同样的重要性,在发展早期,国家为实现工业化而进口重要的资本品的能力显著依赖于农业生产的绩效。

农业发展同工业发展一样也需要资源和投资。然而,政府却不愿把稀缺的资源和资金从工业部门转移到农业部门。因此,伴随着违背比较优势的发展战略,政府采纳了一个不会与工业发展争夺资源的农业发展新战略。这个战略的核心包括动员大量的农业劳动力来建设劳动密集型的农业投资项目,这些农业投资项目包括灌溉系统、防洪工程、开垦荒地,以及通过诸如密植、精细的人工除草和使用更多的有机肥等传统的方式和投入来提高农业的单位产出。政府认为农业集体化能够保证这些措施顺利实行。政府也认为农业集体化是实施国家低价采购粮食和其他农产品计划的一个方便的方式(Luo 1985)。集体的收入分配本应基于每个集体成员对农业产出的贡献。但是,由于时间和空间的限制,对集体成员在农业生产中的努力程度进行监督是相当困难的。因此,集体的报酬体系基本上还是平均主义的(Lin 1988)。

以上概述的扭曲的宏观政策环境、计划的分配体系和微观的管理制度,使得在一个资本稀缺的经济中最大化地动员资源来发展重工业成为可能。由于在经济活动中私人的主动行为受到了禁止,政府的投资方式成为反映官方发展战略的偏向的最好方式。尽管事实上中国超过四分之三的人口从事农业,并且发展劳动密集型的轻工业也是中国比较优势的所在,在1953—1985年间,农业和轻工业分别只接受了国家投资的10%,而同期45%的投资流入到了重工业部门。结果,重工业的产值占工农业总产值的比例从1952年的15%增长到70年代的约40%。[①]

---

① 在1979年改革开始时,政府最初计划用3—5年的时间,把农业的固定投资占全国固定投资的份额从1978年的11%增加到18%。由于农村改革带来的农业快速增长,到80年代末和90年代初,国家对农业固定投资占全国固定投资的份额实际上急剧下降到只有3%。但是,由于农民投资的增加弥补国家投资的减少,全国农业总固定投资并没有像数字所示的下降得那么多(Feder et al, 1982)。类似地,国家对重工业的固定投资占全国固定投资的份额在1979年改革之后也没有减少。但是,重工业固定投资占全国总投资的份额从1980年的82%减少到1990年的66%。非国有部门的投资大多数在资本不密集型的项目上。因此,国家对重工业的固定投资份额少于全国总投资的份额。

从中国的产业部门组成来判断，传统的"三位一体"的社会主义经济结构——扭曲的宏观政策环境、计划的分配体系和"傀儡式"的微观管理制度——达到了在中国加速重工业优先发展的既定目标。然而，中国为这个成就付出了高昂的代价。由于以下两个原因，经济变得极其缺乏效率：(1) 由于产业结构偏离了经济的比较优势所确定的发展模式，使得资源配置效率十分低下；(2) 由于工厂管理人员和工人工作的激励机制低下，导致了技术十分低效。正如图 3 所显示的，经济的生产活动停留在生产可能性

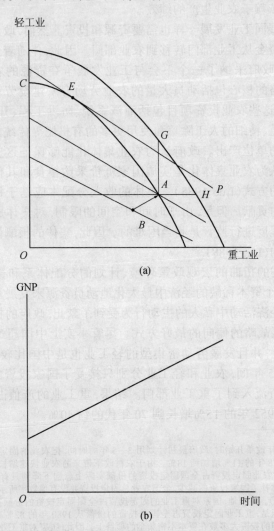

(a)

(b)

图 3

边界之内的某些点上,这表明经济是非常没有效率的。经济的这种极其缺乏效率就反映在中国非常低的全要素生产力增长率上。世界银行的一个研究显示,即使用最有利的假设计算中国的全要素生产率,在 1952—1981 年间,中国的全要素生产力增长率也只不过达到 0.5%,仅仅只有研究所包括的其他 19 个发展中国家的平均全要素生产率增长率的四分之一(World Bank 1985a)。而且,中国国有企业的全要素生产率在 1957—1982 年间甚至处于停滞状态,或者处于负增长的状态(World Bank 1985b)。

第三节　中国的转型方式

苏联模式的计划经济能够很好地动员稀缺资源来投资于那些明确定义没有负担的少数几个优先发展的部门(Ericson 1991)。[①] 然而,在中国以及苏东国家的经济面临着许多类似的问题,比如低的配置效率和技术效率。尽管中国面临的问题类似于苏东国家的问题,但中国采用了和它们很不相同的转型方式。首先,中国通过改革来促进经济的动态增长,但同时回避了政治权力上的放松,从而避免了共产党的垮台。中国的转型方式在本质上是一种先从微观层面进行的改革方式(Mackinnon 1995),这不但不同于苏东国家所采取的激进方式,也和国际货币基金组织/世界银行所推荐的标准的重建方式不同,后者所推荐的是一种先从宏观层面进行的转型方式。[②] 在中国,转型首先开始于解散农业集体化,通过扩大企业自主权来改善国有企业的经营管理,促进具有硬预算约束的非国有企业的发展,以及在价格和汇率放开之前引入价格和汇率的双轨制。在中国,这个过程没有出现大规模的私有化,国有企业在工业部门依旧占主导地位。通过这种谨慎而渐进的方式,中国在转型过程中能够保持经济的快速增长和价格的稳定,并同时完成了用市场经济体制来取代原来的苏联模式的计划体制。

---

　　① 　一个支持上述结论的事实是,与相同经济发展水平的非社会主义经济体相比较,无论在东亚或者苏联和东欧国家的社会主义经济体都有着大得多的工业、尤其是重工业部门(Rana 1995,Lavigne 1995)。

　　② 　IMF/世界银行所建议的转型方法中的最重要的工具是财政控制。这要求有一个有组织的国内征税机构,能对农业和工业中的农户和企业进行征税。在实施财政控制后,利率可以放开,而货币和信贷约束的硬化可以使得价格稳定。在取消贸易限制之前,汇率应该统一。等国内金融自由化已经完成和健全后,改革的最后一步则是资本账户完全可兑换(Rana 1995,pp.14—15)。

对于东欧国家的政府，其转型目标在一开始就十分明确，即"复制西欧的经济制度"(Sachs and Lipton 1990，p.47)。然而，在中国，改革的目标仅仅只是想提高经济体系的效率，并且改革也没有一个事先就设计好的战略或者政策措施。例如，正如 Perkins (1988，p.601)所观察的，当时的中国领导人不可能在他们着手改革经济体制的同时就已经描绘出了一张未来改革的蓝图。由于没有事先设计好的改革蓝图，因而中国的具体改革措施的选择和转型的先后次序也就更能反映出中国政府在经济体制改革中所遇到的问题和危机，以及中国政府抓住其中所出现的机会来减轻或处理这些问题和危机的一种实用主义的处理问题的方式。在改革的具体措施中所蕴藏的政治哲学，可以从邓小平的一句名言中得到最好的体现："不管白猫还是黑猫，抓到老鼠的就是好猫。"而另外一句中国谚语"摸着石头过河"，最恰当地描述了中国改革方式的先后顺序。尽管这样，回过头来看，中国的转型过程还是遵循着一个内在一致的逻辑过程，这个逻辑过程正是苏联模式的计划经济体制所决定的(Lin, Cai, and Li 2003, chap.5)。

正如以上所述，在一个资本稀缺的经济中，传统"三位一体"的经济体制是内生于重工业优先发展战略的。这种经济体制的主要缺陷是经济结构的失衡以及激励问题所带来的经济效率低下问题。在 20 世纪 70 年代末之前，中国政府曾多次试图通过分散资源配置机制来解决经济的结构失衡问题。[①] 然而，经济资源配置机制的行政管理特征还是没有得到改变，而且政策环境和管理体制也没有得到改变，因此，政府试图调整经济结构和改善经济激励的努力都失败了。1978 年底改革的目标也是调整结构失衡和改善激励问题。然而，微观管理体制上的改革使得这次改革有别于以前的历次改革尝试，它使得农民和国有企业中的管理者与工人有了部分的剩余索取权。这样，传统"三位一体"经济体制的小裂缝终于被打开了，并因此导致了传统经济体制的逐渐瓦解和市场体制的出现。

一、微观管理体制的改革

微观管理体制的最重要变化是用基于家庭的农业体系——也就是现在所说的家庭联产承包责任制来取代集体农业制度。开始的时候，政府并没有改变集体农业制度的意图。但是 1978 年，政府认识到解决集体农业

---

① 第一次尝试在 1958—1960 年，第二次在 1961—1965 年，第三次则在 1966—1976 年(Wu and Zhang 1993, pp.65—67)。

制度中管理问题的关键在于提高农民生产的积极性。然而,在标志中国改革开始的十一届三中全会的会议决议中,任何基于家庭的农业制度安排还是被明文禁止的。尽管如此,在 1978 年末,中国的一个贫困农村地区还是秘密地推行将集体土地分给每个家庭,连同将政府强制性的粮食订购配额也分给集体中的每个家庭。事实上,在天气大旱的那一年,几乎所有其他的农业集体都报告出现大量的粮食减产。但那个实现包产到户的农村地区,产出不但没有减少,反而增加了 30%。注意到基于家庭的农业体制在提高农业产出上的优势,中央政府随后尽管承认了这种新出现的农业制度的存在,但还是要求它只能出现在贫穷的农业地区,主要是丘陵和山区以及那些人们已经对集体农业失去信心的贫穷地区。然而,政府的这种限制在大多数地方都被冲破了。无论是相对富裕的地方还是贫穷的地方,这种新的农业制度都带来了农业产出的提高。在 20 世纪 80 年代初,官方最终完全承认家庭联产承包责任制是一种社会主义制度,并且可以适用于中国的任何农业集体。而到那时,中国 45% 的农村集体已经解散,并建立了家庭承包责任制。到 1983 年末,中国 98% 的农业集体已经采用这个新的制度。在家庭承包责任制刚开始出现的时候,土地租赁期通常规定只有 1—3 年。然而,短暂的土地租赁期减少了农民对改善土地投资的积极性。1984 年,土地租赁期被允许延长到 15 年。到 1993 年,在第一个土地租赁合同期满之后,政府将土地租赁期延长了 30 年。

　　不像农业制度改革所带有的自发性,国有企业的管理体制改革最初是由政府推动的。国有企业改革经历了四个阶段。第一阶段(1979—1983年),改革的重点放在几个试点性的改革上,主要是在传统经济体制内扩大企业自主权和加大财政激励的作用。这些改革措施包括引入利润留成、与企业绩效相挂钩的奖金以及允许国有企业在国家强制性的生产计划外进行自主生产。有出口权的企业也允许他们保留部分外汇收入供自主使用。第二阶段(1984—1986 年),改革的重点是划清国有企业对政府的债务关系,并把企业推入市场。从 1983 年起,利润留成被利润所得税取代,成为向政府上缴利润的方式。1984 年,政府允许国有企业以议价出售计划生产外的产品,并允许国有企业进行相应的计划外生产,从而建立起了价格双轨制。第三阶段(1987—1992 年),合同承包责任制正式在国有企业实行并得到广泛的采纳,合同承包责任制试图明晰国有企业管理者的权利和义务。最后一个阶段(1993—现在),政府试图在国有企业里引入现代企业制度。在改革的每一个阶段,政府的干预都有所减少,相应的,国有企业的自主权也就进一步得到了加强。

微观管理体制的改革达到了提高农业和国有企业技术效率的既定目标。实证研究显示在1978—1984年间，农业部门的产出增长了42.2%，这其中几乎有一半的增长来自于改革所带来的生产率的提高。而这其中几乎所有的生产率提高应该归因于家庭生产承包责任制的实行。（Fan 1991；Huang and Rozelle 1994；Lin 1992；McMillan, et al. 1989；Wen 1993）。[1] 一些关于对生产函数的估计的研究发现，对工业企业来说，企业自主权的增加提高了国有企业的生产率（Chen et al. 1988；Gordon and Li 1989；Dollar 1990；Jefferson et al. 1992；Groves et al. 1994；Li 1997）。[2] 因此，在工业和农业中的微观管理体制的改革创造出了新的资源，这是中国改革的重要特征。

然而，在扭曲的宏观政策环境下，企业自主权的增加也使得企业管理者和企业的工人可以做出一些更加有利于自己的行为。尽管国有企业的生产率提高了，但是，由于工资的快速增长、企业经营人员的额外收益以及其他未经许可的支出的快速增加，国有企业的利润率反而下降了，而国家给国有企业的补贴反而有所增加（Fan and Schaffer 1991）。另外，由于来自有自主经营权的乡镇企业的竞争压力，国有企业的利润率也有所下降（Jefferson and Rawski 1995）。[3] 然而，一旦企业尝到自主经营权的甜头，在政治上收回经营自主权的成本将是高昂的。国有企业利润的下降以及来自乡镇企业的竞争促使政府不得不采取其他措施来进一步提高国有企业的自主权，希望这些新的措施能够使得企业在财政上独立。

二、资源配置体制改革

企业自主权的增加给计划分配体制带来了巨大的压力。因为国有企业可以在强制性的生产计划外进行额外的生产，这样，企业就需要在计划体制外获得额外的投入来进行生产，并出售这些额外的产品。在企业的压力之下，原材料的供应日益脱离计划体制，同时也逐渐放松对零售业的管制。开始时，一些关键的原材料供应仍然被严格控制。然而，受控制的物品变得越来越少。在1984年末，中央集中计划的信贷配额也被委托给了

---

[1] 类似的农业生产率增加也在越南解散农业集体化后观察到（Pingali and Xuan 1992）。

[2] 类似的生产率增加也在越南的国有企业改革中观测到。详见（Sun1997, pp. 3—4）引证的经验研究。

[3] 我们将在下面的章节中讨论乡镇企业的出现及其对国有企业改革的影响。

各个地方银行。

对资源分配体制的放松的一个未曾预料到的结果,是非国有企业尤其是乡镇企业得到了快速增长。[①] 中国政府在 1971 年决定实现农业机械化,并希望在农村发展加工业来支持农业机械化,因此,事实上农村工业在传统体制下就已经出现了。1978 年,乡镇企业的产出占全国工业总产值的 7.2%。在改革之前,由于受到贷款、原材料和市场等方面的限制,乡镇企业的发展受到了严重束缚。而改革为乡镇企业的快速发展创造了两个有利条件:(1) 由家庭责任制而带来的农业盈余为乡镇企业的新投资提供了资金支持;(2) 传统计划配置体制的放松使得乡镇企业能够获得关键的原材料并有机会进入更大的市场。在 1981—1991 年间,乡镇企业数量、雇佣人数和乡镇企业总产值的年增长率分别达到了 26.6%、11.2% 和 29.6%。同期,乡镇企业的总产值增长率是国有企业的三倍。1993 年,乡镇企业的产出占全国工业总产值的 38.1%。非国有企业的工业产值占全国总产值的份额从 1978 年的 22% 上升到 1993 年的 56.9%(国家统计局 1995,p.73)。乡镇企业的出现被一些研究者认为是中国改革的最伟大成就(Sun 1997)。

乡镇企业和其他形式的非国有企业的涌现对改革产生了两种意想不到的影响。首先,非国有企业是市场化的产物。由于非国有企业处在传统经济体制之外,因此它们不得不从竞争的市场中获得能源和原材料,并且它们的产品也只能在在市场上出售。它们面临更加严格的预算约束,并且,如果它们的经营管理不善的话,那么它们将无法在市场中存活下来。它们的工人也没有"铁饭碗",因而可能会被解雇。因此,非国有企业比国有企业更具竞争力(Weitzman and Xu 1995, Sun 1997)。非国有企业的活力给国有企业带来了巨大的压力,这促使了国家在国有企业中引入非国有企业的微观管理制度,并给予国有企业更多的经营自主权。改善国有企业的微观管理制度的改革措施,例如利改税、制定合同承包责任制、向国有企业引入现代公司制,都是对来自乡镇企业和其他非国有企业对国有企业产生的竞争压力的回应(Jefferson and Rawski 1995)。企业间的竞争以及国

---

① 非国有企业包括乡镇企业、私营企业、合资企业、海外华侨的企业、外资企业。在他们当中,根据产出份额和企业数量计算,乡镇企业是最重要的一部分。有一点值得注意的是,尽管在很多方面不同于国有企业,乡镇企业是由城镇或农村政府投资、拥有和管理的公共企业。一个企业层面上的研究发现,在控制权安排上,国有企业和乡镇企业之间没有本质的区别(Jefferson, Zhao, and Lu 1995)。

有企业与非国有企业间竞争的加剧也提高了国有企业的生产率（Li 1997）。其次，非国有企业的发展在很大程度上纠正了资源的错误配置状况。在大多数情况下，非国有企业不得不以市场价格购买投入品，而且它们的产品也只能以市场价格出售。价格信号促使非国有企业比国有企业采取更为劳动密集型的技术，并进入到更为劳动密集型的中小工业企业。① 因此，非国有企业的技术结构与中国资源禀赋的比较优势更为一致。乡镇企业的出现减轻了由重工业优先发展战略所引起的经济结构的失衡。

三、宏观政策环境的改革

在传统"三位一体"的经济体系中，扭曲的宏观政策环境与发展战略联系得最为紧密，但是它对资源配置和技术效率的影响却是间接的。因此，宏观政策的改革也是最为迟缓的。我们在后面会提到，在改革中所出现的大多数经济问题，例如经济增长的周期性和泛滥的寻租行为，都可以归咎于扭曲的宏观政策环境与放开的分配体系及企业体制之间的不一致性。因此，中国政府经常面临着进退两难的境地：要么让宏观政策环境与放开的微观管理体制和资源配置机制相一致，或者重新将微观管理体制和资源配置体制集中以维持传统经济体制的内在一致性。剥夺企业自主权毫无疑问将受到国有企业管理者和工人们的反对。而返回到传统计划经济体制则意味着回到原来的经济停滞状态。因此，无论政府是多么的不情愿，惟一可以让大家接受的选择是改革宏观政策环境，并且让宏观政策与放开的微观管理体制和资源配置机制相一致。

宏观政策环境的改革从商品价格体系着手。在实行利润留成制之后，企业允许在指令性生产计划之外进行额外的生产。改革开始的时候，企业利用非正式的以物易物的方法来获得计划外的投入品，然后以高于计划价格的议价来出售计划外的产品。1984 年，政府引入了价格双轨制，允许国有企业可以以市场价格出售配额外的产品，并可以生产计划外的产出。价格双轨制的目的正是为了减少国有企业生产决策中边际价格的扭曲，同时使得国家对原材料的配置还保留着控制权。随着非国有部门生产的快速

① 举个例子，1986 年，中国平均一个工业企业有 179.9 个工人，每个工人的固定投资是 7 510 元（中国工业经济统计资料 1987，p.3）；而在同一年，平均一个乡镇企业有 28.9 个工人，每个工人固定投资是 1 709 元（中国统计年鉴 1987，p.205）。

增长以及国有企业计划外生产的增长,计划价格配置的商品的份额逐渐减少,使得政府最终可以放弃计划价格并允许计划价格趋向于市场价格。[1]到 1988 年,只有 30% 的零售商品按照计划价格销售,同时,国有企业以市场价格获得了 60% 的投入品,而国有企业的产出则有 60% 是以市场价格销售的(Zou 1992)。而到了 1996 年,除了一些原材料和煤炭、燃料和交通运输的价格还是计划价格外,绝大多数商品和服务的价格都放开了。

宏观环境的第二个大的变化是汇率政策的改革。在 1979—1980 年,官方汇率大约是 1.5 元人民币兑换 1 美元。由于当时平均 1 美元外汇收入的成本是 2.5 元人民币,因此,这个汇率还不能弥补出口企业的成本。因此,在 1981 年初,国家开始采用汇率双轨制。商品贸易的国内汇率是 2.8 元人民币兑 1 美元,而非商品贸易上则继续实行 1.53 元人民币兑 1 美元的官方汇率。1985 年后,人民币逐渐实现了贬值。并且,自 1979 年开始实行的企业外汇留成比例也逐渐有所提高,企业允许通过中国银行以高于官方汇率的汇率和其他企业进行外汇购买权的交换。随着 1985 年在深圳"外汇调剂中心"的建立,企业可以在调剂中心以协议价格交易外汇,对外汇交易上的限制更进一步地放松了。到 20 世纪 80 年代末,中国的大多数省份都建立起这样的调剂中心,这时,超过了 80% 的外汇的交换都在这样的调剂中心进行(Sung 1994)。汇率政策改革在 1994 年 1 月 1 日汇率管理浮动制的建立以及双轨制汇率的并轨后达到了顶峰,而到那时 80% 的外汇已经通过交换市场来进行配置了。[2]

在传统宏观经济政策环境下,利率政策的作用是最弱的。在重工业优先的发展战略下,利率人为的压低以有利于资本密集型工业的发展。1979 年开始改革后,政府几次被迫提高贷款利率和存款利率。[3] 然而,在整个

---

① 到这时,商品的价格已经放开了,与市场配置商品的比例相比,由计划配置商品的比例已经很小了。因此,由此所引起的冲击比市场价格和计划价格所显示的差距要小得多。后面将讨论到的汇率自由化过程是个最好的例子。

② 越南和老挝在转型初期也采取了双轨制来改革价格和汇率。越南在 1989 年,老挝在 1988 年,几乎完全放松了对价格和汇率的管制。完全放松对价格和汇率的管制有时被当作越南采取激进改革进行转型的证据(Sachs and Woo 1997, Popov 1997)。然而,根据激进改革的定义,激进改革包括三个基本要素:全面的价格和贸易自由化,稳定经济和承诺国有企业大规模私有化(Sachs and Woo 1997, p.5)。可是,越南不仅没有完全取消贸易限制,也没有任何承诺实行国有企业的私有化。因此,越南在 1989 年的完全价格自由化是部分改革而不是激进改革。

③ 为了防止银行挤兑,在 1988 年 10 月存款利率与通货膨胀率进行挂钩。但这个政策在 1991 年被撤销了。1993 年 5 月,1 年期存款的利率是 9.18%,1—3 年的基本投资贷款利率是 10.8%(中国统计年鉴, 1993, pp.670—671)。但是,同期,商业贷款的市场利率则在 15% 到 25% 之间。

改革过程中,利率还是维持在一个远低于市场出清的利率水平上。1993年底,政府宣布计划建立三个发展银行,其职责是以补贴利率来资助长期项目、进出口和农业基础设施建设,并计划把现存国有银行转变为商业银行。三个发展银行都在 1994 年得以成立。现有国有银行的商业化则预期三到五年内完成。但是,这些改革完成后,利率是仍然被管制还是由市场自由决定,目前尚不明朗。重工业优先发展战略的思维模式今天还是深深地根植于中国领导人的心中。在一个资本稀缺的经济中加速发展资本密集型的重工业,扭曲的宏观政策环境——至少是压低利率的政策——是十分必要的。因此,金融市场上的行政干预很可能将会持续一段时间。①

　　东亚国家转型中的一个独特的特征是转型过程中所伴随的经济持续快速增长。以上讨论为我们对东亚经济转型的成功提供了一个解释。正如图 3 所显示的,在转型开始的时候,中国、越南、老挝的政府试图把经济的生产从图 3a 中的点 A 移到点 B 的位置。为了提高国有企业经营管理人员和工人以及集体农场农民的工作积极性,政府给予国有企业和集体农场一些自主经营权,并把个人的经营绩效与个人所获得的报酬更加紧密地联系起来。以上讨论中所引用的实证研究显示,尽管没有实行私有化,这个改革尝试还是得到了成功,并且由于微观管理体制改革还创造出了新的资源。部分的经营自主权还意味着国有部门和农村地区的经营人员还获得了将新创造出来的资源自由配置到受抑制部门的权力。在传统计划经济中,这些受到抑制的部门是那些与经济比较优势一致的部门,并且由于这些部门有着未得到满足的市场需求,因此,这些部门也是更加有利可图的部门。微观管理改革的一个未曾料到的结果是,在利益的驱动下,具有部分自主经营权的企业经营人员可以把他们所能控制的新资源投入到有利可图但受抑制的部门。由于计划配置的机制和扭曲的宏观政策环境依旧存在,国家仍然控制原来的资源并且能够保证这些资源配置到优先发展的部门。也就是在图 3a 中,经济遵循一条从 A 点走向 G 点而不是 H 点的动态路径。因此,在整个改革过程中,经济保持着如图 3b 所示的持续增长。而且,伴随着经济的增长,计划价格配置的资源所占的比例变得越来越小。因此,当商品价格放开的时候,经济所遭受的冲击比由计划价格直接转向市场价格要小得多。

---

　　①　在越南,利率偶尔有所增加,但不是完全自由化。在老挝,尽管中央银行仍然设定最高和最低利率,但从 1989 年开始,利率已经是完全自由化了。

但是,以上描述的转型方法还是有一些其他的成本。以中国为例,由于宏观政策的改革(尤其是那些关于利率的改革)落后于配置机制和微观管理制度的改革,因此也带来了一些不利的经济后果。第一个不良后果就是增长的经济周期性。由于利率人为地被压低在一个很低的水平,企业对信贷的需求超过信贷的供给。改革之前,对信贷的超额需求受到了中央配额的严格限制。1984年秋,信贷批准权委托给地方银行后,迅速导致了信贷的快速扩张和疯狂的投资。其结果是,1984年的货币供给比1983年增加了49.7%。这使得通货膨胀率从前几年的不到3%一下子跃升到1985年的8.8%。1988年,政府试图放开价格控制,从而引起了更高的通胀预期。但是存款利率却没有相应进行调整,因此,疯狂的抢购和大量的小银行也随之出现了。然而,贷款依然维持在以前的水平。结果是,货币供给在1988年上升了47%,通货膨胀率也达到了18%。在高通胀率期间,经济出现过热。交通运输、能源、建材供应的瓶颈制约也随之出现。由于政府不愿意通过揭高利率来抑制投资的增长,因此政府不得不求助于中央配额信贷和对投资项目实施直接的控制,经济又回到了计划体制。信贷配给和对投资项目的直接控制对国有企业还是给予了优先的考虑。这样,尽管通胀的压力得以减少,但随之也出现了经济的缓慢增长。

正如上面已经提到的,尽管微观管理制度上的改革提高了国有部门的生产率,但是国有企业中的经营人员和工人的自利行为也增加了政府的财政赤字。因而,财政收入变得更加依赖于非国有部门。在国家实行紧缩的时候,由于非国有部门获得信贷和原材料的途径受到了限制,非国有部门的增长放慢了。但是,非国有部门增长的放慢对于财政来说是难以忍受的。因此,国家被迫放松行政控制并给予非国有部门一个发展的空间。随着行政控制的放松,一个快速增长的时期也随之而来。但是,扭曲的宏观政策环境与放开的配置体制和微观管理制度之间的矛盾又重新出现了。

扭曲的宏观政策环境与放开的配置体制和微观管理制度之间的不一致所产生的第二个不良后果是经济中寻租行为的泛滥。在改革后,几乎每一种国家控制价格的投入品和商品相应都有(合法或非法的)市场价格伴随着计划价格而存在。市场价格和计划价格之间的差额产生了经济租。据估计,在国家控制价格的商品、利率和汇率里,经济租至少有2 000亿元,这相当于1998年国民收入的21.5%。在1992年,单是来自于银行贷款所产生的经济租就达到 2 200 亿元(Hu 1994)。[①] 非国有企业以及有自主经营权的国有企业当然有动机去进行寻租活动,它们通过行贿和其他方式从国家计划机构获得低价的资源。据说,在竞争的压力下,为了保证能够得到指定的贷款和原材料,或者为了尽快得到这些资源,即使能够优先获得国家计划资源的国有重工业企业也需要给予银行和其他计划机构一定的报酬。

由于其他类型企业的寻租活动,国有企业经常不能获得计划所指定的信贷和物资。寻租活动引起了社会普遍的不满,也是造成社会不稳定的因素之一。为保证国有企业的生存和平息社会的不满,在 1986 年和 1988 年的反腐倡廉活动中,政府曾试图重新加强对资源配置的控制。但是,后来为了使得非国有部门能够获得发展,这些控制又放松了。现在,除了利率外,绝大多数的物资和商品的价格行政控制都已经取消了。

第四节　来自中国的转型经验

即使我们承认有这样的可能性:由于统计问题,中国经济的增长率被人为地高估,而苏东国家的经济崩溃被人为地夸大了。但是,这两个国家群体在经济转型中的经济绩效的对比也是相当令人吃惊的。迄今为止,中国转型的成功经验,在某种程度上也包括越南和老挝的转型经验,对有关从苏联模式的计划经济体制向市场经济转型的传统理论提出了严重的挑战。

为苏东国家转型提供建议的经济学家们最早所达成的共识之一,就是认为转型要想取得成功就需要快速的私有化。他们的论点如下:私人所有权是市场机制有效运行的基础,要想有真正的市场竞争,就需要有真正的私人部门 (Sachs and Lipton 1990)。而传统计划经济中国有企业所面临的绝大多数问题,都能够通过快速的私有化来加以改善(Sachs 1992)。并且,

①　国有银行总的银行贷款是 21 616 亿元(以当时市场汇率计算为 2 485 亿美元)。官方利率和市场利率之间的差别大约为 10 个百分点。因此,单是银行贷款的租金就高达 2 160 亿元。

私有化必须在国有企业重组之前进行(Blanchard et al. 1991)。① 尽管国有企业和乡镇企业的产权并不明确,中国和越南的国有企业的生产率在转型过程中还是有着很大的提高,而中国的乡镇企业则成为经济中最具活力的部门。有证据表明,苏联模式的经济中,国有企业的软预算约束更可能来自于政府施加给国有企业的政策负担②,而不是像 Kornai (1992)所认为的这些预算软约束来自于社会主义经济中国家国有产权的父爱主义。经验研究也表明,不同经济体的绩效并不像早期的私有化倡导者认为的主要依赖于正式的产权安排,而是主要依赖于经济的激励结构和市场的竞争程度。③

　　另一个较早达成的关于经济转型的共识是,需要在短时间内将所有价格全部放开。Murphy, Schleifer, 和 Vishny (1992)的一篇很有影响的论文将苏联在 1990—1991 年的产出下降归咎为没有全部放开价格。他们认为价格双轨制会导致投机、腐败、寻租,并把稀缺投入品从高价值用途转移到低价值用途。然而,价格双轨制是中国转型方式中最为突出的特征之一。尽管 Murphy, Schleifer, 和 Vishny 所提到的一些问题在中国引入价格双轨制后也有所出现,但是,大多数国有企业还是能够进行正常运作,这正好符合引入价格双轨制的目的。也就是说,它们可以对市场信号做出反应,能够享受由市场行为所带来的更高收益,并且他们能够逐步脱离计划体制(Naughton 1995)。在引入价格双轨制之后,国有部门和整个经济都保持了持续增长。与此形成鲜明对比的是,苏东国家在取消价格控制之后,出现了经济崩溃和恶性通货膨胀现象。McKinnon (1995)说明,除非国有企业有一个硬性的预算约束,否则由于国有企业对稀缺资源的漫天要价,一下子的价格放开会引起厂商价格水平(不论是绝对价格水平还是相

---

　　① 当然,也有一经济学家支持渐进的私有化方式。Kornai (1990)就是其中之一。他认为,仅仅模仿发达资本主义国家大部分的成型的法律和商业模式,那么在转型经济中,私有产权是不可能通过一纸命令就能起作用的,因为转型经济体中的好几代人已经忘了与私人所有权和私人权利相关的公民原则和价值观。但是,Kornai 也认为私人所有权是有效市场体制运行的基础,而且私有化也是消除国有企业预算软约束的惟一方式。

　　② 国有企业的政策性负担包括,由于政府的发展战略目标是在资本稀缺经济中追求过多的资本密集的重工业而给企业带来的负担,以及企业的养老金负担和企业的富余劳动力负担。由于这些政策负担,政府不可能要求国有企业为他们的亏损负责,并且当国有企业发生亏损时就需要得到政府的补贴。而且,由于难以区分是政策导致的亏损,还是经营性亏损,国有企业可以迫使政府弥补所有的亏损。道德风险在国有企业里成为一个严重的问题(Lin, Cai and Li 1998, 2001; and Lin and Tan 1999)。因此,国有企业的绩效就非常的糟糕。

　　③ 从东欧和前苏联国家的实证数据也可以看出并不存在所谓的所有权界限问题,也就是说,有效率的企业在国有企业和私人企业中都可以找到(Brada et al. 1994, 1997; Mencinger 1996; Pinto 1993, Frydman et al. 1996, Sereghyova 1993, Jones 1997)。

对价格水平)的无限提高。在这种条件下，有效的厂商价格均衡不可能存在。因此，只要国有企业的预算约束仍然是软化的，在这个部门里实行价格和资源配置的直接控制还是需要的。一方面，价格双轨制中受控制的一只手可以维持经济的稳定性和允许国有企业继续正常经营；另一方面，价格双轨制中放开的那只手可以给国有企业和非国有企业提供资源、激励、信号，因此能够实现资源得更加优化的配置。

同中国一样，苏东国家都有着过度工业化的特大型国有企业，但他们的服务部门和轻工业都不发达，并且工人的生产积极性也不高（Newbery 1993；Brada and King 1991；Sachs and Woo 1994）。由于苏东国家都采取了和东亚转型经济相类似的经济发展战略，它们都有类似的宏观政策环境、计划的资源配置机制、傀儡似的国有企业，因此，他们所面临的经济问题——结构失衡和激励不足——也和东亚的转型国家所面临的经济问题一样。从理论上看，激进改革的意图可以通过图 4 加以说明。对于一个既定资源存量的经济，有效产出点是 E；但是，如图 4a 所示，在重工业优先发展战略下，实际产出点是 B。激进改革试图改革经济体制，从而能够更有效地利用现有的资源存量。从图上看，这种方法试图把产出从 B 点移到 E 点。稳定经济、放开价格和私有化是实现这个目标的必要条件。这是因为，为了促使经济主体自动地从 B 点移向 E 点，他们必须对经济有一个稳定的预期、正确的相对价格信号以及对价格信号做出正确反应的激励。稳定经济、放开价格和私有化的处方有其内在的一致性。这种改革设计相当于在一个短暂的时间内用市场体制来全部取代传统的苏联模式的计划经济体制。

如果资源具有高度的流动性，并且能够自由地从一个部门流到另一个部门，并且如果其他的市场辅助制度也能够在一夜之间建成的话，那么私有化就能在短时间内完成，激进改革就能够使经济从 B 点直接跳向 E 点，正如图 4a 的虚线所表示的那样。然而，重工业中的一些固定设备不能用于轻工业的生产；对于其他设备也要作一定的改进才能适应新的用途（Brada and King 1991）。重工业中的工人在安排新工作之前也需要重新培训。而且，对于许多亏损的大国有企业，在没有重组之前也不可能私有化。因此，即使是最钟情于休克疗法的波兰，其私有化的进程也是缓慢的。如果国有企业没有重组就进行私有化，比如在俄罗斯，由于担心大规模的失业，国有企业不可能立即被关闭，国家将因此不得不继续提供各种隐性的

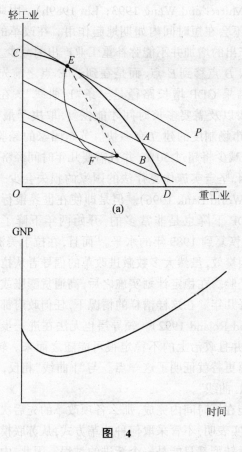

图 4

或显性的补贴。[①] 一方面,私有化并不能像最初所设计的那样带来预算硬约束;另一方面,许多新建立的私有企业却向国家进行各种寻租活动。即使在那些直接的国有产权已经很少的地方,补贴、关税保护、合法垄断和重新分配管制仍然在各地非常盛行。(Brada 1996, Frydman et al 1996, Lavigne 1995, Stark 1996, Sun 1997)。私有化之后,以前的国有企业由混合所有权的机构所拥有,这些机构包括银行、投资基金、其他企业、国有资产管理机构和地方政府。这样即使私有化之后,最终的所有权结构离明晰的、权责分明的私人产权还差得很远。另外,新的市场制度的建立也要耗

---

① 在俄罗斯,经过大规模私有化之后,来自财政的显性补贴比例减少了,但来自银行的软贷款、税收拖欠、税收减免等隐性补贴还是继续存在。甚至在波兰,税收拖欠仍然是个问题(世界银行 1996, p.45)。

费时间和资源（Murrel and Wang 1993；Lin 1989b）。因此，即使采取了激进改革，市场也不会在短时间内如期地起作用。在改革的起始阶段，轻工业和服务部门产出的增加并不能弥补重工业产出的减少。因而在图 4a 中经济不是直接从 B 点移到 E 点，而是在到达 E 点之前先从 B 点到 F 点。如图 4b 所示，结果 GDP 增长路径是一条"L 曲线"。在经济恢复之前，GDP 会降低多少以及需要多长时间才能恢复，取决于最初的扭曲有多严重，以及必要的市场制度的建立有多快。苏东国家的经验显示，在拐点到达之前，GDP 的减少将超过 50％，并且需要几年时间经济才能恢复。世界银行的研究显示，坚定实施休克疗法的国家的损失会少一点，而且拐点也会来得快一点（World Bank 1996）。但是即使在世界银行研究中最好的例子——波兰，GDP 下降也是非常多的，开始两年下降了 19％，并且直到1995 年 GDP 才恢复到 1989 年的水平。[①]而且，在拉丁美洲的例子中，稳定计划并没有立即奏效，虽然大多数激进改革的倡导者从拉丁美洲国家获得了激进改革的经验。在稳定计划实施之后，高通货膨胀或者甚至恶性通货膨胀也持续了好几年。在这样糟糕的情况下，任何政府都会面临信任危机（Dewatripont and Roland 1992）。领导层也无法在进一步改革的进程上坚持一致的意见，并且政治上的不稳定很可能随之而来。转型开始后，东欧国家政府的快速更替就证明了这一点。与"J 曲线"相反，激进改革的结果也许是个大的"L 曲线"。

如果转型能在短时间内完成，那么各项改革的先后次序问题都是不重要的。然而，事实表明，不管采取何种改革方式，从苏联模式的计划经济向市场经济的实际转型都只能是一个渐进的过程。因此，中国式的微观改革先行的转型是应该被肯定的。但是，在我们从中国转型得到任何有益经验之前，我们需要回答一些经常被提到的问题——关于中国经验对苏东国家的适用性的问题。

第一个问题是为什么在采取激进改革之前，波兰、匈牙利和苏联所采取的渐进式改革并没有成功。这些国家也试图通过给予国有企业更多的经营自主权来改革他们的传统计划经济。然而，他们的部分改革没有像在中国一样取得成功。我的解释如下：(1) 不像中国的国有企业在完成他们

① 值得注意的是，当波兰进行稳定性计划时，波兰获得了来自国际货币基金组织、世界银行和其他国际组织的一系列外部支持（Jayawardena 1990）。当其他国家后来实施类似的计划时，这些期待应该得到的资助却没有得到（Sachs 1991）。另外，波兰很像中国的广东省，由于地理位置临近西欧，波兰在转型过程中得到了大量的外国直接投资。

的计划任务之后可以以市场价格出售他们的额外产出,苏东国家的企业不可以自己制定价格(Sachs 1993, p.28)。价格刚性意味着过度需求和长期的短缺依然存在,并且国有企业的生产者也没有积极性把他们的资源配置到生产更有效率、价格更高的产出中。(2) 非国有企业的进入受到了严格的限制(Kornai 1986)。生产仍然是垄断的,而且国际贸易也仍然由中央来控制(Sachs and Lipton 1990)。因此,不像转型后的中国企业,苏东国家的国有企业从来没有面临来自国内和国际的真正竞争压力,因此它们缺少提高生产率的激励。(3) 在传统的苏联模式经济体制中,为防止在扭曲政策环境下的企业经营人员的胡作非为,国有企业不能够自己来制定工人的工资水平。在中国微观管理改革之后,工资仍然由国家进行控制,只有当企业的利润超过事先规定的利润之后,工人的工资水平才可以有所增加。而在波兰、匈牙利和前苏联国家,他们的部分改革给予了企业自己制定工人工资的自主权。国家对工资控制的减弱使得企业经营人员和工人有机会以牺牲国家的利益(他们通过占有任何能够从国有企业中获得的收入流和资产)为代价来增加自己的收入。这样,国家的收入就陷入了困境。① (4) 工资膨胀使短缺变得更加严重。前苏联国家以及波兰政府试图进行一个全民的赌博,他们增加消费品的进口,因而使得国家落入严重的外债危机(Aslund 1991)。也许由于上述的不同,它们并没有像中国那样获得持续的增长并实现向市场经济的渐进转型,部分改革反而使得波兰和前苏联国家走向内外破产和恶性通货膨胀的边缘。

第二个问题是苏东国家的人们是否能够对价格双轨制所带来的机会做出反应。在中国,经济增长的动力来自非国有部门的出现,而非国有部门所吸收的劳动力很大一部分来自于没有补贴的农业部门。苏东国家的农业劳动力是非常少的。但是,那里所有的工人包括在国有农场和集体农场的农业工人都从国家得到了很高的补贴。有人认为只有终止国有部门的补贴,才有可能为经济中的非国有部门从国有部门获得劳动力。因此,价格双轨制的渐进改革在一个继续支持国有部门的环境中是不起作用的(Sachs and Woo 1994)。但是,如果对所有部门都进行补贴是不可能的,因为当每一个部门都得到补贴时,就没有一个部门能够得到净补贴(Naughton 1996)。另外,即使离开国有部门会有一些机会成本,但离开国

---

① 某种程度上,中国也面临着这个问题。尽管生产力提高了,国有企业的利润率却下降了。结果是,国家来自国有企业的财政收入显著地减少了(McKinnon 1995)。

有部门的动机也依赖于对在非国有部门里工作的工资预期。在中国，1980—1991 年间，市场自由决定的工资与计划工资之间的差额达到 20% 到 40%（Gelb and Jefferson, and Singh 1993）。在苏东国家这两者之间的差距可能达到 3—4 倍、甚至更高（Aslund 1989）。[①] 因此，即使在苏东国家，一个工人从国有部门转到非国有部门就业的机会成本会高于转型的中国，但是他们在非国有部门就业的预期收入也大大高于中国工人在非国有部门的预期收入。Kornai（1986）观察到，匈牙利许多在私有部门工作的人是最高收入群体中的一员。Aslund（1989, pp.168—169）也引用了许多例子——在俄罗斯，一些非国有部门的工人通过为市场生产一些小商品而成为百万富翁。[②] 因此，正如 Kornai（1990, p.36）所述，管制在一定程度上的放松就足以让私人企业活动急剧增长。对那些漠视法律条文的人睁一只眼闭一只眼，就足以让那些通常被认为部分是地下的经济活动大批出现。东欧和前苏联国家的人们如同中国转型经济中的人们一样，在面对有利可图的市场机会时都能够做出反应。

由于以下几个原因，从苏联模式的计划经济向市场经济转型是非常困难的。这些原因包括：可利用的制度框架的缺失，价格和生产结构的严重扭曲，没有相关转型经济的历史先例可供参考。由于不可能立即获得经济的稳定，并且私有化需要持续比较长的时间，激进改革无法兑现它迅速迈入市场经济行列的承诺。正因如此，转型的关键问题就是要有一个制定好的关于改革先后顺序的战略。这需要改革者认识到经济中最为短缺的部分，并集中资源来改善这些制约；也需要改革者有决心改善经济绩效，并带给人民更高的物质福利和更好的生活机会（Rawski 1995）。国际货币基金组织/世界银行的宏观先行的改革方法也许适合非苏联模式的经济，因为在这些经济中市场制度或多或少在起作用，并且结构失衡的程度也要轻于苏联模式的经济。通过一句谚语我们可以更加清楚地了解这个问题，"当裂缝小的时候，跳过去也没关系。"实行激进改革后，稳定经济的计划就能立刻奏效，并且经济也能很快在正常的市场经济中运行。但是，在苏联模式的计划经济中，裂缝太宽而且太深，未经精心准备的跳跃肯定会导致意

---

① 另一例子是汇率。中国在 1994 年汇率并轨之前，在整个转型期间，市场汇率与官方汇率的差额最多达到 50%。而在苏联，1991 年官方汇率是 1.5 美元兑 1 卢布。但一个游客在莫斯科街头用 1 美元很容易就可以换到 12 卢布。

② Aslund（1989, p.169）引用了一个例子，公司中一个成员的月平均收入是 12 500 卢布，这是苏联工人平均工资的 60 倍，也是政府高级政府官员薪水的 10 倍。

外地跌落谷底。在这种情况下,在跳跃之前先填充裂缝或者使裂缝变窄是可取的。中国的经验显示,考虑到苏联模式的计划经济中严重的激励缺乏和严重的结构失衡,以渐进的方式来制定改革的先后次序并提高激励和减少扭曲,从而在转型过程中同时获得经济增长的转型方式是可取的。就我看来,中国"微观先行"的转型方式的有益经验可以总结如下:

首先,政府可以采取措施通过给国有企业经营人员部分经营自主权和利润分享来提高微观主体的激励,从而让经济更加接近生产可能性边界。在这个阶段,政府应当鼓励地方和私人在制度创新上的创造力。

其次,政府可以引入价格双轨制和双轨的资源配置方式,通过微观主体将资源逐渐配置到以前受到抑制的、但更有生产力的部门,同时政府还必须维持国有企业的正常生产。①

第三,当大部分商品由市场来配置时,政府可以放开价格。

第四,在上述转型过程当中,政府可以慢慢引入和加强必要的市场制度。

第五节 结论性评述

在本文中,我试图对中国从中央计划的社会主义经济向市场经济转型过程中的成功经验做出归纳。即使中国的改革没有明确的蓝图作指导,中国的经济转型所遵循的路径也能由诱致性的制度创新理论来加以解释(Hayami and Ruttan 1985, Lin 1989, North 1990)。传统的苏联模式的计划经济体制是一个内在一致的制度安排结构,这个结构的组成有:扭曲的宏观政策环境、计划的资源配置机制以及傀儡式的微观管理主体。传统的计划体制使得在资本稀缺的经济中资源流向发展战略所确定的资本密集型的重工业成为可能。但是,这样的经济效率是极低的。东亚的经济转型在开始时就给微观主体以部分经营自主权,从而在完整的传统计划体制中敲开了一条裂缝。一旦传统经济体制的完整性被破坏,相关的制度变化会自动地用更加有效的市场机制来逐步取代传统的计划体制。在这个过程中,通过给国有企业更大的经营自主性并使国有企业面临来自非国有部门的竞争,国有企业的效率得到了提高。但是,经济的活力则主要来自于新

---

① 这里的价格包括汇率、工资率、利率及所有产品和服务的价格。

的小型非国有企业的迅速出现。旧的计划配置机制和扭曲的宏观政策环境逐渐变得不可维持,因而也逐步地被舍弃。在改革过程中,国家、企业和个人有足够的时间对新的市场体制做出调整。在整个改革过程中,经济维持强劲的增长,因而改革给大多数人都带来了好处。

与此形成对比的是,苏东国家采取的激进改革也试图用更有效率的市场体制取代无效率的计划经济体制。在取消对私有企业的限制之后,立即出现了许多私人拥有的小公司,构成了苏东国家经济增长的主要动力(世界银行 2002)。然而,大中型国有企业的私有化进程却进展缓慢。这样所形成的企业混合体类似于东亚转型经济中所出现的企业混合体。但是,中国的转型方式没有中断国有部门的生产。因此,中国的渐进改革方式取得了和激进改革同样的积极效果,但是它避免了激进改革所带来的损失。如果考虑转型成本和制度变化的路径依赖性问题的话,中国的渐进改革方式在理论上和实证上都比激进改革更为可取(Wei 1993)。

一个国家所采取的转型方式反映了那个国家在转型时的社会政治条件。当转型开始时,东亚转型国家的共产党执政基础十分牢固,并且它们转型的目的是改善经济体制,而不是取代原先的计划体制。而在东欧和前苏联等社会主义国家,共产党的执政基础和社会主义意识形态已经瓦解。此外,转型具体采纳的方法也反映了不同国家文化上的差异。二战后的战时经济的转型,德国采取了激进的方式,而日本却采纳了渐进式的方式(Teranishi 1994)。在 20 世纪 50 年代,中国台湾超过 90% 的制造业都是国有部门的企业。但台湾没有对国有企业进行私有化,而只是允许私有企业的发展,其结果是私有企业慢慢发展成了主导的部门(Lau 1993)。亚洲文化强调实用主义,他们看重那些会带来帕累托改进的渐进改革方式,他们也往往会"修改"意识形态来适应现实,而不是改变现实来适应意识形态。[①] 西方社会似乎比亚洲国家更加注重意识形态的导向。Schultz (1977)发现在最近二百年里,英国和其他西方社会中各种不同的政治经济制度安排的变更和建立,主要受到了当时社会的主导思潮的影响。除了共产党倒台这个因素外,在苏东国家之所以采取激进改革也反映了社会中流行的"资本主义必胜"的信念(Wiles 1995)。假如我们把"正确"的社会思潮定义为可以带来更高收入增长和更合理收入分配的改革解决方案的话,那

---

① 例如,中国政府经常把任何为中国服务的事物贴上社会主义的标签。从这一点上看,中国决策者对于什么是社会主义市场经济和什么是有中国特色的社会主义的含义从未混淆过。

么这些主导的社会思潮就不一定是"正确"的了。归根结底,社会思潮也受到人类思维的有限理性的局限。当苏东国家开始转型时,西方的政策建议者认为这个过程是"轻车熟路"(Sachs 1993, p.2),直接跨向市场经济对他们来说是可以做到的。现在苏东国家的经验显示,即使采取了激进改革,从中央计划经济向市场经济的转型仍然只能是一个缓慢的渐进过程(World Bank 1996, Lavigne 1995, chapter 10)。如果在改革之初大多数人就能了解到转型过程的渐进性质,那么苏东国家采取的转型方法可能会有很大的不同了。

本文第三部分所总结的中国转型的经验,也许对那些在资本稀缺的条件下采取了苏联式的重工业优先的发展战略或其他类似的发展战略的国家转型时进行政策设计是有用的。[①] 这些经验对苏东国家也许还有用,因为他们向市场经济的转型还没有完成。但是,对每个国家在发展阶段、禀赋结构、政治体制、文化传统上的不同做出区分是很重要的。要使得改革措施真正切实有效,就应该考虑经济的初始条件并充分利用经济内部和外部的各种有利因素。[②] 因此,经济中具体的改革设计和改革顺序应该是诱导性的,而不是强加性的。简单地把一个成功经济中的方法移植给另一个经济并不能保证这些方法在另一个经济中也会取得成功。

尽管中国转型的整体绩效不错,但中国的转型还远没有完成。因为宏观政策环境的改革,尤其是利率改革,仍然滞后于微观管理体制和资源配置机制的改革,经济体制中的制度安排仍然存在内在的不一致性。由于制度不相容,寻租行为、投资过热和通货膨胀都是中国转型过程中的内生现象。为了应付这些问题,政府经常求助于传统的行政手段,从而引起经济增长的停滞和制度上的倒退。从以上分析可以看出,中国需要完成宏观政策环境的改革来消除制度上的不相容性,从而使得经济能够步入持续、平稳的增长路径。另外,随着中国经济成为更加成熟的市场经济和中国经济更进一步融入世界经济的行列,为了维持经济的持续增长,就必须建立一套透明的法律体系来保护产权以鼓励创新、支持技术变迁以及促进国内外的投资。

计划经济向市场经济的转型

[①] 本质上,重工业优先发展战略是一种赶超战略。在这种战略下,政府为了促使一些产业的发展而扭曲宏观政策环境,而这些产业是超过了由经济的资源禀赋结构所决定的比较优势的。在拉丁美洲广泛采纳的进口替代战略是另一种类型的赶超战略。

[②] 例如,海外华人的大量存在、在改革开始前中国农业部门中的众多工业资源,以及农业部门在整个社会主义期间都广泛存在的市场行为,毫无疑问都是有助于中国改革取得成功的重要初始条件。

中国的财政分权与经济增长[*]

第一节 引 言

自 20 世纪 70 年代末开始经济改革以来,中国经济以年均接近 10％的破纪录速度增长。在这一过程中,许多因素都起到了重要的作用。例如使家庭成为基本生产单位的农业改革,在企业管理中引入了物质激励的企业改革,各种价格改革、技术引进、面向国际贸易和外国投资的市场开放以及非国有部门的兴起等等。在众多的改革措施中,一个重要的但却没有被充分研究的方面就是始于 20 世纪 80 年代初的财政改革。本文主要在于探讨财政分权是否对中国的经济增长有积极的作用。

从广义上讲,中国的财政分权与世界其他地方的财政分权没有差别,都指中央政府将财政控制下放给地方政府。在那些财政分权的拥护者眼中,财政权力和责任向各级地方政府的转移有助于提高经济效率。因为和中央政府相比,各级地方政府在资源配置上具有信息优势(Oates, 1972)。[①]换言之,地方政府可以更好地提供各种公共物品的服务以满足本地需要。而且,当地方政府的官员承担起提供公共物品服务的责任时,他们也就处于当地居民更严密的监督之下,从而也更有动力去行使他们的财政职能以为公众谋求最大利益(见 Shah 和 Qureshi, 1994)。另外,中国的地方政府控制着大量的地方企业。财政分权可能硬化了地方企业(local enterprises)的预算约束(Qian 和 Roland, 1996),从而可能提高了地方企业的效率,并导致了高速的、可持续的经济增长。财政分权也可能会给经济增长带来动

* 本文是和原香港科技大学、现任教于纽约大学的刘志强教授合作的文章,英文原文于 2000 年发表在《经济发展与文化变迁》第 49 卷第 1 期。中文稿发表在《北京大学学报》(哲学社会科学版)2000 年第 4 期。我们感谢 Hans Binswanfer、Jack Hou、李华刚、Suzanne Piriou-Sall、马峻、Anwar Shah 和邹恒甫对本文初稿所作的有益的评论和建议。我们的研究得到了世界银行和香港科技大学的支持和赞助。1998 年 1 月 13—18 日,在泰国曼谷 Royal Orohid Sheraton 召开了"第 3 届环太平洋联合经济组织会议",我们向该会议提交了论文,本文基本上是对该论文的修订稿。

① 效率改善的观点为许多学者所接受,例如 Bahl 和 Linn(1992),Bird(1993)。

态效益。有关内生性经济增长的最新文献指出制度安排会影响经济增长[①],可以预计财政制度从集权向分权的转变,能提高经济的长期增长率(Oates 1993;Liu 1997)。

有些人对财政分权使效率提高的说法提出了质疑。首先,他们认为地方政府可能实际上并没有明显的信息优势。中央政府可以向地方派遣对当地偏好拥有足够信息的官员,因而即使在集中的财政制度下,他们也可以在资源配置过程中发挥作用。其次,中央政府的决策也可以有中央以下级别的官员参与。再次,在大多数发展中国家,地方政府的官员都不是依靠民主选举产生,因此他们是否会更好地去熟悉各种情况是值得怀疑的;即使他们对情况十分了解,他们也未必有足够的激励去依此行事。[②] 而且,由于中国的地方政府一般都直接拥有绝大多数当地的企业,所以他们可能会设置各种贸易壁垒以保护当地企业,从而造成市场的分割和寻租行为,导致效率的损失。

在整个 20 世纪 80 年代,中国的财政制度经历了许多重要的变化,从一种单一由中央政府完全控制的收入集中的预算分配制度变为一种相对分权化的制度安排,中央政府和地方政府各自拥有自己的财政收入。在这种制度安排下,大部分省一级的政府须将本省的一部分财政收入上缴中央。有一些省份的财政支出超过了其财政收入,中央政府可能会向这些省份提供一些财政补贴,一个省内部的各级政府间也存在着类似的财政安排。

理解财政改革在迄今为止的经济增长过程中所起的作用,对于中国未来的改革颇为重要。如果正如拥护者所言,财政制度的变化有益于经济增长,那么今后的改革就应致力于进一步巩固分权化改革的成果并使之制度化。相反,若财政分权对经济增长并没有起到什么作用,中国就应该实行更为集中的财政制度,或者是在其他领域里进行相应的改革,以使分权化的财政制度的好处能够完全发挥出来。

本研究的意义不仅仅是对中国的经济改革进行评价。世界银行和其他国际组织正在积极地研究和评估许多国家——例如中国、巴西和阿根廷——实施的各种财政改革方案,希望从中可以为其他正准备进行财政改革

---

① 见 Barro(1990),Kin 和 Rebelo(1990)以及 Jorgenson 和 Tun(1990)。

② 显然,无法仅从理论上去断定财政分权是否会导致效率的提高,必须经过严格的实证检验才能下结论。有些人从对宏观经济的控制和各级政府的贪污等问题的考虑而对财政分权抱有谨慎态度。Puod'homme(1995)对此有详尽的论述。

的国家提供有益的经验教训。从这个角度看，本研究具有非常重要的实用价值。同时，从理论层次来说，本文对财政分权是否有助于提高经济效率的实证检验也是对经济学文献的一个贡献。

中国经济改革的研究汗牛充栋，但其中罕见评估财政改革对经济增长贡献的文献。Zhang 和 Zou(1996)以及 Ma(1997)的研究是两个例外。[①]前者认为财政分权不利于经济增长，而后者则得出了相反的结论。然而，以上学者的研究结论须谨慎对待，因为在他们的分析中，要么是使用的分权指标有可争议之处，要么是没有把同时期其他的改革措施也考虑进去。

在对经济增长进行经验分析的文献里，利用生产函数进行回归分析是被广泛接受的方法。在本研究中我们也使用这一方法来分析财政分权对经济增长的影响。我们利用了 1970—1993 年间省一级的数据。我们的估计结果表明：财政分权对经济增长过程有正的作用。我们还发现，除了财政改革外，农村改革、非国有部门的发展和资本积累也都对中国经济在过去 20 多年里令人瞩目的增长起到了关键性的推动作用。

本研究有两点创新。一是我们在实证分析中，除集中分析了财政制度的变化对经济增长率的影响外，还同时用不同的变量来代表各项重要的改革措施；另一个也是更为重要的一个创新是，与以前的学者不同，我们使用了边际分成率——即由省一级政府从财政收入增加额中所提留的比例——这一指标来衡量财政分权的程度。

本文其他部分安排如下。在第 2 节，我们以中央和各省级政府间财政关系的变化为侧重点，综述了中国 20 世纪 80 年代以来的财政改革。第 3 节构建了一个计量模型。第 4 节对数据进行了简要的讨论。第 5 节给出了估计结果。最后一节概述了本研究的结论。

第二节　中国的财政分权

在改革前，中国的财政制度是高度集中的。[②] 中央政府和各地方政府

---

① 有大量非定量的文章对中国财政改革的各方面都进行了讨论，Wong(1991, 1992)和钱、Weingast(1995)等。

② 对改革前财政制度的详细讨论，见 Lardy(1975)，Ksenserg 和 Tong(1991)，Wong(1995)以及林(Lin, 1997)。最后两位作者还对 20 世纪 80 年代初至 20 世纪 90 年代初的财政改革也进行了详细的论述。

之间的关系被称为"统收统支"。各级地方政府都没有自己单独的预算：中央政府集中了全部的财政收入，并制定了一个包括全部下级政府的统一预算。这种财政安排也将国有企业包括进来，国有企业须向国家上缴所有的利润或剩余，而国家则通过财政拨款来满足国有企业的各项支出。实际上，国有企业的资金安排也是整个国家财政安排的一部分。

集中的财政制度是与中国在改革前所采取的集中进行生产和资源分配的模式相一致的，但它与 1979 开始的市场化改革不相容。有 3 个重要因素推动了中国财政制度的变化。第一个因素是非国有企业——乡镇企业、联营企业和私营企业——的快速增长，从而改变了国有企业一统天下的局面。亏损的国有企业越来越多，造成了国家财政的沉重负担。政府不得不被迫去寻找其他的收入来源。第二个因素是经济改革使地方当局的政治权力得到了增强，这自然使得各级地方政府会在财政领域提出相应的决策权要求。第 3 个因素则纯粹缘于经济上的原因。经济利益会极大地影响个人乃至政府的行为，因此为了使地方政府有动力去努力提高财政收入和推动经济增长，就必须改变集中的财政制度。

与其他改革类似，财政改革一开始也是试验性的。早在 1977 年，就在江苏省试行了一种中央与省财政安排的替代方案。按这种安排，江苏省要依合同的规定每年上缴总收入的一部分给中央政府。上缴份额按该省过去的财政收入和支出的情况决定。

中央政府在 1980 年又实行了名为"划分收支，分灶吃饭"的财政收入分享的安排。按这个安排，财政收入按来源被分为中央固定财政收入（包括关税、由中央直接拥有的国有企业上缴的财政收入）、地方固定财政收入（包括盐税、农业税、工商所得税、由地方政府所拥有的国有企业上缴的财政收入、其他税收收入以及地方特产税）和中央地方共享收入（包括由中央和地方政府共同领导的大型企业的利润、工商税或营业税）。

在 1980 年的安排中有几个例外：广东省和福建省每年向中央政府上缴一个固定的收入，余下的收入则全归该两省支配。5 个少数民族自治区（西藏、新疆、内蒙古、宁夏、广西）和 3 个有大量少数民族聚居的贫困偏远省区（青海、云南、广西）可以从中央获得财政补贴，其数额以每年 10% 的速度增加。

然而，虽然中央许诺上述财政收入分享方案一定 5 年不变，但实际上分配规则却被频繁改变，尤其是 1982 和 1983 年更是如此，所以 1980 年分权安排的有效期非常短暂。

到了 1983 年，税收体制发生了重大变化，国有企业实行了利改税。尽管财政收入仍被划分成 3 类——中央固定收入、地方固定收入和共享收入，划分的依据却有了改变。以前主要是根据对国有企业的所有权来划分收入，新的划分标准则与税种相联系。

为了使分税方案能够和各个不同地方的社会、经济条件相适应，又引进了 4 种收入分摊办法。14 个省份(包括 3 个直辖市)与中央签订了协议，每年向中央上缴其一定份额的地方固定收入和共享收入。广东省和黑龙江省则条件最为优惠，只需向中央上缴一个固定数量的收入。有 5 个省份从中央政府获得了一个固定数额的转移收入。剩下的 7 个省份则从中央那里得到以每年 10% 的速度增加的财政补贴。

1985 年的财政安排中，中央固定收入和地方固定收入只占政府总预算中相对较小的比例，共享收入则占了主要地位。这意味着现在中央政府要依靠地方政府来增加收入、提供资源。由于地方政府可以保留一部分共享收入，因此为自身利益计，地方政府也会努力去增加这些收入。

财政安排在 1988 年再度发生变化。这一次则有 5 种收入分享方案，表 3.1 列出了各个省份所实行的不同方案。

410

表 3.1　中央—省财政制度安排和边际分成率

省份	1985—1987		1988—1993	
	分配方案*	FD	分配方案**	FD
北京	a	49.55	b	100.00
天津	a	39.45	a	46.55
上海	a	23.54	c	100.00
河北	a	69.00	b	100.00
山西	a	97.50	a	87.55
辽宁	a	51.08	b	100.00
黑龙江	c	100.00	c	100.00
江苏	a	40.00	b	100.00
浙江	a	55.00	b	100.00
安徽	a	80.10	a	77.50
山东	a	59.00	c	100.00
河南	a	80.00	b	100.00
湖南	a	88.00	d	100.00
湖北	a	100.00	a	100.00
四川	a	100.00	a	100.00
陕西	e	100.00	e	100.00

省份	1985—1987 分配方案*	FD	1988—1993 分配方案**	FD
吉林	e	100.00	e	100.00
江西	e	100.00	e	100.00
甘肃	e	100.00	e	100.00
内蒙古	f	100.00	e	100.00
新疆	f	100.00	e	100.00
广西	f	100.00	e	100.00
宁夏	f	100.00	e	100.00
云南	f	100.00	e	100.00
贵州	f	100.00	e	100.00
青海	f	100.00	e	100.00
广东	e	100.00	e	100.00
福建	e	100.00	e	100.00

资料来源：* 当代中国财政编委会，1988，pp.376—377；Zhu(1993)，pp.294—296。

分摊方案：

a. 上缴当地收入的一个份额；

b. 在基年上缴当地收入的一个份额，在接下来的几年里上缴总额按已商定的一个比率上升；

c. 向中央政府上缴一个固定数量的收入；

d. 在基年上缴一个固定数量的收入，在随后几年里上缴总额按已商定的一个比率上升；

e. 从中央政府处接受一个固定数量的补贴；

f. 在基年接受一个固定数量的补贴，在随后几年里总补贴额按已商定的一个比率上升。

第三节 计量模型

在对经济增长进行实证分析的文献中，生产函数是一个被广泛使用的基本估计框架(见 Mankiw 等，1992)，我们也采用了这一工具来检验财政分权对经济增长的影响。我们采用了柯布—道格拉斯型的生产函数，故第 t 期的生产可表述为：

$$y(t) = A(t)k(t)^\alpha \psi^{1-\alpha} \tag{3.1}$$

其中 y 为人均产出，k 为人均资本，A 为技术水平，ψ 为劳动力占总人口的

比例(假设为常数),对表达式(3.1)的左右两边同时取对数并对时间进行一阶微分,就得到人均产出增长率,记为:

$$g(t) = y(t) = A(t) + \alpha k(t) \tag{3.2}$$

从式(3.2)中可以看出,人均产出增长率取决于两个因素:人均资本增长率和技术进步率。需要注意的是,$A(t)$不仅反映了技术的变化,还反映了不同地区资源禀赋和制度的差异和跨时间的变化,以及其他地区特定的但不可观测到的特征。在这里,我们假定 $A(t)$ 取决于两组变量。

第一组变量直接衡量在改革期间所实施的两个最重要的改革措施。这包括财政分权(FD)和家庭联产承包责任制(HRS)。财政分权对经济增长的影响是本文研究的核心内容。然而,财政分权只是中国全方位改革措施中的一个组成部分,可能与其他改革措施存在相关关系,因此排除其他改革措施的影响是准确评估财政分权对经济增长的直接效应的关键。而以前的研究恰好忽略了这一点,因此这些研究的结论恐怕并不十分准确。家庭联产承包责任制改革是改革期间农业增长的最主要原因(林毅夫1992)。这项改革增大了农民的自主权,并导致了乡镇企业的崛起。乡镇企业的成长是中国近年来经济快速增长的最大动力。我们还以农产品与非农产品(FPMP)之间的相对价格衡量了价格放开的影响,因为价格放开大大提高了农产品的相对价格。其他诸如企业改革、对外开放政策等政策改革的效应,由于缺乏较合适的指标而无法予以直接衡量。然而,在回归模型中加入年虚拟变量却可以间接体现这些效应。

第二组变量包括那些能够反映各地间资源禀赋差异的变量。财政能力(FISCAP)定义为人均真实 GDP 的 3 年移动平均值,该指标反映了一个地区的财政实力。农村人口比重(POPSHR)与总人口数(TPOP)被分别用来考察城市化以及人口规模对经济增长的影响。非国有企业的相对重要性是通过非国有企业的产出占工业总产出(NSOESH)的比重来衡量的。通过考察非国有企业的相对重要性,可以了解非国有企业在经济增长中所起到的作用。我们还利用了人均固定资产投资额(按可比价格计)增长率这一指标来作为对人均资本增长率的近似替代。

这样,增长回归模型可通过一个双向误差因子模型来描述:[①]

$$\mathrm{GGDP}_{it} = \beta_1 \mathrm{FPMP}_{it} + \beta_2 \mathrm{HRS}_{it} + \beta_3 \mathrm{NSOESH}\beta_{it} + \beta_4 \mathrm{GI}_{it}$$

---

① 在回归方程中所有取百分比的变量都是水平变量而 POPT 和 FISCAP 则取对数形式,这样做只是为了方便对估计结果的解释,对本文的结论并没有什么影响。

$$+ \beta_5 \ln(\text{FISCAP})_{it} + \beta_6 \text{FPMPIT}_{it} + \beta_7 \text{POPSHR}_{it}$$
$$+ \beta_8 \ln(\text{TPOP})_{it} + \mu_i + \lambda_t + \nu_{it},$$
$$i = 1, \cdots, N; \quad t = 1, \cdots, T \tag{3.3}$$

其中,下标 i 为省份, t 为时间, GGDP 为人均 GDP 的增长率, GI 为人均投资增长率, μ_i 为不可观测的地区效应, λ_t 为不可观测的时间效应, ν_{it} 为随机挠动项。需要注意的是 λ_t 是一个不随省份不同而变化的变量,它解释了所有未被包括在回归模型中而和时间有关的效应。这一点对于我们的分析特别重要,因为中国经济的增长模式在很大程度上是受中央政府的宏观经济政策所主导的——扩张性的宏观经济政策导致了高增长和高通货膨胀率,这又将进而导致治理整顿和较低的经济增长。如果不考虑这些宏观环境的时序特征,考察财政分权对经济增长的效应就可能会出现偏差。

关于上述回归模型的特性,还存在一个有待讨论的问题。如果假设 μ_i 和 λ_t 是固定的待估参数,且残差项的随机挠动服从 $\nu_{it} \sim \text{IID}(0, \sigma_\nu^2)$,则表达式就是一个"双向固定效应误差因子模型";如果残差项的 3 个因子都是随机的,则表达式(3.3)就相当于一个"双向随机效应误差因子模型"。由于在理论上并没有太强的理由来支持选择哪一种模型进行估计更为合适,我们完全依据 Hausman 模型的检验结果作决定,放弃了随机模型而选择了固定效应模型(见第五节)。

财政分权的一个重要作用是提供地方行政当局更多的资源,从而能增加它们的投资和支出,因此财政分权可能会通过增加投资而影响到经济增长。故财政分权对经济增长的部分影响可通过方程(3.3)中的 GI 来解释。财政分权也可能通过提高地方政府资源配置的效率来对经济增长作贡献。财政分权还可以通过减少对低生产率部门的投资和增加对高生产率部门的投资而影响到经济的长期增长率。财政分权的后两种效应是通过增长方程中 FD 的系数来反映的,而考察这种效应也正是我们进行实证分析的主要目的和内容。

第四节 数 据

我们收集了中国 28 个省级单位(包括北京、上海、天津)自 1970 年至

1993 年的截面数据以进行实证分析。[①] 表 4.1 列出了各变量的定义和均值。人均实际 GDP 是根据中国 1952—1995 年的国内生产总值(GDP)来计算的,政府收入和支出取自《各省、自治区、直辖市历史统计汇编:1949—1989》以及历年的《中国统计年鉴》。固定资产投资的数据取自各样本省的统计年鉴。所有这些数据都是根据当年价计算的数据,再以 1970—1993 年的价格指数换算成按 1970 年的不变价计算的数据。非国有企业的产出与工业总产出的比重、总人口和农村人口数取自历年的《中国统计年鉴》。农产品对非农产品的相对价格则根据历年《中国物价年鉴》和上述各统计资料上的信息算出。家庭联产责任制指标则衡量了农村地区采纳这一制度的生产队的百分比,这一数据取自林毅夫 1992 年发表的一篇论文(Lin, 1992)。

表 4.1　变量的定义与均值

变量	定义	单位	平均值
GGDP	人均实际 GDP 增长率	百分比	0.071
FD	财政分权:本地所收财政收入的边际分成率	百分比	0.424
HRS	家庭联产承包责任制:农村中采取该制度的生产队数量占生产队总数的比重	百分比	0.607
FISCAP	财政能力:对人均实际 GDP 的 3 年移动平均	元/人	644
POPSHR	农村人口比重	百分比	0.760
TPOP	总人口数	千人	36,568
FPMP	农产品对非农产品的相对价格:国家对农产品的实际收购价格指数与农村地区制造品的零售价格指数之比	比率值	1.550
NSOESH	非国有企业产出占工业总产出的比重	百分比	0.290
GI	人均固定资产投资增长率(按可比价格计)	百分比	0.062
FDZVG	另一种衡量财政分权的方法:对本地所收财政收入的平均分成率	百分比	0.592

　　如何衡量财政分权度是我们所面临的一大关键性挑战。在进行跨国别的研究中,一般都用州开支和联邦开支的比值作为财政分权的近似替代。然而在中国,中央在各省的支出数据无从获得,因此无法计算省开支和中央在各省开支的比值,而必须另辟蹊径。在对中国财政改革进行实证研究的两篇论文中,分别提出了衡量财政分权的不同方法。其中,Ma

---

① 由于数据不全,海南和西藏并没有被包括在内。

（1997）的方法是以省级政府在预算收入中保留的平均份额来代表财政分权度。该方法虽有吸引人之处，但由于两个原因，它却无法体现出自20世纪80年代以来中央—地方财政关系所经历的巨大变化。首先，在改革前一些省份就一直对中央政府的预算有所贡献，或者说这些省份的财政收入大于它们的支出。因此按Ma的方法，财政分权早已有之，但在统收统支的财政制度下，省一级政府的任何开支都必须获得中央的批准。其次，Ma的方法使用的是平均分成率而不是边际分成率，但会影响省和省以下各级政府行为的却正是边际分成率。

另一项对中国财政分权的实证研究是由Zhang和Zou（1996）做出的。他们则通过一省的开支占中央总开支的比率（或者是该比率的变化）来衡量财政分权。这一方法也有问题。在他们的指标中，分母都是相同的，即中央政府的总支出，所以财政分权度就完全取决于一省的支出水平。按他们的方法，若地方上的支出越大，则财政分权度就越大。所以，地方支出数额最高的那个省就享有最高的的财政自由度。但实际情况却并非如此，因为某个省份的支出大小只是反映了该省的人口和经济规模，而不是该省在财政上所拥有的自由空间。例如四川省的财政支出是最高的，但这并不表明比四川省较小的广西省拥有更多的财政自主权。同理，尽管上海市的财政支出要高于天津市，但上海市所拥有的财政自由度并不比天津市更多。

在以前的研究中，另一个被忽略的重要问题是中国财政分权实际开始的时间。正如我们在上面所指出的，中国的财政改革是在80年代初开始的。但是由于中央和省级政府所共享的收入比较小，而且在1980—1984年间，中央和省级政府间的财政关系的变化在很大程度上是试验性和暂时性的，收入分摊的规则并非数年一定，而是省和中央间年年重新谈判。有些学者（Wong，1991）已经指出，在这短暂的4年里，所规划的财政关系的实际有效期非常短暂。在省级政府看来，中央政府的财政政策充满了太多的不确定性，因此省级政府的最佳策略就是保持现状。与之形成对比的是，从1985年开始的财政改革的方向比较明确。收入分摊规则最初是3年不变，然后再延续到一个更长的时期。尽管在协议有效期间，由于某些原因，由中央和省级政府所共同商定的收入分摊仍有变化，但它们基本上还是被遵循的。

在本文中，我们认为财政分权从1985年开始，并用省级政府在本省预算收入中的边际分成率这一指标来衡量财政分权。第二节已经指出，在1985—1987年间，共有4种中央—省财政安排类型，在1988—1993年间则有 5 种。我们以省级政府提留了多少财政收入增加额来衡量财政分权。如果某省可以从其财政收入中保留一个份额，FD 等于所提留的份额。在 1985—1987 年间有 14 个省，在 1988—1993 年间有 5 个省都可以归入这一类。其余几种类型的财政安排则意味着 100％的边际分成率。[①] 各样本省的边际分成率在表 1 中记为 FD 的那一列中列出。在 1985 年以前，所有省份的财政分权度都记为 0。[②]

第五节 结 果

表 4.2 给出了人均 GDP 增长率的基本回归结果。表 4.3 给出了对用其他方法衡量财政分权所得到的结果的显著性检验结果。以下几点需要注意：第一，统计检验的结果列在表 3 的底部。其中有一行记为 HN，该行给出了固定效应模型和随机效应模型进行 Hausman 检验的统计值，由 x^2 统计值可以看出，Hausman 设定检验拒绝了随机效应模型。标记为 LR 的那一行则给出了假设不存在固定效应的可能性比率检验（Likelihood ration test）的结果。x^2 统计值大于在 1％显著水平上的临界值，检验结果拒绝了没有固定效应的古典回归而接受了双向固定效应模型，因此所有的回归都是按双向固定效应模型做出的。为了简单起见，省和年度虚拟变量的估计结果没有在表中列出，读者若有兴趣，可向作者索取。由于 Breusch-Pagan 拉格朗日乘数检验拒绝了存在同方差的零假设，我们在括号中给出了和异方差一致的标准差假设下的 t 统计值（White，1980）。[③]

---

① 这类分摊规则如下：(1) 在基期上缴当地收入的一个比例，在接下来的几年里，总上缴额则按先前所商定的比率逐年增加；(2) 向中央政府上缴一个固定数量；(3) 在基期上缴一个固定数量，在接下来的几年里总上缴额则按先前所商定的比率增加；(4) 从中央政府获得一个固定数量的补贴；(5) 在基年里获得一个补贴，在接下来的几年里总补贴额则按以前所商定的比率增加。

② 见第二部分。

③ 另外，Durbin-Watson 检验也表明没有证据显示在文中或表里给出的模型的残差分布呈自相关。

表 4.2 人均 GDP 增长率回归估计

变量	(1)	(2)	(3)	(4)[1]	(5)[2]
FD	0.0362	0.0349	0.0265	0.0259	0.0271
	(2.703)	(2.595)	(2.049)	(1.659)	(2.039)
HRS	0.0372	0.0408	0.0448	0.0565	0.0336
	(1.768)	(1.951)	(2.163)	(2.304)	(1.685)
GI	0.0478	0.0493	0.0459	0.0538	0.0237
	(3.819)	(3.897)	(3.692)	(2.879)	(1.919)
FISCAP	−0.144	−0.126	−0.157	−0.138	−0.125
	(−5.308)	(−4.509)	(−5.664)	(−3.810)	(−3.804)
NSOESH	0.142	0.145	0.203	0.259	0.173
	(3.163)	(3.288)	(4.116)	(3.811)	(4.052)
FPMP	0.0107	—	0.00522	−0.0172	0.00575
	(1.158)	—	(0.575)	(−1.149)	(0.576)
POPSHR	0.0446	—	0.0353	−0.0746	−0.0545
	(0.630)	—	(0.509)	(−0.422)	(−0.782)
TPOP	−0.209	−0.310	−0.405	0.137	
	(−1.612)	(−2.366)	(−2.634)	(3.960)	
Subsidy	—	—	0.0275	—	—
Dummy			(3.648)		
Hn[a]:	36.31[8]	34.13[5]	35.20[9]	20.24[9]	37.98[9]
LR[a]:	289.29[47]	285.14[47]	286.40[47]	181.34[35]	215.71[42]
经调整后的 R^2	0.52	0.52	0.53	0.56	0.51
样本规模	534	534	534	294	406

注:所有的模型中均包括省和年虚拟变量,估计值按照 White(1980)方法对异方差进行了调整;括号中为 t 统计值;

[a] 括号中的数值为 x^2 统计值的自由度;

[1] 在把从中央政府处接受财政补贴的省份删除后所余数据的基础上的估计结果;

[2] 对 1979—1993 年间数据进行估计的结果。

表 4.3　人均 GDP 增长率回归估计

变量	(1)[1]	(2)[2]	(3)[3]	(4)[4]	(5)	(6)
FD	0.0372	0.0503	0.0217	0.0315	—	0.0254
	(2.750)	(3.633)	(2.422)	(2.422)	(0.0119)	(1.607)
FDAVG[a]	—	—	—	—	2.358	0.0082
HRS	0.0387	0.0411	0.0374	0.0379	0.0397	1.392
	(1.831)	(1.938)	(1.774)	(1.788)	(1.863)	(0.0389)
GI	0.0489	0.0484	0.0478	0.0479	0.0483	1.839
	(3.865)	(3.858)	(3.822)	(3.829)	(3.854)	(0.0481)
FISCAP	−0.144	−0.147	−0.143	−0.143	−0.142	3.848
	(−5.298)	(−5.398)	(−5.266)	(−5.267)	(−5.206)	(−0.145)
NSOESH	0.145	0.159	0.138	0.138	0.155	−5.338
	(3.216)	(3.433)	(3.097)	(3.087)	(3.313)	(0.157)
FPMP	0.00974	0.00948	0.0105	0.0106	0.0103	3.386
	(1.049)	(1.019)	(1.136)	(1.147)	(1.149)	(1.117)
POPSHR	0.0417	0.0376	0.0426	0.0416	0.0390	0.0438
	(0.593)	(0.541)	(0.601)	(0.587)	(0.551)	(0.618)
TPOP	−0.206	−0.208	−0.207	−0.206	−0.253	−0.243
	(−1.593)	(−1.611)	(−1.599)	(−1.859)	(−1.915)	(−1.819)
经调整后的 R^2	0.52	0.52	0.52	0.52	0.52	0.52
样本规模	534	534	534	534	534	534

注：所有的模型中均包括省和年虚拟变量，估计值按照 White(1980)方法对异方差进行了调整；括号中为 t 统计值；

1. FD 为 1 年滞后变量；
2. FD 为 2 年滞后变量；
3. FD 取对数形式；
4. FD 取 logistic 形式；
5. FDAVG 为省级政府的平均分成率。

一、基本结果

表 3 中的模型 1 给出了对方程(3)进行直接估计的结果。从中可以看出，财政分权对人均 GDP 增长率有正的、显著的影响。估计值为 0.0362 意味着财政分权度——也就是对预算收入的边际分成率——从 0 提高到 100%，人均 GDP 增长率就会相应提高 3.62 个百分点。农村改革对经济

增长率也有正的和显著的影响。正如所预料的那样,固定资本的增长率与经济增长率有正的和显著的相关。FISCAP 的系数是负的且在统计上显著,这意味着较富裕的省份其增长率更低。这清楚地说明了在中国各个省份的收入水平之间存在着条件性收敛的趋势。其他反映不同地区间初始条件差异的变量基本上在统计上不显著。

我们估计了模型 2 以检验财政分权的回归结果是否会随着回归方程包括了那些不显著的变量在内而呈现出高度敏感性。估计结果并没有多大改变。

由于财政分权度是以各省级政府对财政收入增加额的边际分成率来衡量的,接受财政补贴的省和只要将其财政收入的一个固定数量上缴给中央的省边际分成率都为 100%。读者可能会怀疑这一方法的有效性。在模型 3 中,我们通过引入虚拟变量对接受财政补贴的省份和其他省份作区分,以检验模型 1 的估计结果是否依然保持不变。该虚拟变量为财政补贴虚拟变量,对于那些在 1985—1993 年间接受了财政补贴的省份而言,该虚拟变量取值为 1,其他的省份则取值为 0。而在其他时段的样本期内,该虚拟变量同样取值为 0。结果,财政分权度从 0.0362 降至 0.0265,但仍在 1% 的水平上显著。新加入的虚拟变量的系数为正且显著,表明在其他条件相同的情况下,接受财政补贴的省份经济增长速度更快。其他变量的估计结果与模型 1 基本相同。处理上述问题的另一种办法是利用整个数据中的一部分来估计模型 1,即不包括那些接受财政补贴省份的数据。其结果放在模型 4 中,尽管几乎减少一半的样本,但这些估计结果与模型 3 的估计结果基本相同,与模型 1 的结果一致。因此,将那些接受财政补贴的省份的边际分成率设定为 100%,并没有什么不妥之处。

另一个有可能会出现偏差的地方在于,改革前的参数值可能会与改革期间的参数值不同。换言之,将改革前各年份的数据也包括进来可能会对估计结果有所影响。因此在模型 5 中,我们仅用 1979—1993 年这一段改革期间的数据对经济增长进行了回归。[①] 其中 FD 的系数与模型 3 和模型 4 基本相同,且在统计上显著。最引人注目的变化是对总人口数系数的估计。与其他各模型不同,该系数为正且在统计上显著,说明人口规模更大的省份其经济经济增长速度更快。其他变量系数的估计结果变化不大。

---

① 另一种方法就是对在改革前和改革期间的增长方程中的各参数的稳定性进行检验。然而,因为 FD 和 HRS 在改革前的取值为 0,因此邹氏检验在这里并不可行。

因此，没有足够的证据表明我们的结果是因为在分析中包括了改革前的样本而得到的。

二、对财政分权变量设定的强度检验

可以想像从改革的措施的启动到其对经济增长产生影响之间会有相当长的一段间隔期。为考察这种可能性，我们设经济增长率为滞后 1 年或 2 年的财政分权变量的函数。这样做就考虑了经济增长率对改革措施的变化所需的反应时间。在表 4.3 的模型 1 中，对财政分权变量进行了一年滞后，结果所有系数的估计值，特别是财政分权的估计值，与表 4.2 中模型 1 的系数估计值非常相似。在表 4.3 模型之中，对财政分权变量进行了两年滞后，结果再度显示财政分权对经济增长率有正的影响。惟一的变化是财政分权变量系数估计值的大小与其他模型相比变得更大了。这引发我们去寻找该变量的最优滞后结构的想法。然而，由于财政分权变量高度自相关，我们无法对分布滞后结构进行有意义的分析。但当我们把滞后一年和两年的 FD 变量也考虑进来时，这两个变量的估计值全部为正。但因出现多重共线性现象，其估计值的标准差也相应变得很大。[①]

迄今为止，我们通过对边际分成率的线性转换来衡量财政分权度。然而，财政分权度与经济增长率之间的关系却有可能是非线性的。为了检验将 FD 设定为其他形式对回归结果的影响，我们重新对表 4.2 模型 1 中的该变量进行了对数转换和 logistic 转换并重新进行了回归估计[②]，其结果分别在表 4.3 的模型 3 和模型 4 中给出。FD 的估计系数仍然为正且在统计上显著。该变量对数形式的估计结果为 0.0217，这意味着从中央集中控制的财政制度向完全分权的财政制度的转变会将经济增长率提高 10 个百分点。从对该变量进行 logistic 转换的估计结果中也能得到相似的解释。对其他变量的估计基本不变。[③]

接下来我们将对由另一种衡量财政分权方法所得到的结果的强度进行检验，虽然这种方法与我们所使用的方法关系不大。在表 4.3 的模型 5

---

① 我们对含 HRS 滞后形式的方程进行回归分析，但这样做对结果的影响不大。

② 在一般的 Logistic 函数中，$FD = \{1 + \exp[(-X + a)/k]\}^{-1}$，其均值为 a，标准差为 $k\pi/3^{0.5}$，我们设该函数的折点为边际分成率的 50%（或 $a = 0.5$），并设标准差 0.25，这样边际分成率变量的区间在其均值的 2 个标准差之内。

③ 从原则上讲，HRS 也存在形式设定问题。我们关注 FD 设定形式变化对估计结果的影响是因为财政分权是本研究的核心内容。不过，当 HRS 同样取对数形式时，其系数估计值与 FD 的系数估计均为正且在统计上显著。

中所使用的是平均收入分成率。[①] 其结果与先前各回归模型的估计结果基本一致。惟一较大的变化是在该模型中，FD 的系数估计值要比那些以对财政收入的边际分成率来作为衡量财政分权指标的模型中的相应系数的估计值要小得多。这表明经济增长率对边际分成率变化的反应，要比对平均提留率变化的反应更为敏感。换言之，若两个省份可以从其财政收入中提留相同的份额，但它们的边际分成率不同，则这两个省的人均 GDP 的增长率就会出现差异，此时与边际分成率较低的省相比，边际分成率更高省的人均 GDP 的增长率会更高。实际上，我们在表 4.3 的模型 6 中同时使用了这两种衡量方法(边际分成率和平均分成率)，结果表明，使用边际分成率的变量的系数估计值仍为正且在 10% 的水平上显著，而使用平均分成率的变量的系数的估计值虽为正但在统计上并不显著。这可能说明边际分成率是衡量财政分权的一个较好的方法。而且，前者的估计值(0.0254)要大于后者的估计值(0.0082)，这种结果与在模型中分别使用这两种方法时的情形是一致的。

三、检验财政分权措施的外生性

尽管我们的回归分析结果表明财政分权与人均 GDP 的增长率有着很强的相关性，但其中的因果关系也有可能是倒置过来的：较穷的省经济增长率较低，因此更有可能从中央获取财政补贴；而较富裕的省经济增长率较高，从而其财政自由度有可能更大。在这种情况下，我们先前所有的估计结果都会由于内生性偏差问题而出现估计不一致。然而，有许多情况表明财政分权是外生决定的。首先，我们发现 FD 非常稳定。在 1985 年以前，各省该变量的取值都为 0，在以后的样本年间，各省该变量的取值也并不随时间的变化而出现多大变化。在 1985 年，中央和省的财政安排被确定后仅变动过一次，这个变动发生在 1988 年，并被执行到 1993 年。而1993 年是我们样本期内的最后 1 年。其次，我们还就财政分权变量潜在的内生性作了检验。检验的结果并没有拒绝预算收入的边际分成率外生于模型的假设。[②]

[①] 见前文对平均分成率的批评。

[②] 我们还检验了 HRS 与 FD 同时是外生性的假说。Hausman 检验的结果并没有证明 HRS 和 FD 应被看作是内生变量。

四、投资和其他

我们在第三部分中曾指出财政分权可通过两条途径来提高经济增长率。第一，财政分权能够导致省一级的资本投资增加从而带来经济增长。对于省级政府而言，其在一个分权的财政制度下的投资动力要比在一个集中的财政制度下的投资动力更强。因为在分权的财政制度下，省级政府可以从额外进行的投资所带来的回报中获取一个更大的份额。如果财政分权和省级政府的投资量之间确实存在着正的关系，那么表 4.2 和表 4.3 中所给出的财政分权系数的估计结果就可能低估了财政分权对经济增长的总效应。我们通过一个单独的回归分析来检查是否存在这种关系。以人均投资的增长率(GI)对 FD 和其他自变量进行回归，结果显示财政分权和投资之间存在正的相关关系。然而，这种关系在统计上并不显著。[①] 因此，并没有明显的证据说明财政分权通过增加了总资本投资量而推动了经济增长。

第二，财政分权通过提高资源配置效率而推动了经济增长。正如我们在第 I 部分中所指出的，与中央政府相比，省级政府在满足当地需求方面具有信息优势，因而能够更好地提供公共物品和服务，而这些公共物品和服务对当地的经济环境有较大影响。例如，某省份可以通过配置更多的资源来提高总产出，也可以通过将资源从低生产率的领域再配置到高生产率的领域来提高总产出。需指出的是，这种由于财政分权所带来的效率提高的作用，同技术变迁所起的作用类似，都可以对人均 GDP 的增长率带来长久的影响。我们所使用的计量模型使我们能够对这种效应进行单独考察，而估计结果则明确表明，财政分权对中国各省间的经济增长率有显著作用。

然而，由于缺乏相关数据，我们无法更详细地分析财政分权如何带来了中国经济效率的提高。不过，省一级的宏观统计数字仍然表明，由于财政分权的缘故，地方政府将其收入的更大比例投向了高生产率领域。例

---

① 回归模型(包括了省和时间虚拟变量但并没有列出)及结果为：$GI = 0.00245(0.0038) * FD + 0.0247(0.317) * HRS - 0.0834(-0.875) * FISCAP - 0.0451(-0.242) * NSOESH + 0.00369(0.091) * FPMP - 0.0388(-0.148) * POPSHR - 0.580(-1.768) * LPOPT$，其中括号中的数字为 t 统计值，所有变量的定义见表 2，调整后的 $R^2 = 0.41$。另外，改变模型设定形式对 GI 和 FD 之间的关系没有什么影响。例如，在 GI 对 FD 进行的单独回归中，FD 的估计系数仍然为正且不显著。

如，我们发现在基础投资占预算支出的比例与财政分权度之间存在着正的且显著相关的关系。[1] 对该结果的一个可能的解释就是，省级政府试图通过更多地向基础设施投资、更少地向低生产率领域——例如农业部门——投资来提高资源配置效率，因为向基础设施投资可以提高其他类型资本的生产率。[2] 或许最具说服力的例子，就是地方政府在乡镇企业(TVES)的发展中所扮演的角色。财政分权不仅仅局限于中央—省之间的财政关系，在省级政府与省以下各级政府间也存在着类似的分权式财政关系。目前，省以下的各级政府能够从当地财政收入中保留更大的比例，这已经改变了这些政府的投资行为。结果，它们不仅有更强烈的动力去进行更多的投资，并且会更多地投资于高生产率的农村工业部门——建设更多的乡镇企业。对县一级政府的作用进行充分分析已超出了本文的研究范围。[3]

我们以边际分成率来衡量财政分权，这是对过去研究中所使用的其他衡量方法的一个改进。但边际分成率也并非是一个完美的指标，财政分权度还取决于在多大程度上中央政府可以通过其他途径来干预地方政府的财政事务。例如，中央政府可能会给予某个省份几项优惠政策，诸如允许创办经济特区、有权力批准投资项目等等。不过这些政策在很大程度上都具有省份特征，通过在回归中设置省虚拟变量已经将它们的效应考虑了进去。

第六节　结　论

在本文中，我们探讨了中国始自 20 世纪 80 年代中期的财政分权改革对人均 GDP 增长率的影响。我们发现财政分权对经济增长起到了显著的作用，这与财政分权能够提高经济效率的假设是一致的。同时我们还发现

---

[1] 回归模型(省包括了时间虚拟变量，但并没有列出)及其估计结果为：BESHINF = 0.0486 (3.033) × FD − 0.0569(−0.3401) × HRS + 0.0249(2.694) × FISCAP − 0.138(−3.794) × NSOESH − 0.00344(−0.398) × FPMP − 0.132(−1.981) × POPSHR − 0.419(−0.510) × TPOP，其中 BESHINF 是基础设施投资占预算支出的比例，括号中的数字为 t 统计值，各解释变量的定义见表 4.1，在 BESHINF 对 FD 的简单回归中，FD 的系数估计值为 0.0655，其 t 统计值为 3.986。

[2] 与农业有关的各种形式占预算支出的比例与财政分权之间的关系虽为正，但在统计上并不显著。

[3] 一些初步的证据表明，乡镇企业的发展与财政分权间存在着正的联系。当我们用省人均乡镇企业投资额对财政分权变量和其他控制变量回归时，FD 的系数估计值为正但并不显著。

农村改革和非国有部门的发展是在过去 20 多年里推动中国经济增长的关键因素。

这些结果使我们得出了两点结论：第一，制度安排很重要。除财政分权外，其他政策（如在农村部门中推行家庭联产承包责任制改革和在工业部门通过发展非国有企业而实现民营化）都对中国的经济增长起到了有利作用。第二，根据对数据的分析，财政分权主要通过提高资源的配置效率而不是引致更多的投资来提高中国的经济增长率。

应指出的是，自 20 世纪 80 年代以来，中央和省级政府间财政关系的变化非常错综复杂。我们在经验研究中以边际分成率作为反映财政分权度的指标，但这还不足以充分体现出财政关系变化的复杂性。更好地理解在中央—省谈判过程中起关键作用的因素和机制非常重要，正是由于这个原因，本文的研究只是一个阶段性的成果，更深入的研究仍有待进行。

发展战略、经济转型和落后地区
发展所面临的挑战[*]

第一节 引 言

第二次世界大战后,许多欠发达国家(LDCs)的政府采取了多种政策措施来实现国家的工业化,并且几乎每个国家用可比价格衡量的人均GDP 都有所增加。然而,如图 1.1 所示,发达国家和落后国家之间的人均收入差距却明显扩大了。只有少数几个东亚经济体确确实实实缩小了这一差距,并实现了人均收入水平向发达国家人均收入水平的收敛。

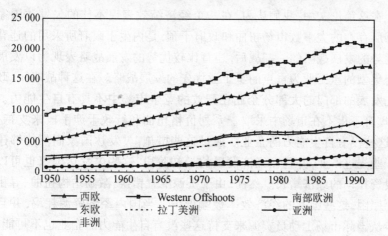

图 1.1　人均 GDP, 1950—1992(56 个国家)

(用 1900 年 Geary-Khamis 美元衡量)

资料来源:Angus Maddison,《监测世界经济,1820—1992》,OECD, p.212。

———————

　* 本文和刘明兴合作,是应邀参加世界银行 2003 年 5 月 21、22 号在印度班加罗尔召开的第十五届《世界银行发展经济学年度会议》而提交的论文,英文原稿即将刊登于世行的会议论文集中,中文稿则由张鹏飞翻译。

在 18 世纪工业革命后，发达国家快速的产业提升和技术升级带来了这些国家的财富和综合国力的飞速增加。因此，欠发达国家早期的发展方向主要着眼于如何快速发展（采用）发达国家的主导产业（技术）（Krueger 1992）。最新的研究发现，欠发达国家拙劣的发展绩效在很大程度上应归因于他们在制度上所出现的问题。这些问题包括各种各样的市场扭曲、政府干预、宏观经济不稳定、收入分配不平等、殖民地传统等等，而这些因素则妨碍了市场的正常运行（Shleifer et al., 1998; Rodrick, 1998, 2003; Acemoglu et al., 2001a, 2001b, 2002a, 2002b; Djankov et al., 2003）。从 20 世纪 70 年代后期开始，许多欠发达国家，包括（前）社会主义国家，为了改善经济绩效，事实上都开始了市场导向的经济改革。然而除了中国和越南等少数几个国家外，尽管大多数实行市场化改革的欠发达国家都采取了多种措施来改善那些被认为是影响经济发展的决定因素，多数欠发达国家的经济增长绩效反而变得更差了（Barro 1997）。Easterly（2001, p.2）指出"在 1980—1998 年，发展中国家人均收入增长的中位数为零，而在 1960—1979 年则达到 2.5%"。

在这篇论文中，我们认为，在一个经济绩效表现不佳的欠发达国家的市场所存在的大多数市场扭曲和政府干预，是内生于政府所采用的违背比较优势的发展战略的。二战后，违背比较优势的发展战略表现为以发展资本密集型的重工业为重点的重工业优先的发展战略。在这种战略下，政府优先发展的部门的大部分企业在开放的竞争市场中不具有自生能力。因此，政府不得不在市场中采取一系列价格扭曲和行政干涉手段来支持（保护）这些没有自生能力的企业。通过这些措施，欠发达国家固然能够建立起一些先进产业，并且在经济发展的最初阶段，这些欠发达国家也可以取得投资拉动的经济增长。然而，由于资源配置错误、激励结构扭曲、寻租猖獗等原因，这些国家的经济效率极端低下。当国内经济资源耗竭，并且进一步从国际市场上动员资源来支持这些没有自生能力的企业也不可能时，经济就会陷入停滞，甚至可能会遭受经济危机的打击。为了重振经济，改革变得必不可少。然而，正如前面已经提到的，市场中的众多扭曲和政府干预是内生于政府保护优先发展部门里的没有自生能力企业的需要的。如果企业的自生能力问题没有在改革开始之前得到有效解决，那么，要么没有自生能力的企业迅速崩溃，并因此带来大规模的失业和社会（经济）的混乱，要么政府需要通过隐性的扭曲和保护方式来保护（补贴）那些没有自生能力的企业。因此，这种改革不但不能建立成熟的市场经济，反而可能使得经济绩效不如改革之前。本文建议,政府应该采用这样一种改革方式:放松对劳动密集型部门进入的限制(这些劳动密集型部门在改革前是受到抑制的部门),并创造条件解决违背比较优势的发展战略所优先发展的部门的企业的自生能力问题,以便经济能够在转型过程中取得持续的动态增长。

文章的结构如下:第一节,引言;第二节,对关于一个国家经济增长决定因素的文献进行了回顾和评论,并讨论了欠发达国家政府的发展战略对该国企业的自生能力、该国的经济制度以及该国的经济绩效和社会状态所造成的影响;第三节,探究了欠发达国家经济改革和转型所采用的不同方式以及它们的不同结果;第四节,对第二和第三节所提出的经验假说进行了检验;第五节,总结性评论。

第二节　经济增长的决定因素和欠发达国家发展战略对该国制度和经济增长绩效的影响:文献回顾和评论

对于经济学家来说,为什么欠发达国家不能追赶上发达国家不但是一个具有挑战性的问题,而且是一个令人困惑的现象。新古典增长理论(Solow 1956)在外生给定技术水平的假设下,预测认为欠发达国家的增长速度将快于发达国家,欠发达国家的人均收入水平将收敛到发达国家的人均收入水平,并且任何国家的 GDP 增长率最终将等于其人口增长率。然而,除了东亚少数几个经济实体外,大多数欠发达国家的人均收入水平未能实现向发达国家人均收入水平的收敛(Pearson, et al. 1969; Romer 1994),并且发达国家的经济增长率继续超过他们的人口增长率。出于对新古典增长理论的质疑,新增长理论的先驱者 Romer (1986) 和 Lucas (1988)提出了新增长理论。他们把技术创新看作是由人力资本积累、研究和开发(R&D)以及干中学(learning by doing)等因素所内生决定的,从而认为欠发达国家未能实现向发达国家收敛的原因就在于欠发达国家在对技术变迁起着重要作用的因素上缺乏投资。新增长理论的观点对于发达国家人均收入的持续增长是有深刻见解的,但是新增长理论对于 20 世纪后 30 年里亚洲新兴工业化经济(包括韩国、中国台湾、中国香港和新加坡)以及中国内地近来的非凡经济增长绩效和向发达国家的收敛未能做出令人满意的解释。(Pack 1994, Grossman and Helpman 1994)。在他们向发达国家的追赶过程中，这些新工业化经济在研究和开发(R&D)、人力资本以及干中学(learning by doing)上的投资远低于那些发达国家。

现在许多经济学家认为，欠发达国家未能赶上发达国家是由于这些国家政府干预和管制而带来的糟糕的制度所引起的。这些糟糕的制度包括腐败丛生、弱于保护投资者利益以及大量的社会冲突(Shleifer et al. 1998; Rodrick 1998; Acemoglu et al. 2001a, 2001b, 2002a, 2002b; Djankov et al. 2003)。Rodrick (2003, p.7)提到："制度在增长文献中受到越来越多的关注，因为我们越来越清楚地认识到产权、合适的管制结构、司法系统的好坏和独立性、官僚的权力在很多情况下都不是想当然的，并且它们对于促使和维持经济的持续增长起到了最为重要的作用。"法律渊源(La Porta et al. 1998, 1999)和制度传统(Acemoglu et al. 2001a, b; Engerman and Sokoloff 1997)对经济增长的作用也已经得到了重视。

一般来说，政府是欠发达国家中最重要的制度。政府的经济政策决定着欠发达国家中企业所面临的宏观激励结构。政策改革者和政策研究者都试图去理解政府的干预和管制是如何出现的，政府的干预和管制是否会持续下去，并且是如何持续下去的(Rodrik 1996)。政府角色的古典理论(Pigou 1938)被称为"帮助之手"。另外一个政府角色的理论——"掠夺之手"理论(Shleifer and Vishny 1998)认为政府干预仅仅是为了追求政客和官僚们的利益。政客们利用管制来帮助关联企业和其他政治拥护者以获取政治捐助和选票。另外，"许可证制度和政府管制大量存在的一个重要原因可能就在于它们使得政府官员们有权力对许可证发放进行否决，而要获得许可证则必须对政府官员行贿来作为交换(Shleifer and Vishny 1993, p.601)。"Djankov, La Porta, Lopez-de-Silanes, and Shleifer (2002)最近的一篇论文对政府角色"掠夺之手"的理论进行了实证检验，他们的结论是行业进入壁垒可能会因官僚的腐败而抬高。

假定欠发达国家的政府管制可能来源于政府或者政治精英们的"掠取之手"，但是如何理解政府干预下的制度结构的衍化，文献至今还是没有能够给出合适的解释。在欠发达国家，政府干预下所形成的制度结构是相当复杂的。我们对政治领袖们设计出如此复杂政治体系的动机感到迷惑不解，因为制度复杂性会产生征用(expropriation)和政治控制，征用和政治控制所带来的成本增加会使得政府掠夺所得的收益减少。由于既得利益集团在得到保护(补助)的同时，通常也必须上缴税收并可能受到政府的抑制,因此,由特殊利益集团而产生腐败的观点也不能很好地解释这个问题。此外,很多政府干预并没有明显的受益集团。

　　林(2003)提出了另一个关于欠发达国家的政府干预和管制的假说,该假说基于欠发达国家政府所采用的发展战略和本国资源禀赋结构所产生的矛盾。[①] 社会主义国家和非社会主义的欠发达国家早期政治领袖中的大多数,如印度的尼赫鲁、埃及的纳什尔、印度尼西亚的苏加诺、中国的毛泽东、越南的胡志明,都是曾经参加国家独立运动的精英或参加本国革命和国家建设的精英。按照林的观点,欠发达国家第一代政治领袖们所制定的制度内生决定于政治精英们在国家建设上的勃勃雄心——国家的工业化和国家的现代化与国家经济现状之间所存在的矛盾。这个理论的关键是政府工业化冲动下所优先发展的部门里企业的自生能力问题。[②]

　　林(2003,p.280)对自生能力做了如下的定义:"在没有任何外部补贴和保护的情况下,如果一个正常经营管理的企业在自由、开放和竞争市场中能够赚取社会可接受的正常利润,那么,这个企业就有自生能力,否则,这个企业就不具备自生能力。"显然,没有人会投资于一个不能赚取社会可接受的正常利润的企业。这种企业只有在政府给予支持的情况下才能存在。按照林的观点,一个正常经营管理的企业的自生能力依赖于该企业所进入的产业以及该企业所采用的生产技术是否和本国资源禀赋结构所决定的比较优势相一致,企业的比较优势取决于经济的资源禀赋结构。在其他条件相同的情况下,在一个劳动力(资本)相对充裕的经济中,企业只有进入到劳动(资本)相对密集的产业并采用劳动(资本)相对密集的生产技术才具有自生能力。

　　在一个没有政府干预,自由、开放、竞争的市场中,只有具有自生能力的企业才能生存下来,因此,一个经济的产业结构和技术是内生决定于该经济的资源禀赋结构的。大多数欠发达国家资源禀赋结构的特征是劳动力相对充裕而资本相对缺乏。[③] 正因为如此,在一个自由、开放、竞争的市场中,欠发达国家的产业结构和技术结构应该是劳动相对密集型的。然

----

　　①　这部分的余下讨论大部分引自 Lin(2003)。

　　②　欠发达国家地方政府官僚可能会利用因国家建设而产生的政府干预(管制)来为他们个人的"掠夺之手"服务。然而,官僚们的"掠夺之手"应该被看作是扭曲和管制的结果而不是扭曲和管制的原因。

　　③　欠发达国家资源禀赋结构的另外一个可能性是,自然资源相对丰富,资本和劳动相对稀缺。本文的讨论和结论可以很轻松地推广到这种情形。

而，在强国梦的鼓舞下，欠发达国家的政治领袖、经济学家和社会精英等人常常把在最短的时间内建立起和最发达国家一样的资本密集型产业并采用先进技术来进行生产作为他们的国家发展战略目标。林把欠发达国家这种类型的发展方式称作是违背比较优势的发展战略（CAD），因为这些国家的政府试图鼓励企业在产业进入和技术选择时忽视本国经济既定的比较优势。[①] 违背比较优势的发展战略中所优先发展的产业部门里的大部分企业，在自由、开放、竞争市场中并不具有自生能力。所以，欠发达国家政府不得不通过干预的方式来补贴和保护这些企业。

如果政府采用违背比较优势的发展战略而造成企业所进入的产业和选择的技术与由该国经济的资源禀赋结构所决定的最优产业选择和技术水平之间的偏离比较小，并且政府试图支持的没有自生能力的企业为数不多的话，这时政府可以像经合组织中大部分国家的政府保护本国农业一样，也许可以通过税收和转移支付来直接补贴那些企业。然而，当一个欠发达国家采用违背比较优势的发展战略时，这种背离往往是非常巨大的，并且这时没有自生能力的企业数量也非常多，而政府的征税能力又非常弱。因此，欠发达国家政府往往转而求助于通过价格扭曲、对市场竞争的限制、用行政手段来直接配置资源等手段来对那些没有自生能力的企业进行隐性的补贴。[②]事实上，经济转型前，社会主义经济的传统计划体制是为了对没有自生能力的重工业企业进行支持和保护的典型制度安排（Lin, Cai and Li 2003, chap.2）。

此外，当一个欠发达国家政府采用违背比较优势的发展战略时，由于信息不对称，政府不能够确切知道多少补贴才是足够的。除了为得到诸如获得低息贷款、税收减免、关税保护和合法垄断等更多的事先的政策优惠外，还为了得到诸如更多的优惠贷款和税收拖欠等事后的行政上的专门帮助，优先发展部门的企业会有动机利用他们企业的自生能力问题作为借

---

① 违背比较优势的发展战略包括社会主义国家和诸如印度等发展中国家所采用的重工业化发展战略及大部分拉美国家和非洲国家的间接出口补贴战略。另外，违背比较优势的发展战略还包括随着经济的发展，某些产业已经失去了比较优势，但政府还是给予这些产业以保护，大部分经合组织国家对国内农业的保护就属于这种情形。

② 从上面的观点我们可以看出，政府官员的"掠取之手"，或者利益集团的操纵并不是欠发达国家政府干预存在的原因，而欠发达国家政府干预存在的真正原因在于政治精英们的强国梦。经济的资源禀赋结构和政治领袖们不切实际的雄伟发展企图之间的冲突所导致的扭曲和干预，会使得腐败成为经济的内生现象。这样看来，政治目标应该与因"掠夺之手"而产生腐败或者"利维坦式的政体"相区分。（"利维坦式的政体"指有庞大官僚机构的集权主义国家——译者注。）

口,并运用手中的资源去游说政府官员。这样,经济中充斥着大量的寻租行为和腐败。由于企业可以利用自生能力问题作借口来和政府进行讨价还价以获得更多的政府支持,并且由于政府难以回避这种责任,因而企业的预算约束软化了（Lin and Tan 1999）。[①] 由于软预算约束的存在,企业没有提高生产力的压力,因此企业效率也十分低下。此外,由于在优先发展部门里的企业可以得到补贴（保护）,并且预算约束软化,在这些部门的投资成为一种特权。非社会主义的欠发达国家的政治领袖会选择他们自己的亲朋好友或政治支持者来投资那些优先发展的部门,因而导致裙带资本主义现象。

此外,如果欠发达国家的政府采用违背比较优势的发展战略,经济将变得更为内向型。这是因为违背比较优势的发展战略试图通过国内生产资本密集型的制造产品来替代进口,从而引起进口的减少。由于资源不可避免地从其他有比较优势的产业转移到违背比较优势的发展战略中优先发展的部门中去,出口也会受到压制。为了促进优先发展产业部门所需技术（设备）的进口,汇率很可能被高估,这样会显著地阻碍经济的出口。另外,在违背比较优势的发展战略下,政府发展战略的承担者通常是大企业。为了满足那些没有自生能力的大企业的融资需求,政府通常将这些企业实行国有化,并且跳过金融中介的环节,利用直接的财政拨款来对这些企业进行支持。这就是前社会主义计划经济中存在的情形,并继续存在于许多欠发达国家当中。即使政府依赖于私人企业来执行违背比较优势的发展战略,大企业的融资需求也是非常巨大的。因此,只有受严格管制的垄断银行体系或受政府行政干预的股票市场才能满足其融资需求。无论在那一种情形下,这时国家的金融体系效率都是十分低下的。没有自生能力的企业的发展严重地依赖于外部的融资支持。政府起先通过上述对金融体系的干预来动员国内的资源去支持这些企业。一旦国内的金融资源耗竭,为了支持这些企业的发展,政府通常要求助于国际金融市场。财政赤字、不良贷款、对外负债以及金融体系的脆弱性会进一步恶化,因而宏观经济

---

① 预算软约束是 Kornai（1986）为解释社会主义国家经济问题而创造的一个术语。按照 Kornai 的解释,预算软约束是由于社会主义国家的政府对国有企业的父爱主义而造成的。Kornai 关于预算软约束的理论不能够解释为什么在非社会主义经济中也存在预算软约束,以及预算软约束在俄国和东欧等转型经济实行私有化 10 年之后还是得以广泛存在（World Bank 2002）。Dewatripont and Maskin（1995）认为预算软约束的存在是因为银行对投资项目的不完美信息以及银行对所投资项目存在时间不一致问题而引起的。然而,这个理论不能够解释欠发达国家预算软约束存在的普遍性和持续性。

稳定也不能维持,从而导致金融危机的爆发,这也会引发严重的社会冲突和政治上的不稳定(Rodrik 1998; Caselli and Coleman 2002)。

总之,按照林的理论,欠发达国家拙劣的经济绩效以及欠发达国家所观察到的大部分市场扭曲和政府干预,在很大程度上应归因于政府采取了违背比较优势的发展战略。

第三节　自生能力、经济改革和经济转型

经验证据显示采用违背比较优势的发展战略会阻碍一个欠发达国家的经济增长(Lin 2003)。然而,违背比较优势的发展战略以及该战略所导致的政府干预,在经济发展的早期阶段往往有利于动员稀缺资源投资到少数清楚界定的优先发展部门中去(Ericson 1991)。只要使用行政手段能够从国内或国际市场动员资源投资到经济优先发展的部门,那么采用违背比较优势的发展战略的国家也可以获得一段时间的投资拉动型经济增长。因此,由于对采用违背比较优势的发展战略对经济增长所造成的长期后果认识不足,出于对快速建设强国的热切希望,或者是政府领导人出于对自己任期内政绩的追求,违背比较优势的发展战略对欠发达国家的政治领袖有很大的吸引力,从而在二战后几乎所有的欠发达国家政府都采用这一战略(Chenery 1961)。然而,一旦从国内和国际市场上所能获取的金融资源耗竭,经济就会陷入停滞,并且违背比较优势的发展战略所固有的问题就呈现出来了。[①] 经济将面临各种各样的困难,并且从 20 世纪 70 年代后期开始,自愿的或者是非自愿的市场导向改革成了欠发达国家——无论是社会主义国家还是非社会主义国家不可回避的选择(Krueger 1992)。

改革开始后,大多数欠发达国家将注意力集中在市场扭曲和政府干预上,并且试图建立起市场有效运行所必需的制度(Williamson 1997, Kolod-

---

[①] 一个国家(地区)所能采用违背比较优势的发展战略的持续时间取决于该国(地区)的人均自然资源的丰富程度(Ranis and Syed 1992)。另外,这个持续时间的长短也取决于该国(地区)的人口规模大小。在 20 世纪 50 年代,东亚经济中的韩国、中国台湾、新加坡都采用了违背比较优势的发展战略。然而,由于这些经济贫乏的自然资源以及比较小的人口规模,这些经济在采用违背比较优势的发展战略后,马上面临着巨大的财政赤字、很高的通货膨胀以及国际收支的不平衡。所以,它们被迫放弃违背比较优势的发展战略。因为这些政府没有能力对没有自生能力的企业进行补贴,遵循比较优势的发展战略成为他们的真实发展战略。这可以解释这些经济的成功发展经历。

ko 2001)。然而,除了中国、越南和其他少数几个国家外,社会主义国家在转型期间的经济增长绩效是非常糟糕的。苏联和东欧国家(FSUEE)在转型期间经济绩效的令人失望程度尤其显著。苏联和东欧国家在 20 世纪 80 年代的后期和 20 世纪 90 年代的初期开始经济转型时,由于采用了休克疗法,这种疗法旨在尽可能快地恢复市场制度,因而大多数经济学家对这些国家转型的预期结果都表示乐观。[①] 从开始转型算起,已经过去十年了。然而与当初大多数经济学家的乐观看法相反,采用休克疗法的苏联和东欧国家经历了长时间的恶性通货膨胀、生产的萎缩、经济不平等程度的严重加剧以及其他社会指标的恶化(World Bank 2002;Blejer and Skreb 2001;and Roland 2000)。所有的独联体国家和大多数的中欧和南欧国家以及大部分的波罗的海国家的累积产出下降量大大超过了美国在大萧条时期的累积产出下降量(World Bank 2002)。

除了苏联和东欧国家在向市场经济转型过程中的经济绩效表现令人失望外,大多数欠发达国家的经济绩效也一样令人失望。这些国家拙劣的经济绩效表现是非常令人困惑的,因为根据 Easterly (2001)的研究显示,那些在增长回归中被认为是重要的变量,如金融深化、贸易和汇率的自由化、医疗卫生、教育、人口出生率以及基础建设等,与转型(改革)前的 1960—1979 年相比,都有了普遍的改善。Easterly 推测认为,世界性的因素,如世界利率水平的升高、发展中国家债务负担的加重、工业世界经济增长的减缓以及偏向于熟练工人的技术变迁,导致了欠发达国家在 20 世纪 80 年代和 20 世纪 90 年代这失落的 20 年里的经济停滞。然而,Easterly 的假说同中国在 1980—2000 年间 9.6% 的惊人年均 GDP 增长率以及越南在 1985—2000 年间 6.5% 的年均 GDP 增长率不相一致。

正如第二节所表明的,社会主义国家和欠发达国家中所存在的大多数市场扭曲和政府干预,事实上是内生于这些国家的政府先前所采用的违背比较优势的发展战略而造成这些经济优先发展部门里的企业缺乏自生能力的问题的,而这些市场扭曲和政府干预从新古典主义经济学的角度认为是有害于经济增长绩效的。在经济转型时,如果没有事先妥善地解决优先发展部门里企业的自生能力问题,直接消除或放开那些内生的市场扭曲和政府管制会导致制度安排从次优(second best)到次次优(third best)的变化,从而导致经济绩效在改革(转型)后进一步恶化。这是因为,如果一下

[①] 休克疗法的主要内容包括:放开价格,私有化和宏观经济稳定化措施。

子去除所有的市场扭曲和政府管制,优先发展部门里的企业自生能力问题会从隐性变为显性。这些没有自生能力的企业如果得不到任何补贴或保护,它们很快就会破产。如果没有自生能力的企业数量很少并且它们的雇佣工人数也很少,同时决定放弃违背比较优势的发展战略的政治决心很强的话,休克疗法才能取得成功。消除市场扭曲和政府保护可能会引起少数企业的破产,但是在自由化之后,那些先前受到压制部门里的有自生能力的企业会成长得很快,完全可以弥补没有自生能力的企业破产后因产出下降和就业减少所造成的损失。[①] 然而,如果没有自生能力的企业很多,并且它们的雇佣工人数量也很多,那么强制性的消除市场扭曲和政府的保护会导致大规模的失业,从而致使经济崩溃而不是经济复元——这正是苏联和东欧国家及最近的印度尼西亚所经历的,社会和政治稳定也难以维持。为了避免可怕的后果,在最初实行的强制性改革之后,政府常常寻找其他方式来补贴和保护那些没有自生能力的企业,从而出现了半吊子的改革,而且经济绩效也比改革前更差了。一些前苏联和东欧国家经济改革的失败就是这样的例子,这值得进一步的分析。

在经济改革进程启动之时,大多数欠发达国家都拥有大量没有自生能力的企业,这些企业是在原来违背比较优势的发展战略下建立起来的。由于新古典经济学有个隐含的假定——假定经济中的企业都是有自生能力的,从而直接实施基于现有新古典经济学所做出的政策改革是不一定合适的。因而需要找到一种方法,在解决优先发展部门里企业的自生能力问题的同时能够复兴经济的活力,并使得经济能够渐进地转向一个运行良好的市场体系。中国的经验可以为其他正处在转型过程或即将开始转型的经济提供一个有用的范例。

中国在1979年开始的经济转型采用了一种逐步的、渐进的、双轨制的方式。在改革开始之初,中国政府给予了国有企业经理人员对国有企业的部分自主权,并解散了集体农场来改善激励机制,但政府仍然向传统部门里没有自生能力的国有企业提供保护和支持来避免它们受到破产的威胁。这种激励机制的改善使得农业部门和工业部门的生产力都得到了很大的提高(Lin 1992；World Bank 1992)。同时,政府放松了对那些具有比较优势但在违背比较优势的发展战略时受到压制的部门进入的严格限制。这

---

① 玻利维亚就是一个适合华盛顿共识的例子。1980年,它是一个人口只有560万的小国。政府能够支持的没有自生能力的企业非常少。因此,Jeffrey Sachs建议的休克疗法可以奏效。

使得劳动密集型的中小型非国有企业,如乡镇企业、合资企业和私营企业,得到了快速的发展。乡镇企业的快速发展就是很好的例证。在1978年到1996年间,乡镇企业的数量从152万上升到2 336万,乡镇企业的从业人数从2 827万上升到13 508万,其从业人数占农村总劳动力的百分比,从9.5%上升到29.8%。同样引人注目的是,乡镇企业成为推动中国经济全面持续增长的主要力量之一。乡镇企业的工业总产值占全国工业总产值的百分比从1978年的9.1%上升到1997年的57.9%。农村工业已经不再只是农业生产的一个补充,而是成为全国经济增长一个不可或缺的重要源泉。众所周知,出口是中国经济近来取得成功的重要因素之一,而乡镇企业产品出口占全国总出口的份额从1986年的9.2%上升到1997年的45.8%(Lin and Yao 2001)。

越南是另一个在转型后取得持续快速经济增长的国家。同中国一样,越南在转型开始时就解散了农村集体农场,扩大了国有企业的自主权,以及促进了在计划经济时代受到压制的部门里的中小型非国有企业的发展。在工业部门,国有企业仍然占主导地位。[①] 通过这种谨慎的渐进式改革,越南在1985—2000年间取得了年平均GDP 6.5%的增长率。

前苏联和东欧国家在最初的转型衰退之后,经济的恢复主要也来自于中小型企业进入到原先受到压制的劳动密集型部门。1998年,改革比较成功的国家,如捷克共和国、匈牙利、拉脱维亚、立陶宛和波兰,它们的就业岗位近50%来自于雇员少于50人的新建立的小企业;而在经济绩效较差的国家中,如白俄罗斯、哈萨克斯坦、俄罗斯和乌克兰,小企业的雇佣工人占全国就业的份额只在10%—20%之间(World Bank 2002, p.39)。

中小型企业进入到违背比较优势的发展战略时受到压制的部门,使得中国和少数其他几个经济在转型过程中获得了持续的快速增长。然而,只有当违背比较优势的发展战略的优先发展部门里企业的自生能力问题得到解决后,一个国家向市场经济的转型和改革才算得以完成。否则,政府还得继续进行市场干预来保护和补贴那些没有自生能力的企业。政府的这些行为将不可避免地导致市场扭曲的产生。举个例子来说,伴随中国在转型过程中所取得的快速经济增长,银行不良贷款的份额也日趋严重,腐败行为也广为盛行(Lardy 1998)。这些问题的根源都在于国有企业的自

发展战略、经济转型和落后地区发展所面临的挑战

---

① 事实上,越南国有企业占GDP的份额从1989年的33%增加到1996年的39%(Sun 1997)。

生能力问题。1983年之后，中国政府对国有企业的支持由国家财政直接拨款改为由国有商业银行提供低息贷款的方式。现在，超过70％的银行贷款都借给了国有企业，但由于国有企业的糟糕绩效，许多国有企业没有能力归还贷款，因此，银行累积了大量的不良贷款。为了支持国有企业，政府对某些部门的市场进入也进行了限制，以便国有企业能够获得垄断租。许多国有企业(以及非国有企业)通过向政府部门寻租来获得更多的低息贷款或进入到那些受管制部门的执照，这样进一步促使了腐败行为的盛行。

只有当自生能力问题解决之后[1]，一个国有企业是否能够在竞争性市场中赚取可接受的利润才能够真正变成管理者自己的事情。政府也不再需要干预市场来保护或补贴企业。只有这样，市场扭曲和政府干预的消除才能真正取得成功。然而，政府能否采纳为建立一个有效的市场体系所必须进行的政策改革，有赖于政府是否有智慧和决心来放弃违背比较优势的发展战略。[2]

第四节　发展战略、转型和增长绩效：经验检验

本文第二部分和第三部分给出了关于欠发达国家在20世纪80年代经济改革(转型)前后的经济绩效的几个可供检验的假说。在这部分中，我们将利用跨国时间序列数据来进行经验检验：

假说1：实施违背比较优势的发展战略的国家在较长时间里的经济增长绩效会比较差。

---

① 对于这种情形，Lin, Cai and Li (1998)提出了四种改革措施以解决国有企业的自生能力问题：第一，如果国有企业的产品对于本国的国防至关重要的话，政府应该继续用财政拨款的方式支持这些企业的运转。第二，如果国有企业的产品有广阔的国内市场，这些国有企业可以通过或者和跨国公司联合建立合资企业、或者在国际股票市场上市的方式来利用国内资本。第三，如果国有企业的产品没有广阔的国内市场，但这些企业有很好的工程技术人员和管理能力，那么这些国有企业可以利用它们的人力资源优势进行转产，生产那些符合本国比较优势并且有广阔国内市场的产品。第四，如果国有企业的产品没有广阔的国内市场，并且这些企业也没有很好的工程技术人员和管理力量，那么这些国有企业应该让它们破产。然而，最后一种类型的企业的数量很少。只要经济能够保持快速的增长，那么它就有能力创造出足够的职位来吸纳破产企业所释放的职工和足够的资源来补偿那些在转型过程中的受损者。

② 现在传统的重工业对欠发达国家已经不再有吸引力了。然而，在许多社会里，拥有重工业部门的想法已经被拥有信息、生物技术以及其他的高科技产业所取代。假如一个欠发达国家的政府试图在他们的经济里加速发展这些新的产业，由于这些产业的企业也不具有自生能力，并且它也像在传统违背比较优势的发展战略中没有自生能力的企业一样需要政府的补贴和保护，因此在这种情况下，旨在向有效的市场经济转型的制度改革也不能取得完全成功。

假说2:实施违背比较优势的发展战略的国家在较长时间里的经济是不稳定的。

假说3:实施违背比较优势的发展战略的经济在向市场经济转型的过程中,劳动密集型中小型企业进入得越多,整体经济增长绩效就会越好。

我们用1962—1999年间103个国家的宏观经济数据来检验以上假说。变量的定义以及它们的均值、标准差、数据来源在表4.1中加以说明。

表4.1 变量定义和来源

变量	定义	均值	标准差	数据来源
LnGDP60	1960年人均真实GDP的对数值。	7.33	0.80	世界银行世界发展指数
LnGDP80	1980年人均真实GDP的对数值。	7.91	1.05	世界银行世界发展指数
LnGDP	1960,1970,1980,1990年人均真实GDP的对数值。	7.73	1.02	世界银行世界发展指数
LnTCI1	1963年到1999的平均技术选择指数的对数值。	0.96	0.90	世界银行世界发展指数和联合国工业发展组织(2002)
LnTCI2	20世纪60年代、70年代、80年代、90年代,每十年的平均技术选择指数的对数值。	0.85	0.84	世界银行世界发展指数和联合国工业发展组织(2002)
LnTCI70	1970年到1979年平均技术选择指数的对数值。如果这个数据不可得,那我们用1980年到1985年的平均技术选择指数的对数值。	0.91	0.92	世界银行世界发展指数和联合国工业发展组织(2002)
DELTCI	1990年到1999年的平均技术选择指数对数值减去LnTCI70。	0.07	0.38	世界银行世界发展指数和联合国工业发展组织(2002)
RL01	2000年(2001年)的法律程序。	0.003	0.95	Kaufmann, Kraay and Zoido-Lobaton(2002)
LnOPEN1	1960年到1999年进出口总额和GDP比值平均数的对数值。	−1.11	0.81	Dollar, David and Aart Kraay(2002)
LnOPEN2	20世纪60年代、70年代、80年代、90年代,每十年平均的进出口总额和GDP比值的对数值。	−1.30	0.84	Dollar, David and Aart Kraay(2002)
LnPOP1	1960年到1999年的中间年份总人口的对数值。	15.2	2.11	世界银行世界发展指标
LnPOP2	20世纪60年代、70年代、80年代、90年代,各起始年总人口的对数值	14.93	2.12	世界银行世界发展指标

（续表）

变量	定义	均值	标准差	数据来源
LANDLOCK	虚拟变量，如果一个国家是内陆国，则取值1；否则取值0。	0.18	0.39	Dollar, David and Aart Kraay（2002）
LnDIST	（DISTEQ + 1）的对数值，其中DISTEQ是一个国家与赤道的距离，以该国首都纬度绝对值来衡量。	2.96	0.88	Dollar, David and Aart Kraay（2002）
ENGFRAC	说英语人口的比例。	0.07	0.24	Hall and Jones（1999），taken from Dollar, David and Aart Kraay（2002）
EURFRAC	说其他主要欧洲语言人口的比例。	0.22	0.38	Hall and Jones（1999），取自 Dollar, David and Aart Kraay（2002）
LnFRINST	LnOPEN 的工具变量。	-2.83	0.64	Dollar, David and Aart Kraay（2002）
INST	跨国估计中 RL01 的预测值（ENGFRAC 和 EURFRAC 作为工具变量）。	0.003	0.34	
TRADE1	跨国估计中 LnOPEN1 的预测值（LnFRINST 作为工具变量）。	-1.11	0.38	
TRADE2	面板估计中 LnOPEN2 的估计值（它的滞后变量作为工具变量）。	-1.27	0.79	

　　我们需要关于一个国家发展战略的代理变量来检验以上假说。我们构造了一个简单的统计指数（TCI）——一个国家的制造业的技术选择指数，其定义如下：

$$TCI_{it} = \frac{AVM_{it}/GDP_{it}}{LM_{it}/L_{it}} \tag{4.1}$$

其中 AVM_{it} 是指第 i 个国家在 t 年的制造业增加值；GDP_{it} 是指第 i 个国家在 t 年的 GDP；LM_{it} 是指第 i 个国家在 t 年的制造工业的雇佣劳动量；L_{it} 是指第 i 个国家在 t 年的总劳动人数。[①]

　　根据本文第二部分的讨论，技术选择指数（TCI）可以作为政府采用违背比较优势的发展战略的代理变量。如果一个政府采用违背比较优势的

---

① Lin（2003）将 TCI 定义为 $TCI = \frac{(K_m/L_m)}{(K/L)}$，其中 K_m/L_m 是制造业部门里的资本劳动比，K/L 是整个经济的资本劳动比。

发展战略来促进资本密集型工业的发展,那么这个国家的技术选择指数(TCI)将比没有采用这种战略的国家要来得大。这是因为,在其他条件不变的情况下,采用违背比较优势的发展战略的国家的制造业部门将更为资本密集,而吸纳的劳动力却更少。因此,对于那些采用违背比较优势的发展战略的国家,方程(4.1)的分母会更小。同时,采用违背比较优势的发展战略的政府为了解决优先发展部门里企业的自生能力问题,会提供信贷补贴和压低投入品价格来支持这些企业,并给予这些企业垄断地位以便它们能对自己的产品制定很高的价格。上述的政策措施会导致一个更大的制造业的增加值(AVM)。因此,对于那些采用违背比较优势的发展战略的国家来说,方程(4.1)的分子会更大。这样,在收入水平和其他条件给定的情况下,技术选择指数(TCI)数量的大小可以用来作为一个国家采用违反比较优势的发展战略的力度。附录 I 给出了 103 个国家在 1962—1999 年间的技术选择指数(TCI)的均值和方差的数据。

为了检验上述假说,我们引入了初始的人均 GDP 来控制发展阶段的影响,并引入了初始的人口规模来控制市场规模的影响;同时,我们也引入了法律程序的指标来反映制度的好坏,这个指标的构造来自于 Kaufmann, Kraay and Zoido-Lobaton (2002),引入了贸易依存度来反映国家的开放程度,引入了人口规模来衡量市场规模;另外,我们还引入了两个关于地理特征的变量:一个是一个国家与赤道的距离,另一个是国家的内陆性。为了控制制度好坏和收入水平之间的内生性,我们引入了说英语人口的比例和说其他欧洲主要语言的人口比例作为工具变量(Hall and Jones 1999),来刻画殖民地起源对现有制度好坏的长期影响。同样,我们也用引力模型(gravity model)所预测的贸易拟合值来作为衡量一个国家开放程度的工具变量。这种方法首先被 Frankel and Romer (1999)采用,其后由 Dollar and Kraay (2002)加以修正。在面板数据的回归中,我们用开放程度的一期滞后值作为开放程度的工具变量。

假说 1 的检验:

我们用两种方法来检验假说 1。第一种方法的因变量是 1962—1999 年间的人均 GDP 年均增长率,第二种方法的因变量是 20 世纪 60 年代、70 年代、80 年代、90 年代的每十年间的人均 GDP 年均增长率。

表 4.2 给出了第一种方法的估值。回归模型 1.1 和模型 1.2 采用了普通最小二乘法(OLS)来得到估计值。模型 1.1 的解释变量只包括发展战略的代理变量:LnTCI1,最初的人均 GDP,LnGDP60。而模型 1.2 则包

括了其他解释变量以刻画制度好坏、开放程度、地理位置以及市场规模的大小。模型 1.3 有相同的解释变量，但模型 1.3 采用两阶段最小二乘法(2SLS)以控制制度好坏和开放程度的内生性。

表 4.2　假说 1 的估计值(因变量 = 1962—1999 年间的人均 GDP 年均增长率)

	模型 1.1 普通最小二乘法 （OLS）	模型 1.2 普通最小二乘法 （OLS）	模型 1.3 两阶段最小二乘法 （2SLS）
常数项	7.32 *** (1.60)	4.66 ** (1.87)	3.26 (2.15)
LnTCI1	− 1.25 *** (0.20)	− 0.66 *** (0.18)	− 0.92 *** (0.19)
LnGDP60	− 0.54 *** (0.20)	− 0.99 *** (0.18)	− 0.59 *** (0.21)
RL01		0.58 *** (0.21)	
INST			0.22 (0.41)
LnOPEN1		0.70 *** (0.22)	
TRADE1			0.93 ** (0.43)
LnDIST		0.20 (0.16)	0.47 *** (0.16)
LnPOP1		0.33 *** (0.09)	0.22 ** (0.09)
LANDLOCK		0.07 (0.32)	0.46 (0.38)
调整后的 R^2	0.36	0.56	0.44
观测值个数	85	83	83

1. 因变量是 1960—1999 年人均 GDP 年平均增长率，其中 i 表示国家，t 表示时期，$(T-t)$ 是观测期限的长短。

2. 括号中的数据指的是标准差。

3. *，**，和 *** 分别表示 10%，5% 和 1% 的显著水平。

计量结果表明，技术选择指数(TCI)有着预计的负的影响，并且在三个回归中都是显著的。这个结果支持了假说 1——一个国家越追求违背比较优势的发展战略，那么这个国家在 1962—1999 年间的经济增长绩效就越差。LnTCI 的估计系数在 − 0.66 到 − 1.25 之间。从这些估计中，我们可以推断,技术选择指数(TCI)向均值偏离正的 10%,将导致人均 GDP 年均增长率在 1962—1999 年间大约下降 0.1 个百分点。

回归结果也显示出初始的人均收入和人口规模对经济增长率有着预计的影响,并且效果显著。法律程序、开放程度和一个国家与赤道的距离也有着预计的影响。但是,法律程序在两阶段最小二乘法(2SLS)的回归中效果并不显著,而一个国家与赤道的距离在普通最小二乘法(OLS)的回归中效果也不显著。一个国家的内陆性在三个回归中效果都不显著。

表 4.3 给出了了用方法 2 回归的结果,这里的因变量用的是 1960—1999 年间每十年人均 GDP 的年平均增长率。用来估计回归模型的计量方法分别是:模型 2.1 和 2.2 用普通最小二乘法(OLS),模型 2.3 用单边固定效果方法(one-way fixed effect),模型 2.4 用两阶段最小二乘法(2SLS),模型 2.5 用两阶段最小二乘法(2SLS)和单边固定效果方法(one-way fixed effect)。在固定效果(Fixed effects)模型中,我们增加了时间虚拟变量来控制时间效应,而用两阶段最小二乘法(2SLS)模型来控制制度质量和开放程度的内生性。

表 4.3　假说 1 的估计值
(因变量 = 1962－1999 年间每十年的人均 GDP 年平均增长率)

	模型 2.1 普通最小二乘法 (OLS)	模型 2.2 普通最小二乘法 (OLS)	模型 2.3 固定效果模型 (Fixed effect)	模型 2.4 两阶段最小二乘法 (2SLS)	模型 2.5 两阶段最小二乘法和固定效果模型 (2SLS, Fixed effect)
常数项	7.15*** (1.61)	8.36*** (2.16)	3.83* (2.11)	－0.74 (2.56)	－2.70 (2.37)
LnTCI2	－1.10*** (0.21)	－0.69*** (0.20)	－0.40** (0.19)	－0.69*** (0.24)	－0.47** (0.22)
LnGDP	－0.54*** (0.18)	－1.39*** (0.23)	－0.86*** (0.23)	－0.17 (0.27)	0.17 (0.25)
RL01		1.45*** (0.23)	1.12*** (0.22)		
INST				－0.38 (0.42)	－0.67* (0.38)
LnOPEN2		0.24 (0.23)	0.35 (0.22)		
TRADE2				0.01 (0.29)	－0.06 (0.27)

（续表）

	模型 2.1 普通最小 二乘法 （OLS）	模型 2.2 普通最小 二乘法 （OLS）	模型 2.3 固定效果 模型 （Fixed effect）	模型 2.4 两阶段最小 二乘法 （2SLS）	模型 2.5 两阶段最小二乘法 和固定效果模型 （2SLS, Fixed effect）
LnDIST		−0.04 （0.18）	−0.10 （0.17）	0.27 （0.20）	0.17 （0.18）
LnPOP2		0.32*** （0.10）	0.41*** （0.09）	0.22* （0.12）	0.27** （0.12）
LANDLOCK		−0.31 （0.39）	0.08 （0.36）	−0.23 （0.46）	0.02 （0.43）
调整后的 R^2	0.08	0.23	0.36	0.08	0.24
观测值个数	315	278	278	213	213

1. 因变量是 20 世纪 60 年代、70 年代、80 年代和 90 年代,每十年的人均 GDP 年平均增长率。

2. 模型 3.3 和 3.5 包括时间虚拟变量。

3. 括号中的数据指的是标准差。

4. *, ** 和 *** 分别表示 10%,5% 和 1% 的显著水平。

同方法 1 所得的结果一样,技术选择指数（TCI）的估计值有预计的负的影响,并在三个回归中结果都高度显著。这个计量结果又一次和假说 1 的预测相一致,即发展战略是一个国家长期经济增长绩效的主要决定因素。

其他解释变量的结果同表 4.2 中变量的结果。

假说 2 的检验：

假说 2 是关于违背比较优势的发展战略对经济增长稳定性的影响。如果一个国家实施违背比较优势的发展战略,那可能会有一段时间的投资拉动型经济增长。但是这种增长是不可持续的,并且很有可能会引发经济危机。因此,采纳违背比较优势的发展战略的国家经济可能会比遵循比较优势的发展战略的国家来得更不稳定。在对这个假说的经验检验中,我们用以下方法来测度一个国家在 1962—1999 年间人均 GDP 增长率的变动程度。

$$V_i = \left[(1/38) \sum_{t=1962}^{T=1999} \left(\frac{g_{it}}{\left(\sum_{t=1962}^{T=1999} g_{it} \right) \Big/ 38} - 1 \right)^2 \right] \quad (4.2)$$

这里的 g_{it} 指的是第 i 个国家在 t 年的人均 GDP 增长率。

在假说 2 的检验里,模型的因变量是用上述方法计算得到的经济不稳定程度（V_i）的对数值,模型的解释变量同假说 1 的检验所用的解释变量一

样。用来拟合回归方程的计量方法也同假说 1 的检验方法一样。表 4.4
给出了回归模型的计量结果。

表 4.4 假说 2 的估值

[因变量 = (1962—1999 年间人均收入增长率的变化程度)的对数值]

	模型 3.1 普通最小二乘法 (OLS)	模型 3.2 普通最小二乘法 (OLS)	模型 3.3 两阶段最小二乘法 (2SLS)
常数项	0.49 (1.06)	3.03** (1.44)	3.63** (1.56)
LnTCI1	0.64*** (0.13)	0.41*** (0.14)	0.56*** (0.14)
LnGPP60	−0.04 (0.13)	0.17 (0.14)	−0.07 (0.15)
RL01		−0.33** (0.16)	
INST			−0.20 (0.29)
LnOPEN1		−0.46*** (0.17)	
TRADE1			−0.53 (0.33)
LnDIST		−0.003 (0.11)	−0.15 (0.11)
LANDLOCK		−0.31 (0.24)	−0.53* (0.28)
LnPOP1		−0.26*** (0.06)	−0.18** (0.07)
调整后的 R^2	0.29	0.47	0.37
观测值个数	103	93	93

1. 因变量是 1962—1999 年经济增长变化程度的对数值。

2. 括号中的数据指的是标准差。

3. *,**和***分别表示 10%,5% 和 1% 的显著水平。

同预计的结果一样,技术选择指数(TCI)的影响是正的,并且在三个
回归中效果都是高度显著的。计量结果支持了假说 2,即一个国家实施违
背比较优势的发展战略的力度越大,则这个国家的经济增长越不稳定。我
们可以从这些估计中推断得出,技术选择指数(TCI)增加 10% 会导致经济
不稳定程度上升 4%—6%。

其他解释变量的估计系数显示，一个国家制度的好坏、国家的开放程度、国家内陆性和人口规模都对经济的稳定性有负的影响。然而，除了人口规模(一个国家经济规模大小的代理变量)的估计系数在普通最小二乘法(OLS)和两阶段最小二乘法(2SLS)模型中效果显著外，其他解释变量的估计系数，要么只能在普通最小二乘法(OLS)中效果显著，要么只能在两阶段最小二乘法(2SLS)中效果显著。而 1960 年的人均收入初始值以及一个国家与赤道距离的估计系数在这三个回归中效果都不显著。

假说 3 的检验：

假说 3 试图对 Easterly (2001)提出的令人困惑的现象给出部分解释。在 20 世纪 60 年代和 20 世纪 70 年代里，欠发达国家人均 GDP 增长率的中位数是 2.5%。然而，尽管大多数欠发达国家在 20 世纪 80 年代开始了他们的改革历程，但是，在 20 世纪 80 年代和 20 世纪 90 年代里，欠发达国家的人均 GDP 增长率的中位数反而是 0%。正如我们在本文第二部分所论证的，欠发达国家由于采用了违背比较优势的发展战略，使得改革前这些国家有比较优势的劳动密集型部门的发展受到压制，并且导致了大量的市场扭曲和政府干预的存在。因此，欠发达国家改革所能带来的经济增长绩效取决于这个国家能否创造一个有利于劳动密集型部门发展的环境，并同时找到解决先前违背比较优势的发展战略遗留下来的企业自生能力问题的方法，从而使得该国完成向市场经济转型的进程。采用违背比较优势的发展战略的国家有着较高的技术选择指数(TCI)。如果一个欠发达国家在改革(转型)后能够成功地发展劳动密集型的部门，那么这个国家的资源配置和增长绩效就能够得到改善，技术选择指数(TCI)也会因此下降。因此，从违背比较优势的发展战略向遵循比较优势的发展战略的成功转型将导致技术选择指数(TCI)的下降。一个国家技术选择指数(TCI)下降得越多，我们预期就会有越高的经济增长率。

我们构造了一个变量，1990—1999 年间平均技术选择指数(TCI)的对数值与 1970—1979 年间平均技术选择指数(TCI)的对数值两者之差(DELTCI)，用它衡量转型后劳动密集型部门的增长情况。

回归中的因变量是 1980—1999 年人均 GDP 年平均增长率的对数值。除了 DELTCI，解释变量还包括 20 世纪 70 年代的平均技术选择指数(TCI)的对数值，20 世纪 80 年人均 GDP 的初始值，以及其他用来衡量一个国家制度的好坏、国家的开放程度和人口规模大小的解释变量，这些变量类似于前面回归中所用到的解释变量。

我们用两种方法来检验这个假说。第一种方法用数据集中所有国家的观察值,而第二种方法只用由 Easterly 和 Sewadeh (2002)所定义的发展中国家的观测值。在上述两种方法中,我们像前面对假说的检验一样,都进行了三次回归,其中两个用的是普通最小二乘法(OLS)回归,另一个用的是两阶段最小二乘法(2SLS)回归。表4.5给出了这些回归的计量结果。

表 4.5　假说 3 的估值(因变量 = 1980—1999 年间人均 GDP 的年均增长率)

	模型 4.1 普通最小二乘法 (OLS)	模型 4.2 普通最小二乘法 (OLS)	模型 4.3 两阶段最小二乘法 (2SLS)	模型 4.4 普通最小二乘法 (OLS)	模型 4.5 普通最小二乘法 (OLS)	模型 4.6 两阶段最小二乘法 (2SLS)
常数项	2.53 (3.17)	3.79 (3.63)	− 2.94 (3.97)	4.28 (4.24)	− 4.50 (5.01)	− 9.03 (6.43)
DELTCI	− 1.25** (0.55)	− 0.91** (0.45)	− 1.12** (0.51)	− 1.16* (0.66)	− 1.02* (0.52)	− 1.30** (0.60)
LnTCI70	− 0.84** (0.41)	− 0.38 (0.34)	− 0.52 (0.38)	− 0.61 (0.48)	− 0.26 (0.38)	− 0.31 (0.45)
LnGDP80	− 0.04 (0.35)	− 1.32*** (0.37)	− 0.31 (0.38)	− 0.34 (0.50)	− 0.78* (0.45)	− 0.12 (0.57)
RL01		1.31*** (0.37)			1.78*** (0.47)	
INST			0.44 (0.60)			0.96 (1.18)
LnOPEN1		0.71* (0.36)			0.54 (0.49)	
TRADE1			1.50** (0.70)			2.23* (1.26)
LnDIST		0.16 (0.28)	0.57* (0.29)		− 0.06 (0.33)	0.34 (0.36)
LnPOP1		0.52*** (0.17)	0.44*** (0.16)		0.79*** (0.19)	0.78** (0.29)
LANDLOCK		− 0.87 (0.57)	− 0.06 (0.68)		− 0.55 (0.73)	0.54 (1.15)
调整后的 R^2	0.13	0.43	0.27	0.03	0.45	0.24
观测值个数	76	72	72	50	49	49

1. 因变量是 1980—1999 年间的人均 GDP 年均增长率。

2. 模型 4.4—4.6 回归仅包括 Easterly and Sewadeh (2002)所定义的发展中国家的样本数据。

3. 括号中的数据指的是标准差。

4. *,** 和 *** 分别表示 10%,5% 和 1% 的显著水平。

正如我们所预计的，DELTCI 的影响是负的，并且它的估计系数在六个回归中都显著不等于零。计量结果支持了假说 3，即技术选择指数（TCI）从 20 世纪 70 年代到 20 世纪 80 年代的下降对 1980—1999 年间平均的人均 GDP 增长率有正的影响。因此，对于一个采用违背比较优势发展战略的国家来说，如果政府能够允许劳动密集部门的发展，那么它的经济增长绩效就会得到改善。我们可以从这些估计值中推断得出，在 20 世纪 70 年代到 20 世纪 90 年代，如果技术选择指数（TCI）下降 10%，那么 1980—1999 年间人均 GDP 的年平均增长率将会有 0.1 到 0.13 个百分点的增加。

其他解释变量都有预计的符号。然而，除了人口规模这个变量的符号是正的并在六个回归中效果都显著外，其他解释变量或者都不显著，或者在一些回归中显著而在其他回归中不显著。

第五节　结论性评论

世界上大多数欠发达国家都面临着两个挑战：一个是如何缩短与发达国家的发展差距，另一个是如何完成从现有的高度管制（扭曲）的经济体系向有效的市场体系的转型。技术（产业）的不断升级对于经济的持续增长至关重要。潜在地，欠发达国家可以利用他们与发达国家的技术（产业）水平的差距来实现经济发展向发达国家的收敛。然而，大多数欠发达国家，不管是社会主义国家还是非社会主义国家，都没有认识到经济中的技术（产业）结构是内生决定于经济的要素禀赋结构的，从而采用违背比较优势发展战略来加速发展一些与他们经济的比较优势不相符合的产业。违背比较优势发展战略中的优先发展部门里的企业在开放的、竞争性市场中并不具有自生能力，因此为了建立这些企业，并使得它们能够继续经营下去，需要政府的补贴和保护。为了将资源动员到这些没有自生能力的企业，采用违背比较优势发展战略的政府需要实施扭曲投入品和产出品的价格信号、对进入优先发展部门的企业进行管制、干预市场配置等措施。在政府采用违背比较优势发展战略后，国家可能会在一段时间内获得投资拉动型的经济增长。这样的国家也可能建立起来那些没有采用违背比较优势发展战略的国家所不能建立起来的更大的资本密集型的重工业部门。然而，政府的干预和扭曲会导致财政金融系统的脆弱性、经济的内向型、寻租行为的泛滥、收入分配的两极分化等。优先发展部门一旦从国内和国际市场上动员的资源耗竭,并且进一步动员资源也变得不可能,那么投资拉动型的经济增长就会突然停止,并频繁地引发经济危机和金融危机。最终,经济改革成了采用违背比较优势发展战略的欠发达国家不得不面对的选择。

在这些改革中,对于制度变迁的最终合适目标来说,现有的新古典经济理论可以提供一个有用的指导。然而,在改革进程里,基于现有的新古典经济学提出的政策建议的作用是有限的。现有的新古典经济学隐含地假定市场中所存在的企业都是有自生能力的。然而,在改革国家中,原先采用违背比较优势发展战略国家的优先发展部门里的大部分企业在开放的、竞争的市场中是没有自生能力的。欠发达国家中存在的大多数政府干预和市场扭曲实际上是内生于保护(补贴)那些没有自生能力的企业的需要的。在一个只有少数几个没有自生能力企业的小国经济里,正如华盛顿共识所建议的,一下子消除所有的政府干预和市场扭曲可能是可取并且有效的。然而,在一个有大量没有自生能力企业的国家里,一下子消除那些政府干预和市场扭曲的同时也会造成大量的企业破产和大范围的失业,并可能引发社会动乱。因此,政府可能会对局面失去控制,从而社会和政治稳定也难以维持。出于对这些可怕后果的担心,大多数欠发达国家政府都会寻找其他隐性的方式来补贴(保护)那些没有自生能力的企业。无论怎样,所得到的经济绩效都只能比改革前更为糟糕。上述解释可以对 Easterly (2001)提出的谜提供一个回答。

任何采用违背比较优势发展战略的经济一定有和其经济的比较优势相一致的部门,但这些部门在违背比较优势的战略下却受到了压制。一般来说,这些部门都是劳动密集型的部门,所使用的技术也是成熟的技术,所需的资本投入量也不多,而且产品市场有着巨大的未得到满足的国内需求。在开始改革的时候,政府就应该立刻消除对这些部门的管制并允许企业自由进入到这些部门。实际上,中国、越南和前苏联和东欧国家的转型经济所获得的持续增长主要来自于中小型劳动密集型企业的进入。只有这样,经济才能在转型过程中获得持续的增长。然而,向功能完善的市场经济转型的完成则取决于原先采用违背比较优势发展战略的优先发展部门里企业的自生能力问题的最终解决。这个问题可以通过以下几种方式来加以解决:或者允许国外资本投资到这些企业,或者允许这些企业转产到本国经济具有比较优势的部门,或者让这些企业破产。每个国家都不得不寻找适合自己的方式来推行上述建议。然而,政府信奉采纳新的遵循比较优势的发展战略来取代原来的违背比较优势发展战略却是最为重要的。

　　我们用 103 个国家在 1960—1999 年间的面板数据所得到的计量结果与本文的主要结论相一致：采用违背比较优势发展战略有害于欠发达国家的经济增长和经济的稳定性；并且如果一个欠发达国家的政府为先前受到压制的劳动密集型部门的发展创造条件，那么这个国家在转型过程中就会有更快的经济增长速度。

附　录

国家(地区)	技术选择指数 (1963—1999)		人均 GDP 增长率(%) (1962—1999)	
	均值	标准差	均值	标准差
阿尔及利亚	2.157	0.979	1.108	8.789
阿根廷	2.564	0.588	1.147	5.567
澳大利亚	1.073	0.162	2.205	2.088
奥地利	1.083	0.071	2.864	1.879
巴哈马(群岛)	1.929	0.845	1.543	7.757
孟加拉国	4.302	0.902	1.384	4.564
巴巴多斯(岛)	1.283	0.521	2.716	4.784
比利时	1.017	0.122	2.709	2.059
伯利兹	1.067	0.072	2.816	3.989
玻利维亚	7.341	2.905	0.437	3.753
博茨瓦纳	1.791	0.801	6.586	5.177
巴西	5.373	1.195	2.644	4.263
保加利亚	1.372	0.089	0.214	5.603
博基纳法索	38.845	0.078	1.177	3.325
布隆迪	44.402	4.318	0.445	6.483
喀麦隆	7.018	1.626	0.798	6.443
加拿大	1.531	0.199	2.215	2.168
中非共和国	9.830	2.221	− 0.698	4.032
智利	4.307	1.223	2.655	5.219
中国	4.165	1.327	5.338	7.419
哥伦比亚	4.466	0.701	1.968	2.147
刚果共和国	3.353	0.809	1.581	6.313
哥斯达黎加	2.190	0.683	1.711	3.427

国家(地区)	技术选择指数 (1963—1999)		人均 GDP 增长率(%) (1962—1999)	
	均值	标准差	均值	标准差
科特迪瓦	6.370	0.499	1.084	5.525
克罗地亚	1.581	0.637	−1.380	12.185
塞浦路斯	1.308	0.310	5.756	4.896
丹麦	1.178	0.079	2.442	2.241
多米尼亚共和国	2.532	0.368	2.767	5.516
厄瓜多尔	3.878	1.238	1.781	4.888
埃及	2.012	0.238	3.177	3.084
萨尔瓦多	4.229	1.569	0.801	4.233
埃塞俄比亚	17.921	2.621	0.463	8.455
芬兰	1.237	0.116	2.896	3.248
法国	1.106	0.096	2.585	1.751
加蓬	2.352	0.351	3.189	10.953
冈比亚	7.214	2.361	0.578	3.360
加纳	5.962	2.075	−0.186	4.389
希腊	1.337	0.087	3.460	3.553
危地马拉	3.303	0.279	1.360	2.634
洪都拉斯	3.183	0.790	0.841	3.194
中国香港	0.713	0.071	5.671	4.156
匈牙利	1.151	0.183	3.222	4.532
冰岛	0.802	0.134	2.963	3.959
印度	3.635	0.421	2.431	3.238
印度尼西亚	3.073	0.408	4.106	3.060
伊朗	1.750	0.326	−0.528	7.842
伊拉克	1.646	0.577	−2.633	18.672
爱尔兰	1.853	0.507	4.141	2.858
以色列	1.287	0.232	3.121	3.662
意大利	1.292	0.134	2.907	2.263
牙买加	3.248	0.621	0.614	4.636
日本	1.680	0.083	4.577	3.599
约旦	1.936	0.492	2.134	8.071
肯尼亚	0.335	0.030	1.519	5.094
韩国	2.816	0.493	6.428	3.303
科威特	1.090	0.477	−3.114	11.198
拉脱维亚	1.638	0.010	2.063	8.162

国家(地区)	技术选择指数 (1963—1999)		人均 GDP 增长率(%) (1962—1999)	
	均值	标准差	均值	标准差
莱索托	8.719	2.037	3.427	7.023
卢森堡	0.914	0.101	3.029	3.201
中国澳门	0.384	0.060	2.799	3.962
马达加斯加	5.373	0.498	−1.128	3.388
马拉维	8.631	2.923	1.502	5.549
马来西亚	1.854	0.191	4.135	2.952
马耳他	1.143	0.091	5.866	4.117
毛里求斯	1.121	0.447	3.609	6.368
墨西哥	2.926	0.257	2.083	3.494
蒙古	3.697	0.860	−0.009	5.134
摩洛哥	3.201	0.383	1.804	4.771
尼泊尔	4.174	0.342	1.123	2.972
荷兰	1.158	0.204	2.377	1.912
新西兰	1.061	0.188	1.328	2.979
尼日利亚	9.338	6.549	0.650	7.819
挪威	0.914	0.072	3.149	1.714
阿曼	1.036	0.151	7.381	17.523
巴基斯坦	6.114	1.221	2.855	2.429
巴布亚新几内亚	7.250	1.541	1.526	4.639
秘鲁	5.128	1.162	0.896	5.346
菲律宾	4.571	1.143	1.312	3.174
波兰	1.704	0.327	1.651	5.091
葡萄牙	1.265	0.257	4.015	3.779
波多黎各	3.814	0.718	3.507	3.135
罗马尼亚	1.086	0.046	0.698	6.058
俄罗斯联邦	0.999	0.108	2.590	9.405
卢旺达	33.545	15.987	0.087	10.208
塞内加尔	11.296	2.968	−0.287	4.359
塞拉利昂	9.914	4.146	−0.769	8.142
新加坡	1.406	0.203	6.561	3.842
斯洛文尼亚	1.071	0.112	1.324	5.325
南非	1.853	0.162	0.976	3.789
西班牙	1.267	0.199	3.418	2.877
斯里兰卡	2.728	0.341	2.821	1.782

国家(地区)	技术选择指数 (1963—1999)		人均 GDP 增长率(%) (1962—1999)	
	均值	标准差	均值	标准差
苏里南	2.409	0.532	0.433	6.480
瑞士	3.817	0.733	2.263	4.437
瑞典	1.206	0.124	2.066	2.054
叙利亚共和国	2.058	0.755	2.890	8.519
坦桑尼亚	3.233	0.370	0.430	5.053
泰国	7.201	2.613	5.072	2.809
多哥	10.466	1.003	1.322	6.702
特立尼达和多巴哥	1.475	0.446	2.538	5.604
突尼斯	2.891	1.243	3.146	3.835
土耳其	4.586	0.968	2.318	3.575
阿拉伯联合酋长国	0.365	0.013	− 2.727	8.734
英国	1.358	0.154	2.019	1.924
美国	1.588	0.108	2.014	2.018
乌拉圭	2.036	0.430	1.217	4.177
委内瑞拉	2.826	0.843	− 0.179	4.147
赞比亚	5.909	1.694	− 0.953	4.689
津巴布韦	5.118	1.358	1.233	5.585

第 6 部分
新古典经济学
的反思与扩张

北京大学中国经济研究中心研究系列

自生能力、经济发展与转型：理论与实证

自生能力、经济转型和新古典
经济学的反思[*]

第一节 前 言

从 1978 年到 1990 年的 12 年间,中国的改革和开放取得了举世瞩目的成就。GDP 年均增长 9.0%,12 年间共增加了 2.8 倍;对外贸易额年均增长 15.4%,12 年共增加了 5.6 倍。人民生活水平和收入明显提高,城乡收入差距缩小。(国家统计局,2002 年,第 17 页,第 94 页,第 148 页)。中国的改革所取得的成绩堪称人类经济史上的奇迹,但是当时国际经济学界许多经济学家不看好中国的改革。[①] 他们认为市场经济应以私有产权为基础,而中国的国有企业没有私有化,资源配置实行的是双轨制,国家计划还在发挥相当重要的作用。他们认为中国的经济转型虽因具有农业劳动力的比重高、对人口的补贴低、海外华侨多、经济较为分权等有利的起始条件而在一段时间内取得成效(Balcerowicz 1994;Woo 1993;Sachs and Woo 1994 and 1997;Qian and Xu 1993),但是双轨制会导致配置效率的损失、寻租行为、国家机会主义的制度化等,是一个最糟糕的制度安排。有些经济学家甚至认为中国的转型最终会因为改革不彻底而失败(Murphy, Schleifer, and Vishny 1992;Sachs, Woo and Yang 2000)。

当时多数经济学家看好前苏联、东欧的改革,因为这些国家基本上是按照现代主流的新古典经济学的基本原则来进行改革的。最有代表性的就是在波兰、捷克、俄国等国家推行的"休克疗法",它包含三方面内容,即

455

自生能力、经济转型和新古典经济学的反思

* 本文的主要观点曾在中国社会科学院研究生院、国家经贸委经济研究中心中外名家系列讲座、天则研究所第 5 期新制度经济学和经济转型培训班及北京大学中国经济研究中心夏令营所举办的讲演中发表过。对上述讨论会上参与者提出的问题和建议,在此谨表谢意。本文的中文稿发表于《经济研究》2002 年第 12 期,英文稿即将发表于 *Kyklos*。

① 当然也有给予中国改革高度评价的经济学家,例如,Jefferson and Rawski 1995;McKinnon 1994;MacMillan and Naughton 1992;Naughton 1995;Singh 1991;Chen et al. 1992;Harrold 1992;Perkins 1992;Murrell 1991, 1992。

价格完全放开；全面、大规模、快速地实现私有化；消除财政赤字，维持宏观经济的稳定（Lipton and Sachs 1990；Blanchard, Dornbusch, Krugman, Layard, and Summers 1991；Boycko, Shleifer and Vishiny 1995）。这三项是西方主流经济理论所认为的一个有效的经济体系的最基本内容。他们认为前苏联、东欧的改革虽然比中国起步晚，但很快会超过中国。而中国由于改革的"不彻底"，经济内部的矛盾可能会引发种种困难。

转眼又是十年过去了，事实与 20 世纪 90 年代初的许多著名经济学家的预言恰恰相反，中国经济继续保持了快速增长。而推行"休克疗法"的国家反倒出现了极其严重的通货膨胀和倒退。俄罗斯 1993 年通货膨胀率达到 8 414%；乌克兰达到 10 155%。不仅如此，国内生产总值急剧下滑，俄罗斯 1995 年的国内生产总值只达到 1990 年的 50%，乌克兰只达到 40%。[①]随着人均收入的急剧下滑和收入分配的极端恶化，各种社会指标也在降低。1990 年俄国男性的寿命预期是 64 岁，而 1994 年下降到了 58 岁（Gregory and Stuart, 2001, p.470）。总之，推行"休克疗法"的国家改革困难重重，并未出现西方主流经济学家预期的效果。在东欧国家中，波兰经济发展最好，国内生产总值下跌 20% 左右，但是，波兰并没有真正推行"休克疗法"，虽然价格全面放开了，但是，绝大多数大型国有企业没有私有化（World Bank 1996；Dabrowski 2001）。[②]

在整个 20 世纪 90 年代，中国经济确实出现了不少问题，如国有企业改革在 20 世纪 90 年代仍未完成；地区差距、城乡差距有所拉大；金融体系的许多问题仍有待解决。但另一方面整个 20 世纪 90 年代国民经济年均增长 10.1%，比改革初期 12 年间还高出了 1.1 个百分点；对外贸易维持了 15.2% 的年均增速（国家统计局，2002，第 17 页，第 94 页）。人民生活水平得到大幅度提高。中国经济发展也为国际经济作了很大贡献。东南亚经济危机发生时，人民币没有贬值，对东南亚经济在短期内得到恢复和增长起了很大作用。

中国经济改革在 20 世纪 80 年代已经取得了许多实实在在的成就，但是，国际上一些主流经济学家为什么不看好中国呢？参与了前苏联、东欧改革的萨克斯（Jeffry Sachs），费雪（Stanley Fisher），布兰查德（Oliver Blan-

---

① *The Economics of Transition*, Vol. 4, No. 1, pp.282—283.
② 有关东欧和前苏联各国在转型以后的通货膨胀率和 GDP 增长率，请参看林毅夫、蔡昉、李周，《中国的奇迹：发展战略和经济改革》（增订版），上海：上海人民出版社和上海三联出版社，2000 年，表 1.1 和 1.2。

chard)，斯莱夫（Andrei Shleifer），维希尼（Bobert Vishiny），多恩布什（Rudiger Dornbusch），克鲁格曼（Paul Krugman），拉亚德（Richard Layard）和萨默斯（Lawrence Summers）等哈佛、MIT 的教授都称得上是大师级的经济学家，许多前沿理论都是他们研究、发展出来的，但他们为什么无法预测、解释推行"休克疗法"所带来的困境，又为什么不看好中国的经济转型呢？本文认为除了这些经济学家对前社会主义国家的历史、计划经济形成的原因和经济系统转型的实质问题的认识不够外（Murrell 1995），还在于现有的新古典经济学本身在分析转型问题上存在着先天的缺陷。本文的组织如下：第二节，定义自生能力的概念，指出新古典经济学的理论体系把企业具有自生能力作为理论分析的暗含前提，但传统计划经济体系却是内生于以优先发展缺乏自生能力的企业为目标的赶超战略。第三节，解释以企业具有自生能力为前提的现代经济学设计的转型政策不管是在苏联和东欧，或是在中国都不仅不能对症下药，而且还经常事与愿违。第四节，说明企业缺乏自生能力的现象在转型中国家和发展中国家普遍存在，因此有必要放弃现代经济学中企业具有自生能力的暗含前提，把企业是否具有自生能力作为分析转型和发展问题的一个重要变量。第五节，解释传统计划经济体系向市场经济体系转型的成功有赖于企业自生能力的成功解决，并以如何解决中国国有企业自生能力的问题来作为分析的案例。第六节，一个简单的结论。

第二节　自生能力与新古典经济学的反思

理论应该能够用来解释和预测现象，若不能如此，则说明这个理论有根本的缺陷（Friedman 1953）。新古典经济学有一个"理性人"的假设，即在各种可能的选择中，一个决策者永远会作最符合他目标的选择，这个假设是大家熟悉的。但是，还有一个假设暗含在现有的新古典经济学理论中，被经济学家不自觉地当作经济研究、经济理论的既定前提，我称之为"企业是有自生能力的"的假设。所谓"自生能力（viability）"，我的定义是"在一个开放、竞争的市场中，只要有正常的管理，就可以预期这个企业可以在没有政府或其他外力的扶持或保护的情况下，获得市场上可以接受的正常利润率。"[①] 在企业都具有自生能力的暗含前提下可以推论，如果一个企业在竞争的市场中并未获得大家可以接受的正常利润率，则一定是由于缺乏正常管理。其中可能有公司治理方面的问题，激励机制或是产权的问题，也可能有政府对市场的不正当干预问题。社会主义国家的国有企业确实表现出了这些问题，在这个理论框架之下，社会主义经济转型的成功，有赖于消除原来计划经济体制之下妨碍企业正常经营管理的产权、公司治理和政府干预问题，让企业能够有正常的管理。"休克疗法"就是建立在上述的理论基础之上的。

　　经济理论是用来解释经济现象的，新古典经济理论发展于发达的市场经济国家，所要解释的是发达经济国家的现象。在发达的市场经济中假定企业具备有自生能力是合适的，因为发达的市场经济国家中的政府，除了很特殊的产业中的企业外，一般不会给予企业补贴和保护。一个企业如果在正常管理下，大家不预期它会赚得市场上可以接受的正常利润，那么根本不会有人投资、建立这样的企业，如果这样的企业因为错误的信息或决策而被设立起来，投资者也会用脚投票而使这家企业垮台。所以，在开放、竞争的市场上存在的企业应该都是具有自生能力的，也就是，只要有正常的管理，就应该预期能够赚得正常的利润的。既然如此，发达国家主流的经济学用它作为暗含前提来构建理论模型是合适的。

　　但是，在转型经济和发展中国家，很多企业是不具有自生能力的，也就是即使有了正常的管理，在竞争的市场中也无法获得大家可以接受的预期利润率。为什么一个企业会不具有自生能力？这主要和这个企业所在的产业、所生产的产品以及所用的技术是否与这个国家的要素禀赋结构所决定的比较优势是否一致有关。如果一个企业所在的产业、所生产的产品或所采用的技术不符合这个经济的比较优势，那么，这个企业所生产的产品和国外在该产品生产上具有比较优势的国家的产品相比，价格将会较高，除非政府给予保护，在开放、竞争的市场上这个企业就不可能生存。[②]

---

①　当然在均衡状况下，正常利润率为零。自生能力一词我首先在1999年美国经济学年会上和谭国富一起发表的讨论预算软约束的论文中首先提出，但这个概念在1994年我和蔡昉、李周合著的《中国的奇迹：发展战略和经济改革》的第1版，尤其是1999年出的增订版中已广泛作为分析传统经济体系形成的基础。对这个概念的最系统论述则在2001年5月应芝加哥大学之邀去作"Annual D. Gale Johnson Lecture"的第一讲"Development Strategy, Viability, and Economic Convergence"中。此文的中文译稿《发展战略、自生能力、经济收敛》刊登于《经济学季刊》第1卷第2期，2002，第269—301页。

②　有关自生能力和比较优势关系的详细讨论见：林毅夫(2002)。

一个企业的自生能力决定于其产业、产品、技术选择,说明这个概念的一个很好的例子是日本的农业。日本的农业以小农为主,农场主既是所有者也是经营者,所以不存在产权的问题,也不存在任何公司治理的问题。但是日本是一个土地极端稀缺的国家,在土地密集型的农产品如粮食上不具比较优势;日本又是一个劳动力价格极端昂贵的国家,在劳动力密集型的农产品如蔬菜水果上,也不具比较优势。日本农业的精耕细作在世界上是有名的,但是,日本农场的生存有赖日本政府的高额财政补贴和关税保护,如果日本政府开放农产品的自由进口,日本绝大多数的农场都要倒闭。

转型国家的许多国有企业也和日本的农场一样存在同样的自生能力问题。因为在转型经济中的许多国有企业是政府为了尽快赶上发达国家的产业、技术水平而违反其比较优势建立起来的,尤其是重工业中的大型国有企业。

其实,转型中国家原来的计划经济体制就是为了扶持、保护不符合比较优势、没有自生能力的重工业企业而形成的。[①] 转型中国家,如俄罗斯、中国等,在还没有实行计划经济之前原本是资本稀缺的农业国家,资金密集型重工业项目在竞争的市场中没有自生能力,为把这些项目建起来,只好以扭曲利率、汇率、工资、原材料和生活必需品的价格的方式,压低其投资和生产成本。这些价格信号的扭曲必然造成资金、外汇、原材料和生活必需品的供不应求。为了保证稀缺的资源能够被配置在要优先发展的产业和项目上,就必须要有国家计划,并且用行政的方式按照计划配置资金、外汇、原材料等,从而形成了传统的计划配置体系。

在价格扭曲并且用计划替代市场配置资源的经济体系中,如果企业为私人拥有,则国家无法保证以价格扭曲集中起来的剩余会按照国家的计划再继续投资到重工业项目中去。因此,国有化成为政府直接掌握这些剩余支配权的一个制度安排。在信息不对称、激励不相容而且缺乏市场竞争的情况下,政府不知道一个盈利企业该有的正常盈利水平、也不知道一个亏损企业该有的亏损水平。如果给企业自主权,企业经营人员容易产生道德风险。为了防止利用价格扭曲创造出来的剩余被企业侵占,就剥夺了传统计划体制里国有企业人、财、物、产、供、销的权利(林毅夫、蔡昉、李周1997;Lin and Tan 1999)。

实际上,传统的经济体制用现代经济学的术语来讲是在限制条件之下

自生能力、经济转型和新古典经济学的反思

---

① 有关传统计划经济体制形成逻辑的详细讨论见林毅夫、蔡昉、李周(1994,1999)。

的"次优"选择。通过它可以把分散在各个产业部门的剩余最大程度地集中起来，投资到政府所要优先发展的项目里去。所以，像中国这样落后的农业经济，也可以在很短的时间里试爆原子弹、发射人造卫星上天。但是，资源配置的效率低，而且，企业因为没有自主权，干好的企业和干坏的企业以及干好的工人和干坏的工人待遇一样，导致积极性差，整个经济的效率非常低。[①]

在社会主义计划经济和转型经济中，大量的企业是不具自生能力的，并由此内生出一系列干预市场运行的制度安排和后果。那么，以企业具有自生能力为暗含前提的新古典经济学为工具来分析这些国家的经济现象和问题时，提出的政策建议推行的结果达不到预期的效果，甚至事与愿违，也就不足为奇了。

第三节　现有经济学理论和经济转型的政策措施

在社会主义国家可以看到很多扭曲的现象，存在公司治理、政企不分、裙带关系、政府对金融和外贸的干预等等一系列问题，导致经济效率较低。这些现象在很大程度上是内生于政府的发展战略所要建立的企业是没有自生能力的。如果自生能力的问题不解决，而政府又不愿意或不能让这些企业破产，那么这些扭曲和干预就无法消除。

可是我们对客观世界的认识，必然受到头脑中理论框架的限制（诺斯2002）。现代主流的新古典经济学理论暗含企业有自生能力的假设，当受到这个理论体系训练的经济学家，看到转型中国家普遍存在他们熟悉的、而且在新古典经济学体系里已证明会降低经济运行效率的公司治理、产权、政府干预等问题时，会使他们认为现有的新古典经济学理论是分析转型中国家问题的合适工具（Murrell 1991），而忽视了这些问题其实是内生于政府试图去建立的企业是缺乏自生能力的。于是，当社会主义国家请国际上著名的经济学家来帮助设计改革方案时，提出的方案、政策只强调产权私有化，放弃政府对经济的干预、完全市场化等，而且，在训练有素的经济学家间会有出乎寻常的共识（Summers 1994, pp.252—253）。

　　[①]　转型前，中国经济发展的各项效率指标见林毅夫、蔡昉、李周（1994，第3章）。有关苏联转型前的各个产业部门的效率情况的仔细研究见 Desai（1990）。

根据新古典经济理论来制定改革政策的最具体和集中的表现就是所谓的"华盛顿共识"(Washington consensus),其内容有如下几项:强化政府的财政纪律,增加政府在改进收入分配和过去受忽视而又有高回报的领域的公共投资,扩大税收的基础,统一汇率,贸易自由化,消除外国直接投资的障碍,国有企业的私有化,放松对市场准入的管制和保护私有产权等(Williamson 1997)。社会主义国家转型时,外国经济学家提出的"休克疗法",其实也是依据上述共识而设计的(Kolodko 2001)。由此,我们也就明白为什么在 20 世纪 90 年代初,国际经济学界普遍看好推行"休克疗法"的前苏联、东欧的改革,而不看好实行渐进改革的中国。

现代新古典经济学的理论框架,不仅影响了发达的市场经济中主流经济学家对其自身问题的看法,而且当他们在分析其他国家、其他经济体系的问题或其他国家的经济学家在思考他们的问题时也不自觉地以此为参考的框架。例如,在 1930 年代发生的著名的社会主义大辩论,不管是赞成方的奥斯卡·兰格,认为社会主义计划经济可以利用模拟市场的方式使资源配置的效率高于市场机制(Lange 1936, 1937),还是反对方的海耶克和逢·米塞斯,认为计划经济不能克服信息问题而必然失败(Hayek 1935),两方其实都以社会主义国家所要建设的企业是有自生能力为暗含前提的。在社会主义国家里,科尔奈是分析社会主义经济问题的最杰出经济学家之一,他的最大贡献是提出了预算软约束的概念(Kornai 1986)。在许多社会主义国家里,经营不好的企业随时可以跟国家要优惠、要补贴。而在市场经济国家中,经营不好则要破产。科尔内认为预算软约束是国有企业缺乏改进生产的积极性、道德风险普遍存在的主要原因,而预算软约束的存在则是因为社会主义政府对国有企业的父爱主义所致,所以,要提高企业效率,必须进行产权改革,切断企业与政府的关系以消除预算软约束。在科内尔的理论体系中不自觉地也把国有企业具有自生能力作为前提。但是,社会主义经济中预算软约束的产生其实是因为企业没有自生能力,在竞争的市场经济中没有人会去投资、经营,为了把这些企业建立起来,政府就必须负起保护和补贴的责任。但因为信息不对称,政府并不知道要多少保护和补贴才够,因此,企业会把因为经营不善引起的亏损的责任也推给政府,说是政府的保护和补贴的力度不够,在政府不愿让这些企业破产,又对其亏损负有责任的情况下,就形成了预算软约束的现象(Lin and Tan 1999)。企业预算软的根本原因在于企业自生能力的问题,而不在于社会主义政府的父爱主义。因此,即使在非社会主义国家,如果有由政府推动而建立起来的缺乏自生能力的企业,预算软约束的问题同样会存在,具有赶超特性的韩国大企业集团就是一个例子。同时,在社会主义国家,即使推翻了社会主义政府,将企业私有化了,企业预算软约束的现象也不能消除。①

既然社会主义经济中的公司治理、政企不分、产权安排、市场扭曲等一系列问题是内生于政府所要优先发展的企业是不具自生能力的,那么,不解决企业自生能力的问题,而按新古典的经济理论来改变产权安排、政企不分、公司治理等,其结果不仅不能达到政策设计当初的预期,而且,经常使问题更为恶化。在前苏联、东欧换掉了社会主义政府,推行了"休克疗法",实行了私有化,并未能消除企业的预算软约束,而私有化后的企业经理向国家要保护和补贴的积极性反而会高于国有企业。② 据1996年世界银行《世界发展报告》的研究证明,前苏联、东欧在全盘私有化以后,政府给国有企业的扶持不仅没有减少,有些反而还在增加。③ 同时,转型前推行的是统收统支,转型后政府的税收能力大大降低,在给予企业的扶持不能减少的情况下,出现恶性通货膨胀也就不奇怪了。

不仅按现有的经济理论设计出来的"休克疗法"在前苏联、东欧的推行没有产生预期的结果,在我国按新古典经济学理论或发达国家的经验设计的改革方案,也经常遭遇和休克疗法同样的命运。以国有企业的改革为例④,改革初期,认为国有企业的问题在于国有企业的厂长、经理缺乏自主权,盈利的企业和亏损的企业、干好的工人和干坏的工人在激励上没有差别,因此,推行了放权让利的改革,扩大了厂长、经理的自主权,让企业分享

① 在认识到私有化本身并没有解决了预算软约束及改进企业的生产率以后,现在多数经济学家已经认识到改善公司治理和市场竞争的重要性,如前欧洲银行首席经济学家、现任世界银行副行长兼首席经济学家尼克拉斯．斯顿前总理所说的"good corporate governance of the public enterprises and sound competition policy are at least as essential for recovery as privatization and liberalization"(Stern 1996, p.8)。波兰前第一副总理和财政部长科勒德克(2000,第四章)持有同样的观点。但是,中国绝大多数的股份制企业上市5年以后的各项指标和没有上市的公司几乎没有差别,说明如果自生能力的问题不解决,除非愿意让企业破产,就不会有好的公司治理或充分的市场竞争(Lin and Tan 1999;林毅夫、蔡昉、李周 1997)。

② 实行"休克疗法"以前,企业是国家的,厂长、经理是国家的公务员,向国家要的补贴,不能直接变为他们的收入,否则就是贪污;而当私有化以后,企业向国家要的补贴,可以变为他们的合法收入,企业向国家要补贴、要优惠的积极性也就越高,预算软约束的情形自然就越严重。

③ 许多实证研究发现,苏联、东欧的国有企业私有化以后,如果是外部人持有、或是预算约束能硬化,效率就能得到提高,如果是内部人拥有,则没有任何改进(Lavigne 1995, p.175; Djankov and Murrell 2002),我认为其根本原因在于私有化前这个企业是否具有自生能力,只有具有自生能力,外部人才会愿意持有,预算也才能硬化。如果不具自生能力,外部人不会买,要私有化就只能内部人持有。

④ 有关国有企业改革的各种思路和政策措施的讨论,见林毅夫、蔡昉、李周(1997)。

一定比例的效益,这种改革措施在试点时有效,全面推广后就无效,形成所谓生产率提高,利润率却下降的现象。于是,理论界认为是产权安排不完善,国有企业归全国人民所有,但交由厂长、经理管理,出现产权缺位,没有人真正关心国有企业的保值与增值。到 20 世纪 80 年代末、90 年代初,改革的方向转为明晰产权,推行现代企业制度,建立董事会、监事会等。产权安排和公司治理最完善的应该是股份制公司,因为股份公司上市之前有多少资产是要评估确定的,上市以后,有一部分股份是归国有的,一部分是非国有的股东所有,除了董事会和监事会外,非国有的股东应该会为了自己的股份的保值和增值而关心公司的经营、管理。可是这一措施推行几年后,上市公司的各种指标基本上与未上市公司没有两样(林义相 1999)。开始时,以为非国有股东都是散户,每个股民对每家企业拥有的资产比例非常少,因此对管理企业、监督经营没有多大积极性。因为即使因为他们的努力而使企业经营好了,每个股民也只不过拿了改善经营绩效的万分之一或几万分之一,所以他们就只注意股票价格的涨跌,造成股市很大的投机性。后来,理论界认为国外的股份公司大部分的股票是机构投资者拥有的,一个机构投资者可能拥有一家企业相当比重的股票,而且作为机构投资者可以请专业人员对企业的各种报表进行分析,真正形成对企业的有效监督。为此,我国在 1998 年引进了投资基金。但引进基金以后,股票市场的投机行为没有减少,这些机构投资者而且还坐庄,操纵股票的市场价格。道理很简单,这些上市公司并没有解决自生能力的问题,因此在竞争的市场中不能盈利。不能盈利就不能有分红,散户只能靠股票价格涨跌的投机行为来获利。而机构投资者同样不可能靠长期持有股票来获利,机构投资者可动用的资金多而流通的股票少,当然可以操纵股价涨跌来获利(林毅夫 2001)。这样看来,按照新古典现有的理论设计,或是照搬西方的经验之所以不成功,原因就在于这个理论前提以及西方企业普遍存在的前提与我们的企业特性是不一样的。

第四节　自生能力问题的普遍性和新古典经济学分析的扩展

企业自生能力不仅是转型国家中最核心的问题,在发展中国家也普遍存在。第二次世界大战以后取得独立的一些非社会主义发展中国家的政治领导人，看到发达国家的工业化水平对其政治、经济力量的决定作用，但是没认识到发达国家的产业结构是内生于其要素禀赋结构的，于是试图在自身的比较优势不具备的条件下去发展和发达国家同样水平的产业[①]，于是靠对要素价格、金融体系、国际贸易、投资等进行了一系列的干预而把这些产业建立起来（Chenery 1961；Krueger 1992）。但是，这些产业中的企业是没有自生能力的，只有在政府的持续保护和补贴下才能生存，而政府对价格信号、资源配置、市场竞争的干预必然导致寻租行为横行和裙带资本主义等现象，从而使收入分配不公，效率低下，经济、社会不稳定等（Krueger 1974；林毅夫 2002）。[②]

上述思想不仅存在于发展中国家，即使在一些新兴工业化经济如韩国也存在。我国台湾省的人均收入比韩国高，但韩国的大企业集团与我国台湾省的同类企业比较，在技术、资金密集程度上高了一个档次。[③] 在 1998 年的这场东亚金融危机中，我国台湾省的汇率只贬值了 15%，而且除了人民币不可自由兑换、资本账户没有开放的祖国内地以外，我国台湾省是在东亚地区惟一维持正增长的经济，1998 年达 4.5%，1999 年达 5.7%。在这个恶劣的环境中能维持这样的增长率，证明它的企业是有竞争力、有自生能力的。而韩国经济在东亚金融危机中崩溃了，不得不向 IMF（国际货币基金组织）申请援助，以渡过难关。在推行了 IMF 的援助条款取消了对大企业的各种保护和补贴以后，目前韩国的 30 家大企业集团，有 17 家已经破产了。这表明这些企业是没有自生能力的，在竞争的市场中，如果没有政府的保护是根本不能生存的。

在市场经济国家，政府对没有自生能力的企业的保护手段与社会主义国家的保护手段很相似，政府压低利率，对银行及其他金融机构的贷款方

---

① 印度总理尼赫鲁的看法具有代表性，在 1938 年印度独立前，尼赫鲁担任国大党设立的国家计划委员会主席时写到"in the context of the modern world, no country can be politically and economically independent, even within the framework of international interdependence, unless it is highly industrialized and has developed its power resources to the utmost. Nor can it achieve or maintain high standards of living and liquidate poverty without the aid of modern technology in almost every sphere of life"（Nehru 1946, p.413）。引文出自 Srinivasan（1994, pp.155—156）。

② 印度和拉丁美洲国家是典型的例子。有关印度的情形见 Swanmy（1994），拉丁美洲国家的情形见 Cardoso 和 Helwege（1995）。

③ 以信息产业为例，中国台湾的企业如台积电和联电以帮人代工（OEM）为主，而韩国的三星电子和现代电子则以自己研发、生产 DRAM 而出名，有关中国台湾和韩国信息产业发展策略的比较见林毅夫（2000）。另外，在汽车产业方面，韩国已生产整车，而中国台湾则以生产汽车零部件出名。

向进行干预,用廉价的资金来支持缺乏自生能力的企业;并对进口贸易设置各种障碍,使得这些企业免予和发达国家的企业竞争。没有比较优势而靠政府的保护和补贴建立起来的企业难于创造真正的剩余,而有比较优势能够创造剩余的企业在政府的歧视政策下也难以发展,因此,整个经济可以动员的资金将逐渐枯竭。如果像印度、巴基斯坦等国家那样不对外举债,则经济发展的速度将陷入停滞的困境,如果像拉丁美洲国家或东亚金融危机前的韩国、泰国、印尼等那样允许政府或企业对外举债,则最终将出现债务危机(Krueger 1992)。

当一个国家出现债务危机时,在目前的国际金融框架下,只好向国际货币基金组织(IMF)寻求援助。IMF 在给予贷款时,通常会附带一个"援助条款(conditionality)",要求受援国家进行一系列改革。这个"援助条款"的基本理念就是建立在现代经济学理论基础上的"华盛顿共识"。这些条款要求解决宏观政策扭曲、政府对银行、企业的干预、公司治理等方面的一系列问题,但由于这个共识的理论基础假定了企业是有自生能力的,所以在上述诸多措施中不仅没有任何一项是用来改善企业的自生能力的,而且,有多项实际上是取消了对没有自生能力的企业的保护和补贴的。如果像韩国和有些市场经济的国家,缺乏自生能力的企业仅是经济中的一小部分,那么一步跃过鸿沟是可能的。实行这个共识的改革措施以后,经济效率的提高可以抵消这些没有自生能力的企业破产所带来的震荡而很快恢复增长。可是,如果像转型中国家那样,没有自生能力的企业在经济中占有重要份额,休克疗法推行的结果,国民经济的增长就不会是"J 曲线——稍微下滑后很快就恢复增长",而可能是"L 曲线——急剧下滑后陷入长期停滞而后才恢复一点增长"(Lin 1998)。[①]

企业缺乏自生能力既然是社会主义计划经济、转型中国家与发展中国家的普遍问题,那么,在研究和解决这些国家的问题时,就不能再把企业具有自生能力作为经济理论分析的一个暗含的假设,而必须把企业是否具有自生能力作为任何发展和转型问题的理论分析和政策制定时的具体考虑变量。

---

　① 　不具有自生能力的企业的多寡可能说明了为何萨克斯所推荐的休克疗法在萨尔瓦多取得很大的成功,而在前苏联和东欧却给这些经济带来很大的痛苦。斯蒂格里茨也对"华盛顿共识"的普适性提出了质疑(Stiglitz 1998)。不过斯蒂格里茨的质疑也未认识到发展中和转型中国家现存的许多企业是不具自生能力的,以及不具自生能力的企业可能给经济发展带来的影响和对政策选择的限制。

其实现代经济学也是在放弃一些不合实际的、暗含的基本假设而不断发展起来的。现代新古典经济学分析的基本框架，在 1890 年阿尔费雷·马歇尔（Alfred Marshall）出版的《经济学原理》（*Principles of Economics*）中即已初具雏形。在马歇尔的理论体系里，除了本文所提出的，到现在还为经济学家普遍接受的企业具有自生能力的暗含假设外，还假设了信息是完备的和交易费用是不存在的。

马歇尔的理论体系在解释和预测众多经济现象上非常有力，例如某种商品的价格上涨，人们购买该种商品的数量通常会下降。但是，这些暗含假设也限制了马歇尔体系对某些现象的解释力。例如，在完备信息的暗含假设下，每种商品在竞争的市场中就只会有一个价格，因此，就不该出现所谓的"货比三家不吃亏"的现象。芝加哥大学经济系教授乔治·斯蒂格勒的最大贡献之一就是放弃了完备信息的暗含假设，提出了信息不充分，信息有价值，信息的获取有成本，使信息成为现代经济分析的一个重要考虑变量。去年获得诺贝经济学奖的约瑟夫·斯蒂格利茨，乔治·阿克罗夫和麦克·斯宾舍则进一步提出，不仅信息是不完备的，而且信息的分布在生产者、消费者、所有者、委托代理者之间是不对称的。另外，根据马歇尔的体系，市场竞争的资源配置是最有效率的，按此难以解释为何存在非市场配置的企业，罗纳德·科斯的贡献则在于放弃了马歇尔体系中市场交易没有交易成本的暗含假设，开启了现代经济学对契约、产权和非市场制度的研究，形成了交易费用学派。

经济理论的作用就像一张地图，地图不是真实世界本身，而是帮我们了解周遭环境的工具。地图一定要有一定程度的简化，但如果把重要的地标忽略了或划错了，经常会造成人们行动的失误。当我们察觉到这个问题时，就应该及时根据实际情况来改正地图。企业不具自生能力的情况在转型中国家及发展中国家普遍存在，因此，在分析转型中国家和发展中国家的经济问题以及制定解决问题的有关政策时，应该放弃现有经济理论中企业具有自生能力的暗含假设，把许多企业可能不具自生能力作为理论分析和政策制定的一个重要前提。有了这个前提，也就不会无条件按"休克疗法"和"华盛顿共识"来制定转型和改革政策，明白成功的转型和改革还有赖于创造条件使绝大多数的企业从没有自生能力变为有自生能力。[①]

---

① 有关如何按自生能力的概念来改革国有企业，请参阅林毅夫和刘培林"自生能力和国企改革"，《经济研究》2001 年第 9 期，第 60—70 页。

另外,根据自生能力的概念,一个国家发展的目标也必须重新定位。传统上一个发展中国家的政治领袖、经济学家和社会精英把现代化的目标定位于如何在最短的时间里建立起最发达国家具有优势的产业、采用同样先进水平的技术、生产同样的产品。但是,一个国家具有比较优势的产业、产品、技术结构是内生决定于这个国家的要素禀赋结构的,不顾自己国家的要素禀赋结构的现状,试图去建立、采用、生产和发达国家同样的产业、产品和技术,其发展目标的载体—企业必然没有自生能力,在开放竞争的市场中无法生存。因此,为了这个发展目标,政府就必须靠扭曲价格信号、干预资源配置来补贴、保护这些没有自生能力的企业,寻租、预算软约束、宏观不稳定、收入分配不公等现象接踵而至,结果是好心干坏事,经济发展欲速不达。

从自生能力的概念出发,一个国家经济发展的目标应该定位在要素禀赋结构的提升。因为要素禀赋结构提升了,在开放竞争的市场中,企业为了自己的生存自然必须提升其产业、产品、技术水平。在每个国家的土地(自然资源)禀赋给定的前提下,要素禀赋结构的提升指的是每个劳动者所可支配的资本量的增加,资本来自于剩余的积累,要最快的提升一个国家的要素禀赋结构,这个国家就必须在每一个时点创造最大的剩余,并将剩余中最大的部分用来作为积累。一个国家如果能在每一个时点上按其当前的要素禀赋结构所决定的比较优势来选择产业、产品、技术,整个经济就会有最大的竞争力,能够创造最大的剩余,并且,资本的回报率会最高,积累的意愿会最大,要素禀赋结构提高的速度会最快。因此,政府在经济发展中的主要责任是维持开放竞争的市场,使市场价格能反映各种要素的相对稀缺性。而企业就会在相对价格的引导下为了提高竞争力而去选择和这个经济的比较优势相符合的产业、产品和技术。同时,如果各个企业都能按这个经济的比较优势来组织生产,那么这个经济的要素禀赋结构的提升会很快,企业也要随之进行产业、产品、技术升级,这种升级是一种创新活动,需要信息和具有外部性,政府也可以用产业政策的方式给予协助。不过,这种产业政策和传统的产业政策的不同点在于前者是按比较优势的动态变化来制定,而后者是为了扶持不具比较优势产业的发展。①

自生能力、经济转型和新古典经济学的反思

---

① 有关在自生能力观念和比较优势的原则下,政府的经济职能的详细讨论见林毅夫(2002)。

参 考 文 献

北京大学中国经济研究中心发展战略研究组(2002),"关于技术选择指数的测量与计算",北京大学中国经济研究中心讨论稿,No. C2002003。

蔡昉、都阳(2000),"中国地区经济增长的趋同与差异——对西部开发战略的启示",《经济研究》2000 年第 10 期, 第 30—37 页。

蔡昉、王德文、都阳(2001),"劳动力市场扭曲对区域差距的影响",《中国社会科学》, 2001 年第 2 期, 第 4—14 页。

各省、区《统计年鉴》。

国家统计局(2003),《中国统计摘要 2002》,中国统计出版社。

国家统计局国民经济核算司(1997),《中国国内生产总值核算历史资料 1952—1995》, 东北财经大学出版社。

国家统计局国民经济综合统计司(1999),《新中国五十年统计资料汇编》,中国统计出版社。

韩廷春(1999),"经济持续增长的内在机制分析",北京大学中国经济研究中心内部讨论稿系列(中文版), No. C1999012。

胡书东(1999),地区经济发展差距的变动与成因,北京大学中国经济研究中心打印稿。

胡书东 (2000),"我国的风险投资和二板市场:功能、定位与前景",北京大学中国经济研究中心内部讨论稿, No. 2000012。

林义相 (1999),"证券市场的第三次制度创新与国有企业改革",《经济研究》1999 年第 10 期, 第 46－52 页。

林毅夫(1994),"李约瑟之谜:工业革命为何没有起源中国",《制度、技术与中国的农业发展》第 10 章,上海三联和上海人民出版社。

林毅夫 (1999),"我国金融体制改革的方向是什么?",《中国:经济转型与经济政策》,北京大学出版社,1999 年版。

林毅夫 (2000),"信息产业发展与比较优势原则",《中国经济研究中心简报》2000 年第 19 期,总第 151 期。

林毅夫 (2001),"关于中国股市的四个问题",《中国经济研究中心简报》2001 年第 7 期,总第 229 期。

林毅夫(2002a),"发展战略、自生能力和经济收敛"《经济学(季刊)》第 1 卷第 2 期。(原文为 2001 年 5 月 14 日芝加哥大学 D. Gale Johnson 年度演讲系列首讲的讲稿）。

林毅夫(2002b)，"自生能力,经济转型和新古典经济学反思"，北京大学中国经济研究中心讨论稿,

林毅夫(2002c)，"解决农村贫困问题需要有新的战略思路：评世界银行新的'惠及贫困人口的农村发展战略'"，《北京大学学报》(哲学社会科学版)。

林毅夫 (2002d)，"发展战略、自生能力和经济收敛"，《经济学季刊》第 1 卷, 第 2 期, 2002 年 1 月。

林毅夫、李永军(2000)"发展中小金融机构,促进中小企业发展"，北京大学中国经济研究中心内部讨论稿，NO. C2000016, 2000/10。

林毅夫、刘培林(2001)，"自生能力与国企改革"《经济研究》，2001 年第 9 期, 第 60—70 页。

林毅夫、刘培林 (2003)，"何以加速增长,唯解自生难题"，北京大学中国经济研究中心工作论文 No. C2003019。

林毅夫、刘志强(2000)，"中国的财政分权与经济增长"，北京大学中国经济研究中心内部讨论稿系列(中文版)，No. C2000008。

林毅夫、蔡昉、李周 (1994)：《中国的奇迹：发展战略与经济改革》，上海三联书店和上海人民出版社 1994 年版。

林毅夫、蔡昉、李周 (1997)，《充分信息与国有企业改革》，上海：上海三联书店、上海人民出版社，1997 年。

林毅夫、蔡昉、李周 (1998)："中国经济转型时期的地区差距分析"，《经济研究》1998 年第 6 期。

林毅夫、蔡昉、李周 (1999)：《中国的奇迹：发展战略与经济改革》，上海三联书店和上海人民出版社 1999 年修订版。

林毅夫、李永军、路磊 (2000)，"中国金融体制改革的回顾和展望"，北京大学中国经济研究中心内部讨论稿，NO. C2000005, 2000/4。

林毅夫、章奇、刘明兴(2002)，"金融结构与经济增长：以制造业为例"，北京大学中国经济研究中心内部讨论稿。

刘强 (2001)，"中国经济增长的收敛性分析"，《经济研究》，2001 年第 6 期, 第 70—77 页。

刘明兴 (2001)，"比较优势、工业化与经济增长"，北京大学博士学位论文。

刘培林 (2002)，"经济发展战略对资本积累和技术进步影响的实证分析"，北京大学博士学位论文。

麦迪森. 安格斯 (2003)，《世界经济千年史》(伍晓鹰,许宪春,叶燕斐,施发启译)，北京大学出版社。

刘树成等(1994)：《中国地区经济发展研究》，中国统计出版社 1994 年版。

申海(1999)，"中国区域差距的收敛性分析"，《数量经济与技术经济研究》，1999 年第

8 期, 第 55—57 页。

沈坤荣、马俊 (2002), "中国经济增长的'俱乐部收敛'特征及其成因研究",《经济研究》, 2002 年第 1 期。

宋学明 (1996), "中国区域经济发展及其收敛性",《经济研究》, 1996 年第 9 期, 第 28—44 页。

田晓文(1999), "中国地区经济差距变化的三大趋势及其成因初探", 北京大学中国经济研究中心内部讨论稿系列(中文版), No. C1999017。

王梦奎, 李善同主编(2000),《中国地区社会经济发展不平衡问题研究》, 商务印书馆。

魏后凯(1997), "中国地区经济增长及其收敛性",《中国工业经济》, 1997 年第 3 期, 第 31—37 页。

姚洋(1998), "非国有经济成分对我国工业企业技术效率的影响",《经济研究》, 1998 (12)。

于宗先(1991), "中小企业",《台湾经验四十年》, 台湾天下出版社。

张春(2001), "经济发展不同阶段对金融体系的信息要求和政府对银行的干预: 来自韩国的经验教训", (北京)《经济学季刊》, 2001 年第 1 卷第 1 期。

张曙光(1993), "关于地区经济差异变动的另一种解释",《经济研究》1993 年第 9 期。

张兆杰(1999), "中国地区差距的演变及外国直接投资在其中的作用", 北京大学中国经济研究中心博士学位论文。

张卓元、路遥(2003), "积极推进国有企业改革",《财经论丛》, 2003 年第 1 期。

章奇、刘明兴(2004), "意识形态与政府干预",《经济学季刊》, 即将出版。

赵耀辉(1997), "中国乡镇企业所有权分析及其对农村就业的影响",《中国乡镇企业研究》, 海闻主编, 中华联合工商出版社。

中国社会科学院人口研究中心中国人口年鉴编辑部(1986),《中国人口年鉴 1985》, 中国社会科学出版社。

《中华人民共和国第一届全国人民代表大会第二次会议文件》, 人民出版社 1955 年版。

Acemoglu, Daron. (1998). "Why Do New Technologies Complement Skills? Directed Technical Change and Wage Inequality." *Quarterly Journal of Economics*, Vol. 113, (November 1998): 1055—1089.

Acemoglu, Daron. (2002). "Why Not a Political Coase Theorem? Social Conflict, Commitment and Politics", *NBER Working Paper* No. 9377.

Acemoglu, Daron and Fabrizio Zilibotti. (1999). "Productivity Differences", *NBER Working Paper* No. 6879.

Acemoglu, Daron and James A. Robinson. (2002). "Economic Backwardness in Political Perspective", *NBER Working Paper* No. 8831.

Acemoglu, Daron, Simon Johnson and James A. Robinson (2001a). "Reversal of Fortune: Geography and Institutions in the Making of the Modern World Income Distribution,"

NBER Working Paper No. 8460.

Acemoglu, Daron, Simon Johnson, and James A. Robinson. (2001b). "The Colonial Origins of Comparative Development: An Empirical Investigation", *American Economic Review*, 91(5).

Adelman, I. and C. T. Morris(1973), "*Economic Growth and Social Equity in Developing Countries*", Stanford: Stanford University Press.

Ahluwalia, Montek S. (1976). "Inequality, Poverty, and Development," *Journal of Development Economics*, Vol. 3, (December 1976): 307—12.

Alchian, Armen A. and Demsetz, Harold. (1972). "Production, Information Costs, and Economic Organization", *American Economic Review*, December 1972, 62(5), pp. 777—795.

Alesina, Alberto (1998), "*The Political Economy of High and Low Growth*", Annual World Bank Conference on Development Economics 1997, Washington D. C.

Allen and Gale (1999), "Diversity of Opinion and the Financing of New Technologies", *Journal of Financial Intermediation* 8, 68—89.

Allen, Franklin and Gale, Douglas. (1999), "*Comparing Financial Systems*". Cambridge, MA: MIT Press, 1999.

Amsden, Alice (1989). "*Asia's Next Giant: South Korea and Late Industrialization*". Oxford University Press.

Andrew Berg (1999), "The Asia Crises: Causes, Policy Responses, and Outcomes", *IMF Working Papers* WP/99/138.

Arellano, Manuel, and Bover, Olympia. (1995), "Another look at the Instrumental-Variable Estimation of Error-Components Models," *Journal of Econometrics*, 68, pp. 29—52.

Asian Development Bank(1999), *Key Indicators of Developing Asian and Pacific Countries*.

Aslund, Anders. (1989), "*Gorbachev's Struggle for Economic Reform*". Ithaca, New York: Cornell University Press.

Aslund, Anders. (1991), "*Gorbachev, Perestroika, and Economic Crisis. Problems of Communism*", Vol. 40, No. 1—2, (January-April) 1991, pp. 18—41.

Atkinson, Anthony B. and Joseph E. Stiglitz. (1969), "A New View of Technological Change." *Economic Journal*, LXXIX (1969): 573—578.

Aziz, Jahangir and Christoph Duenwald (2001), "China's Provincial Growth Dynamics", *IMF Working Paper* WP/01/3.

Bahl, Roy W. and Linn, Johannes F. (1992), "*Urban Public Finance in Developing Countries*", New York: Oxford University Press.

Balassa, B. et al., Development (1982) "*Strategies in Semi-Industrial Economies*", Baltimore: Johns Hopkins University Press.

Balcerowicz, Leszek. (1994), "Common Fallacies in the Debate on the Transition to a Market Economy." in *Economic Policy*, Vol. 9, Issue 19 (1994, supplement), pp. s16—50.

Banerjee, A.V., Besley, T., Guinnane, T.W., (1994). "Thy neighbor's keeper: The design of a credit cooperative with theory and a test". *Quarterly Journal of Economics* 109, 491—515.

Barro, Robert J. (1990), "Government Spending in a Simple Model of Endogenous Growth," *Journal of Political Economy* 98, vol. 5, pt. 2, 1990, S103—25.

Barro, Robert J. (1991), "Economic Growth in a Cross Section of Countries," *Quarterly Journal of Economics*, 106:5,407—443.

Barro, Robert J (1997). "*Determinants of Economic Growth: A Cross-Country Empirical Study*", Cambridge, MA, MIT Press, 1997.

Barro R. and J.W. Lee. (2000), "International Data on Educational Attainment: Updates and Implications," manuscript, Harvard University, February 2000.

Barro, Robert J. and Sala-I-Martin, Xavier (1991), "Convergence Across States and Regions," *Brookings Papers on Economics Activity*, No. 1,107—182.

Barro, Robert J. and Sala-I-Martin, Xavier (1992), "Convergence", *Journal of Political Economy*, vol. 100, no. 2 (April), pp. 223—51.

Barro, Robert, and Xavier Sala-I-Martin (1995), "*Economic Growth*", New York: MacGraw-Hill.

Barro, Robert J., and Xavier Sala-i-Martin (1997), "Technological Diffusion, Convergence, and Growth", *Journal of Economic Growth*, 2:1, 1—26.

Basu, Susanto; Weil, David N. (1998), "Appropriate Technology and Growth", *Quarterly Journal of Economics* Vol. 113, NO. 4 (November 1998): 1025—1054.

Baumol, William J. (1986), "Productivity Growth, Convergence, and Welfare: What the Long-Run Data Show," *American Economic Review*, 76 (December 1986): 1072—85.

Beck, Thorsten; and Levine, Ross. (2000a), "New Firm Formation and Industry Growth: Does Having a Market-or Bank-Based System Matter?" *World Bank Policy Research Working Paper* xxx.

Beck, Thorsten; and Levine, Ross. (2000b), "Stock Markets, Banks and Growth: Correlation or Causality?" World Bank mimeo.

Beck, Thorsten and Ross Levine, (2000c), "External Dependence and Industry Growth: Does Financial Structure Matter?" World Bank mimeo, February 2000.

Beck, Thorsten, Asli Demirgüç-Kunt, Ross Levine and Vojislav Maksimovic, (2000), "Financial Structure and Economic Development: Firm, Industry, and Country Evidence", Mimeo, June 14, 2000.

Beck, Thorsten; Demirgüç-Kunt, Asli; Levine, Ross. (2000), "A New Database on Financial Development and Structure", *World Bank Economic Review*, 2000.

Beck, Thorsten; Demirgüç-Kunt, Asli; Levine, Ross. (2002), "Law and Finance: Why Does Legal Origin Matter?" *World Bank Working Paper*.

Becsi, Zsolt, Ping Wang, and Mark A. Wynne, (1998), "Endogenous Market Structures and Financial Development", *Federal Reserve Bank of Atlanta*, *Working Paper* 98—15, August 1998.

Ben-David, Dan (1993), "Equalizing Exchange: Trade Liberalization and Income Convergence," *Quarterly Journal of Economics*, Vol. 108, No. 3 (August 1993): 653—679.

Ben-David, Dan (1995), "Convergence Clubs and Diverging Economies," *Foerder Institute working paper* 40—95.

Berger, A. N., Udell, G. F., (1995). "Relationship lending and lines of credit in small firm finance", *Journal of Business*, 68, 351—382.

Berger, A. N., Udell, G. F., (1996). "Universal banking and the future of small business lending". In: Saunders, A., Walter, I. (Eds.), "*Universal Banking: Financial System Design Reconsidered*". Irwin, Chicago, IL, pp. 558—627.

Berger, Allen, and Gregory Udell. (1998), "The Economics of Small Business Finance: The Roles of Private Equity and Debt Markets in the Financial Growth Cycles", *Journal of Banking & Finance* 22: 613—673.

Berger, A. N., Kashyap, A. K, Scalise, J. M., (1995). "The transformation of the U. S. banking industry: What a long, strange trip it's been", *Brookings Papers on Economic Activity*, 2, 55—218.

Berger, A. N., Saunders, A., Scalise, J. M., Udell, G. F., (1998). "The effects of bank mergers and acquisitions on small business lending", *Journal of Financial Economics*, 50(2): 187—229.

Berger, Allen N., Leora F. Klapper and Gregory F. Udell, (2001), "The Ability of Banks to Lend to Informationally Opaque Small Businesses", mimeo, World Bank, 2001.

Berman, Eli; Bound, John and Griliches, Zvi. (1994), "Changes in the Demand for Skilled Labor within U. S. Manufacturing: Evidence from the Annual Survey of Manufacturing." *Quarterly Journal of Economics* 109(2), May 1994: 367—398.

Bernard, Andrew B, and Steven N. Durlauf. (1995). "Convergence in International Output". *Journal of Applied Econometrics*. Vol. 10.

Bird, Richard M., (1993), "Threading the Fiscal Labyrinth: Some Issues in Fiscal De-centralization," *National Tax Journal* XLVI, vol. 2, 1993, 207—227.

Black, S. and P. Strahan(2000), "Entrepreneurship and the Structure of the Banking In-dustry", Mimeo.

Black, Stanley W. and Moersch, Mathias. (Eds) (1998), *"Competition and Convergence in Financial Markets: The German and Anglo-American Models"*, New York: North-Holland Press.

Blanchard, Oliver, Rudiger Dornbusch, Paul Krugman, Richard Layard, and Lawrence Summers (1991), *"Reform in Eastern Europe"*, Helsinki, Finland: World Institute for Development Research, The United Nations University,

Blejer, Mario I. And Marko Skreb, eds. (2001), *"Transition: the First Decade"*, Cam-bridge, MA.: MIT Press.

Bonaccorsi Di Patti, E. and G. Dell'Ariccia (2000), "Bank Competition and Firm Cre-ation", Mimeo.

Boot, Arnoud W. A.; Greenbaum, Stuart J.; Thakor, Anjan V. (1993), "Reputation and Discretion in Financial Contracting," *American Economic Review*, 1993, 83, 1165—1183.

Borensztein and Jong-wha Lee(1999), "Credit allocation and financial crises in Korea", *IMF Working Papers* wp/99/20.

Bosrup, E. (1965), *The Conditions of Agricultural Growth*, London: Allen and Unwin.

Borsup, E. (1981), *Population and Technology*, Oxford: Blackwell.

Boycko, Maxim, Andrei Shleifer and Robert Vishny. (1995), *"Privatizing Russia"*, Cambridge, MA: MIT Press.

Boycko, Maxim; Sheleifer, Andrei and Vishny, Robert, (1996), "A Theory of Privatiza-tion", *The Economic Journal*, 106, pp. 309—319.

Brada, Josef C. (1989), "Technological Progress and Factor Utilization in Eastern Euro-pean Economic Growth," *Economica*, Vol. 56, no. 224 (November 1989), pp. 433—448.

Brada, Josef C. (1991), "The Economic Transition of Czechoslovakia from Plan to Mar-ket", *Journal of Economic Perspectives*, Vol. 5, No. 4 (Fall 1991), pp. 171—177.

Brada, Josef C. (1996), "Privatization Is Transition, Or Is It?", *Journal of Economic Perspectives*, Vol. 10, no. 2 (1996), pp. 67—86.

Brada, Josef C., and King, Arthur E. (1991), "Sequencing Measures for the Transforma-tion of Socialist Economies to Capitalism: Is There a J-Curve for Economic Reform?", *Research Paper Series* 13, (Washington, D. C.: Socialist Economies Reform Unit, World Bank).

参考文献

Brada, Josef C. , King, A. E. , Ma, C. Y. (1997), "An Industrial Economics of the Transition: Determinants of Enterprise Efficiency in Czechoslovakia and Hungary". *Oxford Economic Papers*, vol. 49, pp. 104—127.

Brada, Josel C. Inderjit Singh and Adam Torok, (1994), "Firms Afloat and Firms Adrift: Hungarian Industry and the Economic Transition Series", *The Microeconomics of Transition Economies* Vol. 1, Armonk, NewYork: M. E. Sharpe.

Byrd, William and Qingsong Lin (1990). "*China's Rural Industry: Structure, Development, and Reform*". Oxford University Press.

Brock, William A. and Steven N. Durlauf (2000), "Growth Theory and Reality", *NBER Working Paper* 8041.

Cameroon, Rondo; Crisp, Olga; Patrick, Hugh T. and Tilly, Richards, Eds. (1967), "*Banking in the Early Stages of Industrialization : A Study of Comparative Economic History*". New York: Oxford University Press.

Cao, Xinshui (1996). "*Traditional Chinese Peasant Economy in Southern Jiangsu*", Central Translation Press, Beijing.

Cardoso, Eliana and Ann Helwege, (1992), "*Latin America's Economy: Diversity, Trends and Conflcits*", Cambridge, MA: MIT Press.

Carlin, Wendy, and Colin Mayer, (1998), "Finance, Investment and growth", mimeo, University College, London.

Caselli, Esquivel, and Lefort (1996): "Reopening the Convergence Debate: A New Look at Cross-Country Growth Empirics," *Journal of Economic Growth*, Vol1. No3, (September 1996):363—389.

Caselli, Francesco. (1999), "Technological Revolutions." *American Economic Review*, Vol89. No1, (March 1999): 78—102.

Caselli, Francesco and Wilbur John Coleman II. (2000). "The world Technology Frontier", *NBER Working Paper* No. 7904.

Caselli, Francesco, and Wilbur John Coleman II. (2002). "On the Theory of Ethnic Conflict", Mimeo, Harvard University.

Cecchetti, Stephen G. (1999), "Legal Structure, Financial Structure, and the Monetary Policy Transmission Mechanism", Prepared for the conference "The Monetary Transmission Process: Recent Developments and Lessons for Europe," held in Frankfurt, Germany, on March 26—27, 1999, and is forthcoming in Deutsche Bundesbank, ed. , "*The Monetary TransmissionProcess : Recent Developments and Lessons for Europe*" (London: Macmillan).

Cetorelli, Nicola, (2001), "Does Bank Concentration Lead to Concentration in Industrial Sectors?" Mimeo, NBER.

Cetorelli, Nicola, and Michele Gambera (1999), "Banking Market Structure, Financial Dependence and Growth: International Evidence from Industry Data", *Federal Reserve Bank of Chicago*, *Working Papers Series* Research Department (WP-99-8).

Cetorelli, Nicola, and Pietro F. Peretto, (2000), "*Oligopoly Banking and Capital Accumulation*", Federal Reserve Bank of Chicago, December 2000.

Cevdet A. Denizer, "Distorted Incentives and Financial Development in Turkey", The World Bank, http://www. worldbank. org/research/projects/finstructure/papers_22000. htm;

Chang, Chun, (2000), "The Informational Requirement on Financial Systems at Different Stages of Economic Development: The Case of South Korea", Finance Department, Carlson School of Management, University of Minnesota.

Chang, Chun and Yijiang Wang (1994). "The Nature of the Township Enterprises." *Journal of Comparative Economics*, 19: 434—452.

Chang, H.J. (1994), "*The Political Economy of Industrial Policy*". New York: St. Martin's Press.

Chang, Ha-Joon, and Nolan, Peter. (1995), "Europe versus Asia: Contrasting Paths to the Reform of Centrally Planned Systems of Political Economy". in Ha-Joon Chang and Peter Nolan, eds. "*The Transformation of the Communist Economies*". London: Macmillan.

Charkham, Jonathan (1994), "*Keeping Good Company*: *A study of Corporance Governance in Five Countries*", Oxford: Clarendon Press, 1994.

Chen Chunlai, Andrew Watson, and Christopher Findley (1990). "One state-two economies: Current issues in China's rural industrialization." Working Paper series, Chinese Economic Research Unit, The University of Adelaide.

Che, Jiahua and Yingyi Qian (1998). "Insecure Property Rights and Government Ownership of Firms." *Quarterly Journal of Economics*, 113(2): 467—496.

Chen, Baizhu, and Yi Feng. (2000). "Determinants of Economic Growth in China: Private Enterprise, Education and Openness", *China Economic Review*, 11 (1):1—15.

Chen, Jiyuan (1988). "*A Study of the Models of the Township and Village Enterprises*". The Chinese Social Sciences Press, Beijing.

Chen, K., Jefferson, G., and Singh, I.J. (1992), "Lessons from China's Economic Reform," *Journal of Comparative Economics*, Vol. 16, No. 2 (June 1992), pp.201—225.

Chen, K., Wang, H., Zheng, Y., Jefferson, G., and Rawski, T. (1988), "Productivity Change in Chinese Industry: 1953—1985," *Journal of Comparative Economics*, Vol. 12, No. 4 (December 1988), pp.570—591.

Chenery, Hollis B. (1961), "Comparative Advantage and Development Policy," *American Economic Review*, Vol. 51, No. 1 (March 1961), pp. 18—51.

Chenery, H. B. and M. Syrquin (1975), "*Patterns of Development*", 1950—1970, London: Oxford University Press.

Cheng, Chu-yuan, (1982), "China's Economic Development: Growth and Structural change" (Boulder, Colorado: Westview).

Cheng, Y. (2002), "Regional Growth Dynamics in China: A Re-examination of σ-convergence and β-convergence." Mimeo, International Workshop on the Chinese Economy, Shanghai.

China Ministry of Finance, (1989), "*Ten Years Reform in Finance and Taxation*" (Caishui Gaige Shi Nian), Department of System Reforms, Beijing: Chinese Finance and Economics Publishing House.

China Ministry of Finance, (1992), "*China Fiscal Statistics* 1950—1991", Beijing: Chinese Finance and Economics Publishing House.

China Statistical Bureau, (1990), "*Compilation of Historical Statistics for Each Province, Autonomous Region, and the Directly Administered Municipalities 1949—1989*", Beijing: Statistical Publishing House.

China Statistical Bureau, "Price Statistical Yearbook of China" (Wujia Nianjian), Beijing: Statistical Publishing House, various years.

China Statistical Bureau, "*Statistical Yearbook of China*", Beijing: Statistical Publishing House, various years.

China Statistical Bureau, (1997), "*The Gross Domestic Product of China*, 1952—1995", Liaoning: Dongbei University of Finance and Economic Press, 1997.

Chow, Gregory C. (1997), "Challenges of China's Economic System for Economic Theory." *American Economic Review*, Vol. 87, no. 2 (May 1997), pp. 321—327.

Cline, William. (1975), "Distribution and Development: A Survey of the Literature," *Journal of Development Economics*, 1975.

Coelli, T. J. (1996), "A Guide to DEAP Version 2.1: A Data Envelopment Analysis (Computer) Program", mimeo, Department of Econometrics, University of New England, Armidale.

Coffee, John C. Jr., (2001). "The Rise of Dispersed Ownership: The Roles of Law and State in the Separation of Ownership and Control", *The Yale Law Journal*, Vol. 111, No. 1, October.

Cole, Rebel A. and John D. Wolken (1995), "Financial Services Used by Small Businesses".

Cole, Rebel A., John D. Wolken, and R. Louise Woodburn (1996), "Bank and Nonbank

Competition for Small Business Credit: Evidence from the 1987 and 1993 National Surveys of Small Business Finances", *Federal Reserve Bulletin*, November 1996.

Colley, Thomas F., and Vincenzo Quadrini, (2001). "Financial Markets and Firm Dynamics", *American Economic Review*, Vol. 91, No. 5, December.

Crego, Al, Donald Larson, Rita Butzer, and Yair Mundlak. (2000), "A New Database on Investment and Capital for Agriculture and Manufacturing", *The World Bank Economic Review*, Volume 14, May 2000, pp. 371—376.

Csaki, Csaba, (1994), "Where is Agriculture Heading in Central and Eastern Europe? Emerging Markets and New Role for the Government," Presidential Address to the XXII International Congress of Agricultural Economists (Harare, Zimbabwe, August 22—28, 1994).

Dabrowski, Marek. (2001), "Ten Years of Polish Economic Transition, 1989—1999," in Mario I. Blejer and Marko Skreb eds. "*Transition: The First Decade*". Cambridge, MA: MIT Press, 2001, pp. 121—152.

Dangdai Zhongguo Caizheng Editing Committee, Public (1988), "*Finance in Modern China*" (Dangdai Zhongguo Caizheng), Beijing: China Social Sciences Press.

Datt, Gaurav (1995), "Income Inequality in India", The World Bank, Washington DC, mimeo.

Davies, R. W. (1989), "*The Industrialization of Soviet Russia, Volume 3: the Soviet Economy in Turmoil, 1929—1930*", Cambridge, Mass: Harvard University Press.

Dayal-Gulati, Anuradha and Aasim M. Husain(2000), "Centripetal Forces in China's Economic Take-off", *IMF Working Paper*, WP/00/86.

Deininger, K., and L. Squire (1996), "A New Data Set Measuring Income Inequality", *World Bank Economic Review* 10, 565—591.

Deininger, K., and L. Squire (1998), "New Ways of Looking at Old Issues: Inequality and Growth", *Journal of Development Economics* 57, 259—287.

Demirgüç-Kunt, Asli and Levine, Ross. (1999), "Financial Structures across Countries: Stylized Facts", Washington, D. C.: *World Bank Policy Research Working Paper* 2143.

Demirgüç-Kunt, Asli and Maksimovic, Vojislav. (1998), "Law, Finance, and Firm Growth," *Journal of Finance*, December 1998, 53(6), pp. 2107—2137.

Demirgüç-Kunt, Asli and Maksimovic, Vojislav. (1999), "Institutions, Financial Markets and Firm Debt Maturity," *Journal of Financial Economics*.

Demirgüç-Kunt, Asli and Maksimovic, Vojislav. (2000), "Funding Growth in Bank-Based and Market-Based Financial Systems: Evidence from Firm Level Data", World Bank, mimeo.

参考文献

Démurger, S., Jeffrey D. Sachs, Wing T. Woo, Shuming Bao, Gene Chang and Andrew Mellinger (2001), "Geography, Economic Policy and Regional Development in China". *CID Working Paper*, No. 77.

Démurger, Sylvie. (2001). "Infrastructure Development and Economic Growth: An Explanation".

Desai, Padma. (1987), "*The Soviet Economy: Problems and Prospects*". Oxford: Basil Blackwell.

Desai, Padma. (1990), "*The Soviet Economy: Problems and Prospects*", Reprint Edition, New York: Blackwell.

Desai, Padma, and Martin, Richard, (1993), "Efficiency Loss from Resource Misallocation in Soviet Industry", *Quarterly Journal of Economics*, Vol. 98, No. 3 (August 1983), pp. 117—129.

Dewaatripont, Mathias and Maskin, Eric. (1995), "Credit and Efficiency in Centralized and Decentralized Economies." *Review of Economic Studies*, October 1995, 62 (4), pp. 541—556.

Dewaatripont, Mathias; Maskin, Eric and Roland, Gerard. (1996), "Soft Budget Constraints and Transition", Mimeo, Harvard University.

Dewatripont, M., and Roland G. (1992), "The Virtues of Gradualism and Legitimacy in the Transition to a Market Economy," *Economic Journal*, Vol. 102, No. 4 (March 1992), pp. 291—300.

Diwan, I. and Rodrik, D. (1991), "Patents, Appropriate Technology, and North-South Trade," *Journal of International Economics* 30 (1991): 27—47.

Djankov, Simeon and Peter Murrell, (2002), "Enterprise Restructuring in Transition: A Quantitative Survey," *NBER Discussion Paper Series*, No. 3319.

Djankov, Simeon, Edward Glaeser, Rafael, La Porta, Florencio Lopez-de-Silanes, and Andrei Shleifer (2003), "The New Comparative Economics", *Journal of Comparative Economics*, forthcoming.

Djankov, Simeon, Rafael, La Porta, Florencio Lopez-de-Silanes, and Andrei Shleifer (2002), "Regulation of Entry," *Quarterly Journal of Economics*, 117(1), 1—37.

Dollar, D (1990), "Economic Reform and Allocative Efficiency in China's State-Owned Industry," *Economic Development and Cultural Change*, Vol. 39, No. 1 (October 1990), pp. 89—105.

Dollar, David. (1992), "Outward-oriented Developing Economies Really Do Grow More Rapidly: Evidence from 95 LDCs, 1976—1985," *Economic Development and Cultural Change*, 40, 1992, 523—544.

Dollar, David and Aart Kraay (2002). "Institutions, Trade and Growth". Paper Prepared for the Carnegie Rochester Conference on Public Policy.

Domar, Evsey. (1946), "Capital Expansion, Rate of Growth, and Employment." *Econometrica*, pp.137—47.

Dong, Xiao-yuan and Louis Putterman (1997). "Productivity and Organization in China's rural industries: A stochastic frontier analysis." *Journal of Comparative Economics*, 24: 181—201.

Dornbusch, R. and Y. C. Park (1988), "Korea Growth Policy", *Brooklings Papers on Economic Activity*, 389—444,

Durlauf, Steven N. (1993), "Nonergodic Economic Growth", *Review of Economic Studies*, 60(2): 349—366, April 1993.

Durlauf, Steven N., and Danny Quah. (1999), "The new empirics of economic growth," In *"Handbook of Macroeconomics"*, ed. John B. Taylor and Michael Woodford, vol. 1A (North Holland Elsevier Science) chapter 4.

Easterly, William, (2001) "The Lost Decades: Developing Countries' Stagnation in Spite of Policy Reform 1980—1998", World Bank, paper presented at the Global Development Network meeting in Cairo.

Easterly, William and H. Yu (2000), 'Global Development Network Growth Database', Http://www. worldbank. org/research/growth/GDNdata. htm.

Easterly, William and Mirvat Sewadeh, (2002). "Global Development Network Growth Database", World Bank, http://www. worldbank. org/research/growth/GDNdata. htm.

Edwards, Sebastian. (1995), *"Crisis and Reform in Latin America : From Despair to Hope"*, New York: Oxford University Press.

Engerman, Stanley and Kenneth Sokoloff (1997), "Factor Endowments, Institutions, and Differential Paths of Growth Among New World Economics: A View from Economic Historians of the United States", in Stephen Haber, ed. *"How Latin America Fell Behind : Essays on the Economic Histories of Brazil and Mexico 1800—1914"*. Stanford, Stanford University Press.

Ennis, Huberto M., (2001), "On the Size Distribution of Banks", *Economic Quarterly*, Volume 87, No. 4.

Ericson, Richard E. (1991), "The Classical Soviet-type Economy: Nature of the System and Implications for Reform." *Journal of Economic Perspectives*. Vol. 5, no. 4 (Fall 1991), pp.11—27.

"Evidence from the 1993 National Survey of Small Business Finances", *Federal Reserve Bulletin*, July 1995.

Fama, Eugene F. (1980), "Agency Problem and the Theory of the Firm", *Journal of*

参考文献

Political Economy, April, 1980, 88 (2), pp.288—307.

Fan, Gang (1988). "A Theory of Grey Markets." *Economic Research*, 1988(8).

Fan, Q., and Schaffer, M.E. (1991), "Enterprise Reforms in Chinese and Polish State-Owned Industries," *Research Paper Series* 11 (Washington, D.C.: Socialist Economies Reform Unit, World Bank).

Fan, Shenggen (1991), "Effects of Technological Change and Institutional Reform on Production Growth in Chinese Agriculture," *American Journal of Agricultural Economics*, Vol. 73, No. 2 (May 1991), pp.265—275.

Fan, Shenggen and Philip Pardey (1997). "Research, Productivity, and Output Growth in Chinese Agriculture." *Journal of Development Economics*, 53(1): 115—37.

Färe, R., S. Grosskopf, M. Norris, and Zhongyang Zhang (1994), "Productivity Growth, Technical Progress, and Efficiency Change in Industrialized Countries," *American Economic Review*, 84:1, 66—83.

Farrell, M. J. (1957), "The Measurement of Productive Efficiency," *Journal of the Royal Statistical Society*, Series A, General, 120, Part 3, 253—281.

Feder, G., Lau, L., Lin, J, and Luo, X (1992)., "The Determinants of Farm Investment and Residential Construction in Post-Reform China," *Economic Development and Cultural Change*, Vol. 41, No. 1 (October 1992), pp.1—26.

Fei, John, Ranis, Gustav, Kuo, Shirley W. Y. (1979), "*Growth with Equity: Taiwan Case*", New York: Oxford University Press.

Feldstein, M. (1998), "Income Inequality and Poverty", *NBER working paper*, No. 6770.

Feng, Haifa and Wei Li (1993). "A Study on the surplus provided by agriculture to industry in China." *Economic Research*, 1993(9): 60—64.

Fforde, Adam and de Vylder, Stefan. (1995), "Part III: Viet Nam" in Rana, Pradumna B. and Hamid, "*From Centrally Planned to Market Economies: The Asian Approach*". Vol. 3. Hong Kong: Oxford University Press, 1995, pp.333—466.

Fields, Gary S. (1991), "Growth and Income Distribution", in George Psachropoulos, ed. "*Essays on Poverty, Equity, and Growth*", Oxford: Pergamon, pp.41—45.

Fields, G. S., and G. H. Jakubson (1994), "New Evidence on Kuznets Curve" Mimeograph, Department of Economics, Cornell University.

Fleisher, Belton M. and Jian Chen (1997), "The Coast-Noncoast Income Gap, Productivity, and Regional Economic Policy in China", *Journal of Comparative Economics*: 25 (2), 220—236.

Frankel, Jeffrey, and David Romer(1999), "Does Trade Cause Growth?" *American Economic Review*, June 1999, 89(3), 379—399.

Friedman, Milton. (1953), "The Methodology of Positive Economics," in *"Essays in Positive Economics"*, Chicago: University of Chicago Press, 1953.

Frydman, Roman, Cheryl W. Gary, and Andrzej Rapaczynski eds. (1996), *"Corporate Governance in Central Europe and Russia, Vol. 2: Insiders and the State"*, Budapest: Central European University Press.

Fulkus, Malcolm (1995). "Thai Industrialization: An Overview." In *"Thailand's Industrialization and Its Consequences"*, edited by Medhi Krongkaew. New York: St. Martin's Press.

Galor, Oded and Zeira, Joseph. (1993), "Income Distribution and Macroeconomics", *Review of Economic Studies*, 60(1): 35—52, January 1993.

Gelb, Alan, Jefferson, G., and Singh, I.J., (1993), "Can Communist Countries Transform Incrementally? The Experience of China", Washington, D.C.: World Bank Research Department, mimeo.

Gerschenkron, Alexander. (1962), *"Economic Backwardness in Historical Perspective, A Book of Essays"*. Cambridge, MA: Harvard University Press.

Giankorlo Corsetti, et. (1998), "What caused the Asian currency and financial crises? Part I: A macroeconomic overview", *NBER working paper series* 6833.

Gills, M., Perkins, D. H. Roemer, M. and Snodgrass, M. (1987), *"Development Economics"*, W. W. Norton and Company.

Goldsmith, R. (1969), *"Financial Structure and Economic Development"*, New Haven: Yale University Press.

Gomulka, Stanislaw. (1989), *"Shock Needed for Polish Economy,"* Guardian (19 August 1989, p.5).

Gordon, R., and Li, Wei, (1991), "Chinese Enterprise Behavior under the Reforms," *American Economic Review*: Papers and Proceedings Vol. 81, No. 2 (May 1991), pp.202—206.

Gregory, Paul R. And Stuart, Robert C. (1990), *"Soviet Economic Structure and Performance"*, 4th edition. New York: Harper & Row.

Gregory, Paul and Robert Stuart. (2001), *"Russian and Soviet Economic Performance and Structure"*, 7th edition, New York: Addison Wesley.

Griffin, Keith. (1999), *"Alternative Strategies for Economic Development"*, 2nd edition, London and New York: St. Martin's Press.

Griffin, Keith, and Renwei Zhao, (1993), *"The Distribution of Income in China"*, New York: St. Martin's Press.

Grossman, Gene M. and Helpman, Elhanan. (1994), "Endogenous Innovation in the Theory of Growth," *Journal of Economic Perspectives*, Vol. 8. No. 4, (Winter

1994): 23—44.

Grossman, Sanford and Hart, Oliver, (1986), "The Costs and Benefits of Ownership: A Theory of Vertical and Lateral Integration", *Journal of Political Economy*, 94(4), pp. 691—719.

Groves, T., Hong, Y., McMillan, J., and Naughton, B. (1994), "Autonomy and Incentives in Chinese State Enterprises," *Quarterly Journal of Economics*, vol. 109, no. 1 (February 1994), pp. 183—209.

Gumbau-Albert, Mercedes (2000), "Efficiency and Technical Progress: Sources of Convergence in the Spanish Regions," *Applied Economics*, 32, 467—478.

Gustav Ranis and Mahmood Syed (1992), "*The Political Economy of Development Policy Change*", Cambridge, MA: Blackwell.

Guzman Mark G. (2000a) "The Economic Impact of Bank Structure: A Review of Recent Literature", *Economic and Financial Review*, Second Quarter.

Guzman Mark G. (2000b) "Bank Structure, Capital Accumulation and Growth: A Simple Macroeconomic Model", *Economic Theory* (forthcoming).

Haber Stephan H. (1991), "Industrial Concentration and Capital Markets: A Comparative Study of Brazil, Mexico and the United States, 1830—1930," *Journal of Economic History*, September 1991, 51(3), 559—80.

Haber Stephan H. (1997), "Financial Markets and Industrial Development: A Comparative Study of Governmental Regulation, Financial Innovation and Industrial Structure in Brazil and Mexico, 1840—1940," in: "*How Latin America Fell Behind?*" Ed: Stephan Haber, 146—78. Stanford, CA: Stanford University Press.

Hall, Robert E., and Charles Jones (1999). "Why Do Some Countries Produce So Much More Output per Worker than Others?" *Quarterly Journal of Economics*, volume 114-1 February, pp. 83—116.

Harberger, A. C. (1978), "Perspective on Capital and Technology in Less Developed Countries," in Artis, M. J. and Nobay, A. R. (eds), "*Contemporary Economic Analysis*", Croom Helm, 15—42.

Harberger, Arnold C., ed. (1985), "*World Economic Growth*", San Francisco: ICS Press.

Harrison, Ann, (1996), "Openness and Growth: A Time-Series, Cross-Country Analysis for Developing Countries," *Journal of Development Economics*, 48, 1996, pp. 419—447.

Harrod, Roy F. (1939), "An Essay in Dynamic Theory." *Economic Journal*, 1939, pp. 1433.

Harrold, Peter, (1992), "China's Reform Experience to Date," *World Bank Discussion*

Paper, 180 (Washington, D.C.: the World Bank).

Hart, Oliver D. (1983), "The Market Mechanism as an Incentive Scheme", *Bell Journal of Economics*, Autumn 1983, 14 (2), pp.366—382.

Hayami, Yujiro (1998). *"Rural-Based Development of Commerce and Industry: Selected Experience from East Asia"*, editor. EDI, World Bank.

Hayami, Yujiro and M. Aoki (1998). *"The Institutional Foundation of East Asian Economic Development"*, editors. London: MacMillan Press.

Hayami, Yujiro and Ruttan, Vernon W. (1985), *"Agricultural Development: An International Perspective"*. (Revised and Expanded) Baltimore, MD: Johns Hopkins University Press.

Hayek, Friedrich A. ed. (1935), *"Collectivist Economic Planning"*, London: Routledge and Kegan Paul.

Hellwig, Martin. *"On the Economics and Politics of Corporate Finance and Corporate Control."*

Henderson, D.I, and R. R. Russell (2001), "Human Capital and Convergence: A Production-Frontier Approach," University of California, Riverside Working Papers.

Henisz, Witold J. (2001), "The Institutional Environment for Economic Growth", *Economics and Politics* 12(1), 2001:1—31.

Hirshman, A.O. (1958), *"The Strategy of Economic Development"*. New Haven: Yale University Press.

Ho, S. (1979). "Decentralized Industrialization and Rural Development." *Economic Development and Cultural Change*, 28(1): 77—96.

Holmstrom, Bengt.(1982), "Moral Hazard in Teams", *Bell Journal of Economics*, Autumn, 1982, 13 (2).

Howard Pack, (1994), "Endogenous Growth Theory: Intellectual Appeal and Empirical Shortcomings," *Journal of Economic Perspectives*, 8 (Winter 1994): 55—72.

Hu, Shuli, (1994), "Reforms Have No Romantic Melody", *Gaige* (Reform), no. 1 (January 1994).

Hu, Zuliu and Mohsin S. Khan (1997). "Why is China Growing So Fast?", *IMF Staff Papers*.

Huang, J. and Rozelle, S. (1996), "Technological Change: The Re-Discovery of the Engine of Productivity Growth in China's Rural Economy," *Journal of Development Economics*, vol. 49, no.2 (May 1996), pp.337—369.

Hughes, Helen (1988). *"Achieving Industrialization in East Asia"*, editor. Cambridge University Press.

Ikeda and Hu Xin, (1993), *"The Reconstruction of Economic Structure in Taiwan and*

Its Prospect for Development", Beijing: China Economics Press.

IMF, (1984), *"A Guide to Money and Banking Statistics in International Financial Statistics"*, December, 1984. International Monetary Fund. Washington, DC.

James, William E., Naya, Seiji, and Meier, Gerald M. (1987), *"Asian Development: Economic Success and Policy Lessons"*. San Francisco: ICS Press.

Jayawardena, Lal. (1990), "Preface", in Kornai, Janos, *"The Road to a Free Economy"* (New York: Norton, 1990).

Jefferson, G., Rawski, T. (1995), "How Industrial Reform Worked in China: The Role of Innovation, Competition, and Property Rights," *Proceedings of the World Bank Annual Conference on Development Economics* 1994 (Washington, D. C.: World Bank), pp.129—156.

Jefferson, G. Zhao, J.X, Lu, Mai. (1995), "Reforming Property Rights in Chinese Industry." Waltham, MA: Department of Economics, Brandeis University, Mimeo.

Jefferson, G., Rawski, T., and Zheng, Y. (1992), "Growth, Efficiency and Convergence in China's State and Collective Industry," *Economic Development and Cultural Change*, Vol 40, No. 2 (January 1992), pp.239—266.

Jefferson, Gary, Thomas Rawski, and Yuxin Zheng (1996). "Chinese industrial productivity: trends, measurement issues, and recent development." *Journal of Comparative Economics*, 23: 146—180.

Jia, W. et al. (1994). *"Technical Innovations"*, Zhongguo Jinji Press, Beijing.

Jian, T., Sachs, J. D. and Warner, A. M. (1996), "Trends in Regional Inequality in China," *China Economic Review*, 7:1, 1—21.

Jin, Hehui and Yingyi Qian (1998). "Public vs. Private Ownership of Firms: Evidence from Rural China." *Quarterly Journal of Economics*. 113(3), pp.773—808. 52.

Jin, Hehui; Yingyi Qian; and Barry R. Weingast. (2001), "Regional Decentralization and Fiscal Incentives: Federalism, Chinese Style." Mimeo, Stanford University.

Johnson, C. (1982), *"MITI and the Japanese Miracle"*. Stanford: Stanford University Press, 1982.

Johnson, C. (1984), *"The Industrial Policy Debate"*. San Francisco: Institute for Contemporary Studies,

Jones, Derek C. (1997), "The Determinants of Economic Performance in Transitional Economies: The Role of Ownership, Incentives and Restructuring". Research for Action 39, UNU/WIDER.

Jorgenson, Dale W. and Yu, Kun-Yong, (1990), "Tax Reform and U. S. Economic Growth," *Journal of Political Economy* 98, vol. 5, pt. 2, 1990, S151—93.

Kahn, Alfred and Richardson, Thomas J. eds. (1991), *"What is To Be Done: Proposals for the Soviet Transition to the Market"*. New Haven: Yale University Press.

Katz, L.F, and Murphy, K.M. (1992), "Changes in Relative Wages, 1963—1987: Supply and Demand Factors", *Quarterly Journal of Economics*, 107(1), (February 1992): 35—78.

Kaufmann, Daniel, Aart Kraay and Pablo Zoido-Lobatón (2002). "Governance Matters II—Updated Indicators for 2000/01". *World Bank Policy Research Department Working Paper* No. 2772, Washington, D.C.

Keeton, W.R., (1995). "Multi-office bank lending to small business: some new evidence". Federal Reserve Bank of Kansas City, *Economic Review* 80, 45—57.

Kim, Young C. (1995), "Part II: Mongolia", in in Rana, Pradumna B. and Hamid, *"From Centrally Planned to Market Economies: The Asian Approach"*. Vol. 2. Hong Kong: Oxford University Press, 1995, pp.292—425.

King, Robert G. and Levine, Ross. (1993a), "Finance and Growth: Schumpeter Might Be Right", *Quarterly Journal of Economics*, 108, 717—738.

King, Robert G. and Levine, Ross. (1993b), "Finance, Entrepreneurship, and Growth: Theory and Evidence", *Journal of Monetary Economics*, 32, 513—542.

King, Robert G. and Rebelo, Sergio, (1990), "Public Policy and Economic Growth: Developing Neoclassical Implications," *Journal of Political Economy* 98, vol. 5, pt. 2, 1990, S126—50.

Klenow, Peter and Rodriguez-Clare (1997), "The Neoclassical Revival in Growth Economics: Has it Gone Too Far?" *NBER Macro Annual* 1997, 73—114.

Kolodko, Grzegorz W. (2000), "From Shock to Therapy: The Political Economy of Postsocialist Transformation", Helsinki, Finland: *"Unu/Wider Studies in Development Economics"*.

Kolodko, Grzegorz W. (2001), "Postcommunist Transition and Post-Washington Consensus: the Lessons for Policy Reforms," in Mario I. Blejer and Marko Skreb eds. *"Transition: the First Decade"*, Cambridge, MA: MIT Press, pp.45—83.

Kornai, Janos. (1980), *"Economics of Shortage"*. Amsterdam: North-Holland.

Kornai, Janos. (1986a), "The Hungarian Reform Process: Visions, Hopes, and Reality". *Joruanl of Economic Literature*. Vol. 24 (December 1986), pp.1687—1737.

Kornai, Janos. (1986b), *"The Soft Budget Constraint."*, Kyklos, 1986, 39 (1), pp. 3—30.

Kornai, Janos, (1988), "Legal Obligation, Non-Compliance and Soft Budget Constraint", in R. Newman, ed. *"The New Palgrave Dictionary of Economics and the Law"*, London: MacMillan, pp.533—539.

Kornai, Janos, (1990), *"The Road to a Free Economy"*, (New York: Norton).

参考文献

Kornai, Janos. (1992), "*The Socialist System: the Political Economy of Communism*". Princeton, NJ: Princeton University Press.

Kornai, Janos, Maskin, Eric and Roland, Gerard. (2002). "Understanding the Soft Budget Constraint", Working Paper, UC Berkeley.

Krongkaew, Medhi (1995). "Introduction: The Making of the Fifth Tiger Thailand's Industrialization and Its Consequences." In "*Thailand's Industrialization and Its Consequences*", edited by Medhi Krongkaew. New York: St. Martin's Press.

Krueger, Ann O. (1974), "The Political Economy of the Rent-seeking Society," *American Economic Review*, Vol. 64, No. 3, pp. 291—303.

Krueger, A. O. (1992), "*Economic Policy Reform in Developing Countries*", Oxford: Basil Blackwell.

Krugman, Pual, (1995), "Dutch Tulips and Emerging Markets," *Foreign Affairs*, Vol. 74, No. 4: 23—44.

Krugman, Paul R. (1997), "*International Economics*", p. 45, Addison-Wesley Press.

Krugman, Paul (1998), *The Accidental Theorist and Other Dispatches from the Dismal Science*. New York: W. W. Norton.

Krusell, Per; Ohanian, Lee E.; Rios-Rull, Jose-Victor; and Violante, Giovanni L. (2000), "Capital-Skill Complementarity and Inequality: A Macroeconomic Analysis," *Econometrics*, Vol. 68. No. 5, (September 2000): 1029—1053.

Kumar, S. and R. Robert Russell (2002), "Technological Change, Technological Catch-up, and Capital Deepening: Relative Contributions to Growth and Convergence," *American Economic Review*, Forthcoming.

Kuznets, P. (1988). "An East Asian Model of Economic Development: Japan, Taiwan, and South Korea." *Economic Development and Cultural Change*, 36(3): S11-43.

Kuznets, S., (1955), "Economic Growth and Income Inequality", *American Economic Review*, 45: 1—28.

Kuznets, Simon, (1966), *Modern Economic Growth*, New Haven: Yale University Press.

La Porta, Rafael, Florencio Lopez-di-Silanes, Andrei Shleifer, and Robert Vishny. (1998), "Law and Finance." *Journal of Political Economy* 106 (December 1998): 1113—1155.

La Porta, Rafael, Lopez-de-Silanes, Florencio, Shleifer, Andrei, and Vishny, Robert W. (1999) "The Quality of Government," *Journal of Law, Economics, and Organization*, 15(1), pp. 222—279.

La Porta, Rafael; Lopez-de-Silanes, Florencio; Shleifer, Andrei; and Vishny, Robert W. (2000), "Investor Protection and Corporate Governance," *Journal of Financial*

Economics, forthcoming.

Lal, Deepak. (1983), "*The Poverty of Development Economics*", London: IEA, Hobart Paperback 16, 1983.

Lal, Deepak. (1985), "Nationalism, Socialism and Planning: Influential Ideas in the South," *World Development*, vol. 13, no. 6, 1985, pp. 749—759.

Lange, Oscar. (1937), "On the Economic Theory of Socialism", *Review of Economic Studies*, Vol. 4, No. 1. (Oct., 1936), pp. 53—71, and Vol. 4, No. 2. (Feb., 1937), pp. 123—142.

Laporta, Rafael; Lopez-de-Silanes, Florencio; Shleifer, Andrei; and Vishny, Robert W. (1997), "Legal Determinants of External Finance," *Journal of Finance*, July 1997, 52(3), pp. 1131—1150.

Lardy, Nicholas, (1975), "Centralization and Decentralization in China's Fiscal Management," *The China Quarterly* 61, March 1975, 26—60.

Lardy, Nicholas R. (1998), "*China's Unfinished Economic Revolution*". Washington, DC: Brookings Institution Press, 1998.

Lau, Lawrence J. (1990), "*Models of Development*". (Revised and Expanded) San Francisco: ICS Press.

Lau, Lawrence J. (1993), "Growth versus Privatization—An Alternative Strategy to Reduce the Public Enterprise Sector: The Experience of Taiwan and South Korea". Department of Economics, Stanford University, Mimeo.

Lavigne, Marie. (1995), "*The Economics of Transition: From Socialist Economy to Market Economy*". New York: St. Martin Press.

Lee, Jongchul. (1994). "Regional Differences in the Impact of the Open Door Policy on Income Growth in China", *Journal of Economic Development*, 19 (1):215—234.

Lee, Jong-Wha. (1995), "Capital Goods Imports and Long Run Growth." *Journal of Development Economics* 48: 91—110.

Levine, Ross. (1997), "Financial Development and Economic Growth: Views and Agenda," *Journal of Economic Literature*, June 1997, pp. 688—726.

Levine, Ross. (1998), "The Legal Environment, Banks, and Long-Run Economic Growth," *Journal of Money, Credit, and Banking*, August 1998, 30 (pt. 2), 596—620.

Levine, Ross. (1999), "Law, Finance, and Economic Growth", *Journal of Financial Intermediation*, 1999, 8(1/2), pp. 36—67.

Levine, Ross. (2000), "Napoleon, Bourses, and Growth: With a Focus on Latin America," in "*Market Augmenting Government*", Eds. Omar Azfar and Charles Cadwell. Washington, D. C.: IRIS, 2000a, forthcoming.

489

参
考
文
献

Levine, Ross. (2000), "Bank-Based or Market-Based Financial Systems: Which Is Better?" University of Minnesota mimeo.

Levine, Ross and David Renelt (1992), "A Sensitivity Analysis of Cross-Country Growth Regressions," *American Economic Review*, 82(4), September 1992, 942—963.

Levine, Ross and Zervos, Sara. (1998), "Stock Markets, Banks, and Economic Growth," *American Economic Review*, June 1998, 88(3), pp.537—558.

Levine, Ross; Loayza, Norman; Beck, Thorsten. (2000a), "Finance and the Sources of Growth," *Journal of Financial Economics*.

Levine, Ross; Loayza, Norman; Beck, Thorsten. (2000b), "Financial Intermediation and Growth: Causality and Causes," *Journal of Monetary Economics*.

Levonian, M. E., Soller, J., (1995). "Small banks, small loans, small business". Mimeo. Federal Reserve Bank of San Francisco. San Francisco, CA (December).

Lewis, Arthur W. (1954), "Economic Development with Unlimited Supplies of Labor", Manchester School of Economic and Social Studies 22, 139—191. Reprinted in A. N. Agarwala and S. P. Singh, eds., "*The Economics of Underdevelopment*". Bombay: Oxford University Press, 1958.

Li, Daokui, (1992), "Public Ownership as the cause of a soft budget constraint", mimeo, Harvard University.

Li, David (1994). "Ambiguous Property Rights in Transition Economies." *Journal of Comparative Economics*, 23: 1—19.

Li, Jingwen and Zheng, Youjin eds. (1989), "*Jishujinbu yu Chanye Jiegou Xuanze*" (Technological Progress and the Choice of Industrial Structure) (Beijing: Kexue Chubanshe).

Li, Shuhe (1997). "The Institutional Foundation of Self-enforcing Contracts: The Township Enterprises." Mimeo.

Li, Wei. (1997), "The Impact of Economic Reform on the Performance of Chinese State Enterprises, 1980—89." *Jouranl of Political Economy*. vol. 105, no. 5, pp.1080—1106.

Li, Yue, (1983), "*Zhongguo Gongye Bumen Jiegou*" (The Structure of Chinese Industry) (Beijing: China People's University Press).

Li, Hongyi, Squire L. and Zou H. (1998), "Explaining International and Intertemporal Variations in Income Inequality", *The Economic Journal*, 108, January, pp.26—43.

Lim, Steve (1994). "Rural industry-interactions with agricultural and state industry." Working Paper series, Chinese Economic Research Unit, The University of Adelaide.

Lin, Justin Yifu. (1988), "The Household Responsibility System in China's Agricultural Reform: A Theoretical and Empirical Study." Economic Development and Cultural

Change, Vol. 36, No. 3, (Supplement, April 1988), pp. S199—S224.

Lin, Justin Yifu, (1989a) "An Economic Theory of Institutional Change: Induced and Imposed Change," *Cato Journal*, 9, no. 1 (Spring/Summer 1989), pp. 1—33.

Lin, Justin Yifu, (1989b), "The Household Responsibility System Reform in China's Agricultural Reform: A Theoretical and Empirical Study," *Economic Development and Cultural Change*, Vol. 36 No. 3, supplement (April 1989), pp. S199—S224.

Lin, Justin Y. (1990). "Collectivization and China's agricultural crisis in 1959—1961." *Journal of Political Economy*, 98(6): 1228—1252.

Lin, Justin Yifu. (1991), "Prohibition of Factor Market Exchanges and Technological Choice in Chinese Agriculture," *Journal of Development Studies*, Vol. 27, no. 4 (July 1991), pp. 1—15.

Lin, Justin Y. (1992). "Rural reforms and agricultural growth in China." *American Economic Review*, 82(1): 34—51.

Lin, Justin Y. (1996). "Comparative Advantage, Development Policy, and the East Asian Miracles." Mimeo.

Lin, Justin Yifu, (1998), "Transition to a Market-Oriented Economy: China versus Eastern Europe and Russia," in Yujiro Hayami and Masahiko Aoki, eds. "*The Institutional Foundations of East Asian Economic Development*", New York: St. Martin's Press in Association with International Economic Association, 1998, pp. 215—247.

Lin, Justin Yifu. (2000), "The Financial and Economic Crisis in Asia: Causes and Long-term Implications," The New Social Policy Agenda in Asia: Proceedings of the Manila Social Forum, Manila: Asian Development Bank, 2000, pp. 9—17.

Lin, Justin Yifu. (2003a), "Development Strategy and Economic Convergence," *Economic Development and Cultural Change*, 51(2), pp. 277—308.

Lin, Justin Yifu, (2003b), "Development Strategy, Viability and Economic Convergence," *Economic Development and Cultural Change*, Vol. 53, No. 2 (January 2003): 277—308.

Lin, Justin Yifu and Nugent, Jeffrey. (1995), "Institutions and Economic Development." in T. N. Srinivasan and Jere Behrman eds. "*Handbook of Development Economics*", Vol. 3, North Holland.

Lin, J. Y. and Tan G. (1999), "Policy Burden, Accountability, and the Soft Budget Constraint," *American Economic Review*: Papers and Proceedings, 88, 422—427.

Lin, Justin Y. and Yang Yao (1999). "Alignment with Comparative advantage and RE development in China's Provinces." Mimeo.

Lin, Justin Y. and Yang Yao. (2001), "Chinese Rural Industrialization in the Context of the East Asian Miracle," in Joseph E. Stigilitz and Shahid Yusuf eds. "*Rethinking the*

East Asian Miracle", Oxford and New York: the Oxford University Press, pp.143—195.

Lin, Justin Y., Fang Cai, and Zhou Li (1994). "*The China Miracle: Development Strategy and Economic Reform*". Hong Kong: The Chinese University Press.

Lin, Justin Yifu, Cai, Fang, and Li, Zhou. (1996), "The Lessons of China's Transition to a Market Economy." *Cato Journal*, Vol 16, No. 2 (fall 1996), pp.201—231.

Lin, Justin Y., Fang Cai, and Zhou Li (1997a). "The social outcomes of China's economic reform." Mimeo. China Center for Economic Research, Beijing University.

Lin, Justin Yifu, Cai Fang and Li Zhou.(1997b), "*Sufficient Information and SOE Reform*", Shanghai. Shanghai Sanlian Press, 1997 (English Version, Lin, Justin Yifu, Fang Cai, and Zhou Li, State-owned Enterprise Reform in China, Hong Kong: Chinese University Press, 2001.)

Lin, Justin Yifu, Fang Cai and Zhou Li. (1998), "Competition, Policy Burdens, and the State-owned Enterprise Reform". *American Economic Review*: Papers and Proceedings, Vol. 88, No. 2 (May 1998), pp.422—427.

Lin, Justin Yifu, Fang Cai and Zhou Li. (2001), "*China's State-owned Enterprise Reform*", Hong Kong: Chinese University of Hong Kong Press, 2001.

Lin, Justin Yifu, Cai Fang, and Li Zhou. (2003), "*China's Miracle: Development Strategy and Economic Reform*" (revised edition), Hong Kong: Chinese University Press, 2003.

Lin, Justin Yifu; Liu, Zhiqiang; and Zhong, Funning, (1997), "Fiscal Decentralization and Rural Development in China," a Report Submitted to the World Bank, June 1997.

Lipton, David, and Sachs, Jeffrey, (1990), "Privatization in Eastern Europe: The Case of Poland," *Brookings Papers on Economic Activities*, No. 2 (1990), pp.293—341.

Liu, Shouying, Michael Carter and Yang Yao (1998). "Dimensions and Diversity of Property Rights in Rural China: Dilemmas on the Road to Further Reform.", *World Development*, 26(10): 1799—1806.

Liu, Zhiqiang, (1997), "Fiscal Decentralization and Rural Growth," manuscript, December 1997.

Lu, Feng (1998). "The Change of Comparative Advantage of Chinese Agriculture." *Economic Research*, 1998(3).

Lucas, Robert E. (1988), "On the Mechanism of Economic Development." *Journal of Monetary Economics*. Vol. 22, no. 1, (March 1988): 3—42.

Lucas, Robert E., Jr. (1993), "Making a Miracle." *Econometrica* Vol. 61 No. 2, (March 1993): 251—272.

Luedde-Neurath, Richard (1988). "State Intervention and Export-oriented Development in South Korea." In *Developmental States in East Asia*, edited by Gordon White. MacMillan Press.

Luo Hanxian, (1985), *"Economic Changes in Rural China"* (Beijing: New World Press).

Ma, Jun, (1997), *"China's Economic Reform in the 1990s"*, .

Maddison, Angus. (1995), *"Monitoring the World Economy 1820—1992"*. Paris: OECD.

Mankiw, Gregory N.; Romer, David; and Weil, David N., (1992), "A contribution to the empirics of economic growth", *Quarterly Journal of Economics*, vol. 107, no. 2 (May 1992), pp. 407—437.

Maskin, Eric, (1996), "Theories of the Soft Budget-Constraint", *Japan and the World Economy*, June 1996, 8 (2), pp. 125—133.

Maudos, J., Pastor, J. M. and Serrano, L. (2000), "Convergence in OECD Countries: Technical Change, Efficiency and Productivity," *Applied Economics*, 32, 757—765.

Mayer, C. (1990), "Financial Systems, Corporate Finance and Economic Development", in G. Hubbard (ed.), *"Asymmetric Information, Corporate Finance and Investment"* Chicago: The University of Chicago Press.

McKinnon, R. (1973), *"Money and Capital in Economic Development"*, Washington, D. C. Brookings Institution.

McKinnon, Ronald I. (1994), "Gradual versus Rapid Liberalization in Socialist Economies: Financial Policies and Macroeconomic Stability in China and Russia Compared," *Proceedings of the World Bank Annual Conference on Development Economics* 1993, (Washington, D. C.: World Bank 1994), pp. 63—94.

Mckinnon, Ronald I. (1995), "Taxation, Money and Credit in the Transition form Central Planning," in Rana, Pradumna B. and Hamid *"From Centrally Planned to Market Economies: The Asian Approach"*. Vol. 1. Hong Kong: Oxford University Press, pp. 35—72.

McMillan, John, and Naughton, Barry, (1992), "How to Reform A Planned Economy: Lessons from China." *Oxford Review of Economic Policy* Vol. 8, No. 1 (Spring 1992), pp. 130—143.

McMillan, J. Whalley, J. and Zhu, L. (1989), "The Impact of China's Economic Reforms on Agricultural Productivity Growth," *Journal of Political Economy*, Vol. 97, No. 4 (August 1989), pp. 781—807.

Mencinger, Joze (1996), "Privatization Experiences in Slovenia", *Annals of Public and Cooperative Economics*; vol. 67, no. 3 (September 1996), pp. 415—428.

第五节　结　　语

　　现有的、自马歇尔以来的新古典经济学理论体系把企业具有自生能力作为暗含的前提。在这样的前提下，新古典经济学的研究侧重于公司治理、竞争环境、产权安排等可能影响企业正常经营的问题。但是，转型中国家和其他许多发展中国家的企业却因政府的赶超愿望进入不具比较优势的产业而不具自生能力。在开放、竞争的市场环境中，这些企业即使有正常的管理也不能获得市场上可接受的正常利润。为了把这样的企业建立起来，这些国家的政府只好以扭曲价格信号、妨碍市场竞争和干预资源配置的方式来保护、扶持这些企业。结果不仅竞争环境不良、公司治理缺失，而且还会出现寻租、收入分配不公、资源配置效率低下，最后爆发经济危机。在目前的新古典经济理论体系影响下，经济学家或政府官员在制定经济转型政策或危机处理政策时，重点会放在改善竞争环境、产权安排、公司治理、政企关系等，而忽视了这些问题其实内生于企业缺乏自生能力。当经济中大量的企业缺乏自生能力时，这些改革或转型政策的实行往往会给社会带来巨大痛苦，而且可能出现有休克无疗法的尴尬局面。既然在社会主义计划经济、转型经济和发展经济中，大量的企业是不具自生能力的，那么放弃现有的新古典经济学体系中企业具有自生能力的暗含前提，在分析社会主义经济、转型经济和发展经济问题时把企业是否具有自生能力作为一个具体的考虑变量，不仅在政策制定上十分必要，而且也是新古典经济学理论的必要发展。把企业是否具有自生能力作为一个具体的考虑变量也可以帮助发展中国家的政府明晰其经济职能，避免继续采用扶持不符合比较优势、不具自生能力的企业为目标的发展战略，使发展中国家能稳定、快速地向发达国家收敛。

Meyer, Laurence H., (1998). "The present and future roles of banks in small business finance", *Journal of Banking & Finance* 22 (1998) 1109—1116.

Michaely, Michael. (1977), "Exports and Growth: An Empirical Investigation," *Journal of Development Economics*, Vol. 4 No. 1: 49—53.

Moon-Soo Kang, (2000), "Financial Deregulation and Competition in Korea", Korea Development Institute, mimeo.

Morck, Randall and Nakkamura, Masao. (1999), "Banks and Corporate Control in Japan," *Journal of Finance*, 54, 319—340.

Murphy, Kevin M., Andrei Shleifer, and Robert W. Vishny. (1989a), "Income distribution, Market size, and Industrialization", *Quarterly Journal of Economics*, Vol. 104 No. 3, (August 1989): 537—564.

Murphy, Kevin M., Andrei Shleifer, and Robert W. Vishny. (1989b), "Industrialization and Big Push." *Journal of Political Economy*, Vol. 97 No5, (October 1989): 1003—1026.

Murphy, Kevin, Andrei Schleifer, and Robert Vishny, (1992), "The Tradition to a Market Economy: Pitfall of Partial Reform," *Quarterly Journal of Economics*, Vol. 107, No. 3 (August 1992), pp. 889—906.

Murrell, P. (1991), "Can Neoclassical Economics underpin the Reform of Centrally Planned Economies?" *Journal of Economic Perspectives*, vol. 5, no. 4, pp. 59—76.

Murrell, P. (1992), "Evolutionary and Radical Approaches to Economic Reform", *Economic Planning*, vol. 25, pp. 79—95.

Murrell, P. (1995), "The Transition According to Cambridge, Mass." *Journal of Economic Literature*, Vol. 33, No. 1 (March 1995), pp. 164—178.

Murrel, Peter, and Wang, Yijiang, (1993), "When Privatization Should Be Delayed: The Effect of Communist Legacies on Organizational and Institutional Reforms," *Journal of Comparative Economics*, Vol. 17, No. 2 (June 1993), pp. 385—406.

Nakamura, L. I., (1993). "Commercial bank information: Implications for the structure of banking". In: Klausner, M., White, L. J. (Eds.), "*Structural Change in Banking. Business*" One Irwin, Homewood, IL, pp. 131—160.

Naughton, Barry, (1995), "*Growing Out Of the Plan: Chinese Economic Reform 1978—1993*", New York: Cambridge University Press.

Naughton, Barry. (1996), "China's Transition in Economic Perspective," University of California, San Diego, mimeo.

Nehru, Jawaharlal, (1946), "*The Discovery of India*". New York: John Day Company.

Neusser, Klaus and Kugler, Maurice. (1998), "Manufacturing Growth and Financial Development: Evidence from OECD Countries," *Review of Economics and Statistics*,

November 1998, 80, 636—646.

Newbery, David M. (1993), "Transformation in Mature versus Emerging Economies: Why Has Hungary Has Been Less Successful Than China?", Paper presented to the International Symposium on the *"Theoretical and Practical Issues of the Transition towards the Market Economy in China"* (Hainan, China: China Institute of Economic Reform and Development (Hainan), July 1—3, 1993).

Nolan, Peter (1995), "Political Economy and the Reform of Stalinism: The Chinese Puzzle." in Ha-Joon Chang and Peter Nolan, eds. *"The Transformation of the Communist Economies"*. London: Macmillan.

North, Douglass C. (1990), *"Institutions, Institutional Change, and Economic Performance"* (Cambridge, MA: Cambridge University Press).

North, Douglass, (2002), "The Process of Economic Change," *China Economic Quarterly*, Vol. 1, No. 4 (July 2002), pp. 787—802.

Novshek, William. (1980). "Cournot Equilibrium with Free Entry", *Review of Economic Studies*, XLVII, pp. 473—486

Nugent, Jeffery (1996). "What Explains the Trend Reversal in the Size Distribution of Korean Manufacturing Establishments?" *Journal of Development Economics*, 48(2): 225—251.

Nurkse, R. (1967), *"Problems of Capital Formation in Underdeveloped Countries"*. First published in 1953. New York: Oxford University Press.

Oates, Wallace E. (1972), *"Fiscal Federalism"*. New York: Harcout Brace Jovanovich.

Oates, Wallace E. (1993), "Fiscal Decentralization and Economic Development," *National Tax Journal* XLVI, vol. 2, 237—243.

OECD (1998), *OECD Economic Survey: Korea*, 1997—1998.

OECD (1999), *OECD Economic Survey: Korea*, 1998—1999.

Oi, Jean (1992). "Fiscal Reform and the Economic Foundations of Local State Corporatism in China." *World Politics*, 45: 99—126.

Okimoto, D. Between (1989), *"MITI and the Market: Japanese Industrial Policy for High Technology"*. Stanford: Stanford University Press.

Oksenberg, Michel and Tong, James, (1991), "The Evolution of Central-Provincial Fiscal Relations in China, 1971—1984: the Formal System," *The China quarterly* 125, March 1991, 1—32.

Otsuka, Keijiro and Thomas Reardon (1998). "Lessons from Rural Industrialization in East Asia: Are They Applicable to Africa?" Paper No. 13, prepared for IFPRI Conference *"Strategies for Stimulating Growth of the Rural Nonfarm Economy in Developing Countries,"* 17—21 May 1998.

参考文献

Pack, Howard. (1994), "Endogenous Growth Theory: Intellectual Appeal and Empirical Shortcomings," *Journal of Economic Perspectives*, Vol. 8 No. 4, (Winter 1994), pp. 55—72.

Paukert, Felix. (1973), "Income Distribution at Different Levels of Development: A Survey of Evidence," *International Labor Review*, August-September.

Pearson, et al. (1969), "*Partners in Development: Report of the Commission on International Development*", New York: Praeger.

Peek, J., Rosengren, E. S., (1996). "Small business credit availability: How important is size of lender?" In: Saunders, A., Walter, I. (Eds.), "*Universal banking: Financial system design reconsidered*". Irwin, Chicago, IL, pp. 628—655.

Perkins, Dwight H. (1966), "*Market Control and Planning in Communist China*" (Cambridge, MA: Harvard University Press).

Perkins, Dwight H. (1988), "Reforming China's Economic System." *Journal of Economic Literature*. Vol. 26, No. 2 (June 1988), pp. 601—645.

Perkins, Dwight H. (1992), "China's 'Gradual' Approach to Market Reforms," paper presented as a conference on '*Comparative Experiences of Economic Reform and Post-Socialist Transformation*,' (el Escorial, Spain, July 6—8, 1992).

Perkins, Dwight, (2002), "The Challenge China's Economy Poses for Chinese Economists," *China Economic Review*, Vol. 13 (December 2002), pp. 412—418.

Perkins, D. H. and M. Roemer, eds. (1991), "*Reforming Economic System in Developing Countries*". Cambridge: Harvard University Press.

Perkins, D., and Yusuf, Shahid. (1984), "*Rural Development in China*". Baltimore: The Johns Hopkins University Press.

Perroux, Francois, (1983), "*A New Concept of Development*", Paris: The United Nations Educational, Scientific and Cultural Organization.

Petersen, M. A., and R. G. Rajan (1995), "The Effect of Credit Market Competition on Lending Relationship", *Quarterly Journal of Economics*, CX, 407—443.

Pigou, Arthur C., (1938), "*The Economics of Welfare*", 4th ed., London: Macmillan and Co.

Pingali, Prabhu and Xuan, Vo-tong. (1992), "Vietnam : Decollectivization and Rice Productivity Growth" *Economic Development & Cultural Change*, vol. 40, no. 4 (July 1992), pp. 697—718.

Pinto, B., M. Belka and S. Krajewski. (1993), "Transforming State Enterprises in Poland: Microeconomic Evidence and Adjustment". Washington, DC: *Brookings Papers on Economic Activity*, 1993, no. 1.

Pitt, M. and L. Putterman (forthcoming). "Employment and Wages in Township, Village, and Other Rural Enterprises." In "*Reform, ownership and performance in Chinese industry*", edited by G. Jefferson and I. Singh.

Poapongsakorn, Nipon (1995). "Rural Industrialization: Problems and Prospects." In "*Thailand's Industrialization and Its Consequences*", edited by Medhi Krongkaew. New York: St. Martin's Press.

Popov, Vladimir. (1996), "Hard Facts and Fancy Theories: A Fresh Look at the Transition Debate." *WIDER Angle*, No. 2/96 (December 1996), pp. 1—3.

Prebisch, Raul. (1959), "Commercial Policy in the Underdeveloped Countries." *American Economic Review*, Papers and Proceedings, Vol. 49, No. 2, May 1959, pp. 251—273.

Prud'homme, Remy, (1995), "The Dangers of Decentralization," *The World Bank Research Observer*, August 1995, 210—226.

Prybyla, J. (1990), "A Broken System", in G. Hicks ed. "*The Broken Mirror*". Harlow: Longman.

Putterman, Louis (1997). "On the past and future of China's township and village-owned enterprises." *World Development*, Vol. 25(10): 1639—1655.

Qian, Yingyi, (1994), "A Theory of Shortage in Socialist Economies Based on the Soft Budget-Constraint", *American Economic Review*, March 1994, 84 (1), pp. 145—156.

Qian, Yingyi and Roland, Gerard. (1996), "The Soft Budget Constraint in China," *Japan and the World Economy*, 8, June 1996, 217—223.

Qian, Yingyi and Gerard Roland. (1998). "Federalism and Soft Budget Constraint", *American Economic Review* 88(5), pp. 1143—1162.

Qian, Yingyi and Weingast, Barry R. (1995), "China's Transition to Markets: Market-preserving Federalism", Chinese Style, Stanford, CA: Hoover Institution on War, Revolution and Peace, Stanford University.

Qian, Yingyi and Xu, Chenggan, (1993), "Why China's Economic Reforms Differ: The M-Form Hierarchy and Entry/Expansion of the Non-state Sector." *The Economics of Transition*, Vol. 1, No. 2 (June 1993), pp. 135—170.

Quah, Danny T. (1993), "Empirical Cross-Section Dynamics in Economic Growth," *European Economic Review*, 37, 426—434.

Rajan, Raghuram G. (1992), "Insiders and Outsiders: The Choice Between Informed and Arms Length Debt", *Journal of Finance*, September 1992, 47(4), pp. 1367—1440.

Rajan R. and L. Zingales, (1998a), "The Firm as a Dedicated Hierarchy", mimeo, University of Chicago.

Rajan R. and L. Zingales, (1998b), "Financial Dependence and Growth", *American*

Economic Review, vol 88, pp 559—586.

Rajan, R. and L. Zingales, (1995), "Is There an Optimal Capital Structure? Some Evidence from International Data.", *Journal of Finance*, vol 50, pp 1421—1460.

Rajan, Raghuram G. and Luigi Zingales, (1999a), "The Politics of Financial Development", Mimeo, University of Chicago.

Rajan, Raghuram G. and Zingales, Luigi.(1999b), "Financial Systems, Industrial Structure, and Growth", Mimeo, University of Chicago.

Rajan, Kumar, K., R. and L. Zingales, (1999), "What are the determinants of firm size?", Mimeo, University of Chicago.

Ranis, G., and Fei, J. (1961), "A Theory of Economic Development", *American Economic Review* 51, 533—565.

Ranis, G., S. Hu, and Y. Chu (1998). "*The Economics and Political Economy of Comparative Development into the 21st Century*", editors. London: Edward Elgar.

Ranis, Gustav, and Mahmood Syed. (1992), "*The Political Economy of Development Policy Change*". Cambridge, MA: Blackwell.

Rann, Pradumna (1995), "Introduction: The Asia Approach to Reforming Transitional Economies," in Rana, Pradumna B. and Hamid "*From Centrally Planned to Market Economies: The Asian Approach*". Vol. 1. Hong Kong: Oxford University Press, 1995, pp.1—33.

Rawski, Thomas G. (1979), "*Economic Growth and Employment in China*" (Oxford: Oxford University Press, published for the World Bank).

Rawski, Thomas G. (1995), "Implications of China's Reform Experience." *China Quarterly*, 1995, pp.1150—1173.

Ray, Debraj (1998), "*Development Economics*", Princeton University Press.

Redding, Stephen, (1999), "Dynamic Comparative Advantage and the Welfare Effects of Trade", *Oxford Economic Papers* 51: 15—39.

Reynolds, Thomas H. and Flores, Arturo A. (1996), "*Foreign Law Current Sources of Codes and Legislation in Jurisdictions of the World*", Fred B. Rothman & Co. (Littleton Colorado), (AALL Publication Series No. 33).

Riedel, James (1988). "Economic Development in East Asia: Doing What Comes Naturally?" in "*Achieving Industrialization in East Asia*", edited by Helen Hughes. Cambridge University Press.

Robert C. Feenstra, Tzu-Han Yang, and Gary G. Hamilton (1999), "Business groups and product variety in trade: evidence from South Korea, Taiwan and Japan", *Journal of International Economics* 48 (1999) 71—100.

Rodriguez, Francisco, and Dani Rodrik, (2000), "Trade Policy and Economic Growth: A

Skeptic's Guide to the Cross-National Evidence," in B. Bernanke and K. Rogoff, "*NBER Macroeconomics Annual* 2000", Cambridge, MA, MIT Press.

Rodrik, Dani. (1996), "Understanding Economic Policy Reform." *Journal of Economic Literature* (March 1996): 9—41.

Rodrik, Dani. (1998). "Where did All the Growth Go? External Shocks, Social Conflict, and Growth Collapse", Mimeo, August 1998, Harvard University. *A re-interpretation of recent economic history* (revised version of NBER working paper No. 6350).

Rodrik, Dani. (1999), "*The New Global Economy and Developing Countries: Making Openness Work*", . Washington, D.C.: Overseas Development Council (distributed by Johns Hopkins University Press).

Rodrik, Dani, (2003), "Institution, Integration, and Geography: In Search of the Deep Determinants of Economic Growth," in Rodrick, D. ed., "*In Search of Prosperity: Analytic Country Studies on Growth*", Princeton University Press, Princeton, NJ.

Roland, Gerard. (2000), "*Transition and Economics: Politics, Markets, and Firms*", Cambridge, MA.: MIT Press.

Romer, Paul M (1994), "The Origins of Endogenous Growth", *Journal of Economic Perspectives* 5, 3—22.

Romer, Paul. (1986), "Increasing Returns and Long-run Growth.", *Journal of Political Economy*, Vol. 94, No. 5, 1986, pp. 1002—1037.

Ronnas, Per (1996). "*Rural Industries in Post-reform China*". International Labor Organization, New Delhi.

Rosenstein-Rodan, P. (1943), "Problems of Industrialization of Eastern and Southeastern Europe." *Economic Journal*, June-September.

Rousseau, Peter L. and Wachtel, Paul. (2000), "Equity Markets and Growth: Cross-Country Evidence on Timing and Outcomes, 1980—1995", *Journal of Banking and Finance*.

Rousseau, Peter L. and Wachtel, Paul. (1998), "Financial Intermediation and Economic Performance: Historical Evidence from Five Industrial Countries," *Journal of Money, Credit, and Banking*, November 1998, 30(4), 657—678.

Ruzelle, Scott, (1993). "Income Distribution in Rural China." (mimeo).

Rozelle, Scott (1994). "Rural Industrialization and Increasing Inequality: Emerging Patterns in China's Reforming Economy." *Journal of Comparative Economics*, 19: 362—391.

Sachs, Jeffrey. (1991), "Helping Russia: Goodwill Is Not Enough," *Economist*, December 21, 1991.

Sachs, Jeffrey. (1992), "Privatization in Russia: Some Lessons from Eastern Europe."

American Economic Review, Vol. 82, No. 2 (May 1992), pp.43—48.

Sachs, Jeffrey. (1993), *"Poland's Jump to the Market Economy."* Cambridge, MA.: MIT Press.

Saches, J., Woo, W. T., and Yang, X. (2000), "Economics Reforms and Constitutional Transition", *Annals of Economics and Finance*, 1:2, 435—491.

Sachs, Jeffrey D. and Lipton, David. (1990), "Poland's Economic Reform". *Foreign Affairs*, Vol. 69, no. 3 (Summer 1990), pp.47—66.

Sachs, Jeffrey D. and Andrew Warner (1995), "Economic Reform and the Process of Global Integration," *Brookings Papers on Economic Activity*, no. 1, 1—95.

Sachs, Jeffrey D., and Woo, Wing Thye, (1994), "Structural Factors in the Economic Reforms of China, Eastern Europe and the Former Soviet Union," *Economic Policy*, no. 18 (April 1994), pp.101—45.

Sachs, Jeffrey D., and Woo, Wing Thye, (1997), "Understanding China's Economic Performance". Manuscript. May 1997.

Sachs, Jeffrey, Wng Thye Woo, and Xiaokai Yang, (2000), "Economic Reforms and Constitutional Transition," *Annals of Economics and Finance*, Vol. 1, No. 2 (November 2000), pp.435—491.

Saith, Ashwani (1987). "Contrasting Experiences in Rural Industrialization: Are the East Asian Success Transferable?" In *"Rural Industrialization and Employment in Asia"*, edited by Rizwanul Islam. ILO, New Delhi.

Samuelson, Paul A. (1978), "International Trade and the Equalization of Factor Prices", *Economic Journal* 58, 163—184.

Schmidt, Klaus M. (1997), "Managerial Incentives and Product Market Competition." *Review of Economic Studies*, April 1997, 64(2), pp.191—213.

Schultz, T. Z.(1964), *"Transforming Traditional Agriculture"*, New Haven, Yale University Press.

Schultz, T.W. (1975), "The Value of the Ability to Deal with Disequilibria," *Journal of Economic Literature*, Vol. 13 (September 1975).

Schultz, Theodore W. (1977), "Economics, Agriculture and the Political Economy." in Paris Anderou, ed. *"Agricultural and Economic Development of Poor Nations"*. Nairobi: East African Literature Bureau, 1977, pp.254—265.

Schumacher, E. F. (1973), *"Small is Beautiful: Economics as if People Mattered"*, New York: Harper and Row.

Scott, J.A., Dunkelberg, W.C., (1999). *"Bank consolidation and small business lending: A small firm perspective, in Business Access to Capital and Credit"*, edited by Jackson L. Blanton, Alicia Williams, and Sherrie L.W. Rhine, 'A Federal Reserve

System Research Conference', 328—361.

Segal, Ilya R., (1998). "Monopoly and Soft Budget Constraint", *Rand Journal of Economics* 29(3), pp.596—609.

Sen, Amartya (1973), *"On Economic Inequality"*, Oxford University Press, 1973, (1985 Printing).

Sereghyova, Jana. (1993), *"Entrepreneurship in Central East Europe"*. Heidelberg: Hpysica Verlag.

Shaffer, S. (1998), "The Winner's Curse in Banking", *Journal of Financial Intermediation*, 359—392.

Shah, Anwar and Qureshi, Zia, (1994), "Intergovernmental Fiscal Relations in Indonesia," 239 *World Bank Discussion papers*.

Shaw, E.S. (1969), *"Financial Deepening in Economic Development"*, New York: Oxford University Press.

Shleifer, A. and L. Summers (1988). "Breach of Trust in Hostile Takeovers," in A. Auerbach (ed.), *"Corporate Takeovers: Causes and Consequences"*, Chicago: University of Chicago Press, 33—56.

Shleifer, A. and R. Vishny (1986). "Large Shareholders and Corporate Control," *Journal of Political Economy* 94, 461—488.

Shleifer, A. and R. Vishny (1993). "Corruption," *Quarterly Journal of Economics* 108, 599—617.

Shleifer, A. and R. Vishny (1998). *"The Grabbing Hand: Government Pathologies and their Cures,"* Cambridge, MA: Harvard University Press.

Shleifer, Andrei, Vishny, Robert W. (1994), "Politicians and Firms" *Quarterly Journal of Economics*, 109(4), November 1994, pages 995—1025.

Singh, I. J. (1991), "China and Central and Eastern Europe: Is There a Professional Schizophrenia on Socialist Reform," *Research Paper Series*, 17 (Washington, D.C.: Socialist Economies Reform Unit, World Bank, 1991).

Solow, Robert M. (1956), "A contribution to the theory of economic growth", *Quarterly Journal of Economics*, Vol.70 No.1, (February 1956): 65—94.

Solow, Robert M. (1988), *"Growth Theory: An Exposition"*. Oxford: Oxford University Press.

Song, Ligang (1993). *"Sources of International Comparative advantage: Further Evidence"*. Ph.D. dissertation, Australian National University.

Srinivasan, TN. (1994), *"Agriculture and Trade in China and India: Policies and Performance since 1950"*, San Francisco: ICS Press.

Stark, David. (1996), "Neworks of Assets, Chains of Debt: Recombinant Property in

Hungary." in Frydman, Roman, Cheryl W. Gary, and Andrzej Rapaczynski eds. "*Corporate Governance in Central Europe and Russia*", Vol. 2: Insiders and the State, Budapest: Central European University Press.

State Council, (1990), "*The Current Status of Chinese Industries*". (in Chinese) Renming Publishing House.

State Statistical Bureau, "*China Statistical Yearbook*" (various issues), Beijing: China Statistics Press, various years.

State Statistical Bureau, (1987). "*Zhongguo gudingzichantouzi tongziziliao*" (China Capital Construction Statistical Data 1950—1985), (Beijing: Zhongguo Tongji Chubanshe).

State Statistical Bureau, (1990). "*Quanguo Geshenshi Zizhiqu Guominshouru tongji ziliao huibian*, 1949—1989" (A Compilation of Provincial Nation Income Data, 1949—1989) (Beijing: Zhongguo Tongji Chubanshe).

State Statistical Bureau, "*Zhongguo Tongji Nianjian*" (1993, 1994) (China Statistical Yearbook, 1993, 1994), (Beijing: Zhongguo Tongji Chubanshe, 1993, 1994).

State Statistical Bureau (1995), "*Zhongguo Tongji Zaiyao*", (A Statistical Survey of China) (Beijing: Zhongguo Tongji Chubanshe,).

Stiglitz, Joseph E. (1985), "Credit Markets and the Control of Capital," *Journal of Money, Credit and Banking*, May 1985, 17(2), pp.133—152.

Stiglitz, Joseph E. (1998a), "Toward a New Paradigm for Development: Strategies, Policies, and Processes", Prebisch Lecture at UNCTAD, Geneva October 19, 1998.

Stiglitz, Joseph, (1998b), "More Instruments and Broader Goals: Moving toward the Post-Washington Consensus," *WIDER Annual Lecture* 2. Helsinki: United States University World Institute for Development Economic Research.

Stiroh, Kevin J. and Jennifer P. Poole, (2000), "Explaining the Rising Concentration of Banking Assets in the 1990s", Current Issues In Economics and Finance, Federal Reserve Bank of New York, August 2000, Volume 6 Number 9.

Strahan, P.E., James P. Weston (1998), "Small business lending and changing structure of the banking industry", *Journal of Banking & Finance* 22, 821—845.

Strahan, P.E., Weston, J.P., (1996). "Small business lending and bank consolidation: Is there cause for concern?" *Working Paper*. *Federal Reserve Bank of New York*, New York (March).

Stulz, Rene M. (2000), "Financial Structure, Corporate Finance, and Economic Growth", Ohio State University, mimeo.

Summers, Larry (1994), "Comment", in Blanchard, Oliver Jean, Kenneth A. Froot, and Jeffrey Sachs eds. "*The Transition in Eastern Europe*", Vol. 1, Chicago: Chicago

University Press, pp. 252—253.

Summers, Lawrence H., (1994), "Russia and the Soviet Union Then and Now: Comment," in Olivier Jean Blanchard, Kenneth A. Froot, and Jeffrey D. Sachs, eds. "*The Transition in Eastern Europe*", Vol. 1, Chicago, IL: Chicago University Press, pp. 252—255.

Summers, Robert and Alan Heston, (1991), *Penn World Tables Mark* 5.6, PWT56. Uni. of Pennsylvania.

Summers, R. and Heston, Alan, (1991), "The Penn World Table (Marl 5):An Expanded Set of International Comparisons, 1950—1988", *Quarterly Journal of Economics*, 106(2), 327—368.

Sun, Laixiang. (1997), "Emergence of Unorthodox Ownership and Governance Structure in East Asia: An Alternative Transition Path". Research for Action no. 38. Helsinki: UNU/WIDER.

Sung, Yun-wing, (1994), "An Appraisal of China's Foreign Trade Policy, 1950—1992," in T. N. Srinivasan, eds., "*The Comparative Experience of Agricultural and Trade Reforms in China and India*" (San Francisco: International ICS Press, 1994), pp. 109—153.

Svejnar, Jay (1990). "Productive efficiency and employment.", In "*China's rural industry: Structure, development, and reform*", edited by William Byrd and Qinsong Lin. Oxford University Press.

Swamy, Dalip S. (1994), "*The Political Economy of Industrialization: From Self-Reliance to Globalization*", New Delhi: Sage Publications.

Tadassee, S. (2000). "Financial Architecture and Economic Performance: International Evidence," working paper, University of South Carolina.

Takatoshi Ito. (1998), "What can Developing Countries Learn from East Asia's Economic Growth", *Annual World Bank Conference on Development Economics* 1997, Washington D.C.,

Teranish, Juro. (1994), "Japan's Way.", *Economic Policy*, Vol. 9, Issue 19 (1994, supplement), pp. s137—53.

Thorsten Beck, Asli Demirgüç-Kunt, and Vojislav Maksimovic (2002), "Financial and Legal Constraints to Firm: Does Size Matter?", Working Paper, World Bank. http://econ.worldbank.org/resource.

Tinakorn, Pranee (1995). "Industrialization and Welfare: How Poverty and Income Distribution Are Affected?" In "*Thailand's Industrialization and Its Consequences*", edited by Medhi Krongkaew. New York: St. Martin's Press.

Tsiang, Sho-chieh. (1984), "Taiwan's Economic Miracle: Lessons in Economic Development." In Arnold C. Harberger, ed. "*World Economic Growth : Case Studies of Developed and Developing Nations*". San Francisco: ICS Press.

Tsui, Kai Yuen, (1991), "China's Regional Inequality: 1952—1999", *Journal of Comparative Economics*, 15: 1—21.

Tsui, Kai Yuen, (1993), "Decomposition of China's Regional Inequalities", *Journal of Comparative Economics*, 17: 600—627.

Tusi, Kai-yuan, (1996), "Economic Reform and Inter-provincial Inequalities," *Journal of Development Economics*, 50, 353—368.

Ueda, Masako, (2002). "Banks versus Venture Capital", *CEPR*, *Discussion Paper Series*, No.3411.

UNDP, (1996), "*Human Development Report* 1996", New York: Oxford University Press.

UNIDO. (2000), "*Industrial Statistics Database — 3-digit level of ISIC Code* 1963—1998".

UNIDO. (2002), "*Industrial Statistics Database — 3-digit level of ISIC Code* 1963—1999".

Varian, Hal R. (1992), "*Microeconomic Analysis*", Third Edition W. W. Norton&Company, Inc.

Vokes, Richard and Fabella, Armand (1995), "Part I: Lao PDR" in Rana, Pradumna B. and Hamid "*From Centrally Planned to Market Economies : The Asian Approach*". Vol. 3. Hong Kong: Oxford University Press, pp.1—148.

Wade, Robert (1988). "State Intervention in 'Outward-looking' Development: Neoclassical Theory and Taiwanese Practice." In "*Developmental States in East Asia*", edited by Gordon White. MacMillan Press.

Wade, Robert. (1990), "*Governing the Market : Economic Theory and the Role of Government in East Asian Industrialization*". Princeton: Princeton University Press.

Wai, U Tun. (1995), "Part II: Myanmar" in Rana, Pradumna B. and Hamid "*From Centrally Planned to Market Economies : The Asian Approach*". Vol. 3. Hong Kong: Oxford University Press, pp.149—331.

Wang, Guangwei (1992). "An analysis of the flow of China's agricultural surplus." *Economic Research*, 1992(5): 57—62.

Wang, Yan and Yudong Yao, (2001), "Sources of China's Economic Growth, 1952—1999: Incorporating Human Capital Accumulation." *WBI Working Paper*. Washington DC.

Wang, Yijiang, (1992), "Communist Legacy, Pattern of Post Communism Organization, and the Problem of Transition," Mimeo (St. Paul, MN: Industrial Relations Center,

University of Minnesota).

Wang, Yijiang. (1993), "Eastern Europe and China: Institutional Development as a Resource Allocation Problem," *China Economic Review*; Vol. 4, no. 1 (Spring 1993), pp. 37—47.

Wang, Yueping (1997). "FDI and Industrial Development in China.", *China Center for Economic Research, Beijing University, working paper series,* No. 1997013.

Wang, Yueping and Yang Yao (1998). "Technological capacities and development China's small enterprises." Draft prepared for a World Bank comparative study of small firms in developing counties.

Warner, Andrew, (1995), "Economic Reform and the Process of Global Integration," *Brookings Papers on Economic Activity* No. 1 (1995): 1—95.

Warr, Peter G. (1994), "Comparative and Competitive Advantage." *Asian Pacific Economic Literature.* Vol. 8, No. 2, (November 1994): 1—14.

Weber, Max. (1991), "*The Protestant Ethic and the Spirit of Capitalism*", London: Harper, (First translation published in 1930).

Wei, Shangjin, (1993), "Gradualism Versus Big Bang: Speed and Sustainability of Reforms," Working Paper Series, R93-2 (Cambridge, MA: John F. Kennedy School of Government, Harvard University, Faculty Research).

Weinstein, David E. and Yafeh, Yishay. (1998), "On the Costs of a Bank-Centered Financial System: Evidence from the Changing Main Bank Relations in Japan," *Journal of Finance,* 53(2), pp. 635—672.

Weitzman, Martin L. (1980), "The 'Ratchet Principle' and Performance Incentives", *Bell Journal of Economics,* Spring 1980, 11(1), pp. 302—308.

Weitzman, Martin and Chenggang Xu (1994). "Chinese Township Village Enterprises as Vaguely Defined Cooperatives." *Journal of Comparative Economics,* 18: 121—145.

Wen, Guanzhong James, (1993), "Total Factor Productivity Change in China's Farming Sector: 1952—1989," *Economic Development and Cultural Change,* Vol. 42, No. 1 (October 1993), pp. 1—41.

Wenger, E. and C. Kaserer (1998). "The German System of Corporate Governance—A Model which Should not be Imitated," in S. Black and M. Moersch, eds., "*Competition and Convergence in Financial Markets—The German and Anglo-American Models*", North-Holland Elsevier Science, Am-sterdam, 41—78.

White, Gordon and Robert Wade (1988). "Development States and Markets in East Asia: An Introduction." In "*Developmental States in East Asia*", edited by Gordon White. MacMillan Press.

White, Herbert, (1980), "A Heteroskedasticity-Consistent Covariance Matrix Estimator and a Direct Test for Heteroskedasticity," *Econometrica* 48, May 1980, 817—838.

Whitesell, Robert, and Barreto, Humberto, (1988), "Estimation of Output Loss from Allocative Inefficiency: Comparisons of the Soviet Union and the U. S.", Research Memorandum RM-109 (MA: Center for Development Economics, Williams College).

Wiles, Peter. (1995), "Capitalist Triumphalism in the Eastern European Transition," in Ha-Joon Chang and Peter Nolan, eds. "*The Transformation of the Communist Economies*", London: Macmillan Press, pp. 46—77.

Williamson, J. (1965), "Regional Inequality and the Process of National Development", *Economic Development and Culture Change*, 13: 25.

Williamson, John, "The Washington Consensus Revisited." In Louis Emmerij, ed. "*Economic and Social Development into the XXI Century*", Washington, DC: Inter-American Development Bank.

Wong, Christine P. W., (1991), "Central-Local Relations in an Era of Fiscal Decline: The Paradox of Fiscal Decentralization in Post-Mao China," *China quarterly* 128, 691—715.

Wong, Christine P. W. (1992), "Fiscal Reform and Local Industrialization," *Modern China* 18, 197—227.

Wong, Christine P. W.; Heady, Christopher; and Woo Wing T. (1995), "*Fiscal Management and Economic Reform in the People's Republic of China*", Oxford University Press.

Woo, Wing Thye, (1993), "The Art of Reforming Centrally-Planned Economies: Comparing China, Poland and Russia," Paper presented at the Conference of the Tradition of Centrally-Planned Economies in Pacific Asia (San Francisco: Asia Foundation in San Francisco, May 7—8, 1993).

World Bank. (1985), "*World Development Report*, 1985", Oxford: Oxford University Press.

World Bank, (1985a), "*China: Economic Structure in International Perspective, Annex to China: Long Term Issues and Options*" (Washington, D.C.: the World Bank).

World Bank, (1985b), "*China: Long-term Issues and Options*" (Oxford: Oxford University Press, published for the World Bank).

World Bank, (1989), "*World Development Report*, 1989", Oxford: Oxford University Press.

World Bank, (1992), "*Reform and Role of the Plan in the 1990s*" (Washington, D.C: World Bank).

World Bank (1993a). "*The East Asian Miracle*". Oxford University Press, New York.

World Bank, (1993b), "*World Development Report*, 1993", Oxford: Oxford University

Press.

World Bank. (1993c), "*The East Asian Miracle: Economic Growth and Public Policy*". Oxford: Oxford University Press.

World Bank, (1995a), "*China's Regional Disparities, report No. 14496-CHA*", Country Operations Division, China and Mongolia Department, East Asia and Pacific Regional Office.

World Bank, (1995b), "*World Development Report: Workers in an Integrating World*", London: Oxford University Press.

World Bank. (1996), "*The World Development Report, 1996: From Plan to Market*". Oxford and New York: Oxford University Press.

World Bank (1997), "*Sharing Rising Incomes: disparities in China, China 2020 series*", Washington D.C.

World Bank (1998), "*East Asia: The road to recovery*", Washington D.C.

World Bank, (2001), "*World Development Report: 2000—2001*", London: Oxford University Press.

World Bank, (2002a), "*Transition: The First Ten Years, Analysis and Lessons for Eastern Europe and the Former Soviet Union*", Washington, D.C.: the World Bank.

World Bank, (2002b), "Global Development Network Growth Database", 2002, http://www.worldbank.org/research/growth/GDNdata.htm.

Wu Chung-Shu and Hu Sheng-Cheng, (1997), "Interest Rates, Credit Rationing and Banking Deregulation in Taiwan", Presented in Eighth East Asian Seminar on Economics, Taipei, Taiwan, June, 1997.

Wu, Harry (1992a). "The industrialization of China's rural labor force since the economic reform." *Working Paper series, Chinese Economic Research Unit, The University of Adelaide*.

Wu, Harry (1992b). "China's rural economic performance during the reform decade: Estimate and assessment." *Working Paper series, Chinese Economic Research Unit, The University of Adelaide*.

Wu, Jinglian and Zhang, Zhuoyuan, eds. (1993), "*Zhongguo Jingji Jianshe Baikequanshu*" (The Encyclopedia of China's Economic Construction), (Beijing: Beijing Gongye Daxue Chubanshe).

Wu, Yanrui (1990). "Rural industrialization in China: A general equilibrium analysis." *Working Paper series, Chinese Economic Research Unit, The University of Adelaide*.

Wu, Yanrui (1992). "Productivity performance of Chinese rural enterprises: A comparative study." *Working Paper series, Chinese Economic Research Unit, The University of Adelaide*.

Wu, Yanrui (1993). "One industry, two regimes: The Chinese textile sector growth, reforms, and efficiency." *Working Paper series*, *Chinese Economic Research Unit*, *The University of Adelaide*.

Wu, Yuan-li, (1965), "*The Economy of Communist China: An Introduction*" (New York: Praeger,).

Wu, Y. (1995), "Productivity Growth, Technological Progress, and Technical Efficiency Change in China: A Three-Sector Analysis," *Journal of Comparative Economics*, 21, 207—229.

Wu, Y. (2000), "Is China's Economic Growth Sustainable? A Productivity Analysis," *China Economic Review*, 11, 278—296.

Wurgler, Jeffrey. (2000) "Financial Markets and the Allocation of Capital," *Journal of Financial*.

Xie, Danyang; Zou, Heng-fu; and Davoodi, Hamid, (1999), "Fiscal Decentralization and Economic Growth in the United States," *Journal of Urban Economics* 45, 228—239.

Xinhua Daily Telegraph, Jan. 6, 1994.

Xin-Qiao Ping(1999), "Investment, Cash flow, and 'Soft Budget Constraints'", in "the Market Transition of China", China Center for Economic Research, Beijing University, working paper series, No. E1999011.

Xu, Chenggang (1991). "Productivity and Behavior of Chinese Rural Enterprises." Mimeo.

Xu, Lixin Colin and Heng-fu Zou, (2000), "Explaining the Changes of Income Distribution in China", *China Economic Review* 11(2000) 149—170.

Yan, Ruizhen (1990). "The current trend of China's price scissors between industrial and agricultural products." *Economic Research*, 1990(2).

Yan, Y. and S. Zhang (1995). "*Technical Advancement of Chinese Res*", Nongye Keji Press, Beijing.

Yang, Dali L. (1990), "Patterns of China's Regional Development Strategy", *The China Quarterly*, No. 122, pp. 230—257.

Yao, Yang (1998). "Non-state factors and technical efficiency of the Chinese industry." *Economic Research*, 1998 (12): 29—35.

Yao, Yang (1999). "Rural industry and labor market integration in eastern rural China." *Journal of Development Economics*, 59(2): 463—496.

Yao, Yang (2001). "Rural industry and labor market integration in eastern rural China." *Journal of Development Economics*.

Yin, X. (1997), "An analysis of the trend of China's industrial scale structure." (in Chinese) *Guanli Shijie* (Management World), 1997 (3): 136—146.

Ying, Wang Y (1995), "Income Poverty, and Inequality in China during the Transition", mimeo, World Bank, Washington DC.

Young, Alwyn (2000), "The Razor's Edge: Distortions and Incremental Reform in the People Republic of China", *Quarterly Journal of Economics*, Vol. CXV, Nov 2000, pp. 1091—1135.

Yusuf, Shahid, (1993), "The Rise of China's Non-state Sector," Mimeo (Washington, D. C.: Department of China and Mongolia, the World Bank).

Zhang, Gang (1997). *"Chinese Rural Enterprises between Plan and Market"*. Ph. D. dissertation, Stockholm School of Economics.

Zhang, Tao and Zou, Heng-fu, (1996), "Fiscal Decentralization, Public Spending, and Economic Growth in China," manuscript, Policy Research Department of the World Bank.

Zhang, Tao, and Heng-fu Zou. (1998). "Fiscal Decentralization, Public Spending, and Economic Growth in China". *Journal of Public Economics* 67:221—240.

Zhang, Xiaohe (1993). "Modeling China's rural economy." Working Paper series, Chinese Economic Research Unit, The University of Adelaide.

Zhang, Zongyi, Aying Liu, and Shujie Yao (2001), "Convergence of China's Regional Incomes, 1952—1997", *China Economic Review*, 12 (2/3):243—258.

Zhao, Yaohui (1997). "Property Rights of Chinese REs and Their Influence on Rural Employment." In *"Chinese Township Village Enterprises: Nature Experience and Reforms"*, edited by Wen Hai. Zhonghua Gongshang Lianghe Press.

Zhe, Xiaoye (1997). *"The Remaking of A Village"*. China Social Sciences Press, Beijing.

Zhonghua Zhoumo Bao (China Weekend Newspaper) (1995), "The Over-staffing in the State Enterprises is over 30 millions," January 21, 1995.

Zhu, Xingmin (ed.), (1993), *"Reform and Practice of financial System and Management in Jiangsu Province"* (*Jiangsu Sheng Caizheng Guanli Tizhi Gaige Yu Shijian*), Beijing: China Financial and Economic Publishing House.

Zou, Gang, (1992), "Enterprise Behavior under the Two-Tier Plan/Market System," Mimeo (Los Angeles, (1992), CA: IBEAR/SBA, University of Southern California).

Zweigert, Konrad and Hein Kotz. (1998), *"Introduction to Comparative Law"*, Oxford University Press, New York, NY.

参考文献